발달적 치료
발달적 교수

Mary M. Wood · Karen R. Davis · Faye L. Swindle · Constance A. Quirk
심미경 · 위영희 · 황혜정 · 정계숙 · 이효신 · 신숙재 공역

Developmental Therapy–Developmental Teaching

Fostering Social-Emotional Competence in
Troubled Children and Youth (3rd ed.)

학지사

Developmental Therapy-Developmental Teaching:
Fostering Social-Emotional Competence in Troubled Children and Youth -3e-
by Mary M. Wood with Karen R. Davis, Faye L. Swindle, and Constance Quirk

역자서문

이 책은 Mary M. Wood가 Karen R. Davis, Faye L. Swindle, Constance Quirk와 함께 공동으로 집필한 *Developmental Therapy-Developmental Teaching: Fostering Social-Emotional Competence in Troubled Children and Youth*(3rd Edition)을 번역한 것이다. 발달적 치료-발달적 교수는 사회-정서적 능력의 증진이 필요한 16세까지의 모든 아동, 청소년을 위한 교육과정이다. 발달단계별 특성을 바탕으로 체계적이고 구조화된 중재방안을 제시하는 이 교육과정은 심각한 사회, 정서, 행동 문제로 치료적 중재가 필요한 이들뿐 아니라 모든 아동, 청소년을 대상으로 사회-정서적 능력과 자신의 행동에 책임을 지는 자세를 길러주는 데 초점을 두고 있다.

역자들은 연세 동산에서 아동학을 공부한 후 유아교육, 유아특수교육, 아동상담 및 치료 분야에서 아동의 사회-정서적 능력을 증진시키는 방안을 연구해 오면서 사회, 정서, 행동에 문제를 보이는 아동을 치료할 때 상담기법을 통한 정서적 지지와 대상 아동의 발달적 특성을 고려한 개별화된 교육 프로그램을 통해 사회적 능력을 증진시키는 통합적 접근이 필요하다고 생각하여 왔다. 그러던 차에 이 책을 접하면서 번역을 시작하게 되었다. 사회-정서적으로 문제를 보이는 아동의 수가 증가되고 그 정도가 심각해지고 있는 현 시점에서 이 책은 심각한 정서행동장애를 보이는 아동에 대한 치료적 중재뿐 아니라 심리사회적 스트레스에 많이 노출되고 있는 오늘날의 모든 아동, 청소년을 대상으로 예방적인 교육 프로그램을 연구하고 적용하려는 이들에게 유용한 지침서가 될 수 있을 것이다. 이 책에 소개되고 있는 발달적 치료-발달적 교수 교육과정은 유치원을 비롯한 초, 중, 고등학교뿐 아니라 상담실,

복지관, 정신건강지원센터 등에서 영유아부터 청소년에 이르기까지 모든 연령을 대상으로 사회적 기술 및 자신감을 향상시켜 사회 적응력을 높이고자 할 때 매우 유용하게 활용될 수 있다.

번역을 하면서 가급적이면 원서의 내용에 충실하려고 노력했으나 문맥상 어색한 부분은 이해하기 쉽도록 자연스러운 우리말로 바꾸어 표현하였다. 그리고 책의 분량을 고려하여 각 장의 뒷부분에 포함되어 있던 요약, 연습 과제는 생략하였으며, 원서에 제시된 많은 사례 중 내용 이해에 꼭 필요한 사례만을 번역하였다. 또한 6명이 공동으로 번역을 하면서 야기될 수 있는 용어, 표현방식에서의 차이를 줄이기 위하여 사전 토의를 거쳐 일관성을 유지하려 노력하였으며, 1차 번역 후에 함께 읽고 수정하는 과정도 거쳤다. 아직 미흡한 점이 많이 남아 있을 것이라고 생각하면서도 이 분야를 공부하는 사람들과 함께 이 번역서를 나누어 보고자 하는 욕심에서 출판을 하게 되었다. 미처 고치지 못한 부분이나 혹시 있을지도 모를 오역에 대해서는 앞으로 독자들의 지도 편달을 받아서 계속적으로 수정, 보완해 가려고 한다. 1장, 2장은 심미경, 3장, 4장은 위영희, 5장, 6장은 황혜정, 7장, 8장은 정계숙, 9장, 10장은 이효신, 11장, 12장은 신숙재가 맡아서 번역하였다.

끝으로 이 책의 출판을 기꺼이 허락해 주신 학지사 김진환 사장님과 출간까지의 긴 여정 동안 끝까지 힘써 주신 편집진 여러분들께 진심으로 감사를 드린다.

2006년 8월

역자 일동

저자서문

이 책의 최근 개정판인 『교실에서의 발달적 치료(*Developmental Therapy in the Classroom*)』가 출판된 지 8년이 지났다. 사회-정서적 능력을 촉진하기 위한 교육과정으로서, 발달적 치료는 아동과 청소년들의 사회적 행동과 정서적 안정성에 대해 걱정하는 사람들이 광범위하게 사용해 오고 있다. 과거처럼 서비스 전달 모델보다는 성인의 기술과 태도 그리고 성공 또는 실패한 중재 간에 차이를 만드는 요인에 대해 다루었다. 또한 학생들의 생활에서 중요한 성인들이 학생들을 믿을 때 그들에게 긍정적인 효과가 있다는 것을 거듭하여 읽게 될 것이다. 학생을 믿는 성인들은 학생의 향상 가능성과 책임 있는 개인이 될 수 있다는 믿음을 의사소통할 수 있는 사람들이다. 요약하면 성인들은 학생들이 사회적, 정서적 그리고 행동적 능력의 복잡한 기술들을 숙달할 수 있도록 도와주는 과정을 제공해야 한다. 이것이 『발달적 치료-발달적 교수』의 중심 메시지다.

최근 개정판에서도 종전의 기본적인 작업은 변경되지 않았다. 사회화 과정에서 학생들의 발달적 요구와 성인 팀의 역할이 주요 초점인 프로그램을 제안하는 것에 우선적인 가치를 두었다. 효과적인 프로그램은 색조가 매우 긍정적이어야 하고 순차적으로 구조화하여 서비스를 전달한다. 정말 효과적인 프로그램의 환경은 우리가 학생들에게 제공할 수 있는 최상의 소우주여야 한다. 그곳에서는 개별 그리고 집단 학습 모두에서 사회적 기술의 습득, 사회적 문제해결의 숙달, 감정관리 그리고 책임 있게 행동하기 등의 목표가 다루어진다.

지난 8년간 우리가 배운 것은 이러한 실제들이 정서적이거나 행동적인 지체를 가진 학생들 외에도 광범위하게 적용된다는 것이다. 많은 연령대의 아동들과 다양한 장애 및 다양한 장면에서 그 실제가 사용되고 있다. 부모들이 특수한 요구를 가진 자녀를 집에서 지도할 때도 적합하게 사용할 수 있게끔 작업하였다. 유아전문가들은 이 교육과정을 전형적인 유아 보육 장면에서 많은 흥미를 가지고 활용해 왔다. 그리고 모든 학년의 교사들은 현대 삶의 많은 스트레스와 싸우고 있는 전형적인 학생들에게 이 교육과정을 적용하였다. 심리학자, 정신의학자, 법원에서 일하는 사람 및 개별 사회사업가 역시 발달적 치료를 적용해 왔다. 이처럼 교육과정의 적용이 확장됨에 따라 우리의 초점도 확장되었고 그 결과 개정판인 『발달적 치료-발달적 교수』의 출판을 서두르게 되었다.

우리의 관심은 단지 특수교육 프로그램에 선정된 학생들뿐만 아니라, '특수한' 교육을 받을 필요가 있는 모든 학생들 그리고 그들을 믿는 특별한 성인들에게 있다. 이번에 개정판을 출판하게 된 가장 큰 이유는 곤란을 겪는 가족들과 아동이 증가하고 있는 현상 때문이다. 모든 연령대의 학생들은 오늘날의 사회 체제, 즉 자신의 행동에 대한 책임을 강조하면서도 예를 설정하거나 개인적인 책임감을 가르치는 데는 실패한 체제에 의해 한쪽으로 밀려나 있었다. 일부 부모들은 스스로 너무 무거운 짐을 지고 있어서 자녀 양육에 적극적일 수 없으며, 다른 이들은 그들의 책임감을 포기한 것 같다. 진정한 보살핌을 받은 경험이 거의 없는 아동들이 다른 사람들을 보살피는 것을 배울 수 있다거나, 심지어 보살핌 행동을 흉내 낼 수 있을지도 알 수 없다. 이러한 많은 아동들과 청소년들이 종종 '위험한' 상태에 있거나 또는 '학대받는' 것으로 밝혀지고 있다. 거의 대부분의 아동들이 이런 위험에 노출되기 쉬운 것이 우리 시대의 삶의 비극적인 단면이다. 이 점이 학령기 이전부터 고등학교까지의 모든 아동들을 위한 프로그램의 교육과정의 한 부분으로 발달적 치료-발달적 교수를 사용할 필요성이 높음을 말해 준다. 또한 자녀에게 책임감을 길러 주고자 하는 부모에게도 이 책이 도움이 되었으면 한다.

이미 발달적 치료를 활용하고 있는 분은 이 개정판에서 추가적인 정보를 발견할 수 있을 것이다. 그러한 정보들은 매순간 일어나는, 그리고 아동 및 청소년들과 함께하는 모든 곳에서 일어나는 어려운 상황들을 해결할 수 있는 전략의 고안에 도움이 될 것이다. 또한 개정판이 발달적 치료-발달적 교수가 제안하는 것들에 대해 다른 사람들—부모, 교사, 행정가, 다른 전문가, 준 전문가—과 더 정확하게 의사소통하는 데 도움이 될 것이라 믿는다. 모든 아동의 발달에 강력한 힘으로서 발달적 기초는 연속적인 성숙의 과정과 문화적 기대 간의 상호 변화를 깨닫게 하는 장점이 있으므로 이 접근법을 처음 접하는 사람도 그 내용을 이해할 수 있을 것이다. 만약 여러분의 전략과 양립되는 모형을 발견한다면, 현재 활용하고 있는 프로그램에 이러한 접근을 통합하는 방법도 찾을 수 있을 것으로 믿는다.

자아존중감, 정체성 그리고 개인적 책임감의 추구는 발달적 치료-발달적 교수의 핵심이다. 이 교육과정은 개인적 성공이 집단적 성공에 우선한다는 것을 인식하고 있다. 이것은 쉬운 과정이 아니며, 아동의 마음과 생각을 이해해야 한다. 아동이 과거에 경험했던 것, 현재 일어나고 있는 것 및 그들의 미래에 대한 기대와 성공에 필요한 기술에 대한 이해도 요구된다. 이러한 접근에는 중재에 대한 확장되고 통합된 시각이 필요하다. 확장된 발달적 치료-발달적 교수 접근의 복잡한 개념과 이론적 배경을 보여 주는 몇 가지 주요 요소들을 여기에 제시하였다.

〈아동의 마음과 생각 이해하기〉

- 사회-정서적 능력에 대한 발달적 기대
- 모든 연령에서의 성공적인 행하기, 말하기, 돌보기 및 생각하기
- 정서적인 기억-개별 아동의 사적 실제
- 발달적 불안
- 방어기제
- 행동을 동기화하고 조절하는 가치
- 사회적 역할과 사회적 권력
- 사회적 지식-타인 이해
- 도덕적 발달과 책임감 있는 행동

〈성인들을 위해〉

- 발달적 교수목표
- 감정이입에 의한 감정 읽기와 반응하기의 기술
- 아동의 행동을 독해하는 기술
- 발달적으로 적절한 훈육과 행동수정
- 스케줄, 자료 그리고 활동들의 심리학적 중요성
- 아동과 소통하기 위한 창조적인 예술활동
- 각 아동발달단계에서의 성인의 행동
- 아동의 성숙에 따라 다르게 규정되는 역할을 가진 성인 팀

이번 개정판은 이러한 아이디어를 실천할 수 있도록 충분한 교수를 제공하기 위해 순차

적으로 구조화되었다. 제1부의 각 장에서는 모형의 이론적이고 실제적인 기초에 대해 기술하고 있다.

제1장 '현대 아동의 사회적 능력에 대한 이해'는 16세까지의 모든 아동의 삶에서 사회·심리적 스트레스와 위기에 대한 발달적 치료-발달적 교수의 대처 방법을 살펴본다. 이 장은 발달에 대한 기본 인식이 성인 — 전문가, 준전문가 그리고 부모 — 에게 어떻게 도움이 될 수 있는지에 대한 기초지식을 소개한다. 평가 부분을 개정하여 독립된 패널위원의 고찰을 통한 발달적 치료-발달적 교수 모델의 타당성에 대한 3가지 연구 보고를 포함시켰다. 또한 이 모델의 효율성을 조사한 2가지 연구를 요약하였다. 마지막으로, 이 모델이 30년 넘게 어떻게 발전되어 왔는지를 개괄하고 미래의 새로운 방향에 대해 요약하였다.

제2장 '사회적 능력, 정서, 책임감'은 사회적 능력의 이론적 기초를 행동하기, 말하기, 돌보기 및 생각하기의 4가지 영역으로 나누어 정의하고 해석한다. 행동에 대한 책임감을 기르기 위한 핵심 개념을 찾아보고 모든 아동이 성장의 자연적인 부분으로서 발달적 불안과 방어기제를 어떻게 경험하는지를 기술하고 있다. 이 장은 학습과정에서의 정서와 정서적 기억의 중요성도 개괄하고 있다. 또한 문제아동 및 청소년과 함께 일하는 성인들이 과거에 다른 성인과 어려운 경험을 했던 학생들에 의해 얼마나 대역 또는 대리인의 역할에 자주 처하게 되는지에 대해서도 다루고 있다.

제2부 '출생부터 10대까지의 교육과정 실제'는 모든 연령과 단계에 있는 아동과 청소년을 위한 교육과정의 활용에 적용할 수 있는 기초들을 밝힌다. 제3장 '시작하기'는 교육과정을 계획하기 위한 가정들에 대해 다루고 있다. 유치원, 초등학교, 중학교 및 고등학교에서 발달적 치료-발달적 교수를 실천할 때 가장 자주 제기되는 질문과 그에 대한 대답이 요약되어 있다. 통합 장면에 있는 위기에 처한 학생뿐 아니라 심한 지체를 가진 학생들에게 이 교육과정을 사용하는 방법에 대한 질문도 포함되어 있다. 즉, 가정중심 프로그램과 개별화 교육프로그램을 적용하는 방법, 학교 교사가 교육과정을 사용할 때 더 높은 수준의 수행을 촉진하는 행정지원의 유형이 포함되어 있다. 또한 이 장에서는 학생들의 사회-정서적 능력을 위한 개별화 교육프로그램(IEP), 개별화 가족지원계획(IFSP) 및 개별화 전이계획(ITP)의 목표를 선정하기 위해 그들의 사회-정서적 상태를 평가하는 방법, 그리고 학생의 진전을 기록하는 평가 체계들이 어떻게 모델의 통합된 부분이 되는지를 기술하고 있다. 끝으로 과정 지향 및 결과 지향의 평가 절차를 제안하면서 이 교육과정을 지속적으로 수행하는 방법들을 보여 주는 다양한 계획에 대하여 고찰하였다.

제4장 '성공적으로 계속하기'는 이 교육과정을 교육학적으로 개관한 것이다. 성공적인

프로그램이 되도록 하기 위하여 모든 연령과 장면에서 적용 가능한 일반적 계획에 대한 단계별 개요를 세부적으로 진술하고 있다. 사회-정서적 목적과 목표에 따라 학생들을 분류하는 장점이 논의되었고, 나이에 적합하고 개인의 욕구를 충족시키는 발달적으로 적절한 자료와 활동을 선정하는 지침이 제공되었다. 이러한 자료와 활동들은 또한 연령에 적합하고 개별적인 욕구를 충족시키는 것이다. 언어기술 교육과정, 특히 창의적 글쓰기에서는 아동의 정서적 기억을 활성화하고 그들의 생각과 느낌을 긍정적으로 변화시키는 내용을 선정하는 것이 중요함을 구체적으로 보여 주고자 하였다. 이 장은 학생의 사회-정서적 발달 단계에 따라 핵심적인 과정들을 수정하는 방법에 대한 설명과 함께 모든 단계에서 효과적인 수업의 핵심적인 조건에 대해 개관하고 있다.

제5장 '행동이 쟁점이 될 때' 에서는 개인적, 문화적으로 타당하고 발달적으로 적합하며 발달적 연속성이 있어 점진적으로 진보된 사회적 기술과 개인적 책임감을 획득시키게 되는 전략 사용의 중요성이 논의되었다. 우선 발달적 치료-발달적 교수에서 가장 빈번하게 사용되는 행동관리전략들을 처음에 어떻게 규명하였는지, 그리고 어떻게 그 전략들이 유치원, 초등학교 및 중고등학교 교사들이 광범위하게 사용하는 대표적인 실제가 되었는지에 대해 간략히 설명하였다. 이 장은 또한 개별 학생들의 행동관리계획을 세울 때 사용하는 6가지 일반 단계를 개략적으로 다루고 있다. 이 장의 마지막 부분은 학생의 도전적인 행동—신체적인 폭력, 수동적인 공격, 사고장애—에 대한 구체적인 행동수정을 논의하였다.

제6장 '발달 촉진을 위한 행동관리전략' 은 훈육문제와 잘못된 행동을 예방하는 방법으로서 참여의 중요성, 선택적 무시의 사용과 대안 제공, 탈개별화 그리고 이전의 성공을 회상하는 전략들에 대한 논의로 시작하였다. 나머지 부분은 긍정적인 피드백과 칭찬, 자료로써 동기화하기, 구조, 재지시, 반영, 해석, 성인과의 언어적 상호작용, 규칙, 생활중심중재(Life Space Intervention), 성인에 의한 자료의 통제 그리고 신체적 근접성 등 가장 자주 사용되는 행동관리전략들을 개관하고 있다. 또한 각 전략을 다섯 단계에서 요구되는 수정안과 함께 정의하고 제시하였다. 자주 사용되지 않고 주로 심각한 행동문제를 가진 학생들에게 일차적으로 적용되는 4가지 전략, 즉 직면, 물리적 중재, 교실에서 이탈시키기 그리고 교실에서 집단으로부터 이탈시키기가 추가되었다. 이러한 전략의 사용 방법을 설명하고 발달의 특정 단계에서 이를 특별히 적용하거나 적용하지 않는 이유에 대하여 발달적인 근거를 제공하였다.

제7장 '성인은 변화의 매개자' 는 성인들의 기술에 강조를 둔다. 도전적인 행동을 하는 아동들과 함께하는 것은 힘든 일이고, 능력은 항상 쉽게 발달되는 것이 아니다. 성인들은 자기점검, 개별적 관찰 그리고 수행에 대한 피드백을 통해 발달적 치료-발달적 교수를 숙련되

게 사용할 수 있다. **발달적치료/교사기술평정척도**(DT/RITS, Developmental Therapy Rating Inventory of Teacher Skills)는 전문가와 준전문가가 그들의 기술 습득을 점검하는 데 사용된다. 발달의 첫 네 단계에 있는 아동에게 사용할 수 있도록 분리되어 있는 이 도구는 학령기 이전부터 고등학교까지 활용될 수 있다. 이 장에서는 성인들이 빨리 습득하는 것으로 밝혀진 기술과 1년간의 직원개발 기간 동안에 숙달하기에는 너무 어려워 보이는 기술에 대한 최근의 연구도 요약하였다.

마지막 5개 장은 '각 단계에 대한 장' 들이다. 여기에서 사회-정서적 발달의 다섯 단계에 있는 아동에 대한 발달적 치료-발달적 교수를 사용하는 방법을 세부적으로 기술하였다. 또한 아동에게 어떤 장면에서 프로그램이 제공되든 간에 성인이 개개 아동의 고유한 특성에 맞는 개별화된 프로그램에 초점을 맞출 수 있도록 하였다. 각 장은 한 단계에만 초점을 두었고, 각 단계의 사회-정서적 목적을 성취하기 위한 의도에서 앞 장에서 제시된 원리들의 구체적인 적용에 대하여 제시하였다. 각 단계들을 순차적으로 제시하면 아래와 같다.

- 1단계: 환경에 즐겁게 반응하기
- 2단계: 환경에 성공적으로 반응하기
- 3단계: 집단에 성공적으로 참여하는 기술 익히기
- 4단계: 집단이 하는 일에 정력을 쏟기
- 5단계: 새로운 상황에 개인 및 집단 기술을 적용하기

각 단계의 사회적이고 정서적인 특징의 핵심을 고찰하였다. 특별한 단원 주제, 쉬는 시간, 활동들 그리고 자료들이 기술되었다. 단계에 적절한 성인들의 역할과 역할을 효과적으로 전달하는 전략들을 개관하였다. 각 장의 말미에 교육과정을 요약하였고, 각 발달 단계의 핵심 개념을 적용해 보는 연습을 위해 전형적인 상황을 제공하였다.

부록에는 분량이 지나치게 많아 본문에는 넣지 못했던 발달적 치료-발달적 교수를 자신의 프로그램에 활용하는 데 필수적인 자료를 포함하였다. [부록 1]은 지난 30년간의 발달적 치료-발달적 교수에 대한 출판물 목록이다. 이는 각 주제와 주제 영역 내에서 연대기 순으로 배열되어 있다. [부록 2]는 전문가와 준전문가들이 자신의 수행을 평정하는 데 사용할 수 있는 4가지 도구를 포함하고 있다(발달적치료/교사기술평정척도). [부록 3]은 발달적 치료를 활용하는 프로그램에서 높은 수준의 수행을 지원하는 요소인 **발달적치료행정지원목록표**(Developmental Therapy Administrative Support Checklist)를 제공한다. [부록 4]에는 내용 타당도를 확립하기 위해 수행된 이론적 내용 분석이 포함되었다. 이 표들은 사회-정서적 발달의 궤적뿐

만 아니라 발달적 치료-발달적 교수에 포함된 4가지 주요 발달 체계들 각각을 구성하는 핵심과정들을 개괄해 준다. [부록 5]는 5가지 교육과정 단계들에 적용된 동기 이론들의 색인이며, [부록 6]은 발달적 치료-발달적 교수 프로그램에서 학생들의 향상을 평가한 2가지 연구에서 얻은 자료 표들을 제공하고 있다. 이에는 발달적 치료-발달적 교수 직원개발 프로그램에 참가한 성인들의 기술 습득에 대한 연구에서 얻은 자료 표도 포함되어 있다.

이 책에서 사용된 용어에 대하여 언급해야 할 부분이 있다. 사회적 기술, 정서적 능력 및 반응적 행동을 학습하기 위해 도움이 필요한 모든 연령의 대상을 지칭할 때 학생 또는 아동이란 용어를 상호 혼용하였다. 때로 발달적 치료-발달적 교수를 적용할 학생이 없는 상황에 있는 성인도 있을 수 있다. 그러나 전체를 통하여 어떤 방법으로든 아동 및 청소년과 함께 일하는 부모, 교사, 조력자, 임상사, 코치, 개별 사회사업가 및 개인 교사를 포함하여 성인이라는 일반 용어를 사용하였다.

우리가 이러한 접근을 **교육과정**으로 언급하고 있음을 자주 발견하게 될 것이다. 그것은 학습의 과정을 의미하는 용어며, 사회-정서적 발달과 책임 있는 행동은 서로 다른 학습 경로를 가지고 있음을 확신하므로 그렇게 하였다. **발달적 치료**라는 용어는 심각한 사회적, 정서적 혹은 행동적 장애 때문에 특별한 요구가 있는 학생들에게 이 교육과정을 특별하게 적용함을 의미하는 약어다. 이 접근에 함축된 의미는 집중적인 중재가 덜 필요한 아동에게 발달적 치료는 **발달적 교수**라는 믿음이다. 두 용어는 모두 아동과 청소년들의 사회-정서적 능력과 행동에 대한 책임감을 기르기 위하여 설계된 교육과정은 **행동하기, 말하기, 돌보기** 그리고 **생각하기**를 기초로 한다는 생각에 근거하고 있다.

영유아, 아동 및 10대들의 복지 증진을 위해 이론과 연구 결과를 최근의 실제에 확장하는 이러한 노력은 한 개인의 힘으로 성취될 수 없다. 이 최신 개정판도 예외가 아니다. 아동 및 청소년과 직접 작업하는 지속적이고 초점적인 많은 노력이 계속해서 요구되었다. 위스콘신 대학교 화이트-워터 캠퍼스에 근무하는 Barbara Reid 및 Mary Bross Weinlein과 조지아 주 아테네 시의 루틀랜드 심리교육 프로그램(Rutland Psychoeducational Program)에서 일하는 Diane Weller와 Carolyn Combs는 교사 양성 부분을 지속적으로 이끌고 있다. 1단계와 2단계에 있는 유아들과 작업하는 메릴랜드 주의 Betty Martin, 미시간 주의 Anna Leigh Kubbe, 워싱턴 주 캐네윅의 Phyllis Busch, 미네소타 주의 Vicky Grove의 재능 있는 시범 교수는 10년 이상 이러한 노력에 심오하고 새로운 통찰력을 제공하였다. Bonnie McCarty와 Andrea Gillen의 탁월한 시범 교수는 3, 4, 5단계에 있는 학령기 아동과 10대들에 대한 적용에 있어서 우리의 이해를 넓혀 주었다. 이러한 뛰어난 사람들에 의한 현장 작업과 사려 깊은 평가는 발달적 치료-발달적 교수의 폭넓은 새로운 적용을 위하여 이를 다듬는 데 많은 도움을 주었다.

조지아 주에는 많은 초창기 직원이 교체되었음에도 불구하고 아테네 시의 발달치료 연구소(Developmental Therapy Institute)와 긴밀한 협조를 계속하는 몇 개의 심리교육 프로그램이 있다. 우리는 특히 동료 간의 협력과 직원 훈련을 통한 전문가 교환의 기회를 제공해 준 이 프로그램들의 지도자로 George Andors, Dan Burns, Robert Gordon, Robert Jacob, Juanda Ponsell 그리고 Larry Weiner에게 감사한다. 버진 아일랜드 주 유아특수교육 분야의 주(州) 조정자인 Wanda Hamilton은 문화적 다양성에 초점을 둔 상호교류에 몇 년 동안 동참하고 있다. 독일에서 우리는 Marita Bergsson 및 그녀의 특수학교 직원들과 함께 발달적 치료-발달적 교수의 횡문화적 이용에 관한 아주 흥미로운 새로운 적용을 하고 있다.

아테네 시에 있는 발달치료 연구소의 연구원들은 가정에 더욱 가까이 접근하여 우리의 연구와 훈련에 대한 노력을 국가적으로 그리고 국제적으로 지속하고 있다. Julie Hendrick과 Esin Esendal은 영유아의 부모들이 이 교육과정을 사용할 수 있도록 가정 프로그램에 독창적으로 초점을 두어 왔다. 그들은 또한 통합 장면에서 유아특수교육을 제공하는 데도 이 모델을 적용해 왔다. Carrie Rowland는 우리의 훈련에 사용할 수 있는 여러 가지 새로운 시각적 도구들을 고안하고 생산하는 데 도움을 주었다. 이 원고는 아테네 시에 거주하는 Betty Delorme의 주의 깊은 읽기, 통찰력 그리고 격려가 없었다면 결코 완성되지 못했을 것이다. 그녀는 초안들을 읽고 또 읽어 모든 연령대의 아동들을 위한 방과후 프로그램에서의 적용점을 발견하였다. 뒤표지의 학교 사진은 아테네 시에 있는 맥클루어 스튜디오(McClure Studio)의 Dan McClure가 찍었다. 원고를 돋보이게 한 매혹적인 스케치는 각 발달단계에 있는 아동과 10대들의 정수(essence)를 전달하는 방법을 알고 있는 10세 된 Elizabeth Hancock의 독창적인 작업이다. 텍사스 주 오스틴 시의 Helen Hyams의 가치를 따질 수 없는 편집 기술과 편집진 및 PRO-ED 출판사 직원들의 협조가 이 책의 결실을 보게 하였다.

책의 말미에 우리는 초판과 두 번째 판에 쓴 감사의 글을 포함시켰는데, 발달적 치료-발달적 교수는 수백 명의 사람들이 오랜 기간 노력한 결과이기 때문이다. 그들의 기여가 크든 작든 각각의 노력은 필수적이었다. 그들의 기여에 다시 한 번 감사하지 않을 수 없다. 지난 25년 동안 우리와 함께 일해 온 수많은 교사, 부모 및 학생과 그들의 노력은 우리의 노력을 가늠할 수 없을 만큼 풍성하게 만들어 주었다.

차 례

제 II 부 출생부터 10대까지의 교육과정 실제

제7장 성인은 변화의 매개자 / 225

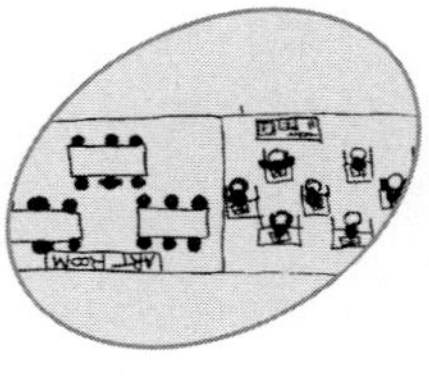

제 III 부 1단계부터 5단계까지

제8장 단계 1: 환경에 즐겁게 반응하기 / 265

제9장 단계 2: 환경에 성공적으로 반응하기 / 305

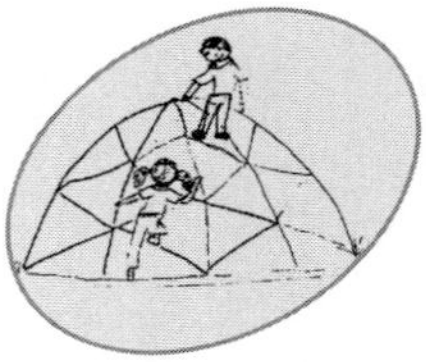

제10장 단계 3: 집단에 성공적으로 참여하는 기술 익히기 / 349

들어가기에 앞서

발달적 치료-발달적 교수 교육과정은 아동과 10대들의 사회-정서적 발달과 책임감 발달을 안내하기 위한 기본적인 틀을 제공한다. 이 교육과정은 현재 아동의 사회적, 정서적 그리고 행동적 상태와 구체적인 목적, 목표, 행동관리전략, 교육과정 자료, 활동 및 평가 과정을 구조화시킨 것이다. 또한 아동의 발달을 촉진시킬 수 있는 성인의 구체적인 역할을 밝히고 있다. 이 교육과정은 아동과 16세까지의 청소년들의 사회적, 정서적 그리고 행동적 발달을 순차적으로 확대하고 있다.

교육과정은 네 영역으로 이루어져 있다. 즉, 행동하기, 말하기, 돌보기, 생각하기와 관련하여 행동, 의사소통, 사회화, 학업(전)/인지 영역으로 구성되어 있다. 사회-정서적 능력과 책임감의 발달적 순서에 따라 4가지 영역의 구체적인 교수목표들이 결정된다. 아동과 청소년의 사회심리학적 발달을 다섯 단계로 구분하고 각 학생들을 위한 장·단기 프로그램의 목적이 이러한 순서에 따라 제안되고 정의되었다. 유아기, 학령기, 그리고 청소년기 아동들에 대한 구체적인 적용을 위해 교육과정 활동, 환경 그리고 중재전략을 자세하게 제공하고 있다. 이 교육과정은 또한 성인들이 사용할 전략의 유형과 다양한 발달 단계에 있는 아동과 청소년들에게 필수적인 성인 역할모델에 대해서도 기술하고 있다.

3가지 측정 도구들은 교육과정의 접근방법에 추가적인 요소들을 제공한다. 발달교육목표평정지(개정판)는 여러 단계에서 아동의 사회-정서적 성장의 프로파일을 얻는 데 사용된다. 이것은 또한 학생의 개별화 교육프로그램(IEP), 개별화 가족지원계획(IFSP) 또는 개별화 전이계획(ITP)에서 사회-정서적 능력의 목표를 규정하며, 진전을 평가하는 데 사용된다. 발달적치료/교사기술평정척도(The Developmental Therapy Rating Inventory of Teacher Skills, DT/RITS)는 성인에게 필요한 기술 습득을 측정하는 데 사용된다. 마지막으로 행정지원목록표(Administrative Support Checklist)는 양질의 프로그램을 지속해 가는 데 필요한 행정적 지원의 질을 사정한다.

제I부 발달적 치료-발달적 교수의 이론적 기초

CHAPTER 1

현대 아동의 사회적 능력에 대한 이해

소속감, 숙달감, 독립심, 자애심이 없으면 의욕은 없고 낙담만 있을 것이다.
낙담은 의욕이 없는 것이다. 의욕이 발생되는 흐름이 깨지면,
아이들의 삶도 더 이상 조화와 균형을 유지할 수 없다.

– L. K. Brendro, M. Brokenleg, & Van Bockern, 1990, p. 46 –

심리사회적 스트레스: 전국적으로 확산

사회 및 가족생활이 심각하게 변하고 있다. 산업 국가 중에서 미국은 신생아 사망률과 살인율이 가장 높으며, 술, 코카인 중독 또는 HIV 감염으로 인해 장애를 갖고 태어나는 신생아의 비율이 계속 증가하고 있다. 아이들은 자신을 보호하기 위해 학교에 총을 가져간다. 아동학대, 아동폭력, 청소년 자살, 아동과 10대들의 임신, 아동들의 약물남용 그리고 아동 살인자에 대한 뉴스가 일상적으로 보도되고 있다. 지역사회 내 폭력은 생활의 한 일면이 되어 버렸다. 이와 관련된 미국 내 통계수치의 예는 다음과 같다(Children' s Defense Fund, 1994).

- 매일 밤 10만 명의 아동들이 돌아갈 집이 없다.
- 학대받거나 방임된 아동이 1992년에 약 29만 명으로 보고되었다.
- 정서장애 아동이 약 300만 명이다.
- 부모와 떨어져 친척과 살고 있는 아동들이 100만 명 이상이다.
- 이틀마다 약 25명의 아동들이 총에 맞아 죽는다.
- 유치원에 다니는 유아들은 평균적으로 TV를 통해 살인 장면을 수천 번 본다.

아동보호기금(Children' s Defense Fund, 1994, p. xvi)에서는 미국 내 아동들의 이러한 실정을 "미국식 가치, 상식 그리고 아동들을 보호하고 양육해야 하는 부모와 지역사회의 책임이 전체적으로 붕괴됨"이라고 기술하고 있다. 미국은 문제 가족과 위기에 처한 아동들의 국가다. 대부분의 아동발달 전문가들은 현대 아동들의 사회적, 정서적, 행동적 발달이 심각하게 지체되거나 왜곡될 위험이 매우 높다고 믿고 있다. 폭력과 소외가 만연된 환경은 아동과 청소년들에게 매우 강력한 부정적인 모델을 제시하고 있다. 더 나아가 미국 내 대부분의 아동들은 직장에 다니는 편모 슬하에서 빈곤하게 살고 있다. 빈곤은 신체적으로나 심리적으로 아동들의 삶의 질에 영향을 주며, 약물 남용은 이미 취약해진 그들의 능력과 결부되어 더욱 좋지 않은 영향을 미친다.

10대 부모들의 높은 출산율은 위기에 처한 10대가 심각한 위기에 처할 또 다른 아동을 갖게 되었음을 의미한다. 어린 부모들은 일반적으로 그들 자신의 발달적 욕구를 갖고 있으며 부모로서 주어야 할 보살핌을 제공하지 못한다. 어린 10대 부모들은 흔히 유아나 걸음마기 아이가 심리적으로 건강하게 발달하기 위해 필요한 것을 제공해 줄 수가 없다. 그리고 학대받거나 유기된 아동은 학대하는 부모가 된다. 또한 많은 10대와 젊은이들은 자신들의 역할 모델과 행동 지침에 대한 정보를 TV를 통해서 얻는다. TV 내용으로 폭력 장면이 가장 많다. 결과적으로 어떤 사람이 되고, 어떻게 행동하며, 대인관계를 어떻게 형성하고, 개인적인 문

〈표 1-1〉 발달 경로에 따른 문제행동의 수준

발달 경로: ~에서	중간 수준의 문제 ~에서 ~으로	심각한 문제
사고하기	이해하지 않고 실수하며, 노력하지 않음	뒤죽박죽이 되어 학습이 되지 않음
참여하기	놀거나 기여하기보다는 쳐다보고 있음	참가 회피나 거부 혹은 파괴적이거나 비조직적인 활동에 참여
의사소통하기	별로 말을 하지 않음	말을 못하거나 하지 않음, 억지를 부리거나 공격적으로 말함
친구만들기	혼자 놀기	고립되거나 피해자가 됨
성인과 관계맺기	성인과 서먹서먹함	무시, 회피, 반항
충동 조절하기	떼쓰기	격분, 타인에 대한 신체적 공격, 물건 부수기
기대 충족시키기	지시를 따르지 않음	아기처럼 행동함

제를 어떻게 해결하며, 스트레스를 어떻게 극복할 것인가에 관한 심리적인 메시지로 파괴적인 것들을 많이 접하게 된다. 문제는 작은 것에서 시작되지만 도움이 없으면 심각해진다. 〈표 1-1〉은 문제행동의 발달을 보여 준다.

우리는 무엇을 하고 있으며 어디로 가고 있는가?

성인들은 아동들이 안전하게 발달할 수 있는 심리적, 사회적 상황을 마련해 주지 못하여 왔다. 아동과 청소년들을 보호하고 통제하며 방어해 주려는 노력은 하지 않고 자신들의 일에 빠져 있다. 대중음악, TV, 광고, 뉴스, 영화, 책, 패션, 오락, 포르노 그래픽 및 예술 속으로 아이들을 몰아세우면서 소외, 폭력, 슬픔을 경험하게 하였다. 자신들의 일에 너무 몰입해 있어서 아이들을 정서적으로 지지해 주지 못하고 있다. 그리고 성인 생활에 끊임없이 노출되고 있는 아이들이 그러한 경험들을 그냥 흘려보낼 것이라고 생각하고 있다. 그 결과 심리적으로 복잡하고 예측 불가능하며, 정서적인 지지가 없고 성인 지향적인 사회 속에서 자라고 있는 세대들은 스트레스를 받고 걱정을 하며 살아간다. 이러한 문제가 만연되어 이젠 사회 전체에 전염병처럼 퍼져 있다. 인종, 경제수준, 성격, 지적 수준과 관계없이 미국 내 모든 아동과 가족들은 이러한 영향을 받고 있다(Rogers & Ginzberg, 1992).

아동의 성격 기저가 유아기와 아동 초기 동안 형성된다는 점이나 일상생활 속에서 성인 및 또래와의 경험이 아동의 행동 특성에 영향을 준다는 사실은 교육을 받은 사람이라면 모두 알고 있다(Parke, Burks, Carson, Neville, & Boyum, 1994). 광범위하게 이루어진 연구를 통해서 대인 간 기술이란 자신 및 타인에게 책임을 지는 것으로 밝혀졌다. 도덕적 판단, 사회적 지식, 공감, 이타주의와 함께 양심도 일찍 발달되며, 이러한 태도들은 문명화되고 고상한 인간상의 필수적 요인이다. 그러나 교육자, 정치가, 법을 집행하는 공무원 그리고 부모들은 TV나 책자를 통해 책임감 있는 아동으로 기르지 못하고 있음을 애석해하며, 이에 대한 우려를 봇물처럼 쏟아 내고 있다. 알고 있으면서도 그러한 지식을 사회적으로 폭넓게 실현시키지 못하고 있다.

사회적이고 심리적인 병리에 대한 많은 해결책이 국가 차원에서 제시되어 왔지만, 매일매일 아동을 양육하고 있는 성인들은 당면 과제에 급급해한다. 학교에서, 다른 사람과의 관계에서 그리고 미래의 직장에서 아동이 성공할지의 여부는 성장과정에서 성인들과 경험한 것에 좌우된다. 사회적 능력을 발달시키고 정서적 안정을 얻게 하기 위해서는 친사회적 행동, 책임감 그리고 사회적 능력을 요구하는 사회적 상호작용과 경험에 노출시키는 방법을 알아야 한다. 어떤 아동이 되는가는 그 아동이 경험한 것에 좌우된다. 일상적인 사건에 대한 일상적인 반응을 통해서 아동의 사회적, 정서적, 동기적 특성이 형성된다. 이러한 특성들은 다시 일반적인 사회적 능력, 개인적 책임감 그리고 학습 능력에 영향을 미친다. 요약하면 아동이 어떻게 행동하고 말하며 느끼고 관계를 맺고 생각하느냐가 바로 그들의 미래를 만든다.

아동이 사회적으로나 정서적으로 성숙하려면, 이러한 인간 발달의 필수적인 측면을 기르는 경험을 해야 하며 해로운 경험은 없애야 한다. 1994년 의회 연설에서 클린턴 대통령은 사회가 아동, 특히 미래가 없는 아동들을 도와 좀 더 나은 내일로 갈 수 있도록 해야 한다는 감명적인 기도를 하였다. 아동보호기금(1994, p. xviii)은 '소외된 아동이 없도록' 하는 노력을 추가하였다. 이러한 움직임에 따라 미국 의회는 'Gold 2000', 즉 Educate America Act(1994)를 제정하였다. 1995년 Head Start Program Performance Standards(p. 1)에서도 역시 프로그램의 우선순위를 '저소득층 아동들의 사회적 능력 증진' 에 두었으며, 이는 '모든 아동들은 그들만의 특정한 욕구를 가지고 있으며, 특히 저소득층 아동들은 이러한 욕구를 충족시키기 위해 개발된 통합적인 발달 프로그램의 혜택을 받을 수 있어야 한다는 입장' 을 기초로 한다. 미국이 자국의 아동들에 대한 책임감을 자각하기 시작했다는 것은 의심의 여지가 없다. 그러나 부모로서, 교사로서 그리고 기타 아동을 돕는 성인으로서 이러한 추세를 알아야 한다. 성인은 중요한 역할모델이며, 아동의 주된 정서적 지지의 근원이다. 스트레스가 아동들에게 미치는 파괴적 영향을 완화시켜야 한다. 일상생활에서의 압박과 역경을 성공적으로 극복할 수 있는 능력을 강화시킬 기술이 필요하다. 일상의 일들에 대해 아동들이 분명히 이해하고 안심할 수 있도록 해야 한다. 이는 민감성, 욕구에 대한 인식, 발달과정에 대한 이해 그리고 반응하고 가르치며 문제를 건설적으로 해결하는 기술 등을 통해 길러진다. 이를 통해 타인에 대한 믿음과 자신감을 갖춘 책임감 있는 아동으로 자라게 된다. 아동과 젊은이들을 지도할 책임이 가족에게 국한되지 않고 교사, 보육교사, 양육 공동체에게도 있다는 인식에서 이 책에서는 아동과 청소년의 사회-정서적 능력 발달을 촉진시키기 위한 지식과 기술을 중점적으로 다루었다.

심각한 행동 문제를 지닌 아동들의 사회-정서적 발달 촉진에 대한 성인들의 책임

사회적, 정서적, 행동적 문제를 지닌 아동과 청소년들에 대한 임무는 무엇이라고 생각하는가? 그 대답은 분명하면서도 복잡한 것 같다. '사회적 존재로서 다른 사람들과 원만하게 지내도록 돕는 것' 이라고 간단히 요약할 수 있으나 이 임무를 수행하기 위해서는 성공적인 사회적, 의사소통적, 행동적 기술들을 체계적이고 위계적으로 가르쳐야 한다. 문제를 지닌 아동과 청소년들이 배워야 할 점은 타인의 사회적 행동을 이해하는 것, 타인으로부터 긍정적인 반응을 얻어 내는 방법으로 자신의 욕구와 의도를 표현하는 것이다. 아동에게 중요한 성인은 사회학습 과정의 일부분이 된다(Greenspan, 1992; Holland, 1991). 가치 있는 것을 분명히 알려 주고 건설적인 역할 모델을 보여 줄 성인이 아동에게 필요하다. 성인의 특성 자체가 아동의 성장을 촉진하거나 혹은 방해할 수 있다. 이러한 과제가 쉬운 것은 아니다. '미래가 없는' 것처럼 보이는 아동과 함께하는 과정을 생각해 보라(〈표 1-2〉 참조).

그러한 아동들은 사회적 능력을 증진할 필요가 있다. 그러한 아동들의 행동은 그들을 돌보는 사람들의 사회적 규범과 기대를 위반한 것이다. 사람들과의 상호작용을 피하기도 하고, 일반적인 사회적 접촉에서 거부되거나 제외되는 아동이 있다. 또 어떤 아동은 타인의 탈선을 수용함으로써 인정받으려고 한다. 또 다른 경우로는 가까운 사람들을 지나치게 파괴하고 괴롭히는 행동을 하거나, 자기 파괴적인 행동으로 자신의 능력을 다 발휘하지 않기도 한다. 어떤 형태로 비효율적인 행동을 하든지 간에 가장 우선적으로 배워야 할 중요한 점은 다른 사람들과 성공적으로 의사소통하며 살아가는 것이다.

〈표 1-2〉 아동들의 앞날은?

학생	나이	관찰 내용
Ann	3	2시간 동안 46번 깨물음, 말을 하지 않음.
Edward	5	다른 활동을 하게 할 때마다 소리 지르고 몸이 굳어짐, 말을 하지 않음.
Arthur	7	선택적 함묵, 성폭행에서 보호하기 위해 작은 의자를 몸 뒤로 끌고 다님.
Plilip	9	선생님에게 '제가 청소년 군대를 통솔해요. 선생님은 극기 훈련을 통과할 수 없어요.'
Cathy	10	선생님에게 '그 애를 내게서 멀리 떼어 놓지 않으면 그 앨 죽일 거예요!'
Tony	11	IQ가 높은 학생이 선생님에게 '이 병에다 화학 약품을 넣었어요. 이 병을 흔들면 폭발해서 선생님은 날라 갈 거예요.'
Estelle	15	선생님에게 '선생님을 사랑하는 사람이 아무도 없다면 기분이 어떠실 것 같으세요?'
Daniel	17	자서전을 마치고 나서 '삶을 되돌아본다는 것은 차에 치여 도랑에 빠져 죽은 강아지를 집어 올리는 것과 같아요.'

아동의 행동은 자기 자신의 느낌 및 주변세계에 대한 반응으로서 연령과 문화 그리고 사회, 정서, 행동 발달 단계에 따라 다양하게 나타난다. 행동에는 발달적 차이가 있으며, 그러한 차이는 연령 증가에 따라 더욱 복잡해진다. 아동은 자신의 발달 수준에 따른 언어적, 비언어적 시도를 통해 의사소통을 한다. 행동은 자기 내면의 감정에 대한 상징적 표현이며 매우 복잡한 것으로서 자신을 돌보고 가르치는 성인에게 많은 영향을 받는다. 요약하면 아동은 자신이 할 수 있는 최선의 방식으로 자신의 사회적 환경, 즉 자신의 삶에서 중요한 사람들, 기대 그리고 경험에 대한 자신의 생각과 느낌을 표현한다.

규칙적인 학교 환경에 적응하기 가장 어려워하는 아동은 사회적, 정서적, 행동적 문제를 가진 아동들이다. 그들의 일상적이지 않은 행동이나 외모, 대응전략 때문에 그들을 만나는 성인들은 종종 당황해한다. 그들은 반응과 참여에 소극적이며 교육적 활동을 무시함으로써 교사와 부모를 자주 좌절시킨다. 그들은 이상한, 괴상한, 괴짜인, 게으른, 거친, 옆길로 샌, 제정신이 아닌, 상스러운 등과 같이 묘사된다. 일단 그렇게 명명되고 나면 그러한 일탈행동으로 인한 파장 때문에 주변의 성인들은 그들의 다른 측면인 건설적이고 수용할 만한 긍정적인 특성에 대해서는 간과할 수 있다. 타인들의 그러한 태도는 아동으로 하여금 자신을 할 수 없는 사람으로 지각하게 만든다. 반대로 다른 사람들과 성공적인 관계를 경험하게 되면 성공할 수 있는 사람으로서의 정체감이 강화된다.

오늘날의 부모와 교사는 다음의 2가지 대립적인 목표를 가장 빈번히 언급한다. 어떤 부모와 학교 행정가들은 '아이들이 뒤처지지 않도록' 하거나 '다른 아이들이 할 수 있는 것을 할 수 없어서 아이들이 수치심을 느끼는 것을 바라지 않기 때문에' 교사가 학업을 강조해 주었으면 한다. 이와는 상반되게 다른 부모와 행정가들은 교사가 '아이의 행동을 다듬어서 다른 아이들에게 방해가 되지 않도록' 해야 한다고 주장한다. 그러나 경험 있는 교육자들은 목표를 어디에 두든지 간에 이 아이들에게는 다른 사람들과 어울리는 데 심각한 어려움이 있음을 안다. 교사들 역시 이 아이들의 표출 행동 이면에 내재되어 있는 강한 정서가 바람직하게 행동하고 학습할 수 있는 능력을 방해하고 있음을 안다. 정서는 행동의 에너지원이며 학업 증진을 가로막고 타인과의 관계를 왜곡시킨다. 교육가와 부모로서, 우리는 이러한 역동적인 사회적, 정서적 영향으로부터 등을 돌릴 수 없다. 이는 학습과정의 핵심이며 무시한다고 정말 사라지는 것이 아니다. 그러한 아이들도 잠재력을 갖고 있으며, 따라서 사회화되어 자신의 행동과 느낌을 생각하고 조절하며, 효과적으로 의사소통하고 자신의 욕구와 타인의 기대를 중재할 수 있도록 가르칠 수 있다. 그러한 아이들이 개인적 책임감과 사회-정서적 능력을 얻으려면, 의미 있는 성인과 또래와의 성공적인 관계뿐 아니라 적절한 대인 모델과 집단 모델이 있어야 한다.

발달적 치료-발달적 교수의 기초

이 책에서는 모든 아동들을 위한 시대적 관심에 초점을 둔다. 즉, 유아와 아동, 10대의 삶을 이끌어 가는 성인의 지식과 기술을 확장하고 증진시키고자 한다. 이러한 목적을 위해 이 책에서는 여러 다양한 상황에서 발달적 치료-발달적 교수의 교육과정을 적용하여 아동의 사회-정서적 능력을 발달시키는 방안에 대해 상세히 기술하고 있다.

먼저 발달적 치료-발달적 교수에 대한 기본적인 이해를 돕기 위해 이 접근을 처음 접하는 사람들이 자주 던지는 질문에 관해 기술하였다.

발달적 치료-발달적 교수란 무엇인가?

발달적 치료-발달적 교수란 사회-정서적 능력의 증진이 필요한 모든 연령의 아동들을 위한 교육과정이다. 발달적 치료는 심각한 사회적, 정서적, 행동적 어려움으로 인해 체계적, 치료적 중재가 필요한 아동들에게 적용되는 구조화된 중재방안이다. 발달적 교수란 발달적 치료보다는 개입이나 구조화의 강도가 적은 중재방안이다. 발달적 교수는 모든 아동과 청소년을 대상으로 사회-정서적 능력과 자신의 행동에 책임을 지는 자세를 길러 주기 위해 개발되었다.

일반 학생이나 심각한 어려움을 지니고 있는 학생 모두에게 교육과정을 적용하기 위하여 핵심적인 사회적 능력의 발달 순서에 따라 교수 목적과 목표를 순차적으로 계열화하였다([그림 1-1] 참조). 이는 사회, 정서, 인지, 의사소통 그리고 행동 발달에 관한 연구와 이론을 통합적으로 적용한 방안이다. 이러한 방안은 인간의 성격과 발달 과정에 대한 방대하고 복잡한 지식을 지나치게 단순화시킬 위험도 있다. 그러나 이 교육과정은 다음의 2가지 관점을 기초로 한다. 첫째, 아동과 청소년의 성격 발달은 예측 가능성이 높고 위계적인 연계에 따라 이루어진다. 둘째, 환경은 발달에 깊은 영향을 준다. 이러한 2가지 기본 원리의 파급 효과는 잘못 해석되거나 무시되어 왔다. 학교가 효율적이기 위해서는 성격 발달과 학습 성취에 긍정적인 환경과 경험들을 제공해야만 한다. 이러한 경험들을 모든 아동과 청소년에게 제공하기 위해서는 발달적 지향이 필수적이다. 이러한 과정을 통해 사회-정서적 능력과 책임지는 행동이 형성된다.

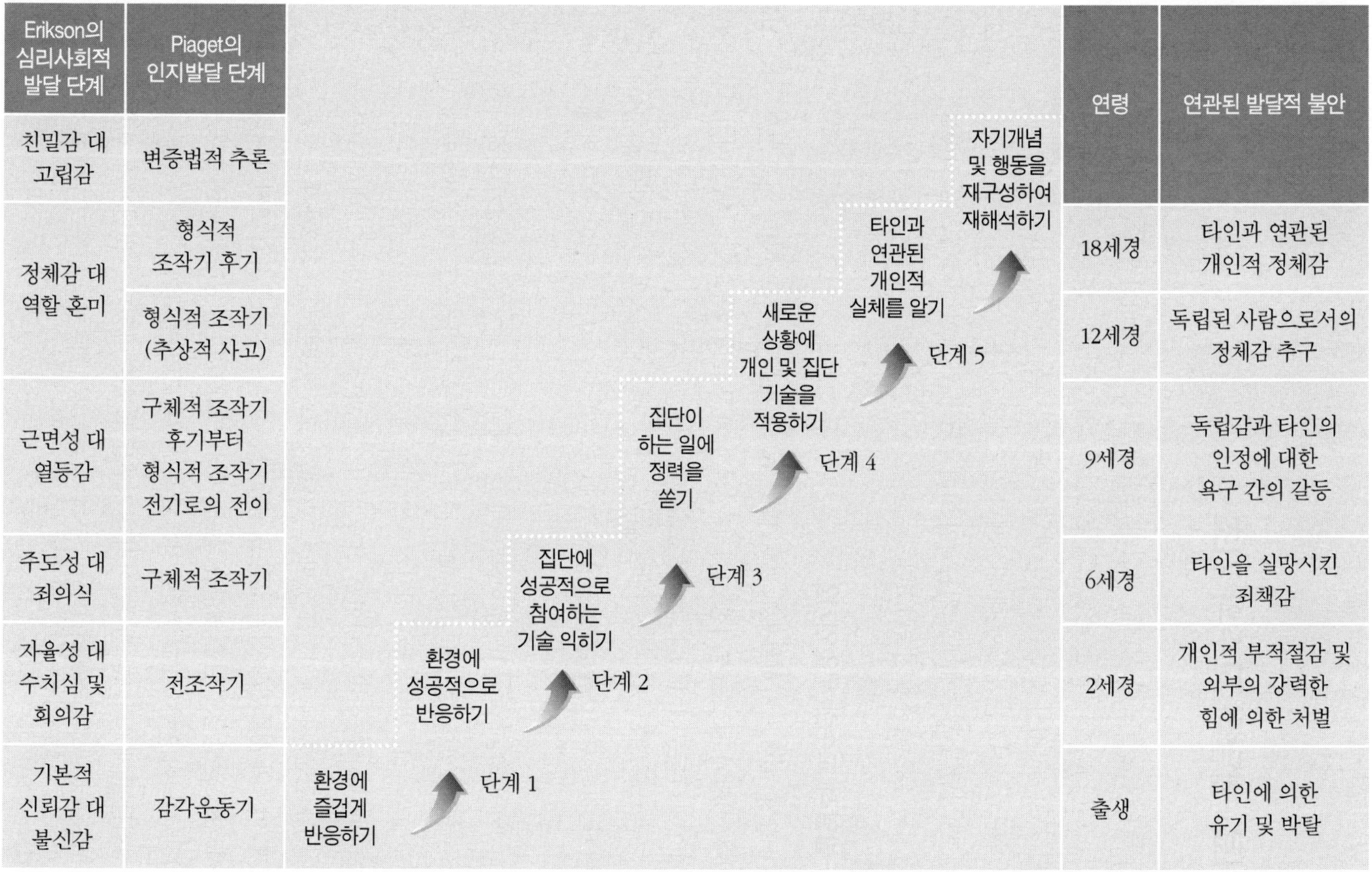

출처: 1~5 단계—Wood(1986). 청년기—Ivey(1986).

[그림 1-1] 사회-정서적 능력을 교수하기 위한 단계별 핵심 목적

사회-정서적 능력을 위한 발달적 치료-발달적 교수 접근에서는 대부분의 학생, 즉 연령이나 일탈 여부에 상관없이 점차적으로 복잡해지는 사회적 행동의 학습 순서에 따라 교육과정 내용과 교수전략을 선정할 것을 강조한다. 발달 순서는 발달에 따른 욕구 변화와 연령에 맞추어 발달을 증진시키는 방법을 알려 준다. 즉, 문제행동에 초점을 맞추기보다 사회적 능력과 정서적 성숙을 증진시키는 데 필요한 일련의 기술 촉진을 강조한다. 교육과정과 교수목표는 연령에 적합한 맥락 내에서 발달적으로 적합한 실제를 선정할 수 있도록 계열화된 적절한 지침을 제공한다. 이 접근은 활동, 자료, 행동관리전략을 각 학생의 연령, 기술 및 결손에 맞추어 개별 프로파일로 작성함으로써 학생의 동기유발 가능성을 높이는 프로그램을 제공할 수 있다.

이 교육과정은 계열화된 기술들을 포함하며 다섯 단계로 구분된다. 각 단계는 〈표 1-3〉에 제시된 단계별 특성 요약과 관련된 일련의 기술들로 구성된다. 또한 각 단계에 해당되는 학생들에게 전형적으로 필요한 경험과 활동, 자료, 행동 관리 등을 포함한다. 이러한 단계별 진전은 순차적인 사회-정서적 발달을 반영하는 일련의 교수 목표에 따라 이루어진다. 발달적 치료-발달적 교수의 목적과 목표는 이러한 단계별 기술들을 바탕으로 설정되며, 학생의 개별화 교육프로그램이나 개별화 가족지원계획, 개별화 전이계획 작성 시 사회-정서적 능력 영역의 목적과 목표로 활용된다(U.S. Department of Education, 1990). 이러한 단계와 목표들을 고려할 때, 학생의 사회-정서적 발달에 영향을 주고자 하는 성인(교사, 부모, 기타 다른 사람)은 단계에 따라 그 역할을 바꾸는 것이 필수적이다.

학생의 문화, 연령, 학교 배정은 발달적 치료-발달적 교수와 어떻게 관련되는가?

미국 외의 다른 문화권에서도 문제행동을 보이는 아동들에게 발달적 치료가 효과적인지에 대해 계속 연구되어 왔다. 몇몇 전문적인 국제 학회와 많은 비형식적 모임을 통해서 문제행동를 보이는 아동 간의 문화적 유사성 및 차이가 비교되어 왔다. 캐나다, 인디아, 독일, 네덜란드, 이탈리아, 뉴질랜드, 페루, 푸에르토리코, 스코틀랜드, 버진 아일랜드 그리고 퀘벡 등에서 발달적 치료에 대한 연구가 시범적 수준에서 이루어져 왔다. 미국 이외의 다른 문화권에서 발달적 치료-발달적 교수의 교육과정을 연구할 때는 그 문화권 내에서의 행동 기준이 필요하다. 이는 발달의 주요 지표를 숙달했는지 여부를 평가할 때 문화적인 차이를 고려하기 위함이다. 즉, 평가를 할 때 개인, 가족, 학교 및 공동체의 특정한 가치와 기대를 고려할 수 있게 된다.

발달적 치료 부분은 독일어, 중국어, 프랑스어, 스페인어 등 여러 나라에서 번역되어 왔다

〈표 1-3〉 발달적 치료-발달적 교수 교육과정의 단계별 요약

단계 1: 환경에 즐겁게 반응하기	
일반적인 특성:	반응하기 및 신뢰하기
성인의 역할:	자극을 주고 기본적인 욕구를 충족시켜 주기
기법:	신체적 접촉 및 만지기, 신체적인 중재, 학급에서 일상적으로 반복되는 일들을 구축하고 일관적으로 실시하기, 교사가 매체를 통제하기, 언어를 제한적으로 사용하기(어휘, 순서, 양)
중재:	지속적인 신체적 접촉, 돌보기, 자극하기
환경 및 경험:	일상적인 일들을 유지하기, 요구하기보다는 유혹하기, 자극하기, 감각활동을 자극하기
단계 2: 환경에 성공적으로 반응하기	
일반적인 특성:	개인적인 기술 배우기
성인의 역할:	동기유발자, 성공적인 결과를 가져오도록 기존의 문제해결전략을 재조정하기, 성공을 반영해 주기, 평가 기준을 예측하기
기법:	학급을 구조화하기, 일상적인 일들을 일관적으로 하기, 주교사와 지원교사 간에 긍정적으로 언어적인 상호작용을 하기, 신체적 및 언어적으로 수정하기, 제한을 유지하기, 행동/감정/성공을 반영하기
중재:	자주, 신체적/언어적으로, 지지하기
환경 및 경험:	구조화되고 성공적인 탐색, 자신감을 유발하는 활동 및 구성, 의사소통 활동과 협동 활동 시작하기, 간단한 집단 경험
단계 3: 집단에 성공적으로 참여하는 기술을 익히기	
일반적인 특성:	개인 기술을 집단 활동에 적용하기
성인의 역할:	집단에 참여하는 모델, 적절한 집단 상호작용을 자극하고 격려하기, 제한 및 집단의 기대를 확인하기, 행동/감정/진전을 반영하고 해석하기
기법:	재수정, 반영, 주교사와 보조교사 간의 언어적 상호작용, 개인적인 생활중심중재, 예측 가능한 구조와 기대, 감정의 반영, 빈번한 언어적 중재, 일관성
중재:	자주, 언어를 일차적으로, 집단에 초점 두기
환경 및 경험:	협동/공유/우정의 시작을 자극하는 집단 활동, 집단 진행과 기대에 초점 맞추기, 집단이 성공적으로 해결할 수 있는 실제 상황과 조건에 가능한 많이 접근하기
단계 4: 집단이 하는 일에 정력을 쏟기	
일반적인 특성:	자신이 속한 집단에 가치를 두기
성인의 역할:	집단 지도자, 상담자, 현실 반영자
기법:	감정/행동에 대한 해석, 개별/집단 생활중심중재, 현실 반영
중재:	간헐적, 실생활에 접근시키기
환경 및 경험:	실생활 지향적인 환경, 집단으로 이루어지는 활동/진행/기대, 조별 학습 경험, 역할극, 현장경험, 정상적인 경쟁심 강조
단계 5: 새로운 상황에 개인 및 집단 기술을 적용하기	
일반적인 특성:	일반화하기 및 가치 부여하기
성인의 역할:	상담자, 교사, 친구
기법:	일반적인 기대, 감정/행동/결과 간의 관계성
중재:	가끔
환경 및 경험:	일상적인 환경, 실생활 경험 나누기, 문제상황 해결지원, 독립심과 관련된 기술 형성

(Bergsson, 1993; Wu Jiajin, 1988; Cudich, Gonzalez, & Stinga, 1981; Alegria-Martin, 1975). 또한 미국 내 27개 주에서 이 교육과정이 적용되어 왔으며 인종, 종교, 성격, 사회경제적 지위, 장애 유무 그리고 도시나 농촌의 지리적 조건 등에 관계없이 모든 아동들에게 적용되어 왔다.

발달적 치료-발달적 교수 교육과정의 각 단계에 해당되는 연령 범위와 학년을 〈표 1-4〉에 제시하였다. 장애가 없는 영아나 걸음마기 아이는 생애 첫 18개월 동안 대체로 1단계의 목표를 완수한다. 발달하면서 점차 2단계의 목표 행동들이 나타나기 시작하여 대략 5~6세경, 즉 유치원 시기가 끝날 때 완수된다. 초등학교 1학년이 시작되는 시기인 6세경에 대부분의 아동은 3단계에서 필요한 사회적, 정서적 목표를 획득하기 시작하며, 3학년을 마치는 시점인 9세경에 3단계를 숙달한다. 4단계에는 초등학교 고학년 학생의 발달적 목표가 포함되며, 약 12세경에 끝난다. 청소년기 발달은 5단계 목표의 핵심으로 12~16세 사이에 숙달된다.

모든 아동은 일련의 발달지표를 숙달하면서 이러한 사회-정서적 성숙 단계를 거쳐 성장한다. 아동기를 순탄하게 보내는 경우 이러한 성장 과정은 상당히 예측 가능한 순서로 나타난다(Pianta & Nimetz, 1992). 발달적 치료에서는 각 아동의 발달적 진전을 통한 성취를 사정하기 위해 '발달교육목표평정지(개정판)'를 이용하며 이를 토대로 단계별 교수 목표를 정한다. 예를 들면 전형적인 발달을 보이는 4세 아동은 2단계 중간 정도까지의 발달교육목표평정지(개정판) 목표를 달성하고, 3, 4, 5단계의 목표는 숙달하지 못할 것이다. 8세가 되면 1, 2단계의 모든 목표와 3단계의 목표 중 많은 부분을 숙달할 것이다. 10세가 되면 처음 세 단계의 모든 목표를 숙달하고 4단계의 목표 숙달에 진입할 것이다. 12세라면 처음 네 단계의 거의 모든 목표를 완수하고 5단계를 시작할 것이다. 13세에는 마지막 단계 목표의 25%를 숙달하고, 15, 16세에는 5단계 목표의 70~80%를 숙달한다.

〈표 1-4〉 교육과정 단계별 전형적인 연령 및 학교 배치

교육과정 단계	발달 단계	연령범위(세)	학교 수준
1단계	영아기/걸음마기	0~2	영아/걸음마 프로그램
2단계	걸음마기/유아기	2~5	어린이집/유치원
3단계	학령전기	6~9	초등학교 저학년
4단계	학령후기	10~12	초등학교 고학년
5단계	청소년기	13~16	중, 고등학교

사회, 정서, 행동 문제가 생기면 이러한 연령-단계 간 상관관계는 지연될 수 있다. 장애가 발달에 영향을 주어서, 연령이나 장애의 정도에 따라 더 심각한 지체를 가져올 수 있다. [그림 1-2]는 이러한 누적효과를 보여 주는 것이다.

그래프의 맨 윗줄은 전형적인 사회-정서적 발달의 예측선이다. 대부분의 아동은 이러한 전반적 진전을 따른다. 중간선은 중간 정도의 사회적 혹은 정서적 장애를 가진 아동의 지체를 보여 준다. 중간 정도의 사회, 정서, 행동 문제를 지닌 아동은 3세경에는 1단계의 목적과 목표를 거의 숙달한 수준이나 6세가 되면 2단계의 목표를 절반 정도 숙달할 수 있다. 이 아동이 12세가 되면 3단계의 목적인 집단에 성공적으로 참여하는 기술을 익히는 것이 프로그램의 목적이 될 것이며, 이는 4단계의 거의 모든 목적과 목표를 숙달한 전형적인 또래보다 떨어진 수준이다. 이러한 차이는 청소년기까지 이어져 또래들은 5단계의 목적과 목표에 초점을 둘 때 이 아동은 4단계의 목표를 다루게 된다.

가장 극적인 격차는 [그림 1-2]의 가장 아래 선에서 분명해진다. 심각한 지체를 가진 아동, 예를 들면 농아, 맹아 혹은 심리적 장애나 심각한 정신적 지체, 주요 신경학적 역기능을 지닌 아동들로 이들은 자신들의 주요 장애와 더불어 종종 심각한 사회적, 정서적, 행동적 지체를 경험한다(Bailey & Wolery, 1992; Guralnick, 1990; Odom, McConnell, & McEvoy, 1992a). 그런

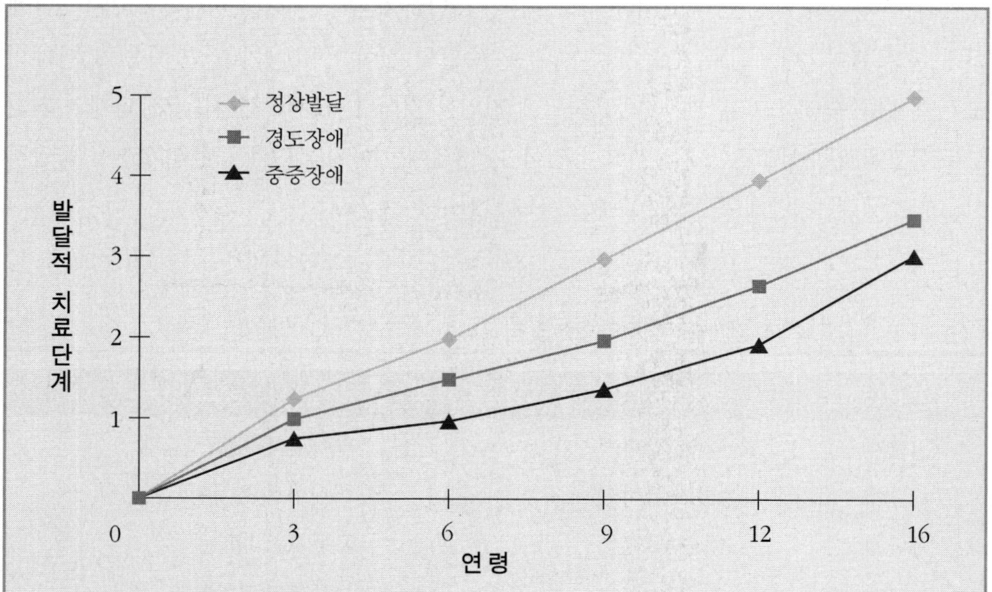

[그림 1-2] 발달장애의 누적 효과

중증 장애를 가진 아동은 3세경에 1단계 목표의 중간 수준까지도 숙달하기 어렵고 6세가 되어서야 1단계에 속한 가장 어려운 수준의 목표까지 숙달하게 된다. 12세경이 되면 2단계 중간 수준 이후의 목표까지 진전된다. 발달적 치료-발달적 교수는 장애의 유무에 관계없이 모든 아동과 청소년이 배우게 되는 사회적 기술을 지속적이고 점진적으로 학습시키고자 할 때 그 방향을 제시한다는 점에서 가치가 있다.

이 교육과정은 문화적, 발달적으로 적합한 실제를 선정하는 데 도움을 주는가?

발달적 치료-발달적 교수를 위한 교육과정은 적절하게 계열화된 교육과정으로서 학생에게 필요한 기술과 지식을 위계적으로 점점 더 복잡하게 제시한다. 위계적이란 다음 과제의 숙달을 위해 이전 과제를 숙달함을 뜻한다. 기초 기술이 숙달되기 전에 복잡한 기술 숙달을 목표로 하면 학생은 성공할 준비를 갖추지 못한 채 좌절하게 된다. 학업 영역에서의 이러한 문제점을 교사들이 인식하고 있으며, 이 교육과정을 통해 위계적 단계에 따른 점진적 학습 프로그램을 계획할 수 있다. 그러나 사회, 정서, 행동 영역에서 교사들은 숙달해야 할 위계적인 기술과 내용 과제에 대해 난색을 보이기도 한다. 학생을 위한 교수와 지도 실제를 설정할 때 성공과 실패의 예가 많이 있다. 학생의 사회-정서적 발달 단계와 성인이 사용하는 전략이 불일치할 때 일반적으로 실패한다. 다음에서는 발달적 치료-발달적 교수를 통해 부적절한 불일치를 피할 수 있는 실제를 기술하였다.

〈잘못된 결합의 예: 발달적 치료-발달적 교수를 통해 피할 수 있는 것들〉

- 연쇄적 사건을 이해하지 못하는 학생에게 자연적 결과를 통한 학습을 적용하는 것
- 학생의 발달 수준과 주의집중 시간에 비해 너무 높거나 낮은 시간제한 과제 행동을 기대하는 것
- 참여 동기를 유발시키기 위해 시각적 혹은 대인 간 자극이 필요한 학생을 고립시키는 것
- 또래를 중요하게 생각하지 않는 학생에게 또래압력을 사용하는 것
- 집단 내 사회적 기술을 학습하는 것이 필요한 학생에게 개인 열람석을 제공하는 것
- 성인이나 또래로부터의 사회적 인정이 중요한 학생에게 바람직한 행동에 대한 보상으로 작은 상이나 물건을 주는 것

발달적으로 접근하는 중재는 문화적, 개별적으로 적절하면서 연속적이고 연령에 적합한 패턴을 따른다. 이러한 접근은 많은 학생들이 영역별로 다른 발달 패턴을 보이는 것을 이해하는 데 도움이 된다. 발달 프로파일의 영역별 발달수준에 차이가 있는 경우 학생은 모든 것

을 하고 싶어 하며 모든 것을 시작하고 싶어 할 수는 있으나, 모두 다 성공할 수는 없기 때문에 좌절하여 흐느끼거나 울거나 떼쓸 수 있다. 열심히 탐색하는 자세는 좌절, 불안 또는 욕구를 다루는 능력보다 앞서는 것 같다. 영역별로 차이가 나는 발달패턴은 고학년의 경우 일반적으로 좀 더 모호하다. 말이나 상투적 태도는 또래나 TV의 역할모델과 닮았지만 이해, 통제 그리고 감정 수준은 더 어린 학생들과 비슷하다. 따라서 고학년 학생을 대상으로 할 때는 다른 영역보다 수준이 더 높은 표면적 행동에 반응을 하면서 실제로 교육하는 내용은 비균일적인 발달 패턴에 맞게 조정함으로써 과제 숙달을 분명히 해야 한다. 그러한 조정이 없으면 교수와 행동관리전략이 학생의 실제 발달적 욕구에 부적합할 수 있으며, 계획된 중재가 스트레스를 극복하고자 하는 학생의 취약성을 증가시킬 뿐이다. 위기극복 기술이 탄탄하게 길러져 있지 않은 학생은 통제력을 잃거나 정서적으로 분리되기 쉽다. 안타깝게도 이런 현상은 오늘날 아동과 청소년들에게 너무나 흔한 일이다.

왜 효율적인 교육과정의 핵심 부분이 변화되어야 하는가?

교육과정은 점차적으로 복잡한 기술을 습득해 가는 성장과정의 지침서로서, 학생이 학습단계 중 어느 수준에 있는지를 점검할 수 있게 한다. 프로그램 전략이 발달 수준에 적합할 때 학생은 새로운 기술을 획득하게 된다. 새로운 기술을 획득하면 전략을 바꿀 시점이 된다. 학생의 요구와 교육의 실제가 적절했기 때문에 결과가 성공적인 것이므로 그러한 결과를 가져온 전략을 바꾸는 것은 쉽지 않다. 효과를 거둔 전략인데, 왜 그것을 계속 사용하지 않겠는가?

그러나 목표기술이 숙달되고 새로운 발달 단계에 도달하면 전략을 바꿔야 한다. 이전 단계의 목적과 목표 획득에 효과적이었던 실제들은 이제 낡은 것일 수 있다. 걸음마기 아이를 대하는 반응과 6세 아동이나 10대와 상호작용하는 행동을 생각해 보라. 각각의 독특하고 서로 다른 기술 때문에 다른 책과 다른 유형의 성인이 필요하다. 이 원리가 발달적 치료-발달적 교수 교육과정에 적용된다. 학생이 변화함에 따라 실제를 변화시키지 않으면 결국 그들은 뒤에 남게 되고, 가능한 한 빨리 발달적 진전을 계속하도록 자극하기보다는 발달을 정체시킬 수 있다. 학생이 획득한 새로운 기술에 맞추어 전략을 변화시키고 성인의 역할을 변화시키는 것은 모두 발달적 치료-발달적 교수 접근을 통해 학생의 긍정적 변화를 최대한 조장하는 핵심이 된다.

그러나 전략을 바꾸어서는 안 될 때가 있다. 학생이 기술 숙달을 확실히 보인 뒤 퇴행이 일어나서 어린아이처럼 행동하거나 이전에 숙달한 기술을 잊어버린 것처럼 보일 수 있다.

어떤 퇴행은 특정 상황에 놓인 대부분의 사람들에게 나타나는 정상적인 현상이기도 하다. 또한 건전한 방어기제의 하나로 퇴행 행동이 일시적으로 나타날 수 있다. 오랜 기간 계속되지만 않는다면 원래의 기능 수준으로 돌아오게 될 것이다. 불행히도 퇴행을 보이는 학생에게 부정적인 반응을 보이거나 프로그램의 효율성을 의심하는 경우가 종종 있다. 그러한 의문 제기는 대체로 자기점검을 위한 좋은 방법이 되기도 하지만, 불필요한 전략 변화를 초래하기도 한다. 또한 학생을 비난하는 경우, 학생이 의도적으로 문제를 일으키거나 주의를 과도하게 요구한다고 생각함으로써 서로 간의 관계가 적대시될 수 있다.

학생이 퇴행된 것으로 보일 때 프로그램 전략을 바꿀 것인지 아닌지를 결정하는 것은 학생이 이전 발달 단계의 목표를 얼마나 충분히 달성했는가에 따른다. 퇴행에 너무 빨리 반응해서 낮은 발달단계에 적합한 전략으로 바꿨을 때 의도하지는 않았지만 수용하기 더 어려운 행동이 강화될 수 있다. 반대로 퇴행 행동을 무시하여 이전 발달 단계에서의 전략을 사용하지 않음으로써 그 행동이 강화될 수도 있다.

학생이 이전의 목적과 목표를 달성하였더라도 간헐적인 스트레스 때문에 바람직하지 않은 행동을 할 수 있는데, 그럴 경우에는 현재 단계의 전략을 유지하면서 이해와 지지를 보내는 것이 최선일 수 있다. 그러나 퇴행이 계속된다면, 이전 단계에 적합한 전략으로 바꾸는 것이 필요하다. 강조하고자 하는 것은 퇴행이 나타나자마나 항상 전략을 바꿀 필요도 없고, 학생이 의도적으로 교육을 방해한다고 비난할 필요도 없다는 것이다. 전반적인 지침은 다시 회상하여 활용할 수 있는 효율적인 대응기술을 학생이 어느 정도나 숙달했는가를 알아보는 것이다.

행동관리계획을 증진시키기 위해 교육과정을 어떻게 사용하는가?

행동관리와 관련하여 4개의 주요 학파가 있는데, 각각은 중재전략에 대해 특별한 제언을 하고 있으나 서로 간의 공통점도 있다(Kauffman, 1993). 각각의 접근은 기술과 전략을 구성할 때 독자적인 기여를 한다. 학생의 행동을 관리할 때는 모든 접근 방법을 익힌 후 학생의 발달적 욕구에 맞는 전략을 선택하도록 한다. 발달적 치료-발달적 교수는 그렇게 하는 방법을 제공함으로써 학생의 현재 사회-정서적 수준 그리고 기술과 결손 프로파일에 맞추어 행동관리를 계획할 수 있도록 한다. 주요 4개 학파별 관리전략을 Joe의 사례를 들어 설명하고자 한다. Joe를 위한 개별화 프로그램을 짤 때 이러한 접근들 중 오직 한 가지 접근만을 따른다면 무엇을 잃게 될지 상상해 보라.

Joe에 대한 심리교육적 접근에서는 자기 자신에 대한 통찰을 증진시키고 타인에 대한 친사

Joe: 학급에서 발생하는 전형적인 사건

학생들이 수학 숙제를 하고 있다. 교사가 분수를 푸는 3명의 학생을 도와주고 있다. 개별 수학 과제를 하던 Joe가 미친 듯이 팔을 저으면서 교사를 부른다. Joe는 교사에게 빨리 와 달라고 한다. 어떻게 반응하겠는가?

회적 행동을 확장하는 사회적 관계와 감정을 강조한다. 자기 내부에 있는 그러한 힘을 인식하게 함으로써 주변의 다른 사람들로부터 더 좋은 반응을 얻게 하는 행동을 배우도록 도울 수 있다. 그 결과 학생 자신이 더 좋은 감정을 갖게 되고 일상의 요구에 더 생산적으로 적응하게 된다. 심리교육적 입장에서 볼 때 Joe의 급박한 팔 흔들기는 다음과 같이 말하는 것일 수 있다.

'선생님을 기다리기가 너무 힘들어요, 하지만 어제도 그렇게 해 주셨잖아요. 선생님이 지금 올 수 있다는 걸 난 알아요.'

행동적 접근은 변화시키려는 특정 행동에 초점을 둔다. 또한 관찰하여 수량화할 수 있는 목표를 설정하여 Joe의 반응을 기록한다. 선행 조건, 중재 그리고 목표 행동에 영향을 주는 결과를 세심하게 통제하면서 학생의 행동을 조성하여 설정된 목표를 달성할 수 한다. 행동적 접근을 적용하는 경우라면 Joe의 행동에 대해 과제와 무관한 행동임을 지적하고 Joe에게 과제 이후의 결과를 상기시키는 것으로 반응할 수 있다.

'네 과제를 끝내면, 오늘 현장 학습을 하러 갈 수 있을 거야.'

생태적 접근은 Joe의 행동에 영향을 주는 환경 내 핵심 요인의 변화를 강조한다. 따라서 학생의 행동에 영향을 미치는 중요한 요소들을 일차적으로 밝힌 후 방해 여건을 수정하고, 그 여건에 맞도록 학생의 행동을 변화시키거나 학생과 주변 여건 간의 조화를 증진시키는 노력을 한다. 생태적 접근에서 볼 때 환경 자체 내에 Joe로 하여금 문제행동을 일으키게 하는 뭔가가 있다. 만약 문제행동이 과제를 끝내지 못할 것 같은 불안감 또는 동기부족 때문이라면 다음과 같이 반응할 수 있다.

'Joe, 조금 있다가 네가 한 걸 봐 줄게. 다른 아이들이 끝낼 때 너도 끝낼 수 있을 거라고 믿어.'

발달적 접근에서는 현재 수준에 이르게 한 순차적인 사회적, 심리적, 신체적 기술을 통합적으로 사용한다. 학생의 현재 발달 수준을 고려하여 개입함으로써 학생이 주어진 과제를 완성하는 데 필요한 선행기술을 충분히 숙달한 지점에서 교육을 시작할 수 있다. 그 후 점차적으로 과제를 조정하여 점점 복잡한 기술을 성공적으로 획득하도록 이끌어 간다. 발달적 치료-발달적 교수 접근에서 볼 때 Joe는 사회, 정서, 행동발달을 위한 2단계의 목적과 목표를 완전히 숙달하지 않았다. Joe에게 있어서 가장 중요한 동기유발요인은 아직까지 성인이지 자기 또래의 다른 학생들이 아니다. 따라서 현장학습이 보상으로 작용하기보다는 불안을 유발했을 수 있다. 왜냐하면 성공적인 현장학습을 위해 필요한 기술을 아직 숙달하지 못했기 때문이다. 또한 Joe는 계속해서 기다리는 것, 즉 시간 개념과 충동통제 기술을 아직 획득하지 않았을 수도 있다. 2단계에 속하는 대부분의 학생들처럼 Joe에게는 또래보다는 성인의 행동, 관심, 반응이 더 중요하기 때문에 다음과 같은 칭찬으로 Joe를 강화할 수 있다.

> '기다리기 힘들지, Joe. 기다리는 동안 공책에서 어제 네가 아주 잘했던 수학 시험지를 찾아보면 좋겠다. 네가 잘 풀었던 문제들을 표시하렴. 특히 어려웠던 문제들을. 오늘 문제와 비교해 보고 싶구나.'

위의 반응은 심리교육적, 행동적, 생태적 접근 방법을 포함한다. 첨부된 것은 '어떤 전략이 Joe의 사회-정서적 발달수준에 가장 적합한가?' 에 대한 해답을 발달적 참조 틀을 토대로 찾는 것이다. 위의 반응을 검토해 보자. Joe의 지적 연령은 평균 8세로서 3단계의 목적인 '집단에 성공적으로 참여하는 기술 익히기' 를 완수했어야 한다. 그러나 Joe의 행동은 5세 아동과 더 비슷하다. 전형적인 8세 아동은 잠시 기다릴 수 있다. 그러나 8세이면서도 5세 아동처럼 주의가 산만하고 좌절에 대한 인내심이 낮으며 충동적인 아동은 그렇게 할 수 없다. 발달적 치료-발달적 교수 교육과정에서 이런 행동은 2단계의 전형이다. 2단계의 전반적인 목적은 개인적 성공을 통해 환경에 반응하는 것이다.

결론을 정리하면, Joe는 분명히 전형적인 8세 아동보다 움직이는 활동이 더 필요하다. 하지만 Joe가 교실을 돌아다니거나 수업시간에 게임놀이를 하는 것은 비생산적일 수 있다. Joe는 자신에게 기대되는 활동에 참여해야 한다. 따라서 교사는 Joe에게 다른 학생을 돕는 동안 기다리라고 하는 대신 도와주러 갈 때까지 해낼 수 있는 대안적인 소근육 활동을 하게 한다. 교사는 Joe의 발달 수준에 맞도록 활동을 재구조화함으로써 생태적 중재를 적용하였다.

교사가 다른 중재전략을 사용하기 전에 Joe의 감정을 반영했다는 것을 알았는가? Joe의 감정을 언급한 것은 Joe로 하여금 자신을 표현할 때 충동적인 행동보다 언어를 사용하도록 돕는다. Joe의 발달적 강점 중 하나는 의사소통을 한다는 것으로 Joe에게는 가장 성숙된 기술이다. 교사의 중재는 이러한 장점에서 출발한다. 또한 이러한 반응은 Joe로 하여금 교사를 의지할 수 있는 대상으로 여길 수 있도록 돕는다. 이는 발달적 관점에서뿐 아니라 심리교육적 관점에서도 중요하다. 교사의 전략에 내재되어 있는 이러한 동맹은 성인과 일차적인 관계를 맺으려는 Joe의 욕구를 만족시켜 준다. Joe에 대한 교사의 긍정적 반응은 Joe의 감정을 수용하면서 과제의 재구조화를 통해 학습을 계속해 나가도록 한다. 행동적 관점에서 보면, 교사의 새로운 지시에 계속 따르도록 Joe를 강화하는 것은 성인과의 접촉과 승인이다. Joe의 사회-정서적 발달단계의 기본 동기는 성인과의 접촉과 승인이기 때문에 더 능력 있는 또래 학생이 돕는 것보다 교사가 반응하는 것이 더 바람직하다. 또래 강화는 이런 경우 불충분한데, 그 이유는 Joe의 사회-정서적 발달이 또래가 성인을 대신하는 시점에 아직 이르지 않았기 때문이다.

문제 아동을 일반 교육에 통합하기 위하여 이 교육과정을 어떻게 사용할 것인가?

모든 발달적 치료-발달적 교수 프로그램에서 통합은 필수 요인이다. 통합은 개방 환경에서 또래의 적절한 행동을 모방하고 새로운 기술을 연습할 기회를 제공한다. David Rostetter (1994)는 "통합은 모든 학생들이 같은 학교에 가서, 함께 배우고 놀며 자라는 것을 목적으로 한다."라고 하였다.

1, 2단계에 속하는 학령전 문제 아동은 헤드스타트 또는 유치원 프로그램에 참여하면서 자연스럽게 통합된다. 어울리기, 놀기, 탐색하기를 통해 배우는 학령전 아동에게 이러한 통합은 필수적이다. 새로운 행동을 숙달하고 나면 유아특수교육에서 요구되는 것보다 덜 구조화된 방식으로 숙달한 행동을 연습할 기회가 필요하다.

심각한 사회, 정서, 행동 장애를 지닌 초등, 중등, 고등학생에게도 통합은 똑같이 중요하다. 3 또는 4단계에 속하는 이들의 성공적인 통합은 또래에게 수용되는 것을 의미한다. 또래 수용이 안 되는 통합은 심리적, 발달적 문제를 야기할 수 있다. 불행히도 이런 아동들은 충동통제가 미숙하고 사회화가 부족하기 때문에 또래의 수용을 받기가 어렵다. 그러나 또래와의 성공적인 경험과 활동을 할 수 있는 기회를 모든 상황에서 제공하는 것이 필요하다. 이런 경험들이 성공적이려면, 고도로 통제된 중재가 없는 개방 환경에서 습득한 새로운 기술을 일반화할 방법을 제공해야 한다. 개별화 교육프로그램은 특정한 목적, 기대되는 발달지표, 지표 달성을 위한 환경을 규정한다. 개별화 교육프로그램에서는 통합의 수준 역시 정확하게 계획되어야 한다.

발달적 치료-발달적 교수는 효과적인가?

지난 30년간 다양한 연령 및 장애 유형을 지닌 아동을 대상으로 다양한 서비스 장면에서 발달적 치료-발달적 교수가 효과적인지에 대한 평가가 있어 왔다. 이 교육과정에서는 아동에게 진전이 있는지를 주기적으로 평가하는 것이 필수이기 때문에 아동의 진전에 대한 자료가 일관성 있게 제공된다. 또한 아동을 교육하는 성인의 수행을 주기적으로 평가하도록 되어 있기 때문에 성인의 기술 습득 및 수행 수준 역시 기록으로 남는다. 아동의 진전을 평가하는 평가 도구는 발달교육목표평정지(개정판)이며, 교육과정을 적용하는 성인의 숙달 정도를 평가하는 도구는 발달적치료/교사기술평정척도다(Developmental Therapy Institute, 1992).

프로그램의 효과는 중재에 좌우된다는 주장이 있으나 서비스-지향 프로그램에 초점을 둠으로써 이 교육과정의 효과를 연구할 수 있는 방법도 몇 가지 있다. 실제 교육장면에서 효과를 입증하는 연구를 통해 발달적 치료-발달적 교수가 효과적임을 밝힌 연구가 다양하다. 전국 규모의 연구로 3가지를 들 수 있다. 첫째는 사회-정서적 목적과 목표 달성에 미치는 발달적 치료의 효율성을 입증한 연구다. 둘째는 발달적 치료를 받기 전과 후, 아동의 문제행동에 대한 부모의 평가를 조사한 연구다. 셋째는 발달적 치료-발달적 교수 프로그램에 참여한 교사와 준전문가들의 기술 획득에 대한 연구로 이는 제7장에서 설명하였다.

외부 위원회로부터의 인정

이 교육과정은 1993년 미국 정신병리 학회, 병원과 지역사회 정신병리 서비스 분과에서 'Significant Achievement Award' 를 수상하였다. 상패에는 "정서 문제를 지닌 아동들에게 발달적 치료 교육과정을 적용하여 뛰어난 임상적 보호와 전문적 발달을 가능하게 한, 독창적이고 훌륭한 연구를 기리며"라고 적혀 있다. 모델 요소, 교육과정, 평가체계 그리고 발달적 치료 프로그램에 참여한 아동에게 나타난 결과를 검토한 전문가 위원들은 다음과 같은 이유로 상을 수여하였다. "정신 건강 영역에서의 뛰어난 기여로 다른 프로그램에 모델을 제공하며, 제한적인 재정적 또는 인적 자원 및 다른 중요한 장애에 따른 도전들을 극복하였으며……국내 아동의 정서적 건강이 지도자와 정책 입안자들의 주요 초점이 될 때 Rutland의 발달적 치료 프로그램은 아동 중재와 성인 훈련을 위한 성공적인 모델을 제공한다."

발달적 치료 모델을 미국 전역에 보급을 위하여 미국 교육부의 Joint Dissemination

Review Panel(JDRP)과 National Instrtute of Education이 공동으로 본 모델의 효율성 연구를 2번 실시하였다.

첫 번째 타당화 연구결과, 심각한 정서행동장애로 사회, 정서, 행동상의 기술이 더 많이 필요한 어린 아동에게 이 프로그램이 효과적이고 반복 가능한 것으로 판명되었다. 2~6세(프로그램 등록 당시의 평균 연령은 4세 11개월) 아동 49명을 대상으로 발달적 치료를 한 결과 한 학년 동안 이 교육과정의 4개 발달 영역 모두에서 발달적 진전이 나타났다.

두 번째 타당화 연구는 1981년 미국 교육부에 의해 실시되었다. 효율성에 대한 증거는 4개 주의 13개 공립초등학교와 원래의 시범 구역인 Rutland 심리교육 서비스 센터의 1년간 프로젝트에 참여한 45명의 심각한 정서, 행동 문제를 가진 학령기 아동들을 대상으로 수집되었다. 이들을 지도했던 교사와 보조자들로부터 수집된 자료를 분석한 결과 프로그램에 참여할 경우 프로그램을 진행했던 요원들은 학급에서 발달적 치료 프로그램을 충실히 사용할 수 있게 되고 학생들의 사회-정서적 발달 수준을 정확하게 평가할 수 있게 된다는 주장이 지지되었다. 또한 진행 요원들은 학급 내에서의 개인적인 상담과 피드백이 주어지는 30시간의 프로그램 설명 세미나를 통해 통과 또는 그 이상의 숙달 수준에 도달할 수 있었다.

학급에서의 사회-정서적 목표 숙달

최근 3년간 발달적 치료 프로그램에 참여했던 심각한 문제를 지닌 112명의 2~12세 학생들의 증진을 비교하기 위해 미국 내 4개 주의 서로 다른 6개 학교 현장에서 연구를 실시하였다. 발달적 치료-발달적 교수의 진행 요원 양성 훈련을 받은 교사들이 진행하는 프로그램에 참가했던 모든 학생들을 연구 대상으로 하였다. 연구 초반에는 135명이었으나 프로그램을 마치지 않았거나 부적절한 학생 23명이 제외되어 112명의 학생 자료가 분석되었다. 남학생이 71%, 여학생이 29%였으며, 인종 분포는 코카시안 63%, 아프리칸 아메리카인 37%였다. 학생들의 문제는 다양하였다. 51%는 심각한 정서적 혹은 행동적 문제, 49%는 정신 지체, 언어 문제, 자폐, 다른 신체적, 건강상 장애 등의 문제를 가지고 있었다. 학생 중 1/2은 6~9세 사이였으며, 2~5세 사이가 1/3을 약간 넘고, 12명은 10~12세 사이였다. 연구가 시작될 때 학생들의 평균연령은 6세 2개월이었다. 중재 기간은 평균 1년이었다.

연구를 시작할 때(또는 연구가 시작된 후라면 그 학생이 입학했을 때) 주교사와 보조교사가 각 학생을 평가하였다. 중재기간 동안의 변화율을 계산하고 증진 정도를 판단하기 위하여 학년이 끝날 때 재평가하였다. 문제 유형, 심각성의 정도, 발달 단계, 연령, 중재 기간 등에 따른 차이를 비교하기 위하여 프로그램 전후의 점수를 분석, 비교하였다. 초기 분석에서 중재 이전 학생들의 개인적인 발달 평정치를 산출하여 예언 점수를 계산한 후 중재 이후 실제 성취된 점수와 비교하였다.

연구 결과, 프로그램 전후에 학생들이 사회–정서적 발달에서 통계적으로 의미 있는 향상이 나타났으며, 영역별로도 비슷한 결과가 나타났다. 행동, 의사소통, 사회화, 학업(전)/인지 그리고 다른 모든 영역에서 향상되었으며, 중재를 받지 않았을 경우에 예측된 것보다 더 높은 향상을 보였고, 중재 이전보다 중재 기간 동안에 발달비율이 더 높았다. 세 연령 집단 간, 즉 6세 이전, 6~9세, 10~12세 프로그램 효과를 비교하기 위하여 추가로 통계 분석을 하였다. 그 결과 세 집단에서 모두 비슷한 향상이 나타났다. 요약하면 6개의 모든 지역에서 장애유형과 연령에 관계없이 프로그램 실시 후 사회–정서적 발달이 증진되었다. 이것은 발달적 치료가 사회적 능력 증진에 효과적이며 이러한 증진은 학생의 연령, 장애유형 또는 지리적 위치에 영향을 받지 않는다는 것을 뒷받침한다.

행동 변화에 대한 부모의 평정

문제행동에 대한 부모 평정을 기초로 한 Kaufman, Paget, Wood(1981)의 연구를 통해 발달적 치료가 심각한 문제행동을 줄이는 데 효과적이라는 고무적인 증거가 밝혀진 바 있다. 연구에서 부모 중 한 사람이 아동의 행동을 2번 평가하도록 하였다. 대상 아동은 모두 심각한 정서, 행동 장애를 지닌 것으로 확인되었으며, 부모가 의뢰하였다. 그러나 부모가 두 번째 평정을 할 때는 차이가 있었다. 어떤 아동은 다음 단계의 프로그램에 재배치될 때 현 단계의 프로그램을 종료할지 여부를 결정하기 위해 평가되었다. 다른 아동은 프로그램 종료 후 이루어지는 일상적인 추후평정으로 약 2년 후에 평가되었다. 사후 평정 시기가 이처럼 다른 아동들을 두 집단으로 분류하였다. 재배치를 위한 집단에서는 중재기간 동안의 변화를 평가하였다. 이 집단은 37명으로 의뢰될 때 평가되고, 프로그램 종료 후 다양한 교육적 배치를 위해 재평가되었다. 추적 집단에서는 프로그램 효과의 안정성이 연구되었다. 36명을 대상으로 하였으며, 의뢰할 때 평정되었고 프로그램 종료 후 2년이 됐을 때 재평가되었다. 이러한 집단 자료를 분석함으로써 심각한 문제행동을 줄이는 발달적 치료의 단기적, 장기적 효과를 평가할 수 있었다.

재배치 집단은 3세 2개월~11세 5개월로 구성되었다(평균 7세 4개월, SD = 2년 2개월). 65%는 남아, 35%는 여아였고, 코카시안 62%, 아프리칸 아메리카인 35%, 인종기록이 없는 경우가 3%였다. 평균 중재 기간은 11.5개월이었다(범위는 2~27개월까지). 추적 집단의 연령범위는 3세 8개월~12세 2개월이었다(평균 8세 3개월, SD = 2년 6개월). 남아가 63%, 여아가 33%였고, 코카시안 50%, 아프리칸 아메리카인 47%, 기록이 없는 경우가 3%였다. 이 집단의 평균 중재기간은 10.0개월이었다(SD = 5.8개월). 학생이 프로그램을 끝낸 시점과 부모의 재평가 시점의 간격은 평균 2년 2개월이었다(SD = 9.2개월). 발달적 치료를 받은 기간은 10개월이었고 프로그램 종료 후 추후평정까지의 시간간격은 2년 이상이므로, 의뢰평정 후 평균 3년이 지난 뒤에 추후평가가 이루어졌다.

부모들은 의뢰할 때 의뢰평정지로 자녀를 평정하였다. 이 평정지는 특별한 도움을 받기 위해 아동을 의뢰할 때 교사와 부모들이 가장 자주 언급하는 54개의 문제행동으로 구성되어 있다. 의뢰시기의 문제행동 평균 점수는 재배치 집단 14.9, 추적 집단 13.4로 의뢰 당시 아동들이 심각한 정서 문제를 가지고 있었다.

연구결과 심각한 문제행동의 수가 재배치 집단에서는 89%, 추적 집단에서는 81% 감소하였다(의뢰시점에서 프로그램 종료 후 2년이 될 때까지). 이러한 감소는 세 영역의 교육과정에서 나타났다. 학업(전)/인지 영역에서는 감소되지 않았는데, 이는 발달적 치료가 학업 중재보다는 사회-정서를 위해 설계된 것이므로 놀랄 만한 결과는 아니다. 학업 영역에서 감소가 나타나지 않은 것은 사회-정서 영역에서의 감소에 대한 통제 기능을 한 것으로 볼 수 있다. 이러한 결과는 또한 학생이 심각한 학업 문제를 가질 때 분명하게 정의된 학습 치료와 함께 발달적 치료를 사용하는 것이 중요하다는 점을 강조한다.

추적 집단에서도 의뢰시점과 비교하여 프로그램을 종료하고 2년 후에 실시하였던 추후 평정에서 부모가 지각했던 심각한 문제행동이 감소하였다. 그러나 재배치 집단과 마찬가지로 학업(전)/인지 영역에서는 감소되지 않았다. 이러한 결과를 바탕으로 Kaufman 등(1981)은 프로그램 종료 시 심각한 문제행동이 상당히 감소되었고 중재 이후까지도 그대로 유지되는 것으로 결론지었다.

발달적 치료-발달적 교수 모델은 어떻게 발전되었는가?

발달적 치료-발달적 교수 모델은 아동과 청소년의 사회-정서적 발달에 대한 이론과 연구를 교육 실제에 적용하려는 30년 이상의 노력의 결과다. [그림 1-3]은 그 발전 과정을 묘사한 것으로 10년마다 그 특징을 기술하였다.

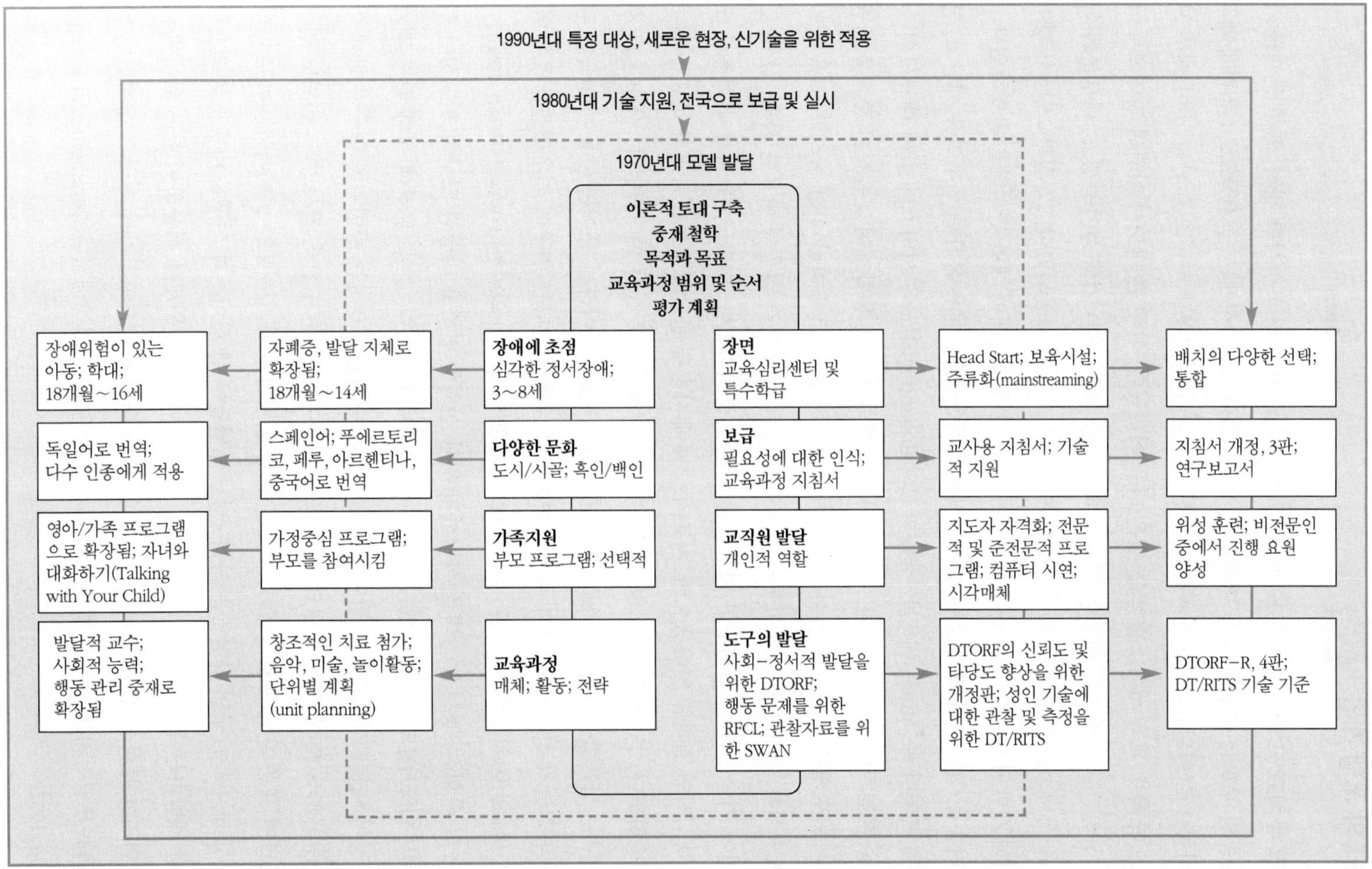

주: DTORF=*Developmental Teaching Objectives Rating Form*; RFCL=*Referral Form Checkist*; SWAN=*Systematic Who to Whom Notation*; DT/RITS=*Developmental Therapy Rating Inventory of Teacher Skills*; DTORF-R=*Developmental Teaching Objectives Rating Form-Revised*.

[그림 1-3] 3세기에 걸쳐서 이루어진 발달적 치료-발달적 교수 모델의 확장

최초의 모델 개발

발달적 치료 모델의 구성은 1970년대 교사와 임상가 그리고 심각한 정서, 행동 문제를 가진 아동의 부모를 위한 지침을 만들면서 시작되었다. 그 당시에는 '정서적으로 심각하게 왜곡된' 아동으로 일컬었다. 그 당시는 그러한 아동들이 정신건강 서비스를 받는 것이 매우 드물었으며 특수 교육 서비스를 받는 것은 더욱 어려웠다. 아주 큰 대도시 이외의 지역에서 아동의 정신건강 서비스를 전공한 임상 심리학자를 찾는 것은 거의 불가능했고, 대부분의 특수교육 서비스는 인지적 문제나 발달 지체 학생들에게만 제공되었다. 그 결과 그 당시 평가를 위해 개발된 대다수의 도구들은 정서가 아닌 인지적 상태에 대한 관심만을 반영하였다.

어려움을 겪는 아동과 청소년을 효과적으로 돕는 것이 매우 복잡한 임무임을 깨닫고, 본 저자는 조지아 주 Athens에 있는 공립학교의 Rutland 심리교육 서비스와 함께 대규모의 심리교육 프로젝트에 착수하였다. 심리학과 교육학의 지식을 통합하여 효율적인 중재를 개발하려는 의도에서 '심리교육적' 이라는 용어를 선정하였다. 그에 따라 임상 심리학, 교육 심리학, 학습이론 그리고 3~8세 아동의 성공적인 사회적, 정서적 적응에 필요한 사회, 정서, 인지, 언어 기술에 관한 광범위한 아동발달 이론을 분석하였다. 이를 통해 실제에 적용할 수 있는 핵심적인 결과를 찾아냈으며, 치료적 중재에 사용될 발달지향적인 목적과 목표를 최초로 개발하였다. 1년이 채 되지 않아 연령범위가 14세까지로 상향 확대되었다. 저자는 그 결과로 나온 접근법을 '발달적 치료' 라고 명명했다. '발달적' 이라는 용어는 아동이 성숙해 감에 따라 그들의 사회적, 정서적 특징이 변화하고 발달해 간다는 연구에 기초했음을 뜻하며, '치료' ('교육' 보다는)라는 용어는 이 접근법의 재활적 특성을 의미한다(Wood, 1975b, 1986).

아동의 사회적, 정서적 상태를 사정하기 위한 신뢰할 만하고 타당한 도구의 필요성이 시급하여 '발달치료목표평정지' (Wood, 1979)를 구성하게 되었다. 교수 목적에 대한 현장 평가와 수정이 5년간 계속되었고, 발달적으로 적합한 중재를 규명하는 광범위한 연구가 함께 이루어졌다. DTORF 문항은 발달적 치료 교수 목표에 대한 준거 참조 검사였다. 신뢰도 연구에 따르면 표준 훈련 프로그램이 끝난 후 문항별 평정자 간 일치도는 95%에서 98%로 나타났다(Gunn, 1983). 구인 타당도는 사회-정서적 발달에 관한 이론과 연구를 바탕으로 최초의 모델을 개발하는 동안 확인되었다. 1991~1992년에 Rasch 통계를 적용하여 항목 위계에 대한 광범위한 분석을 실시하여 도구를 재수정하였다(Weller, 1991). 가장 최근의 수정판인 발달교육목표평정지(개정판)를 활용하여 다음과 같은 것이 가능해졌다(Developmental Therapy Institute, 1992).

- 특별한 도움을 받기 위해 의뢰되어야 하는 사회, 정서, 행동 문제를 가진 학생 선발
- 최적의 성장이 가능한 집단으로 학생 배치
- 사회-정서적 영역에서 교수적, 치료적 목표 규명
- 사회-정서적 능력을 촉진하는 교육 활동 선정
- 사회-정서적 성숙의 향상 검증(Wood, 1992a, 1992b).

1980년대의 확장

성인의 기술이 프로그램 효과에 필수적인 요소라고 본다. 따라서 1980년대 모델 개발 강화 프로젝트의 첫 단계로 진행 요원 양성 부분을 확장하였다. 이 기간 동안 63개의 교수 모형, 교실관리 전략을 시연하기 위한 컴퓨터 시뮬레이션 그리고 비디오 자료가 개발되고 교사들이 이를 배울 수 있도록 지원하였다(Wood & Combs, 1981; Wood, Combs, & Swan, 1985; Wood, Combs, & Walters, 1986; Wood, Skaar, Mayfield, Morrison, & Gillespie, 1984). 동시에 발달적 치료를 교실에서 시범 시연하고 다른 교사를 감독, 상담, 교수할 수 있는 숙달된 전문 교사를 양성하는 지도자 프로그램을 실시하였다(Wood & Gunn, 1985).

이러한 진행 요원을 양성하려는 노력의 일환으로 212개 문항으로 된 관찰 도구가 개발되고 현장에 적용되면서 전문가와 준전문가가 함께 학급 내에서 학생의 수행을 측정할 수 있도록 도구가 수정되었다. 그 결과 **발달적치료/교사기술평정척도**가 개발되었다. 이 도구는 훈련된 지도감독자가 사용할 때 신뢰할 만하고 타당하며 실제적인 것으로 나타났다(Robinson, 1982; Robinson, Wood, & Combs, 1982). 내용타당도를 알아보기 위하여 도구의 각 문항을 발달적 치료 교육과정과 비교하여 검증한 후 숙달된 발달적 치료 지도자와 지도 감독자들로 구성된 위원회가 각 항목이 발달적 치료에 필수적인지를 평가하였다. 평가자들은 또한 각 항목이 해당 하위영역에 적절하게 포함되었는지를 평가하였다. 도구는 자료, 활동과 스케줄 그리고 기법으로 구성되었다. 모호하거나 핵심적이지 않다고 판단된 문항들은 위원들의 동의하에 삭제되거나 수정되었다. 평정자 내 신뢰도는 $r = .89$며 평정자 간 문항 내적 합치도는 75%였다. 발달적치료/교사기술평정척도에는 네 유형이 있어서 유아기부터 중학교 프로그램에 이르기까지 다양한 발달단계에 있는 학생들을 가르치는 교사들에게 적용할 수 있다. 발달적치료/교사기술평정척도는 이후에도 현직에 있는 진행요원 양성 및 교육과정을 사용하는 기술 습득에 관한 연구에 계속 사용되어 왔다(Quirk, 1993).

이 모델은 점차 다른 유형의 학생들, 즉 장애가 없는 학생들도 포함하고, 연령범위도 18개

월부터 16세까지로 확장되었다. 연령 확장으로 아주 어린 아동에게도 이 모델이 적용되면서 발달적 치료는 일종의 유아교육과정으로 폭넓게 받아들여졌다(Knoblock, 1982; Wood & Hurley, 1977; Zabel, 1991). 동시에 발달적 치료는 초등학교 고학년 학생들과 중학교 프로그램에 참가한 학생들에게 적용 가능한 교육과정으로 주목을 받았다(Braaten, 1982a, 1982b; Rich, 1982; Rizzo & Zabel, 1988; Shea & Bauer, 1987). 다양한 문제를 가진 학생들을 위한 발달적 치료-발달적 교수의 유용성 역시 1980년대에 분명해졌다. 예를 들어 부모와 협력하여 이 프로그램을 자폐아동에게 적용할 부분이 많음을 발견하고 어린 자폐 아동에게 적용하는 기관 및 가정 프로그램 지침서가 출판되었다(Bachrach, Mosley, Swindle, & Wood, 1978; Gunn, 1985; Wood, Hendrich, & Gunn, 1983; Wood, Swan, & Newman, 1981).

1980년대에 도시와 농촌지역의 다양한 장면에서 이 모델이 수없이 적용되었다. 즉, 심리교육 프로그램, 특수학급, 정신건강 클리닉, 보육기관, 헤드스타트, 일반학교, 가정, 지역사회, 거주 프로그램 등(Wood et al., 1981)이다. 이 모델의 내용이 전수될 수 있고 반복적으로 적용될 수 있음이 밝혀지자 기술 지원과 복지관 설립을 통해 사회-정서적 서비스를 제공하려는 이들에게 상담을 해 주고 진행 요원에게 훈련을 실시하였다(Davis, 1983, 1985). 효율성이 입증됨에 따라 이 모델은 조지아 심리치료 서비스 네트워크(Georgia Psychoeducational Services Network)의 전형이 되었고, 해마다 조지아 주 내에서 24개의 비슷한 네트워크 프로그램을 통해 출생에서 21세에 이르는 약 8,500명의 아동과 청소년을 대상으로 정신건강과 특수교육 서비스를 제공하였다. 또한 이 네트워크를 통해 필요한 정신건강 및 교육 요원, 가족 서비스, 필수적인 행정 지원, 사회-정서적 성숙을 위해 필요한 심리교육적 환경으로의 배치 등을 규정하였다(Swan & Brown, 1992; Swan, Wood, & Jordan, 1991).

1990년대의 강조점

발달적 치료-발달적 교수 운동은 1990년대에도 계속 확장된다. 이는 아동과 청소년의 사회, 정서 능력과 이를 발달시킬 성인의 역할에 대한 관심에 부응한 것이다(Davis, 1994a). 오늘날의 사회적 맥락에서 볼 때, 성인은 자신의 기술을 확장하고 아동, 청소년의 사회적 능력 형성을 이끌 책임이 이전보다 훨씬 크다고 본다. 이는 특히 교사, 보육교사, 미성년 교정기관 그리고 사회 서비스 분야에서 일하는 사람들에게 해당되는 말이다. 현재 개정된 발달적 치료-발달적 교수 교육과정과 발달교육목표평정지(개정판)는 이러한 요구에 부응한다. 이와 함께 교육과정과 목표는 젊은 사람들을 고립감, 무가치함, 자신들에게 일어나는 일을 통제하지 못하는 무능감으로부터 보호한다. 또한 불안의 해독제로서 만족, 관계, 성공, 획득 그리고 숙달에 대한 인간의 보편적인 욕구의 바탕이 된다. 이는 '나 자신을 믿을 수 있도록 도와주세요.' 라는 탄원에 응답한다. 발달적 치료–발달적 교수는 성장하는 아동과 청소년을 도와서 이를 달성하는 방법을 제공한다.

아동과 청소년을 위한 모든 프로그램에는 반드시 사회–정서–행동 차원이 있다고 본다. 이러한 믿음을 바탕으로 1990년대에는 다양한 환경, 다양한 문화 그리고 다양한 조건에서 발달적 치료–발달적 교수를 실시하는 방법을 기술하고 그 적용을 확장하고자 하였다. 이 모델은 심각한 정서, 사회, 행동 문제를 갖는 아동과 청소년에게 효과적일 뿐 아니라 현재 문제가 없는 많은 유형의 아동들에게도 포괄적인 장면에서 적용될 수 있음이 밝혀져 왔다. 그러한 점을 감안하여 용어를 '사회–정서적 능력을 위한 발달적 교수' 로 새롭게 명명하였다. [그림 1–4]는 주요 요소를 보여 준다. 발달적 교수는 사회–정서적 성장의 전형적인 발달지

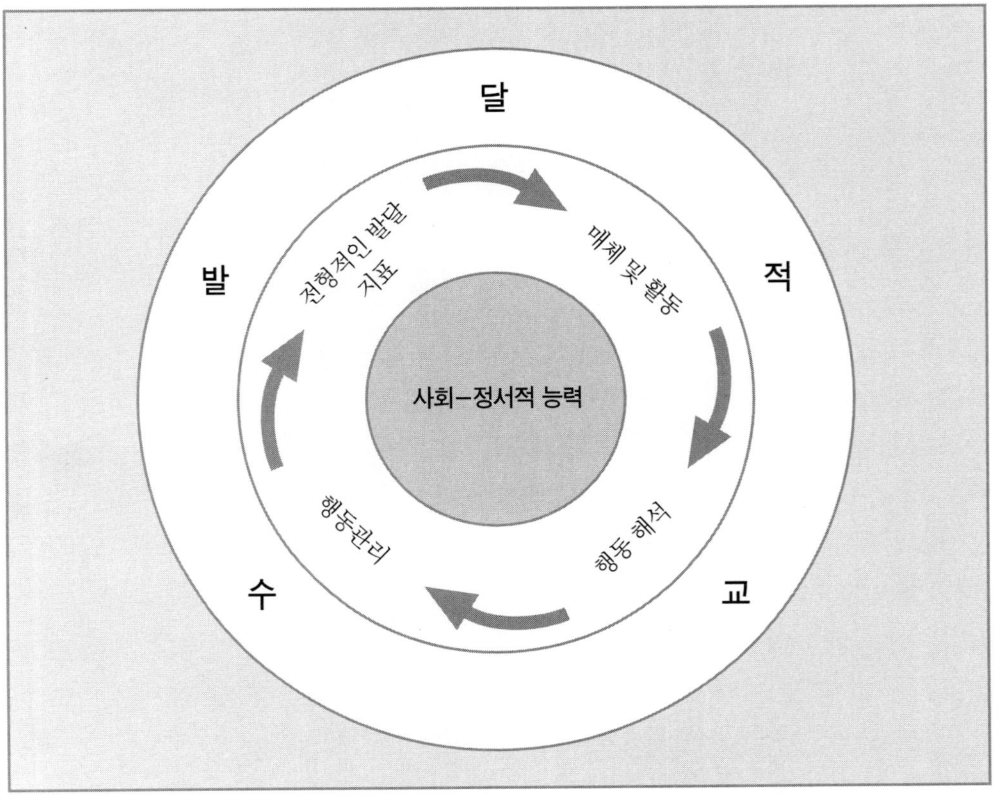

[그림 1–4] 발달적 교수의 근본 요소

표를 기초로 한다. 이러한 지표에 따라 발달에 적합한 자료와 활동을 차례로 선택할 수 있게 된다. 학생의 정서적 욕구와 감정을 이해하기 위해 행동을 부호화하는 것은 성숙으로 이끄는 행동관리전략을 선정하는 데 부가적 정보를 제공한다. 이러한 요소들은 모든 연령과 발달단계에 있는 아동과 청소년의 사회-정서적 능력을 증진시키는 데 도움을 준다.

사회-정서적 능력과 책임 있는 행동 발달에 대한 이러한 접근은 유아, 아동, 청소년의 성격, 행동 그리고 사회적, 정서적 욕구에 관해 널리 수용되고 있는 이론에 기초하기 때문에 모델이 확장되면서 자연스럽게 발전적으로 변화되어 왔다. 가치형성, 책임감, 사회적 조망 수용, 사회적 지식, 대인 간 이해 그리고 도덕적 행동에 대한 최근의 연구 결과는 최초의 모델에 기초가 되었던 이론을 향상시킨다. 새로운 점이 강조되었음에도 불구하고, 확장 모델은 이전에 발달적 치료를 사용해 온 사람들에게 매우 익숙하고 편안해야 한다. 그와 동시에 모든 연령 범위와 발달 단계에서 발달적 교수가 더 강조된 점, 사회-정서적 능력과 책임 있는 행동을 통해 학생의 성장을 촉진하는 유용한 지침 등이 개정판에 반영되었다.

CHAPTER 2

사회적 능력, 정서, 책임감

확실한 미래로 나아가는 효과적인 방법을 배우고,
사회 구성원으로 발달해 가는 데 있어서 자아존중감은 신념으로 자리 잡아 간다.

– ERIC H. ERIKSON, 1950/1963, P. 235 –

사회-정서적 능력: 이론에서 개인적 책임감으로

개인의 일상적인 행동이 그 사람을 만든다. 교육자와 부모로서 유능한 청소년이 되도록 준비시키는 것은 그들에게 개인적 책임감을 길러 주는 것이다. 책임감은 자신의 행동 조절을 필요로 하는 것으로, 자신의 행위에 대해 설명할 수 있고 답할 수 있는 것을 말한다. 불행히도 개인적 책임감을 언급하는 대신 타인을 비난한다. 학생들은 너무나도 자주 다음과 같이 말한다. '그 애 잘못이에요.' '내 잘못이 아니에요.' '난 안 했어요.' '내가 왜 그랬겠어요?' '그 애를 비난해도 돼요.' '그건 그들 문제예요.' 이러한 언급들은 단지 책임감 부족에 대한 일상적인 표현이다.

책임 있는 행동은 성장 과정에서 쉽게 나타나지 않는다. 책임 있는 행동은 아동이 자신의 내적 욕구와 타인의 기대에 모두 부응하도록 행동하는 능력이 점점 확장됨에 따라 가능해진다. 이러한 발달은 교사와 부모가 아동의 연령과 발달단계에 따라 전형적으로 어떻게 행동하고 말하고, 관계를 맺고 사고하는지를 전반적으로 이해해야만 지도할 수 있다. 아동 전반에 대한 지식은 일상적인 아동과의 상호작용을 어떤 방향으로 이끌어 갈 것인가에 대한 원칙과 지침을 제공한다.

생애 단계에 따라 아동에 대한 요구와 기대가 변하면서 목적과 목표도 변한다. 한 단계의 임무를 성공적으로 완수하고 그 다음 단계의 기대에 적응하는 정도는 일반적인 적응과 사회–정서적 능력의 지표가 된다. 이 교육과정은 이러한 생각을 바탕으로 구성되었으며, 아동과 상호작용할 때 연령단계 및 상황에 따른 발달적 목적과 목표를 계속 상기한다. 사회, 정서, 행동에 문제가 있는 아동을 돕는 것은 큰 도전이다. 문제를 유발하는 사건들을 이해해야 하며, 지속적으로 현재와 미래의 능력에 미칠 파괴적인 영향력을 최소화시킬 수 있는 교육 프로그램을 계획해야 한다.

이 장에서는 사회–정서적 발달의 특성에 대한 이론 및 연구에서의 주요 전환점 및 치료적 지원을 학교 내에서 제공할 방안을 기술하고자 한다. 이를 위해서 지난 10년간 다루어 왔던 사회–정서적 능력에 대한 발달적 교수를 다시 강조하였다. 효과적인 교육과정이란 아동과 청소년의 사회–정서적 발달에 미치는 성인의 영향력을 계속 강조하는 것이라고 생각한다. 따라서 교육 계획안을 짤 때 아동과 청소년의 발달적 단계와 발달적 특징을 바탕으로 하는 이러한 접근의 이론적 기초를 탐색하고자 한다. 즉, 사회–정서적 능력의 구성에 관한 현재의 이론과 정의를 살펴보고 출생에서 16세까지의 단계별 발달 궤도를 추적하고자 한다. 이 장의 끝 부분에서는 정서, 불안, 가치가 사회적 능력과 책임감을 어떻게 형성하는지에 관한 이론을 요약하였다. 이러한 이론들은 발달적 치료–발달적 교수 교육과정의 기초가 된다.

발달단계 이론은 얼마나 유용한가?

발달단계란 정상적인 발달 패턴에서 전형적으로 나타나는 특성들을 간단하게 서술하는 것이다. 단계는 비슷한 특성을 갖는 아동을 묶을 수 있는 지침을 제공함으로써 특정의 발달적 욕구를 만족시킬 수 있는 활동, 자료, 교수 기법을 선택할 수 있게 한다. 단계는 또한 아동의 사회–정서적 성장을 촉진시키기 위한 성인 역할을 규정한다.

아동이 속한 일반적인 발달단계에 초점을 맞춤으로써 프로그램을 진행시킬 때 현재의 발달수준보다 너무 앞서 나가거나 너무 낮은 수준으로 지도하는 것을 피할 수 있다. 후자는 매우 성공적인 활동이나 교수전략 때문에 발생할 수도 있다. 효과가 나타나기 때문에 반복 사용하고 그럼으로써 아동은 향상된다. 향상은 변화를 의미한다. 그러나 아동이 변화되면 교수전략 또한 변화되어야 한다. 원칙은 매우 분명하다. 교수전략이 효과를 보면 대체로 바꾸어야 할 때가 된 것이다. 순차적 단계와 단계 내의 발달지표는 아동 발달에 따라 변해야 하는 교수전략에 대한 지침을 제공한다.

놀랍게도 학생들의 집단을 구성할 때 단계 개념을 사용하면 집단 내 개별화 교수 과제 또한 단순화된다. 집단 안에서 개별적 욕구를 충족시키는 것이 모순인가? 단계의 이론적 구조를 고려하고 특정 단계에 있는 학생 집단에 적용할 때는 그렇지 않다. [그림 2-1]을 통해 이를 설명하였다.

모든 단계를 나타내는 종모양의 곡선상에 있는 한 단계를 생각해 보자. 그 단계는 서로 관계되고 유사한 특성을 지닌 일련의 세부 단계들로 구성되어 함께 묶여 있다. 한 단계는 이러한 관계가 모두 합해져서 특징이 되며, 이런 세부 단계의 전반적인 특성을 서술하기 위해 단계의 이름을 붙인다. 단계의 이름은 집단 전체를 전반적으로 설명해 준다.

각 단계 내의 구조는 사회-정서적 발달에 기여하는 그 단계만의 목적을 갖는다. 구조로는 감각운동-행동 체계, 인지 체계, 사회-정서 체계, 사회-의사소통 체계가 있다. 각 체계는 교육과정 영역에 해당된다. 따라서 특정 단계의 학생을 가르칠 때 교사는 그 단계의 전반적인 목적뿐만 아니라 그 단계 내 각 교육과정 영역에서 완수되어야 할 내용을 반영하는 일련의 목표도 세운다.

각 체계를 더욱 상세히 분석하면 개별적으로 이루어지는 일련의 과정이 드러나게 된다.

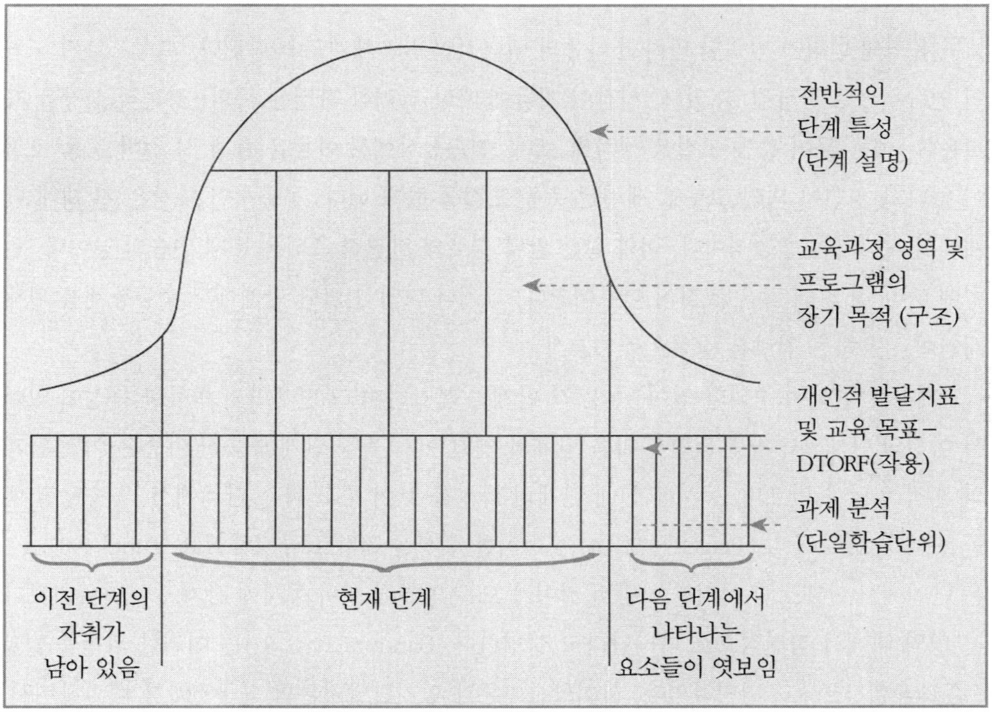

[그림 2-1] 발달단계가 같은 학생 집단에 대한 교육의 이론적 구조

주어진 활동을 하는 동안 학생 개개의 행동에서 개인차가 나타난다. 체계를 세분화한 것은 집단 내 개별 활동 지도의 기초가 되는 개별 프로그램의 목표가 된다.

마지막으로 교수과정 중간 중간에 일련의 학습 소단위가 있다. 과제분석이라고 하는 이러한 소단계가 합해져서 특정한 과제 숙달이 이루어지며, 이는 목표 숙달로 이어진다. 학습 이론가들은 이런 과정을 '연쇄'라고 부르고 인지발달 이론가들은 '구조의 변형'이라고 부른다(Loevinger, 1987).

단계에 대한 이런 도식적 접근 방식은 발달 과정에 대한 개념화 방법을 제공한다. 그 과정은 다음과 같다. 첫째, 아동은 전반적으로 발달상 특정 단계에 있다. 그 단계는 개략적으로 서술되지만, 단계를 구성하고 있는 부분들을 분석함으로써 그 단계에 작용하고 있는 많은 구조들을 볼 수 있다. 현재의 발달 기능에 대한 개별 프로파일을 더욱 상세히 분석함으로써 이러한 구조들의 조작을 변화시킬 목표를 선택할 수 있다. 각각의 목표를 작은 단위로 나눔으로써 개별화된 교수 목표를 계획하게 된다. 아동이 교수에 참여함에 따라 구조 조작이 변화되기 시작한다. 이러한 변화가 아동의 구조에 융화될 때 목표가 달성된 것으로 본다. 숙달은 2가지 형태, 즉 (1) 구조 안에서의 점진적 변화 (2) 새로운 요소와 방향 획득을 통한 구조 내의 질적 변화로 나타난다.

두 유형의 변화가 만족할 만하면 아동의 핵심적인 반응체계로 동화된다. 그럼으로써 능력이 연속적으로 확장될 수 있다. 시간이 지남에 따라 그러한 과정은 사회-정서적 성장을 가져온다. 예를 들어 충동 조절을 생각해 보자. 연속선상에서 아동은 출생 시 전혀 충동 조절이 없다가 성인이 되면 고도로 세련된 충동 조절을 하게 된다. 공통적인 특징은 전 생애 단계에서 나타나는 충동성이다. 이와 같은 발달 경로의 점진적 측면은 통제 연습의 양이다. 연령에 따라 점점 더 많은 조절이 이루어진다. 그러나 다양한 발달 단계에서 충동통제를 위해 개인이 사용하는 전략은 질적으로 다르다.

단계와 관련하여 주의할 점이 있다. 각 단계는 복잡하며 그 단계만의 독특한 특성이 있어서 이전의 단계와는 구분되면서 다음 단계와 연결된다. 특정 단계에 속한 아동은 이전 단계의 흔적이 남아 있으며, 동시에 현재 단계의 특성을 보여 주고 다음 단계에서 더 숙달될 행동을 미리 보여 준다. Piaget(1972: 21)는 이러한 현상을 격차로 규정하였고, Turiel(1983: 19)은 단계에서 단계로의 이러한 발달적 전이가 모든 영역에 걸쳐 동시에 갑자기 나타나기보다는 영역 내에서 점진적으로 나타난다고 설명한다. Bandura(1986: 81)는 이러한 과정을 발달 수준의 혼합지표라고 명명하였다. 사회학습이론과 인지발달이론의 연구결과를 비판하면서, Loevinger(1987: 191-193)는 특정 단계에서의 다양한 기술을 수평적 격차로 기술하였다. 이러한 현상을 기억하면 아동의 퇴행행동을 이해할 때 도움이 된다. 이전 단계의 행동은 재구조화되는 것이 어렵지 않은 이미 발달된 행동의 흔적임을 기억하라. 예기치 않았던 새로운 행동에 주의를 기울이는 것 역시 중요하다. 이는 발달되고 있음을 나타내는 것이며, 교수전략을 변화시킬 시기임을 보여 주는 것이다.

다음으로, 단계는 특성들의 군집이다. 이전 단계와 이후에 발달할 단계는 연계된다. 발달단계와 순서를 고려함으로써 단계 내 개인적, 질적 차이를 규명하고, 세분화되고 연속적인 다수의 하위 단계를 거쳐 점진적으로 발전됨을 밝힐 수 있다. 개인차를 통해 특정 시점에서 나타나는 아동의 독특한 대응전략을 알 수 있다. 이러한 단기적 변동은 개인의 일상적 표현을 나타내기 때문에 중요하다. 시간에 따른 점진적 추세를 연구함으로써 알 수 있는 정보는 프로그램을 시작할 때 아동이 과제 연속선상 어느 위치에 있는지, 여러 가지 발달 순서와 숙달 패턴 그리고 앞으로의 순차적 과제 획득 시기 등이다. 그러한 정보는 개별화 교육프로그램, 개별화 가족지원계획, 개별화 전이계획 등을 준비하고 시행하며 평가할 때 매우 유용하다.

아동의 발달적 특성을 어떻게 이용하여 교육적 실제를 구성하는가?

프로그램을 구성할 때 초점을 두어야 할 가장 중요한 발달적 특성이 무엇인가는 계속 논의되고 있으나, 발달적 치료-발달적 교수에서는 사회-정서적 발달을 위한 중요한 특성을 그 나름대로 제시하고 있다. 또한 그러한 특성은 개인 고유의 생활 맥락에 적용될 때 발달적 특성과 보편적인 관련성을 갖는다고 본다. 아동은 연령, 장애 유무, 문화적 차이에 관계없이 공통적인 발달 기술을 나타낸다. 보편적인 기술에 대한 Bowman과 Stott(1994)의 설명은 다음과 같다. "상호 간에 만족할 만한 사회적 관계를 수립하는 것, 지각을 조직하고 통합하는 것, 언어를 학습하는 것, 범주 체계를 발달시키는 것, 생각하고 상상하고 창조하는 것." 특정한 연령에서 나타나는 이러한 기술은 **단계 특성**으로 일컬어지는 일련의 고유한 특성 세트가 된다. 이러한 특성들의 속성은 협소하고 제한적이기보다는 광범위하고 개인적 특수성과 관련된다. 이러한 단계 특성을 아동을 위한 개별화된 프로그램을 계획하는 지침으로 사용함으로써 개별 학생의 고유한 욕구에 맞추어 전략을 짤 수 있다. 이 접근법은 상호작용을 점점 더 반응적이 되도록 한다. 발달 이론에 교류적 관점을 결합함으로써 이 프로그램은 "사회적 맥락 내에서 발달과 학습을 공평하게 다루고, 상황 내에서 아동의 역할을 지지하는 사회적 파트너의 역할을 조심스럽게 점검한다."(McCollum & Blair, 1994) 발달적으로 적합한 실제가 개별적으로 적절할 경우, 모든 연령의 아동에게 안정감과 확신을 길러 주며 사회-정서적 능력과 개인적 책임감도 분명히 증진시킨다.

NAEYC가 지침서로 출판한 『발달적으로 적합한 실제(DAP)』의 효율성에 대해 유아교육자들이 논쟁을 계속하고 있다(Bredekamp, 1987). 유아교육의 기본 기준을 높이는 데 중요한 기능을 했다는 점에서 그 지침서를 환영하는 사람들도 많지만, 다른 일각에서는 DAP의 이론적 제한과 교수적 한계를 지적한다(Carta, Schwartz, Atwater, & McConnell, 1991). 그 결과 아동발달에 대한 낡은 견해를 새롭게 탐구하기 시작했다. 이론에 대한 전통적인 해석이 도전을 받게 되면서 발달적 치료-발달적 교수 교육과정에 많은 관심이 쏠리게 되었다. New와 Mallory(1994)는 논쟁의 공통 주제를 다음과 같이 요약한다.

(1) DAP 지침은 발표 당시에는 필수적이었으나 그 이론이 특정 민족에 국한됨으로써 불충분한 것이 되어 버렸다.
(2) 유아교육 프로그램의 가치, 신념, 목표 등을 실시 대상인 아동과 가족의 가치, 신념, 목표 등과 일치시킬 필요가 있다.
(3) 유아들의 가장 중요한 특성에 맞춘 새로운 사정 수단, 교수, 프로그램 설계를 찾아야 한다.

사회-정서적 능력이란 무엇인가?

사회-정서적 능력을 갖는 것은 자기 자신의 욕구를 충족하면서 사회적 존재로서 다른 사람과 잘 어울리는 것으로, 그 과정을 사회화라고 한다. 헤드스타트 프로그램 수행 기준에서는 사회적 능력을 "학교와 생활에서 현재의 환경과 미래의 책임감을 다루는 아동의 일상적인 효율성" 으로 기술한다. 인지 및 지적 발달, 신체 및 정신 건강, 영양학적 욕구 그리고 발달적 접근을 통해 아동의 사회적 능력 성취를 돕는 다른 요소들 간의 상호 관련성이 사회적 능력에서 중요하다. 이론가들은 사회화에 개인 내 힘과 다른 사람들과의 경험이 동시에 포함되며, 개인 내 사고(인지), 가치, 흥미, 동기 등의 상호작용을 통해 사회적 능력이 형성된다는 점에 동의한다. 개인적인 경험을 통해 이러한 과정들이 혼합되며, 이는 또한 변화와 발달의 촉매가 된다. Turiel(1983)은 사회성 발달을 "개인이 경험한 사회적 사상에 대한 추론과 이론을 형성함으로써 사회적 세계에 대한 이해를 구성하는 과정" 이라고 본다. 이 견해는 Erikson(1977: 139)의 행위-지향적인 확장 견해, 즉 "발달이란 전 생애에 걸친 자아와 사회 간 상호교류의 확장" 으로부터 영향을 받았다. 사회성 발달에 대한 이러한 정의는 2가지의 강력한 힘인 자아와 타인을 지적한 것으로, 일방적이거나 반대되는 것이기보다는 오히려 생산적일 수 있다. 이는 사회성 발달은 개인의 각 단계별 특징이 다양하며, 발달에 따라 복잡성과 범위가 증가되는 것임을 암시한다. 또한 이러한 자아와 타인의 경쟁적인 영향력은 개인의 만족 추구와 타인과의 연합 충족이 어느 정도 포함된다는 것을 의미한다. Selman(1989: 22-23)의 대인 간 이해에 대한 모델은 사회적 지식을 얻는 이러한 발달적 과정을 체계적으로 볼 수 있게 한다. 때로는 사회인지 혹은 사회적 조망수용이나 대인 간 조망수용으로 불리는 사회적 지식은 사회적 능력, 즉 타인을 이해하고 효과적으로 상호작용하는 능력을 획득할 때 필수적이다.

대부분의 이론가들은 인지와 정서가 사회성 발달과 의미 있는 방식으로 상호작용함을 인정한다. 어떤 경험이 감정을 유발하면 정신은 특정한 의미를 갖는 친숙한 경험으로 인식하게 된다. 감정은 이러한 인식에 수반되는 행동에서 따로 떼어 낼 수 없는 신체적 변화로 나타난다. 행동 반응은 상징이나 감정에 대한 의도적 반응이 아니며 기억에 의해 어느 정도 활성화되는 것이다. 이러한 기억-감정-사고-행동 관계의 특징을 정확히 알 수는 없다. 인지가 정서 상태를 유도하는지 아니면 그 반대인지, 즉 감정이 인지적 연결을 촉발하는지에 대한 의문이 제기되어 왔다. Lewis와 Rosenblun(1978: 4-5)은 개인의 신체 상태의 변형, 사고 반응, 관찰 가능한 행동 그리고 개인의 각 조건에 대한 실제 자각 등이 감정(긍정적인 혹은 부정적인) 속에 포함되고, 다음으로 평가-해석 과정에서 그 조건에 추가적인 의미를 부여한다고 하였다. 이는 감정이 각 경험과 함께 확장된다는 것을 의미한다. 또한 어떤 단일 과정도 정서와 그 발달을 충분히 설명할 수 없음을 강조하였다. "정서와 그 발달은 아동의 전체적인 사회적, 심리적, 신체적 성숙에 내포되어 있는 것으로 가장 잘 설명될 수 있다." 아동의 생리나 경험에 관한 어떤 연구도, 아동의 사회 관계망이나 개인 내 역동성 중 그 어떤 것도 정서와 표현, 정서의 발달과 의미를 이해하기 위한 정보를 주지 못한다고 본다.

정서가 행동, 인지, 동기, 태도, 가치에 영향을 준다는 것은 분명하다. 그리고 이런 모든 과정은 사람들과의 경험, 즉 사회적 환경에서 직접적으로 영향을 받는다. Guralnick(1992: 41)은 많은 요소들이 어떻게 사회적 능력을 형성해 가는지를 보여 주는 이론적 모델을 제시하였다. 그 모델에서는 사회적 과제를 성공적으로 수행하는 데 필요한 사회적 의사소통 기술로서 언어, 인지, 정서, 운동 기술의 통합을 강조한다. Guralnick은 "사회적 과제 내에서의 전략"을 강조함으로써 이론과 실제를 연결시켰다. 그는 여러 과정들이 사회적 능력으로 발달하고 상호작용하면서 그 모습을 나타내는 궤도 혹은 경로, 즉 특정의 사회적 과제를 위한 '전략'을 가정한다.

이러한 기본적 과정들은 사회-정서적 발달을 규정하고 사회-정서적 능력을 위한 교육과정을 구성하는 이론적 기초가 된다. 이러한 지식이 성공적으로 적용되려면 이 모든 과정이 통합되어야 한다. 또한 타인에 대한 아동의 개인적 반응과 다양한 연령과 발달단계에서 그들의 생활경험에 교육과정을 맞추어야 한다. 그러나 사회–정서적 능력을 획득하는 발달적 경로는 예측 가능성이 매우 높고, 사회–정서적 능력의 주요 발달지표는 개인별로 대부분 동일하다.

[그림 2–2]는 발달적 치료–발달적 교수가 이러한 복잡한 과정을 통합하는 방식을 보여 준

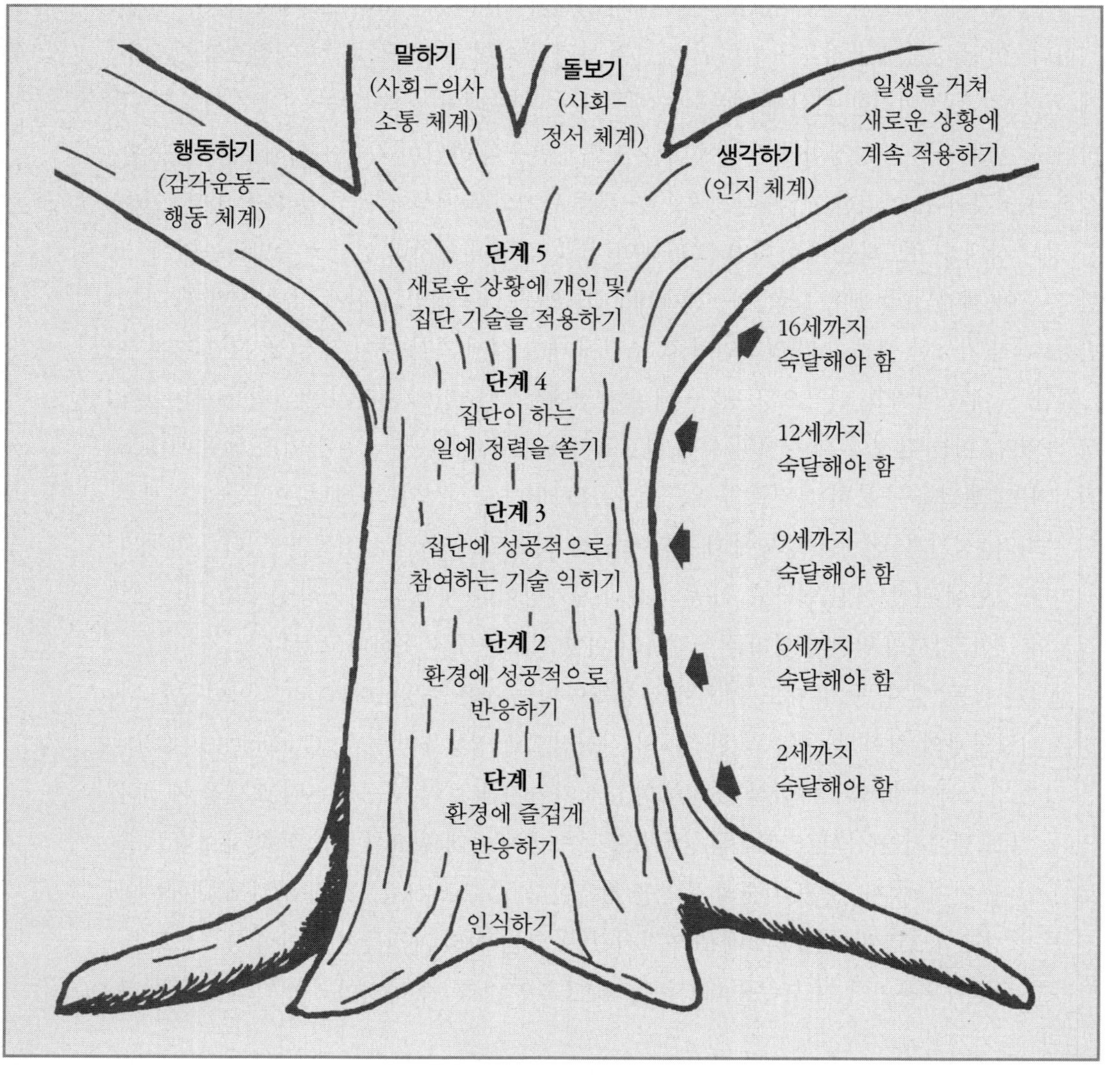

[그림 2–2] 사회–정서적 발달 요소 및 발달적 치료–발달적 교수 교육과정의 단계

다. 그림에서 보면 사회-정서적 능력은 4가지 기본 체계, 즉 감각운동-행동 체계, 사회-의사소통 체계, 사회-정서 체계, 인지 체계를 통합한 것이다. 이러한 체계들은 출생 전부터 발달하기 시작하고 아동이 성인이 됨에 따라 점점 복잡해진다. 발달적 치료-발달적 교수 교육과정의 기본 틀은 **행동하기**, **말하기**, **돌보기**, **생각하기**다. 이러한 4가지 체계는 서로 상호작용하면서 각 단계를 거쳐 점진적으로 사회-정서적 성장을 이끌어 간다. 사회-정서적 능력이나 책임지는 행동 어느 것도 이러한 4가지 과정 모두를 포함하지 않고는 발달할 수 없다.

[그림 2-2]에서 4가지 기본 발달 과정을 단계별 주요 강조점과 통합하여 구성하였으며, 단계별 목적과 목표가 적정 조건에서 달성되는 평균 연령을 규정하였다. 순차적인 단계별 목적과 목표를 설정하고, 각 체계별 진전을 추적하기 위해 발달교육목표평정지(개정판)을 사용한다.

행동하기: 감각운동-행동 체계

감각운동-행동 체계는 반사, 감각, 신경근육 기능과 함께 아동이 환경 내의 다른 사람이나 사건들과 상호작용하는 수단을 포함한다. 이 체계를 통해서 다른 체계의 표현이 가능해진다. 초기 단계에서 **행동하기**는 단순히 자각하는 것을 포함한다. 자각과 함께 다른 과정들, 즉 자극에 주의하기, 단순 운동반응, 신체 조절, 협응, 환경에서 필수적인 것과 그렇지 않은 것 인식하기, 일상적 활동에 참여하기 등이 발달된다. 좀 더 진보된 과정은 충동 조절, 주의집중 시간, 체계에 대한 조직적 반응, 개인행동을 조절하기 위한 기초로서 규칙에 참여하는 것 등이 포함된다. 이러한 과정은 좀 더 복잡한 행동 기술들이 발달되기 전에 획득되어야 한다. 점점 더 언어적, 인지적으로 행동을 조절하게 되면 집단행동을 기대하게 되고, 그 다음에는 게임, 스포츠, 팀워크를 잘할 수 있도록 촉진한다. 규칙, 공정성, 정의 등은 강력한 행동 규제자가 된다. 집단 활동에 필요한 사회적 기술도 증가한다. 행동에 대한 중요한 영향력으로서 우정이 나타나기 시작하고, 점차 가치관이 개인행동을 조절한다.

이러한 교육과정의 관점에서 볼 때, 연속선상에서 관찰된 행동은 이전에 학습된 사고와 감정이 활성화되어 나오는 반응이다. 성인은 아동의 행동을 관찰하여 그들이 공부하는지, 학습하는지, 참여하는지 그리고 계획한 대로 진전을 보이는지 등을 판단한다. 또한 아동에게 잘못되고 있는 일이 있음을 행동관찰을 통해 알 수 있다. 행동관찰을 사용할 때 가장 주의할 것은 행동만을 분리하여 평가하지 않는 것이다. 행동의 의미를 파악할 때 상황적 맥락을 고려해야 된다. 발달적 입장에서 관찰된 행동을 이해하는 것은 아동의 선행 경험(즉각적인 선행 사건뿐 아니라 이전의 것도 포함)을 고려하는 것이다. 이것은 역시 아동의 미래 행동에 대한 기대를 고려하는 것을 의미한다.

사회학습 이론가들은 행동이 어떻게 획득되고 유지되며 변화되는가에 대한 질문을 계속 제기한다. 연구 결과가 일반적으로 발달적 맥락에서 표현되지는 않지만 책임감 있는 행동의 근원을 잘 설명해 준다. 관찰학습에 포함된 하위과정들, 즉 주의, 파지, 운동재생, 동기화에 대한 Bandura의 연구는 사회학습과 타인의 행동을 모방함으로써 행동을 습득한다는 수십 년간의 연구를 종합한 것이다. 발달적 치료-발달적 교수에서 이러한 사회학습 이론은 여러 다양한 방식으로 아동의 행동이 발달된다는 점을 고려하게 한다. 다음에 기술된 사회학습 이론의 전략들은 순차적으로 발달되는 행동을 학습할 때 적용된다(Bandura & Walters, 1963: 47-60).

- 성공적인 결과를 가져오는 직접적인 경험
- 타인의 모델 행동에 대한 주의집중
- TV, 이야기, 그림, 극, 역할 놀이를 통해 의사소통되는 사회적 의미
- 다른 사람이 설정한 예
- 기억과 사고과정
- 타인의 성공과 실패에 대한 대리 경험
- 또래 집단에서의 사회적 지위
- 자기강화, 자기보상, 자기비난, 자기해소

요약하면 감각운동-행동 체계에 대한 발달주의자들의 시각은 아동이 자신을 표현하는 개인적 욕구와 그러한 개인적 욕구와 충돌하는 환경으로부터의 요구를 조정하는 능력이 점진적으로 확장된다는 것이다. 개인적 행동을 점점 세련된 방식으로 점검하고 수정함에 따라 아동은 점차 행동 양식을 변화시켜서 행동 그 자체가 목적이 아니라 사회적 자아를 확장하는 수단으로 사용한다.

말하기: 사회-의사소통 체계

이 교육과정 영역은 의사소통의 사회적 목적을 강조하며, 의미를 전달하는 언어적, 비언어적 형태를 모두 포함한다. 사회-의사소통 체계는 인지와 사회적 지식 간의 상호작용을 통해 점점 의미론과 언어적 기술로 확장된다. 개인의 발달 경로는 음성 발화에서 의사소통

언어와 내적 사고로 옮겨 가며, 그러한 과정에서 개인의 정체감을 탐구하고 자아감을 형성해 간다. 의사소통의 가장 기본적인 행위, 즉 웃기, 울기, 제스처, 쳐다보기, 다른 사람 흉내 내기, 말소리 내기, 타인과의 경험에서 간단한 단어를 연속적으로 사용하기 등은 그 특성이 사회적이다. 언어 기술과 인지, 사회적 지식이 증가함에 따라 아동은 자신과 타인의 감정과 특징을 듣고, 묘사하며, 정보를 전달하고, 어휘를 통해 감정을 표현할 수 있다. 사회-정서 발달을 위해 아동은 이런 기본적 언어 기술을 가졌음에 틀림없다. 학령기 아동의 경우, 의사소통 기술은 더 정교한 형태의 언어와 내적 사고 발달에 필수적이며, 점점 더 복잡한 사회적 차원을 갖게 된다. 생활상의 복잡한 일들에 대처하려면 효과적인 의사소통 기술이 필요하다. 사회, 정서, 행동에 문제가 있는 많은 아동들은 타인과의 성공적인 상호작용에 필요한 기본적 의사소통 기술과 사회적 지식을 개발시키지 못한다. 성인과 아동 간 혹은 아동들 간의 언어적 교환을 이해하지 못할 경우 종종 위기가 발생된다.

발달적 치료-발달적 교수에서는 사회적 의사소통으로 대화식 혹은 자연적 교수 접근을 사용하는데, 이는 일상의 사회적 대화에서 언어를 학습하고 일반화하는 것에 관심을 두고 있기 때문이다. 프로그램에서는 사회적 맥락에서의 언어적 기술이 강조되고, 아동이 언어를 통해 타인에게 직접 영향력을 행사하도록 한다. Arwood(1991)는 언어 발달의 사회적 측면과 관련된 교수 방법을 아동의 발달 수준에 맞도록 수정할 때 유용한 일련의 기본적 지침을 다음과 같이 제시하였다.

- 더 정교한 발화 형태를 가르치기 전에 단순한 의미구조를 가르친다.
- 타인에 대한 지식과 경험에 대한 이해를 확장시키기 위하여 다양한 언어 사용 경험을 많이 제공한다.
- 아동의 발달 수준에 적합한 과제를 제공한다.
- 개념을 확장하고 풍부하게 해 주는 다양한 자료와 활동을 제공한다.
- 언어적 표현을 충분히 하도록 조장한다.
- 구조화된 반응이나 성인 언어의 직접적인 모방 대신 자발적인 표현을 격려한다.

사회-의사소통을 위한 발달적 치료-발달적 교수에서의 기본 지침은 모든 발달 단계에 있는 아동을 위한 일상적 프로그램에서 언어 행위를 위한 기회를 충분히 체계적으로 포함시키는 것이다. 이런 방식으로 진행되는 학급에서는 학생들의 대화가 역동적이고 분명하다. 물건, 자료, 정보에 대한 요구가 빈번하며, 행위에 대한 대화와 정보 교환이 많다. 학생들 간에 대화가 즐겁게 오간다. 그리고 성인은 학생들 간의 언어적 상호작용이 증진되도록 대화의 상대가 학생이 되도록 이끈다.

돌보기: 사회–정서 체계

사회–정서 체계의 핵심은 다른 사람들과의 긍정적 관계다. 긍정적인 관계를 위해서는 사회적 지식, 양심, 대인 간 조망수용, 감정이입, 우정, 이타주의, 도덕적 가치 등이 필요하다. 다음으로 이러한 과정들이 결합하여 사회적 행동을 지배한다. 감정은 이러한 복잡한 체계의 정의적 차원이며 매일의 사회적 경험 안에 존재한다. 모든 연령과 발달단계에서 내적 욕구와 정서는 아동의 타인과의 상호작용을 형성하고, 아동이 자신과 타인을 어떻게 보는가에 영향을 미친다. 그 과정을 심리학자들은 **정체감 형성**이라고 부른다(Erikson, 1959/1980: 122). 정체감과 자존감은 건전한 성격발달의 기초가 된다. 사회적 지식과 자존감, 도덕적 가치는 개인적 경험, 우정, 타인(또래와 성인)과의 관계를 통해 형성되어 간다. 신체적 혹은 심리적 해를 끼칠 수 있는 관계, 보상과 처벌의 문제, 폭력, 삶과 죽음에 대한 관찰들은 모두 아동이 자신과 타인을 돌보는 능력을 발달시킨다(Kohlberg, 1981). 아동과 성인 간의 성공적인 관계에 필요한 2가지 필수요소는 돌보기와 존중이다(Selman, 1989). 성공적인 관계는 젊은이의 가치와 양심 발달(옳고 그름에 대한 선택, 정의와 부정)에 영향을 미친다.

돌보기 영역의 교육과정은 아동이 성인을 인식하는 것, 즉 자극, 상호작용, 즐거움을 위해 성인을 바라보는 것을 가르치는 것에서부터 시작된다. 양육 및 보호를 받음으로써 아동은 성인에게 긍정적으로 반응한다. 이 영역의 가장 첫 번째 목표는 아동에게 자기 주변의 환경이 좋은 곳이며 성인이 진정으로 돌봐 주고 있음을 느끼게 하는 것이다. 이러한 초기 양육과 보호는 기본적인 의존욕구를 만족시키며 이후의 성공적인 대인 관계(타인을 돌보기, 애정관계, 태도, 감정, 가치)에 기초가 된다. 많은 다양한 사람들과의 성공적인 상호작용을 위해 대인 간 기술을 학습하는 과정에서 아동의 사회화는 조직되어 간다(Howes, Droege, & Philipsein, 1992). 이를 위해서 타인과의 성공적인 경험이 필요하며, 이를 통해 긍정적인 자아감과 자기 확신이 발달되어야 한다(Kegan, 1982). 그 다음 단계의 사회화 과정에는 확장된 사회적 자각, 차례 주고받기, 활동 제안, 공유하기, 타인이 제안하는 것에 참여하기, 타인의 특성 인식하기 그리고 집단 구성원으로 참여하기 등이 포함될 수 있다(Parke, Cassidy, Burks, Carson, & Boyum, 1992).

이러한 사회–정서적 발달의 연속적 단계를 거치는 동안에 아동은 모방하거나 가치를 부여할 사람, 생각, 행동들을 추구하고 발견한다. 이러한 과정은 성공적인 중재 계획의 가장 우선순위에 놓인다. 프로그램에서 성인의 역할을 강조하는 이유는 바로 이 때문이다. 그 역할은 아동이 과거에 경험해 온 성인들을 대신한다. 즉, 권위, 친절, 잔인 혹은 다른 성인들과의 경험을 통해 나온 다른 이미지들을 대신한다. 프로그램에 참여할 때 아동은 이러한 감정들을 지니고 온다. 아동 개인의 생활은 성인에 대한 태도와 생각으로 가득 차 있으며, 성인과의 상호작용에서 매번 아동들은 자신의 행동 단계를 설정한다.

생각하기: 인지 체계

인지는 사회-정서적 능력의 기본적 측면이다. 넓은 의미에서 인지는 지식을 획득하는 과정과 인식해 가는 정신적 행위다. 그러나 이러한 정의만으로는 사회-정서적 발달에서 인지의 역할을 이해하기는 불충분하다. Flavell, Miller, Miller(1993: 2)는 인지의 정의에 무엇을 넣고 빼야 하는지에 대한 어려움을 언급한다. “정신 과정은 습관적으로 실제로 모든 인간의 심리적 과정과 활동에 관여하기 때문에 정신과정을 멈출 만한 원칙적이고 정해진 장소가 실제로는 없다.” 그러나 이론가들은 인지를 “사람, 자료, 사건들과의 직접적 경험, 감정, 사고, 행동 등으로부터 학습이 일어나는 환경과 사람 간의 역동적이고 동시적인 교환”이라고 보는 데 대체로 동의한다. 정신과정을 이처럼 지속적으로 변화하는 과정으로 보는 관점은 학습에 관한 사회-인지 모델로서, 계속 변화하는 인지구조의 조직과 재조직을 강조하는 발달적 관점과 유사하다. 탁월한 발달 이론가인 Piaget(1967, 1977)는 인지 구조가 학생이 경험을 건설적으로 사용하는 능력을 허용하거나 방해한다고 하였다.

생각하기 영역의 교육과정은 근육운동적 감각, 감각운동적 학습, 주의, 눈과 손의 협응, 지각적 처리, 기억, 유사점과 차이점의 변별, 분류, 개념형성, 수용적 언어, 물체의 사용, 그림의 세밀한 부분 인식, 수과 보존 개념 등에 관한 것으로 시작된다. 발달이 증진되면 이러한 기본 과정은 기호와 상징의 인식, 아이디어 표현, 평가, 문제 해결을 위해 원칙을 사용하기 등 좀 더 복잡한 것으로 바뀌어 간다. 인지는 인과 관계, 현실에서 뒤따르는 결과, 옳고 그름, 가치, 사회적 지식 등을 이해하는 데 필수적이다. 그러한 진보된 과정은 또한 학업 성취, 개인적인 향상, 감정과 불안 관리, 효과적인 사회적 행동, 창의적인 대인 간 문제해결 등에서 필수적이다.

다른 영역의 교육과정이 서로 의존적인 것처럼 생각하기 영역도 사고와 표현의 언어에 의존적이며 변화는 이러한 발달에서 역동적인 힘이 된다. 교육과정에서 학습을 계획하고 관리전략을 선택할 때의 기본 원리는 변화다. 전체 교육과정에서 변화란 목적이 성취되어 가는 과정임을 전제로 한다. 아동의 인지구조의 변화 과정은 다음과 같이 나타날 수 있다.

먼저 아동의 현재 정신 구조는 안정과 균형을 뜻하는 평형 상태다. 이 상태에서는 대체로 편안하게 입증된 전략을 계속 사용한다. 그 다음 내적 혹은 환경상의 요구로 균형 상태가 방해받을 때 정신 구조가 변화되기 시작하여 정신적 혹은 정서적 불균형이 유발된다. 이때 성인은 아동의 혼란, 행동문제, 위기에 반응해야 하는 상황에 직면한다. 성인이 어떻게 반응하는가는 다시 아동이 어떻게 반응하는가에 영향을 미친다. 그 결과에 따라 아동의 새로운 반응과 이해에 대한 선택적인 동화와 조절이 나타난다. 이러한 방식으로 이전의 인지 구조는 새로운 인지 구조로 변한다. 변화의 2가지 형태는 이전 구조에서의 점진적 변화와 새로운 구조의 획득이다.

놀이는 여기서 중요한 기능을 한다. 교사들은 종종 발달적 치료-발달적 교수의 인지적 체계에 왜 놀이가 포함되어야 하는지를 묻곤 한다. 놀이는 사회-정서 체계에 속하고, 또한 행동, 사회-의사소통 체계에도 포함된다. Piaget와 Erikson의 몇 가지 기본 생각은 놀이가 교육과정에 포함되는 방식과 본 교육과정의 생각하기 부분에 놀이가 포함되는 방식을 안내해 주었다. Erikson은 놀이가 아동의 사회적 이해, 즉 인지를 발달시키는 주요한 방식이라고 제안한다. 그는 사회적, 대인 간, 인지적 학습이 나타남에 따라 놀이가 단계에서 단계로, 경험에서 경험으로 그 형태가 바뀐다고 믿는다. 그는 "아동의 놀이는 우선 상상할 수 있고, 있을 수 있는 가능성과 경계 내에서 자신을 안내해야 하며, 그 다음에 문화적 장면에서 가장 효과적이고 허용 가능한 것으로 가야 한다. 아동이 점진적으로 배우는 것은 자기가 속한 사회의 현실에 대한 해석이며 자기재량권이 있는 역할과 기법 내에서 자기 자신이 되는 것이다."(Erikson, 1972: 152)

초기수준의 놀이 형태는 탐색과 모방을 통해 학습되는 반복적인 감각운동적 활동이다. 그 다음은 단순한 형태의 상징적 표상이 나타나서 놀잇감을 상징적으로 사용하게 된다. 개념이 잘 발달하고 언어가 놀이의 핵심 부분이 되면, 경험은 더 이상 공간과 시간, 대상에만 국한되지 않는다. Piaget는 이 놀이 단계를 내면화된 모방으로 일컬으며, 아동이 놀이 경험을 통해 어떤 것을 이해한다고 말한다(Piaget, 1951; 1962). 놀이의 반복은 아동이 아이디어를 구성하고, 반성적 사고를 통해 새로운 아이디어를 만들어 내는 방식이다. Erikson은 이 놀이 단계를 사고의 사회화로 설명한다. 사회적 능력의 발달에서 놀이는 매우 중요하다. 따라서 목표를 갖고 주의 깊게 설계된다면 거의 모든 발달지표는 놀이 활동을 통해 성취될 수 있다. 즉, 특별한 목표를 염두에 두고 놀이를 주의 깊게 설계한다면 놀이 활동을 통해 거의 모든 발달지표를 성취할 수 있다.

아동의 행동 조절은 누가 책임져야 하는가?

사회적 능력을 위해서 행동에 대한 책임감을 발달시켜야 한다는 것에는 이견이 없다. 그러나 많은 성인들은 그 과정을 당연한 것으로 여기고, 어느 정도 자신의 행동에 책임을 지는 아동으로 성장할 것을 기대한다. 또는 발달과정에 대한 분명한 이해 없이 행동에 대한 책임을 많이 요구한다. 그러나 아동과 청소년의 개인적 책임감은 그 발달 과정에 성인이 주의 깊게 개입하지 않으면 나타나지 않는다. 그리고 행동에 대한 책임감은 각각의 성숙 단계와 사회가 정하는 모든 새로운 기대에 따라 재정비되므로 모든 부모와 교사의 계속적인 주의가 필요하다.

성인이 항상 외적 통제를 할 때 아동은 자신의 행동에 책임을 지지 않는다. 타인으로부터의 권위와 통제를 기대하는 아동은 자신의 삶 속에서 어느 부분을 자신이 책임져야 하는지를 인식하지 못한다. 나이가 들면서 다른 사람에게 책임이 있다고 느끼는 아동은 타인이 규정한 행동기준을 시험하거나 거부한다. '체벌이 심한 학교'에서 아동 스스로에게 책임에 대해 생각해 보게 하는 경우에도 대체로 책임 있는 행동은 나타나지 않는다. 이런 아동들은 전형적으로 권위를 수용하거나 그 반대로 따르지 않는다. 그들은 종종 거부와 분노로 성인에게 욕설을 퍼부으면서도 성인의 인정과 승인을 구한다.

많은 심리학자들은 이러한 숨겨진 분노를 실망에서 생긴 것으로 본다. 영유아는 성인이 그들에게 보호와 안전, 의지를 제공하지 못할 때 불안과 분노를 느낀다. 학령기 아동과 청소년은 성인이 독립과 의존이라는 모순된 요구를 할 때 환멸을 나타낸다. 이러한 모순에 대한 반응은 초등학교 고학년이 되면 점점 더 강해진다. 이러한 모순이 해결되지 않으면 청소년기를 해칠 수 있다. 아동의 연령과 발달 단계에 따라 이러한 두 극단을 조절할 수 있는 균형점이 있다. 행동에 책임을 지는 성숙된 아동에게는 일상에서 자기권위와 자기조절의 기회가 있을 때 전이가 나타난다. 이러한 성장의 상당 부분은 의사결정 과정에서 나타난다. 성공적인 선택은 더 많은 독립과 자기조절을 장려하고 실패는 아동으로 하여금 실패를 유발한 사람과 사건을 탓하게 만든다.

이 교육과정에서는 권위의 근원을 성인, 즉 외적 통제로부터 아동, 즉 내부의 조절로 서서히 이동하게 한다. 사회-정서적 발달의 처음 두 단계 동안에는 아동에게 행동에 대한 기대를 알려 주고 이를 성공적으로 성취하는지 성인이 살펴본다. 마지막 3단계의 발달에서는 행동 조절의 책임이 점차 성인에게서 아동에게로 이동한다.

특정한 발달 시기에 아동의 행동 조절에 대한 일차적 책임을 아동과 성인 중 누가 져야 하는지를 표시하기 위해 실존적 위기란 개념을 사용한다. 실존적 위기란 발달적 현상으로 성인의 권위와 전능성에 대한 아동의 절대적 믿음이 사라지는 것을 뜻한다. 대부분의 학령전 아동에게는 권위 있는 사람이 행동조절 책임의 근원이 된다. 그들의 정서적 욕구는 행동을 안내하고 모든 문제를 다룰 수 있으며, 보호를 제공하고 세상이 살 만한 좋은 곳임을 보증하는 양육적이고, 전문적이며 막강한 힘을 가진 성인에 대한 것이다. 이는 실존이전 단계로, 이 단계에서 성인은 문제를 해결하고 필요한 행동을 지배해서 만족스러운 결과를 가져오게 하는 인자한 권위자가 된다. 초등학교 1학년 교사는 이 발달단계를 아주 잘 알고 있다. 1학년 학생들은 다른 학생의 규칙 위반에 대해 교사에게 '선생님, 선생님, 저 애가 ~하고 있어요.' 라고 말하려 한다. 그런 행동은 그 나이에 전형적인 것으로 성인의 권위에 대한 충성을 나타낸다. 즉, 성인에게 행동조절을 의지하면서 여전히 성인에게서 안정을 찾으며, 위기 상황을 자기 스스로 독립적으로 중재하지 못한다.

대부분의 아동은 6~9세 사이에 절대 권위를 갖는 사람과 책임지는 사람에 대한 관점을 바꾸면서 자기의존과 독립을 나타낸다. 아동이 자기 자신을 잘 해낼 수 있는 개인으로 인식하기 시작하고 성공하기 위해 항상 성인에게 주의를 기울여야 할 필요가 없음을 인식하게 되면서 변화가 나타난다. 이러한 변화에 따라 성인에 대한 아동의 관점이 변화되고 자신을 독립적인 존재로 보기 시작한다. 이러한 변화는 실존적 위기의 시작으로, 아동은 성인이 자신의 모든 심각한 문제를 해결해 줄 수 없다는 것을 깨닫게 된다. 아동은 어떻게 행동해야 할 것인가에 대한 확신이 없다. 성인을 계속 따르면서 방향을 찾을 것인지 아니면 독립적으로 행동할 것인지의 딜레마에 빠진다. 스트레스와 위기에 직면하면 아동은 종종 문제의 원인 혹은 그 문제를 바로잡아야 하는 사람이 자신이라고 가정한다. 그리고 삶의 문제를 미숙하게 다루는 성인을 보면서 아동의 실존적 위기는 진행된다.

죽음과 이혼은 성인이 쉽게 다루기 어려운 일반적인 예다. 범죄, 알코올 중독, 가족 내 폭력 역시 실존적 위기를 빨리 가져온다. 성인의 무능에 대한 자각은 불안을 상당히 증가시키고 공포를 가져온다. '이걸 누가 처리할까?' '누가 책임지지?' '누가 나를 보호해 줄까?' 이 시기 이전에 자기 확신과 독립적 기술을 획득한 아동은 논리적인 문제해결기술과 성인에 대한 지속적이면서도 이전과는 다른 방식의 믿음을 바탕으로 실존적 위기에서 점차 빠져나온다. 이러한 경험이 없는 아동은 불안과 걱정이 증가된다. 아동의 그러한 걱정은 행동으로 나타나며, 성인을 시험하고 통제하기 위해 실패로 끝나게 될 시도를 하게 된다. 그리고 변명으로 해결되지 못하면 종종 수용할 수 없는 퇴행행동을 보인다. 학생-성인관계가 이렇게 변화무쌍하고 안정감이 없는 것은 이 단계를 맡는 교사에게 특히 부담이 된다. 어떤 순간에는 실존 이전의 전략을 사용해야 할 것이다. 반면 학생이 자신의 행동을 조절하고 책임지는 자기관리 능력을 보여 주는 순간에는 실존 후 전략으로 바꿔야 한다.

실존적 위기는 3단계를 시작하는 거의 모든 아동에게서 분명하게 나타난다. 3단계의 아동을 효과적으로 지도하려면 적절한 의사결정과 자기조절 행동을 격려하는 긍정적인 피드백과 칭찬을 많이 해야 한다. 이 단계에서 자존감을 발달시키기 위해 성인은 아동의 성숙된 말과 행동, 성공 등을 반영해 준다. 성인은 또한 행동을 해석함으로써, 즉 아동 자신의 행동과 감정을 타인의 반응과 연결함으로써 아동의 통찰과 이해를 확장시킨다. 아동이 실존적 위기를 나타낼 때 성인은 행동규칙과 규칙위반의 결과를 지속적으로 강화해야 한다. 요약하면 아동이 책임 있는 자기조절 행동을 성공적으로 할 때까지 성인은 권위와 통제를 유지해야 한다.

실존이후 단계에 속하는 아동은 전형적으로 행동 모델과 자신에 대한 확신을 위해 또래에게 주의를 돌리면서 성인에 대한 심리적 의존에서 점점 분리된다. 이런 변화는 대부분 9세경에 분명하게 나타난다. 이 단계에서의 성인 역할은 아동에게 거울을 제공하여 타인이 자신을 보는 것처럼 자기 자신을 바라보게 하고, 수용할 만한 자기조절 행동을 선택하도록 격려하는 것이다. 자신의 행동에 대한 책임감을 계속 개발시키기 위해서는 성인의 존중과 인정이 필수적이다. 성인은 아동이 겪는 도전이 지나치게 클 때 새로운 역할 모델이 되고 야구의 포수와 같은 방어역할을 해야 한다.

위기를 넘기기 위한 새로운 기술이 항상 충분한 것은 아니지만, 실존 후 단계의 아동은 독립해 가는 과정에 있다. 초등학교 고학년부터 고등학교까지 해당되는 실존 후 단계의 아동을 지도하는 부모와 교사는 아동에게 개인적, 교육적 노력으로 성공할 수 있도록 방향을 제시하면서 독립을 촉진한다. 다시 말하면 효율적인 관계를 위한 역할 모델이 되면서 독립적으로 문제를 해결하도록 가르친다. 발달적 치료-발달적 교수에서 실존이후 단계 아동에게 사용하는 관리전략의 예는 집단 생활중심중재 및 기타 상담전략, 현실치료, 긍정적인 특성에 대한 확인, 직면, 또래와 교사로부터의 평가적 피드백, 규칙 형성, 또래를 적절한 사회적 역할모델로 만들기 등이다. 개별 중재를 포함하는 집단 중재는 실존 후 단계의 아동에게 행동에 대한 책임감을 발달시킬 때 필수적이다. 어떻게 활동이 시행되고 어떤 규칙을 사용하며, 어떻게 활동을 변화시키고, 집단 내 개별 구성원이 어떻게 타인에게서 존중받을 수 있는가에 대한 선택 등이 포함된다. 직전 단계에서 개별 행동에 대한 자기관리와 조절을 다루어 주면 이 단계의 목적을 성공적으로 숙달하는 데 도움이 된다. 통제와 권위가 학생의 외부에 있으면 발달과정은 멈추고 실패하게 된다.

이른 시기부터 스스로 하도록 내버려 두는 생활 경험 때문에 실존적 위기를 너무 빨리 맞는 학령전 아동에 대해서도 관심을 가져야 하는가? 실존적 위기를 만족스럽게 해결하지 못하고 계속 성인에게 대항하는 학령기 이후의 아동은 어떠한가? 정상적인 발달에서 벗어난 이러한 일탈은 그 아동들의 행동과 프로그램 관리 방식에 영향을 주는가? 그 대답은 분명히 '그렇다.' 다. 일탈된 아동은 성인이 이끄는 대로 따라오지 않으면서 자신의 행동에 대해서도 책임을 회피하고, 신뢰하지 못하며, 교묘하게 농간을 부리는 아동이 될 것이다. 그런 아동은 권위를 수용할 수 없으며 성인이 자신을 이끌어 가는 것을 허용하지 않는다. 그들은 안심시켜 주고 양육적인 보호를 바라는 동시에 승인과 지지를 구하는 바로 그 성인에게 욕설을 퍼붓는다. 그들은 발달적으로 3단계에 계속 머물 것이다. 발달적 치료-발달적 교수 프로그램으로 이들을 지도할 때 연령에 관계없이 3단계의 목적과 목표를 숙달하는 데 집중하여 실존적 위기를 해결한 뒤 4단계로 넘어가야 한다.

요약하면 권위에 대한 아동의 태도와 행동조절의 책임 소재에 대한 믿음에 부합되는 관리 전략을 쓸수록 아동은 자신의 행동에 대한 책임감을 더 쉽게 발달시킨다. 프로그램을 계획할 때, 아동이 지닌 성인에 대한 생각과 누가 문제를 해결할 것인지를 결정하기 위해 활용 가능한 정보들을 모두 사용한다. 아동이 실존이전 단계에 있다면 성인을 권위자로 받아들이고 아동 자신에 대한 통제의 책임을 성인에게 맡긴다. 실존적 위기를 겪는 아동은 성인의 권위에 대한 모호함과 망설임을 나타내며, 실제로 성인이 통제력을 얼마만큼 갖고 있는지를 시험한다. 실존적 위기를 편안하게 해결하고 나면 아동은 실존이후 단계로 넘어가면서 성인이 위기를 조정하고자 할 때 이를 받아들이고 자신의 행동에 책임을 진다. 이러한 기본 정보는 아동이 어떻게 성인에게 반응하고 얼마만큼 자신의 행동에 책임을 질 수 있는지를 알려 준다.

가치는 행동에 대한 책임감 유발에 어떤 역할을 하는가?

가치란 우리가 살아가는 데 필요한 내적 규칙으로서 일상적인 행동의 준거, 즉 성격과 특성을 결합시키는 접착제다. 개인적인 가치에 따라 자신의 활동을 방향 짓고 사회적 문제를 해결하며, 자신의 행동을 조절한다. 아동도 마찬가지로 자신의 취향을 만족시키는 방식으로 행동하고 가치 체계를 발전시키며, 불만족스러운 결과를 가져오는 행동을 피한다. 아동의 가치 발달이 지체되거나 지연되면, 어떤 연령에서든 그 결과는 미숙한 행동으로 나타난다. 그러한 아동은 화를 내고 변덕스럽고 이기적이며 매우 불안하다. 나이가 들어서는 가치관의 결핍으로 약물과 알코올 중독, 문란한 성행위, 기물파괴, 폭력, 무단결석, 비행, 낮은 성취도와 감정이입, 동정 및 이타심의 결여 등 취약해진다. 이런 많은 문제들은 행동에 책임을 지게 하는 가치관의 결핍에서 기인된다. 따라서 가치관이 어떻게 발달하고, 가치의 발달을 지속적으로 촉진할 수 있는 것이 무엇인지에 대해 관심을 더 많이 기울이는 것이 시급하다.

행동 유발동기와 가치 간의 관계를 설명하는 이론과 문헌이 많이 있다. 아동이 건설적 혹은 파괴적 방식, 즉 협동하거나 하지 않는, 상호작용하거나 하지 않는, 배우거나 실패하는 방식으로 자신의 행동을 수정하게끔 하는 힘에는 아동이 성숙함에 따라 점진적으로 형성해가는 개인적인 가치가 포함된다. 아동이 갖는 가치의 근원은 사람들과의 경험에 있으며 지식, 감정, 태도, 즐거움, 공포, 불안 등을 통해 형성된다. 행동에 대한 동기를 유발시키는 가치는 종종 보호적인 덮개 밑에 숨어 있다. 부모와 교사가 아동의 행동 이면에 숨은 가치를 찾아내기가 어렵다. 그러나 아동의 행동을 성공적으로 관리하기 위해서는 가치를 형성하고 행동을 직접적으로 유발시키는 특정 감정과 정서들을 이해해야 한다. 발달적 치료-발달적 교수 교육과정과 교실에서의 특정한 교육 실제를 성공적으로 운영하기 위해서는 행동을 조정하는 동기와 가치가 고려되어야 한다.

사회적 문제해결과 자기조절에 대한 동기를 유발시키는 가치는 전형적인 일련의 단계에 따라 발달된다([그림 2-3] 참조). 그 일련의 단계는 궁극적으로는 자기 자신의 욕구를 지향하는 것으로 시작된다. 이런 욕구를 만족시키는 것은 어떤 행동이든지 만족스럽다. 그러한 지향은 점차 성인의 규범이 개인적 이득을 가져온다는 신념, 결국에는 성인을 즐겁게 하고 처벌을 면하기 위해 따라야 한다는 신념으로 옮겨 간다. 그 다음에는 자신에 대한 타인의 행동준거가 정의와 공정함임을 알게 되고 그러한 준거가 가치롭다고 여긴다. 마지막 단계에서 행동조절의 가치인 정의와 공정함이 발달하고, 책임감에 대한 사회의 규범과 감정이입 및 이타심을 바탕으로 타인을 배려할 줄 알게 된다.

프로그램을 계획할 때, 다음에 기술한 가치발달 단계를 기초로 하여 아동이 실제로 가치 있는 것으로 여기는 것이 무엇인지를 초기에 확인해야 한다.

만족스러움에 대한 아동의 생각은 어느 정도 연령과 관계되므로 프로그램을 시작할 때 이를 고려한다. 프로그램이 도움이 되고 목표가 달성되며, 노력에 대한 보답이 있을 것이라고 아동이 생각하는 것이 필요하다. 행동관리 계획이 아동의 성취능력 이상으로 설정되어 결

나의 욕구	'내가 원하는 것이 중요한 거야.'
성인을 기쁘게 하는 것	'내가 들은 대로 하면 어른들이 날 좋아하고 벌주지 않을 거야.'
공정한 것	'다른 사람들을 위해 일하니까 나를 올바로 대해 줄 거야.'
책임지는 것	'좋은 사람이 되면 사람들이 좋아할 거야.'
타인을 돌보는 것	'다른 사람들은 감정을 지니고 있으며 존중받을 만해.'

가치의 유형	'만족스러운 해결의 예	상위 수준 가치에 대한 도전	
자신의 욕구	'내가 원하는 것' '기분 좋은 것' '너 자신을 먼저 돌봐라.'		실존 이전 단계
		성인이 학생을 인정함 규칙 지키기 성인에게 맡기기	
성인의 인정	'지시를 따를 때 성인이 나를 인정할 것이다.' '좋은 사람은 복종하고 나쁜 사람을 벌을 받게 되어 있다.' '규칙을 깨면 벌을 받는다.'		
		규칙을 추론하기 선과 악 타인의 감정을 존중하기 옳고 공정한 것에 대한 성인의 역할모델	
공정함	'공정한 것은 나의 권리다.' '아동들에게도 권리가 있다.' '다른 사람과 함께 일하는 것이 나에게 보상이 된다.' '그들이 너에게 해 준 것을 그들에게 해 주어라.'		실존적 위기
		'친절함' '지도력' '우정' 에 가치를 두기 타인의 기대에 부합되도록 살기 타인의 감정을 고려하기	실존 이후 단계
나를 위한 책임감	'타인이 나를 어떻게 생각할까?' '모두가 그렇게 한다.' '무시당하고 싶지 않다.' '너를 좋아하는 사람은 너를 도울 것이다.' '친구가 됨으로써 친구들을 얻을 수 있다.' '사람들이 너를 좋아하는 것이 중요하다.'		
		개별 목적을 확장하기 개별 목적을 강조하기 개인적 책임감 사회적 책임감 모두를 위한 공정함과 정당함	
타인을 위한 책임감	'나의 행동이 타인에게 어떻게 영향을 미치나?' '이 체제는 모두를 보호해야 한다.' '사회를 위해 책임지는 사람이 되어라.' '의무를 이행하라.'		
		자신을 도덕적인 사람으로 존경하기 원칙에 기초한 행동 자신을 위해 타인의 욕구를 생각하기 도덕적 원칙에 따라 행동하는 타인을 따르기	

출처: Wood & Nicholas(1991), p. 89.

[그림 2-3] '만족스러운' 결과를 결정하는 가치의 발달 순서

과가 만족스럽지 못하다면 그 계획은 실패한 것이다. 그 프로그램은 아동에게 가치가 없거나 기대가 너무 커서 성취할 수 없는 것이 된다.

가치를 강조하는 교육과정에 도덕적 가치가 포함되는가? 그 대답은 '예' 다. 그 2가지는 동일한 발달 연속선상에 있다. 이 교육과정은 책임감 발달을 위해 미덕에 초점을 두어야 한다는 Erikson과 Bennett의 견해를 기초로 한다. Erikson(1964: 115)은 "삶에서 자신과 타인을 조종하는 기본적인 미덕은 아동기에는 희망, 의지, 목적, 능력으로, 청소년기에는 성실성으로, 성인기에는 사랑, 배려, 지혜 등으로 나타난다."라고 하였다. Bennett(1993)도 10개의 유사한 미덕, 즉 자기규율, 동정, 책임감, 우정, 노동, 용기, 인내, 정직, 충성, 믿음을 제안하며, 이것이 도덕적 인간의 성격과 행동을 형성한다고 보았다. 대부분의 아동과 청소년들은 학교를 다니기 시작하면서 이러한 가치가 사회적 상황에서 중요하다는 것을 인식하지만, 이를 어떻게 다룰지에 대해서는 잘 모른다. 그들은 옳고 그름, 공정함과 부당함, 정의와 부정, 삶과 죽음, 진실과 거짓 등을 이해한다. 이러한 가치들은 아동의 개인적인 책임감과 사회–정서적 능력의 점진적 발달에 필수적이므로, 단계를 거쳐 발달적 치료–발달적 교수에 포함된다.

정서: 사회–정서적 능력의 동력

걱정을 지나치게 많이 하거나 반대로 하지 않는 아동이 많다. 그들의 생활방식은 예측하기 어렵고 스트레스로 가득 차 있다. 대인 관계와 개인적, 정서적 욕구는 사물과 행동, 성취에 대한 압력 때문에 무시되는 경우가 많다. 그리고 만족되지 못한 정서적 욕구와 타인의 기대 간의 차이를 극복하지 않으면 두려움이나 정서적 고통을 만성적으로 겪는다. 위안을 받지 못하면 불안이 생기는데, 이것은 걱정, 공포, 불안정, 스트레스 등에 대한 만성적인 반응이다. 적대적인 행동, 교실 내의 행동 문제, 학습 실패 등은 이러한 감정에 압도되는 것에서 자신을 보호하는 방어 전략이 되곤 한다. 아동은 성인이 하는 것처럼 이런 내적 불편함에서 자신을 보호하기 위해 최선을 다한다. 두려움이나 정서적 고통은 사회적 능력의 발달에 광범위하게 영향을 주며, 아동의 학습 방식과 성인, 또래, 일상적 사건에 대한 반응 방식에 영향을 미친다.

출생에서 청소년기까지의 정상적인 사회적, 정서적 발달 과정에서 두려움과 불안은 아동의 정서적 욕구와 환경적 요구 간의 상호교류의 결과로 나타난다. 두려움에는 다음과 같은 여러 형태가 있다.

실제적 두려움	'그런 일이 일어날 수 있다.'
막연한 두려움	'그런 일이 일어날지도 모른다.'
불가사의한, 상상적 두려움	'그런 일이 일어난다면 끔찍하지 않을까?'

두려움의 형태는 대체로 성인과의 경험 및 관계에 좌우된다. 아동기 공포의 특성은 대부분 악몽 또는 상징 놀이 및 기타 창의적인 예술 형태를 통해 표현된다. 전형적인 공포의 대상은 유기, 죽음, 기대만큼 하지 못하는 것, 처벌에 관한 것이다. 집착과 강박은 이러한 기본적인 두려움의 가장 극단적인 형태다(Freud, 1965; Ausubel, Sullivan, & Ives, 1980).

성인이 아동의 정서를 이해하기 어려울 때가 있다. 이는 성인이 아동을 도울 때 정서를 활용한 경험이 거의 없기 때문일 것이다. 따라서 이 절에서는 정서의 주된 4가지 영향력, 즉 애착-분리 갈등, 정서적 기억, 발달적 불안, 방어기제가 발달적 치료-발달적 교수 교육과정에서 어떻게 사용되는지를 살펴보고자 한다.

애착-분리 갈등: 대리자로서의 교사

애착은 관계를 맺고 보살핌을 받으려는 인간의 기본적인 욕구다. 애착을 통해 타인에게 자신이 가치 있는 존재임을 확인하게 된다. 거북이의 등처럼 애착에서 얻는 정서적 지원은 모든 것과 관련되며 보호막 구실을 한다. 만족할 만한 정서적 애착을 가지면 그것을 유지하기 위해 애쓸 필요가 없다. 애착과 발달적으로 상반되는 것은 분리다. 아동은 성숙하면서 기꺼이 애착을 포기하고 분리되어 간다(Ainsworth, 1973; Bowlby, 1973, 1980, 1982, 1988; Mahler, 1968, 1987; Mahler, Pine, & Bergman, 1975). 분리는 자유로움을 주기 때문에 독립성이 증진된다. 애착과 분리 간의 상호작용은 안전함과 편안함을 주면서 점차 독립성을 허용하는 성인에 좌우된다. 이러한 상호작용은 아동과 성인, 교사와 학생 사이에서 매일매일 일어난다.

이러한 발달 과정에서 성인의 역할은 잘 알려져 있다. 아기 때는 안전감과 애착을 갖게 하는 특별한 유형의 양육과 보호가 필요하다. 2세 정도가 되면 다른 방식으로 아이를 다루어야 한다. 여전히 안정감과 보호가 필요하지만 숙달과 성공에 필요한 기술을 가르침으로써 독립성을 기르기 시작해야 한다. 6세가 되면 더욱 폭넓은 정신적, 신체적 성취를 얻게 하는 새로운 학습을 통해 독립성을 기르게 한다. 초등학생 시기에는 외적 지향에서 벗어나도록 한다. 즉, 성인의 규제나 새로운 형태의 정서적 애착을 제공하는 또래에 의해서가 아니라 스스로가 행동에 책임지는 것을 격려한다. 청소년에게 성인은 새롭게 나타나는 정체감의 거울이 되며 가치의 모델이 된다. 애착-분리 주기의 마지막 단계에 있는 청소년기에 애착은 줄어들고 분리는 정점에 이른다. 청소년을 지도하는 성인은 청소년의 이러한 특성을 인식하도록 한다.

애착이 형성되지 않으면 아동은 그 대체물을 찾는 노력을 하게 된다. 보살핌을 받으려는 이러한 기본적인 욕구는 다른 모든 행동의 동기가 된다. 애착 형성의 실패는 다음 장에서 논의할 유기, 즉 최초의 발달적 불안의 주된 원인이 된다. 이것이 해결되지 않으면 이후의 모든 대인 간 교류가 어려워지며, 인성 발달이 심각하게 손상된다. 이와 마찬가지로 분리과정에서 대안을 성공적으로 이끌어 내지 못하면 심리적으로 독립되지 못할 수 있다. 실패와 부적절감 그리고 기대만큼 하지 못하는 것 등에 대한 두려움으로 인성 발달이 왜곡되고 제한된다.

애착 형성이나 분리가 원만히 이루어지지 않으면 아동에게 중요한 성인과의 관계가 아동 문제의 핵심이 되고, 아동의 정서 상태는 분노가 된다. 가족의 양육과 보호를 받지 못하거나 실패에 대한 비난을 받고 독립적인 시도를 제한받으면 아동은 분노감정을 갖게 된다. 가족과의 이러한 관계는 학교 교사에 대한 태도로 이어진다. 가족에게 느꼈던 감정을 지닌 채 아동은 학교에 온다. 그리고 그러한 감정과는 아무 관련이 없는 교사에게 분노를 표출한다.

교사가 자각해야 할 첫 번째 요점은 학급 내 학생들에게서 교사가 받는 많은 분노와 파괴적 행동이 교사 때문이 아니라는 것이다. 학생이 성인에게 갖는 모든 감정을 교사에게 대신 퍼붓는 것을 막기 위해서는 이들에 대한 많은 이해와 기술이 필요하다. 이들은 만족되지 못한 정서적 욕구로 인해 다른 성인에게 화를 내며 고군분투하는 학생들이다.

애착 형성이나 분리가 제대로 되지 않은 것이 문제의 핵심이라는 것을 기억하면, 교사는 이러한 요소들을 발달적 치료-발달적 교수 프로그램에 도입할 수 있다. 즉, 이차적인 자원을 통해 애착 욕구를 대리적으로 충족할 방법을 찾는다. 예를 들면 풍족한 음식, 사람과 동물을 양육하고 돌보게 하는 것, 스트레스는 낮고 만족감은 높은 예측 가능하고 구조화된 환경, 존중하고 긍정적으로 대하는 성인과의 관계 등이 있다. 이와 관련된 고등학교 교과과정으로 요리시간, 보육관련 직업훈련, 요식업관련 직업훈련, 수의사관련 직업훈련 등이 있다. 이러한 교과목들은 충족되지 못한 관계에 대한 욕구를 정서적으로 만족시켜 준다.

이전에 성공적인 분리 경험을 하지 못한 학령전 아동에게는 세심하게 계획된 제한적인 선택이 필요하다. 선택은 독립을 뜻하며, 이는 점진적으로 도입되어야 한다. 학령전 아동에게 처음 주어지는 선택은 제한적인 것이어야 하며 항상 성공으로 이어져야 한다. 성공적인 선택과 의사결정을 통해 아동은 점차 자신의 행동을 조절하게 되면서 자신을 유능한 존재로 인식하기 시작한다. 자신에 대한 견해가 확장됨에 따라 선택도 넓어지고 선택의 결과도 중요해진다. 그런 다음에 긍정적인 결과뿐 아니라 부정적인 결과도 경험해야 한다. 발달적 교수 목표에 따라 계획된 프로그램 실시과정에서 선택과 의사결정을 체계적으로 점차 확장시켜 가면서 사용한다.

분리욕구를 만족시키지 못한 학령기 아동을 대상으로 선택과 자기통제를 경험시키는 방법도 비슷하다. 대안적인 도전 경험과 모험, 역경 극복 등을 포함한 교육과정은 아동이 나이가 들면서 자연스럽게 갖게 되는 분리욕구를 충족시킨다. 실패나 유기에 대한 두려움이 아직 있기는 하나 청소년이 되면 자유와 성취에 대한 욕구가 있기 때문에 공생이나 자기 보호적인 단계를 뛰어 넘어 행동에 책임을 지고 사회적 능력을 얻는 방향으로 나아간다.

애착이나 분리와 관련하여 아동이 어떤 경험을 하였는지를 알면 그 아동의 의존성과 독립성을 알 수 있다. 또한 이 장의 앞부분에서 설명한 실존적 위기의 정도도 알 수 있다. 발달적 치료-발달적 교수를 실시할 때 이러한 의존성과 실존적 위기의 정도에 따라 성인-아동 관계의 특성 및 아동의 발달 단계에 맞는 성인의 행동이 정해진다. 발달적 치료-발달적 교수 교육과정에서는 아동의 사회-정서 발달 단계에 따라 그 단계의 목표와 목적을 촉진시키는 특정한 유형의 성인 행동이 요구된다. 성인이 명쾌하게 이러한 역할을 해 줄 때 각 아동의 발달적 욕구와 조화를 이루게 되며 이를 통해 성인-아동의 관계가 견고해진다. 그 관계는 건강하지 않은 애착으로 아동을 제한하지도 않고 그냥 실패하도록 내버려 두지도 않는 그러한 관계다. 아동은 각 발달 단계를 숙달하면서 변해 가고, 아동을 대하는 성인의 행동 역시 그에 따라 변화된다. 성인과의 이러한 조정 과정을 통해 아동은 자라면서 겪은 타인과의 관계 실패로 느꼈던 분노 감정을 줄여 가게 된다.

정서적 기억: 교육과정의 우선순위

학습과정에서 기억력은 중요한 역할을 한다. 그러나 정서적 기억 및 학생의 사적 실제가 학습의 필수요소며 교육할 때 당연히 관심을 두어야 하는 것임을 지적하는 교육자는 거의 없다. 또한 성공적인 교육적 중재를 위해 정신에너지를 동원할 필요성에 대해서도 거의 논의되지 않는다. 정신에너지는 행동하기, 말하기, 돌보기, 생각하기의 동력이다. 뉴런, 시냅스, 뇌에서 산출되는 이 에너지가 학생들에게 가장 중요하다. 정신에너지가 활성화됨으로써 학습이 가능해진다. 정신에너지는 학생들의 지식망을 확장하고 저장하여 정보를 얻게 한다. 또한 정서적 기억과 그와 관련된 상황을 저장하고 생각나게 한다. 떠오르는 정서적 기억을 내면에 눌러 두는 것은 거의 불가능하다. 분노는 특히 파괴적인 것으로 공격과 폭력을 종종 유발한다. 억압되거나 위장된 정서가 줄어들지 않으면 파괴적인 행동이 나타나고 정신에너지를 학습에 쏟을 수 없다.

모든 아동은 겉으로 드러내는 말과 행동 이면에 개인적인 생각과 감정을 함께 부여한다. 그러나 그러한 개인적인 부분을 공개적으로 표현하는 경우는 거의 없이 축적되어 간다. 이를 사적 실제라고 한다. 즉, 아동에게는 실제하나 다른 사람은 모르는 부분이다. 사적인 생각과 감정은 강력한 힘을 가지고 있으며 표현되기를 기다리다가 사소한 사건으로 촉발되기도 한다. 예를 들어 격노를 생각해 보자. 사람들은 격노를 미숙함을 드러낸 직접적인 정서표현이라고 믿고 있다. 그러나 아동이 격노를 터트리는 상황을 보면 다른 형태로는 표현될 수 없는 복잡한 감정과 생각을 표현한 것임을 알게 된다.

정신적 에너지의 재강조 건강하고 행복한 아동기나 청소년기를 보낸 사람에게서는 생활과 학습을 자율적으로 하게 하는 정신에너지가 방출된다. 그와 반대로 정신적 에너지가 고갈되거나 편향되면 '일어나서 가기' 가 사라진다. 이는 걱정, 불안, 근심 혹은 집착이 정신에너지를 고갈시켜 학습에 정신에너지를 활용할 수 없기 때문인 것 같다. 정서의 저장고에 위기가 있을 때 아동은 처음으로 주목을 받게 된다. 정서 문제를 처리하기 위해 정신에너지가 작동한다. 아동에게 심각한 정서적, 사회적, 행동적 문제가 생기면 참여와 학습에 활용할 수 있는 정신에너지가 줄어든다. 그런 아동은 종종 우울, 동기가 유발되지 않음, 주의산만, 과잉행동 등으로 일컬어진다. 교사는 그 아동이 다른 또래와 비교하여 정신에너지가 얼마나 적은지를 관찰한다. 그리고 그 아동의 과제에 대해서는 신경을 쓰지 않도록 한다.

발달적 치료–발달적 교수에서는 아동이 하루에 얼마만큼의 정신에너지를 가졌으며, 어디에 그것을 사용하는지를 고려한다. 또한 아동의 정서적 기억을 탐색하는데, 이는 정서적 기억이 아동의 행동을 추진하는 역동적인 힘이기 때문이다. 교육과정 자료와 활동을 통해 정신에너지를 끌어내고 재조정할 수 있다. 아동의 마음속에 있는 정서적 욕구와 불안에 따라 특별히 고안된 특수 과제와 자료를 선정한다. 그러나 아동 주위에는 그러한 과제와 자료 이외에 아동의 관심을 끄는 것들이 많다. 아동은 매일 TV를 통해 자극적인 드라마와 폭력을 접하고 있다. 아동들 역시 정서적, 사회적, 행동적 문제와 싸운다면 자신의 정신에너지를 학습에 쏟는 것이 쉽지가 않다.

교육자료로는 존경받는 사람이 자신과 비슷한 감정과 문제를 극복해 나가는 역할 모델이 포함되어 있는 것이 효과적이다. 그 내용은 정신에너지가 대리적으로 정서적 출구를 제시하여 희망과 꿈을 지속적으로 제공하며, 인간이 직면하고 해결해야 하는 딜레마를 묘사하는 것이어야 한다. 선명한 정신적 이미지를 불러일으키는 어휘들은 이런 에너지를 유도하고 따라서 아동의 실생활 관심을 타진하도록 한다. 더 깊은 내면의 관심과 연관된 행위에 기초한 활동들은, 특히 그 활동들이 아동의 문제 해결 방식을 강조할 때 에너지의 치환을 가져온다.

에너지 영향 영역 학습을 대신해서 정신에너지를 활성화하는 또 다른 자원은 개인 간에 존재할 수 있는 에너지 영향 영역이다. 사랑에 빠지면 누구나 그것을 증명할 수 있다. 젊은이와 음악가들은 이를 '떨림(vibes)'이라 부르며, 자발적으로 또는 종종 의식적인 노력 없이 이를 사용한다. 동물들과 일을 많이 하는 사람들은 이를 통해 동물과 의사소통한다. 그 '존재'를 통해 청중에게 다가가고자 하는 연기자들 역시 그렇다. 성공적인 교사들은 이런 비언어적 의사소통 양식이 성인과 학생 간에 사용되는 모든 구두 언어보다 더 강력할 수 있다는 것을 안다. 성인이 방으로 걸어 들어가면 그 방에 있는 아동들과 이야기를 거의 하지 않더라도 그 아동들에게 즉각적인 영향을 준다. 성인은 아동이 알아차릴 수 있는 비언어적 메시지를 만든다. 이는 아동이 자발적으로 자유롭게 반응하는 공공장소에서나 10대들의 집단에서 성인이 비권위적인 역할을 함으로써 가능하다. 이런 식의 의사소통을 주의해서 사용할 수 있다면, 성인의 말과 생각에 주의를 기울이지 않는 아동에게도 메시지를 전달할 수 있다. 그러한 방식의 의사소통은 간섭하지 않고 지지를 전달하며, 아동을 인정해 주고 관계를 만드는 도구가 된다. 그러한 의사소통 방식이 효과가 없다면 그것은 무의식중에 좌절, 혐오, 절망의 메시지를 아동에게 보내고 있기 때문일 수 있다. 의도하든 하지 않든 이러한 메시지가 아동에게 전달될 수 있다.

사적 실제의 변화 프로그램에서 지속적인 변화와 전달이 있으려면, 아동의 사적 실제에 있는 부정적인 내용과 분노가 성공, 즐거움, 자기 확신, 안전감, 신뢰 등의 긍정적 기억으로 바뀌어야 한다. 우연히 그런 변화가 일어나도록 기다리지 않는다. 문제 아동을 지도하는 성인은 그 아동의 부정적이고 파괴적인 기억이 기쁘고 확신에 찬 긍정적인 기억으로 변화되는지를 매일 확인해야 한다. 활동을 하고 나서 그 활동의 긍정적인 측면을 평가한 후 활동을 마무리한다. 이러한 전략은 간단하면서도 검토와 비판적 사고의 기본 과정을 사용하도록 가르치는 것으로 아동의 정서적 기억창고를 변화시킨다. 효율적인 교사는 학업 증진을 위해 이러한 절차를 이미 사용하고 있지만, 이를 아동의 정서적 기억창고를 바꾸기 위해 의도적으로 사용하는 경우는 거의 없다. 자신이 했던 활동에 대해 긍정적인 측면을 간단히 회상하고 칭찬하게 하면 아동은 활동하면서 가장 좋았던 순간에 대한 기억을 탐색하게 된다. 활동이 끝난 후 긍정적인 평가로 마무리를 하면 아동 스스로 그러한 평가를 하게 되고, 새롭고 긍정적인 정서적 기억들이 아동의 사적 실제에 더해진다. 이렇게 되면 아동의 얼굴에서 극적인 변화가 보인다. 아동이 자발적으로 웃고 즐거워한다. 이는 아동의 현실적 경험이 긍정적인 감정을 자아내며 이를 아동이 자각함을 의미한다. 즉, 아동의 기억 창고가 긍정적인 것으로 채워진다.

발달적 불안: 행동에 강하게 영향을 미침

불안은 과거에 경험했던 정서적 불편함이나 무기력을 회상시키는 상황에 대한 불편함, 걱정, 근심에 대한 적극적인 반응으로, 생리적 요소를 동반한다(Brody & Axelrad, 1970: 36-39; Lewis & Rosenblum, 1978: 4). 연령에 상관없이 모든 사람의 일상적인 삶은 불안을 유발하는 상황으로 가득 차 있으며, 발단단계에 따라 나타나는 불안의 유형이 있다. 이러한 불안은 특정 발달단계의 산물이며 사람들 대부분에게서 나타나기 때문에 발달적 불안이라고 한다.

유기	'아무도 나에게 신경 쓰지 않아.'
부적절감	'나는 아무것도 제대로 할 수가 없어.'
죄책감	'나는 너무나 나빠서 벌을 받아야 해.'
갈등	'그들은 나에게 시키지만, 난 하기 싫어.'
	'나는 하고 싶지만 그들은 내가 그렇게 하도록 내버려 두지 않을 거야.'
정체감	'나는 누구인가?' '나는 무엇이 될까?'

발달적 불안을 확인하기는 어렵지만 아동의 행동에 미치는 영향은 강하다. 발달적 불안이란 전형적인 발달과정의 단계마다 나타나는 특유의 걱정과 두려움이다. 단계별 발달적 불안을 극복함으로써 자라면서 겪는 새로운 도전에 성공적으로 대처해야 한다. 모든 사람은 성격 발달 과정에서 동일한 예측 가능한 일련의 불안을 겪는다. 발달적 위기를 해결하고 성숙되어 가면서 발달적 불안을 잘 극복하기도 한다. 그러나 아동기가 왜곡되고 파괴적이었던 사람은 발달적 위기와 불안이 겹친다. 현 단계의 불안이 해결되지 않으면 다음 단계의 불안을 성공적으로 해결하기가 더 어려워진다. [그림 2-4]는 발달 단계 및 불안을 유발하는 상황에 따라 다양한 형태로 나타나는 발달적 불안을 도식적으로 보여 준다. 불안을 야기하는 일차적인 동력은 내적 욕구와 추동 그리고 사회문화적 기대다.

Anna Freud(1973)의 발달적 경로 모델에 따르면 본능적 불안이 최초로 형성되며, 이는 자기 내부의 힘(통제할 수 없는 충동) 혹은 자기위협적인 외부의 힘(낯선 상황, 격리, 유기, 정서적 박탈)에 압도당하는 두려움으로 인해 생겨난다. 이러한 초기 불안은 [그림 2-4]의 발달적 변화 1에 해당되며, 버림받고 외롭다고 느낀다. 객관적 불안은 두 번째 발달적 변화 시기에 나타난다. 이 시기에 아동은 현실과 개인적 부적절감을 점점 더 많이 자각한다. 환상이 많이 나타나고, 통제되지 않거나 피할 수 없는 강력한 외적인 힘, 예를 들면 마술적인 힘, 부모, 교사 등에 의해 즉각 처벌받게 되는 것을 안다. 세 번째 발달적 변화 시기에는 **초자아 불안**이 나타난다. 이 불안은 의미 있는 성인의 가치를 내면화하고 양심이 발달하며, 개인적 부절적함에 대한 죄의식을 느끼면서 나타난다. 이러한 불안은 이후에 가치체계로 작동하여 자기판단과 자기처벌을 하게 한다. 반면 이전 단계의 불안은 판단과 처벌이 외부에서 온다고 본다. 자기 확신과 사회적 적합성이 증가함에 따라 아동은 집단의 가치에 따르려는 욕구가 강해지면서 개인적 욕구 및 독립에 대한 불안감과 갈등을 일으킨다. 이 시기가 네 번째 발달적 변화 시기다. 이러한 서로 상치되는 힘은 네 번째 변화 시기에 역동적 긴장을 유발해서 갈등을 고조시킨다. 이러한 갈등은 대체로 청소년기 후기까지 해결되지 않는다. 다섯 번째 발달적 변화 시기에는 **자아상과 정체감**의 문제가 불안의 가장 큰 근원이 된다.

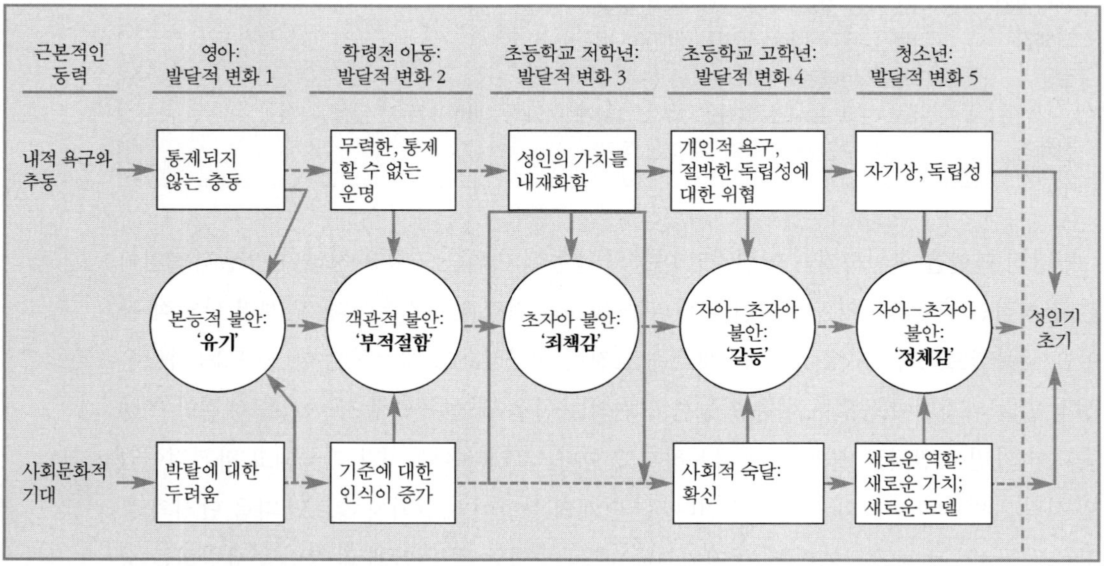

주: 실선은 주된 영향을, 점선은 간접 영향을 표시함.
출처: Erikson(1950/1963), pp. 247-263, 406-407; Erikson(1968), pp. 93-96.

[그림 2-4] 전형적인 발달적 불안의 출연 과정

발달적 치료-발달적 교수 교육과정에서, 발달적 불안에 대해 아는 것은 아동의 행동을 이끄는 힘과 발달 시기별로 요구되는 성인의 역할 유형을 이해하는 데 도움이 된다. 따라서 프로그램을 시작할 때 아동에게 어떤 불안이 지배적인지를 확인하도록 한다. 아동이 발달과정 중 어디에 있는지를 알고 발달단계와 결합된 자연스러운 발달적 불안을 이해하면 교육과정 속에 아동의 삶을 지배하는 불안을 줄이거나 재형성하는 중재 전략을 포함시킬 수 있다.

언어 예술 교육과정은 특히 발달적 불안을 다루는 데 효과적인 수단이다. 읽기, 이야기 나누기, 문학, 창작 드라마, 역할놀이, 창의적 글쓰기 그리고 경험담 속에 아동은 자신의 특정한 감정과 문제를 포함시킨다. TV와 비디오테이프 역시 역동적인 자료다. 많은 성인들이 이런 자료들을 이미 사용하고 있지만, 아동의 불안을 없애는 하나의 방편으로서 그 안에 내포된 정서 내용을 분석하지는 않는다. 허구와 상상의 인물들은 역할모델로 기능하며 동일시하기 쉽다. 아동이 주인공에게 '접근' 할 때, 새로운 행동 방식을 배우고, 참을 수 없는 문제들을 다루며 더 많은 정서적 이해를 배울 기회를 충분히 갖게 된다. 단 이야기는 아동의 특정 불안을 확실히 해결하면서 끝나야 한다. 몇 가지 예는 다음과 같다. 버림받거나 사랑받지 못할 것이라는 불안을 가진 학령기 아동의 경우, 스타워즈 시리즈 내용 중에서 악마가 자신의 귀한 아들을 위해 결국 자신의 생명을 희생하는 내용을 통해 불안을 해소한다. 완전히 다른 유형인 '밤비와 바니' 이야기는 유기에 대한 불안을 가진 학령전 아동에게 보살핌과 양육 경험을 전달한다. '코스비(Cosby) 쇼' 는 갈등과 정체감으로 인해 발달적 불안이 심한 아동을 지도할 때 좋은 매체가 된다. 각각의 에피소드는 의존(사랑받고 가치 있는 가족 구성원이 되려는 욕구)과 독립 및 개인적 정체감에 대한 욕구 간의 갈등을 포함한다. 각 이야기는 독립 및 개인적 정체감을 인정하는 동시에 양육과의 관계를 재확인시킴으로써 발달적 불안을 해결한다.

실제 생활 속에는 확신하기 어렵거나 결말이 좋지 않은 경우가 많다. 상상과 가상은 불안을 대리적으로 해결하고 현실을 재구성해서 견딜 만한 것으로 만드는 건전한 방법이다. 그러나 이는 그리 쉽지 않다. 수천 명의 아이들이 Michael Jackson의 비디오 'Thriller' 를 시청했다. 내용이 절정에 이르면서 메시지가 매우 분명해졌다. 아무도, 심지어 너를 사랑한다고 말하는 사람도 믿을 수 없거나 믿어서는 안 된다는 메시지는 어려움을 겪고 있는 아동을 안심시키지 못한다.

교육과정 속에 아동의 불안을 해소시키는 내용과 정서적으로 취약한 아동에게 불필요한 스트레스를 가중시키지 않는 환경이 포함되면 아동은 학습에 자발적으로 참여하게 되고 방어와 불안을 점차 줄여 나간다.

방어기제: 불안에 대한 보호

방어기제는 불안으로부터 자아를 보호하는 복잡한 행동반응이다. 나이가 들고 사회적 정교화가 늘어남에 따라 그 형태가 변하기는 하지만 모든 발달단계의 개인들은 방어기제를 사용한다. 앞에서 논의하였듯이 발달적 불안이란 발달해 가면서 변해 가는 아동의 정서적 욕구의 자연적인 산물이다. 발달해 가면서 아동은 자신의 내적 욕구와 타인의 요구 간의 균형을 맞춰 가면서 발달 단계별 위기를 해결해 간다. 방어기제는 이러한 균형을 달성하여 발달적 위기를 해결하는 수단이다. 사회적 요구의 증대에 따른 스트레스로부터 자신을 보호하려고 할 때 방어기제가 작동한다. 다음은 자주 사용되는 방어기제의 예다.

- **부인**: 성적이 좋으면 새 자전거를 선물로 받게 되어 있었는데 두 과목을 낙제하였다. 이에 대해 '어차피 나는 자전거를 갖고 싶지 않았어.' 라고 반응한다.
- **억압**: 자전거 사고로 형의 죽음을 목격한 5세 아이가 그 사건을 기억하지 못하거나 회상하지 않는다.
- **합리화**: 10대인 자녀를 과보호하는 엄마가 아이가 어렸을 때 병약하여 자주 아팠기 때문에 그렇게 하는 것이라고 자신을 정당화한다.
- **투사**: 사회과목 점수가 떨어진 이유는 '끔찍한' 선생님 때문이라며 선생님을 비난한다.
- **반동형성**(반대되는 것을 통한 방어): 3세인 여동생을 몹시 시기하는 8세 아동이 동생을 지나치게 보호하고 양육한다.
- **위축**: 또래와의 관계 형성에 어려움을 겪는 2학년 아동이 운동장에서 외투를 뒤집어쓰고 혼자 나무 아래 앉아 있다.
- **주지화**: 심장병으로 갑자기 죽은 사업가의 10대 딸이 아빠는 갑자기 죽었기 때문에 고통 없이 돌아가셨을 거라면서 슬픔을 달랜다.
- **퇴행**: 9세 아동이 학교에서 좌절할 때마다 엄지손가락을 빤다.
- **치환**: 학생에게 화가 난 교사가 책을 교실 건너편으로 집어던진다.
- **보상**: 체육을 잘하지 못하는 고등학교 신입생이 토론 팀에서 중요한 구성원이 된다.
- **승화**: 아이가 없는 미혼의 젊은이가 애완 고양이를 지나치게 사랑하며 '내 아가들' 이라고 부른다.
- **동일시**: 사교클럽에 가입한 대학생이 그 구성원들이 입는 옷 스타일, 관심사, 활동들을 따라 한다.

아동이 왜 특정한 방어기제를 사용하는지는 항상 분명하지 않다. 그러나 방어기제를 사용할 때 아동에게 스트레스가 있다는 것은 분명하다. 이는 아동에게 정서적 위안이 필요함을 의미한다. 방어기제가 아동의 불안을 해소했다면 이는 아동이 자신의 내적 욕구를 외적 실제에 만족스럽게 적응하는 방법을 알게 되었음을 뜻한다. 방어기제가 실패하면 더 큰 불안이 나타난다. 아동은 점점 불안해지고 더 많은 방어기제를 찾는다. 방어기제를 과도하게 사용하면 지각이 왜곡되고 기능이 저해된다. 어떤 의미에서 방어행동은 심리적인 불편이나 고통에서 아동을 떼어놓는 정서적 보호막 기능을 한다. 그러나 방어기제를 지속적으로 사용하면 우울, 주의력결핍장애, 공포증, 행동장애, 심각한 위축 등 많은 문제가 나타난다.

발달적 불안을 극복하는 과정에서 전형적으로 사용되는 방어기제로 다음의 5가지를 들 수 있다. 이러한 방어기제들은 사회적 기대와 대인 간 욕구의 균형을 맞추기 위해 사용되며, 발달에 따라 다른 기제를 사용한다(Cramer, 1990; Freud, 1942, 1973).

(1) 동화: 영아는 부모의 욕구와 가치를 통합한다.
(2) 투사: 유아는 타인에게 자신의 견해를 부여한다.
(3) 동일시: 학령 전기 아동은 타인의 가치, 행동, 사고를 동화하기 시작한다. 부모에 대한 자아의 '위성과 같은' 애착은 부모를 위하여 자아를 일시적으로 평가절하하고 의존성을 나타내게 한다.
(4) 자아 형성: 학령 후기 아동은 타인의 인정을 점차 받으면서 개성을 자각하게 되고, 그 결과 부모에게서 자아를 분리하고 도덕적 특권을 연습한다.
(5) 자아 이상: 청소년은 이상적인 '최고의' 자아를 찾는다.

발달적 불안과 관련된 발달적 위기를 해결하는 것과 발달과정에서 전형적으로 사용되는 방어기제는 분명히 밀접한 관계가 있다. 양쪽 모두 발달의 첫 단계에서는 자신과 타인을 변별하는 감각이 없다. 그 결과 버림받을 것에 대한 두려움으로 불안해하며, 이에 대한 방어기제로 '타인과의 통합'(동화)을 사용한다. 다음으로 자아가 형성되면 부적절감에 대한 새로운 불안이 나타나고, 이에 대한 방어는 한 가지 견해만 가지고 모든 세계를 보고자 하는 것이다(투사). 그 다음 단계에서는 분리된 자아가 타인에게 복종해야 하는 어려움을 겪는다. 이 단계의 불안은 맞추지 못하는 것에 대한 죄책감이다. 이 위기를 해결하는 방어는 타인의 견해를 자신의 것으로 받아들이는 것이다(동일시). 그 위기가 해결되면 독립심이 나타나면서 타인에게 계속 의존하는 것에 대해 갈등한다. 이에 대한 방어는 타인에 대한 의존에서 자아를 분리하는 것이다(자아 형성). 이는 어렵고 점진적인 전환으로 청소년기까지 계속된다. 그 다음에는 이전 단계에서는 거부되었던 것들을 대치할 가치와 사고를 탐색하게 되고, 이때의 불안은 새로운 정체감의 탐색과 관련된다. 이 시기의 방어는 자아를 재정의해 가는 것이다(자아 이상)(Erikson, 1959/1980: 121-122).

발달에서의 이러한 전형적인 불안과 위기가 해결되지 않으면 불안에서 벗어나 심리적인 안식을 얻기 위해 계속해서 방어기제를 사용한다. 반복적으로 또는 아동의 연령에 적합하지 않은 특정한 방어기제를 과도하게 사용하면 일반적으로 문제행동이 심각하게 나타난다. 예를 들어 발달 단계가 1단계인 아동은 전형적으로 충동적이고 요구적이며 자기중심적이다. 그런 행동은 적응과 성장과정의 일부로 이해되며, 2세 이하까지는 대체로 수용된다. 그러나 9세 아동이 그런 행동을 한다면 걱정할 만한 일이며, 13세까지 지속된다면 심각한 걱정거리가 된다. 그 아동의 연령에서 그 행동이 수용될 만한 것인지 또는 전형적인 것인지를 파악하는 것이 중요하다. 수용할 수 없는 행동은 불안에 대한 방어기제를 잘못 선택한 것이라고 본다. 발달적 치료-발달적 교수의 목적은 아동이 삶을 이끌어 갈 때 사용할 수 있는 새롭고 더욱더 효율적인 방어기제를 배우도록 돕는 것이다.

제 II 부 출생부터 10대까지의 교육과정 실제

CHAPTER 3

시작하기

이 교육과정은 결손모델이 아닌 성장모델이다.
성장모델은 아동과 청소년의 건강하게 성장하는 과정을 강조하고 이를 위하여 체계적으로 일하는 것이다.
행동, 성격 및 지능은 매일의 작은 경험이 더해져서 진화하기 때문에 타인들과의 경험이
확실하게 긍정적 결과로 나타나는 교육과정은 사회-정서적 능력을 촉진시킬 수 있다.
오래된 부적응적인 반응들이 사라지면서 새롭고 책임 있는 행동과 태도가 더 많이 나타날 것이다.
이것은 사회-정서적 성장이 어떻게 일어나는가를 시사해 준다.

– 발달적 치료 입문(초판), 1975–

발달적 치료-발달적 교수

성인들은 아동과 청소년의 학업성취를 효과적으로 증진시키는 교육프로그램을 계획하면서 집단 구성원으로서뿐 아니라 학습 및 참여와 관련된 학생들의 개인적 특성에도 똑같이 관심을 갖는다. 경험 있는 부모와 전문가들은 아동의 사회적, 정서적, 행동적 특성이 결국 미래를 결정한다는 것을 알고 있다. 어떤 아동이나 청소년 집단에서는 많은 수가 매일 직면하는 도전을 성공적으로 처리하는 데 필요한 기술이 부족하여 사회적, 정서적, 행동적 문제를 가질 수 있다. 각 아동은 능력과 문제, 특별한 가족상황과 생활방식을 갖는다. 따라서 각 개인의 독특한 특성을 중심으로 효과적인 프로그램을 만드는 것이 과제다.

이 프로그램은 사회적, 정서적, 행동적 성장을 촉진하는 일련의 학습과정을 통해 단계적으로 아동을 변화시킨다. 어린 영아를 위해서는 부모가 실시하는 가정 프로그램이 필요하다. 유아기프로그램은 집단경험을 준비하는 아동들에게 일반교육 환경에 참여하게 함으로써 그들의 특별한 욕구에 맞게 적절히 준비될 수 있다. 그렇지 않은 다른 아동들에게는 더욱

강화된 특수교육 중재가 필요하다. 그리고 아동들이 성장할수록 사회-정서적 능력과 행동적 책임을 획득하려는 욕구가 강해진다. 발달적 치료-발달적 교수 교육과정은 이들 각 연령 집단—유아기, 초등학교, 중학교 및 고등학교—에 다르게 적용된다. 프로그램과 환경에 따라 계속성을 가지면서 통일된 접근을 할 수 있다. 사회-정서적 능력과 책임 있는 행동을 학습하는 데 도움을 필요로 하는 사람, 장애를 가졌거나 그렇지 않은 학생들을 위한 프로그램의 일부분으로도 사용될 수 있다.

특수교육이 필요한 아동의 위탁과정에는 심리적, 교육적, 관찰적, 임상적 및 발달적 평가가 포함된다. 부모와 전문가들은 각 아동을 위한 목표와 기대를 확인하기 위해 함께 일한다. 그들은 아동의 강점과 약점, 독특하게 다른 성취 일람표, 문화적 경험, 발달경로, 불안, 흥미, 가치, 관심을 확인한다. 결과적으로 개별화 교육프로그램, 개별화 가족지원계획 또는 개별화 전이계획이 계획될 수 있으며, 이들 프로그램은 집단 환경에서 가장 자주 사용되거나 때로는 특별한 곳에서 사용되지만, 같은 연령의 또래와 함께하는 통합적인 환경에서도 종종 수행될 수 있다.

이 장에서는 특수교육을 받고 있는 사람뿐 아니라 일반 아동과 청소년을 위해 이 교육과정을 어떻게 사용해야 하는가에 대해 살펴보고자 한다. 교육기관에서 프로그램을 수행하는 것에 초점을 맞추었으나 가정과 지역사회에서도 이 프로그램을 적용할 수 있다. 부모들이 교사와 함께 일하면서 교사가 아동들의 욕구를 얼마나 효과적으로 채워 주는지를 감독할 때 이 자료가 유용하게 사용되기를 바란다. 모든 연령 집단에 적용되는 기본 요소인 다음의 주제를 중심으로 기술하였다.

- 교육과정에 기초가 된 아동 발달에 대한 신념
- 교육과정의 사용에 대해 자주 묻는 질문
- 교수목표 설정을 위하여 아동들의 사회-정서적 발달 평가하기
- 학생의 향상을 평가하기
- 다양한 교육환경을 위한 계획

교육과정에 기초가 된 아동 발달에 대한 신념

사회-정서적 능력과 책임 있는 행동을 추구하는 것은 타인과의 사회적 세계에서 성공적

인 생활로 이끄는 데 가장 중요한 것이며, 그 과정에서 개인적 만족감을 느낄 수 있다. 이것은 정서적 적응에 대한 실행 정의라 할 수 있으며, 자아존중감과 개인적 정체감이 사회적 현실 내에서 발달해야 함을 제시하는 것이다. 이것은 이 교육과정의 핵심 요소다. 앞 장에서는 연령 간격에 따라 일반적인 사회적, 정서적, 행동적 발달을 증진시키는 방식을 강조한 발달적 치료-발달적 교수의 개념적 기초를 제공하는 이론들을 고찰하였다. 이 장에서는 성공적인 교육프로그램 작성에 기초가 되는 아동과 청소년에 대한 4가지 기본적인 관점이 이 이론들을 기초로 하여 어떻게 형성되었는지를 설명한다. 이러한 관점이 사회적, 정서적, 행동적 문제를 가진 학생들을 교육하는 자신의 신념과 일치할 경우, 발달적 치료-발달적 교수를 사용하는 것이 편할 것이다. 그렇지 않을 경우에는 다음 장의 내용을 통해서 순차적 성숙, 개인적, 문화적 가치와 교육적 노력 사이의 상호교류를 강화시키는 것이 이 접근법의 장점이라는 것을 확인할 수 있을 것이다.

신념 1: 일탈 행동 대 전형적 행동

일탈되고 수용할 수 없는 행동은 항상 전형적이고 수용 가능한 행동과 혼합되어 있다.

프로그램 함축 성인들은 종종 대부분의 아동 행동을 전형적인 것으로 보거나 전부 일탈된 행동이라고 보며, 연령에 적절한 행동을 간과하고 아동이 '훈육 문제'가 있다거나 '나쁜 아이'라고 일반화시킨다. 그래서 아동에게 낙인이 찍히고 긍정적으로 행동하는 부분은 인식되지 않는다. 타인의 이러한 편견은 아동으로 하여금 자신을 '할 수 없는 아동', 즉 자기 존중감이 결여되고 잠재능력에 한계를 가진 사람이라고 생각하게 만든다.

중재프로그램에서는 수용할 수 없는 행동을 줄이기 위해 수용 가능한 행동을 증진시키는 것이 우선되어야 한다. 프로그램이 단지 수용할 수 없는 행동에만 초점을 맞춘다면 학생들의 연령-전형적 특성에 반응하는 데 실패하는 위험이 따른다. 아마도 책임 있는 자아-조절적 행위를 형성하지 못할 것이다. 반면에 아동의 수용 가능한 전형적인 특성에 대한 중재와 타인에게서 만족스러운 반응을 가져오는 새로운 행동을 가르치는 데 초점을 맞출 경우, 사회-정서적 능력을 기르고 더욱 책임을 갖도록 할 것이다. 만족과 성공을 가져오는 성인이나 또래와의 경험은 '성공할 수 있는 사람'으로 아동의 정체감을 강화시키고, '나쁜 아이'라는 동일시를 조장하기보다는 수용 가능한 모든 것들과 더 건강하게 통합될 것이다.

신념 2: 순차적인 발달

사회적, 정서적, 행동적 발달의 정상적 과정은 순서적이고 예측 가능하게 계속되며, 생물학적 소질과 사람들과의 선행 경험에 기초하기 때문에 특히 개인적이다.

프로그램 함축 이 신념은 성인들이 모든 연령의 아동과 청소년의 발달과정에 주의를 기울이는 것이 필요함을 말한다. 발달의 비율과 개인적 발달 패턴은 아동마다 다르다. 그러나 발달의 일반적 순서는 유사하다. 프로그램은 전형적인 발달패턴 내에서 각 아동의 특성에 민감하게 반응함으로써 긍정적 성장을 증진시키는 데 진정으로 효과적일 수 있다.

성장과 변화는 2가지 기본적 기준을 고려한 프로그램에 체계적으로 포함되어야 한다. (1) 모든 개인의 일반적 발달 과정과 (2) 개인 발달의 독특한 패턴—강점과 약점—은 전형적인 발달지표의 출현이나 부재를 통해 나타난다. 개인적 발달 측면에 반응할 때 각 개인의 독특성을 인식하도록 해야 한다. 그리고 발달의 일반적 흐름 안에서 이끌어 줄 경우, 타인들의 기대에 성공적으로 반응하도록 도울 수 있다. 이것은 이미 가지고 있는 기술을 강화할 뿐 아니라 새로운 기술의 발달을 자극한다.

개인적 요구와 만나도록 프로그램을 순서화시키는 것은 항상 쉬운 일이 아니다. 발달단계에 적절치 못하게 학습된 아동과 청소년은, 너무 적게 또는 너무 많이 하도록 기대되어 부조화의 절정에 있는 자신들을 발견하게 된다. 반복된 실패는 실패의 역사를 만든다. 이런 역사를 가진 아동들은 쇠약해지며, 그들의 욕구와 만나는 것이 점점 불가능하게 된다. 역시 비효과적인 것은 아동을 계속 정체상태에 머물게 하는 프로그램이다. 이것은 아동이 특정한 프로그램에 성공적으로 반응하고 기술이 습득된 후에도 프로그램이 변화하지 않을 때 일어날 수 있다. 새로운 놀이자료를 탐색하게 하지 않고 유아로 하여금 매일 똑같이 블록 쌓기 활동을 계속하도록 학습시키는 것은, 아동을 현재 수준으로 유지시키기는 하지만 성장이 일어나지 않는 교육이라는 것을 증명하는 것이다. 비슷하게 또래와 함께 사회적 상호작용을 구조화하는 대신 좌절된 학생을 매일 혼자서 카드게임을 하도록 내버려 두는 것은 아동의 성장을 자극하지 못하는 것이다. 프로그램이 새로운 기술에 다시 초점을 맞추고 새로운 책략을 사용하는 데 실패한다면 아동은 옛날 행동을 계속할 것이고 계속적으로 향상되는 것은 쉽지 않다.

신념 3: 즐거움과 성공

생산적 변화는 행동이 성공적이고 만족스러운 결과를 가져올 때 일어난다.

프로그램 함축 긍정적이고 성공적인 행동은 지속적인 변화와 발달의 열쇠다. 새로운 행동을 하려는 아동의 의지는 의미 있고 즐거운 과거 경험에서 배우게 한다. 프로그램은 모든 아동이 성공적이라고 느끼도록 이런 종류의 경험을 하는 방식을 제공해야 한다. 경험이 즐겁고 성공적이라면 아동은 그 학습에 참여하고 동화할 것이다. 경험이 불안을 주고, 혼란스럽고, 복잡하고, 의미가 없거나 실패하도록 한다면, 아동은 더 이상의 참여를 피하려 할 것이다. 결국 어떠한 학습(또는 부정적 학습)도 일어나지 않을 것이다.

이러한 신념은 우리가 학교, 가정, 이웃에서 아동이 갖는 부정적 경험을 보면 더 이상 설명이 필요하지 않다. 어린이집 교사에게서 조각이 많은 퍼즐을 함께 하자는 요청을 매일 받았던 4세 Lisa의 경우를 보자. 퍼즐을 가져오는 것을 보고 Lisa는 적극적으로 저항—다른 아이의 놀이자료를 빼앗거나 방 밖으로 달아나기—을 했다. 그러나 퍼즐의 수를 더 적게 하거나 더 큰 조각을 주자 Lisa가 긍정적으로 반응하면서 성공의 순환이 시작되었다. Lisa는 성인에게서 인정받음으로써 새로운 퍼즐에 대한 독립적 성취가 강화되고, 내적인 자긍심도 갖게 되었다.

신념 4: 적절한 경험

아동은 문화적으로, 개인적으로 의미 있는 경험에 의해 학습하고 성장한다.

프로그램 함축 프로그램에서 학습한 기술은 실제 생활상황에서 만족스러운 결과를 만들도록 아동의 개인적 세계와 연결되어야 한다. 아동의 자아존중감은 개인적으로 중요하거나 사회적 가치가 있는 경험이 좌우한다. 의미 있는 경험이 흡수될 때 계속적인 성장과 발달의 기초가 된다. 아동의 행위가 긍정적이 되면, 그 다음에는 사회와 아동은 일치되고 성공의 순환이 시작된다. 아동의 발달은 격려된 환경 속에서 양육되고, 개인은 그 환경에서 환호하고 안락함을 느낀다([그림 3-1] 참조).

문화적으로 적절한 기술은 적극적이고 자신 있는 개인이 되어 미래의 잠재력에 문을 연다. 영유아에게 구두끈을 매고, 지퍼 올리기를 가르치는 것이 문화적으로 적절한지 생각해 보자. 이러한 과제를 습득하면 아동은 독립심과 능력이 성장하여 아침에 옷 입기를 통해 성

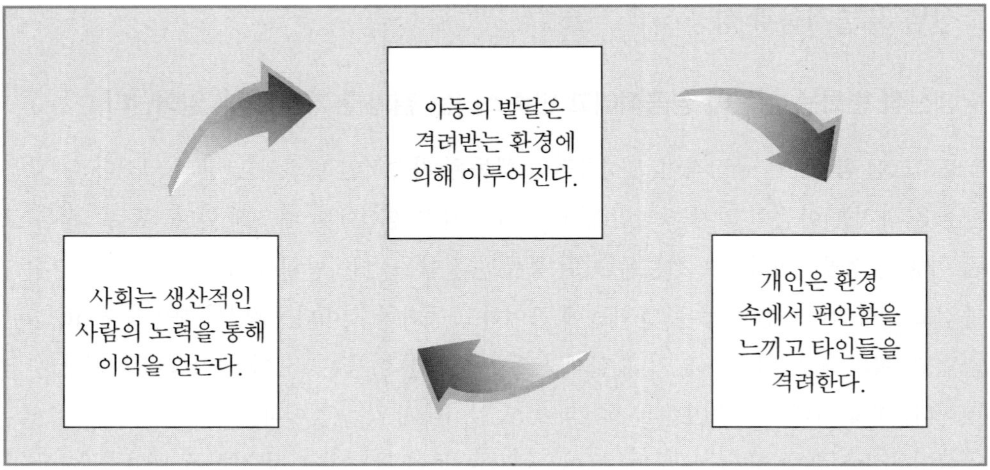

[그림 3-1] 성공의 순환

취감을 느낄 수 있다. 학령기 아동에게 문화적으로 적절한 과제의 한 예는 두발 자전거를 조립하는 것이다. 학생이 자전거 조립으로 돈을 벌 수 있는 기회를 얻을 수 있다면 매우 좋다. 또는 아동에게 자전거가 있을 경우, 필요할 때 한 부분을 교체하여 성취감을 가질 수 있다. 아동이 자전거를 탈 수 있다면 독립적으로 여행을 하면서 자유를 경험할 수 있다. 이 기술은 그 학생으로 하여금 생산적이고 유용한 개인이 되어 타인의 갈채를 받을 수 있도록 한다. 자전거 수선 기술은 더욱더 자신감을 확장시킴으로써 동반되는 다른 생활 기술을 발달시킨다. 반대로 이러한 기술을 사용하기 위한 실제적 기회가 제공되지 않는다면 학생은 어느 곳에도 쓸모없는 기술을 배우는 것이다.

요약하면 이 4가지 신념은 발달적 치료-발달적 교수를 설계하는 안내 원칙이다. 이 신념들은 각 아동에게 개인적으로 적절하고 긍정적인 프로그램을 가지고 반응하도록 하는 데 절대적으로 필요한 요구를 이해하게 한다. 또한 모든 아동의 건강하고 수용할 수 있는 행동에 대한 잠재력에 초점을 맞추도록 하고, 변화와 성장을 가져오는 성공적이고 정서적으로 만족스러운 경험의 중요성을 강조한다. 이러한 결과는 프로그램이 개인의 가치와 개인의 생활에서 중요한 사람들의 기대를 반영할 때 일어난다. 유아들은 많은 다른 프로그램의 환경에서 새로운 행동의 기초와 문화적으로 가치 있는 수행을 학습할 수 있다. 그러나 아동들이 피상적인 것보다 더 많이 학습하고 실제 수준 이상으로 발달하려면, 사회적으로 적절한 진짜 풍부하고 세밀하게 차별화된 프로그램이 제공되어야 한다. 모든 아동은 실제 상황에서 새로 학습된 기술을 사용할 기회가 주어져야 한다. 이것은 모든 아동이 학교와 지역사회의 통합 속에서 성공하도록 도움을 받아야 한다는 것을 의미한다.

교육과정의 사용에 대해 자주 묻는 질문

문제가 있으나 확인된 장애가 없는 아동들에게 이 교육과정을 사용한 적이 있는가?

유아교육 프로그램과 초등학교 1학년에서, 교사들이 비형식적으로 전체 교실에 발달적 치료-발달적 교수 실제를 적용하였다. 이 접근의 강점은 통합적인 일반 교육과정 내에서 사회-정서적 능력을 교육한다는 것이다. 그리고 사회-정서적 문제가 있는 학생들을 돕는 예방적 교육과정을 제공한다. 이 프로그램에서, 성인들은 규칙적으로 계속 제공되는 교육과정—창의적인 활동영역, 언어, 과학 또는 수학—의 맥락에서 발달적 교수책략을 사용하여 아동들의 다양한 사회-정서적 욕구에 반응한다. 그리고 발달교육목표평정지(개정판)를 가지고 학생들의 사회-정서적 능력을 평가하고, 발달단계에 적절한 방법들을 사용한다. 아동들의 행동이 의미하는 바를 이해하기 위하여 언어적, 비언어적 반응을 통해 학생들을 인정하고 격려하는 반응을 배운다. 또한 발달 단계에 적절하게 설계된 발달적 교수활동을 수행하였다. 그 결과는 발달적 교수라고 말할 만큼 매우 성공적이었다.

이 접근법을 예방적으로 사용하기 위하여 학교에 있는 모든 교사들이 현직연수를 통하여 배우도록 학교 교장들에게 전달되었다. 한 예를 보면 발달적 교수 책략은 활발한 가정-부모 프로그램 구성요소와 조화되어 체계에 광범위하게 사용되어 문제를 보였던 유아들이 학교에 들어갔을 때 특수교육에 배정되는 수가 유의하게 감소되었다.

발달적 치료는 심각한 장애를 가진 아동들에게 사용될 수 있는가?

20여 년 전에 발달적 치료는 심각한 사회적, 정서적, 행동적 장애를 가진 학생들에게 효과적인 심리교육 프로그램을 발달시키기 위해서 시작되었다. 기본 가정은 아동과 청소년이 성숙하면서 필요한 기술을 가능한 정도까지 발달시키는 것이 필요하다는 것이다. 일반적인 교육기관에서 필요한 기술을 이미 습득한 학생들로부터 배울 때 더 빨리 발달될 수 있다고 가정하며, 오늘날 그 과정은 통합으로 일컬어지고 있다. 이 교육과정에서 주요 선택 사항은 학생들에게 요구되는 사회-정서적 목적과 목표를 성취할 수 있는 최적의 환경을 발견하는 것이다.

발달적 치료는 많은 다른 형태의 장애를 가진 모든 연령의 아동들에게 계속적으로 사용되며, 사회-정서적 능력이 더 발달한 아동들에게도 필요하다(Guralnick, 1990, 1992). 교육과정의 목적, 목표, 활동, 자료 및 성인들의 책략은 자폐증을 포함하여 종종 여러 가지 장애를 가진 학생들에게 적용되기도 한다(Bachrach, Mosley, Swindle, & Wood, 1978). 모든 연령의 아동들과 여러 가지 다른 교육환경에서 이 교육과정을 효과적으로 사용해 왔다. 즉, 통합적인 특수교육 프로그램, 어린이집과 학령 전 교육 프로그램, 초등학교 프로그램, 중학교, 고등학교, 일반교육과 특수교육이다. 치료적 레크리에이션과 캠프 프로그램, 정신병원 및 심각한 듣기 장애를 가진 학생과 청소년을 위한 기숙학교에서 사용되었다.

대부분의 교사들이 한번 이상 직면하는 심각한 이상행동에는 3가지 형태, 즉 **신체적 폭력, 수동적 공격성, 사고장애**가 있다. 이 교육과정의 접근은 이들 장애를 가진 아동들에게 효과적이다. 그것은 발달단계와 정서적 욕구 그리고 발달적 불안을 대상으로 하여 프로그램의 목표를 선택하도록 한다. 그리고 학생들의 프로그램을 조직하고 구조화하도록 하며, 사회-정서적 성장을 기르는 데 효과적인 관리책략을 선택하도록 도와준다.

개별화 교육프로그램이 일반교실에 있는 학생들에게 도움이 되지 않을 때 특수교육 프로그램에서 발달적 치료가 사용되었는가?

효과적으로 적용한 예는 특히 중증발달장애를 가진 특수교육 교실의 종일제 프로그램에서 찾을 수 있다. 그러나 종일 자기-억제를 하도록 만드는 교실에서 실시하는 것은 통합적인 일반교육기관에서 매일 또래 모델링의 기회를 통합하는 것보다 덜 성공적인 것 같다. 또래가 같은 수준의 사회적, 정서적, 행동적 기술을 보이지 않는 완전히 분리된 교실이나 집단에 너무 오래 둘 경우 학생들의 발달이 후퇴하는 것을 본 적이 있다. 이러한 집단에서는 더 고등한 발달기술이 또래에 의해 자극되거나 강화되지 않으며, 대신 더 낮은 수준의 기술이 모델이 된다. 통합적인 기회가 제공되지 않을 때 학생들은 앞서 습득된 기술마저 잃어버리기도 한다.

발달적 치료 접근은 팀이 구성되기 어려울 때 성인 혼자 사용할 수 있는가?

학교, 학령전 교육기관 및 방과 후 프로그램에서 다른 보조자 없이 아주 경험 있는 교사혼자 실시하는 성공적인 발달적 치료-발달적 교수 프로그램을 본 적이 있다. 하지만 몇몇 다른 프로그램에서도 그 예를 찾을 수 있다. 그중 하나는 활동센터로 설계된 방이 있고, 활동이 시간 단위로 느슨하게 조직된 전형적인 유아교육 프로그램이다. 교사는 발달교육목표평정지(개정판) 중 개인적인 숙달을 증진하는 방식으로 아동과 상호작용하면서 영역에서 영역으로 이동한다. 또 다른 소규모의 유치원 프로그램에서는 교사가 계획을 세우고 2단계의 발달적 교수 실제를 사용하여 전체 집단과 활동을 수행한다. 세 번째는 교사가 학년이 시작될 때 발달교육목표평정지(개정판)에서 1학년 학생들을 모두 평가하고, 비슷한 목표를 가지고 활동하는 학생으로 구성된 작은 집단에서 그들을 지도하였다. 이러한 프로그램에서 보면 교사의 기술이 영향을 미치듯이 집단의 학생 수와 학생의 특별한 욕구 수준이 성공적인 결과에 영향을 미친다.

이렇게 배치하는 것은 소수의 학생들만 특별한 욕구가 있는 집단에서 성공할 수 있지만 심각한 장애를 가진 아동이 있을 때는 1가지 시도만으로 성공하기 어렵다. 성인은 학생이 요구할 때 개별적으로 도와줄 수 있어야 한다. 어떠한 성인도 도움을 주지 못하면 학생은 활동을 통해서 아무것도 얻을 수 없으며, 향상이 느리거나 나타나지 않을 수도 있다. 심각한 정서적, 행동적 장애를 가진 학생들에게는 도와줄 수 있는 성인이 특히 필요하다. 심각한 장애를 가진 학생들은 반드시 성인이 감독하여야 한다. 책임 있는 성인이 없을 경우, 집단은 폭력이나 다른 방해로 인해 상처를 받을 수 있다. 학생들이 잘 모르는 사람이나 숙련된 위기중재 훈련을 받지 않은 사람이 대신 할 경우, 치료 관리의 확률은 크게 줄어든다.

위기에 있는 학생을 다른 사람이 맡도록 바꾸는 것은 학생으로 하여금 성인이 위기 조절 능력이 없다고 해석하게 한다. 이것은 담당하는 성인에게도 효과적이지 못하다. 많은 학교에서 교장이나 교감을 제외하고 어느 누구도 위기관리가 가능하지 않다. 학교행정가가 참여하면 위기가 치료관리의 영역에서 학교의 규율 영역으로 바뀐다. 행정적 권위는 때때로 위기해결에 적절할 때도 있지만 항상 그런 것은 아니다. 심각하고 만성적인 정서적, 행동적 문제를 가진 학생들의 경우, 학생들과 계속 관계를 갖는 성인이 위기를 관리하는 것이 아마 더 치료적일 것이다.

가정중심 프로그램의 부모나 프로그램을 조언하는 자원봉사자가 이 교육과정을 사용할 수 있는가?

부모들이 팀을 구성하지 않고 이 교육과정을 사용하는 예를 보면 가장 잘 증명될 수 있다. 아동들에게 요구되는 중요한 발달지표에 대해 비공식적으로 배운 부모와 아동의 사회-정서적 발달단계를 확인할 수 있는 부모는 '발달적으로 생각하기'를 시작한다. 이러한 태도는 부모로 하여금 아동이 필요한 기술의 습득을 돕는 관리책략을 선택하도록 도와준다. 그래서 그 과정은 완전히 비공식적이고 간편하다. 성인-아동 상호작용과 관계는 의미가 있고, 발달적이고 개별적인 적절한 방식의 활동이 강조된다.

이 모델은 부모가 가정의 일상생활을 바꾸거나 가정교수를 위한 구조화된 활동을 제공하는 더 형식적인 방식으로도 사용해 왔다. 가정프로그램의 가치는 부모와 1차적인 양육자가 가정이나 공동체의 일상생활에서 아동을 위한 발달적 과제를 통합하는 것이다. 부모의 요청으로 가정프로그램을 수행할 때는 가정 중재 전문가가 부모와 함께 일한다. 이 사람은 부모와 함께 작업 관계를 형성하고 자신이 제공할 활동을 정의한다. 대부분 '방문자' 와 부모가 함께 아동을 가르친다. 이 첫 단계에서 방문자(때로는 아동의 교사로 불리는)는 아동의 독특한 욕구를 반영한 아동과의 상호작용 방식을 마련한다. 부모는 그 직원이 다음에 방문할 때까지 혼자 관리책략을 사용하고 과제나 일상적인 것들을 계속한다. 선택된 과제에 대한 아동의 성공과 부모와 긍정적 관계를 형성하는 것이 가정 프로그램의 목적이다. 이와 더불어 얻는 혜택은 성공적인 부모로서의 기술이 성장하고 스스로에 대해 자신감을 얻는 것이다.

가정프로그램의 효과적인 변화는 자발적 조언자들에 의해 제공되어 왔다. 조언하기는 중요한 성인과의 관계나 안내가 필요한 아동을 위해 매우 성공적인 방법이다. 조언자는 아동에게 훌륭한 역할 모델과 수용적인 성인과 관계를 맺는 기회를 제공한다. 그러나 조언자는 제한된 봉사시간에 학생들의 요구와 가장 효과적으로 만날 수 있는 방식에 대해 알아야 한다. 조언자가 학생들의 발달교육목표평정지(개정판)에서 나온 몇몇의 특수한 목표를 학생들에게서 확인할 수 있을 때 학생들은 눈에 띌 만한 성장을 보였다고 할 수 있다. 그때 조언자는 학생의 요구와 사회-정서적 능력을 증가시키는 데 필요한 책략 및 학생의 요구에 맞는 성인이 어떤 유형인지 알게 된다.

발달적 치료-발달적 교수는 특별한 행정적 지원을 필요로 하는가?

초등학교와 중등학교 교실에서 교육과정을 사용하는 특수교육 교사의 성공적 수행에서 나타난 결정적 변인은 행정이 어느 정도의 수준인가 하는 점이다. 특정 학교의 행정 수준을 판단하기 위하여, 이 교육과정을 사용하는 특수교육 프로그램의 성공적 지원에 필수적이라고 생각되는 41개의 프로그램 요소와 행정적 절차를 포함하는 발달적치료행정목록표를 사용한다. 항목은 '있다' 또는 '없다' 로 평가되고 자원의 질은 판단하지 않는다. '있다' 라고 평가된 항목을 단순히 합해서 그 학교의 행정 지원 점수를 계산한다. 그 다음에 이 점수를 발달적 치료-발달적 교수에서 성공적인 특수교육 프로그램을 실시하는 다른 학교의 행정 지원 점수와 비교한다. 13개 학교와 45명의 특수교육 교사 및 보조자를 대상으로 한 연구에서 학교의 행정 지원 수준과 발달적 치료-발달적 교수를 사용하는 교사와 보조자의 교실 효용성 수준 간에 통계적으로 유의한 관계를 발견하였다(Wood & Comb, 1981). 이러한 결과에 기초하여 특수교육 프로그램에서 교육과정을 사용하여 최고로 성공하려면 32점 또는 그 이상의 행정 지원 점수를 얻어야 한다고 말할 수 있다. 이러한 지원 수준을 확인하기 위하여 목록표를 사용한다. 전체점수(학교의 절차와 지원의 총계)가 32점보다 낮다는 것은, 적절한 지원 체계를 제공하기 위하여 추가적인 자원이 필요함을 지적하는 것이다. 이러한 자원과 절차는 우선순위에 놓여야 한다. 추가적인 자원이 가능해야 필요한 프로그램 지원 요소가 추가될 수 있다.

교수목표 설정을 위하여 아동들의 사회-정서적 발달 평가하기

평가 실제는 사회적 능력과 신념이 어떻게 발달하는가에 대한 이론에 기초한다. 모든 아동과 청소년의 사회-정서적 능력은 일정한 순서에 따라 순차적으로 발달하며, 발달의 비율과 방식은 다양하다. 아동이 이러한 발달의 어느 위치에 있는지 확인하기 위해서 많은 자원에서 얻을 수 있는 광범위한 정보가 필요하다. 예를 들면 부모와의 대화, 개인의 심리적, 교육적 평가, 학교와 복지기관 기록 및 학교, 이웃, 가정에서의 학생 관찰 등이 있다.

이러한 광범위한 정보에 기초하여 예비프로파일을 완성할 수 있다. 예비프로파일은 아동이 각 교육과정의 영역과 단계에서 순차적인 사회-정서적 능력의 목적을 이미 어느 정도 성취했는지 확인한다. 〈표 3-1〉는 이러한 일반적 목표를 나타내며, 개별화 교육프로그램, 개별화 가족지원계획 또는 개별화 전이계획 회의를 할 때 부모와 함께 이 목표를 사용한다.

각 학생이 다른 학생들과 활동할 준비가 되어 있든지 그렇지 않든지 간에 모든 학생은 〈표 3-1〉의 목표 중 일부를 성취할 것이다. 개별화 교육프로그램, 개별화 가족지원계획 또는 개별화 전이계획 회의에 참석한 사람들의 합의에 의해 어떤 목표를 선택할지 결정한다. 학생의 예비프로파일을 확인하는 이 평가 단계를 통해 4가지 각 교육과정 영역—학생이 앞으로 활동할 필요가 있는—에서 그 학생을 위한 일반적 목표를 결정한다. 학생의 사회-정서적 발달의 전반적 단계는 이 네 영역 중 대다수의 목표가 성취되는 단계다. 발달의 전반적 단계를 확인하게 되면 그 학생에게 적합한 배치와 프로그램의 계획—다음의 평가를 위한 기초, 개별화 교육프로그램, 개별화 가족지원계획과 개별화 전이계획 목표, 교수를 위한 집단배치, 평가절차—에 대한 전반적인 방향이 제시된다.

모든 정보를 얻고 해석하는 것은 더 이상 강조할 필요 없이 중요하다. 정신적으로 건강한 분위기로 잘 조직된 교실은 이런 깊이 있는 정보가 필요 없는 좀 덜 심각한 문제를 가진 학생들에게 효과적으로 수행될 수 있다. 그러나 더 심각한 장애를 가진 학생들은 깊은 관심이나 불안에 반응하는 프로그램이 없으면 향상에 대한 희망을 가질 수 없다. 기본적 불안과 이 학생들이 어떤 것에 가치를 두는가에 대해 인식하는 것은 기본이다. 자료와 활동, 특히 창의적 예술을 포함하는 활동들은 이러한 학생들에게 전달될 수 있는 가장 좋은 방식이며, 결국 진정한 변화와 성장으로 이끈다.

교육과정은 사회-정서적 발달이 향상 될 수 있도록 설계되기 때문에 습득된 기술, 현재의 지위 및 미래의 방향에 대해 더 상세하게 평가한 예비프로파일을 따르는 것이 필요하다. 대부분의 학생들은 첫 주가 지나면 새로운 교실환경에서 안전감을 느끼기 시작하고 전형적인

〈표 3-1〉 예비프로파일: 사회-정서적 발달을 위한 발달적 치료-발달적 교수의 목표

단계	행동	의사소통	사회화	학업(전)/인지
1	자신의 신체기술을 신뢰하기	필요한 것을 얻기 위해 단어를 사용하기	효율적으로 반응하는 성인을 신뢰하기	의도적인 신체운동과 기억, 분류와 수용어휘를 구성하는 기본 정신과정과 관련된 환경에 반응하기
2	일상과 활동에 성공적으로 참여하기	건설적 방식으로 다른 사람에게 영향을 미치는 단어를 사용하기	활동에 성공적으로 참여하기	자조능력 , 운동 협응, 언어활동과 변별, 수열, 수리력과 관련된 정신과정 활동에 참여하기
3	집단 구성원으로서 개인적 성공에 기술을 적용하기	집단에서 건설적으로 자아를 표현하는 단어를 사용하기	집단활동에서 만족감 얻기	1차적 학업기술, 언어개념, 경험의 상징적 표상을 사용하여 학업 집단에 성공적으로 참여하기
4	개인적 노력으로 집단의 성공에 기여하기	자기와 타인들의 감정과 행동을 이해하기 위해 단어를 사용하기	집단의 구성원으로서 자발적이고 성공적으로 참여하기	성공적인 사회적 집단경험을 위해 학업기술을 사용하기
5	생활경험에 건설적 행동으로 반응하기	관계를 형성하고 풍부하게 하기 위해 단어를 사용하기	효과적인 상호 인간관계를 독립적으로 이끌고 유지하기	인간적 관계를 독립적으로 주도하고 유지하기

행동을 나타내기 때문에, 학생들을 8~10일 동안 프로그램에 참석시킨 후 사회-정서적 능력에 대한 상세한 평가를 한다. 이것은 일반적으로 학생의 현재 기능 수준에 대한 정확한 기초선 평가를 제공해 준다. 동시에 개별화 교육프로그램이나 개별화 전이계획의 사회-정서적 능력에 대한 정보를 얻고, 특별한 교수목표를 확인하기 위해 발달교육목표평정지(개정판)를사용한다. 발달교육목표정정지(개정판)는 4가지 교육과정 영역인 행동, 의사소통, 사회화 및 학업(전)/인지의 순차적 발달을 측정하는 규준 참조적 문항 171개로 구성된다. 각 영역의 문항들은 의식 수준이 기본적으로 가장 낮은 수준의 행동에서부터 높은 수준의 사회-인지적 발달을 반영하는 아주 복잡한 행동까지 포함되며, 가장 낮은 수준인 1단계부터 가장

사회-정서적 발달 평가를 위한 배경 정보

관심 분야

성인과의 사회화 방식
또래와의 사회화 방식
관심과 선입견
의사소통에 나타난 욕구와 감정
방어기제
발달적 불안
또래집단에서의 역할
사회적 능력의 형성
가치

출처

가족 정보	훈육형태, 관심, 관계, 우정, 가족 가치, 중요한 성공과 실패, 초기 발달, 특징적 사건, 중요한 성인, TV 보는 습관, 수면 패턴, 식습관
학력	진급, 출석, 정학, 성적, 중요한 성공과 실패
의학력	태교, 출생 시 사건, 정신병적 면담, 약, 입원 경력, 시력, 청력, 언어, 말하기 평가, 건강
표준화 검사	지능, 행동, 발달, 성취와 창의력
임상 평가	성격, 투사
비표준화 평가	관찰, 발달 평정, 흥미 검사, 그림이나 다른 창작물

높은 수준인 5단계까지 다섯 단계를 나타내는 문항으로 구성된다. 이 단계들은 교육과정의 연령범위인 출생부터 16세까지다.

평가도구로서 발달교육목표평정지(개정판)

발달교육목표평정지(개정판)는 교육과정을 안내하는 설계도로서 교사들이 사회-정서적 발달과 학생의 향상을 평가하는 교실 프로그램을 계획할 때 사용할 수 있는 실용적 도구로 개발되었다. 이러한 강조 때문에 Bayley, Cattell, Gesell, Frankenberg, Kaufman과 McCarthy가 개발한 발달교육목표평정지(개정판)는 다른 발달적 평가도구와는 차이가 있다(Barnett, Macmann, & Carey, 1991). 이 도구는 규준 집단의 반응과 표준화 검사 상황에서 아동의 반응을 비교하여 표준화 발달점수(발달연령지수)를 알 수 있다. 결과로 얻은 점수는 규준집단과 비교하여 발달적 지위가 어떤가를 알 수 있도록 설계되었기 때문에, 아동의 수행이 같은 또래의 수행과 조화되는 정도를 나타내는 진단적 기능이 있다. 점수와 항목 모두 교수를 위한 체제를 제공하기 위해 만들어진 것은 아니다. 대조적으로 발달교육목표평정지(개정판)는 표준화된 검사절차에 따라 수행되지 않고, 규준집단과 비교하는 점수를 산출하기보다는 각 항목의 순차적 습득과 교수에 직접 적용하는 것을 강조한다.

발달교육목표평정지(개정판)는 어떤 항목을 습득한 학생('∨' 로 표시된)이 다른 항목을 할 준비가 되었는지('×' 로 표시된) 또는 항목을 시작할 준비가 아직 되지 않았는지('NR' 로 표시된)를 평가하는 서열척도를 사용한다. 주관적이고 관찰적인 자료는 가정과 이웃 및 학교에서 학생의 행동을 평가하는 데 사용된다. 평가에서는 학생이 이미 습득한 것과 현재 교수에서 강조해야 할 점 그리고 학생이 발달적으로 준비가 되지 않은 것들이 지적된다(Wood, 1992b). 현재의 활동을 통해 선택된 항목이 교수목표가 된다. 각 항목은 까다로운 순서로 제시되기 때문에 교수목표는 그 항목들이 평가형식에 나타나는 순서에 따라 선택된다.

평정은 보통 발달교육목표평정지(개정판) 프로그램을 제공하는 교사나 다른 성인, 정규교실 교사 및 부모 등 세 사람으로 구성된 팀의 합의에 의해 결정된다. 부모가 참여하기 어려울 경우, 주요 양육자나 가족 프로그램 전문가 또는 사례 관리자가 가정이나 이웃에서 학생이 어떻게 행동하는지에 관한 자료를 제공한다. 그 학생과 일할 수 있는 보조자, 심리학자, 정신과 의사, 레크리에이션, 음악, 미술, 읽기, 언어 치료자 등의 관찰과 견해를 포함시키는 것이 도움이 된다. 학령기 아동들은 스스로 발달교육목표평정지(개정판)를 평정하도록 하였다. 이 절차는 시간이 걸리기는 하지만, 학생들에게 목표를 세우는 방법을 가르치는 데 매우 효과적이었다. 학령기 아동들은 그들의 프로그램 목표를 확인하고, 목표성취를 향하여 매일 자신의 향상을 관리하는 것을 좋아한다. 3단계 말에 가깝거나 4단계를 시작하는 학생들이 이 절차를 특히 좋아하며, 그 과정에서 개인적 목표 설정 기술을 배운다.

발달교육목표평정지(개정판)의 신뢰도와 타당도

발달교육목표평정지(개정판)의 사용자 지침서(Wood, 1992b)가 있어 지시를 수행하고, 결과를 신뢰할 수 있게 채점하는 것을 배울 수 있다. 기술적 보고서(Wood, 1992a)에는 이 도구의 심리 측정적 특성이 기술되어 있으며, 성취 비율과 **목표성취척도**를 사용하여 표준화 T점수로 환산하여 획득점수를 산출하는 방법이 설명되어 있다. 사용자 지침에 포함된 표준 훈련 자료를 보면, 전체 문항별 평정자 내 일치도는 .76~.95로 높다. 하위척도의 평정자 내 일치도 역시 신뢰도가 높다. 즉, 행동 = .93, 의사소통 = .94, 사회화 = .94와 학업(전)/인지 = .96(Gunn, 1985)이다. 문항 곤란도를 통계적으로 분석한, 문항 내적 합치도의 일관성을 평가하는 Kuder-Richardson-type 신뢰도는 300개의 발달교육목표평정지(개정판) 평정을 사용하여 각 하위척도가 .99 이상으로 보고되었다(Weller, 1991).

발달교육목표평정지(개정판)의 공인타당도는 초기 단계의 모델에서 이론과 연구를 통해 사회-정서적 능력의 구인에 기초가 되는 심리적 과정들이 확인됨으로써 검증되었다. 잠재적 특성으로서 구인은 조작적 용어로 정의되어야 하고, 4가지 주요 발달 영역의 중요성을 확인하기 위해 분석되었다.

분석단계에 따라 출생 이후부터 각 과정의 발달이 어떻게 이루어지는지 알아보기 위해 이론과 연구를 다시 고찰하였다. 발달교육목표평정지(개정판)의 각 문항은 이러한 영역 분석을 참조하였다. 교육과정의 이론적 기초가 중요하기 때문에 [부록 4]에 4가지 발달영역에 대한 내용분석을 제시하였다.

출생에서부터 16세까지 정서적, 사회적, 행동적 장애를 가진 학생 모집단에 대한 이 특정 문항의 내용타당도는, 도구의 초판과 두 번째 개정판에서 적었듯이 5년 이상에 걸쳐 수천 명의 학생들을 대상으로 현장 검증을 하여 확인되었다. 그 후 10년 이상 27개 주의 수천 명의 학생을 대상으로 한 모델과 응답에 대한 평가는 국제적으로 자폐증이나 지능 지체, 언어, 듣기, 시각 장애를 포함하는 장애를 가진 학생과 복합 장애를 가진 학생, 장애가 없는 학생, 천재 학생들에게서도 이러한 접근의 타당성이 보고되었다.

이 도구의 문항곤란도의 연속적 범주를 조사하기 위해 두 연구가 수행되었다. 첫 번째 연구는 9개월에 걸쳐 반복해서 얻은 것으로, 심각한 정서적, 행동적 장애를 가진 학생 87명의 평정을 사용한 Guttman-type scalogram이 사용되었다. 그 결과 원래 도구의 문항 순서가 정확히 곤란도 순으로 배열되었다는 것이 나타났다. 두 번째 연구는 2~14세까지의 심각한 사회적, 정서적, 행동적 장애를 가진 학생 300명의 등록 프로파일을 분석하였다. 이 연구에서, 발달교육목표평정지(개정판)의 문항곤란도 순서를 통계적으로 재측정하기 위하여 Rasch 이분 모델이 사용되었다. Rasch 방법은 측정된 특성의 정상분포에서 임의로 선정된 표집을 가지고 통상적인 통계적 절차로부터 문항곤란도를 쉽게 평가할 수 있다. 평가하려는 특성이 사회-정서적 성장이고 잠재적 특성일 때, 그리고 모집단이 이 발달영역에서 문제를 가진 학생들일 경우에 전통적 통계절차들은 Rasch 모델만큼 정확하지 않고 표집효과도 제거된다. 이 분석의 결과에 따라 발달교육목표평정지(개정판) 문항의 문항곤란도 순서를 바꾸어 재배열하였다(Rasch, 1960; Snyder & Sheehan, 1992; Weller, 1991).

가장 최근에 개정된 1992년 발달교육목표평정지(개정판)는 현재 나와 있는 다른 발달검사와 유아교육과정을 가지고 문항의 일치 여부를 분석하여 내용타당도를 확장하였다. 6명의 숙련된 전문 교사들과 교사교육자들로 구성된 심사단이 베일리 영아발달척도의 학업(전)/인지 하위척도, 바텔 발달목록선별검사(Newborg, Stock, Wnek, Guidabaldi, & Svinicki, 1984), 부리건스의 영아발달진단목록-개정판(Brigance, 1991), 발달 진단 검사-3판(Gesell & Amatruda, 1975), 발달프로파일(II Boll, & Shearer, 1986) 그리고 학습성취프로파일-개정판(Sanford & Zelman, 1981)을 가지고 발달교육목표평정지(개정판) 문항을 비교하였다. 각 발달교육목표평정지(개정판) 문항별로 표현, 곤란도 수준, 발달상의 위치가 비교되었다. 문제가 있는 발달교육목표평정지(개정판) 문항의 표현방식을 더욱 명확하게 수정하였고, 몇몇 문항은 연속적으로 재배열하였다.

여러 지역 학교에서의 경험은 발달교육목표평정지(개정판)가 사회-정서적 능력의 교수목표를 확인하는 매우 실제적이고 신뢰할 만한 방식이라는 것을 보여 주었다. 171개 교수목표의 완성본이 포함된 컴퓨터 프로그램은 개별화 교육프로그램, 개별화 가족지원계획 및 개별화 전이계획을 준비하는 교사, 부모 및 행정가들에게 도움을 준다. 이것은 학년이 계속되는 동안 일정한 간격으로 학생의 향상을 쉽게 기록하도록 한다. 가능한 연령범위(출생~16세까지) 때문에 장기적인 기록 보관이 가능하고, 학년별로 계속적으로 프로그램을 제공한다.

학생의 향상을 평가하기

개별화 교육프로그램, 개별화 가족지원계획 또는 개별화 전이계획 목표를 습득하기 위해 각 학생들의 향상을 조심스럽게 평가하는 것은 이 교육과정 모델의 기초적 부분이다. 이상적으로 볼 때, 평가과정은 프로그램의 결과와 학생의 향상(총괄 평가)을 기록할 뿐 아니라 진행 중인 기초(형성 평가)에 대한 계속적 적응과 개선에 대한 정보가 교육 프로그램에 포함되어야 한다.

진행(형성)평가

발달적 치료–발달적 교수 프로그램의 평가체계의 첫 단계는 발달교육목표평정지(개정판)를 정확히 사용하는 것을 배우는 것이다. 이 도구는 프로그램에 참여하는 모든 학생들에게 사회–정서적 능력 프로파일을 제공한다. 이 기초선 평정에서 각 학생의 프로그램을 위해 선택된 사회–정서적 목표의 적절성을 증명해야 한다. 다음 단계는 각 학년에서 실시될 평가 계획을 짜는 것이다. 대부분의 교사와 행정가들은 학교 체계(일반적으로 매 3개월마다)에 따라 실시되는 정규 시험기간에 실시하는 것을 더 좋아한다. 부모와 다른 성인들이 포함되는 이 계획에서는 주기적인 평정을 하기 위해 각 학생과 함께 활동한다.

매 학년마다 계획된 성적 평가 주기나 검사 간격에 따라 평정을 반복한다. 대부분의 학교에서는 약 12주 간격으로 반복 평정한다. 평정을 통해 계획하였던 목표가 성취되었는지 확인이 되면 다시 새로운 목표를 설정하도록 한다. 이와 같이 향상되고 있는 학생들을 비교 가능한 또래가 있는 집단으로 재배치하기 위하여 평정을 주기적으로 실시한다. 여름방학 프로그램을 실시하기 전 기초선을 설정하기 위하여 또는 프로그램이 끝날 때 다음 학년에 대비하여 발달교육목표평정지(개정판)를 평정하여 사용한다.

발달교육목표평정지(개정판)를 사용하여 주기적으로 학생들을 반복 평정함으로써 부모와 교사는 학생들의 발달적 지위의 향상과 변화에 대해 의견을 나눈다. 이 평정은 프로그램 적응이 필요할 때 부모와 교사로 하여금 주의를 기울이도록 한다. 학생이 기대된 만큼 빨리 향상되지 않거나 결코 향상되지 않을 경우 여러 설명을 살펴봐야 한다. 사용된 교수활동과 자료의 유형, 성인의 역할 및 관리 책략이 분명히 고려되어야 한다. 학교 밖에서 일어나는 모든 종류의 사건은 학생의 향상에 영향을 미친다. 학생의 프로그램을 살펴볼 때, 이 사건들이 기본적으로 설명되어야 한다. 또한 집단 내 다른 학생들의 발달적 프로파일 역시 고려해야 한다. 어떤 학생들은 종종 다른 학생들의 발달적 향상을 저해하기도 한다. 한 학생을 다른 집단에 재배치할 경우 역시 재배치될 집단의 다른 구성원에게 어떠한 영향을 미칠지 생각해야 한다. 경우에 따라서 학생과 성인이 잘못 조합되는 경우도 있는데, 이것은 학생의 사회-정서적 요구에 대한 사려 깊은 검토와 이들 요구와 만나는 데 가장 효과적인 성인들에 대한 검토가 필요하다는 것을 의미한다.

학생의 발달교육목표평정지(개정판) 프로파일 분석은 마지막 평정 이후 얼마나 변했는지, 다음 학년에서 무엇이 기대되는지를 이해하는 데 가장 도움이 된다. 처음에는 시험기간 사이의 실제적 간격을 고려한다. 예를 들어 기초선 평정 이후 겨우 12주가 지났다면 몇몇 영역에서만 발달적 향상이 조금 나타나고, 학생에게 더 어려운 다른 영역에서는 결코 향상되지 않을 수도 있다. 반면에 한 학년이 끝났을 경우, 어떤 색다른 환경이 학습에 부정적 영향을 미쳐 학생의 생활에 퇴행이 일어나지 않았다면, 모든 교육과정의 하위검사 영역에서 향상되어야 한다.

4가지 하위검사에서 나타난 향상 패턴이나 향상이 적게 나타나면 다음 평정기간에 무엇이 기대되는지를 알려 준다. 일반적으로 학생이 한 하위검사에서 크게 향상되면 특정 발달 영역에서는 적게 향상되거나 비슷한 수준에 머물게 되는 정체기로 이어질 수 있다. 그러나 적게 향상되었다고 해서 반드시 프로그램이 효과가 없다는 것을 뜻하는 것은 아니다. 오히려 '휴식'—실습과 동화—을 위해 주기적으로 안정기를 갖지 않고 무한정으로 학습할 경우 극적인 증가가 일어나지 않는다는 것을 알기 때문에 이러한 경우는 연습 단계로 해석한다. 이러한 휴식 기간은 발달과정에서 기본적으로 나타난다. 그러나 교육과정의 한 영역이 안정기에 있는 동안 다른 영역에서의 향상이 기대된다. 학생이 앞서 별로 향상되지 않았던 영역에서 훌륭한 계획을 가지고 크게 향상될 수 있다는 것이 자주 관찰되었다. 이러한 정보는 이후에 실시될 프로그램에서 무엇을 강조해야 하는지에 대한 명확한 방향을 제시한다.

학생이 해당 단계와 교육과정에서 발달교육목표평정지(개정판) 문항의 약 20%를 습득하고 단계를 막 시작하고 있다면, 이전에 성공적으로 수행했던 단계와 관련된 활동을 계속해야 할 것이다. 그러나 학생이 해당 단계에서 발달교육목표평정지(개정판) 문항 중 적어도 80%를 습득할 경우, 단계 말에 가까워졌다고 볼 수 있으며, 그 학생은 다음의 가장 높은 발달 집단에 재배치하는 것이 필요하다. 점수가 잘 나오고 안정되었던 학생들은 다음 단계로 이동시킨다. 그 학생들을 더 잘하는 학생들과 함께 다시 집단에 배치하는 것이 발달을 촉진시킬 수 있다. 앞서 적었듯이 이렇게 집단을 재배치하지 않을 경우, 학생들은 최근에 습득한 기술마저 실제로 놓치게 되는 퇴행이나 '하강기' 가 나타나는 것을 보았다. 반면에 많이 향상된 학생들과 함께 배치하면 성공적인 성취가 어려워진다.

결과(총괄)평가

대부분의 중재 프로그램은 학생들의 개별화 교육프로그램, 개별화 가족지원계획 또는 개별화 전이계획 성취의 향상을 기록한 총괄적 자료를 제공해야 한다. 서비스 프로그램의 결과를 평가하기 위하여 충실한 자료를 만드는 방법은 많다. 교육과정 모델에서 사용된 기본적 평가체계는 William Swan, Carl Huberty와 Alan Kaufman이 수년 전에 설계한 것이다(Swan & Wood, 1975). 주요 평가체계라 할 수 있는 이 체계는 학생들이 프로그램에 참여하는 동안 특수한 목적과 목표를 획득했는가? 라는 물음에 효과적으로 반응할 수 있는 도구라고 알려져 있다. 학생의 향상을 보고하는 교사와 학교 행정가들은 학교 내 프로그램의 총괄적 평가를 위하여 준거참조적 접근을 사용한다([그림 3-2] 참조).

결과를 개인이나 집단으로 요약할 필요가 있을 경우, 특정 기간에 성취한 발달교육목표평정지(개정판) 목표의 비율(%)을 계산하는 간단하고 쉬운 절차를 권장한다. 비율(%)은 개인이나 집단이 프로그램이 실시된 특정 기간에 향상됨(또는 향상되지 않음)을 나타낸다. 이 비율은 각 단계와 교육과정의 네 영역으로 나누어 계산되거나 전체를 단일 비율로 종합할 수 있다. 전체적으로 성취 가능한 것 중 성취된 실제의 목표가 몇 개인가를 비교함으로써 그 단계의 목표 성취 여부와 강한 영역이나 약한 영역의 비례적이고 누적적인 향상을 알 수 있다. 현재 가능한 발달교육목표평정지(개정판) 컴퓨터 프로그램은 각 학생이나 여러 학교 및 학생의 향상에 대한 광범위한 체계의 평가에 대한 진행적 기록을 제공한다. 컴퓨터로 처리된 자료는 연령, 집단배치, 학급, 단계, 교사나 내용영역에 따라 학생 집단 간 비교를 위하여 해당 지역의 학교에서 그 지역의 규준표를 쉽게 만들 수 있다.

특수교육자들이 개인적 목표, 개인의 변화 비율, 학생의 발전 기록에 따른 장애의 유형과 정도의 복합적 영향 등에 관심을 가지면서 최근 더 복합적이고 좀 더 간접적인 절차들이 개발되었다. 중재와 중재 이전에 개별 학생의 발달 비율의 관계를 측정하기 위하여 Wolery는 **비율변화색인**을 사용하였다. 비율 변화 색인은 다른 두 시기의 생활 연령에 대한 발달 연령의 비율이다. 중재하는 동안의 발달 비율과 중재하기 이전 몇 해 동안의 발달 비율을 비교함으로써 중재를 하지 않고 성숙된 조절을 할 수 있는지 판단을 할 수 있다(Wolery, 1983). 학생집단의 총괄적 평가에 이 접근을 사용하기 위하여, 발달교육목표평정지(개정판) 점수의 연

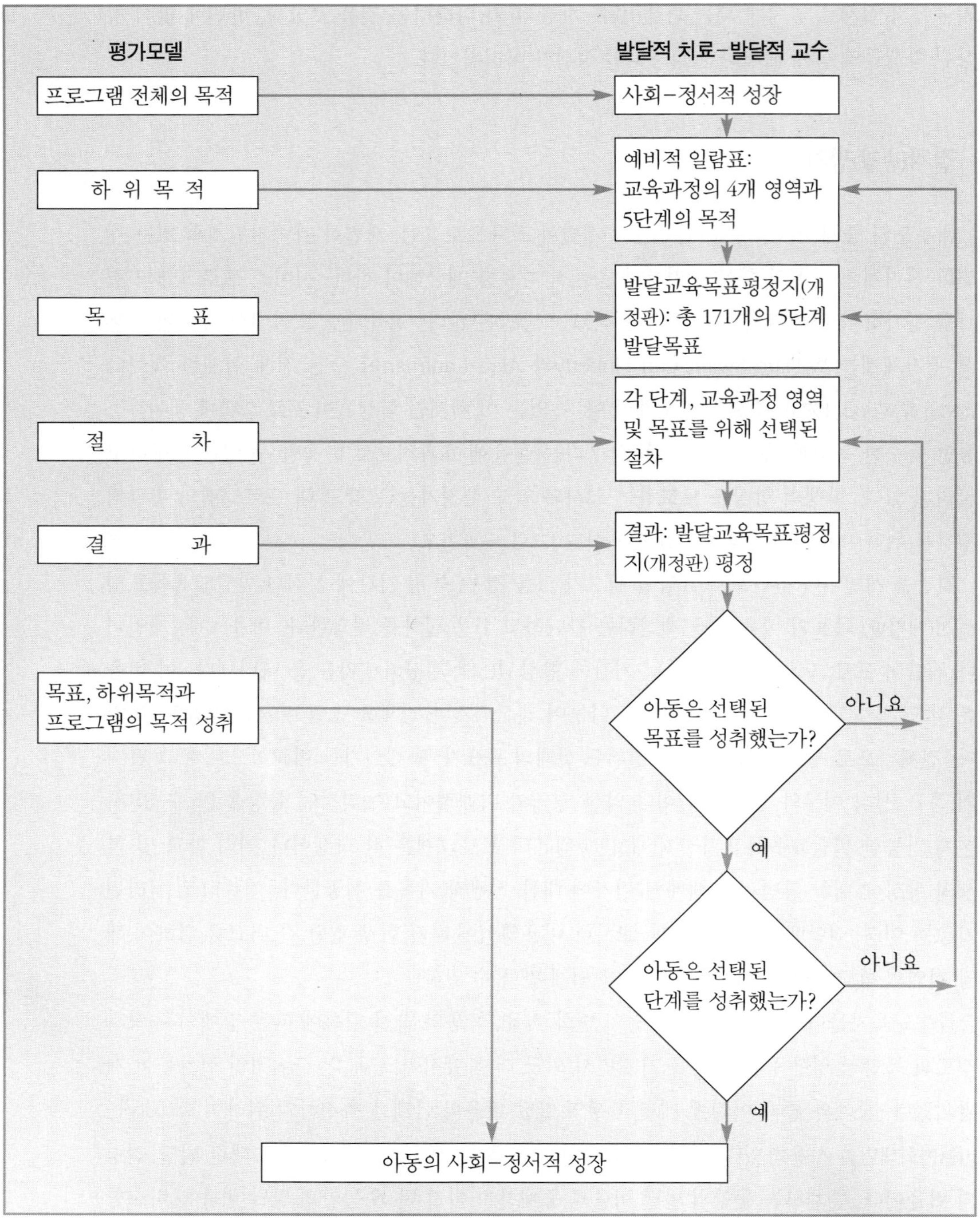

출처: Swan & Wood(1975), p. 40.

[그림 3-2] 규준 참조적 평가체계

령에 따른 향상은 여러 달과 여러 해에 걸친 증가가 안정되거나 같다고 가정하는 발달 연령 점수로 변환시킬 수 있다. 그러나 개별 학생의 점수를 변환시킬 필요는 없다.

목표성취척도는 프로그램을 사용하면서 개인차를 기록하는 총괄적 평가문제를 해결하는 또 다른 절차라 할 수 있다(Kiresuk, Smith, & Cardillo, 1994). 목표성취척도는 "치료 프로그램과 교육적 경험이나 다른 중재로 나타난 변화의 양을 평가하는" 수학적 절차다(Smith, 1994: 5). 목표성취척도점수는 개인의 프로그램 목표가 얼마나 잘 성취되었는지 상대적으로 비교할 수 있다. 개인의 목표 성취를 T점수로 변환시킴으로써 개인별 목적과 목표가 달라도 개인 간이나 집단 간의 수리적 비교가 가능하다. 이러한 절차는 정신건강과 임상분야 적용을 통해 지난 30년 이상 변화하고 발전해 왔다. 목표성취척도는 장애를 가진 유아들에 대한 평가에도 사용되어 왔다(Maloney, Mirret, Brook, & Johannes, 1978; Simeonsson, Bailey, Huntington, & Brandon, 1991; Simeonsson, Huntington, & Short, 1982). 다양한 지역에서 프로그램 목표가 다르거나 장애의 조건이나 정도가 다르거나 다른 단계 학생들 간의 발달교육목표 평정지(개정판) 점수를 비교할 때 목표성취척도가 매우 유용하다. 목표성취척도는 형성평가와 총괄평가를 표준점수 T로 환산할 수 있는 컴퓨터 프로그램으로 계산될 수 있다.

다양한 교육 환경을 위한 계획

발달적 치료-발달적 교수는 사회-정서적 발달과 책임 있는 행동을 기르는 프로그램에서 사용될 수 있다. 가정의 비공식적 프로그램에서부터 총체적으로 통합적인 교육까지, 상담소와 기숙프로그램에서부터 학교체계에 의해 제공되는 집중적인 중재 프로그램까지 널리 적용된다. 지역사회 프로그램과 특수교육의 종일반 또는 반일반, 자원반, 특별반 그리고 직업 또는 전이 프로그램에서도 사용되어 왔다. 환경이나 계획의 변화에 따라 개별 학생들의 요구와 발달적 연속성이 반영된다(Barbour & Seefeldt, 1993).

다양한 환경에서 계획된 시간과 한 집단의 학생 수는 연령, 발달단계 및 요구의 심각성 정도에 따라 달라진다. 학생들의 개별화 교육프로그램, 개별화 가족지원계획와 개별화 전이계획에서 얻은 프로그램 목표는 계획, 집단 배치, 제공되는 시간 등을 결정한다. 계획과 환경에 따라 가장 빈번히 변화시켜야 할 부분이 요약되어 있고, 다양한 교육환경을 위한 계획이 4가지 주요 교육 범주를 중심으로 검토되었다(이 절의 끝 부분에서는 유치원, 초등학교, 중학교 및 고등학교 등 각 발달단계의 학생들을 위한 프로그램의 실제를 상세하게 설명하였다.).

유아기, 유치원 및 어린이집

유아기, 유치원 및 어린이집 프로그램에서 장애가 있거나 장애가 없는 아동들은 연령과 생활경험에 따라 1단계나 2단계에 위치한다. 먼저 아동들은 사회-정서적 발달 패턴에서 신뢰를 가지고 환경에 반응하는 것을 학습해야 한다. 그 다음에는 성공적으로 환경에 반응하는 기술을 습득해야 한다. 그리고 유아기 초기에는 2가지 발달적 불안, 즉 유기와 부적절함으로 인해 상처받기 쉽다. 따라서 사회-정서적 프로그램은 이 2가지 목표를 성취하고 발달적 불안을 극복하는 방향으로 계획되어야 한다.

발달적 치료-발달적 교수 교육과정을 가정 프로그램이나 총체적으로 통합적인 유아교육 프로그램과 혼합하는 것은 매우 쉽다. 유아들이 위험에 처해 있거나 사회적, 정서적으로 또는 행동적으로 장애를 가질 경우 통합적인 접근을 통해 사회-정서적 능력을 학습하는 기술까지 배울 수 있다. 그러나 각 아동이 프로그램을 제공하는 성인으로부터 개별적인 관심을 받도록 하기 위하여 모든 환경에서 상당히 보호되어야 한다.

유아가 기본적인 사회-정서적 기술을 획득하면서, 참여하고, 지시를 따르고, 유치원 자료를 적절히 사용할 수 있는 기능적 언어와 몇 가지 능력을 발달시켜야 한다. 그들은 사회적 상호작용, 사회적 의사소통, 적절한 행동 및 놀이기술을 배우기 위하여 잘 계획된 경험이 필요하다. 발달적 치료-발달적 교수를 사용하는 통합적 유아교육 프로그램에서 이러한 유아의 성공적 참여를 돕기 위하여 적어도 2명 정도의 숙련된 성인이 항상 필요하다. 각 집단에 성인의 주의가 많이 필요한 아동이 얼마나 되는지 주의 깊게 관리되어야 한다. 1단계에서는 경험을 가진 성인 1명과 부모가 최대 5명의 장애아를 관리할 수 있으며, 2단계에서는 최대 6명의 장애아를 관리할 수 있다.

커다란 통합적 유아교육 프로그램에서 기초적인 사회-정서적 기술을 배울 필요가 있는 아동들에게 필요한 경험을 성인이 제공해 줄 수 없을 경우, 매일 짧은 시간에 집중적인 도움을 제공해 줄 수 있어야 한다. 아주 어린 아동들과 매우 심각한 장애를 가진 아동들은 성인의 주의와 안내가 많이 필요하다. 이 아동들은 추가적이고 집중적인 발달적 치료-발달적 교수 프로그램을 매일 한 시간 정도만 실시하여도 향상이 된다. 이 경우에도 통합 환경 내에서 특정한 발달교육목표평정지(개정판) 목표를 설정하고, 종일 발달적 교수책략을 적용한 활동을 하게 된다.

초등학교

일반적으로 대부분의 초등학교에서 학년이 시작될 때, 모든 학생의 사회-정서적 발달은 2단계에 있는 유치원 아동에서부터 1학년은 3단계, 4학년 이상의 학생들은 4단계의 중간에 위치한다. 또한 1학년의 일반적 사회-정서적 성취는 집단 참여 기술을 성공적으로 학습하는 것이다. 초등학교 고학년 학생들은 집단 운영하기를 학습한다. 집단 운영하기는 타인의 견해를 수용하고, 때때로 집단이 잘 운영되기 위해서 개인적으로 중요한 것을 포기해야 하므로 어렵다고 볼 수 있기 때문에 중학교에 가서 학습하게 된다. 이 발달단계에서 1학년 학생들은 죄책감에 대한 발달적 불안—타인의 기준에 맞게 생활하는 데 대한 실패—으로 인해 상처받기 쉽다. 반면에 초등학교 상급 학년은 갈등—성인에게서 독립하려는 요구와 성인에게 계속 의존하려는 요구 간의—의 발달적 불안에 대처한다. 전형적인 패턴으로 향상되는 학생들이 삶 속에서 위기를 경험하지 않는다면 학교에서 학년이 바뀔 때마다 특별한 중재를 할 필요는 없다.

그러나 정서적, 행동적 장애 때문에 위험이 있는 학생들과 특수교육에 위탁된 학생들은 발달적 치료-발달적 교수 프로그램을 매일 주의 깊게 계획해야 한다. 그들의 욕구와 개별화 교육프로그램와 개별화 가족지원계획의 내용에 따라 통합 환경이나 특수교육 영역에서 프로그램이 제공될 것이다. 이 학생들은 보통 2단계와 3단계에 위치한다. 이 두 단계에 많이 분포되기 때문에 학생의 개별화 교육프로그램 또는 개별화 가족지원계획 목적과 목표를 사용하여 복합 집단을 짜는 것이 바람직하다. 학년을 시작할 때 여전히 2단계에 있는 학생들도 있고, 어떤 학생들은 2단계에서 3단계로 전이한다. 그러나 확실히 3단계에 속하는 학생들이 몇 명 있다고 해도 이상한 것은 아니다.

이 집단에 있는 학생들은 아주 다른 사회-정서적 요구를 다루는 프로그램이 필요하다. 이러한 프로그램을 실시하려면 적어도 2개 집단이 기본이며, 3개 집단일 경우 프로그램 짜기가 더 까다롭다. 3개의 집단을 만들어야 한다면 학생들이 향상을 보일 때 집단을 재배치하는 융통성이 필요하다. 어떤 학생들의 발달은 다른 학생들보다 더 빠른 속도로 향상되는데, 이런 경우에는 더 나은 기술을 배우기 위해 활동하는 학생 집단에 재배치되어야 한다. 효과적인 프로그램은 학년 말이 되기 전에 몇몇 학생들을 세 번째 집단이 되는 4단계로 이동시킨다.

초등학교 고학년 학생들이 4단계로 발달하면 하루의 대부분을 일반교육 프로그램에 있어야 하고, 강화된 발달적 치료 프로그램은 매일 1시간 정도면 충분하다. 이러한 학생들은 대부분 학년 말에 이 프로그램을 종료할 수 있도록 준비되어야 한다. 어떤 초등학교에서는 자료실 프로그램을 통해 하루에 45분에서 1시간까지 강화된 발달적 치료-발달적 교수 프로그램을 학생들에게 제공한다. 이러한 제한된 도움은 (1) 가벼운 사회적 문제나 행동적 문제를 가진 학생들, (2) 죽음, 이혼, 질병 또는 학대 같이 생활 속에서 심각한 일시적 위기를 경험한 학생들, (3) 통합 환경에서 특수교육 프로그램에 참여하는 학생들과 매일 짧지만 집중적으로 특별한 도움이 필요한 학생들, (4) 바람직하게 향상된 학생들과 발달적 치료를 받는 학생들에게 만족스러운 효과를 보인다.

학생들이 특수교육에서 강한 중재가 필요할 경우, 일반 초등학교에서 최소한 2명의 교사와 2명의 조력자가 지원하는 것이 바람직하다. 〈표 3-2〉는 이러한 계획을 설명하고 있다. 이 계획에서는 매일 학생 28명이 특별한 사회-정서적 욕구와 만나기 위해 교수목적과 목표에 따라 집단을 배치함으로써 개별화된 강화 프로그램을 제공한다.

이 계획에서 1명의 교사와 보조자가 매일 두 집단의 2단계 학생들에게 발달적 치료-발달적 교수 프로그램을 제공하고, 다른 교사와 보조자는 매일 3단계의 두 집단과 활동한다. 계획은 초보 집단과 더 잘하는 3단계 학생들을 분리하여 융통성 있게 집단을 배치한다. 이 계획은 교사와 보조자에게 학생들의 향상을 확인하는 시간을 주고, 일반교육 교실에서 실시되는 모든 프로그램에 참여할 때 도와주는 것이다. 학생들이 발달적 치료 프로그램에 참여하지 않을 때 교사들은 발달적 교수를 실시하는 교실에 있게 된다. 학생들은 학년이나 그들이 가장 잘하는 학업영역의 수업을 계획한다. 정규 교육 프로그램에 매일 들어가는 것은 성공적 향상에 기본적으로 필요하다. 이것은 또래 모델링과 새로운 사회적 의사소통 기술의 습

〈표 3-2〉 초등학교에서의 계획(예)

시간	교사와 보조자 (2단계 학생 14명)	교사와 보조자 (3단계 학생 14명)
오전	2단계 학생 6명으로 구성된 집단과 2시간	통합 배치된 학생들과 1시간
	통합 배치된 학생과 1시간	3단계 6명 학생들과 2시간
점심	교사는 식당에서 독립적으로 점심을 먹을 수 없는 학생들과 점심 먹기, 보조자가 통합 배치된 학생들을 도와주기	교사와 보조자가 식당에서 도와주기
오후	2단계에서 3단계로 이동한 8명 학생과 2시간	통합 배치된 학생들과 1시간
	통합 배치된 학생들과 1시간	3단계에서 4단계로 이동한 8명과 2시간
	보고하기와 계획하기 1시간	보고하기와 계획하기 1시간

득과 더불어 학습의 일반화가 일어나는 곳이다.

〈표 3-2〉의 계획은 교사들이 가정관리 프로그램에서 부모들과 같이 일하는 시간이 없다는 약점을 가졌다. 그래서 특별한 요구를 가진 아동들의 부모들과 함께 일하기 위해서는 발달적 치료-발달적 교수 팀에 배치된 임상적으로 경험 있는 사례 관리자가 필요하다. 사례 관리자가 없는 지역의 학교에서는, 오후에 교사가 부모를 만날 수 있도록 일주일에 4일씩 오후 학급을 담당하도록 교사들의 계획이 수정되었다.

중학교

장애가 없는 일반 중학생들은 4단계를 거치며 발달한다. 이 학생들에게 사회-정서적 발달의 전체적 목적은 집단과정에 참여하는 것이다. 이 단계에 전형적인 발달적 불안은 독립성과 의존성 요구 간의 갈등이다. 추가적 장애를 가진 걱정스러운 학생들이 많은데, 그들은 여전히 2단계나 3단계의 사회-정서적 발달의 어려움을 경험할 것이고, 이전에 해결되지 않았던 발달적 불안도 가지고 있다. 이 3단계에서는 중학교에서 자주 나타나는 심각한 학생 문제가 반영된다. 예를 들면 보통 2단계로 발달했던 중학생들은 정신병, 사고장애, 자폐증, 심각한 수동적 공격성이나 심각한 우울 장애를 갖는다. 그들은 자주 폭력적이고 학업기술이 또래보다 훨씬 뒤떨어진다. 그들에게 효과적인 프로그램을 제공하려면 개인적이고 발달적인 정서적 요구와 만나는 것이 필요하고, 같은 연령의 또래와 함께 지내려는 욕구를 충족시키는 환경에서 프로그램이 제공되어야 한다.

사회-정서적 발달이 3단계에 있는 중학생들은 평범한 문제부터 심각한 문제까지 광범위하게 나타나는 반면에 4단계 학생들은 통합적인 환경에서 일반 집단의 구성원으로서 더 성공적으로 참여할 수 있다. 중학교에서의 발달적 치료-발달적 교수 프로그램에 참여하는 3단계와 4단계의 학생들은 특수교육이든 정규교육 프로그램이든 정규학급 전원이 모이는 생활지도 교실의 통합된 환경에서 보통 반나절을 보낸다. 발달적 치료-발달적 교수 팀은 각 학생들의 개별화 교육프로그램에 의해 구체화된 통합 프로그램에서 도움을 받는다. 팀은 위기 중재가 필요할 경우 역시 대기하고 있다.

중학교 학생들에게는 광범위한 프로그램이 요구되기 때문에, 특별한 도움이 필요한 학생들을 위해 발달적 치료-발달적 교수를 제공하는 2명의 교사와 보조자 1명이 바람직하다. 이들의 일 중 어떤 것은 통합적인 환경에서 수행되고, 어떤 것은 학생들의 개별화 교육프로그램에 따라 소집단에서 수행된다. 교사들은 발달교육목표평정지(개정판) 평가주기 및 단계

〈표 3-3〉 중학교에서의 계획(예)

시 간	교사와 보조자 (2단계와 3단계의 학생 6명)	교사와 보조자 (3단계와 4단계의 학생 16명)
오전	3단계로 전이되는 2단계 학생 6명과 2시간	4단계 8명 학생에게 2시간
	통합 프로그램의 학생들과 1시간	통합 프로그램의 학생들과 1시간
점심	통합 프로그램의 학생들, 교사와 보조자는 식당에서 도와주기	통합 프로그램의 학생들, 교사는 위기 중재하기
오후	2단계 4명 학생과 2시간	통합 배치된 학생들과 1시간
	통합 배치된 학생들과 1시간	3단계에서 4단계로 전이하는 8명 학생과 2시간
	보고하기와 계획하기 1시간	보고하기와 계획하기 1시간

의 종료를 융통성 있게 바꾸면서 이를 토대로 학생들은 같은 교수목적과 목표를 갖는 학생 집단으로 재배치된다. 〈표 3-3〉은 팀이 매일 약 26명의 학생과 일하는 2명의 교사와 1명의 조력자가 7시간 동안 실시하도록 중학교에서 계획을 세우는 방식을 설명한다.

교사 1명과 보조자가 3단계 학생의 집단과 2단계 학생 몇 명으로 구성된 중학교 프로그램을 제공한다. 이 프로그램은 개별화 교육프로그램과 학생들의 사회적, 정서적, 행동적 장애의 심각성에 따라 1시간에서부터 2시간까지 시간의 길이가 다양하다. 이 발달 단계에서, 특히 성공적인 통합의 기회로 학생들에게 일반교육 프로그램을 실시한다면, 한 팀이 하루에 일할 수 있는 최적의 학생 수는 심각한 문제를 가진 학생인 경우 약 10명이다. 교사와 보조자는 2단계에서 3단계로 전이하는 심각하게 걱정되는 6명의 학생들을 위해 아침에 2시간을 계획한다. 오후에, 팀은 심한 장애를 가진 4명 이상의 2단계 학생들을 위해 다시 2시간을 계획한다. 학생들이 발달적 치료 프로그램에 참여하지 않을 때 발달적 교수 책략은 발달적 치료 팀에서 요구하는 대로 대체할 수 있는 통합 프로그램에서 계속된다.

다른 1명의 교사는 학교의 계획에 따라 규칙적으로 계획된 수업 시간에 4단계 프로그램을 제공한다. 학생들은 다른 교사의 수업—개별화 교육프로그램 교수목적과 목표에 의해—이 계획되면 그 교실에 배치된다. 교사는 아침에 1시간 수업을 하고, 학생들의 개별화 교육프로그램에서 필요할 경우 2회로 확대할 수 있다. 1명의 교사가 하루에 효과적으로 일할 수 있는 최적의 학생 수는 중증의 심각한 문제를 가지고 3단계나 4단계에 있는 약 16명 정도다. 그리고 교사는 통합 프로그램에서 스스로 활동하는 학생들에게 위기가 올 때 도와주기도 한다. 이러한 융통성은 정규교육 프로그램의 부분으로서 사회-정서적 발달에 대한 도움, 상담 및 지지가 필요한 위기에 처한 다른 학생들에게도 적용된다.

고등학교

일반적인 고등학교 학생들의 사회-정서적 발달은 5단계가 지배적이다. 12~16세경의 대부분의 10대가 경험하는 전형적인 발달적 불안은 새로운 정체성을 찾는 것이며, 새로운 상황에서 개인적 집단기술을 적용하는 것을 배운다. 일반적으로 5단계의 많은 학생들은 그들이 사는 소란스러운 환경 때문에 위기에 처해 있다. 그들은 계획된 대체, 자원, 도움 및 상담이 필요하다. 발달적 치료-발달적 교수 교육과정은 이 학생들에게 도움을 제공하며, 이 도움을 제공하는 사람들은 상담교사, 교감, 학교 심리학자, 학교 간호사이거나 지도원이다. 가끔 학생에게 존경받는 교사가 비공식적으로 조언자가 되기도 한다.

불행히도 상당히 많은 10대들이 사회-정서적 능력이 발달하지 못하여 5단계에 도달하지 못하여, 과거의 문제와 더불어 10대 시절에 추가된 스트레스에 성공적으로 대처하지 못한다. 고등학교의 많은 학생들이 3, 4단계에 있으며, 통원 치료, 직업적 또는 기술적 준비 또는 다른 특수교육 교실에는 하루 중 일부만 추가적 공동체와 학교 자원이 필요한 심각한 장애를 가진 2단계 학생들도 있다.

발달적 치료-발달적 교수는 능력을 가진 10대와 일하는 성인들에 의해 비공식적으로 사용될 수도 있다. 교육과정은 다른 과정처럼 같은 기간에 계획된 '인격적 성장'과 '발전에 대한 계획' 또는 '발달적 연구'와 같은 제목의 선택과정으로 제공되기도 한다. 이것은 일반교과의 부분이 되며, 교육과정 이외의 활동에서 모든 학생들과 활동할 수 있도록 이 교육과정을 제공하는 고등학교 교사들에게 특히 중요하다. 장애가 있는 학생들과 장애가 없는 학생들의 발달적 치료-발달적 교수프로그램 집단을 계획하면, 프로그램이 학교에 역동적인 정신 건강 기능을 제공해 준다는 것을 관찰하였다.

〈표 3-4〉는 두 번째 학교에서 1시간의 수업과 하루에 7시간씩 매일 약 40명의 학생들과 일하는 2명의 교사와 1명의 보조자를 위한 표준 계획을 설명한다. 이 학생들 대부분은 특수교육에 보내졌고, 발달교육목표평정지(개정판) 프로파일로부터 사회-정서적 개별화 교육프로그램 목적과 목표를 구체화시켰다. 고학년 학생들은 중학교를 마친 후, 여가 활동과 직업 관련 프로그램으로 전환하기 위해 준비할 때 사회-정서적 능력을 향상시키기 위해 특별한 발달교육목표평정지(개정판) 목표를 포함시킨 개별화 전이계획을 갖게 된다.

〈표 3-4〉 고등학교에서의 계획(예)

시 간	교사와 보조자 (2, 3단계의 학생 14명)	교사 (3, 4단계의 학생 26명)
오전	학생들은 정규 특별활동에 참여 통합 배치된 학생들과 1시간 대체 3단계로 전이하는 2단계의 학생 6명과 3시간	학생들은 정규 특별활동과 통합 프로그램에 참여 18명 학생과 1시간씩 3회 교사들은 개별적 상담, 위기중재, 대체시간 갖기
점심	통합 프로그램의 학생들, 교사와 보조자가 식당에서 도와주기	통합 프로그램의 학생들, 교사가 위기중재하기
오후	3단계 학생 8병과 2시간 학생들은 특별활동과 과외 활동에 참여 보고하기와 계획하기 1시간	3단계와 4단계의 학생 8명과 1시간씩 2회 학생들은 특별활동과 과외활동에 참여 보고하기와 계획하기 1시간

〈표 3-4〉에는 심각한 정서적 · 행동적 문제를 가진 3단계에 속한 학생 6명을 교사와 보조자가 함께 아침에 3시간을 하는 계획이 포함되어 있다. 이 학생들은 2단계를 끝내고 3단계를 시작하기 쉽다. 또래 모델이 그들의 적절한 요구를 인식하도록 학생들은 이 시간에 일반 교육 수업에 참여한다. 그들은 정규 생활지도 교실에 배치되고, 가능하면 생활지도 교실의 또래들과 함께 점심을 먹는다. 또한 학교 밖에서 이루어지는 전이적, 예비 직업적 또는 추가적인 치료 프로그램에 참여한다. 오후에, 교사와 보조자는 오전의 일반교육 프로그램에 참여하여 더 잘했던 3단계 학생 8명과 다시 시간을 갖는다. 보조자가 없는 또 다른 교사는 6명씩 세 집단으로 계획된 18명 정도의 4단계 학생들에게 세 번에 걸쳐 1시간씩 프로그램을 실시한다. 오후에 3단계와 4단계의 심각한 정서적 문제를 가진 학생 8명을 4명씩 두 집단으로 나누어 1시간씩 실시하도록 계획한다. 이 계획을 조절하면 오후에 2시간의 집중 프로그램을 실시할 수 있다. 이러한 배치는 전형적으로 3단계와 4단계의 프로그램을 막 시작한 학생들을 위한 것이다.

아침 생활지도 시간과 점심시간, 학교가 시작하기 전에 상담하기 위해 들리는 학생들에게는 4단계 학생을 맡은 교사의 역할이 너무나 중요하다. 이 학생들은 일반학교 환경에서 자신의 삶을 관리할 수 있으며, 숙련된 성인의 지원과 위기 극복을 위한 도움은 성공을 위한 기본적 요소다.

CHAPTER 4

성공적으로 계속하기

학습이 본질적으로 사회적이고 공동으로 구성하는 것이라면, 교사와 아동은 똑같이 적극적 역할을 하며, 학습에 동기를 부여하는 것은 아동이나 성인에게 있는 것이 아니라 오히려 그 관계에 있다.

– BARBARA BOWMAN과 FRANCE STOTT, 1994, p. 126 –

프로그램의 성공적 요소

학생과 프로그램의 성공은 보통 프로그램은 제공하는 성인들의 주의 깊은 예상과 계획이라고 할 수 있다. 문제를 가진 학생이 많을수록 성공적인 프로그램을 계획하는 것은 더욱 복잡하다. "최상의 희망과 최악의 준비"라는 옛말이 있듯이, 어떤 것도 우연히 일어나지 않는다. 이 장에서는 모든 연령의 학생과 발달단계에 적절한 활동을 프로그램으로 만들기 위해서 필요한 기본적 단계를 다루고자 한다.

〈계획하기의 단계〉

(1) 각 학생의 요구에 맞는 프로그램을 계획하기 위하여 첫 발달적 분석인 개별화 교육프로그램, 개별화 가족지원계획, 개별화 전이계획과 가정, 이웃 및 임상적 평가 정보 등 프로그램 기록을 검토한다.

(2) 정규학급 교사, 부모 및 평가와 배치 팀의 다른 구성원들과 협력하여 각 학생의 기초선 발달교육목표평정지(개정판)를 준비한다.

(3) 각 학생의 특별한 목표를 확인한 다음 각 학생의 독특한 목표와 그 집단의 모든 사람

의 공통적인 목표를 확인하기 위해 집단 프로파일을 수집한다.

(4) 비슷한 목표를 가지고 함께 일하기 위해 집단의 모든 학생들을 위한 시간을 조직한다.

(5) 학생들의 흥미와 깊은 관심에 적절한 주제와 활동을 계획하고, 이들 주제를 중심으로 주 단원을 계획하여 목표에 따라 작업할 수 있는 최대의 기회를 부여한다.

(6) 상징적 내용, 동기적 잠재력과 학생들의 생활연령, 흥미 그리고 지적인 능력을 특별히 고려하여 자료를 선택한다.

(7) 교수목표와 긍정적 행동관리가 쉬운 선택된 목표를 가지고 활동하는 것을 촉진하기 위하여 계획된 가구 및 시설이 있는 방을 준비한다.

(8) 심각한 문제행동을 관리하기 위하여 위기 시에 사용할 조용한 영역을 마련하고, 각 학생이 위기에 처했을 때 그 집단을 지원해 줄 수 있는 성인들과 책략을 계획한다.

(9) 학생들의 향상을 감독하기 위하여 날마다 또는 학교 시험기간과 일치하도록 평가 절차를 조직한다.

(10) 긍정적 행동을 강화할 기회를 증가시키기 위해서 학생들에게 긍정적 용어를 사용하여 말하도록 하고 최소한의 학급 규칙(기대)을 만든다.

프로그램을 실행하기 위해서 시간표, 자료, 활동을 설계할 때 학생들의 개별화 교육프로그램, 개별화 가족지원계획 및 개별화 전이계획을 사용한다. 어떤 활동은 다른 활동에 비해 더 쉽게 사회-정서적 성장을 스스로 발달시키도록 한다. 이러한 이유 때문에 프로그램—학생의 연령과 발달단계에 적절한 적응을 하도록 하는—에 항상 포함되어야 하는 여러 핵심 활동들이 있다. 계획을 할 때는 기본적으로 현재 학생이 속한 집단에서 해야 할지 집단에 속한 각 학생의 발달을 촉진시킬 수 있는 대안적 집단을 선택할지를 신중히 고려한다. 그리고 이러한 주의 깊은 계획을 수행할 때는 각 활동을 통해서 그 집단의 모든 학생에게 최대의 혜택을 주려면 어떻게 수행되어야 하는지를 생각한다.

이 장은 발달적 치료-발달적 교수를 시작하기 위해 필요한 내용을 다루고 있다. 모든 연령의 학생들과 교육과정의 모든 단계에는 성공적인 프로그램을 위한 기본적 핵심 요소들이 포함된다. 이 프로그램은 다음의 5가지 주요 주제를 중심으로 기술되었다.

- 교수목적과 목표에 따라 집단 배치하기
- 효과적인 활동과 자료 선택하기
- 가슴, 머리와 정서적 기억 저장소 간 의사소통을 위한 교육과정의 내용
- 효과적인 교육의 요소

- 책임 있는 선택하기

교수목적과 목표에 따라 집단 배치하기

아동 및 청소년과 함께 일하는 모든 성인과 1명 이상의 자녀가 있는 부모는 **집단 배치하기(grouping)**를 할 수 있다. 집단 배치하기는 개인 간의 연결을 지원하는 방식이다. 성격, 경험 또는 흥미가 유사한 학생들을 같은 집단에 배치하거나 다양한 성격의 학생들을 한 집단으로 배치하는 경우도 있다. 어떤 경우든 학생들은 집단 내 다른 학생들에게서 서로 배우게 된다. 전통적으로 교수를 위해 학생들을 집단에 배치할 때 가장 공통적으로 사용하는 준거는 연령, 학업성취, 지능 및 특별한 능력이다. 그러나 이러한 접근으로 집단을 배치하기 위하여 몇몇 준거 사용하는 것은 다양성의 한계가 있다. 매우 다양한 성격의 학생들을 한 집단에 배치할 경우의 문제는 다른 학생들의 성취를 위해 준비된 특별 과제를 학습할 때 필요한 기술이 부족한 학생들과 한 집단을 만들면 매우 큰 차이가 나타난다는 점이다.

집단 배치하기에 대한 논쟁이 계속되는 동안, 그것은 사회적, 정서적 그리고 행동적 장애를 가진 학생들과 일하는 성인들에게는 중요한 관심거리였다. 1994년에 발간된 『Journal of Emotional and Behavioral Problems』의 전체적 쟁점은 **통합**이었다. 어떤 사람들은 장점이 많은 행동모델을 사용하고 학업이 더 강조되는 통합적 환경에 장애 학생들을 배치할 것을 주장한다. 또 다른 사람들은 통합은 구성원이 참여할 수 있는 진정한 기회가 제공되어야만 도움이 될 수 있다고 경고한다. New와 Mallory(1994: 11)에 따르면 "통합되는 것은 단지 존재만 하는 것이 아니고, 사람이 살고, 일하고, 배우는 집단에 참여하여, 영향을 미치고, 영향을 받는 것이다."

통합의 효용성에 대한 견해가 학습이론에 의해 지지되었지만, 통합할 경우 필수적인 기술이 부족하여 학생의 자아존중감이 저하된다는 주장 역시 학습이론을 기초로 한다. 집단의 일원이 되고자 하는 학생들의 욕구에 대한 이견은 별로 없다. 더 앞서거나 복잡한 기술을 가진 학생들의 집단에 장애 학생을 통합시키는 경우, 장애학생은 성공적으로 집단에 참여하여 그 집단의 일원이 되는 것이 불가능할 것이라는 감정을 가질 수 있다.

다른 사람들은 사회-정서적 발달이 아주 심각하게 지체된 학생들은 문제의 위험에 스스로 대처할 수 있는 다른 학생들에게 행동 모델이 되기 어렵다고 주장한다. 파괴적인 학생들을 연령이나 학년에 따라 교실에 배치했을 때 그 교실에서는 늘 문제가 일어난다. 왜냐하면 그들 중 많은 학생들의 사회-정서적 능력이 또래보다 매우 뒤져서 또래와 성공적으로 집단 활동에 참여하는 것이 쉽지 않기 때문이다. 또래집단은 그들을 사회적으로 더 자주 힘들게 하거나 학생이 심리적으로 방어하려 할 때 더 부정적 대처행동을 발달시킬 수 있다.

전통적인 집단 배치 규준을 사용하기보다는 사회-정서적 발달을 위해 학생의 일반적 발달 목적에 기초한 다차원적 집단 배치 절차가 바람직하다. 목적이 비슷한 학생들을 집단 배치해도 연령, 성, 인종, 행동방식, 지능, 성인과의 선행경험 및 정서적 욕구 등이 개인적으로 다양하다. 집단 배치의 공통 기준은 모든 집단 성원들이 사회-정서적 능력을 증가시키기 위해 비슷한 개별화 교육프로그램, 개별화 가족지원계획 또는 개별화 전이계획 목적과 목표를 갖는 것이다. 집단을 배치할 때 개별적으로 구체화된 목표를 사용하면, 학생들은 다소 비슷한 방식으로 그 프로그램에 반응한다. 그들은 흥미, 사회적 기술, 생활경험 등 많은 것들을 공유하며, 성인과 상호작용하는 방식도 다소 비슷하다. 사회-정서적 목적과 목표에 의해 집단을 배치하는 이러한 접근은 모순되기도 한다. 그래서 집단 구성원의 특성은 다양성을 유지하면서 개인의 요구가 확실히 성공적으로 전달될 수 있도록 활동 분야의 수준을 맞춘다.

사회-정서적 목적과 목표에 따라 집단을 배치하는 것은 많은 장점이 있다. 가장 좋은 점은 집단의 각 학생뿐 아니라 전체 집단에도 강한 동기를 부여해 주며, 적절한 경험, 자료, 관리책략을 제공하는 기회가 되기도 한다. 이러한 접근은 집단 환경에서 대부분의 학생 요구와 만날 가능성을 증가시키고, 학생이 충분히 참여하여 성공적으로 집단 성원이 되도록 강화해 준다. 아마 가장 중요한 점은, 성인이 모든 집단 성원의 사회-정서적 발달을 증진시키는 데 필요한 역할 모델을 얼마나 일관성 있게 제공해 주는가 하는 것이다.

집단 배치를 효과적으로 하려면 각 학생의 욕구와 능력에 대한 충분한 이해가 필요하다. 사회-정서적 능력을 증진시키기 위해서 특별한 도움을 필요로 하는 학생들이 있는 프로그램에서는 비슷한 목적을 가진 학생들로 구성된 집단을 만드는 것이 불가능하다. 이럴 때 우리가 사용하는 원칙은 집단 과제를 수행하도록 안내해 주는 학생 개인의 사회-정서적 프로파일과 특별한 목적과 목표를 가진 각 활동을 개별화하거나 하위집단을 만드는 것이다.

집단 활동은 어떤 활동이든지 작고 관리가 가능한 만큼의 활동을 계획하는 것이 기본이며, 목적과 목표를 각각 강조하기 쉬울 정도의 작은 집단이 더 좋다. 학생들이 화장실 가기, 미술 작업하기, 함께 읽기, 게임하기, 운동 팀에 참여하기 또는 협동작업기술 학습하기를 할 수 있도록 집단을 배치하거나 작은 집단은 학생이 구성원으로 충분히 기여하여 참여할 기회를 준다. 심화된 발달적 치료-발달적 교수 프로그램은 4~10명으로 구성된 집단을 더 선호한다. 한 집단이 4명 이하일 때는 사회화와 의사소통 기술을 발달시키는 기회는 크게 감소되는 반면 성인과의 심리적 분위기 형성이 중요하게 작용한다. 대조적으로 한 집단이 8~10명 이상일 때는 성인들의 중재의 질과 개별 학생과의 의사소통이 연령에 따라 약화될 수 있다. 또한 절박한 문제를 나타내는 작은 신호를 자주 놓치거나 불필요한 위기가 생길 수도 있다.

효과적인 활동과 자료 선택하기

활동과 자료에 대한 학생들의 반응보다 더 분명한 행동, 인지, 동기화, 정서 간의 상호작용은 없다. [그림 4-1]은 이것을 설명한다. 특별한 과제에 참여하려는 학생의 마음은 과거의 경험에서 생긴 기대와 자신감의 산물이다. 활동의 내용과 그것의 자료와 소개되는 방식이 분위기를 만든다. 눈치가 빠른 사람이라면 이 그림이 주는 메시지가 각 학생에게 기대하는 잠재적 반응이라는 것을 알 것이다.

자료의 내용이나 활동 구조에 대한 학생의 태도에 따라 많은 행동적 문제가 야기된다. 그러나 모든 학생들, 가장 심한 장애를 가진 학생들조차 그들이 자신감을 갖고 성공적으로 참여할 수 있는 과제를 하는 동안에는 행동적 문제를 나타내지 않는다. 활동의 계획과 행동문제를 최소화시키는 자료 선택의 기본적 지침은 다음과 같다.

- 학생은 과제의 순차적인 단계를 이해한다.
- 학생은 과제를 성공적으로 조절할 수 있다는 자신감을 갖는다.
- 학생이 쉽게 할 수 있는 내용인지 학생이 평가한다.

이러한 지침은 활동과 자료가 성공적일지 아닐지를 예측하게 해 준다. 이러한 지침을 기본 조건으로 하는 교실은 정신적으로 건강하며, 그러한 교실에서는 아주 심각한 문제를 가진 학생의 발달도 향상된다.

과제를 통해 각 학생은 특별한 목적과 목표를 획득한다. 이를 위하여 주의 깊고 체계적인 계획이 필요하다. 활동과 자료는 학생의 성공에서 큰 부분을 차지한다. 효과적으로 계획하는 것은 많은 시간과 상당한 노력을 필요로 한다. [그림 4-2]는 집단에서 각 개인이 특정한 목적을 성취하는 활동과 자료 선택의 과정을 설명한다. 그 과정은 특수한 목적과 필요한 필수 기술을 확인하는 것부터 시작한다. 과제분석은 이러한 과정에 도움이 된다. 목표를 성취하기 위해 순차적 단계를 만들고, 각 단계가 개별 학생에게 어떠한 반응을 하도록 하는지 미리 생각해야 한다. 다음에는 활동, 자료 및 특별한 조건들이 각 학생으로 하여금 쉽고, 빠르

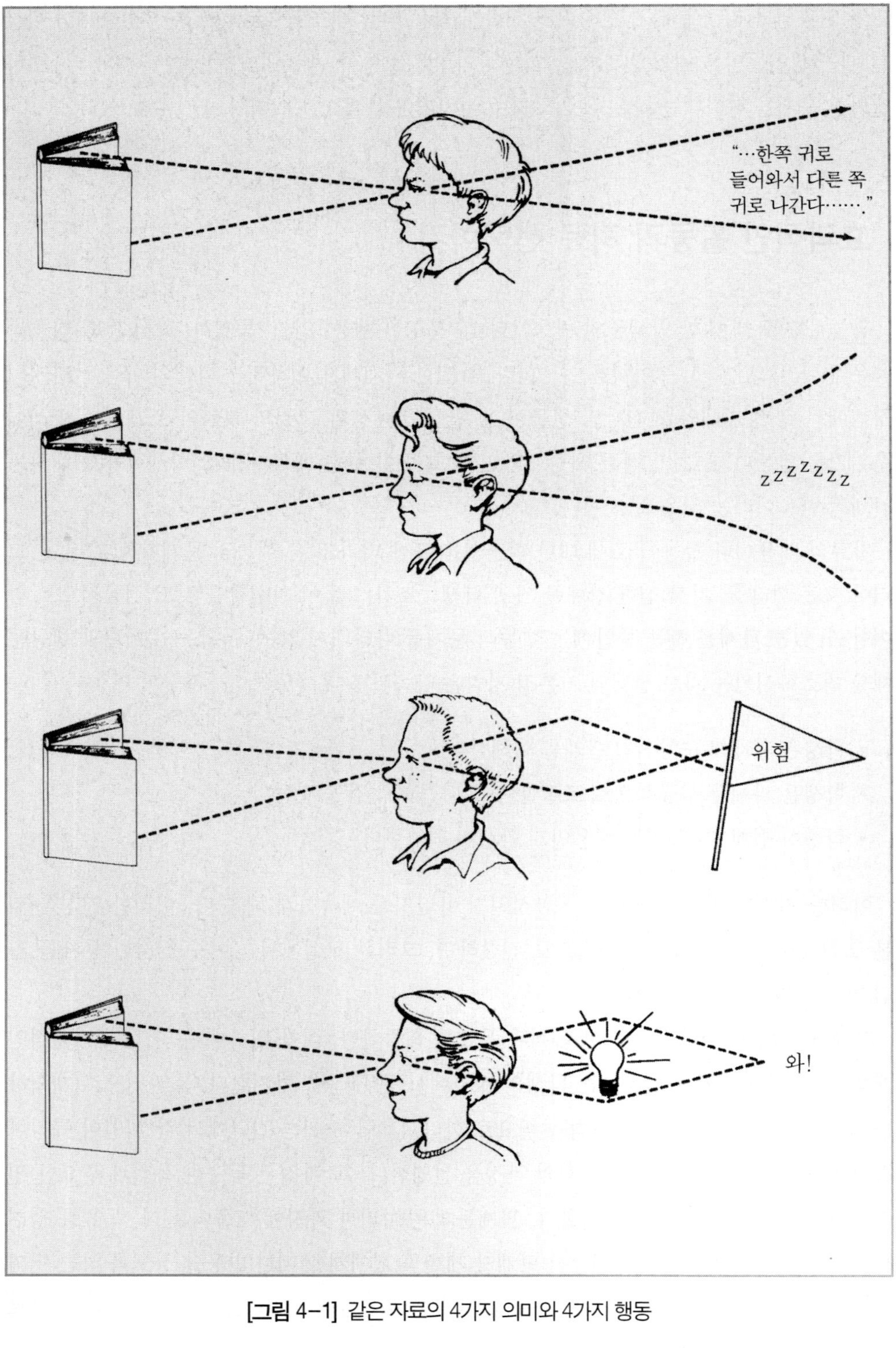

[그림 4-1] 같은 자료의 4가지 의미와 4가지 행동

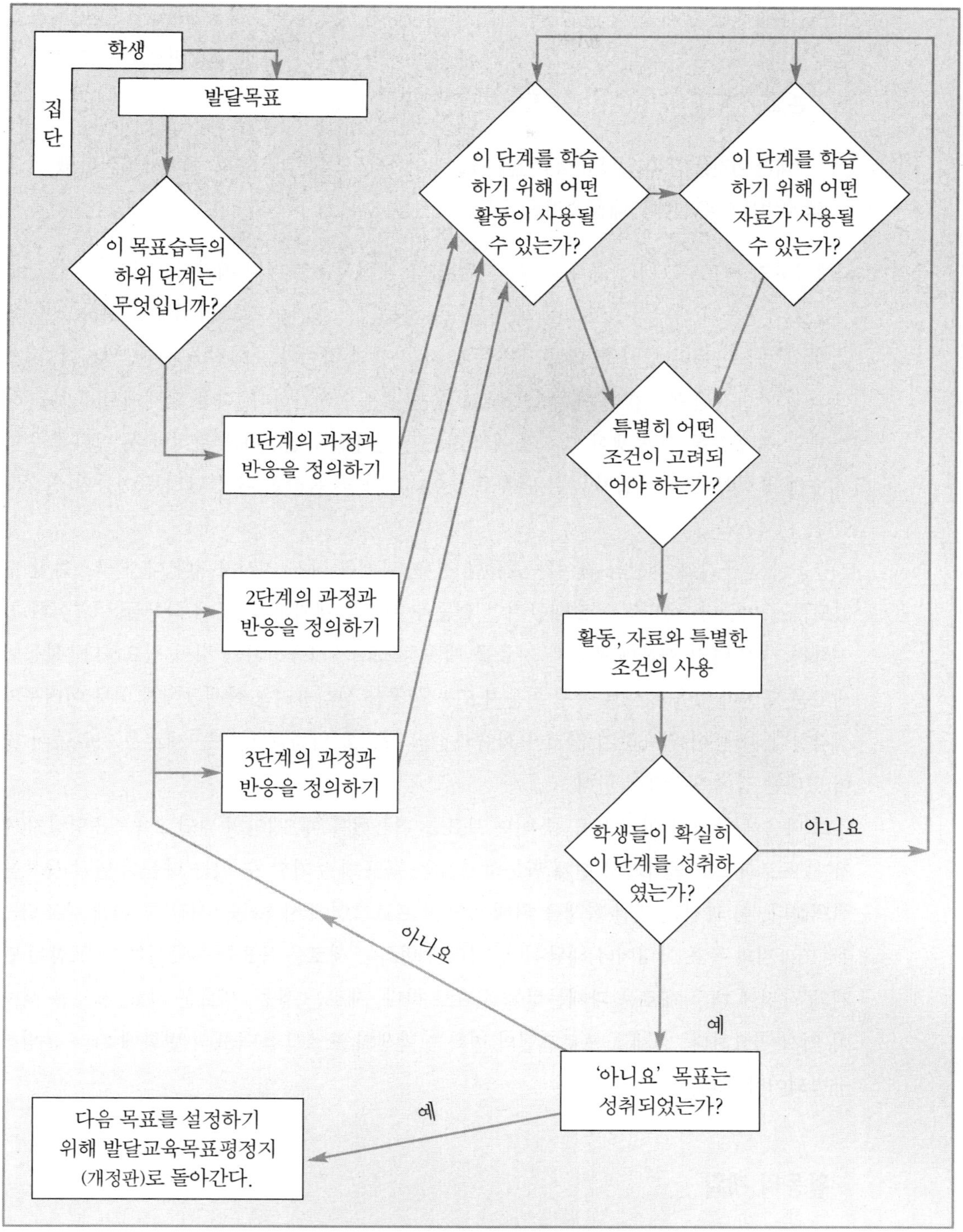

[그림 4-2] 특정한 목표에 따라 계획하는 구조화 방식

며, 즐겁게 해당 단계를 획득하도록 하는지 생각하자. 한 활동에 많은 목표가 관련될 수 있도록 한다. 학생들이 어떤 목표 성취과정에 있는지 알려 준다. 또한 즉각적으로 피드백을 주는 것은 효과적인 책략이다. 예를 들면 다음과 같다.

'네가 이것을 할 수 없다고 생각했을 때를 기억하지? 오늘은 네가 잘 조절해서 열심히 했어. 음악 수업을 아주 잘해서 내일 그것을 기록할 수 있을 거야.'

계획하기는 프로그램 책략과 학생들의 반응을 계속적으로 매일 평가하는 방식이다. 참조지표로 학생들의 개별적 프로그램 목표를 사용하는 과정평가는 그날의 표준을 정하고, 다음 날의 활동을 만든다. 활동이 계속되는 동안 각 학생의 참여와 주의집중 시간, 인지적, 정서적 과정과 선정된 목표를 향하여 향상되고 있는지 계속 평가한다. 다음 단계에서 무엇을 하는지 알 수 있도록 각 학생이 그 활동에서 하는 정신과정을 밀접하게 추적한다. 변화를 주면서 수업을 반복하고, 어렵지 않은 단계로 떨어지거나 더 복잡한 다음 단계로 이동할 필요가 있다.

활동이 흔들리고 학생의 참여가 표류할 경우, 과제를 다시 지시하거나 다시 구조화할 수 있도록 준비한다. 예비적으로 대안적인 활동과 자료를 계획하자. 문제 학생들은 열심히 참여하려 하지 않기 때문에 활동과 자료를 계속적으로 재적응시키는 것이 필요하다. 활동이 새로운 도전이 없을 정도로 아주 쉬운지 또는 성공을 성취하려는 학생들에게 너무 어려운지 생각한다. 활동이 익숙하지 않거나 학습과정의 강도를 약하게 만드는 새로운 자료들이 많이 있다는 점에 민감해야 한다.

그 다음에 학생이 여러 목표 중 어떤 목표를 획득했을 때, 개인의 발달교육목표평정지(개정판) 프로파일로 돌아가서 현재 활동하고 있는 목표에 추가할 수 있는 다음의 발달 목표를 선택한다. 이 과정은 개별 학생을 위해 할당된 프로그램에 사용하는 시간 중 현재 강조되는 4~16까지의 목표 어디에나 해당된다. 이러한 변화는 새로운 목표를 획득하는 데 포함된 단계와 과정에 대한 새로운 과제분석을 필요로 한다. 새로운 활동, 새로운 자료, 새로운 책략이 역시 필요하다. 실제로 프로그램의 변화는 학생의 프로그램 목표의 변화에 따라 분명히 구별되어야 한다.

활동의 계획

발달적 치료-발달적 교수 프로그램에는 항상 네 가지 기본적 활동이 포함된다. 즉, 학업

(전)/인지 활동, 집단 활동이나 놀이, 언어활동 및 간식이다. 이 활동들은 반드시 이 순서대로 일어나지 않는다. 그러나 4가지 교육과정 영역—행동, 의사소통, 사회화 및 학업전/인지—의 목적과 목표를 가지고 활동하는 모든 단계의 학생들에게 기회를 제공하는 데 필요한 매일의 최소한의 핵심 활동이다. 이 활동들은 일반적이기 때문에 융통성이 크다. 예를 들어 유아들은 집단 시간에 놀이를 할 수 있다거나 학업(전)/인지 활동은 활동영역으로 통합되는 등 여러 아동이 협력 활동을 위해 책상에 모이는 '작업 활동' 또는 개인적인 흥미 영역이 있다. 학령기 아동들에게 집단 활동이나 학업 활동은 시민 프로젝트, 현장 학습 또는 학급 모금행사와 더불어 설계될 수 있고, 간식은 요리교실이나 직업훈련 활동시간에 할 수 있다. 각 집단은 역시 함께 시작하고 끝내는 것을 더 선호한다. 이렇게 함께하는 것은 사회적 교류, 목표 설정, 대인 간 이해 및 자신과 타인에 대해 비판적인 평가를 가르치는 매우 중요한 수단이 된다.

각 활동에 할당된 시간을 더 작은 시간단위로 나누어 프로그램을 계획한다. 활동의 길이는 일반적으로 학생들의 발달단계에 따라 달라진다. 계속되는 단계에서 활동 수가 감소하는 것은 학생들이 한 활동에서 더 오랜 시간을 보낼 수 있고, 점점 더 복잡한 활동에 참여할 수 있다는 것을 의미한다. 일반적으로 이 시간 내에서 계속되는 같은 활동은 날마다 실시되고, 반면에 특수한 활동과 자료는 매일 바꿀 수 있다. 계속성과 예측성을 유지하기 위하여 활동의 이름, 방에서의 활동 위치, 일반적 개념은 여전히 같으며, 반면에 특수한 자료와 활동은 학생들의 기술과 흥미 변화처럼 날마다 또는 주마다 다양할 수 있다. 〈표 4-1〉은 학생들의 흥미와 긍정적인 태도를 유지하고 동기를 부여하기 위해 매일 달라지고, 다양하게 계속되는 각 단계의 활동 계획의 예다(교육과정이 가정이나 레크리에이션 또는 방과 후 프로그램에서 사용될 경우, 계획은 편안하고 학생이 선택할 경우 사적인 시간도 허락한다.). 2시간 단위로 계획된 활동의 평균적인 수는 한 집단의 학생들이 하나의 활동에 참여할 수 있는 시간의 길이를 말한다. 이러한 일반적 평가가 다음에 요약되어 있다.

〈주의집중이 가능한 각 단계의 평균적 활동시간〉

1 단계	5~10분
2 단계	10~15분
3 단계 초급	12~18분
3 단계 고급	15~25분
4 단계	20~30분

5 단계 45~60분

활동이 너무 짧은지 너무 긴지 의심될 경우, 학생들이 1명씩 흥미를 잃고 지루해질 때까지 하기보다는 동기유발이 절정에 이르렀을 때 활동 멈추게 하는 것이 더 좋다.

주의 깊게 준비된 활동 계획은 개별적 과제를 하는 시간과 집단 참여 시간이 균형을 이룬다. 학생들이 서로를 거의 의식하지 못하는 1단계에서도 각 프로그램이 집단 환경에서 수행되도록 설계한다. 언어적, 비언어적 의사소통을 일으키는 활동을 많이 포함시키고, 시간이 많이 필요하거나 신체적 활동이 필요한 활동은 분산시킨다. 에너지 요구가 높은 활동과 낮

〈표 4-1〉 특수학급의 일반적인 활동 시간표의 예

1단계	2단계		3단계		4단계
	특수학급	일반학급	특수학급	일반학급	
놀이*	여보세요	여보세요	토의	토의*	토의
여보세요	작업*	모이기	학업*	수학*	학업*
작업*	놀이*	말하기 시간	과제*	과제*	집단*
몸 흔들기 춤	이야기*	이야기*	(이야기)	읽기*	실외활동
이야기*	미술	영역	미술 또는 음악	현실 체험	간식*
미술	음악	작업*	실외활동	음악	복습(집단)*
화장실*	실외활동	미술*	간식*	간식*	
간식*	간식*	놀이*	복습(집단)*	미술	
실외활동	특별	실외활동		실외활동	
놀람활동	작별인사*	음악		과학*	
책상		간식		청소	
음악		특별		점심*	
작별인사*		작별인사*		휴식	
				이야기 또는 언어*	
				사회 연구*	
				복습(집단)*	

주: * 이들 활동은 항상 특정 단계에 포함되지만 반드시 순서가 정해져 있는 것은 아니다.

은 활동을 교대로 실시한다. 학생들이 다양한 형태로 반응하도록 계획한다(운동, 언어적, 비언어적, 눈-손). 구조화된 활동에 이어 새로 학습된 반응을 스스로 사용할 기회를 학생들에게 주기 위해 덜 구조화된 활동을 계획한다.

모든 단계마다 학생들로 하여금 무엇이 일어나는지, 그것이 기대되는 것은 언제인지 알도록 할 필요가 있다. 학생들이 어디서나 매일의 활동계획안을 보면서 일상적인 것을 예측할 수 있도록 한다. 매일의 프로그램을 시각적으로 보는 것은 내적인 조직이 부족한 학생이나 경계를 알아보려는 학생, 현실에 어려움을 가진 학생에게 안정과 약간의 외적 조직을 제공해 준다. 매일 계획된 활동이 포함되지만 특정한 활동이 계획된 다른 활동을 할 수 없을 정도로 할당된 시간보다 더 오랜 시간 계속될 경우, 학생들로 하여금 바뀐 것과 그것이 왜 필요한지 알도록 한다. 그러나 매일 같은 일과가 진행될 경우 계획은 위기가 생길 때 집단 구성원들을 동기화시키고 바뀌게 되는 새로운 활동을 소개할 만큼 충분히 융통성이 있어야 한다.

학생이 스스로 조직하는 것을 도와주는 특별 활동 영역을 계획한다. 학생의 활동이 바뀌면 물리적 공간도 바뀌어야 한다. 많은 선택과목이 있어서 물리적 공간을 바꾸는 것이 가능하다. 예를 들면 책상, 마루, 바깥쪽, 방구석, 놀이터, 식당, 복도, 도서관 또는 미디어센터 등이다. 이들은 각 활동의 시작과 종료가 달라도 물리적 이동을 가능하게 한다. 이러한 절차는 우리가 구조라고 부르는 교실에서 심리적 안정감을 제공하는 기초적 부분이다. 계획, 각 활동의 위치와 그 활동의 시작과 끝내기를 구조화함으로써 각 활동에서 어떤 종류의 행동이 기대되고 수용될 수 있는지를 학생들에게 가르친다. 예를 들어 더 어린 학생들에게는 '우리는 책상 위에 주스와 과자를 놓을 거야.' 또는 '우리는 그곳에서 놀려고 해.' 라고 말한다. 영역을 지시하는 것은 나이 든 학생들에게, '여기서 현재의 활동을 토의하고 나서 보고서를 쓰기 위해 책상으로 가라.' 는 것을 의미하는 것이다.

효과적인 자료 선택하기

잘 선택된 자료들은 모든 사회-정서 발달 단계에서 학생들의 주의를 끌고 참여를 유지하는 촉매가 될 수 있다. 자료는 학생들의 흥미를 끌기 위해 애쓰지 않아도 될 만큼 동기적인 요소와 질적으로 우수해야 한다. 일반적으로 집단의 모든 학생들의 흥미를 끌 수 있는 자료가 단지 몇 사람에게만 흥미를 끄는 것보다 더 유용하다. 자료는 수동적이 아니라 적극적인 참여를 이끌어 낼 가능성에 따라 선택되어야 한다. 예를 들어 이야기를 듣기만 하는 것은 반응을 하고, 역할놀이를 하고, 새로운 결말을 창조하고, 특성을 기술하거나 사건을 새롭게 연결시키도록 계획하는 것만큼 효과적이지 못하다.

자료는 가장 짧은 시간에 특정한 개별화 교육프로그램, 개별화 가족지원계획 및 개별화 전이계획 목표를 성취하기 위해 계획된 활동의 성공을 증진시키기 위해 분명한 목적을 가져야 한다. 그러므로 학생들로 하여금 여러 목표를 갖고 활동할 수 있게 만드는 자료는 자연히 더 선호하게 된다. 자료가 집단 활동에 사용되기 위해서는 모든 사람들이 참여하고 개인적으로 성공할 수 있도록 집단 내 각 학생의 발달적 기술에 적합해야 한다. 효과적인 자료는 참여를 격려하는 것이다. 결과는 각 학생에게서 만족스러운 성과로 나타나야 한다. 성공은 교사의 보상에 의존하기보다는 본질적인 가치— '그 자료에는 나를 위한 것이 있어.' 라고 학생이 말할 수 있어야 한다—가 있어야 한다. 자료 역시 개인적으로 탐색될 때 학생들이 그것을 창의적으로 사용하여 변화를 경험하도록 격려한다. 이러한 지침을 요약한 목록표는 다음과 같다. 모든 단계에서 학생들이 선택한 자료는 9가지의 각 질문에 '예' 라고 대답할 수 있어야 이상적이다.

(1) 자료는 특정한 학생들에게 매력적인가?
(2) 학생들은 만족스러운 결과를 얻기 위해 필요한 기술을 가졌는가?
(3) 학생들은 피드백 없이 성취감을 얻을 수 있는가?
(4) 결과는 학생이 가치 있다고 여길 수 있는 것인가?
(5) 자료는 학생들 간의 사회화를 격려하는가?
(6) 자료는 언어와 사회적 기술을 배우도록 하는가?
(7) 자료는 특정한 발달적 목표를 최고로 성취시키는 과정에 기여하는가?
(8) 자료는 동시에 여러 목표를 가지고 활동할 기회를 제공하는가?
(9) 자료는 집단의 모든 구성원이 사용할 수 있는가?

어떤 자료는 특정 단계나 특정 연령의 집단에만 효과적이다. 자료가 이전 단계나 다음 단계에서 나이가 많은 학생이나 어린 학생들에게 사용될 경우, 그 자료는 비효과적이거나 해로울 수 있다. 다른 자료가 한 단계의 발달적 특성에 맞도록 수정될 경우, 모든 단계에서 사용될 수 있다. 〈표 4-2〉는 발달적 치료-발달적 교수의 단계에 따라 자료를 어떻게 차별화시키는가에 대한 일반적인 지침을 제공해 준다.

특별한 자료를 사용하는 목적과 각 단계에서 사용된 자료의 형태는 학생들의 기술이 증가하면서 달라진다. 좀 더 낮은 단계에서는 매우 단순하고, 조작적이고, 구체적인 자료에 필요한 기본 기술이 학습된다. 해당 단계의 개인적 기술은 조작적 요소가 적지만 더 복잡한 내용의 자료가 필요한 다음 단계에서는 더 어렵고, 더 추상적이고, 더 표현적인 기술이 요구될 수 있다.

자료 관리의 근거는 역시 단계에 따라 변한다. 1단계에서는 성인이 모든 자료를 관리하고, 활동을 소개하고, 학생들에게 그것을 사용하는 방식을 가르치며 또한 자료를 사용하는 즐거움을 발견하도록 하고, 활동이 끝난 후 적절한 장소에 다시 갖다놓도록 도와줘야 한다. 다음 단계에서는 학생들의 기술이 점차 증가하는 만큼 학생들 스스로 관리하고 조절하도록 한다. 4단계에서는 필요한 자료를 스스로 선택하기, 어떠한 방식으로 사용할지 계획하기, 사용을 조절하기, 앞으로의 활동을 완성하는 데 필요한 자료를 얻거나 다른 것으로 대체할지 미리 계획하기, 과정 평가하기, 활동을 마치고 나서 자료를 적절히 보관하기 등을 학생들이 스스로 알아야 한다. 5단계에서 사용되는 내용과 자료는 청소년기의 학습이 "참여를 통해 얻어지는 지식을 가치 있는 것으로 구체화시키는 것" 이라고 제안한 Myers(1993: 200)의 신념을 반영한다.

〈표 4-2〉 교육과정의 단계에 따른 자료

구분	1단계	2단계	3단계	4단계	5단계
자료의 목적	개인적 이동	개인적 기술을 자극하기	집단에서 개인적 효용성 증가시키기	사회적 이해를 위한 수단	인간적 쟁점을 탐색하기
자료의 형태	특수한 감각 자료	정규 학교(유치원) 자료의 탐색적 적응	정규학교 자료	정규학교 자료	문화, 고등학교 교육과정 및 세상에 대한 자료
내용	구체적: 양육과 즐거움	반구체적: 탐색적/ 개별적 과정	반추상적: 집단 통합	타인 이해	상징적이고 복잡한: 인간적 가치와 원칙
조절자*	교사가 자료 조절	교사가 자료를 조절하는 개별 아동을 돕기	교사가 자료를 조절하는 집단을 돕기	집단이 자료를 개발하기, 사용하기, 조절하기	집단에서 사회적 상호 교류하기

주: * 관리 책략으로서 교사의 자료 조절에 관해서는 제6장 참조.

가슴, 머리, 정서적 기억 저장소 간 의사소통을 위한 교육과정의 내용

아동과 청소년의 관심, 흥미, 선입견, 정서적 기억의 유형이 연령 집단에 따라 차이가 있다는 것은 연구를 통해 확인할 수 있다. 이러한 요소는 각 개인의 경험의 결과로서 아주 독특하고 개별적인 형태를 갖는다. 이것을 **정서적 기억저장소**—사고와 관념뿐 아니라 경험에 관한 개인의 감정과 정서가 저장된 곳—라고 말한다. 실제적 사건(관련된 사람, 교실의 자료나 활동 같은)이 저장된 감정, 정서, 사고, 관념을 활성화시킨다. 자극이 저장된 감정과 사고를 야기하면 그들은 의식적이 되고, 사고나 관념과 관련된 감정과 정서에 의해 정신적 심상이 활성화된다. 이러한 기억들이 항상 의식적으로 경험이나 감정을 회상시키는 것은 아니다. 개인적이고 문화적으로 의미가 있는 기억 속에 저장된 과거 경험의 필터를 통해서, 각 아동은 아주 개인적인 방식으로 인지적이고 정서적인 기억방식을 사용하여 사건에 반응한다. 저장된 기억은 사고와 관념, 감정과 정서를 표현하는 정신적 심상(상징)을 통해서 활동적 지위로 전환된다. 이들 상징은 아동으로 하여금 알고 느끼고 반응할 수 있도록 각 사건에 개인적 의미를 갖게 한다([그림 4-3] 참조).

정서적 기억 저장소는 발달적 치료-발달적 교수에 효과적인 교육과정 주제의 내용을 제공하므로 역시 변화의 목표가 된다. 학생들이 스스로에 대한 자신의 신념을 변화시키려 한다면 무의식적으로 그들의 기억 저장소에 저장된 태도, 타인에 대한 정서적 반응(부정적인 것에서부터 긍정적인 것까지), 어떤 파괴적이고 패배적인 사고, 관념, 감정, 정서가 변해야 한다. 내용 주제는 이러한 긍정적인 과정에 기여한다. 한 주제가 각 학생 주변의 개인적 현실을 재구성한다면 교육과정은 각 집단 구성원의 발달적 차이와 독특한 요구에 대한 반응성이 증가해야 한다. 학생을 적극적으로 참여시키는 자료와 활동은 각 개인의 기억 저장소에 저장된 심상에 접근한다. 게다가 프로그램을 통해 학대, 방임, 실패 또는 배신의 역사를 가진 학생의 정서적 기억을 변화시키려 한다면 기억 저장소에 접근할 뿐만 아니라 부정적인 것에서 긍정적인 것으로 **기억을 변화시켜야 한다**. 이러한 변화는 선택되는 각 활동의 내용을 통해서 이루어진다.

아동과 청년의 심상은 여러 가지 형태를 취한다. 어린 아동들은 대부분 상상놀이의 환상, 가장하기, 역할놀이, 이야기하기와 극적 놀이를 통해서 자주 표현한다. 학령기 아동들은 소망하기, 읽기, TV와 영화 보기, 음악 듣기, 친구들과 '비밀' 나누기와 백일몽을 사용한다. 청년이나 청소년은 극장, TV, 창의적 예술, 춤, 패션, 음악, 시, 주장, 쓰기와 같은 더 정교한

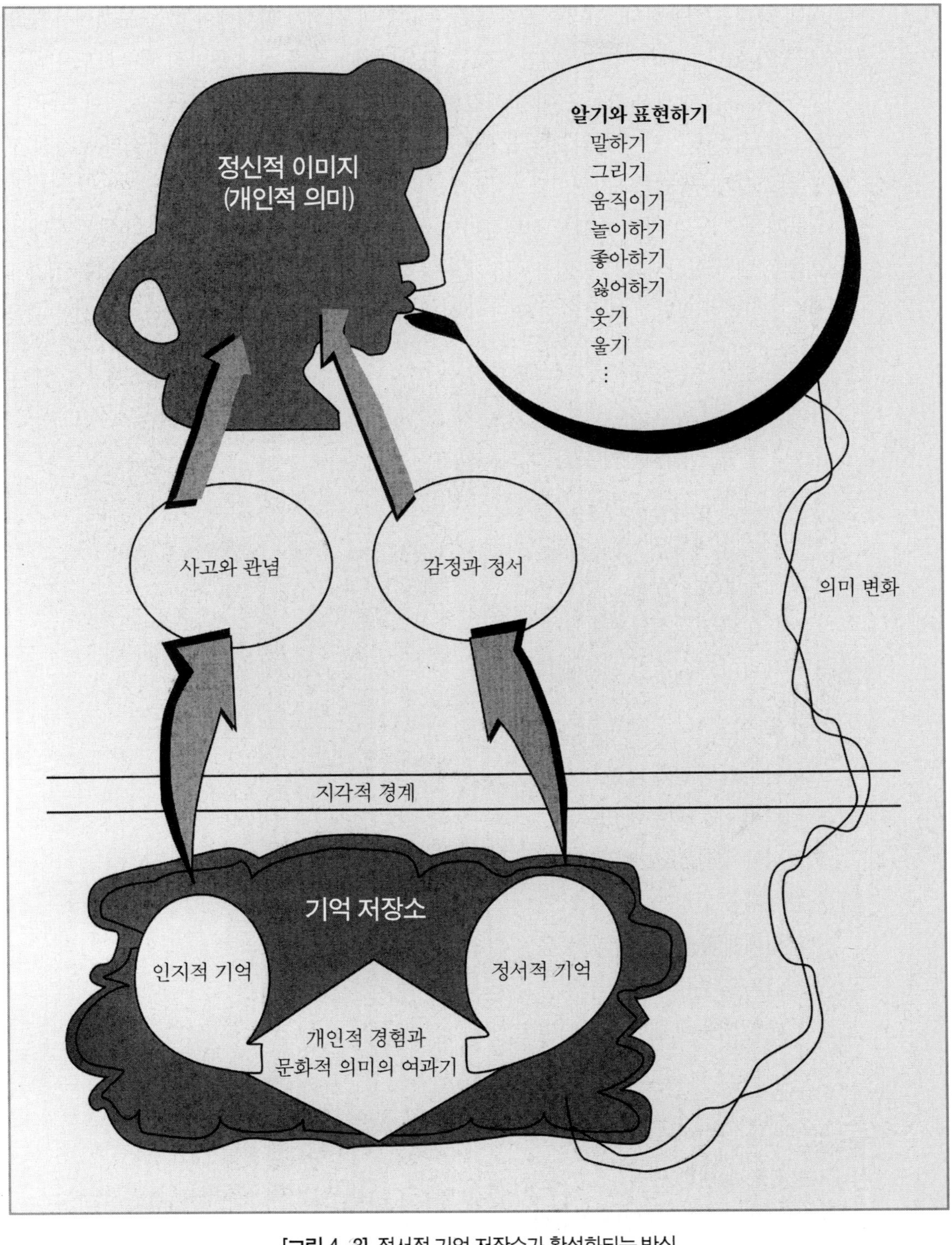

[그림 4-3] 정서적 기억 저장소가 활성화되는 방식

환상의 형태를 사용한다. 이러한 모든 활동은 자신과 사회가 타협해야 하는 투쟁에서 중요한 도구가 된다(Erikson, 1977). 개인이 갖는 환상의 내용은 현실에 편안히 적응하도록 하는 시도다. 환상과 창의적 활동은 위기 해결, 적응, 사회-정서적 성장을 돕는 강력한 도구다. 그들은 역시 긍정적인 정서적 기억을 증가시키고, 아동의 정서적 기억 저장소의 부정적 부분을 감소시켜 주는 주요 자원이다.

교육과정 활동의 내용 주제를 선택하려면, 처음에 연령이 서로 다른 집단의 아동과 청소년이 놀이에서 환상과 가장하기를 어떻게 사용하는가 하는 일반적인 발달적 차이를 생각해야 한다. 이러한 발달적 특성은 한 집단이 선택한 내용 주제를 통해서 전형적인 관심과 불안에 대해 의사소통하는 것을 도와준다.

〈6세〉

- 갈등을 별로 의식하지 못하고, 최소의 표현
- 전이나 투사가 별로 없음
- 권위 형상의 부재
- 역할을 규정짓지 않음
- 사적이고 가상적인 주제
- 구체적이고 외적인 단서에 대해 반응

〈8세〉

- 마술적인 해결과 낙관적 생각
- 권력이 아동 외부에 있음
- 행위와 결과 간의 연결 부재
- 음식과 독립성
- 타인에게 투사된 욕망과 충동
- 성인들을 분류함
- 집단의 기능에 대한 인식이 별로 없음

〈10세〉

- 성인과 타인이 문제를 해결함
- 불복종에 대한 관심
- 성인은 조정될 수 있다고 인식

- 불안한 독립성
- 성인의 인정을 요구함
- 개인적 소유물이 집단 맥락에서도 중요함
- 내적 감정의 수정

〈12세〉

- 결과를 예측함
- 개성을 잃지 않고 집단에 참여함
- 상호적인 주고받기
- 타인의 역할에 대한 관심
- 죄책감을 느끼는 용인할 수 없는 욕구
- 자신의 독립적 책임에 대한 불안

아동이 놀이나 가장하기 또는 환상을 사용하는 것을 배우지 못할 경우 현대사회에서 직면하는 스트레스에 건전하게 대처하는 중요한 도구가 결여될 것이다. 그러나 이 기술은 가르칠 수 있다. Piaget에 따르면 놀이와 환상의 기초는 모방에 있다(Piaget, 1951/1962). 유아들은 현실(그들 주변의 사람)을 모방하여 자신의 기술을 발달시켜서 이 모방을 '내면화하기', 즉 실제적 모델 없이 심상 회상하기를 시작한다. 이렇게 1단계의 사회-정서적 능력의 목적과 목표를 완료한 아동은 놀이, 가장하기, 이야기하기 등과 같이 미래에 필요한 기술의 기본적 발달 지표를 습득한다. 이 기술은 상징적 놀이와 환상—활동에 대한 개인의 즉각적인 지각 운동영역 이상으로 확장된 사건과 감정의 인지적 표현—을 발전된 형태로 만든다.

단어, 운동, 시각적 심상으로 강화된 아동은 초등학교 때 새롭고 복잡한 현실과 직면하게 된다. 실제의 생활이 더 복잡해지고 긴장되기 때문에 이 시기의 발달 강도는 높아진다. 1학년 또는 1단계의 목적과 목표를 달성하기 전에 가장하기와 환상의 사용은 점차 줄어든다. 이때가 되면 새로운 형태의 상징적 표상은 읽기, 이야기 극화하기, 이야기하기, 역할놀이, 창의적 글쓰기, 사회극, 즉석 춤 같은 활동과 관련된 언어 교육과정을 통해서 가능하다. 1단계에 머물고 있는 유아기 이후 아동의 이 새로운 형태의 상징적 표상은 2단계와 3단계—의식적이고 사려 깊게 명백히 정의된 문제나 관심에 대해 이성적이고 문제해결적인 접근을 하는 단계—에서 그들을 가장하기와 극적놀이로부터 분리시켜 준다. 요약하면 더 초기의 발달에서 아동들이 갈등해결을 위해 환상과 가장하기를 자발적이고 무의식적으로 사용할 경우 더 상위의 발달단계에 도달하면 학생들이 이성적으로 문제해결을 하는 안정되고 효과적인 도구로 나타난다.

Albert Bandura가 "사건을 표현하고, 의식적 경험을 분석하고, 시간과 공간적으로 멀리 있는 타인과 의사소통하고, 계획하고, 창조하고, 상상하고, 예견되는 행동에 참여하기 위해 그들에게 가능한 상징을 사용하는 인간의 특별한 능력"(Bandura, 1977: vii)에 대해 썼을 때, 정신적 상징, 의사소통, 인간발달은 기본적으로 관련이 있음을 인식하게 되었다. 의사소통 과정에서 상징은 학생의 내적 자신과 타인들의 현실 사이에 단지 다리를 제공한다. 그러므로 교사, 부모, 치료자는 많은 대안적인 의사소통의 방식을 제공한다. 이러한 기회가 계획이 된다면 그들은 각 학생의 현재 수행 수준에 적응해야 한다. 그러나 의사소통 활동에서 대부분 중요한 기대는 학생의 사회-정서적 요구와 직접 관련되어야 한다. 이렇게 활동은 학생의 마음과 머리에 무엇이 있는가에 대해 의사소통하는 것과 연결된다.

학생들이 정서나 스트레스가 많은 내적 경험과 투쟁할 때 4가지 형태의 의사소통 도구를 사용할 수 있다. 즉, 신체적 의사소통, 비언어적 매체, 구두 의사소통 또는 글쓰기 의사소통(Wood, 1981)이다. 학생들은 정신의 감정과 사고를 결코 정확하고 만족스럽게 표현할 수 없다. 그것들은 이미 자신들 안에서 볼 수 있는 행동적, 언어적 수행을 훨씬 넘어서는 복잡한 수준의 사고와 감정이다.

더 밀접한 학생들의 경험은 그들이 수행하는 방식과 실제적 능력 사이에 더 크게 벌어진 정서적 상처와 접촉하게 된다. 어떤 것은 글쓰기 형태로 분명히 의사소통할 수 있으나 말은 하지 않게 된다. 다른 사람들은 혼란을 피하기 위해, 쟁점을 인정하지 않기 위해 또는 정서적 상처를 피하기 위해서 계속 언어적 장벽을 만들 것이다. 어떤 학생들은 그림, 음악, 춤으로 나타낼 수 있다. 다른 사람들에게도 자연히 어려움이 나타날 수 있다. 즉, 특정한 의사소통 기술은 필요한 기술이 아직 획득되지 않았기 때문에 나타나지 않는다. 다른 예를 들어보면 의사소통의 어려움은 전적으로 개인적 관념과 감정을 표현하는 학생의 과묵함 때문에 생긴다. 어떤 경우에는 사회-정서적 성장을 위해 효과적인 교육과정이 그들의 사적인 정서 저장소와 매일 직면하는 현실 사이에 다리를 놓을 수 있도록 효과적인 기회를 더 많이 제공해야 한다.

활동의 주제를 통일하기

모든 단계에서 하루 또는 일주일 동안 이루어지는 활동들의 주제는 서로 연관성이 있어야 한다. 이를 통해 학생들은 한 활동에서 학습한 것을 그 다음 활동으로 확장하고 일반화시킨다. 효과적인 내용 주제를 선택하려면 그들의 발달적 불안과 문화적 독특성과 관련하여 개인으로서의 학생을 이해하는 것이 필요하다. 〈표 4-3〉은 정서적 문제, 공포 및 성장과정에서 거의 모든 아동에게 공통적으로 나타나는 불안의 목록과 이 문제를 다루는 데 사용될 수 있는 내용 주제와 상징을 위한 제안을 제시한다.

학생들이 방과 후 및 주말 활동에 대해 자유토론을 하는 동안 친구들과 함께 놀고 이야기

〈표 4-3〉 정서적 문제, 불안 및 내용 주제의 예

정서적 문제와 공포	발달적 불안	내용과 상징적 주제의 예
분노와 유기의 감정	유기	병속의 정신
불길한 힘에 대한 공포	유기	맹수
형제 경쟁	유기	신데렐라
양육의 요구	유기	음식
세상은 거대하고 외로운 곳	유기	하늘: 외부 공간
금지되고 알려지지 않은 곳에 대한 공포	유기	어두운 동굴, 잠긴 방, 어두운 숲
분노하고 거부적인 어머니	유기	잔인한 계모
무가치한 감정	부적절함	개구리와 두꺼비, 천한 사람
'어리석은 아이'	부적절함	어리석은 사람 또는 바보
타인의 도덕적 규범 요구에 대한 공포	부적절함	마녀
억압적인 성인에 대한 공포	부적절함	거인
자신의 능력에 대한 의문	부적절함	아기 돼지 세 마리
나쁜 상황 해결의 부담	부적절함	마술 물건
타인들에게 바람직하게 보이지 않음	부적절함	미녀와 야수
처벌을 받으려는 욕구	죄책감	독이 든 사과
나쁜 짓하기	죄책감	도둑, 훔치기
부모를 실망시키기	죄책감	추악한 것으로 바뀜
당황스러운 자책감	죄책감	고래가 삼킴: 죽음
나쁜 행동	죄책감	갇힘
악한 생각하기	죄책감	괴물
독립을 위한 투쟁	갈등	도주, 도망, 여행
인정받기	갈등	금반지, 보석
옳은 것을 하려는 욕구	갈등	신적인 영웅들, 덕행
알지만 침묵하기	갈등	돌
옳은 일을 한 것에 대해 보상받기	갈등	보물
요구로부터의 자유	갈등	새, 마술 양탄자
조절감 또는 안전감	갈등	왕 또는 여왕

주: 추가 정보는 Bettleheim(1977) 참조.

하도록 한다. 선호하는 놀이와 장난감, 책, 게임을 통해 학생들의 흥미와 관심을 이해할 수 있다. 또한 시청했던 TV 프로그램과 그 내용에 대해 이야기하는 것을 통해서도 알 수 있다. 좋아하는 집단 활동, 영화, 음악가, 영화배우, 스포츠 영웅 역시 이해할 수 있는 근거가 된다. 부모를 통해서도 이해할 수 있는 근거를 찾는다. 초등학교 고학년 아동과 10대의 경우 그들의 흥미를 확인하기 위해서, 특히 그들이 보고 싶어 하는 TV 프로그램이 무엇인지에 대해 새 학년 첫 주에 토론 시간을 갖는다. 일단 일반적 주제의 제목이 선택되면 그 집단의 각 학생은 집단의 발달단계와 특별한 목표에 적응한다. 그 다음에는 그 주제가 학생들의 흥미를 끌 수 있도록 극적인 분위기를 만들고, 도움을 줄 수 있는 긍정적 방식으로 정서적 기억 저장소에 접근한다. 때때로 학교의 주제가 광범위할 때도 있지만 대부분 특정한 집단과 단계에서는 특별한 흥미와 발달적 특성을 목표로 한다. 다음은 효과적인 내용 주제의 특성이다.

- 각 학생의 실제적 경험, 흥미 또는 감정을 다룸으로써 집단에 있는 모든 학생을 자극해야 한다.
- 매일 계획된 모든 활동에 반영되어야 하고, 선택된 모든 목표에 적용되어야 한다.
- 개인과 집단이 확실히 성공할 수 있도록 학생들의 예비지식과 기술을 발달시켜야 한다.
- 의도한 노력이 나타나도록 독립적이고 학생 중심적인 탐색 기회를 제공해야 한다.

발달적 치료–발달적 교수에서 이러한 질적 우수성은 참여한 아동의 독특한 성격, 흥미, 관심을 다루는 단원 주제로 엮인다. 다음의 단원 주제의 예는 내용이 발달적 특성을 얼마나 반영하고 발달적 불안을 다루며, 활동을 통일시키는지 설명한다. 이러한 주제와 활동은 이 집단 아동들의 특정한 발달단계에 특히 적합하며, 다음의 예는 그 단원에서 사회–정서적 능력을 위한 교육과정의 특정한 목적과 교수목표가 매일의 프로그램으로 어떻게 연결되는지를 보여 준다.

2단계 단원 주제의 예 이것은 헤드스타트 아동들을 가르치는 교사가 매일 아침의 계획에서 창의적인 활동을 어떻게 통합하는가를 보여 준다. 통일된 주제는 '곰' 이다(이 단원은 Muncie Cooper에 의해 계획되었다.).

8 : 30	도착, 화장실 가기

8 : 40~8 : 50	인사하기	팬더곰 막대인형—인사하는 시간에 각 아동은 팬더곰 막대인형을 붙잡고 집단의 아동들에게 '안녕' 이라고 차례로 말한다. 교사는 누가 왔는지, 무엇을 입고 있는지, 오늘 방에서 어떤 변화를 관찰했는지 아동들에게 질문을 하기 위해 인형을 사용해서 각 아동을 대화로 이끈다.
8 : 50~9 : 15	놀이영역 꾸며진 동굴 블록 미술재료	곰 놀이—두 아동이 판지로 만든 블록을 가지고 동굴을 만든다. 다른 곰들은 깊은 숲에서 열매를 찾고 있다. 동굴이 다 만들어지면 두 아동은 다른 곰들이 파티를 위해 곰 동굴에 오도록 초대한다. 모든 곰들이 참석하여 축제를 연다.
9 : 15~9 : 40	작업	곰이 학교에 간다—팬더곰이 작은 종을 울리고, 곰들이 학교에 가기 위해 동굴을 떠나 깊고 어두운 숲으로 간다. 책상 위에서 각자 앞면에 곰 그림을 잘라서 붙인 자신의 '곰 책' 을 찾는다. 접힌 책에는 개별적인 준비 활동이 있다. 먼저 끝낸 아동들을 위하여 교사는 곰을 주제로 한 그림책, 이야기책, **내셔널 지오그래픽** 잡지를 새로 선택한다.
9 : 40~9 : 55	실외활동– 집단게임 아동 주도의 자유 활동	곰은 동굴에 가고 싶어 해—교사는 훌라후프를 둥글게 놓는다. 이것은 곰을 위해 꾸며진 동굴이다. 곰들은 저마다 동굴 하나를 골라 훌라후프 안에 선다. 교사는 '곰은 동굴에 가고 싶어 해. 내가 너의 동굴에 가도 돼?' 라고 말하면서 원 가운데서 게임을 시작한다. 모두 '아니요.' 라고 말하자, 교사는 '동굴을 바꾸자.' 라고 말한다. 모두 다른 동굴로 바꾼다. 산을 넘어 가는 곰을 위할 정글짐과 동굴에 사용할 모래상자를 준비한다.
9 : 55~10 : 00	화장실, 세면대	
10 : 00~10 : 15	간식	꿀과 크래커—아동들과 교사는 곰은 왜 꿀을 가장 좋아하는지에 대해 토의한다. 아동들이 좋아하는 음식에 대한 자발적인 토의로 이끈다. 간식시간이 끝날 때쯤 교사는 다음 3가지 활동을 준비하고 동기 부여를 한다. 이것은 간단한 소도구를 만들고 '골디록(Goldilock)과 곰' 을 극화하는 것이다.
10 : 15~10 : 30	미술활동	오트밀 죽 만들기—각 아동은 식탁용 매트를 만들기 위

		해 좋아하는 색깔의 종이를 고른다. 그 다음 원형의 형판과 매직 마커를 사용하여 식탁용 매트 위에 공기를 그린다. 다 그리고 나서 오트밀 죽 공기 안쪽을 다양한 색깔의 종이조각을 사용하여 풀로 붙인다. 교사는 색깔과 디자인을 사용하도록 격려한다.
10:30~10:45	이야기활동	골디록과 곰—아동들은 완성된 식탁 매트를 두고 이야기 코너로 간다. 거기서 교사와 아동들은 함께 잘 아는 이야기를 한다. 이어서 오트밀 죽과 골디록과 친구가 되고 싶어 하는 곰에 대해 토의한다. 이야기가 끝날 때쯤 교사는 골디록 역할을 맡아 아동과 아기 곰이 되고 싶은 아동, 아빠곰, 엄마곰, 할머니곰 등을 뽑는다. 아동은 각자의 역할을 한다.
10:45~10:55	특별활동	'골디록과 곰' 연극하기—이야기 코너에서 시작할 때 교사는 그 이야기를 다시 한다. 자신의 오트밀 죽 공기를 찾기 위해 좋아하는 저녁 식탁으로 곰들을 이동시킨다. 오트밀을 먹은 다음 곰들은 침대를 찾으러 놀이영역으로 간다. 그곳에서 그들은 잠에 빠진 체한다. 골디록은 도착해서 배가 고프다. 책상 위에는 아무것도 남아 있지 않다. 자고 있는 곰들을 발견하고는 너무 놀라서 깊고 어두운 숲으로 달려간다. 그러나 아기 곰은 친구가 필요해 골디록이 돌아오도록 한다. 골디록이 돌아오고 그들은 좋은 친구가 된다.
10:55~11:00	작별 인사	곰은 친구를 어떻게 사귀나—교사는 연극의 '친구 사귀기' 부분에 대해 다시 이야기하고 골디록과 곰의 다양한 감정을 강조한다. 교사는 내일은 곰들이 어떤 모험을 할지 아동들에게 물어보고 토의를 마친다.

3단계 단원 주제의 예 동기유발이 매우 잘 되는 '슈퍼 영웅' 이라는 주제를 사용하여 3단계의 특수교육 집단으로 이동하는 학생들을 돕는 예(이 단원은 Muncie Cooper에 의해 계획되었다.)

	집단 회의	영웅이란 무엇인가?—이 활동은 첫날의 단원 주제로 소개한다. 토의는 학생들이 생각을 말하고 교사는 도표 아래에 각 학생의 생각을 쓰도록 한다. 학생들은 앞의 토의보다

열정적이고 더 언어적으로 반응한다. 각 학생이 제목을 만든다. 그 다음 교사는 그 날의 계획을 세운다. 미술시간에 '슈퍼맨 가면'을 만들고, 특별활동 시간에 그 가면을 사용할 거라고 알려 준다(다른 날에는 티셔츠 만들기 활동을 할 수 있다.). 이를 통해 여러 슈퍼영웅에 대한 토의가 일어난다. 학생들은 슈퍼맨과 원더우먼에 대해 자발적으로 말한다. 자발적으로 몇몇은 슈퍼맨과 원더우먼이 어떻게 범죄를 해결하고 사람들이 규칙을 따르도록 돕는지 이야기한다.
열정적으로 단원이 시작된다.

학업활동 슈퍼맨의 모험－읽기 집단에서 슈퍼영웅 희극책을 읽고 자습과제가 병행된다. 각 학생의 어휘와 읽기 수준을 조절하기 위해 이야기의 일부분만 선택한다.

실외활동 슈퍼영웅 배구－학생들은 슈퍼맨가면을 쓴 교사를 보고 한 줄로 선다. 교사는 각 학생이 '신비한 힘'으로 되던질 수 있는 '강력한' 공을 학생들에게 던져 준다. 이 단순한 가장놀이는 집단을 열정적으로 만든다. 모든 학생이 이 활동에 참여할지 또는 드러나는 행동 문제는 분명하지 않다.
힘의 반지－비 오는 날에 대신하는 실내 게임은 '도시'를 파괴하는 '폭탄'(공)을 지키는 것이다. 학생들은 다음 사람의 발을 건드리지 않도록 떨어져서 원으로 앉아 다리로 '힘의 반지'를 만든다. 그리고 손으로 마루 위에 있는 공을 움직인다. 10회 이상 공이 '힘의 반지' 밖으로 나가지 않으면 도시는 파괴되지 않는다. 이 가장놀이는 3단계로 전이하는 학생들의 정서 발달 욕구에 적합하다.

미술활동 슈퍼맨 가면－이 활동은 각 아동이 앞서 경험한 지식을 가지고 하는 동기유발 활동이다. 학생들이 과제를 성공적으로 조절할 수 있다는 확실한 감정과 주제에 대해 자신감을 가지고 참여한다. 가면의 형태가 미리 그려져 있고 학생들은 크레용과 반짝이를 가지고 장식한다. 각 아동의 머리에 맞추어 가면의 끈을 묶는다. 이 활동에서 중요한 요소는 특별 활동 시간에 가면의 사용에 대해 토의하는 것이다.

특별활동 구조하는 슈퍼맨－미술시간에 만든 가면을 사용하여 위험한 모험 상황에서 슈퍼맨이 되어 본다. 교사가 이야기를 시작한다. '어둡고 바람 부는 어느 날 밤에 슈퍼맨이 잠을 자려 하고 있어.' 학생들은 이야기 영역에서 마루 위에 누워 연극을 시작한다. 비밀 전화가 울리고 슈퍼맨이 일어난다. (모든 학생들이 동시에 소리 없이 그 행동을 한다.) '그리고 슈퍼맨은 먼 곳으로 가…….' 교사는 학생들이 방을 돌아다닐 때 신호로 차례를 알리는 몸동작을 한다. 교사의 지시에서 벗어난 활동을 하지 않도록 하기 위하여 '슈퍼영웅이 다른 슈퍼영웅과 만나면 힘을 잃어 버려.' 라고 말한다. 이 말은 아동들이 흥분하여 신체접촉이 흩어지는 것을 막아 준다. 학생들이 '악의 힘이 미치지 못하는 북극에 있는 그의 비밀 동굴로' 슈퍼맨을 돌려 보내면서 활동이 끝난다.

초능력—다른 날의 특별활동시간에 각 학생은 슈퍼영웅의 주인공이 된다. 학생들은 마루에 원으로 앉는다. 교사는 원 주변에서 작은 나무 블록을 가지고 시작하면서 학생들에게 '슈퍼영웅의 상상력과 힘' 을 사용하라고 말한다. 처음에 마치 1,000파운드 무게가 나가는 돌인 것처럼 나무 블록을 돌린다. 그런 다음 블록을 다시 돌리는데, 이번에는 상처 입은 새가 된다. 가장놀이는 절룩거리는 사람을 돕고 폭탄을 제거하는 흉내를 내면서 계속된다. 이 상상적 가장놀이는 자기 생각을 사용하도록 학생들을 자극하고 충동 조절, 차례 지키기, 충분한 사회적 상호작용의 기회를 제공한다. 가장놀이는 학생들에게 흥미를 끌고 발달적 요구와 만난다.

4단계 단원 주제의 예 매우 성공적인 4단계 단원인 '손전등' 의 예를 보자. 4단계는 덜 구조화되고 각 활동에 더 긴 시간이 필요하기 때문에 4단계 단원의 활동 수는 더 적다. 이 단원에는 네 가지 활동이 있다(이 단원은 Bonnie와 Dan Hurt에 의해 계획되었다.).

집단활동	섬광—이것이 첫 활동으로 시작된다. 이 활동은 비공식이어서 학생들은 서로 다른 시간에 버스로 도착한다. 전날 이 단원을 준비하기 위해 계획을 세웠다. 학생들이 큰 포스터를 완성하는 동안 '섬광' 의 테이프를 학생들에게 보

여 준다.

〈삽화 1〉

4′×4′ 크기의 포스터는 빛의 폭발을 미리 그린 것이다(〈삽화 1〉 참조). 학생들은 빨강색과 노랑색의 매직펜을 가지고 섬광을 색칠하면서 자유롭게 말하고 상호작용한다. 학생들은 전날의 계획을 통해서 포스터가 '섬광 디스코' 와 사진 앨범의 배경이 될 것이라는 것을 알게 되어 단원은 절정에 이르게 된다.

학업활동

수필: '섬광' 은 왜 대성공인가—언어수업은 각 학생이 쓴 '수필 '을 사용하여 주제를 중심으로 이루어진다. 교사는 학생 들의 생각을 도표에 써서 참고하도록 붙인다. 각 학생의 개별적인 자습, 철자법, 작문, 읽기 과제가 참고로 도표에 이용된다. 이런 식으로 집단 맥락 안에서 많은 학업 요구들을 성취해 간다.

음악 및 율동

섬광 디스코—각 학생은 작은 포켓 손전등을 받는다. 이 활동은 음악과 리듬에 따라 빛의 광선을 움직이도록 하는 것이다. 신체나 운동 활동에 자의식적인 학생들에게 특히 효과적이다. 어두운 방에서 움직이는 빛의 광선이 강조된다. 손전등은 동기유발을 잘 시켜 준다. 부정적인 학생들조차 저항을 하지 않는다. 활동을 조직하기 위하여 교사는 색칠한 교통신호등이 있는 커다란 포스터를 사용한다(〈삽화 2〉 참조). 교사는 '춤추기' 를 지시하기 위하여 녹색빛의 불을 켠다. '천천히 아래로' 는 노란빛, '멈추기' 는 빨간빛. 빨간빛이 들어오면 학생들 중 1명이 음악을 멈추고, 손전등이 움직일 때 생기는 결과에 대해 토의한다. 일주일간의 긴 단원을 통해서 학생들과 교사는 이 활동을 서정적인 무언극의 부분으로 사용할 수 있다.

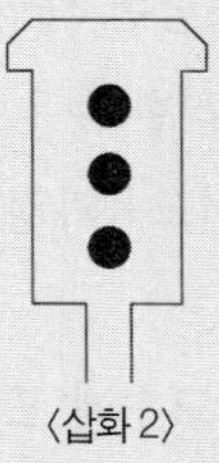
〈삽화 2〉

특별활동

섬광 사진—여러 날 동안의 계획과 작업은 이 마지막 활동까지 진행된다. 이 활동에는 2가지가 있다. 하나는 앞의 집단 활동 시간에 구성원들이 조심스럽게 글로 쓴 '섬광' 신호 앞에서 각 학생의 빛 사진을 찍는 것이다(〈삽화 3〉 참조). 두 번째는 집단이 노래를 무언극화하는 것을 사진 찍는 것이다. 첫 번째 사진은 좋게 보이려는 개인적 인식과 소망에 대한 학생의 요구가 나타나고, 두 번째 사진은 집단 성취를 위한 노력을 증진시킨다.

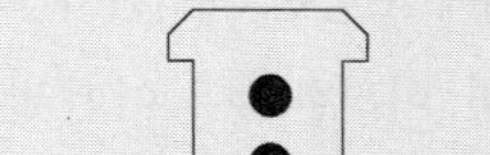

〈삽화 3〉

언어활동과 창의적 글쓰기를 통해 사회-정서적 관심 표현하기

학생들의 관심과 불안, 개인적 현실을 다루는 내용을 선택할 때 언어는 특히 모든 형태의 의사소통 기회를 제공해 준다고 생각된다. 다음은 상징적 의사소통의 여러 수단을 포함하는 연속적인 언어활동이다. 각 활동은 발달적 향상과 사회-정서적 성장에 가장 적절한 단계를 보여 준다.

〈언어활동의 발달적 순서〉

- 1단계: 모방과 놀이, 동작과 리듬
- 2단계: 이야기하기, 극화놀이, 막대인형, 이야기책, 역할놀이, 가장하기
- 3단계: 이야기 각색, 이야기하기, 창의적 글쓰기, 역할놀이, 무언극
- 4단계: 소설 읽기와 쓰기, 창의적 연극, 사회극, 즉흥 춤, 평가적 분석, 창의적 글쓰기
- 5단계: 연극 쓰기, 제작하기, 연기하기, 소설 읽고 쓰기와 시 쓰기, 사회극, 평가적 분석, 즉석 인물 연기

언어활동에 대한 이러한 요약은 적용을 제한하려는 것이 아니다. 오히려 활동이 단순한 것부터 복잡한 것까지 혼합된 순서를 설명한다. [부록 4]에 포함된 사회화와 학업(전)/인지 영역에서 발달과정을 설명하는 도표와 연결하여 사용하면, 이러한 틀은 어떤 발달단계에 있는 학생의 사회-정서적 성장을 기르는 데 사용될 수 있는 언어교육과정의 활동을 선택하는 지침이 된다.

위의 목록에 나타난 모든 언어활동이 발달적 치료-발달적 교수에 포함되어도, 여기서는 사회-정서적 성장을 기르는 데 광범위하게 적용되는 특정한 학업(그리고 학업(전)) 영역을 설명하기 위해 창의적 글쓰기를 사용한다. 창의적 글쓰기는 자신을 표현하는 안전한 방식이 될 수 있기 때문에 선택되었다. 창의적인 글쓰기 과정에서는 어떤 새로운 것이 산출된다. 각 아동에게 무엇인가에서 무엇을 할 수 있는가로 재조합하는 것이다. 발달단계에 따라 변형될 수 있다. 종종 그 과정은 단순히 즐거움 때문에 발달을 강화한다. '내가 할 수 있는 것을 봐!' 종종 그것은 학생의 통찰을 도와준다. '전에는 그것을 그러한 방식으로 생각할 수 없었는데.' 그 과정은 아주 드물게 아동들에게 자신에 대해 굉장한 만족감을 주기도 한다. '나는 내 생각이 그렇게 좋은 줄 몰랐어.' 각 예에서 창의적으로 글을 쓰는 기회는 자신에 대해 시각적이고, 외부로 향한 진술을 만드는 기회가 된다. 모든 아동이 스스로를 넘어서서 세상에 보일 수 있는 흔적을 만드는 기회를 갖는 것은 기본이다. 그런 기회가 없다면 아동의 정서적

성장은 사적인 환상에 불과하고 타인들과 이해를 교환하는 것이 단절된다.

1단계를 제외한 모든 교육과정의 단계에서는 창의적 글쓰기와 관련된 준비 기술이 어떤 형식으로든 포함되어 있다. 〈표 4-4〉는 단계에 따라 다르게 사용되는 목적, 기술 강조, 창의적인 글쓰기활동의 유형을 설명한다.

창의적 글쓰기를 위한 준비는 구두 의사소통—경험, 관념, 사건, 사람과 단어를 관련지음

〈표 4-4〉 창의적 글쓰기 활동

구 분	2단계	3단계	4단계	5단계
창의적 글쓰기 목표	• 자기표현 기술 • 준비도 발달시키기	• 자신을 표현하는 쓰기 상징을 성공적으로 사용하기	• 자신과 타인의 경험, 감정, 문제를 탐색하기 위해 문자 사용하기	• '내가 누구인가?' 와 '내가 어디에 적절한가?'를 알리기 위해 문자 사용하기
기술 강조	• 말과 문장 • 그림, 경험, 생각을 기술하기	• 쓰기 문장 • 철자법 • 모든 예비 단계의 기술	• 문법규칙 • 구두점 • 생각 조직하기 • 모든 예비 단계의 기술	• 쓰기 표현의 다양한 형태 • 교정 • 모든 예비 단계의 기술
활동과 자료의 예시	• 주제에 대한 편견 없이 그림 그리기 • 단어 게임 만들기 • 구술 경험을 이야기로 만들기: 개인과 집단 • 이야기하기 • 교사가 제작한 그림이야기책 읽기 • 그림책 그리기 • 경험 이야기 쓰기 • 운율 만들기 • 듣기 게임하기	• 학교나 교사에게 메시지 쓰기 • 다른 아동들에게 짧은 편지 쓰기 • 교사나 가족에게 편지 쓰기 • 짧은 에세이 쓰기 • 그림과 공예품에 대한 설명 쓰기 • 경험 이야기 쓰기: 개인, 집단 • 수수께끼와 농담 만들기 • 목록 만들기	• 시와 가사 쓰기 • 에세이 쓰기 • 의견 쓰기 • 일기 쓰기 • '나에 대한 책' 쓰기 • 사람과 문제에 대한 새 소식 쓰기 • 신문 잡지의 칼럼 쓰기 • 만화 만들기 • 지역 신문 편집장에게 편지 쓰기 • 편지 친구에게 편지 보내기 • 충고 편지 쓰기 • 성명서 쓰기 • 특수한 보고서 쓰기	• 자서전 쓰기 • 시 쓰기 • 연극 각본 쓰기 • 창의적 과제 수행하기 • TV 대본 쓰기 • 짧은 이야기 쓰기 • 전기 쓰기 • 편집자나 정치 지도자에게 편지 쓰기 • 타인들의 작품에 대한 비평 쓰기 • 역사소설 쓰기 • 과학소설 쓰기

으로써 자기-표현 학습하기—이 강조되는 2단계 학생들을 위해 유아기 프로그램부터 시작한다. 학령 전 기간에 쓰기 전 의사소통 경험을 위한 주의 깊고 체계적인 기회가 없으면, 학생은 초등학교 시기에 창의적 글쓰기 표현을 위한 효과적인 도구를 갖기가 쉽지 않다. 2단계 학생들에게 창의적 글쓰기를 준비시킬 때 가장 중요한 과제 중 하나는 생각을 단어로 표현하도록 가르치는 것이다. 이것을 문자로 쓴 단어, 말, 그리기, 그림이나 경험으로 할 수 있는가는 학생의 개인적 기술에 달렸다. 이런 종류의 모든 표현이 2단계 교육과정에서 중요하지만 학생들이 언어적 자발성의 습관을 습득하도록 돕는 경험이 가장 중요하다.

기본적 언어기술을 습득하기 위하여 3단계 학생들은 그들 자신의 경험을 표현하기 위해 문자의 상징을 성공적으로 사용하는 것을 배운다. 독립적인 창의적 글쓰기에 성공한 학생들에게 3학년 정도의 학업수준이 도움이 된다. 짧은 에세이, 그림 설명문, 경험 이야기, 친구에게 편지쓰기, 수수께끼, 농담, 개방 형식의 모험 이야기(종종 TV에서 방영되는)는 3단계 학생들이 할 수 있는 창의적 글쓰기의 형태들이다. 이 단계 말에 학생들은 어느 정도 정확하게 문장과 기본 단어 철자를 쓸 수 있다. 그들은 이해하고, 기억하고, 경험을 나누고, 경험에 대한 개인적 감정을 표현할 수 있는 능력이 상당히 좋아진다.

글쓰기는 4단계 학생들에게 스스로를 표현하고, 심리적 독립을 위해 새로운 시도를 하는 자연스러운 방식이다. 글쓰기의 형식과 과제는 3단계 학생들과 비슷하게 계속되지만 내용은 바뀐다. 4단계 학생들은 자신과 타인들의 경험, 감정, 문제가 의미하는 것을 탐색하기 위해 글쓰기를 할 수 있다. 그들은 문법 규칙 사용하는 것을 배우고 응집된 생각의 단위로 생각을 조직하는 형식과 구조를 생각하며 작업한다. 독창적인 시, 만화, 편지, 뉴스 보고서, 수필, 일기 같은 광범위한 창의적 글쓰기 형식을 사용하도록 격려된다.

5단계쯤 되면 학생들은 자기 이해와 문제 해결의 주요 수단으로 창의적 글쓰기를 사용할 수 있다. 5단계 청소년들은 '나는 누구인가?' 와 '내가 어디에 적합한가?' 라는 질문을 탐색하는 많은 기회가 필요하다. 글쓰기 형식의 의사소통은 자신과 타인, 세계 공동체의 복잡한 특성을 점점 더 탐색하기 위해 매일 사용되어야 한다. 관념, 가치, 태도, 경험과 논리는 창의적 글쓰기 과제에 혼합된 요소들이다. 이 발달단계의 10대들에게 창의적 글쓰기는 더 어린 아동들이 하는 막대 인형극, 이야기하기, 역할놀이, 극화놀이의 목적과 같다. 그것은 자기-이해와 자신의 확장을 위한 안전한 수단이다.

성인들은 때때로 어떤 집단 학생들의 광범위한 학업 기술에 대하여 관심을 표현하지만, 이것은 여러 가지 이유로 창의적 글쓰기의 사용을 방해한다고 한다. 글쓰기와 의사소통 기술의 개인차를 조절하는 여러 방식이 있다. 첫째, 집단 전체에 해당되는 주제는 가장 대표적인 사회화 단계를 기초로 선정된다. 해당 집단에서 우세한 학업 기술에 따라 글쓰기의 형식과 길이를 선택한다. 이것은 각 학생의 개별적 기술 수준에 맞게 글쓰기 과제를 수정할 수 있는 여유를 주게 된다. 그다음에는 각 학생의 의사소통 기술에 따라 그 수업을 소개하는 내용을 구조화시킨다. 이 마지막 책략은 특정한 학생들이 가질 수 있는 한계에 부정적으로 초점을 맞추지 않고 글쓰기 과제를 완전히 개별화할 수 있게 해 주는 매우 융통성 있는 책략이다. 수업을 시작할 때, 성공하는 데 필요한 만큼 과제를 더 개별화하거나 재구조화한다. 다음은 2단계부터 4단계까지 창의적 글쓰기 수업을 구조화하는 단계를 짧고 간단하게 요약한 것이다.

(1) 주제를 선택한다.
(2) 학생에게 집단을 강조한 주제를 준다.
(3) 개별적 글쓰기를 시작하기 전에 집단 토의 주제를 생각하도록 자극한다.
(4) 에세이를 철자법에 맞게 쓸 수 있도록 칠판에 주요 단어의 목록을 적는다.
(5) 과제의 길이를 제한한다(2문장, 1절, 1쪽).
(6) 개별 작업 중에는 학생들 사이를 돌아다니면서 철자법을 묻는 질문에 반응해 주고 요점에 대해 이야기를 나누며, 생각이 고갈된 학생들에게는 다시 동기를 유발시킨다.
(7) 개별적인 방식으로 각 학생의 작품 내용에 대해 반응한다.
(8) 각 학생이 쓴 것을 보관하는 개별적 서류철을 준다.

성인의 또 다른 관심은 '학생의 창의적 글쓰기 노력에 어떻게 반응하는가.' 다. 가끔 학생들의 기대에 비해 작품의 내용이 부족하거나 기술적으로 질이 나쁠 수도 있다. 다음은 우리가 사용하는 지침을 요약한 것이다.

- 과제를 하는 과정이나 완성 후에 글쓰기가 긍정적 결과를 갖는다는 것을 확실히 한다.
- 내용에 대해 반응하고, 다른 시간과 활동을 위해 기술적인 것은 그대로 둔다.
- 다른 학생들에게 학생의 개인적 사생활을 보호한다.
- 평가, 개선을 위한 제시 또는 칭찬을 하지 않는다. 성인들의 관심과 반응이 요구되는 것은 내용이다.
- 생각의 가치를 강조하고, 글쓰기 형식은 덜 강조한다.
- 작품의 질과는 상관없이 모든 창의적 글쓰기 작품을 보관한다.
- 학생들이 자신에 대한 통찰과 자기 확신을 확장하는 것을 돕기 위해 개별적으로 쓰기

작품을 검토한다.

성공적인 실행을 위하여 집단의 모든 구성원이 똑같은 일반적 주제에 대해 썼다고 해도 각 개인은 기술과 동기의 수준에서 독특하게 계획된 과제라고 생각해야 한다. 그리고 그 노력을 강조하고 기술보다는 내용에 초점을 맞춘다. 글쓰기 과제가 모든 학생에게 실제적인 '자극' 이 되어야 한다. 쓰기를 위한 강렬한 욕구가 없다면, 과제는 힘들고 창의적 글쓰기는 존재할 수가 없다.

효과적인 교육의 요소

성공적인 프로그램의 필수 요소를 검토할 때 효과적으로 수업을 가르치는 과정을 강조하지 않을 수 없다. 앞부분에서는 학습을 증진시키는 교수를 위해 아동들을 집단에 배치하는 방식을 기술하였다. 또한 아동들의 특성을 반영하고 사회-정서적 관심에 대해 의사소통하려는 요구에 반응하기 위하여 활동, 자료, 교육과정 내용을 선택하는 방식을 기술하였다. 여기서는 성공적 교육활동의 필수적인 구조와 그러한 교육을 받으려는 확실한 믿음과 존경에 관해 기술할 것이다. 이러한 분위기가 없으면 대부분 훌륭하게 설계된 교수활동은 비효과적이기 쉽다.

각 활동의 구조

모든 활동은 4단계, 즉 (1) 소개, (2) 단계별 절차, (3) 끝내기, (4) 다음 활동으로의 전이로 수행된다. 모든 활동에 이 구조를 적용시키면 학생이 참여하지 못하여 행동문제가 시작되는 프로그램의 부분이 될 것인지 학생이 참여하고 높은 수준에 도달하여 그날의 가장 성공적인 프로그램이 될 것인지 성인 스스로 더 민감해진다.

소 개 수업이나 활동을 소개할 때 동기유발이 잘 되도록 하는 것이 기본이다. 학생들의 주의를 끌고 그 수업을 하는 목적을 전달한다. 각 학생의 참여 욕망을 높이는 단순한 진술과 설명 또는 자료를 가지고 시작한다. 효과적인 교수는 학생들의 흥미와 경험에 기초하여 연령과 단계에 적절한 내용이 포함되는 것이다. 반드시 각 학생에게 가치가 있도록 이끌어야 하고, 기대되는 활동은 어떤 제한된 경계가 있다는 것을 전달한다. 소개할 때 동기유발 수준

발달단계에 따른 소개 활동의 예

1단계 교사는 밝게 색칠한 상자를 벌리고 그 내용에 대해 '봐! 상자야! 상자 안에 무엇이 있지?' 라고 소리 내어 말한다.

2단계 교사는 "어제 그 이야기 속에 나왔던 무서운 것을 기억해 봐? 무슨 색이었지? 무엇을 했지? 우리는 오늘 그 이야기를 읽은 다음 '무서운 것' 을 어떻게 다루는지 잘 알고 있는 Max처럼 흉내를 낼 거야."라고 말하면서 이야기책을 든다.

3단계 "너희들 어제 저녁 신문에서 이 사진을 보았니? 이 사진에는 100억 원이 든 가방을 찾은 소년이야. 사진을 보고 굉장한 이야기로 만들 수 있어."라고 말한다. 교사는 창의적 글쓰기 수업을 소개하면서, 새 사진을 보여 주고 개별적 쓰기 과제를 하기 전에 토의를 한다.

4단계 교사는 수학활동을 소개하면서 말한다. "10억 원이 생기면 너는 무엇을 할래?" 토의를 하고 나서, 교사는 예산 계획하기와 계산하기를 소개한다.

5단계 문학 수업에서 교사는 "우리가 이번 주에 연구할 사람은 자기 인생에 대한 이야기를 썼어. 이 자서전에서 주인공이 가장 형편없는 순간은 언제였다고 생각하니? 이 사람은 그때 어떻게 해결했니?"라고 말하면서 새로운 단원을 시작한다.

을 확인하기 쉬운 방법은 스스로에게 '내가 이 활동을 하는 학생이라면, 그 활동에 나를 위한 것이 있는가라는 질문에 어떻게 대답했을까?' 라고 질문해 보는 것이다.

소개에서는 어떤 활동을 하는지, 그 다음 단계, 사용되는 자료 등에 대한 기본 정보를 전달한다. 관련 활동과 장소나 공간에 필요한 시간을 알려 주는 것도 도움이 된다. 소개를 끝내는 바람직한 방법은 학생들이 활동이 끝난다는 것을 알 수 있도록 단서가 되는 확실한 신호에 대해 설명해 주는 것이다. 소개를 할 때는 항상 이 설명이 포함된다.

소개활동이 이렇게 동기를 유발하는 조직적인 요소를 포함할 경우, 학생들은 확실히 처음에 참여도가 높다. 활동이 적절한 목적을 갖고, 개인적으로 즐겁고, 만족스러운 결과를 산출할 것이라는 신뢰와 자신감 있는 분위기가 필요하며, 이것들은 사회-정서적 발달을 위한 요소가 된다.

단계별 절차 수업이나 활동을 수행하는 과제분석 형식은 일반적으로 학생들을 성공으로 이끄는 조직, 구조, 연속적 순서를 갖는다. 학생들은 무엇을 하는지 그것을 하고 싶어 하기 때문에, 대부분의 학생들은 매우 자발적으로 과제에 참여한다. 정확한 과제-분석으로 학생들은 자신감을 가지고 단계에서 단계로 이동할 수 있다. 한 단계가 완료된 후 다음 단계를 시작하는 신호가 되는 학생행동을 관찰한다. 학생들과 가까이 있음으로써 다음 단계를 계속할 학생들에게 다시 확신을 줄 수 있다. 또한 다음 단계로 다시 방향을 정하거나 재동기화하도록 조심스럽게 중재할 필요가 있다. 종종 단계를 재구성하거나 방금 완료한 단계에 대해 칭찬과 긍정적인 말을 해 주는 것은 학생에게 다음 단계를 시작하게 하는 격려가 된다.

활동의 단계마다 참여 정도를 성인이 감독하는 것은 중요하다. 모든 단계에서 학생들의 자발성을 최대한 허용한다. 즉, 학생들의 참여를 관리할 필요가 없을 경우 성인의 중재는 최소화한다. 또한 모든 활동 단계마다 각 개인에게 여러 가지로 긍정적인 피드백을 준다. 그러나 피드백을 줄 때에는 과제에 대한 학생의 주의를 방해하지 않도록 조심스럽게 기회를 찾아야 한다. 간헐적으로 학생들은 성인과 약간의 심리적 접촉이 필요하다. 과제를 할 때 어떤 학생의 방해하면 역효과를 초래하지만, 성인들은 조심스럽지 못하다.

끝내기 끝내기의 중요성에 대해 듣는 것은 종종 성인들을 놀라게 한다. 효과적인 끝내기는 모든 활동의 부분이라 할 수 있는 평가 활동이다. 그것은 하기(doing)에서 알기(knowing)로 전환하는 방식이다. 끝내기에서는 단지 수행에 대한 칭찬보다는 무엇이 일어났는가와 그 활동의 가치에 대해 분석되어야 한다.

학생들은 활동을 하고 있는 동안에는 그들이 실제로 하고 있는 것이 무엇인지에 대하여 생각하지 않고 참여한다. 이것은 학생들에게 요구되는 것—학생들이 경험하고 배운 것을 이해하는 것—이다. 바람직한 끝내기는 학생들의 행동과 성취가 일어난 것에 대한 합리적인 평가로 전환된다. 활동의 종결과 일어난 것을 종합해 준다. 효과적인 끝내기는 순차적인 단계를 생각하면서 활동의 내용이나 과정을 검토한다. 기억하고, 차례로 나열하고, 학생의 참여를 일반화시킴으로써 각 학생을 과거의 사건과 연결시킨다. 끝내기의 이러한 특성은 모든 단계의 학생들로 하여금 더 잘 조직되고, 더 자신감을 갖고, 참여하려는 의지를 증가시킨다.

모든 단계 학생들의 활동에서 활동으로의 전이, 방금 완료한 활동에 대해 요약 토의, 설명, 반영 또는 질문을 함으로써 그 활동의 중심 주제를 요약한다. 대화는 일반적으로 그 활동의 긍정적이고 실체적인 양상이 중심이 된다. '누가 그것을 했지?' '어떻게 했지?' '다음에 무엇을 했지? 다음에 한 것은? 마지막에 한 것은?' 끝내기 활동은 최근에 완료된 활동 안에 있는 과거 활동과 다시 연결될 수 있거나 다음의 활동과 연결될 수도 있다. 어떤 경우든

발달단계에 따른 끝내기 활동의 예

1단계 학생이 물건을 상자에 다시 넣도록 교사는 밝게 색칠한 상자를 열고 반복해서 "상자에 넣어."라고 말한다. 각 학생이 과제를 완성하면 교사는 "우리가 무엇을 했지?"라고 말하면서 행동 모델을 보여 준다. "우리는 상자에 이렇게 넣었어."

2단계 교사는 "Max는 무서운 것을 어떻게 다루는지 알고 있어. 우리가 오늘 Max와 함께 있을 때 Max가 '무서운 것' 을 어떻게 다루었지?"

3단계 교사는 각 학생으로부터 글쓰기 자료를 모으고 말한다. "오늘 우리들은 아주 상상력이 풍부한 생각들을 했어. 어떤 아이들은 돈을 잃어버린 사람에 대해 썼어. 또 다른 사람들은 돈을 가지고 무엇을 할지에 대해 썼어. 내일, 글쓰기를 할 때 칠판에 그림을 그리고 그 그림에 이야기를 붙일 수 있는지 볼 거야."

4단계 교사는 각 학생이 개인별 예산 계획하기 활동에서 '큰 표' 항목에 관해 보고를 하기 위해 집단으로 모인 수학시간을 끝낸다. 다음 토의는 각각 다른 소득계층의 사람들이 그 돈을 벌려면 얼마나 오래 걸리는지 평가한다.

5단계 문학 활동은 집단 성원들을 나누어서 보고한다. 교사들은 "우리가 아는 사람들은 얼마나 자주 같은 경험을 할까? 너희들은 그런 경험을 한 적이 있니? 너희들은 어떻게 해결했니? 그 사람들은 어떻게 조절했니?"와 같은 질문을 하여 토의와 통찰을 촉진시킨다.

효과적인 끝내기 활동은 완료된 활동을 학생들이 직면한 실제 상황과 그들 자신의 내적 요구 및 감정과 연결시킨다. 학생들은 발달된 기술을 끝내기, 종합하기와 활동의 결과로 생긴 태도, 감정, 가치, 새로운 통찰에 대한 표현에 사용할 수 있다.

전 이 동기를 유발하고 활동들을 연결하는 전이는 각 활동의 기본적 부분이다. 많은 성인들은 끝내기와 전이가 활동의 구조와 성공에 아주 다르게 독특하게 기여한다는 것을 인식하지 못하는 것 같다(Ostrosky, Skellenger, Odom, McConell, & Peterson, 1994). 끝내기는 활동을 잘 마무리하는 것인 반면에, 전이는 끝낸 활동에서 얻은 것을 이용하고 다음 단계로 동기유발시키는 열정을 갖게 하며, 학습을 수행하도록 한다.

전이가 구조화된 과제이기 때문에 주의 깊게 계획하는 것은 기본이다. 전이하는 동안 정서적이거나 행동적인 문제가 없는 학생들은 성인의 조직이나 안내 없이도 스스로 다음 과제로 이동하여 자신의 수행을 책임진다. 그러나 학생들이 사회적, 정서적, 행동적 문제를 가질

발달단계에 따른 전이 활동의 예

1단계 자료상자는 활동이 끝나면 치운다. 교사가 문 쪽으로 집단을 이동시키면서 "우리는 놀이터로 갈 거야."라고 말하고, 학생들은 교사의 리듬에 맞춰 박수를 친다.

2단계 학생들은 역할놀이가 끝나면 마루에 앉아 있는다. 교사는 "이제 Max가 무서운 것을 다룰 수 있다는 것을 알았어. 우리는 곧 무서운 것을 만들 수 있는 책상으로 옮길 거야. 우리가 책상으로 걸어가는 동안 무서운 것의 눈을 무슨 색으로 칠할지 생각해 봐."라고 말한다.

3단계 교사는 글쓰기 수업을 끝내고 "사람들은 항상 돈에 대해 흥미가 있어. 내가 너희 수학 책에 돈에 관한 문제를 넣어 놨어. 너희가 그 책을 펼치고, 이 돈 문제에 대해 이야기할 거야."라고 하면서 학생들에게 수학활동을 준비시킨다.

4단계 수학활동이 끝날 때, 교사는 "잠깐 쉬고 나서 우리의 다음 프로젝트를 어떻게 할지, 어떤 좋은 생각이 있는지 토의를 할 거야."라고 말한다.

5단계 수업시간이 끝나고 교사는 "오늘밤, 이 사람의 생활에 대해 생각해 봐. 왜 그가 자서전을 쓰는 것에 대해 걱정했을까?"라고 말한다.

경우, 잘 조직되지 않으면 한 과제에서 다른 과제로 이동하는 데 필요한 자기조절 수준을 관리하기 어렵다.

다른 모든 시기에 일어나는 활동의 수행이나 교과목 가르치기처럼 다음 활동으로의 성공적인 전이는 알아챌 수 없을 정도로 매우 순조롭다. 경험 있고 숙련된 성인만이 그 신호를 알 수 있다. 반면에 전이가 잘 이루어지지 않는 것은 분명하게 알 수 있다. 예를 들면 학생들은 주위를 돌아다니고, 헤매거나 다음에 무엇을 할 것인지 불안정하고 불안을 보인다. 효과적인 전이는 학생들의 발달적 특성을 반영한다. 하위 단계에서는 전이가 매우 어려워 다음 활동으로 이동하는 것은 조심스럽게 이루어져야 한다. 교사들은 학생들이 한 장소에서 다음 장소로 이동할 수 있도록 노래, 모방적 동작이나 가장 행동을 사용하고, 한편 다음에 무엇을 할 것인가에 대하여 정신적으로 기대하도록 만든다. 더 상위 단계에서는 전이가 다음 과제에 대한 생각과 도전을 일으키고, 각 활동이 가치 있다는 생각을 확장해 주는 활동으로 연결하는 다리 역할을 한다.

신뢰와 존중

성인들이 유능하고 자기 조절적이고 학생들을 곤경에 처하게 하거나 감정을 무심코 드러내거나 사적인 비밀을 드러내거나 실패하도록 하지는 않을 것이라는 안전한 믿음을 학생들이 가질 때 신뢰와 존중의 분위기가 효과적인 학습 환경에 형성된다. 이 조건들은 성인들이 공감을 해야만 잘 형성될 수 있다. 즉, 작고 관리 가능한 순차적인 단계에서 각 활동을 구조

해야 할 것	하지 말아야 할 것
• 학생과 개인적 유대를 형성한다. 중요한 것은 매우 독특한 방식으로 학생에게 보여 준다. • 하는 것(자료를 사용하기)이 중요하고, 좋은 감정을 가져오는 분위기를 만든다. • 좋거나 나쁜 것이 없는 분위기를 만들면 누구나 창의적이 된다. • 목소리, 행동, 위기에 대한 반응과 대인 관 계에서 학생이 모방할 수 있는 모델이 된다. • 각 활동이 계속 연결되도록 재구조화하고, 재정의하고, 즉석에서 할 수 있는 활동을 마련한다. • 모든 학생들과 관련되는 구체적인 주제를 찾는다. • 각 학생에게 중요한 주제와 자료를 선택한다. • 중심 주제가 정교하게 반영된 활동을 계획한다. • 단원을 개발하기 위해 중심 주제를 다양하게 사용한다. • 학생이 각 활동의 주제에 대해 생각하고 다른 활동과 관련짓도록 격려한다. • 학생이 그 주제를 새롭게 정교화하거나 창의적으로 적용시키도록 준비한다. • 집단의 모든 학생에게 매력적인 활동을 선택한다. • 모든 학생을 확실히 참여시키고 참여한 학생이 스스로 이탈하지 않도록 한다.	• 활동을 보상이나 벌로 사용한다. • 학생이나 활동에 대한 반응이 형식적이다. • 학생보다 최종 결과가 더 중요하다는 것을 암시한다. • 구조화되지 않은 활동은 역효과를 갖기 때문에 '무엇이든지 괜찮다.' 는 태도를 기른다. • 학생이 열등하다고 느낄 정도로 아주 완벽하다. • 활동을 계획하자마자 급하게 끝낸다. • 어떤 학생이 집단의 다른 학생에게 거부될 정도로 별난 행동을 할 때 그대로 내버려 둔다. • 성인 자신이 흥미가 있는 주제를 선택한다. • 정서적 부담이나 인지적 복잡성을 갖거나 정서적 요소가 부족한 주제와 단원을 계획한다. • 학생이 만든 특정 활동 간의 관계를 인식하지 못한다. • 학생들로 하여금 드물거나 평범하지 않은 새로운 제안이나 생각을 하도록 만들지 못 한다. • 대다수가 지지하는 활동만 선택한다.

화하는 능력과 학생을 내적으로 강하게 이끄는 능력 그리고 합리적이고 공정하게 수행에 대한 기대를 명확히 전달하는 능력 등을 성인들이 갖추어야 한다. 이러한 능력을 가진 성인들은 학생들과의 활동에서 열정, 흥미와 긍정적 감정을 투사하는 기술을 갖게 된다.

신뢰는 빨리 형성되지 않는다. 사건별로 일관성 있게 점차적으로 만들어진다. 긍정적인 심리적 분위기가 형성되는 동안에는 높은 활동수준이나 더 쉬운 참여를 것을 기대하기는 어렵다. 신뢰는 학생들이 항상 기다리고 보는 태도를 가질 때 나타나며 성인들을 평가해 보는 시간이기도 하다. 학생들은 '그 사람은 내가 생각하는 만큼 진짜 좋은가?' '그 사람은 진짜 나머지 모두가 다 좋아해야 해. 과연 그런지 내가 증명할 거야!' '그 사람이 말한 것은 진심이 아니야.' 또는 '나는 참여하지 않을 거야. 누군가 그 질문에 대답하겠지.' 라고 생각할 수 있다.

이러한 주요 태도를 실현하기 위한 12가지의 해야 할 것과 하지 말아야 할 것들이 있다. 이것들은 학생들의 사회-정서적 성장을 위하여 신뢰를 형성하고 성공적인 활동을 수행하도록 하는 지침이다.

책임 있는 선택하기

현대의 아동양육 방법은 많은 부모와 교사들로 하여금 아동들이 자기 일을 스스로 결정하도록 해야 한다고 알고 있다. 아동, 부모 및 사회에서 '너는 무엇을 원하니?' 라는 전통적 질문은 도움도 되고 해가 되기도 된다. 선택을 격려하는 것은 권력을 위임하고 독립적 사고, 의사결정과 자기주장을 기르는 데 효과적인 책략이다. 그러나 아동에게 너무 일찍 선택의 기회를 주면 고집이 세고 규율이 없으며, 요구만 하는 사려 깊지 못한 자기중심적 아동으로 기를 수 있다.

2세경(또는 더 일찍)에 이러한 책략을 사용하고, 아동의 자유로운 선택을 허락하는 부모들은 왜 자기 아동이 다루기 어렵고, 밤에 잠자리에 가는 것을 거부하고, 준비된 음식을 먹지 않고, 성인의 요구를 무시하고, 일어난 일이나 실패한 것에 대해 실망하거나 좌절하면서 화내는 것에 대해 자주 놀란다. 그들은 이런 바람직하지 않은 성격이 자신들이 성실하게 사용했던 단순한 책략—아동에게 선택의 기회주기—으로부터 비롯될 수 있다는 것을 잘 알지 못한다.

바람직하지 못한 행동을 하는 이러한 아동들에게 바람직한 성격을 만들기 위해 어떠한 책략을 세울 수 있을까? 선택 제안하기는 단순히 시간 조절의 문제다. 책략은 기본적으로 효과적이지만 아동이 가능한 선택의 범위를 파악하기 위해 일상생활에 대해 충분한 이해를 가질 때까지 제한 없는 선택을 하도록 해서는 안 된다. '네가 하고 싶은 것은 무엇이니? 먹고 싶은 것은? 입고 싶은 것은? 놀고 싶은 것은?' 이라고 물었을 때, 선택의 결과로 일어나는 것을 아동이 이해할 수 있어야 한다. 이러한 질문에 대하여 지적인 선택을 하려면 6세나 7세경이 지나야 발달하는 판단력과 의사결정 기술이 필요하다. 이 연령 이전의 아동들은 전형적으로 충동, 감각자극 또는 습관적인 결정에 의존한다.

제한 없이 선택하도록 하는 것은 성인들에게는 쉬워도 아동들에게는 어떠한 지침도 주지 않으며 좋은 선택을 어떻게 하는지 가르치지 못한다. 바람직한 선택은 아동을 위해 만족스럽고 성공적인 결과를 만드는 것이다. 1단계에 속한 아동들의 기본적인 만족은 즐거움과 위안이다. 2단계에서의 만족은 성인의 인정이다. 1단계나 2단계의 아동이 스트레스, 실패, 좌절을 일으키거나 성인이 인정하지 않는 선택을 할 경우, 그러한 선택은 좋은 것이 아니며 만족스럽지도 않고 바람직한 의사결정이 아니다.

부모와 교사가 왜 모든 것을 아동으로 하여금 선택하도록 하는지에 대해서는 많은 이유가 있는데, 예를 들면 다음과 같다.

- 부모와 교사들은 아동이 모든 것을 선택하도록 하는 것에 대해 많이 생각하지 않는 가운데 친구들이 역시 자기 자녀들에게 이러한 방식으로 한다는 것을 듣게 된다.
- 부모와 교사들은 자녀에게 제일 좋은 것을 해 주고 싶어 하며, 자유로운 선택을 허용하는 것이 부모의 사랑과 존중을 표현하는 것이라고 잘못 생각한다.
- 부모와 교사들은 자신들이 총체적으로 지지적이라는 것을 아동이 알게 되기를 바란다.
- 부모와 교사들은 아동의 독립성과 좋은 판단을 격려하고 싶어 한다.
- 부모나 교사들은 아동이 바람직한 선택하기를 배우기 위해 필요한 엄격함이나 시간, 지침을 제공하는 것보다 아동을 자기-지향적이 되도록 만드는 것이 더 쉽고, 개인적 스트레스도 더 적다.

발달의 어떤 시점에서 아동 스스로 선택하기를 격려하는 책략을 사용한다면, 그 시기가 언제인지 어떻게 알 수 있을까? 아동에게 선택을 제시할 때는 발달적 치료-발달적 교수의 3단계 지침을 따른다.

〈선택하기 지침〉

- 1단계: 장난감 2개 중 선택하기
- 2단계: 각각의 좋은 결과에 대해 말하면서 처음에는 2개, 다음에는 3개의 자료나 활동 및 장난감 중에서 선택하기
- 3단계: 각 결정의 결과에 대해 토의하면서 활동이나 행동을 선택하기

아동의 사회-정서적 발달이 1단계에 가까워지면 선택 제안하기―항상 장난감 2개 중―를 시작한다. 이 첫 단계의 아동은 접촉, 보기, 소리, 맛의 기초를 배우려고 애쓴다. 다른 두 물건 간의 특성을 구별하는 것을 배우는 것은 1단계 아동에게 주요한 학업(전)/인지 지표이고, 선택하기는 이 과정의 한 부분이다. 그러나 1단계의 아동들에게 자유로운 선택이 도움이 되려면 감각체계가 충분히 발달되어야 하고 의미를 서로 연결할 수 있어야 한다. 선택은 똑같이 바람직한 2가지 대안 간에 이루어져야 하고, 결정은 바람직한 결과로 나타나야 한다. 이것은 일생 동안 연속되는 훌륭한 선택하기 학습의 시작이다.

선택하기가 2단계에서 처음 사용될 때, 각각의 결과에서 생기는 혜택에 대해 말하면서 2개 또는 3개의 자료, 활동 또는 장난감 간에 선택을 결정하도록 한다. 점차적으로 단계가 끝날때가 되면 4세경의 아동은 3개 또는 그 이상의 선택 간에서 훌륭한 결정을 할 수 있다. 성인이 선택과 각각의 혜택에 대하여 함께 이야기하는 시간을 가지면서 대안을 비교하는 것은 훌륭한 선택을 하는 데 기본적이다. 이러한 능력은 유아교육 프로그램에서 독립적이고 목적적으로 활동센터를 사용할 수 있는 학령전 아동에게서 관찰할 수 있다. 유아는 학습센터 선택하기를 배웠고, 자신이 만족하기 위하여 센터를 어떻게 사용해야 하는지 알 수 있다. 그러나 이 능력이 학령 전 아동에게 항상 발달되는 것은 아니다. 결정된 선택에서 성공적인 결과가 만들어지지 않으면 아동의 행동은 문제가 된다. 또는 스스로 결정을 할 수 없는 아동에게는 어떠한 긍정적인 발달도 일어나지 않는다. 그 결과에 대한 책임은 선택의 수를 제한하고 만족스러운 결정을 하도록 아동을 안내하는 성인에게 있다.

전형적으로 6세나 7세경 아동이 3단계에 이르면 활동과 행동에 더 많은 선택이 주어진다. 독립적 선택을 위한 기회가 확대되면서 각 대안의 긍정적이고 부정적인 결과를 알고자 하는 욕구가 생긴다. 아동이 먼저 2개 또는 3개의 선택 사이에서 훌륭한 결정을 하는 것을 배웠다면 대안이 잘 선택되고 다른 사람―또래와 성인―과의 관계에서 성공감을 느끼게 된다. 3단계의 선택을 아동들에게 제안할 때는 '실제로 아동이 여러 가지 중 하나의 선택에 얼마나 가치를 두는지?'를 물어봄으로써 대안들의 상대적 가치를 생각하도록 한다. 고통스러운

결과를 피할 수 있는 하나의 대안은 아동이 자기-규제적인 행동적 선택으로 합리적으로 문제 해결을 하도록 가르치는 것이다. 아동의 행동이 다른 사람들에게 얼마나 영향을 미치는지 배우거나 집단의 성공적인 성원으로 참여하는 것을 배우면 아동은 무제한으로 배열된 대안 간에 합리적인 선택행동을 할 수 있다. 즉, 아동은 자신들이 선택한 방식으로 반응하는 능력을 발달시킨다. 훌륭한 선택하기에 대한 선행 학습—만족, 성공, 인정으로 나타나는 것들—은 아동과 부모 및 교사들에게 모두 가치가 있다.

행동이 쟁점이 될 때

사회적 능력과 책임감 있는 행동은 분리되지 않는다

발달적 치료-발달적 교수에서의 행동관리는 학생의 사회-정서적인 능력과 책임감 있는 행동을 조장하는 전략들을 선택하기 위한 의사결정의 과정을 포함한다. 우리는 행동을 사회적 상호작용의 관점으로부터 정의한다. 즉, 행동이란 이전에 학습된 반응들이 밖으로 드러난 증거라고 할 수 있는데, 이는 과거 경험에 대한 기억, 생각, 감정들에 의해서 활성화된다. 현재의 특정한 사람, 사물, 사건에 의해서 유발되는 이러한 정의는 어떤 행동이 수용되고 어떤 행동이 수용되지 않느냐에 대한 보편적인 기준이 없다는 것을 인정하면서 모든 행동을 언급한다. 우리는 대부분의 아동과 청소년이 그들의 욕구, 소망과 그들이 살고 있는 사회가 주는 긴장, 자유 사이의 균형을 잡는 것을 배우고 그들의 가족이나 문화와 일치된 발달적 성향을 표현하는 것을 배운다는 Bowman과 Stott(1994)의 관점을 공유한다.

따라서 발달적 치료-발달적 교수에서 각 학생의 행동은 다른 학생들의 행동과 상호 교환되는 것으로 보이며, 이는 그 학생에게 독특한 감정, 욕구, 문화적인 영향력 등에 의해서 영향을 받는다. 문화적인 생활의 패턴과 발달적인 성취는 학생에게 조직적인 안내 지침을 제공하는 반면 정서적인 기억에 대해 자각하는 것은 이해를 돕는다. 수용되는 행동을 함으로써 학생은 사회적으로, 정서적으로 계속해서 발달할 수 있다. 그러나 수용되지 않는 행동은 발달적인 과정을 왜곡하고 결국 문화적으로 적합한 행동을 하지 못하게 한다.

행동관리계획의 장기적인 목적은 학생의 사회-정서적인 성장을 위한 개별화 교육프로그램, 개별화 가족지원계획 또는 개별화 전이계획의 목적과 목표를 성취하도록 하여 책임감 있는 행동을 증가시키는 것이다. 단기적인 목적은 학생으로 하여금 수용되는 행동을 계속해서 하도록 체계적으로 조장하고, 수용되지 않는 행동은 만족스러운 결과를 가져오는 좀 더 수용되는 대안으로 변화시키는 것이다. 이러한 계획을 충족하기 위해 선택된 전략들은 개별적이고 문화적으로 적절해야 하며 발달적으로 적합하고 학생의 편에서 개인적인 책임감을 확장시키는 발달적인 연속성을 가지고 있어야 한다는 배경지식에 기초해야 한다.

학생이 발달적인 진전과 문화적인 성숙을 방해하는 행동을 할 때 일반적으로 다음의 사항을 지적할 수 있다. (1) 더 나은 대안들을 학생이 모르고 있다. (2) 행동은 조기에 학습된 반응들이 되풀이되는 습관이다. (3) 상황은 정서에 따라 행동이 달라지는 불안을 야기한다. 어떻게 발생하든 부적절한 행동이 거의 자기-수정되지 않기 때문에 성인이 개입해야 한다. 잘못된 행동과 훈육문제의 관리에 대한 이러한 중재의 관점은 명확한 교수-학습의 패러다임이다. 즉, 성인은 학생이 이전에 학습한 행동(적절한 행동과 비적절한 행동 모두)에 기초하여 개인적인 학습경험을 계획하는데, 이는 학생에게 새롭고 좀 더 수용되는 대안이 되고 결과적으로 좀 더 만족스러운 결과를 야기하며 감정과 행동에 대한 통찰을 증가시킨다.

이러한 접근에서, 주의 깊게 계획된 행동관리 프로그램은 성인이 학생의 신체적, 심리적 환경에 개입하기 위한 전략들을 선택할 수 있는 개별화된 체계를 제공한다. 물리적 환경에 개입하는 것은 보상이나 결과를 가져다주는 규칙들을 만드는 등의 행동을 안내하는 직접적인 방법들을 포함하는 것뿐만 아니라 선택의 구조화, 활동과 과정 조직, 자료 선택, 통제, 시간, 스케줄 계획, 공간 계획 등과 같은 좀 더 복잡한 과정들까지도 포함한다. 심리적인 환경에 개입하는 것은 좀 더 복잡하며 어렵다. 이는 학생의 정서, 태도, 가치 등을 고려하여 학생이 건설적인 방법으로 참여할 수 있도록 동기를 고취시키는 전략을 사용한다.

학생의 물리적, 심리적 환경에 개입하기 위해서는 학교, 가정, 지역사회 등 학생을 둘러싸고 있는 모든 차원의 세계로부터 정보들을 통합해야 한다. 학생의 문화적 유산, 학업적인 강점과 약점, 학습 스타일, 의미 있는 이전 경험, 또래 집단에서의 사회적 역할, 태도, 가치, 관심, 행동적인 방어기제 등에 관해서 알아야 한다. 학생의 연령, 발달적 불안, 분노, 성인과의 관계에서의 의존과 독립에 대한 욕구를 고려해야 한다. 이러한 모든 정보를 종합하여야 비로소 학생의 특정한 강점, 욕구, 목적, 교수목표 등을 포함한 사회-정서적 능력에 대한 프로파일을 알 수 있다.

행동관리계획을 효과적으로 수행하기 위해서는 각 학생의 행동을 야기하는 환경적, 심리적 조건을 이해하고, 각 학생이 처한 상황의 의미를 이해하는 것이 필요하다. 또한 결정적인 사건이나 위기 상황이 발생하기 전, 발생하는 동안 그리고 발생한 후에 나타나는 물리적, 심리적 사건들을 주의 깊게 관찰하는 것도 필요하다. 개별적인 학생과 집단에 대한 이러한 연합된 정보는 학생 개인에게 적합하고 집단에 도움이 되는 행동관리를 결정하는 데 도움이 될 수 있다. 이러한 이해는 행동관리계획의 치료적인 질을 증진시키고 학생이 발전해 감에 따라 결정도 변화하도록 안내해야 한다.

효과적인 행동관리는 성인으로 하여금 학생에게 그들의 기대를 명확하게 전달하도록 요구한다. 학생 개인의 행동은 성인의 마음속에 있는 기대에 부응하는 특별한 상황에 집중한다. 학생은 상황에 반응하고 성인은 어떤 것을 하거나 또는 하지 않도록 요구받는다. 결국 성인의 행동은 학생으로 하여금 말과 행동으로 표현되는 행동과 감정 등의 다양한 반응을 유발하게 한다. 때때로 성인의 기대는 명확하게 학생에게 전달되지만, 어떤 학생들에게는 성인의 기대가 전달되지 않기도 하고 발달적으로 적합하지 않은 기대를 하기도 한다. 더 복잡하게는 학생의 행동이 급격하게 변화하는 정서적인 힘에 의해 상처받기도 한다. 중요한 것은, 성인은 관리전략을 변화시킬 것인가 말 것인가를 결정하기 위해서 학생의 행동과 그 행동을 둘러싸고 있는 상황을 해독할 수 있어야 한다는 것이다. 전략을 변화시키는 결정을 할 때 목표와 결과를 마음에 새기는 것이 필요하다.

학생이 새로운 행동을 습득하는 것은 많은 연습과 격려 그리고 성공을 요구하는 계속적인 과정이라는 것을 기억하는 것이 중요하다. 성인은 학생의 변화하는 욕구와 성장에 맞춰서 그들 스스로의 전략을 수정해야 한다. 중재의 결과에 대해서 계속적으로 관찰하고 평가하는 것이 필수적이다. 행동관리계획에 대한 장기간의 효과는 학생이 사회-정서적 능력을 위해 그들의 개별화 교육프로그램, 개별화 가족지원계획 또는 개별화 전이계획 목표를 달성하고 그들 스스로의 행동을 조절하기 위한 개인적인 책임감을 가지는 정도에 의해 판단될 수 있다.

이 장에서는 사회적 능력과 책임감 있는 행동을 증진시키기 위한 발달적 치료-발달적 교수의 맥락에서 행동관리에 대한 견해를 피력할 것이다. 다음 장에서는 가장 많이 사용되는 중재전략들에 대해 자세하게 기술하고 그러한 전략들이 학생의 각 발달단계에서 어떻게 다르게 적용되는지를 설명할 것이다. 행동관리에 대한 이러한 전반적인 관점은 다음의 3가지로 구분된다.

• 가장 효과적인 관리전략의 탐색
• 행동관리계획을 설계하는 단계
• 신체적 폭력, 수동적인 공격성, 사고장애를 포함하는 심각한 문제행동의 관리

가장 효과적인 관리전략의 탐색

출생에서부터 16세까지의 아동과 청소년이 그들의 사회-정서적 능력을 발달시켜 감에 따라 보이는 특징적인 욕구에 대한 많은 이론과 연구들을 심도 깊게 고찰함으로써 발달적 치료-발달적 교수를 위한 관리전략을 선택할 수 있다. Martens, Peterson, Witt와 Cirone(1986)이 수행한 학급에서의 문제행동에 관한 연구를 포함하여 대부분의 행동관리에 관한 문헌에서 전략들을 찾아볼 수 있다. 그들은 일반학급, 특수학급, 행동장애아를 위한 프로그램 등을 가르치는 일반교사와 특수교사 2,000명 이상을 조사 연구하였다. 교사들은 행동관리에 대한 다양한 철학과 훈련 기술을 가지고 있었다. 교사들에게 수많은 접근 방법 가운데 그들이 사용하는 65개의 전략들에 대해 어느 정도 사용하는지를 평정하게 하였다. 또한 각 전략을 얼마나 쉽게 사용할 수 있는가와 그 전략이 얼마나 효율적이라고 생각하는지도 평정하게 하였다. 전략들에 대한 목록은 심리적 지향의 전략들과 교육적 지향의 전략들을 총 망라하였다. 교사들은 그중 거의 10개의 전략을 발달적 치료-발달적 교수의 단계에서 사용하도록 추천하였다. 연구자들은 특수교사가 1년 이상 전략들을 좀 더 사용한다고 보고함에도 불구하고 전략의 사용 용이성과 효율성에 대한 지각에 있어서 일반교사와 특수교사 간에 거의 차이가 없다고 결론지었다.

Wood, Perterson, Combs과 Quirk(1987)의 추후 연구에서는 이전의 연구에 참여한 교사 중 946명의 일반교사가 가장 효과적이라고 보고한 전략들을 조사하였다. 이들 전략에 대한 교사들의 평정을 그들이 가르치는 각 연령집단 학생들에게 사용되는 전략들의 발달적 적합성과 비교하였다. 첫 번째 연구문제는 교사들과 이론이 가장 우수하고 적합한 전략이라고 동의하는 정도를 알아보는 것이었다. 두 번째 연구문제는 전략에 대한 교사의 판단이 학생의 연령이나 발달단계와 연관이 있느냐를 알아보는 것이었다. 예를 들면, 어린 학생들을 가르치는 교사는 고등학생을 가르치는 교사에 비해 신체적인 접촉과 같은 전략을 좀 더 효과적인 것으로 평정하는 것이 가능하다. 다음의 목록은 유치원, 초등학교, 중 · 고등학교 교사들이 가장 우수하고 적합한 행동관리방안을 구성하는 데 있어서 발달적 이론과 부합되는 전

략들을 정리한 것이다.

〈초등학교 교사: 유치원~6학년〉

- 가장 우수한 발달적 전략들
  - 학생의 행동(말, 행위, 감정 등)을 반영하기
  - 학생에게 사인 보내기
  - 긍정적인 피드백과 칭찬하기
  - 학생에게 바람직한 행동 모범 보이기
  - 과업을 재지시하거나 재구조화하기
  - 격려의 말을 해 주기
  - 행동에 대한 규칙과 기대를 만들어 주기
  - 생활중심중재와 상담
  - 자료를 가지고 동기화하기
- 적합한 전략들
  - 학급의 구조를 이용하기
  - 직면하기

〈고등학교 교사: 9~12학년〉

- 가장 우수한 발달적 전략들
  - 생활중심중재를 통한 상담
  - 긍정적인 피드백과 칭찬하기
  - 설명해 주기
- 적합한 전략들
  - 자료를 가지고 동기화하기
  - 격려의 말을 해 주기
  - 행동에 대한 규칙과 기대를 만들어 주기
  - 학생에게 사인 보내기
  - 행동에 대해 학생과 직면하기
  - 학급 구조를 이용하기
  - 학생에게 과업을 재지시하기

– 학생의 행동(말, 행위, 감정 등)을 반영하기
– 과업을 바꾸기

연구 결과에 따르면, 무엇이 가장 우수한 전략들을 구성하는가 하는 점에서 초등학교 교사는 고등학교 교사보다 발달적 이론에 더 높은 수준으로 동의하는 것으로 나타났다. 그러나 적절한 전략에 대해 평정한 것은 다소 차이가 있다. 이러한 차이는 고등학교 교사가 일반적으로 그들 학생의 사회적 능력이나 대인관계 기술을 향상시키는 것보다는 학업적인 과제에 초점을 맞추는 경향이 있기 때문인 것으로 보인다. 또한 고등학교 교사는 학생과 보내는 시간이 너무 적거나 (매일 수업 1시간 정도) 지도해야 할 학생이 너무 많기 때문이기도 하다. 또는 고등학교 교사는 담당과목에 대한 준비를 해야 하기 때문에 유치원이나 초등학교 교사보다 아동발달 이론에 대해서 덜 배우기 때문이다.

다양한 행동관리전략의 효율성에 관한 연구들이 계속해서 수행되고 있다. Tobin과 Sugai(1993)는 일반교사와 특수교사를 대상으로 어떤 관리전략을 가장 사용하지 않으려고 하는지, 즉 학생들의 행동을 변화시키기 위해 사용하는 전략들 중 초기에만 간단히 사용하는 전략이 무엇인지 조사하였다. 교사들이 가장 사용하기를 꺼려 사전에 간단하게만 사용하는 전략들은 다음과 같다.

- 규칙에 대해서 말하기
- 학생의 정서 상태를 반영하기
- 좌석배치 바꾸기
- 물리적인 환경 바꾸기
- 멈추기 신호 보내기
- 학생에게 말로 경고하기

이러한 전략들은 발달적 치료–발달적 교수를 위해 추천된 관리 전략들에 포함된다. 마찬가지로, Shores, Gunner와 Jack(1993)은 강제적인 상호작용보다는 적극적인 상호작용을 증진시킬 수 있는 관리기술들을 보고하였다. 그들은 학생과 교사 사이의 해로운 상호작용을 감소시키기 위해서 다음의 관리전략들을 고려해야 한다고 결론지었다.

- 긍정적인 결과를 가져오는 긍정적인 규칙들
- 학생에 대한 근접성과 반응성을 증가시키고 교사–학생의 상호작용을 조장하는 교실 배치

- 교실에서의 통제 유지를 위한 성인의 움직임 패턴
- 교사로부터 긍정적인 사회적 반응을 가져오는 확실한 강화체계

이러한 결론은 또한 발달적 치료-발달적 교수에서 사용되는 관리 전략들과 일치한다. 관리전략들에 대한 또 다른 질문은 문제가 있는 아동이나 청소년과 효과적으로 의사소통하기 위해서 성인이 필요로 하는 전략에 대한 Hyman(인쇄 중)의 조사연구에서 제기된다. 많은 전략들 가운데서 그는 연구를 위한 몇 몇 전략들을 선택하였는데, 발달적 치료-발달적 교수에 또한 포함되기도 하는 이 전략들은 다음과 같다.

- 감정을 받아들이기
- 감정, 생각, 행동을 반영하기
- 바람직한 행동과 바람직하지 않은 행동에 대해 학생들에게 피드백 주기
- 깊은 존경, 격려, 칭찬을 전하기
- 학생들이 감정을 동일시하도록 돕기 위해 대화나 얼굴표정을 사용하기
- 학급이나 학교의 환경을 수정하기

마지막 전략에서 Hyman은 협동학습, 학급문제 해결, 학급모임, 행동규칙과 안전, 폭력 예방 그리고 심각한 행동 와해를 예방하는 위기중재전략들을 포함하였다. 이러한 전략들은 점점 필요하며 3단계 이상의 학생들에게 사용할 때 효과적이다. 또한 이러한 전략들은 특권 박탈, 정학, 방과 후 벌로 학교에 남기, 제명 등을 포함할 수도 있다.

이러한 연구들은 관리전략의 효율성에 대해서 아동이나 청소년과 직접 활동을 하는 사람들과 이론 사이에 상당한 일치가 있다고 결론짓는다. 중요한 점은 각 학생에게 어떤 전략을 사용해야 하는가를 아는 것이다. 가장 우수한 전략일지라도 그 전략에 성공적으로 반응하는 것이 문화적, 정서적, 발달적으로 불가능한 학생에게 사용되었을 경우에는 좋은 결과를 가져올 수 없다. 반면에 어떠한 전략이라도 개별적으로 적절하고 학생의 발달에 적합한 시기에 사용된다면 사회-정서적인 성장을 가져올 수 있다. 학생의 개별적인 사회-정서적 상태에 대한 지식, 문화적 가치, 현재의 발달상황 등이 이해될 때 학생의 독특한 욕구에 반응할 수 있도록 전략들이 조정될 수 있다.

행동관리계획의 설계 단계

좋은 행동관리계획은 명확한 결과를 지향해야 한다. 즉, 분명한 목적과 목표가 명확하게 마음속에 새겨 있어야 한다. 발달적 치료-발달적 교수를 사용할 때 사회-정서적인 능력을 향상시키기 위한 목적과 목표들을 완수하게 하는 활동에 참여하도록 하기 위해서 중재전략들이 선택된다. 첫 번째 계획과제는 (1) 어떠한 행동들이 명기된 목표들을 성취하기 위한 학생의 능력을 방해하는가, (2) 현재의 사건이 문제를 악화시키는 정도, (3) 심리적 불쾌감으로부터 보호받기 위해 학생이 사용하는 방어기제, (4) 상황에 의해서 나타나는 발달적 불안, (5) 학생을 동기화시키는 가치, 흥미, 관심 등을 결정하는 것이다. 직접적인 관찰에 더해서, 우리는 학생의 가정, 학교, 지역사회 환경에 대한 정보뿐 아니라 학생의 사회-정서적인 발달, 임상적 평가 그리고 사회사에 대한 모든 가능한 정보를 사용한다. 이러한 정보는 학생 행동의 의미를 묻는 질문들에 응답하는 데 필수적이다. 이는 또한 효과적인 행동관리 프로그램을 개발하는 데도 필수적이다. 우리는 다음의 6단계를 사용한다.

(1) 목적과 목표를 달성하기 위해 학생의 사회-정서적 발달단계를 확인한다.
(2) 문제행동이 일어나는 맥락을 관찰한다.
(3) 방어기제, 발달적 불안, 집단 내의 사회적 역할, 동기부여, 가치를 위한 행동을 해석한다.
(4) 학생의 욕구에 발달적으로 적합한 특정한 행동관리전략을 선택한다.
(5) 어떤 전략이 계속 사용되고 어떤 전략이 변경되어야 할지를 결정하기 위해 결과를 관찰하고 평가한다.
(6) 전략이 지적될 때는 높은 단계 또는 낮은 단계의 전략으로 변화시킨다.

1단계: 학생의 사회-정서적 발달단계 확인

특정한 관리 전략은 목적과 목표에 의해 결정된다. 이러한 목적과 목표를 확인하기 위해 발달교육목표평정지(개정판)(DTORF- R)을 사용하기 때문에 자동적으로 발달단계를 알게 된다. 또한 〈표 3-1〉의 각 영역에서의 특정한 목표를 정리한 도표를 사용하여 상당한 양의 정확성도 추정할 수 있다. 그러한 과정을 따름으로써 학생의 사회-정서적 발달에 대한 예비

프로파일을 구성할 수 있다. 이는 새로운 학생을 위해 행동관리 프로그램을 계획하기 시작하는 데 충분한 기초가 된다. 또한 학생에 대해서 좀 더 알아 갈수록 프로그램을 조정하고 재 조직화하여야 한다는 것을 인식하여야 한다.

이러한 프로파일은 학생이 성취하거나 뒤떨어지는 영역을 알려 준다. 당신은 문제행동을 지연시키는 기술을 기대할 수 있다. 학생의 성공적인 기술은 행동관리계획을 위한 기초로 사용되어야 한다. 문제를 야기하는 행동에 대한 대안으로 새로운 행동을 성공적으로 학습하기 위해 (발달교육목표평정지(개정판)의 목표를 완수하는) 능력 영역에서 이러한 계획을 세우는 것이 필수적이다. 학생은 그들이 성공할 수 있고 결과가 더 큰 만족을 가져올 것이라는 확신이 있다면 새로운 대안을 시도할 것이다.

2단계: 문제행동이 일어나는 맥락 관찰

문제행동이 일어날 때 그러한 특별한 행동을 야기하는 요소들을 분리하기 위해서 우리는 사건을 분석한다. 우리는 학생에 대한 상황의 의미와 관찰 가능한 전례를 찾는다. 또한 우리 자신에게 행동이 상황-특정적인가 또는 확산적, 비특정적인가에 대해서 명확하게 질문한다. 사건과 학생의 행동 사이에 직접적인 연결이 이루어질 수 있을 때 상황-특정적이라고 한다. 이것은 행동이 특정한 상황에 대해 직접적으로 반응하는 것을 의미한다. 성인이 그 상황에 같이 있으면서 그 상황을 보아 왔기 때문에 적절한 측면의 쟁점들이 그 상황으로부터 나올 수 있고 직접적으로 설명될 수 있다. 이는 학생의 특정한 개별화 교육프로그램, 개별화 가족지원계획 또는 개별화 전이계획의 목적에 초점을 맞추고, 상황이나 목표 그리고 학생의 발달단계에 맞는 관리전략에 반응하면서 적합한 관리전략을 매우 명확하게 선택하게 한다.

한편, 명확한 이유 없이 또는 논리적인 이유 없이 문제행동이 나타날 때 확산적(비특정적)이라고 한다. 학생이 왜 특별한 방법으로 반응하는지가 명확하지 않고, 상황이 문제행동을 야기하는 것 같지도 않다. 종종 이러한 비특정적이고 확산된 행동은 거리가 먼 사건에 의해서 야기되는 불안에 대한 반응으로 보인다. 2장에서 우리는 이를 정서적인 기억의 저장소를 가진 사적 실제라고 언급하였다. 이러한 유형의 문제행동은 이해하기가 어렵다. 그것을 이해하기 위해서는 종종 성인과 학생 간의 상당히 발전된 관계가 요구된다. 이러한 유형의 문제행동에 대한 관리전략은 불안을 감소시키고 학생이 더 큰 통찰력을 갖도록 도와주며 효과적인 대처행동의 대안을 배우는 방향으로 나가야 한다.

3단계: 행동 해석

이 단계는 특별히 학생의 사적 실제를 좀 더 이해하는 데 초점을 둔다. 우리는 이를 행동 해독이라고 칭한다. 행동을 해석한다는 것은 심리적 힘 사이에 특정한 연결을 만드는 것이다. 학생은 심리적인 방어를 위한 방법으로 또는 습관에 의해서 행동한다. 이 2가지 유형의 행동은 사전 학습의 산물이다. 우리가 행동을 해석할 때 학생의 실제 연령과 사회-정서적인 발달단계를 우선적으로 고려해야 한다. 그 다음 학생의 방어기제, 발달적 불안, 현실적인 위기를 통한 진전, 집단에서의 사회적 역할, 사회적 권력의 유형, 행동의 동기인, 가치 등에 관해 우리가 무엇을 이해했는가를 고찰해야 한다. 이러한 이론적인 구성은 2장에서 논의되었으나, 이론적인 구성이 어떻게 학생의 행동을 해석하는지를 설명하고 이를 실제적으로 적용하기 위해서 여기에서 다시 고찰하기로 한다.

방어기제 수용할 수 없거나 퇴행적인 또는 역효과가 나는 학생의 행동을 해석할 때, 우리는 그 행동이 방어적인가, 다시 말하면 그 행동이 스트레스와 불안에 대한 방어며 학생이 자기보호를 위해 시도하는 신호인지에 대한 가능성을 우선 고려한다. 심리적인 보호를 위해 나타내는 행동을 방어기제라고 한다.

방어기제는 여러 다른 형태를 취할 수 있기 때문에 학생의 방어적인 행동의 방향을 고려하는 것이 유용하다. 어떤 행동들은 퇴행이나 스트레스로부터의 철회이기도 하고, 또 다른 방어행동들은 개인들로 하여금 스트레스의 원인을 공격하도록 한다. 그리고 세 번째 유형의 행동들은 어떠한 스트레스도 없다고 부정함으로써 단순히 보호하는 것이다. 실제적인 형태의 방어수용은 스트레스나 불안의 본질을 말하지 않고 다만 불안이 존재한다는 것만을 알려 준다.

방어기제가 나타난다는 것은 불안이 확실하지 않을지라도 학생이 불안을 야기하는 상황에 맞서 자신을 보호하려고 한다는 것을 알려 준다. 다른 많은 방어기제들이 관찰되거나 사용될 때는 학생이 매우 스트레스를 받고 있으며 행동이 심리적인 위안을 주지 못한다고 가정하는 것이 타당하다.

발달적 불안 계속해서 학생의 행동을 해석해 감에 따라 우리는 그 행동을 발달적 불안에 대해 우리가 알고 있는 맥락 속에 집어넣는다. 학생의 생활에 대한 사전지식과 방어기제의 관찰을 고찰해 보면서 우리는 학생의 발달적 불안과 학생이 무엇에 대해 방어하려고 하는지를 이해하기 시작한다. 5가지의 주요한 발달적 불안을 다음의 대표적인 진술문에 의해서 쉽게 회상할 수 있다.

(1) '아무도 신경 안 써.' (포기)
(2) '난 아무것도 잘할 수 없어.' (무능)
(3) '나는 나쁘기 때문에 벌을 받아야 해.' (죄의식)
(4) '걔들은 나에게 시키려고 하지만 나는 하고 싶지 않아.' 또는 '나는 하고 싶은데 걔들이 하게 하지 않을 거야.' (갈등)
(5) '나는 누구인가?' 또는 '나는 무엇이 되어야 하는가?' (정체감 위기)

전형적인 발달적 불안을 형성하는 데 실제적인 나이가 중요한 역할을 한다는 것을 우리는 잘 알고 있다. 다양한 연령의 젊은이들에게 사회와 생활의 경험은 어떠한 요구들을 하고, 이러한 기대는 정상적인 발달적 불안에 대한 기초를 형성한다. 특정 연령 집단의 전형적인 불안을 이해하고 그 특별한 상황이 어떻게 해석될 수 있는지를 알기 위해서는 가장 먼저 학생의 연령을 체크해야 한다. 만약 학생의 사회-정서적인 발달이 지연된다면, 이전의 발달단계로부터 불안이 해결되지 않고 계속되기 때문에 상황이 좀 더 복잡해질 것이다. 대부분의 위기상황에서 학생은 사건의 본질과 그 의미에 의존해서, 연령에 적합하나 발달적으로는 부적합한 행동을 한다. 관리전략을 선택할 때 2가지 유형의 이러한 행동은 불안에 대한 자기-보호로 간주되어야 한다.

집단에서의 사회적 역할 행동을 해석하는 과정을 완성하기 전에 우리는 다른 사람들과의 관계에서 학생의 역할에 대해서 무엇을 알고 있는가를 고려해야 한다. 각 개인은 전형적으로 여러 집단, 예를 들면 가족, 지역 사회, 종교 집단, 또래, 학교 학급, 운동 팀, 직업 팀, 친구 집단 등의 구성원이다. 각 집단에서 개인은 특정적인 역할을 가진다. 때때로 각 개인들과 어떻게 상호작용하는지에 대한 집단의 동의에 의해서 사회적 역할이 학생에게 부여된다. 종종 그 역할은 집단의 영향력 있는 사람에 의해서 배정되기도 하는 반면에, 다른 상황에서는 개인이 집단에서의 특정한 역할을 찾기도 한다. 다양한 집단에서 학생이 맡은 역할들은 항상 사회-정서적인 발달이나 책임감 있는 행동을 조장하는 것은 아니다. 문제행동은 종종 학생이나 다른 사람들의 심리적인 욕구를 만족시키고 학생에게 가장 큰 흥미를 주지 않을 수도 있는 역할에서 야기된다.

모든 연령이나 단계에 있는 개인을 위한 행동관리 프로그램을 계획할 때 그 학생이 상호작용하는 집단과 각 집단에서 학생이 하는 역할을 아는 것이 필수적이다. 개인이 집단에서

집단에서의 개인의 역할

선동자	숨어서 다른 사람을 선동한다.
리더	집단행동을 드러나게 조직하고 지시한다.
추종자	리더나 선동자가 선택한 특정한 목표를 향해 집단이 움직일 때 의지할 수 있다.
집단의식	구성원 간의 책임을 상기시킨다.
골목대장(공격자)	타인에게 힘이나 위협을 사용하여 영향을 행사한다.
집단의 광대	유머나 웃긴 행동을 통해 관심을 받는다.
따돌림	모든 사람에게 무시를 받는다.
희생양	구성원이 자신이나 서로에게 갖는 나쁜 감정을 받는다.
아기	다른 이들에게 아이를 돌보고 문제를 해결해 줄 수동적인 허락을 줌으로써 타인의 돌봄을 받는다.

차지하는 위치를 알 때 우리는 학생의 향상에 있어서 그 역할에 대한 긍정적인 또는 부정적인 영향을 판단할 수 있다. 만약 명백하게 그 역할이 좀 더 책임감 있는 행동을 더 발달시키도록 한다면, 학생이 집단 내에서 다른 역할을 하게 하는 행동을 배울 수 있도록 도와주는 것이 필요하거나 학생에게 새로운 집단을 제공하여 새로운 역할을 위한 새로운 행동을 새롭게 연합시키기 시작하는 것도 필요하다.

집단과 역할을 변화시키는 것은 연령이 높은 3단계 이상 되는 학생들을 위한 프로그램에 좀 더 적용이 가능하다. 4단계와 5단계의 학생들은 역할 자체에 대한 아이디어를 통해서 활동할 수 있으며 성공이 요구되는 새로운 역할이나 새로운 행동을 계획하는 데 참여할 수 있다. 가정에서의 학생의 역할에 대한 변화가 지적된다면 부모와 협력하는 것이 필요하다. 즉, 자녀양육방식, 훈육, 가정에서의 기대 등이 포함되어야 한다. 영유아, 특히 유아교육 프로그램에 참여하는 영유아에게는 가정에서의 새로운 역할을 만들어 주는 방법에 대해서 부모와 계획하는 것이 발생 가능한 문제행동의 방향을 변화시키는 데 매우 생산적일 수 있다.

동기와 가치 마지막으로 행동을 분석하는 과정을 완성하기 위해서 어떠한 동기와 가치가 전형적으로 아동의 행동을 형성하는지 이해해야 한다. 모든 아동은 동기화될 수 있다. 행동관리 프로그램을 계획하는 데 있어서의 과제는 무엇이 특별한 학생을 동기화시키는가를 아는 것이다. 즉, 학생이 무엇에 가치를 두는지 이해하는 것이다. 학생의 가치에 대한 간단한 지침으로 2장의 [그림 2-3]에 기술된 간단한 순서를 사용한다.

〈가치의 순서〉

- 1단계: '나의 욕구'
- 2단계: '성인의 승인'
- 3단계: '공정성'
- 4단계: '책임감'
- 5단계: '타인 배려'

우리는 모든 흥미, 기쁨, 동의 그리고 모든 학생이 가지고 있는 선입견을 구체화시키려고 노력한다. 우리는 이러한 종류의 정보를 자유놀이, 드라마 놀이, 집단 토론, 점심시간, 휴식시간, 집단 활동 중의 자발적인 대화 등과 같은 덜 구조화된 창의적인 시간 동안에 학생을 관찰하고 가까이에서 학생의 이야기를 들음으로써 얻는다. 그림 그리기, 음악 그리고 TV 시청 등도 학생의 홍미와 선입견을 보여 준다. 학생이 즐거움이나 깊은 홍미에 대한 가능성을 보여 주는 자료나 활동을 하고 있을 때 부적절한 행동은 대개 감소한다. 학생이 가치 있는 활동을 하고 있을 때는 비수용적인 행동은 거의 찾아볼 수 없다. 학생은 덜 가치가 있는 활동도 그것이 그가 가치를 두고 있는 어떤 것과 연관이 있다면 그 활동에 참여한다는 것을 우리는 또한 봐 왔다.

4단계: 특정한 행동관리전략 선택

학생 개개인에게 사용될 특정한 행동관리전략을 선택할 때 [그림 6-1]과 [그림 6-2]의 도표를 참고한다. 이들 도표는 각 발달단계에서 가장 빈번하게 사용되는 전략들을 포함하고 있다. 행동관리는 학생이 보이는 수많은 행동들에 대해 성인이 어떻게 반응하는가 하는 것을 요구하기 때문에, 그리고 이런 행동들은 항상 미리 예언될 수 없기 때문에 성인은 각 학생의 관리에 대한 명확한 아이디어를 필요로 한다. 학생의 사회-정서적 발달을 위한 전체적인 단계는 일반적인 접근을 명확하게 해 주는 조직을 제공한다. 또한 성인으로 하여금 매우 의미 없는 사건이나 상당히 중요한 사건에 지속적이고 적절하게 반응하도록 한다. 학생의 어떠한 행동이 반응을 필요로 하고 어떠한 행동이 무시되어야 하는지를 결정하는 것이 문제해결 과제다. 일련의 전략을 사용하여 단기적인 결과를 낳을 것인지 또는 다른 종류의 전략을 사용하여 장기간의 변화에 집중할 것인지에 대한 선택 또한 이루어져야 한다. 이러한 결정은 학생의 개별화 교육프로그램, 개별화 가족지원계획 또는 개별화 전이계획의 목표들 그리고 학생의 공적이고 사적인 실제에 관해 알려져 있는 모든 것들에 의해 결정된다.

효과적인 전략은 또한 외부적인 행동을 변화시키는 것뿐만 아니라 오래된 감정과 태도를 변화시키는 경험을 학생에게 제공하여야 한다. 이는 민감한 과정이며, 이 과정 안에서 성인의 개인적인 자질과 학생과의 관계는 상호 신뢰를 위한 기초를 제공한다. 이러한 분위기는 새로운 행동, 개인적인 책임감의 증가, 새로운 상황에서 새로운 행동을 독립적으로 사용하는 것, 그리고 발달적 목표를 성취하는 것 등의 건설적인 변화를 조장한다.

5단계: 결과 관찰 및 평가

평가는 모든 행동관리계획에서 필수적인 과정이다. 과정(형성)평가는 지속적으로 수행되어야 한다. 평가적인 피드백은 행동관리 프로그램을 미세하게 조정하는 데 필수적이라는 것을 명심해야 한다. 그것은 일단 계획이 되면 계속적으로 변화되지 않는 정적인 프로그램이 아니다. 오히려 정반대다. 행동관리에서 역동적인 변화는 계속적으로 이루어져야 하며, 과정평가는 이것이 효과적으로 이루어진다면 필수적이다.

행동관리 프로그램을 시작한 후에는 행동의 결과를 지속적으로 관찰해야 한다. 다음의 기준은 중재의 질을 판단하는 데 이용된다.

- 중재가 긍정적이고 건설적이다.
- 학생이 건설적인 방법으로 반응한다.
- 학생의 자아존중감이 향상된다.
- 성인-학생(또는 학생-학생) 간의 관계가 향상된다.

행동의 결과가 설정된 기준과 기대에 부합하는 정도에 의해서 특정한 중재의 효율성을 판단해야 한다. 어떤 전략에 대해서 학생이 과장되거나 방어적이며 비극적인 반응을 보인다면 이는 그 전략이 학생의 잠재적인 불안을 치유하기 위해 건드렸지만 실제로는 심리적인 공간을 침해한다는 것을 말한다. 학생은 성인이 그 불안에 다가서는 것을 허용할 준비가 되어 있지 않을 수도 있고, 학생과 성인 간에 믿음이 충분치 않을 수도 있다. 학생이 계속적으로 방어적인 행동을 보인다면 이는 그 계획이 잠재적인 불안을 분석하는 데 있어서나 중재 전략을 선택하는 데 있어서 목표를 벗어났다는 것을 말한다. 즉, 두 경우 모두에서 그 계획은 학생에게 불안을 극복하거나 감소시킬 수 있는 방법을 제공해 주지 못한다. 반대로, 고분고분한 행동은 일반적으로 중재를 잘 수용했다는 것을 말해 준다. 이는 계획이 심리적인 안정감을 제공하고 학생으로 하여금 사적 실제에 성인이 더 접근할 수 있도록 허용하는 것을 제안한다.

매일 매일의 과정평가(보고하기)에 더해서, 학생 개개인의 향상에 관한 자료를 제공할 수 있는 정기적인 자료수집 과정을 계획하는 것도 중요하다. 이러한 목적을 위해서 결과에 기초하여 관리계획과 집단배치에 변화를 주면서 발달교육목표평정지(개정판)를 반복적인 간격으로 사용한다.

6단계: 전략 변화시키기

효과적인 행동관리 프로그램에 필요한 기초적인 기술은 정확한 관찰, 학생의 말에 사려깊게 주의 집중하기 그리고 행동의 의미를 정확하게 분석하는 것이다. 학생의 행동이 무엇을 의미하는지 이해하고 이를 발달적이고 문화적인 맥락에서 볼 때 학생들과 그들 주위에 있는 사람들의 행동에 건설적인 방법으로 반응할 수 있다. 어떤 전략에 대해서 학생이 부정적인 반응을 보일 때마다 전략을 바꾸는 것이 비생산적임에도 불구하고 정확한 관찰과 분석은 우리로 하여금 전략을 유지할 때와 변화시킬 때가 언제인지를 알게 해 줄 수 있을 것이다.

학생과 활동하는 성인들이 모여 매일 보고모임을 갖는 것은 관리전략을 정확하게 변화시키는 데 필수적이다. 그날의 사건들을 돌아보기 위한 매일 매일의 간단한 모임은 성인으로 하여금 성장이건 퇴행이건 간에 학생의 발달적인 변화에 주의를 기울이도록 도와준다. 또한 학생에 대한 성인 스스로의 반응을 계속적으로 모니터링 하는 것은 학생의 행동을 모니터링 하는 것만큼 필요하다. 변화를 위한 대행자로서 성인에게 초점을 맞추는 7장에서는 업무수행보고와 자기-점검에 대해서 자세히 살펴볼 것이다.

심각한 문제행동

사회적, 정서적 또는 행동적 문제를 가진 학생의 교사들이 직면하는 심각한 문제행동의 3가지 형태는 신체적 폭력, 쇠약한 수동적 공격성 그리고 사고장애다. 우리는 심각한 정서행동

문제를 보이는 학생을 위한 행동관리 프로그램을 계획하는 데 앞에서 기술한 동일한 6단계와 전략을 사용한다. 이때 학생의 사회-정서 발달단계를 아는 것이 필수적이다. 3장에서 소개된 예비프로파일은 이러한 학생들의 사회-정서적인 능력을 높이는 데 필요한 목적과 목표들을 제공한다. 그들의 발달적인 불안, 사적 실제, 집단에서의 역할, 성인이나 또래와의 관계에 대해서 모두 아는 것이 성공적인 관리프로그램을 계획하는 데 필수적이다. 성인이 문제를 효과적으로 다룰 수 있는 기술을 가지고 있다는 신념도 마찬가지로 중요하다. 심각한 문제행동을 보이는 것은 대개 학생이 고의적인 행동을 취해서가 아니라 성인이 기술이 부족하기 때문이라는 것을 명심해야 한다.

20여 년 전에는 심각한 문제학생을 위한 효과적인 심리교육적인 프로그램을 발달시키기 위한 노력에서 교과과정이 비롯됐다. 그때 학생들은 정신건강 영역에서 교육적인 서비스를 받았다. 우리의 기본 가정은 그들이 행동, 의사소통, 사회화, 인지에서 최대한 가능한 정도로 정상적인 기술을 발달시킬 필요가 있다는 신념에 기초하였다. 또한 이러한 학생이 일반적인 교육상황에서 좀 더 적절하고 건설적인 극복전략을 가진 학생을 모델링하는 기회를 가질 때 좀 더 빠르게 성과를 보일 수 있다는 것을 가정하였다. 세월이 흐르면서 이러한 가정이 지지를 받았다. 우리는 계속적으로 심각한 문제를 가진 학생에게 발달적 치료를 사용한다. 그들의 발달교육목표평정지(개정판) 프로파일은 개별화 교육프로그램, 개별화 가족지원계획, 개별화 전이계획 목표들을 제공하는 데, 그 목표들은 그들이 성공적으로 기능하는 데 필요한 기술에 초점을 둔다. 발달적 치료과정, 목표, 행동관리전략, 자료, 활동 그리고 각 발달단계에서의 성인의 역할은 심각한 문제행동을 보이는 학생의 사회-정서적인 능력을 향상시키기 위해 적용 가능한 지침이 된다.

이러한 학생은 발달교육목표평정지(개정판)에서 처음에는 상당한 향상을 매우 빠르게 보여 주는 경향이 있다. 그 후에는 종종 변화 없이 평평하게 되어 고원기를 경험하고 나서는 느리지만 일정한 향상을 보인다. 즉, 전체적으로는 일정치 않은 증가를 나타낸다. 자폐나 정신분열증을 포함한 많은 이러한 학생들은 몇 년간 발달적 치료를 받은 후에 정규적인 교육프로그램에 참여한다. 다음의 자료는 이러한 학생들의 교사가 직면하는 특정한 문제의 본질에 관해서 우리가 관찰한 것을 포함한다. 이러한 문제는 몇몇 독특한 관리의 문제를 보여주기 때문에 여기에서는 신체적인 폭력을 사용하고 소극적인 공격성을 표현하며 사고장애를 가진 학생에게 초점을 맞춘다.

신체적 폭력과 공격성

학생이 의자를 내던지고 다른 학생을 공격하거나 성인을 칠 때, 학생뿐만 아니라 성인도 당황하거나 압도적인 불안을 느끼거나 화를 내는 반응을 보이는 것은 당연할 수 있다. 그러나 성인은 자신을 침착하게 보이도록 해야 하고 학생이 자기 자신이나 다른 사람에게 신체적, 심리적으로 해를 주지 않도록 보호해야 한다. 성인의 첫 번째 책임은 문제학생이나 피해학생 또는 성인 중 아무도 해를 입지 않도록 보호하는 것이다. 학생이 어느 누구에게라도 해를 끼치는 것은 절대로 용납될 수 없다. 이는 학생에게 심리적으로 파괴적인 것이며 절대적으로 수용할 수 없는 것이다. 이런 상황에서 항상 염두에 두어야 할 메시지는 다음과 같다.

'여기에 있는 아무도 해를 입어서는 안 된다.'

대개 신체적 공격성을 몇 번 경험했더라도 초임 교사는 그들이 대부분의 학생들보다 심리적으로 강인하며 성공적으로 폭력을 극복할 수 있다는 신념을 가질 필요가 있다. 학생이 성인보다 더 크고 신체적으로 더 강한 경우에라도 성인은 상황을 성공적으로 통제하기 위해 필요한 사회적인 힘을 제공할 수 있는 언어적인 기술을 발달시켜야 한다. 또한 신체적으로 폭력적인 학생이 통제가 되지 않고 성인의 도움 없이는 자기조절을 연습할 수 없을 때가 언제인지를 배우는 것도 마찬가지로 중요하다. 이러한 상황에서는 폭력의 분출이 일어나기 전에 주의 깊게 계획을 세우는 것이 절대적으로 필요하다. 극심한 격분에 쌓여 있는 학생이 격분이 조절될 때까지 보호받을 수 있는 '안전한 장소'가 있어야 한다. 만일 학생을 완전히 통제할 수 없다면 교사를 도울 수 있도록 지원해 주는 성인이 항상 있어야 한다. 성인이 학생을 학생 자신이나 다른 사람들로부터 보호하면서 학생과의 그러한 위기를 참을 때나 강하지만 지원적인 분위기로 반응할 때 믿음의 유대가 형성된다. 학생은 성인이 통제를 하고 있으며 상황을 관리할 전문기술을 가지고 있다는 것을 배운다. 그러한 경험이 성인이나 학생

심각한 반항행동을 하는 학생들에게 전해 줄 메시지

- 너의 행동이 주목을 받는다.
- 행동은 만족할 만한 결과를 얻지 못한다.
- 너에게 나쁜 일은 일어나지 않을 것이다.
- 다른 친구들에게 해로운 일이 일어나도록 허락되지 않는다.
- 행동이 변화하면 더 좋은 일이 일어날 것이다.
- 선생님은 네가 행동을 바꾸도록 도울 수 있다.

모두를 고갈시킴에도 불구하고 신체적, 정서적으로 성인은 그들이 두려워할 것이 아무것도 없다는 것을 알게 된다.

학생이 폭력의 가능성을 가지고 있을 때 지원해 주는 사람이 항상 필요하다. 폭력적인 학생을 다룰 때는 학생과 집단을 분리시키는 것이 필요하며, 이를 부드럽고 안전하게 하기 위해서는 또 다른 성인이 필요하다. 그러나 학생이 너무 폭력적이어서 움직일 수 없을 때가 있다. 그때는 한 사람의 신뢰할 수 있는 성인이 통제할 수 없는 학생과 그 방에 머무르는 동안 또 다른 성인이 집단에 있는 다른 사람들을 다른 장소로 데리고 가서 활동을 계속하게 한다. 절대로 폭력적이고 통제할 수 없는 학생을 성인의 감독 없이 내버려 두어서는 안 된다. 폭력적인 학생을 통제하는 방법으로 사용되는 고립방법에 대해 상당한 저항이 있음에도 불구하고, 학생이 어느 정도의 합리적인 통제가 가능할 때까지 안전을 위해서 어떤 형태의 고립은 필요하다는 그러한 의견은 학교생활 기간 동안 있을 수 있다.

우리는 행동관리의 형태로 고립을 사용하지 않는다. 대신 안전의 목적으로 또한 학생이 위기를 합리적으로 탐구하는 데 필요한 충분한 통제를 얻도록 도와주는 수단으로 고립을 사용하는 것을 선호한다. 우리는 위기, 감정, 행동, 결과 그리고 대안적인 해결책을 합리적으로 탐구하기 위해서 생활중심중재를 선호전략으로 사용한다. 그러나 통제할 수 없는 폭력적인 학생은 아직 생활중심중재를 사용할 준비가 되어 있지 않다. 통제할 수 없는 대부분의 학생들은 합리적인 토론과 문제 해결에 참여할 준비가 되기 전에 몇몇 정서적인 단계(공격, 퇴행, 복종)를 거친다. 이러한 단계를 통제할 수 없는 학생의 경우에서 찾아보자. 각 단계의 지표는 명확하고, 성인이 그들의 전략을 변화시켜서 학생을 통제와 문제 해결로 가게 하는 기회를 알려 줄 것이다.

공격 단계 첫 번째 단계에서 공격성은 신체적이거나 언어적이며 성인에게 직접 향할 수도 있다. 우선, 언어적인 공격성의 폭발은 종종 그 내용을 무시하고 계속적인 활동에 참여하는 방향으로 학생의 주의를 전환시킬 때 가장 잘 조절된다. 학생이 언어적인 공격을 멈추도록 하는 것은 단지 위기를 촉진시키는 것으로부터 초점을 흐리게 하여 결과적으로 학생이 진정하는 데 더 시간이 걸리게 한다.

신체적인 공격성이 폭발하는 동안 학생은 자기 자신을 통제할 수 있는 도움을 필요로 할 수도 있고 신체적으로 제지를 당할 수도 있다. 이는 가장 극한 상황, 즉 그들이 자기 자신이나 당신을 해하는 상황에서만 이루어져야 한다. 당신이 그러한 통제를 유지할 수 있는지, 그리고 벌을 주지 않고 이를 행할 수 있는지에 대해 절대적으로 확신이 서지 않는다면 이 방법을 시도하지 말아야 한다. 지원을 하는 대신에 확고하게 학생을 제지하는 것은 연습이 필요하다. 학생의 팔을 움켜잡는 것은 결코 도움이 되지 않으며, 오히려 저항이나 싸움만을 더욱 유발할 것이다. 우리는 **제지**(restraining)라는 용어 대신에 **붙잡기**(holding)라는 용어를 선호하는데, 이는 이 용어가 대결적인 언쟁보다는 성인의 지원과 지지를 함축하기 때문이다. 학생의 공격성은 결코 성인과 학생 사이의 싸움으로 악화되어서는 안 된다.

만약 학생을 붙잡아야 한다면, 학생이 어느 정도 자기 통제를 할 수 있을 때까지만 빨리 움직여서 제지하는 방법을 사용한다. 붙잡기에 대해서 사무적이 되어야 한다. 학생을 붙잡는 것은 지지적인 기술이어야 한다. 결코 학생을 거칠거나 천박하게 또는 자극적인 방법으로 붙잡아서는 안된다. 어떤 학생에게는 신체적인 접촉이 성적인 자극이 될 수 있으며, 어떤 학생에게는 참을 수 없는 것일 수도 있다. 당신은 학생이 자신과 당신에 대해서 좋은 기분을 느끼면서 위기에서 빠져나오기 원한다는 것을 기억해야 한다. 위기가 지나가고 있다는 표시, 즉 근육이 이완되고 신체의 경직성이 감소되고 호흡 패턴이 조절되는 것에 주목하라. 그럴 때는 가능한 한 빨리 붙잡고 있는 것을 놓아야 한다. 붙잡고 있는 것을 점차적으로 약하게 하기를 원할 수도 있다. 말을 제한하라. 이 단계에서는 다음과 같은 말을 할 수 있다.

> '난 네가 네 자신을(또는 다른 사람을) 해치게 하지 않을 거야.'
> '우리는 여기에 있는 아이들을 아무도 해치지 못하게 보호한다.'
> '아무도 여기에서는 때릴 수 없어. 때리는 것은 상처를 주거든.'
> '나는 지금 너를 도와주어야만 해. 그렇지만 너는 곧 네 자신을 조절할 수 있을 거야.'

당신이 학생을 제지해야만 한다면 정서적으로 가라앉힐 수 있는 시간을 주어야 한다. 항상 긍정적으로 보도록 한다. 필요하다면 확고한 그러나 지지적인 제지에 의해서 학생이 스스로를 통제할 수 있도록 도와주어야 한다. 결코 학생이 당신에게 해를 주도록 해서는 안 된다. 어떤 형태든 신체적으로 붙잡는 것을 끝내기 위해서는 학생에게 기대하는 것에 대해 다음과 같이 언어적인 실마리를 주는 것이 좋다.

> '네가 자신을 통제할 준비가 되어 있는 것 같을 때 너를 가게 해 줄 수 있어.'

'네 자신을 통제할 준비가 되어 있니?'와 같은 질문은 되도록이면 피하도록 한다. 때때로 학생은 당신에게 말할 수 없을 수도 있으며 준비가 되어 있지 않아도 되어 있다고 말할 수 있다. 신체적 또는 언어적인 공격이 가라앉을 때 대개 학생은 다음의 퇴행 단계로 옮겨 갈 것이다.

퇴행 단계 이 두 번째 단계에서 학생은 어린 시절의 퇴행적인 반응 형태로 되돌아간다. 그들은 때때로 칭얼대기, 울기, 손가락 빨기, 흔들거리기, 움츠리기 등 보호를 바라는 영유아의 행동을 나타낸다. 학생은 신체적으로 지원을 요구하며 가까이 가기 위해 성인에게 손을 뻗을 수도 있고, '선생님은 나를 좋아하지 않아요.' 등과 같이 먼저 말을 건네기도 한다. 공격은 끝났다. 학생은 성인을 향해 몸짓을 하고 성인은 반응해 줘야 한다. 비언어적인 지원 유대를 창조해야 한다. 때때로 침묵적인 수용이 이 시점에서 학생을 지원하는 가장 좋은 방법이기도 하다. 가끔 학생은 위안을 주는 신체적 접촉을 필요로 할 것이다. 그러나 너무 많은 접촉이나 이야기는 이 단계에서 공격적인 행동을 다시 시작하게 할 수 있다는 것을 기억해야 한다. 학생이 일어난 일에 관해서 이야기할 수 있을 때를 주목하도록 한다. 이때가 퇴행이 사라지고 마지막 단계가 시작된다는 표시다.

복종 단계 마지막 단계에서 학생은 약간의 합리적인 문제해결에 대해서 수용적인 모습을 보일 것이다. 이 시점에서 6장에서 자세하게 기술된 생활중심중재를 시작한다. 2단계의 의사소통 목적과 목표를 다 완수한 유아는 수정된 생활중심중재에 반응할 수 있을 것이다. 만일 학생이 필수적인 기술을 가지고 있지 않다면, 사건과 증상의 쟁점에 관해 단순하고 개인적인 판단을 피하는 진술을 제공하기 위해 반성의 방법을 사용한다. 그 다음에 학생이 교실로 돌아가기 위해서 꼭 필요한 몇몇 기본적인 반응을 공고하게 함으로써 상황을 재구성한다.

발달적으로 3단계에 있으나 본질적으로 비언어적인 학생들은 복종의 단계에 들어설 때 문제를 해결하기 위한 언어들을 사용하도록 도움을 받을 수 있다. 예민함과 이해심을 가지고 사건에 관해서 이야기하도록 한다. 비판적이지 않은 방법으로 위기의 기본적인 측면을 묘사하는 단순한 문장들을 사용함으로써 성인은 학생이 비록 몇 문장으로라도 일어난 일에 대해 묘사하는 것을 배우도록 도와줄 수 있다. 성인으로부터 비판받는다는 공포가 없다면 말하는 것에 대한 학생의 능력과 의지는 급속히 향상될 것이다.

학생의 폭력적이거나 공격적인 행동을 다루는 데 있어서 명심해야 할 중요한 목표는 스트레스와 위기에 대해 좀 더 합리적으로 접근하도록 격려하는 것이다. 이러한 목표는 1~2번의 만남으로 성취할 수 없다. 그러나 학생이 그들의 행위로부터 불필요하게 고통받지 않게 하려는 당신의 이해와 의지를 전할 수 있는 일련의 만남 후에는, 학생들이 자신의 욕구에 대한 통찰을 얻고 더욱 큰 편안함을 가져다주는 건설적인 행동으로 대치할 수 있도록 그들을 도와줄 수 있다. 결과적으로, 스트레스와 위기에 물리적으로 반응하는 것보다는 합리적이고 책임 있는 방법으로 문제를 해결할 수 있는 언어들을 사용하는 것이 목표다.

수동적 공격성

수동적인 공격이란 분노와 숨겨진 공격성을 말한다. 이것은 또한 '반항' '권력 투쟁' '조종' 또는 교사, 다른 학생, 부모 등을 '짜 맞추기' 라고도 묘사된다(Anthony, 1976). 수동적 공격은 학습된 무기력, 고의적인 실패, 결백한 방관자, 공공연한 무관심, 다른 사람에게 불편이나 실패를 야기하는 사건에 관여하지 않은 듯 보이는 많은 방법들로도 표현된다. 또래 집단에서 수동적 공격성을 보이는 학생의 가장 전형적인 사회적 역할은 선동자 역할이다. 이들은 다른 사람들을 통제하고 자신이 직접 관여하지 않으면서 다른 사람들이 공격적으로 행동하도록 상황과 사람들을 조정한다.

분노를 숨기고자 하는 욕구와 분노를 표현하고자 하는 욕구 사이의 갈등이 수동적 공격성의 중심 이슈라는 것을 이해하는 것이 중요하다. 그 갈등은 사람들이 공격적으로 행동하도록 사람이나 사건을 조정함으로써 해결되고, 선동자는 직접적으로 관여하지 않고 자신의 분노를 풀게 되는 것이다. 이러한 갈등은 몇몇 초등학교 고학년이나 많은 중학생들이 경험하는 정상적인 발달적 불안의 매우 전형적인 형태다. 수동적인 공격성이 심각한 문제가 되는 것은 숨겨진 분노의 양과 강도 그리고 학생이 위협받고 거부당하고 믿었던 성인에게 배신당했다고 느끼는 정도에 의해서다.

만일 성인이 학생이 보이는 수동적인 공격행동으로서의 반항적인 행동을 인식하지 못한다면 학생에 대해서나 조정되는 집단에 대해서 점차 부정적이 되는 것은 쉬운 일이다. 학급을 통제하는 것은 어려워질 것이다. 이러한 일이 일어남에 따라 성인은 종종 학급의 규칙을 강력하게 지키도록 요구하고 이를 지키게 하기 위해서 처벌적인 수단을 사용한다. 학생의 특권을 박탈하거나 집단에서 격리시키는 일이 발생한다. 조정을 받은 학생들이 규칙을 위반할 때 벌을 주면 불공평하다고 항의를 받게 되고 집단 일부분 구성원들의 분노를 증가시키게 된다. 그리고 이는 성인에게도 더 큰 분노와 완고함을 야기할 수 있다. 즉, 바람직하지 못한 순환과정이 만들어지는 것이다. 이러한 유형의 문제는 성인과 학생 모두가 한계점을 재규정하고 집단의 행동에 대한 새로운 기대를 가질 수 있도록 관리전략을 급진적으로 변화시키는 것이 필요하다.

좀 더 도전적인 상황은 학생이 대개 부모나 교사와 같은 성인과의 상호작용에서 수동적인 공격성을 보일 때 일어난다. 이것은 교사를 불시에 습격할 수 있다. 학생은 '도움을 주려고'

노력하고 교사의 역할과 권위를 빨리 가정하기 시작한다. 또는 학생이 종종 교사에게 교사들이 실수를 하며 부적합하고 이전 교사의 수준에 미치지 못한다고 말하면서 학급의 지시사항을 언어적으로 통제한다. 교사의 자연스러운 반응은 그 학생을 매우 싫어하며 대립을 피하기 위해 일을 조용히 잘 넘기려고 하는 것이다. 이러한 접근은 수동적인 공격성을 보이는 학생 안에서 심하게 소용돌이치는 갈등을 거의 해결할 수 없다. 마음속에 깔려 있는 갈등을 이해하고 이러한 이해를 토대로 관계를 형성함으로써 문제를 설명한다. 당신이 조절 가능하고 신뢰를 받으며 학생을 도와줄 수 있고 또한 매우 드문 방법으로라도 학생이 당신이나 다른 사람을 조정하게 하지는 않는다는 메시지를 전달하는 행동관리전략을 선택한다. 학생의 조정행동을 조심스럽게 모니터한다. 그리고 확고한 통제와 구조로 조정을 끝내게 하여 학생이 더이상 통제를 받지 않도록 한다. 동시에 수동적인 공격 행동이 나타나지 않을 때에는 정당한 성공과 학생에 대한 긍정적인 피드백을 조장한다.

1단계의 학생들에게는 이와 같이 수동적인 공격성을 인식하는 것이 불가능하지는 않지만 어렵다. 만약 수동적인 공격성으로 의심된다면, 참여하여 즐거운 결과를 가져올 수 있는 기술이 최선으로 작용하는 기술이 될 것이다(예를 들면 참여를 확신하는 신체적인 중재나 물질에 의한 동기화 등). 2단계와 3단계의 학생에게는 구조, 높게 동기화된 물질, 반성, 재지시, 긍정적인 피드백 등이 효과적일 수 있다. 4단계와 5단계의 학생은 성인과의 관계가 확고할 때 해석이나 직면이 대개 도움이 된다. 이러한 전략을 사용하는 목적은 (해석을 통해서) 마음속에 자리 잡은 분노를 자각하게 하고 (직면을 통해서) 결과의 실현에 불쾌함을 느끼게 하는 것이다. 이에 따라 학생은 행동에 대한 이해와 행동을 변화시키려는 동기 모두를 갖게 된다. 또한 역사적으로 이러한 전략은 '이간 증후' 라고 불렸다(Wood & Long, 1991).

수동적인 공격 특성을 보이는 모든 단계의 학생에게 창의적인 활동은 숨겨진 분노에 도달하는 우수한 매개체가 된다. 창의적인 활동에서의 상징적인 자료는 종종 재지시를 야기하고 분노의 강도를 감소시킨다. 그러나 창의적인 활동은 마음속에 있는 불안이 감소된다면 항상 긍정적으로 해결되어야 한다.

정신건강을 위해서 어떤 면에서는 수동적인 분노가 개방적으로 표현되어야 하는지의 질문이 남는다. 몇몇 권위자들은 분노의 감소가 자발적으로 일어날 수 있으며 좀 더 긍정적인 사건이 일어남에 따라 분노도 간단하게 쇠진할 수 있다고 믿는다. 또 다른 사람들은 밖으로 분노를 표현하는 것은 수동적인 공격성을 보이는 사람이 심리적인 안전 때문에 분노를 숨겨야 하는 긴장에서 자유로워지기 위해 경험해야 하는 필수적인 단계라고 믿는다. 우리는 아동의 발달단계가 선택에 영향을 주어야 한다고 믿는 경향이 있다. 만일 아동이 충분히 발달

교실 내에서 수동적인 공격의 예

'그것은 작년에 선생님이 가르쳐 주신 방법이 아닌데요.'
'난 단지 청소를 하고 있었어요. 페인트 뚜껑이 닫혀 있지 않은 걸 내가 어떻게 알겠어요?'
'걔가 리더가 되는 것이 싫어서 내가 대신했어요.'
'잘못 알고 계시는 거예요, 난 단지 싸움을 말리려고 했을 뿐이에요.'
'우리 엄마가 우리는 이사갈 거래요, 그래서 난 안 해도 돼요.'

하여 결과적으로 다른 사람들로부터 일어날 수도 있는 반응에 대한 통찰을 얻을 수 있다면 밖으로 분노를 표현하는 것은 생산적일 수 있다. 아동들은 4단계까지는 이러한 기술을 거의 갖지 못한다. 만약 당신에게 심각할 정도로 수동적인 공격성을 보이는 학생이 있다면, 이를 임상전문가와 상의하여 당신이 사용할 또는 사용하지 않아야 할 전략을 그와 함께 주의 깊게 계획하는 것이 현명할 것이다.

사고장애

사고장애를 가진 학생들은 그들의 매우 특이한 행동 때문에 성인에게 만만찮은 도전이 될 수 있다. 이러한 학생들은 전형적인 사고 패턴을 가진 일반 사람들과는 유의하게 다른 방법으로 정보를 지각하고 처리하고 표현한다. 그들의 언어를 통해 알 수 있는 사고의 특성은 아이디어의 부정확한 연합, 비논리적인 진술, 고집, 망상, 환각, 비조직화, 모순된 생각 등이다. 흥분과 정서적 불안정도 때때로 명백하게 나타난다. 그들은 종종 비생산적이고 부적절하며 기괴하고 부적합한 (운동적, 사회적, 언어적) 행동들을 보인다. 이러한 학생들의 행동은 그 심각성의 정도가 다양하다. 어떤 학생들은 제한된 정도로 약간의 증상을 보이는 반면, 어떤 학생들은 가장 극심한 형태의 모든 증상을 보이기도 한다. 사고와 언어는 모든 형태의 행동에 영향을 주기 때문에 이러한 학생들의 장애는 모든 영역의 기능과 엇갈리게 되고, 이는 결과적으로 인지, 언어, 심리운동적 기술 그리고 사회화에 손상을 주게 된다. 더해서, 그들의 발달단계는 이러한 학생들이 그들의 장애를 나타내는 방법에 영향을 미친다. 예를 들면 인지적인 기술이 제한되어 있는 학생들은 아마도 언어에 제한을 받을 것이다. 그들의 기이한 사고패턴은 비정상적인 반복적 운동패턴, 운동근육의 일정한 움직임, 과제에 대한 비조직적인 접근방식 또는 그들 자신의 세계로 숨어들어 외부의 침해에 저항하는 경향성 등을 관찰함으로써 추론될 수 있다. 반대로, 높은 인지적인 기술을 가진 학생은 정교한 환상을 실제와 비실제 사이의 구분 없이 논의할 수 있고, 토론되고 있는 주제와 명백한 연관성이 없는 주제에 관해서 과하게 또는 초점에 맞지 않게 이야기할 수 있다. 또한 활동의 시작 또는 종료 시에 특이한 연설 의식을 주장할 수 있으며, 상호작용을 피하거나 그로부터 은신하려는 방법으로 내적인 언어를 사용할 수도 있다.

이러한 학생들을 수용 가능한 방법으로 참여하도록 이끄는 것은 하나의 큰 도전이다. 1단계과 2단계의 학생을 대상으로 그들을 좀 더 생산적인 참여로 이끌기 위해 신체적이고 언어적인 재지시를 활용할 수 있다. 미술시간에 자신의 손바닥을 쳐다보면서 환각에 빠지는 2단계에 속하는 Rob이라는 학생이 있는데, 그에게 사용하는 신체적, 언어적 방향 수정에 대한 단순한 설명을 예로 제시해 보겠다. 교사는 붓을 가져다가 Rob의 손바닥에 놓고 손을 움직여 그림을 그리며 말한다. '네가 그리는 이 컵을 완성하자.' 3단계의 학생에게는 학생의 사고를 혼동되는 주제로 재지시하기 위해 좀 더 복잡한 언어적 내용에 중점을 둔 같은 전략이 적용된다.

이러한 학생들을 동기화하는 자료와 활동을 선택하는 것도 또한 어려운 과제다. 때때로 그들은 매우 위축되어 있기 때문에 그들의 관심사를 식별하는 것이 어렵다. 다른 경우에는 그들의 관심사가 매우 기괴하거나 모호하기 때문에 그들의 관심사를 학급 활동에 연결시키는 것이 불가능하지는 않지만 어려운 것이 사실이다. 관심사가 없어 보이는 학생에 대해서는 그들이 비록 비생산적일지라도 자발적인 활동에 참여하는 시간 동안 주의 깊게 관찰한다. 활동에 포함된 어떠한 요소가 그들을 참여하게 하는가? 이런 동기화된 요소가 좀 더 생산적인 과제로 어떻게 사용될 수 있는가? 한 예를 들어 보자. 오랫동안 사고장애를 가진 10대 소녀가 자신의 행동이 자신을 또래들과 다르게 만든다는 것을 깨닫고, 이러한 '차이'에 대해서 매우 걱정을 하였다. 그녀가 걱정스러워하고 불안함을 느낄 때, 특히 새로운 과제에 접했을 때 그녀는 자신과 자신의 차이에 관해서 강박적이고 이상하게 반복적인 논쟁을 하였다. 교사는 그녀 또한 또래들에게 수용되고자 하는 정상적인 청년기의 야망을 가지고 있다는 것을 인식하였다. 그들은 집단활동에 성공적으로 참여하는 방법에 관한 일련의 생활중심중재 대화를 함께 하였는데, 집단활동에서 교사는 그녀가 참여적이고 성공적인 집단의 구성원이 되려는 소망을 갖게 함으로써 그녀의 행동을 모니터하고 변화시키도록 안내해 주었다.

기괴한 흥미나 편견을 가진 학생들은 다른 종류의 문제를 보인다. 우리는 먼저 그들을 새로운 흥미로 재지시하도록 시도하고, 이것이 잘되지 않으면 의사소통을 위한 매개체로서 기괴한 흥미를 이용하여 그들의 사적인 세계로 진입한다. 그리고 그들의 편견을 좀 더 실제에 가까이 접근하는 것으로 재지시하고 확장하기 위해서 이러한 의사소통의 연결을 사용한다. 학생이 편견을 유지하는 데 얼마나 강하게 자신을 바쳤느냐에 따라 2가지 전략이 모두 작용할 수 있다. 열쇠는 당신이 학생과 신뢰와 의사소통을 쌓으면서 결연하는 것이다.

사고장애를 가진 학생들을 위한 모든 프로그램에서 의학적이고 정신병리학적인 중재의 가능성이 정기적으로 검토되어야 한다. 이러한 학생들은 전형적인 학생들보다 그들의 의식적, 무의식적 사고과정에 좀 더 많이 접근할 수 있다는 것이 제안되었는데, 이는 그들이 그들의 사고에 선택적으로 반응하거나 사고를 무시하는 것을 어렵게 만든다. 다른 사람들은 두뇌의 중립적인 활동이 산만하다고 제안한다. 각각의 사건에서 이러한 장애는 전형적인 시간개념, 공간관계 또는 논리에 의해서 한정되지 않은 사고와 행동을 창조한다. 정신적인 활동에 있어서의 이러한 어려움은 때때로 사고장애의 증상을 줄이는 데 효과적이라고 알려진 처방약으로 개선될 수 있다. 영유아에게 이러한 약은 과잉운동, 공격성, 주의력 결핍 또

심각한 사고장애를 가진 모든 단계의 학생들과 활동하기 위한 일반적인 지침들

- **체계적인 환경을 유지한다** 질서와 예측은 교실 내 체계를 발전시키는 데 도움을 준다. 교재들을 일정한 장소와 정돈된 방법으로 보관하라. 특정 활동을 위해 정해진 장소를 사용하라. 학생이 언제 어디에서 활동이 진행되는지 기억하도록 일관된 계획을 따르라.
- **지시를 분명하고 간결하게 한다.** 지시는 학생들이 새로운 과제를 시작하도록 돕는다. 간단하고 분명한 지시는 논리적인 사고와 방대한 양의 자료를 다루는 어려움과 연관이 없는 산만한 생각을 하는 경향을 극복하는 데 도움을 준다.
- **활동들을 작은 단계들로 나눈다.** 학생이 활동의 과정을 잘 따르도록 짧고 간단한 단계들로 활동을 단순화하라. 시작과 단계별 과정 그리고 마무리를 분명하게 전하라. 이 단계들은 시각적인 측면뿐만 아니라 청각적인 처리를 위해 큰 도화지나 칠판에 나열될 수 있다. 학령기 아동들은 활동의 단계들을 통해 자신들의 단계를 보고 이 과정을 도울 수 있다. 영유아들은 언어적인 설명으로 어느 단계에 있는지 알려 줄 수 있다.
- **구조를 일반화한다.** 고밀도 구조의 과제는 학습의 초기 단계에서는 중요하지만 학생들이 점점 체계화되면서 그들이 더 보편적인 환경에서 행동을 하도록 구조를 넓히는 것도 똑같이 중요하다. 이렇게 되지 않을 경우 학생은 인위적인 환경에서만 기능을 할 수 있고 정상화를 위한 노력은 좌절될 것이다.
- **언어 신호를 사용한다.** 성인에게 특정한 의미가 있는 언어 신호는 학생이 더 체계적인 행동과 생각 형태를 유지하도록 돕는다. 치료에도 불구하고, 이런 학생들의 정신활동은 매우 다르고, 체계가 매우 부족하고, 현실에 매우 동떨어져서 조직적이고 사회적으로 인정되는 행동을 위해 외부의 신호들에 상당히 의지한다. 명확하고 간단하게 주는 언어 신호는 그들의 조직적인 초점이 될 수 있다. 그들은 이런 형태의 도움이 가치가 있다는 것을 빨리 인식하고 성인을 신뢰할 때 그 가치를 받아들인다.

는 불안 등과 같은 다른 증상을 줄이는 데도 어느 정도 도움이 된다. 이러한 약물은 쇠약하게 하거나 위험할 수도 있는 원치 않는 부작용을 낳을 수 있기 때문에 이러한 약물을 처방하고 투여하고 결과를 관찰하는 데 주의가 요구된다. 약물치료는 부작용이 발생하지 않고 그 부작용이 약물처치에 의해서 나타나는 장점을 능가하지 않는다는 것을 확인하기 위해 정신병리학 전문의에 의해서 주의 깊게 모니터되어야 한다.

CHAPTER 6

발달 촉진을 위한 행동관리전략

책임감 있는 행동이 목적일 때 참여는 '의무'다

앞의 장들에서는 모든 연령대의 학생들에게 있어서 사회-정서적인 능력과 책임감 있는 행동을 촉진시키는 전략들을 구체화하는 주요 개념들을 살펴보았다. 이 장에서는 발달을 촉진시키는 여러 방법들에 있어서 학생들의 행동을 관리하기 위한 발달적 치료-발달적 교수에서 가장 빈번히 사용되는 각각의 전략들에 대해 더욱더 상세한 설명들을 기술하면서 그 주제를 계속해서 살펴보도록 한다. 각 전략들을 정의하고 각각의 발달 단계에서 학생들 개개인의 욕구를 충족시키기 위해 그 전략들이 어떻게 조정되고 변화하는가를 설명함으로써 이러한 과제에 접근한다.

효과적인 행동관리계획을 실행하는 데 있어서 필수적인 과제는 계획이 다루어야 하는 사회-정서적 능력의 증진이라는 목적을 정확하게 파악하고 있느냐 하는 것이다. 이러한 목적들은 학생에게 기대되는 행동, 의사소통 그리고 사회화 반응들이라고 정의된다. 이를 위해 발달교육목표평정지(개정판) 프로파일을 사용한다. 이는 새롭고 더욱더 증진된 행동을 가르치기 위해 이용될 수 있으며, 학생이 습득해 온 이전의 기술이라고 간주된다. 그 다음으로 학생의 연령과 관련된 특성들, 동기, 발달적 불안 그리고 정보를 얻기 위한 개인적인 이력을 살펴본다. 이러한 정보는 성공적인 결과를 가져오는 수용 가능한 방법들을 사용하도록 학생들의 동기를 발견하고 유지시키는 관리전략들을 선별하는 데 도움을 줄 것이다.

교육과정이 학습과 긍정적 결과라는 본질에 관한 여러 기본적인 가정들에 기초해서 구성되기 때문에 긍정적인 결과를 위한 참여와 요구는 이러한 행동관리전략의 필수적인 요소가 된다. 모든 발달 단계의 모든 활동들에 있어서 모든 학생들의 참여를 요구함으로써 이러한 아이디어를 시행한다. 활동이 비록 조직화되지 못하고 '자유롭다' 할지라도 각각의 학생들의 참여가 기대된다. 만약 학생이 참여할 수 없거나 혹은 참여하지 못하는 경우라 할지라도 참여가 이루어지고 결과가 긍정적임을 확신하는 것은 성인들의 책임이다. 이러한 접근방법의 성공의 핵심이 학생과 성인 간의 관계의 힘과 성인들의 기술이라는 것을 인식해야 한다.

부정적인 행동을 선별적으로 무시하기

모든 학생이 참여해야만 한다는 아이디어를 가지고 성인들이 집단활동을 조직할 때 그 집단의 구성원 중에는 항상 참여에 반대하는 몇몇 학생이 있을 것이다. 많은 관리전략들이 이에 대응하기 위해 사용될 수 있다. 그러나 최선의 전략은 종종 학생들의 행동을 선별적으로 무시함으로써 대립, 위기 혹은 훈육상의 행동을 위한 요구를 선취할 수도 있으며, 그로 인하여 불필요한 중재를 피할 수 있다. 아마도 이를 수행하고 책임감 있는 행동을 조성하는 방안들에 대해 발달적 치료-발달적 교수에서 가장 빈번하게 사용되는 행동관리전략들을 살펴보기 전에 논의하는 것이 유용할 것이다.

학생의 행동들을 무시할 것이냐 말 것이냐를 결정하는 데 있어서 성인은 (1) 학생들의 내적 통제들이 얼마나 안전한가, (2) 학생이 성인을 신뢰하거나 존경하는 정도, (3) 학생의 활동에 대한 동기의 정도를 알고 있어야만 한다. 이러한 본질들이 더 많이 나타날수록 사소한 품행의 문제를 무시하는 것이 더더욱 효과적일 수도 있다. 반대로 이러한 본질적인 부분들이 덜 할수록 학생의 행동과 말을 무시하는 것은 성인이 그것을 그만둘 때까지 부정적인 행동을 야기할 경향을 더더욱 높인다. 도움이 되는 일반적인 지침은 학생을 성공적인 결과를 기대할 수 있는 활동에 계속적으로 참여시킬 것인가를 고려하는 것이다. 만약 그렇다면 부정적인 행동을 무시하는 것은 성인들에게 좋은 대안이 될 것이다. 만약 그렇지 않다면 아마도 행동관리전략이 필요할 것이다.

방해되는 행동을 무시함으로써 성인은 학생들의 청중을 빼앗아 간다. 성인은 또한 학생과 의사소통을 한다. '나는 네가 스스로 그 행동을 멈출 수 있다는 것을 알아. 너는 스스로의 행동을 멈추기 위해 내가 필요하지 않아.' 예를 들어 4단계 집단에 있는 한 학생이 미술시간에 창문 난간을 타고 내려가 밑으로 뛰어내리겠다고 위협했다. 교사는 '너는 이 수업에서 함께 활동할 수 있어.' 라고 말하고는 그 학생을 무시하고 미술 수업을 계속 진행했다. 그는 곧 그 수업에 합류하여 생산적인 활동을 하였다. 이 교사는 학생에 대해 잘 알고 있었다. 그와 좋은 관계를 갖고 있었고, 그가 상당한 자기 통제와 통찰력을 의미하는 사회-정서적인 발달 단계인 4단계에 이르렀다는 것을 알고 있었으며, 그가 미술 수업시간에 성공적인 성적을 기록했다는 것을 알고 있었다. 이러한 정보가 없었다면 교사는 학생의 행동을 무시하는 선택을 하지 못했을지도 모른다. 그 학생이 난간에 그대로 계속 머물러 있었다면 교사는 이 도박에서 졌을 것이고 신체적 개입이라는 역행 정책을 써야만 했을지도 모른다. 그러나 교사는 행동을 무시하는 도박을 할 수 있는 타이밍을 잡고 그 도박에서 이겼으며, 이로써 학생의 내적 통제능력은 강화되었고 책임감 있는 행동을 위한 또 다른 단계로 나아가게 되었다.

성인을 통제하려고 하거나 시험하려 하는 못된 행동을 하는 학생이 때때로 성인에게 무시당함으로써 도움을 받음에도 불구하고, 무시가 역효과를 초래할 수도 있는 더욱더 많은 상황들이 있다. 통제가 되지 않는 학생들을 무시하는 것은 위험하고, 위기에 처해 있는 학생을 무시하는 것은 그 학생들에게 거의 도움이 되지 않는다. 성인의 주의를 끌기 위해 잘못된 행동을 범하는 학생들을 무시하는 것은 행동 문제들을 강화하는 결과를 초래할 수도 있다. 혹은 학생들이 성인의 실패를 성인의 파워가 부족하다든지 부적절하게 대응했기 때문이라고 해석할지도 모른다. 학생들은 성인이 어떤 일을 간과하거나 혹은 그것들을 처리하는 데 충분히 신속하지 못한 사람이라고 믿을 수도 있다. 이러한 해석(진실이든 거짓이든 간에)은 불가피하게 학생들로 하여금 성인들이 정말로 어떠한 사람인가를 알아내기 위해 성인들의 한계를 시험하게 시도함으로써 일련의 대립을 만들어 낸다. 이러한 이유들 때문에 성인이 선별적으로 행동을 무시하는 것이 중요하다.

대안 제시

불필요한 대립을 피하는 또 다른 방법은 학생에게 명령 대신에 대안을 주는 것이다. 이것은 학생들이 그들이 가지고 있는 행동 코스를 선택하도록 하고 성인의 권위하에 굴복하기보다는 그 상황에서 스스로 어떠한 통제를 가지도록 해 준다('네 빗이 있을 가장 적당한 장소는 네 호주머니니 혹은 선반 위니?'). 선택을 하게 하는 동안 대안은 한계를 설정하는 체계를 제공한다.

학생들은 다른 사람에게 속해 있다고 알고 있는 사물이나 기회들을 요구할 때가 있다. 질문을 통해 학생에게 형성된 기대들을 되새겨보게 함으로써 대립을 피할 수도 있다. 예를 들어 학생이 만약 '나는 배구를 하고 싶어요.' 라고 말한다면 성인은 '나도 네가 배구를 하고 싶다는 것을 안다. 네가 장비를 담당하는 날이 언제니?' 라고 반응해 준다. 이러한 방법으로 성인은 학생의 소망과 관심에 대한 이해를 나누고 모든 사람에게 순서가 돌아갈 것이라는 것을 학생에게 상기시킨다.

객관화

학생으로 하여금 한계를 인정하고 불필요한 충돌 없이 새로운 행동을 학습하도록 도와주는 또 다른 기술은 보편적인 상황을 언급하거나 혹은 '우리' 라는 단어를 사용함으로써 한계를 객관화시키는 것이다. 만약 학생이 다른 학생을 때렸다면 성인은 다음과 같이 말하며 그 상황을 간섭한다. '사람을 다치게 하기 때문에 때리면 안 된다는 규칙이 있어.' 이와 같이 '너는 숙제를 다 할 때까지 책상에 앉아 있어야만 해.' 라는 말로 개인에게 초점을 맞추는 대신에 '모든 사람이 해야 한다.' 는 집단의 규칙을 떠올리게 함으로써 성인은 모든 학생들이 맡은 일을 다 하도록 기대된다는 의사를 전달한다.

과거의 성공들을 회상

과거 성공의 경험들은 학생에게 혹은 집단에게 최선을 다하도록 도전하는 데 사용될 수 있다('나는 모든 사람이 그렇게 어려운 때를 겪었던 그날 네가 스스로를 어떻게 통제했는지 기억해. 그리고 나는 오늘도 네가 당황했을지라도 잘할 수 있을 거라고 믿어.'). 이러한 기술은 성인과 학생 간의 관계를 이용한다. 학생은 성인이 그가 할 수 있는 것만을 그에게 요구한다고 믿는다. 과거의 성공에 기반을 둔 집단의 도전은 특히 3단계에서 효과적이다('여러분은 어제 하루 종일 스스로를 잘 통제하였어요. 나는 오늘도 여러분이 서로를 도와서 다시 잘할 수 있을 거라고 믿어요.').

요약하자면 효과적인 행동관리는 각각의 학생들에게 기대하는 것들을 전달하도록 요구한다. 만약 성인이 학생에게 기대를 아주 명확하게 전달하고 학생들이 반응할 방법을 찾기 위해 시험할 필요가 없도록 학생들에게 일관적으로 반응한다면 상당한 시간과 에너지를 아낄 수 있다. 이러한 기대들은 또한 학생들에게 참여하도록 하고 스트레스를 성공적으로 관리할 수 있는 방안을 제시해야만 한다. 당황스럽거나 불필요하거나 혹은 너무 어려워서 성취할 수 없는 행동에 대한 기대는 성인으로 하여금 더 많이 간섭하게 함으로써 학생을 위기에 봉착시키는 것이다. 성인의 책임은 학생들을 해결책으로 인도하고 성취 가능한 행동들을 학생들이 이룰 수 있다고 의사소통함으로써 그들에게 안정감을 주는 것이다. 또한 학생이 잘못을 범했을 때는 그것을 바로잡아 줄 수 있는 기회가 있어야 한다. 예를 들어 학생이 창문을 깨뜨렸다면 어떻게 그 상황을 올바르게 만들 수 있는지 그리고 학생이 이에 대한 징벌을 어떻게 받을 수 있을 것인가를 논의해서 해결해야만 한다.

가장 빈번하게 사용되는 행동관리전략

[그림 6-1]은 발달적 치료-발달적 교수에서 가장 자주 사용되는 11가지 관리전략들을 요약해 놓은 것이다. 마지막 2가지를 제외한 모든 전략들은 언어적 형태로 중재하는 것들이다. 이러한 전략들이 모든 연령대 그리고 모든 발달 단계에 있는 학생들의 사회-정서적 성장을 촉진한다는 것이 밝혀졌다. 이러한 전략들이 기술적으로 예민하게 사용될 때 학생들의 혼란을 일으키는 파괴적 행동을 최소화하고 수용 가능하고 생산적인 대안들을 가르치는 방안들을 제공한다. 또한 전략들은 긍정적으로 접근하여 프로그램에서 학생들의 참여를 강조하는 정신적으로 건강한 학습환경을 만들기 위한 토대가 된다.

[그림 6-2]는 자주 사용되지는 않지만 심각한 문제행동들을 가지고 있는 학생들과 함께할 때 때때로 필요한 추가적인 4가지 전략들을 요약한 것이다. 이러한 전략들은 필수적으로 물리적인 형태의 관리를 포함하고, 일반적으로 행동과 관련된 사건이 발생한 이후에 사용된다. 이들이 첫 번째 발달 단계에서 자주 혹은 가끔씩 사용될지라도 이러한 4가지 전략들은 학생들의 개인적인 책임감이 점차 증가함에 따라 더 높은 단계에서는 그 사용이 감소된다.

전략들을 사용 빈도에 따라 많이 사용되는 것에서 적게 사용되는 순서로 열거하였다. 일련의 막대그래프들은 각 단계에서 어떠한 전략이 사용되고, 전략의 사용과 형태가 어떻게 변화하는가에 대한 정도를 나타낸다. 그림의 열을 따라 읽음으로써 발달의 다른 단계들에서 학생들과 함께 전략을 사용하면서 성인이 이를 어떻게 변화시켜 적용하는지 알 수 있다. 아래로 행을 따라 읽음으로써 어떠한 특정 단계에서 가장 빈번하게 사용되는 관리 전략들의 패턴을 발견할 수 있다. 3점에 해당하는 전략들은 단계에서 주요한 전략들이다. 2점의 전략

전략	1단계	2단계	3단계	4단계	5단계
긍정적인 피드백과 칭찬	3 감각적인 경험과 보살펴 주는 성인으로부터의	3 개인적 활동에 대해 성인으로부터의	3 집단활동에 대해 성인으로부터의	3 또래와 성인으로부터의	2 또래, 성인, 자신으로부터의
물질에 의한 동기부여	3	3	3	2	0
구조	3	3	2	1	1
재지시	2 대개 신체적으로	3 언어적으로 변화	3	1	1
반영	2 활동	3 언어와 활동	3 언어, 활동, 감정	1 대개 감정	1
해석	0	1	3 성인의 해석	3 학생의 해석을 성인이 도움	3
성인들 사이의 언어적 상호작용	1	3 반응 모델	3 집단 과정 모델	1 대인적 모델	1
규칙	0	2	3 규칙의 권위인 성인	2 규칙을 발달시키는 집단	1 가치를 선별하는 개인
생활중심 중재	0	0	3 개인	3 집단과 개인	2 개인
성인에 의한 물질의 통제	3	2	1	0	0
신체적 근접성	3 신체적 접촉	2 접촉	1 신체적 접근	0	0

주: 3점 = 주요 기술로 사용되는 전략, 2점 = 종종 사용되는 전략, 1점=가끔 사용되는 전략, 0점 = 거의 또는 전혀 사용되지 않는 전략

[그림 6-1] 발달적 치료-발달적 교수에서 가장 빈번하게 사용되는 관리전략

전략	1단계	2단계	3단계	4단계	5단계
성인에 의한 직면	1 신체적	1 대개 신체적	1 대개 언어적	2 언어적 해석	1 언어적 해석
신체적인 중재	3	2	1	0	0
교실에서 이탈시키기	0	1	2	1 대개 자발적	1
집단으로부터 이탈시키기 (교실에서의 타임아웃)	1	2	0	1 자발적	0

주: 3점 = 주요 기술로 사용되는 전략, 2점 = 종종 사용되는 전략, 1점 = 가끔 사용되는 전략, 0점 = 거의 또는 전혀 사용되지 않는 전략

[그림 6-2] 자주 사용되지는 않지만 심각한 문제행동을 관리하는 데 필요한 관리전략

들은 빈번하게 사용되는 것이고, 1점 혹은 0점의 전략들은 단지 가끔씩 사용되거나 혹은 전혀 사용되지 않는 것을 의미한다. 물리적인 전략에서부터 언어적 전략까지의 진행은 발달적 치료-발달적 교수에 있어 행동관리전략이 가지는 특성이다. 물리적 형태의 중재가 자주 필요한 첫 번째 발달 단계에 있는 학생들은 전략들을 사용하면서 언어적 중재에 반응하는 것을 배운다. 그러나 모든 단계에서 가능한 물리적인 중재의 형태보다는 언어적 전략을 사용하는 것이 선호된다.

벌과 상에 대한 코멘트가 여기서 필요하다. 가장 빈번히 사용되는 전략들의 리스트에서 자연스럽게 이 2가지 전략들을 제거해 왔는데, 이는 오랜 기간 동안 사용된 것 중 가장 효과가 적은 전략들이라는 강한 믿음 때문이다. 사실상 상과 벌은 학생의 더 높은 수준의 사고, 자기규제 행동 그리고 가치의 발달을 지체시킬 수도 있다.

벌은 일반적으로 고통 혹은 손실을 야기하는 것으로 정의된다. 벌이 잘못된 행동이나 다른 행동에 대응하면서 잘못된 선택을 만들어 내는 자연적인 결과라 할지라도 성인과 학생 혹은 부모와 자녀 사이의 관계에 있어서 강력한 부정적 압력이 될 수도 있다. 벌이 행동관리에 있어서 성인이 사용하는 주요한 전략이 되어서는 안 된다. 학생의 행동을 변화시키는 데 있어서 벌이 효과적이기 위해서는 학생과 성인 사이의 관계를 깨뜨리는 결과를 가져와서는

안 된다. 우리는 학생이 잘못된 선택을 하거나 규율을 위반할 때 자연적으로 나타나는 결과로서 벌의 개념을 재조정하길 원한다. 다음 부분에서 이러한 아이디어가 벌 그 자체에 초점을 맞추지 않고 대신에 사회-정서적 성장과 책임감 있는 행동을 촉진하는 데 초점을 맞추는 광범위한 전략들을 통해서 어떻게 실행되는지에 대해 논의한다.

상은 발달에 있어서 벌과 같은 동일한 잠재적인 많은 함정을 가지고 있다. 성인이나 또래들과의 성공적인 대인관계와 같은 보상들에 대한 대체제로서 미국의 학교와 가족에게서 빈번하고 광범위하게 사용되는 음식, 사탕, 대접, 여행, TV 시청 그리고 장난감과 같은 유형적인 상들을 보아 왔다. 이들은 대단히 우려스럽다. 몇몇 아동과 10대들이 다른 가치체계를 발달시키지 않았을 때 이러한 보상들이 필요할 수도 있다는 것이 명확하다 할지라도 상은 일반적으로 학생이 추상적으로 생각하고 가치를 발달시키기 시작하는 그 시기에는 정당화되지 않는다. 만약 행동관리계획에 있어서 보상체계를 포함하는 것이 필요하다고 보인다면, 점차적으로 보상체계를 줄이고 이를 동기부여라는 더욱더 내재적인 형태로 대체시키기 위한 체계적인 계획 또한 동등하게 포함시킬 필요가 있다. 학생들이 단지 물질적인 보상을 위해 활동하는 한 책임감 있는 사회적 행동이 발달할 것이라는 데는 의심의 여지가 있다.

또한 점수제가 이러한 전략들의 리스트에 왜 포함되지 않는지 의문이 제기되어 왔다. 이러한 방법은 교사의 준비 프로그램에서 광범위하게 교육되고, 정서행동장애를 가진 학생들을 위한 프로그램에서 강력하게 사용된다. 행동의 성공적인 관리로서 점수제가 학생들에게 필요하다는 것을 발견하지는 못했으나 점수제가 심각하게 문제를 보이는 학생의 행동에는 필요할 수도 있다. 본래의 발달 모델에서 대안으로서 이러한 전략을 탐색했고 점수제를 더 많이 사용하는 것을 단념하게 하는 여러 부정적인 면들을 발견했다. 첫째, 점수제 하에서 실행되는 행동들이 매일의 일상에서 학생들에게 일반화될 수 있다는 증거의 부족을 우려하였다. 둘째, 정교하게 만든 상벌의 세트 혹은 상세한 기록체계는 학생들이 아닌 점수제에 우선권을 줄 수 있다. 성공과 실패를 체크하는 데 많은 초점을 맞추면서 넓은 의미의 개인적인 참여가 학생에게는 손실이 될 수 있으며 모든 행동이 점수 가치와 관련이 있다는 물질적인 견해

성공적인 행동관리를 위한 4가지 요점

(1) 기대를 명확하게 전달한다.
(2) 항상 추적한다.
(3) 학생에게 관심을 보여 준다.
(4) 학생의 행동을 유발하는 힘을 이해한다.

를 이끌 수 있다. 셋째, 매우 의도적인 교사에게서 점수제가 잘못 사용되는 것을 볼 수 있는데, 이러한 교사는 그날의 학생의 실패들을 검토하고 평가함으로써 학생 자신이 스스로의 이미지를 '할 수 없는 사람' 이라고 생각하도록 하는 강화자가 된다. 마지막으로 외부적으로 관리되는 통제 체제는 학생이 행동에 대한 개인적인 책임을 받아들이는 것을 제한할 수도 있다고 우려되었다. 그러나 만약 점수제가 이러한 우려들을 고려한다면 발달적 치료-발달적 교수를 위해 추천된 다른 관리전략들과 함께 사용되지 못할 이유는 없다.

수준과 계약을 사용하는 다른 전략들에 대해서도 동일한 우려가 있다. 낮은 수준에서 높은 수준으로 학생들이 향상함에 따라 특권을 증대시키기 위한 필수적인 아이디어가 이론적으로 지지될 수 있다. 지정된 성취 수준들은 학생들에게 자신의 행동을 규정할 수 있는 인센티브들을 제공할 수 있다. 학생들이 3단계 혹은 그 이상에서 목적과 목표들을 마스터하기 시작함에 따라 이러한 전략들이 효과적일 수 있다는 것이 밝혀졌다. 발달교육목표평정지(개정판)를 자기 평정하는 학생들은 그들이 단계를 거쳐 감에 따라 발전하고 있다는 것을 안다. 이러한 전략은 개별화 교육프로그램 혹은 개별화 전이계획 목표들을 학생들과 그들의 가족들이 선택하도록 함으로써 학생들에게 그들이 어디로 가고 있고 그들이 하루하루 지나면서 어떻게 발전하고 있는지에 대해 인식하게 한다. 학생들은 그들 자신의 행동들이 향상되는 것을 보고, 또래들의 인정, 존중 그리고 인식과 관련된 가치 있는 결과들을 성취하는 데서 성공을 경험한다. 만약 발달목표들을 달성하거나 혹은 계약을 수행하기 위한 보상이 문화적으로나 발달적으로 적합할 뿐 아니라 연령과 관련이 있다면, 계약과 수준 둘 모두는 효과적일 수 있고 발달적 치료-발달적 교수 접근방법에 쉽게 포함될 수 있다.

긍정적인 피드백과 칭찬

긍정적 피드백과 칭찬은 언어적으로 그리고 비언어적으로 학생들의 참여에 대한 긍정적인 면들을 반영함으로써 학생들을 고무한다. 이것은 모든 발달단계에서 학생들에게 사용되는 발달적 치료-발달적 교수의 주요한 전략이다. 학생들이 매우 잘했다는 것을 알게 함으로써 성인은 존중, 인정, 관계에 대한 의미를 전달한다. 이러한 본질적인 면들은 사회적 능력과 개인적인 책임감을 지속적으로 발달시키는 데 필수적이기 때문에 모든 프로그램에 있어서 필수적인 요소다. 학생들은 그들 자신만의 성공을 보지 않고 성인들과 함께했던 신뢰와 자신감을 형성하는 기회들을 부인하는 경험을 가지고 있다. 만일 성인들이 긍정적인 방법으로 학생의 참여를 촉진하길 바란다면 성인들의 긍정적인 피드백과 칭찬은 필수적이다. 학생들은 자신이 할 수 있다고 생각할 때 자발적으로 참여하고 새로운 행동방식들을 시도한다.

사용되는 긍정적인 피드백과 칭찬의 유형은 학생들의 개인적인 프로파일과 발달단계에 따라 다양하다. 어떤 학생들에게는 성공적인 결과—숙달감과 성취감—가 수용할 수 있는 방법으로 지속적으로 참여할 수 있도록 하는 동기가 된다. 다른 학생들에게는 의미 있는 성인들이나 또래들에게 인정받는 것이 동기를 제공한다. 1단계에 있는 학생은 신체 접촉, 끌어안기, 만지기 그리고 성인들이 주는 유쾌한 감각, 활동 그리고 물질들을 통해서 많은 긍정적인 피드백을 얻는다. 호기심을 자극하고 반응을 이끌어 내는 초기에 사용되는 이러한 형태의 긍정적 접촉은 곧 대인관계상의 격려, 칭찬 그리고 자발적인 반응과 참여에 대한 보상이 된다.

2단계에서 학생들은 참여의 즐거움을 위해 높게 동기 부여되고 개별화된 물질과 행동으로 옮겨 반응한다. 행하는 것의 즐거움이 보상이 된다. 성인은 이러한 즐거움을 언어적으로 반영하고 활동을 성공적으로 성취하기 위해 요구되는 기본적인 기술들을 학생들에게 지원하면서 학생들의 참여에 대한 긍정적인 면들을 격려한다. 풍부하고 빈번한 언어적 칭찬은 종종 신체적인 접촉에 수반되어 사용되어야 한다. 2단계를 시작하는 학생들은 성인의 도움이나 지도 없이 성공적으로 성취할 수 있는 것이 거의 없기 때문에 심지어 아주 작은 성취라도 인정해 주어야 한다.

3단계에서 학생들은 성인들에게서 받은 언어적인 칭찬이 대개 그들의 성취에 대해 인정하고 활동에 대한 좋은 느낌을 충분히 전달하게 하는 수준으로 향상된다. 이러한 칭찬은 종종 3단계을 시작하는 학생들이 받아들이기에는 어렵다. 2단계에서 3단계로의 이동을 나타내는 발달지표가 있다. 그것은 바로 '적합한 행동이나 통제의 손실 없이 칭찬 혹은 성공을 받아들이는 것' 이다. 이 목표는 학생이 3단계의 중요한 의사소통 목표를 완수할 수 있기 전에 달성되어야만 한다. '자신의 일과 활동에 있어서 자부심을 보여 주기 위해 자발적으로 언어나 비언어적인 몸짓을 사용하는 것 혹은 자신에 대한 긍정적인 진술을 만드는 것' 이다.

집단 활동에 성공적으로 참여하는 것이 3단계의 학생들에게 주요한 사회-정서적인 목적이기 때문에, 성인들은 학생들의 긍정적인 결과를 격려하기 위해 칭찬을 정당화하면서 성공에 대한 언어적인 반영이나 재지시와 함께 긍정적인 피드백과 칭찬을 빈번히 사용한다. 칭찬을 받아들이면서 3단계에서 학생에 대한 성인의 믿음이 증가하고 학생들은 성공에 대한 느낌을 내면화하기 시작한다. 이러한 시점에서 학생들은 칭찬을 받기 위해 성인에게 덜 의존하게 되고 또래들로부터 인정받는 것에 초점을 맞추기 시작하는데, 이것이 4단계로 이동 중이라는 것을 보여 주는 것이다.

4단계의 학생들에게 있어서 또래의 인정은 동기를 부여하는 중요한 힘이 된다. 성인들은 개인적인 성공과 성취에 대한 또래의 판단들을 확인해 준다. 긍정적인 피드백과 칭찬은 집단의 상호작용에서 나와야만 하고 믿을 만한 실생활적인 의미를 가져야만 한다. 4단계 학생 집단은 어떠한 선택들이 그들이 추구하는 결과를 가져오는가를 학습함으로써 그들 스스로의 보상을 만들 수 있다. 이 단계에서 학생들과 함께하는 성인들의 주요한 도전 과제는 예상된 보상체계를 집단에 첨가하지 않는 것이다. 진정으로 효과적이기 위해서는 집단의 구성원으로서 받아들일 수 있는 책임감 있는 행동과 참여를 위한 동기가 집단 그 자체의 개개인에 의해서 정의되고 감독되어야 한다.

5단계에서 학생들은 자신의 성취와 다른 사람들의 성취를 인정한다. 그것은 다른 사람들에 대해 긍정적 진술을 하고 다른 사람들의 성공과 바람직한 특징들을 파악하는 패턴을 만드는데 성인들을 거의 모델링하지 않는다. 다시 말해 5단계는 학생들에게 다른 사람들과의 관계 속에서 그들 자신을 위한 전략으로 긍정적인 피드백과 칭찬을 사용하는 기회를 제공한다.

물질에 의한 동기부여

장난감, 자료, 활동, 공급, 장비 그리고 매체 등에 의한 동기부여는 1단계에서부터 3단계의 학생들에게 사용하는 주요한 행동관리전략이다. 대단히 매력적인 실질적인 사물들은 이러한 단계에 있는 학생들의 성공적인 참여를 끌어내기 위한 촉진제다. 효과적이기 위해서 물질은 학생들로부터 참여하는 행동을 유발해야만 한다. 그러나 성인들은 보통 학생들에게 동기를 부여시키고 의미(또는 가치)를 체계화하는 방법으로 물질들을 소개해야만 한다. 3단계까지 학생들은 일반적으로 선별된 물질 자체에 의미를 부여할 수 있다. 그러나 이 의미는 부정적일 수도 있고 비건설적일 수도 있다. 활동에 대한 참여를 성공적으로 만들 수 있는 강력하고 긍정적인 동기를 부여하는 물질을 선별하는 것은 성인들의 책임이다. 1단계에서부터 3단계까지의 구체적인 개별화 교육프로그램 혹은 개별화 가족지원계획 목표들의 숙달을 촉진하기 위해 동기부여 물질들을 사용한 예들을 보도록 한다.

1단계에서 물질을 이용한 동기부여 심각한 신체장애를 가진 몇몇 학생들은 행동목표인 '운동 행동이 포함된 단순한 환경적 자극에 자발적으로 반응하기' 를 행한다. 성인은 각 학생들에게 세탁할 수 있는 조그마한 아기 인형과 옷 그리고 따뜻한 물이 담긴 작은 그릇을 준다. 그러면서 말하기를, '인형은 목욕이 필요해. 인형을 씻겨 주자.' 여기서 학생들에게 동기가 되는 물질은 물이다. 물은 이러한 학생들에게 높은 동기를 부여한다고 이미 검증되었다. 물질에 있어서 감각적인 요소들은 지속적으로 주의를 환기시킨다. 물속에 있는 인형은 친숙한 환경에서 새로운 과제를 나타낸다. 학생들은 성인이 인형을 씻기면서 간단한 시범을 보이는 것을 지켜본다. 이들은 성인의 움직임을 모방하거나 그들 자신의 움직임을 만들려고 시도하는 반응을 보인다. 학생이 반응하지 않을 때 성인은 학생의 손을 물속에 집어넣어 헝겊을 집어 들게 하고 인형에게 놓아 보게 하는 등 학생에게 다시 동기부여를 시킨다.

2단계에서 물질을 이용한 동기부여 2단계에 속한 학생 집단은 행동목표인 '성인에 의한 신체적인 중재 없이 기다리기'를 행한다. 큰 상자 안에 든 동기부여 물질을 사용하는 것은 이러한 학생들의 주의 산만함과 충동성을 중화하는 데 필수적이다. 교사는 상자를 보여 주며 말하기를, '오늘 이 상자 안에 놀라운 것이 있어. 이 놀라운 것을 얻기 위해 우리는 전에는 해 보지 않았던 어떤 일을 해야만 해.' 교사는 상자로부터 '비밀 메시지'가 붙어 있는 끈을 잡아당긴다. 교사는 리듬감 있게 메시지를 읽어 준다. '나를 당겨요. 나를 당겨요. 나를 천천히 당겨 주세요. 그러면 당신이 알고 싶어 하는 것을 보여 줄게요.' 교사는 메시지가 있는 또 다른 끈을 잡아당기면서 말하기를, '모든 사람에게 다 기회가 있어. Lance, 네 차례야. 당겨 봐.' 교사는 Lance에게 끈을 주고 Lance는 또 다른 메시지가 나타날 때까지 끈을 잡아당긴다. 각각의 메시지는 학생들이 메시지를 '읽을' 수 있도록 글자, 그림 혹은 기호 중 하나를 사용하여 쓰여 있다. 각각의 메시지는 집단의 모든 학생들에게 그 순서가 다 돌아갈 때까지 그 메시지를 읽은 학생이 또 다른 학생에게 그것을 넘기도록 지시한다. 마지막 메시지는 메시지를 읽은 학생이 모든 사람에게 놀랄 만한 것이 상자에서 나올 때까지 다 같이 끈을 잡아당기자고 말하도록 지시한다.

이러한 활동에서의 동기는 놀랄 만한 것이라는 요소이고 숨겨져 있는 물건을 발견하면서 성인들에 의해서 조성되는 분위기다. 참여에 대한 어떠한 불안도 완화시키기 위해서는 각각의 학생 모두에게 차례가 돌아간다는 것을 확신시켜야 한다. 메시지들은 학생 개개인의 능력 수준에 따라 개별적으로 쓰여서 그들 모두가 성공을 경험할 수 있어야 한다. 가장 충동적인 학생들을 위해서는 대기 시간이 감소될 수 있도록 활동할 때 빨리 그들의 이름을 불러준다. 어떠한 학생도 자신이 무시당한다는 감정을 느끼지 못하도록 '대단원'—놀랄 만한 것을 보여 주는 마지막 힘껏 당기기—은 활동의 가장 동기화되는 부분에서 학생 모두를 포함해야 한다.

3단계에서 물질을 이용한 동기부여 3단계에 있는 몇몇 학생들은 행동목표인 '주어진 상황에서 좀 더 적절하게 행동하는 방법을 다른 사람에게 말하기' 를 숙달하는 데 어려움을 겪는다. 교사는 이 목표를 성공시키기 위해 반대의 실행 결과를 포함하는 동기화된 역할놀이를 이용한다. 교사는 다른 학생들이 교실 안으로 걸어 들어올 때 학생들에게 수학 시간으로 가장된 교실을 묘사함으로써 시나리오를 구성한다. 교사는 말한다. '교실에 들어오는 가장 무례한 방법이 뭐지?' 교사는 집단의 학생들이 무례한 출입에 관해 이야기하는 것을 격려하고 학생들은 역할놀이를 하기 위한 몇몇 사례들을 선택한다. 집단 내에서 한 행동이 다른 사람에게 미치는 영향, 무례한 학생들의 감정, 행동에 대한 이유 등에 관한 각각의 역할놀이에 대해서 논의한다. 활동을 끝내기 위해 학생들은 교실에 들어오는 좀 더 수용 가능한 방법을 역할놀이 한다.

이 활동은 유형적 물질을 사용하진 않지만 동기를 부여한다. 왜냐하면 흥분과 유머가 받아들일 수 없는 방법—그러나 역할놀이와 가장놀이의 안전한 경계선 안에서—으로 활동하는 자유를 허용하는 관점과 연결이 되어 있기 때문이다. 드라마는 학생들이 실제로 경험해 보지도 않고 받아들일 수 없는 행동에 대한 반향을 느끼게 해 준다. 이러한 감정들은 이러한 아이디어들이 단순하게 논의될 때 동기를 부여하는 요소로서 나타나지 않는 논의에 '생동감' 을 가져다준다.

4단계와 5단계에서 물질을 이용한 동기부여 4단계와 5단계에 있는 학생들은 사람들이나 동료와 같은 그들의 실생활적인 관심들과 밀접하게 연관된 물질에 반응한다. 물질에 의해 발생되는 이러한 의미들은 개별적으로 문화적으로 연관이 있어야만 하고, 만약 정확하게 선택된다면 즉각적인 참여를 유발할 수 있다. 5단계에서 특히 학생들은 사람들로부터 그들의 주요한 동기를 끌어낸다. 이러한 이유 때문에 물질을 이용해 동기부여를 하려는 시도는 그들이 개인적이고 사회적인 관심을 반영하는 내용을 담고 있지 못하다면 행동관리전략으로서 특별한 효과가 없다. TV, 음악, 영화 그리고 인쇄 매체들은 동기부여에 관한 내용을 위한 주요한 자원들이다. 학생들은 과업이나 활동에 있어서 높은 반응성과 지속적인 참여를 지니는 잘 선택된 물질들에 반응한다.

마지막으로 물질을 주는 것은 모든 발달 단계에 있는 학생들이 관여하고 참여하길 원하도록 만들어야 한다. 물질들을 소개할 때 활동에 있어서 그것들이 어떻게 사용될 것이고 어떠한 기대되는 결과가 있을 것인지에 대해 명확하게 정보를 제공해야 한다. 각각의 학생들은 이러한 물질들을 성공적으로 사용할 수 있어야 한다. 학생이 만약 물질에 대해 너무 열정적으로 반응하여 혼란스러워 허우적거린다면 상황은 반드시 더 많은 성인의 중재를 필요로 하는 행동적인 문제를 야기할 것이다. 반대로 학생이 자신감과 열정을 가지고 물질에 반응하고 그것을 어떻게 성공적으로 이용하는지에 대해 정확하게 알고 있다면 활동이 끝날 때까지 더 많은 성인의 관여가 필요치 않을 것이다. 이러한 분위기는 물질과 활동을 포함하는 것이 받아들여질 수 있는 자기 규제된 행동과 사회-정서적 성장을 참여를 통해 촉진하는 것이다.

구 조

구조는 조직이다 구조는 1단계와 2단계의 학생들에게 사용하기 위한 주요한 관리전략이며, 3단계에서는 빈번히 사용된다. 4단계와 5단계까지 구조는 일반적으로 학생들 자신 안에 있으며, 프로그램에서 확장된 구조를 제공하는 것이 더 이상 필요하지 않다. 구조는 순서, 일관성, 예측 가능성 그리고 심리적인 안정을 제공한다. 주의 깊게 구조화된 프로그램에서 학생들은 기대되는 것이 무엇인지, 그것이 언제 발생할 것인지 그리고 어떠한 행동이 그들에게 기대되는지를 안다. 거의 역설적으로 구조는 개인적인 자유와 주도성을 가져다준다. 학생들은 그들이 계획된 것을 처리할 수 있다는 것을 배울 때 점차 자발적으로 참여한다. 그리고 그들의 노력이 성공적일 때 학생들은 점점 그들의 참여에 자발적이 된다. 성인들은 구조를 통해서 학생들의 사회-정서적인 성숙을 촉진한다.

구조는 스케줄, 활동, 공간, 일과, 속도, 타이밍 그리고 성인들의 통제량(혹은 통제의 부족)을 포함한 조직의 많은 세부사항들로 구성된다. 프로그램이 매끄럽게 진행되고 있을 때 구조는 작용한다. 잘 조직된 프로그램에서 성인의 통제는 지배력을 갖지 않게 되고 권위적인 관리는 없어지게 된다. 참여와 관여를 일으키는 것으로 보이는 프로그램에서 활동들의 실질적인 흐름이 바로 구조다.

발달적 치료-발달적 교수의 단계들을 통해서 학생들의 내적인 구조가 증가함에 따라 외적인 구조는 감소한다. 구조는 1단계와 2단계에서 매우 명확한 물질적인 요소들로부터 3단계의 언어적이고 함축적인 구조로 변화하는 패턴을 따른다. 예를 들어 1단계에서 성인은 이야기 코너에서부터 예술 활동 영역까지 학생들이 성공적으로 이동하는 것을 도와주기 위해 노래 부르기와 리드미컬한 행진을 활용할 수도 있다. 2단계에서 성인은 학생들 앞에서 탁자를 움직이고 '보물 상자' 를 가져오고 보물 사냥을 위해 학생들을 탁자로 오도록 초대함으로써 이동을 구성할 수도 있다. 3단계에서 성인은 어제 학생들에 의해 성취된 성공적인 활동을 상기시키고 다음 활동이 부모님들을 위한 학교의 오픈 하우스의 한 부분으로서 어떻게 사용될 수 있는가를 묘사하는 것으로 이동을 구조화할 수 있다. 4단계의 학생들에게 있어서 구조는 집단 구성원들에 의해서 표현되는, 즉 집단 활동을 통제하려고 한 개인이 시도하는 것을 넘어서 점차 동요되는 욕구에 맞도록 재조정된다.

구조의 여러 형태들(즉, 일과와 스케줄, 공간의 활용, 참여에 대한 기대, 성인의 통제량)은 모든 연령과 모든 발달 단계의 학생들을 위한 발달적 치료-발달적 교수 프로그램의 한 부분이다. 이러한 프로그램 요소들은 앞장에서 논의되었으나, 행동 관리의 중요성 때문에 여기에서 다시 요약한다.

일과와 스케줄은 구조를 위한 기본이다. 심리적 안정은 일관성과 예측 가능한 사건들과 함께 온다 가정이나 학교에서의 발달적 치료-발달적 교수 프로그램은 매일의 활동을 위해 일관성 있는 일과를 유지한다. 이 일과는 학생을 위한 외적인 조직을 제공하고 안전을 구축한다. 학생에게 미치는 긍정적인 효과는 과잉운동장애, 주의력 결핍장애, 약물이나 알코올 장애를 포함하는 신경손상, 정신분열증이나 자폐증 같은 사고나 의사소통 장애를 가진 스스로의 내적인 조직화가 부족한 학생들에게 특히 중요하다.

1단계의 학생들에게 성인들은 일과를 명확하게 볼 수 있도록 삽화로 보여 주면서 일련의 순서로 기억하도록 하는 데 초점을 둔다. 각 학생들은 삽화에 사용된 상징들을 이해하고, 성인이 활동의 스케줄에 있는 삽화를 지적하며 '다음엔 뭐지?' 하고 질문할 때 그 사건을 회상하도록 배운다. 종종 1단계의 학생들은 일과가 학습될 때까지 성인이 질문에 대해 대답하는 것을 들어야만 할 것이다. 2단계의 학생들은 그 일과를 예상하며 활동을 시작하는 말이나 상징에 대한 인식을 실행하기 위해 그 후에 제기되는 활동의 스케줄을 사용할 수 있다. 매일의 스케줄을 아는 것이 그들에게는 성공의 한 형태다. 그들은 듣지 않고도 일과를 안다. 3단계에 이르러 학생들은 그들 자신이 매일의 활동 스케줄을 검토하고 대부분의 학생들은 글로 쓰인 스케줄을 인식할 수 있다. 그들은 역시 활동의 순서에 있어서 심리적인 안전에 방해받지 않고 특별한 활동들이 매일의 일과에 속할 수 있다는 것을 배우기 시작한다. 4단계에서 학생들은 그들 스스로가 스케줄을 개발하고 집단의 요구를 충족시키기 위해 스케줄을 변경하면서 집단에 참여한다. 5단계의 학생들은 그들이 참여하는 정규 프로그램이나 활동의 일과와 스케줄에 따른다. 고등학교에 다니는 이 단계의 학생들에게 있어서 매일의 일과는 모든 학생들을 위해 고안된 동일한 수업 기간 등으로 계획된다.

공간과 활동영역은 구조에 있어서 본질적이다 구조에 있어서 또 다른 주요한 요소는 각 활동을 위해 고안된 공간을 사용하는 것이다. 방(가족 프로그램의 경우에는 집)의 구체적인 영역은 특정한 활동들을 위해 지정되어 있다. 각 활동에 대해 기대되는 행동이 있다는 것을 학생들이 명확하게 알고 있어야 하고, 지정된 공간을 지속적으로 사용하는 것은 학생들에게 이러한 기대를 상기시켜 주는 데 도움이 된다. 그러므로 학생들이 특정 영역에 대한 기대를 학습한 후에 성인들이 이를 상기시키는 것은 불필요하다. 공간 지정은 학생들에게 활동을 위해 기대된 행동에 대한 단서를 준다. 열기가 넘치고 자유로운 이동을 위한 공간이 있으며, 제약되고 조심스러운 움직임을 요하는 공간과 활동이 있다. 어떤 활동들은 대근육을 많이 사용하는 활동을 요하는 반면 다른 활동들은 잘 통제된 미세한 근육의 움직임을 요한다. 지정된 공간과 활동 영역은 이러한 본질적인 요구들을 전달한다.

활동 영역은 학생이 자기규제 행동을 학습하는 과정을 시작할 수 있도록 고무한다. 활동 영역에서 자료가 잘 선택되고 학생들이 이에 의해서 동기 부여된다면 활동을 위한 내적 동기는 학생이 참여할 수 있도록 이끌어 준다. 탐구적이고 자발적인 행동은 학생이 독립적인 방법으로 새롭게 습득한 기술을 시험해 보는 기회를 가짐에 따라 학생들에게 추가적인 혜택이 된다.

구조는 참여에 대한 기대를 포함한다 모든 학생은 각 활동에 참여하도록 기대된다. 그러나 기대는 각 단계에 따라 다르고 각 학생마다에게 개별적이다. 학생들이 스트레스에 대한 신호를 보일 때 성인이 참여에 대한 일반적인 기대를 수정하지 않고 구조를 어떻게 개별화하는지를 보여 주는 예가 있다. 1단계의 영아가 극도로 흥분해서 자신의 손을 찰싹 때리기 시작할 때 성인은 그녀의 손을 잡고 기대되는 '움직임(motoring)'을 하게 한다. 2단계의 혼란에 빠져 있는 유아에게 성인은 다음과 같이 말함으로써 과제를 재정의한다. '유모차 만드는 것을 아주 잘하는구나. 거의 완성되었네. 이제 바퀴를 달면 끝이다!' 3단계의 소규모 집단의 화난 아동들에게 성인은 이렇게 말한다. '때때로 남자들은 일을 끝내기 위해 어떠한 것에 대해 아주 화를 내곤 하지. 이것을 끝내려고 시도하기 전에 너의 마음이 진정으로 어떠한가에 대해 얘기해 보자.' 스트레스 신호를 보이고 있는 4단계의 학생들과는 집단 구성원들에게 나타나는 스트레스와 문제들을 일으키는 것이 무엇인지에 대해 논의할 때 집단 전체를 포함시킨다. 이러한 각각의 상황에서 성인은 순간순간의 가장 중요한 발달적 욕구를 충족시키기 위해 행동적 기대들을 재구성하는 반면 활동이 종료됨에 따라 참여의 중요성을 강조한다.

과도한 성인의 통제는 구조를 망칠 수 있다 성인의 통제량은 개별화된 행동관리계획에서 사용되는 구조를 계획하고 실행할 때 고려하는 가장 섬세한 힘이다. 성인의 통제는 심리적 안정을 위해 절대적으로 필요하다. 즉, 학생들은 성인들이 자신들을 보호해 줄 것이라는 것을 알아야만 한다. 아무도 다쳐서는 안 된다. 학생들은 또한 성인들이 그들 자신이나 혹은 다른 학생들에 대한 통제를 잃지 않고 능력 있게 위기를 처리해 줄 수 있다고 믿어야만 한다. 일반적으로 우리는 발달적 치료-발달적 교수의 학생 프로그램을 맡고 있는 성인이 스스로의 위기를 처리함으로써 상황에 대한 능력과 통제를 수행하는 것을 선호한다. 외부자를 불러들여 도움을 청했을 때, 이를 학생들은 성인이 무능력하게 상황을 처리하는 것으로 해석할 수 있다. 이는 보통 프로그램에 필요한 심리적 안정감을 와해시키는 원인이 된다.

또 다른 형태의 성인의 통제는 성인들이 활동에 참여함에 따라 학생의 행동을 규제하고 통제하려는 시도의 정도다. 발달 단계는 성인의 적절한 통제의 양을 지시하는 최선의 방안이다. 영유아들을 만족스러운 참여로 이끌기 위해서는 성인들의 지도가 필요하다. 이는 종종 성인으로 하여금 경험을 통제하고, 기대되는 행동을 교육하고, 활동의 요소들을 구조화하고, 기술 수준에 관계없이 모든 학생들이 성공적인 결과를 가진다는 것을 확신하도록 때때로 간섭하는 것을 요구한다. 학생들의 만족스러운 결과를 확신하기 위해 마지못해 통제를 사용하는 성인은 프로그램을 실패하게 하고 학생의 발전을 저해한다. 반면에 학생들이 만족스럽고 성공적인 결과를 위해 독립적으로 사용할 수 있는 기술들을 습득하기 시작함에 따라 성인은 그들의 통제를 그만두어야만 하고 학생들에게 그들 자신의 고유한 방법으로 활동에 참여하는 자유를 허용해야만 한다. 이러한 경험들은 책임감 있는 행동을 이끈다.

재지시

재지시는 학생들을 다시 동기 부여하고 과제를 수정하거나 기대된 행동들을 재정의함으로써 학생을 과제나 활동으로 되돌아가도록 지도하는 과정이다. 재지시는 학생이 더욱더 수용 가능한 행동을 선택하도록 도와주기 위해 사용될 수 있다. 학생이 만족스런 결과를 가져오는 선택을 할 때 선택은 책임감 있는 행동으로 나아가는 단계이기 때문에, 이때 사회-정서적 성장이 일어난다. 재지시는 또한 불필요한 대립을 피하면서 학생이 활동에 주의를 기울일 수 있도록 다시 초점을 맞출 수 있다. 언어적 재지시는 2단계와 3단계의 학생들에게 사용하는 주요한 관리전략인데, 이 단계들에서는 활동에 있어서의 지속적인 참여가 주요한 초점이다. 이것은 또한 1단계에서도 종종 사용되는데, 이 단계에서의 재지시는 주로 신체적이다. 예를 들어 신체적 접촉은 1단계에서 과제에 대한 학생의 주의를 끌기 위해 사용되고, 움직임을 통해서 학생을 움직이게 하는 것은 어떻게 참여하는지 학생에게 가르치는 데 사용된다.

2단계의 학생들은 그들의 행동을 지도하는 언어적 단서에 대해 반응하는 것을 배운다. 예를 들어 놀이 시간에 공격성을 통제하기 어려운 유아는 장난감 트럭을 가지고 노는 동안 꽤 스트레스를 받게 되고 다른 학생이 쌓아 놓은 블록 구조물에 트럭을 충돌시켜 부숴 버린다. 성인은 몇 개의 블록을 집어 들고 재빨리 학생을 위해 길을 만들면서 말한다. '이것은 너의 응급차를 위한 고속도로야. 네 트럭은 옆 마을로 가기 위해 이 도로에서 아주 빠른 속도를 낼 수가 있어.' (블록으로 만든 길은 다른 학생이 만든 구조물로부터 다른 방향을 향하도록 한다.) 블록으로 새로운 마을을 짓거나 트럭이 고속도로 끝으로 물건을 나를 수 있는 모험 놀이에 다른 학생을 포함시킴으로써 더 많은 재구조화가 요구될 수 있다.

3단계의 학생들에게 성인은 다음과 같이 말하면서 재지시를 사용할 수 있다. 방을 가로질러 종이뭉치 공을 막 던지려는 학생에게 '여기 쓰레기통이 있다.' 라고 말하면서 쓰레기통을 학생에게 밀어 준다. 혹은 성인은 대화의 초점을 재지시하기 위해 학생의 질문에 또 다른 질문으로 대응할 수도 있다. 학업적 과제에 있어서 이러한 예는, 학생이 '이거 맞아요?' 라고 물었을 때 교사가 '보자, 9 더하기 9가 17이 되니?' 라고 대답하는 것이다. 사회적 의사소통의 영역에 있어서 재지시의 예는, 학생이 '왜 선생님은 머리를 그렇게 빗어요?' 라고 물을 때 성인은 '너는 얼마나 많은 사람들이 다른 방식으로 머리를 빗는지 알고 있니? 자, 다른 사람들을 둘러보자.' 라고 대답하는 것이다. 이러한 재지시는 '다른 사람의 특징적인 속성을 묘사하는' 특정한 의사소통의 목적을 바꾸게 한다. 이러한 전략은 또한 학생들이 사회-정서적 성장을 위해 요구되는 기술을 습득하는 데 있어서 그 자체가 학생의 향상에 중요하지 않거나 유용하지 않은 성인 자신의 개인적인 정보에 대한 부담감을 피할 수 있게 해 준다.

4단계로 학생들이 진입하는 시기에는 보통 단순하고 지시적인 언어적 암시가 재지시에 충분하다. 예를 들어 '쓰레기통이 저기 있다.' '덧셈한 것을 확인해 봐.' 혹은 '네가 저 그림에 더 추가할 것이 더 있니?' 와 같은 재지시는 학생이 기대되는 행동을 할 수 있도록 재지시하거나 과제를 올바르게 완성하기 위해 다시 동기를 부여시키는 데 충분해야만 한다. 4단계의 학생들과 관련된 재지시를 포함한 가장 강력한 전략들 중 하나는 '자신의 행동적 향상에 대한 인식을 나타내는 것' 이라는 행동 목표를 행하는 것이다. 학생이 이 목표에 대해 지속적으로 행하고 통제의 감소에 대한 신호를 보이기 시작할 때, 종종 학생의 향상이나 성공의 과거 기록에 기초한 제지시는 그가 과제를 지속적으로 수행하도록 하는 데 충분하다.

5단계의 학생들과 함께 하는 성인들은 목적이 있는 질문이나 반영의 형태를 제외하고는 재지시를 거의 사용하지 않는다. 이러한 코멘트는 학생에게 상황이 진행되는 방향을 다시 생각하게 하거나 대안 중에서 가장 잠재적인 효과가 있는 것을 학생이 선택하도록 생각을 유발할 수 있게 단서를 제공해야만 한다. 성인은 이러한 인지적 형태의 재지시를 통해서 대인관계 기술을 강조하면서 학생들이 사회화의 목적과 이 단계의 목표에 집중할 수 있도록 도와주어야 한다.

반 영

반영은 학생이 행하고 말하고 느끼는 것을 언어적으로 반사하는 비판하지 않는 피드백이다. 반영은 또한 사건을 설명하는 진술일 수도 있다. 반영을 이용해서 성인은 학생에게 자신의 속성을 스스로 바라볼 수 있도록 하는 거울을 제공한다.

긍정적 성격	'다른 사람은 네게 리더십을 기대하고 있어.'
성공	'너는 워킹 보드의 길이를 줄였어.'
즐거움	'함께 현장학습을 가는 것은 대단히 재미있어.'
활동	'이 집단은 TV 쇼를 위한 흥미로운 스크립트를 만들어 왔어.'

반영은 어떠한 판단이나 요구나 해석 없이 학생들이 행한 것(말한 것)을 성인이 알고 있다는 것을 학생에게 말해 준다. 학생들의 부정적인 행동이나 감정이 그들 자신에 대한 부정적인 믿음을 강화할 수도 있기 때문에 일반적으로 부정적인 행동이나 감정을 반영하지 않는다. 반영은 학생들에게서 응답을 요구하지는 않지만 그들이 행하고 말하고 느낀 것에 민감해질 수 있도록 도와준다. 이것은 언어적 기술이 거의 없는 학생들에게 특히 효과적인 전략이다. 성인은 학생의 행동으로부터 언어적인 모델을 제공한다.

반영은 성인이 가지고 있는 가장 유용한 전략들 중 하나다. 반영은 모든 발달 단계에 있는 학생들에게 사용할 수 있지만 환경과 상호작용하는 데 있어서 신체적인 방법에서부터 언어적 방법으로 옮겨 가기 위해 고군분투하고 있는 2단계와 3단계의 학생들에게 사용하는 주요한 전략이다. 그것은 또한 행동을 말과 연결시키는 1단계의 학생들에게도 자주 사용된다. 반영은 그들 주위에서 일어나는 일에 대해 학생들을 민감하게 하기 때문에 학생들의 정신적 언어와 인지를 자극하면서 그들의 모든 경험에 언어적 차원을 제공할 수 있다. 이것은 특히 단어를 활동과 연결시키는 것을 배우는 1단계의 학생들에게 중요하다. 예를 들면 다음과 같다.

'Alanda는 트럭을 가지고 있어. 그녀는 트럭을 가게 하지.'
'너는 쿠키를 가지고 있네.'
'Sally가 너에게 공을 던진다.'

2단계의 학생들에게 반영은 간단한 경험을 언어로 하기 위한 언어적 모델을 제공한다.

'우리는 모두 함께 게임을 했어.'
'Roger는 그가 한 여행에 대해 우리에게 말하고 싶어 해.'

3단계의 학생들에게 있어서 반영은 그들 자신과 다른 사람들의 특징적인 속성을 설명하고 다른 사람의 감정을 인식하는 것과 같은 사회적 의사소통 목표들을 위해 중립적인 방법들로 단어를 사용하는 언어 모델을 제공한다.

'Joanne은 이 프로젝트에서 그녀의 부분에 대해 좋지 않은 감정을 가지고 있어.'
'오늘은 Neil의 특별한 날이야. 그는 이날을 즐겁게 만들길 원해.'
'다른 사람들이 너를 좋은 리더라고 알고 있기 때문에 너는 그들에 의해 선택되었어.'

성인에 의한 반영은 3단계의 학생들이 이러한 감정들을 표현할 수 없을 때 그들이 느끼는 것을 언어로 표현하는 것을 돕는다. 반영은 성인들이 감정을 돌보고 이해하도록 의사소통한다. 반영은 학생들이 그들의 동료 앞에서 좋게 보이도록 도와준다. 그것은 또한 협동적인 상호작용을 고무하고 집단 구성원들의 가치를 가르침으로써 집단 내의 학생들을 언어적으로 연결시킬 수 있다. 예를 들어, 3단계의 여러 학생들이 프로젝트 후 함께 모여 청소할 때 성인은 '이 집단은 대단하구나!' 라며 반영한다.

4단계와 5단계에 있어서 반영은 감정을 공유하는 학생의 능력을 더욱더 확장한다. 반영은 사회적 의사소통 기술을 위한 모델을 제공하고 학생들이 자신의 감정을 집단에 적합하게 전달하는 것을 도와준다. 5단계의 10대들이 가지는 반영은 그들이 자신의 감정, 가치 그리고 아이디어를 시험하도록 도와주는 비지시적인 전략이며, 이로 인해 동료나 다른 성인들과의 의사소통, 사회화 그리고 대인관계 기술을 향상시키게 된다. 그것은 과제의 기술을 준비하는 데 있어서 그들의 개별화 전이계획에서 나온 목표들을 10대들과 함께 수행할 때 특히 유용하다.

질문보다 반영을 이용함으로써 성인들은 학생들이 심문을 받거나 도전받는다는 인상을 전달하는 것을 피할 수 있다. 교사가 한 이러한 질문을 생각해 보아라. '벌써 끝났니?' 학생은 '아니요. 나는 이러한 멍청한 일을 하지 않을 거예요.' 라고 대답한다. 반영을 이용해서 교사는 학생이 과제로 돌아올 수 있게 동기부여를 더욱 높일 수 있다. 교사는 '나는 네가 일을 거의 끝내고 휴식을 취할 준비가 되어 있다고 생각한다.' 라고 말할 수도 있다. 이러한 반영이 학생을 다시 동기 부여시키는 데 불충분하다면 교사는 다음과 같이 말함으로써 재지시를 첨가할 수 있다. '나는 네가 하나의 문장 안에 마지막 단어 3개 모두를 사용할 수 있을 거라 믿는다.'

재지시와 반영의 조합은 과도한 강조나 직면을 사용하지 않고 사소한 품행 문제를 다루는 데 효과적인 방법이다. 발생한 일을 반영함으로써 성인은 행동을 알아차리게 되고 성인이 그 상황에 대해 잘 알고 있다는 것을 학생에게 알려 줄 수 있다. 초점을 재지시함으로써 성인은 무엇이 중요한지를 재정의할 수 있고, 체면을 세우면서 학생이 과제로 돌아오도록 방법을 제시한다. 또한 이와 같은 동일한 이중 전략은 교묘한 학생과 성인의 권위를 지속적으로 시험하려고 하는 학생들에게 효과적이다. 관찰된 것을 반영함으로써 성인은 수용할 수 없는 행동을 관찰하고 그것을 무시하겠다고 선택하는 것을 실제적인 방식으로 전달할 수 있다. 그러고 나서 그러한 행동이 학생에게 불행의 결과로 기인될 수도 있다는 것을 반영함으로써 성인은 학생에게 앞으로 오게 될 결과들을 상기시키면서 이해와 수용을 하도록 전달한다. 마지막으로 성인은 학생이 수용 가능한 방법에 지속적으로 참여하도록 하는 대안에 대한 재지시를 사용하며, 이로써 잠재적인 대립이 제거된다.

예를 들어 휴식 후에 한 학생이 교실로 걸어 들어와 책상 위에 있는 책을 떨어뜨리고 다른 학생의 연필을 쥐고 욕을 하기 시작한다. 교사는 실제적인 목소리로 반영한다.

> 'Brian, 그러한 방식으로 여기에 들어오는 것은 혼란스러운 행동이야. 책을 줍고 무엇이 너를 불편하게 하는지에 대해 나가서 얘기해 보자.'

교사는 교실에 대한 Brian의 혼란에 대해 인지했다는 것을 의사소통하기 위해 반영을 사용하고, 과제를 재정의하기 위해 재지시—Brian을 혼란케 만든 원인이 무엇인지에 대해 나가서 얘기하자는—를 사용하고 있다. 이러한 2가지 전략을 사용하면서 교사는 2가지 연속적인 전략들에 대한 준비 단계를 또한 제공하고 있다. 이는 Brian의 행동과 생활중심중재 과정의 참여에 대한 해석이다. 이는 교사가 '무슨 일이니? 네가 여기에 그렇게 들어와서 한 행동을 어떻게 생각하니? 연필을 돌려주어라. 그러고 나서 책을 집어 들고, 앉아!' 라고 그와 대립함으로써 그 상황에 반응하는 것보다 Brian의 사회-정서적 성장을 촉진하기 위한 더욱 더 효과적인 대안이다.

가끔 반영은 주관적인 반응('때때로 너는 기다리는 것이 힘들다.')을 사용하는 것보다는 객관화('때때로 학생들은 기다리는 것이 힘들다.')되어야만 한다. 객관화된 반영은 성인과 학생 사이에 심리적인 공간을 제공한다. 이것은 이성적으로 다루어질 수 없는 정서적 스트레스로부터 학생을 격리시키기 위해 요구된다. '다른 사람들'이라고 말함으로써(제3자의 입장에서 말하기) 성인들은 다른 학생들도 동일한 감정(혹은 행동)을 가지고 있고, 사건(위기, 갈등, 혹은 실수)이 해결될 수 없을 정도로 너무 과대하거나 두렵지 않다는 것을 전달한다. 예를 들면 다음과 같다.

'아이들은 빨간 페인트로 손을 칠하는 것을 좋아하지 않아.'
'모든 아이들은 다른 아이들이 그들을 좋아하기를 원하지.'
'작년에 한 학생이 창문을 깼을 때 그는 그 행동을 대체하기 위해 허드렛일을 하도록 교장 선생님과 동의했어.'

감정을 반영하는 동안 학생으로부터 떨어져서 학생을 관찰함으로써 성인은 또한 학생에게 맞춰져 있는 초점의 강도를 느슨하게 할 수 있으며, 만약 그렇지 않다면 이는 방어적인 행동을 증가시킬 수 있다. 다른 때에는, 특히 그들 자신의 정체성을 찾는 데 어려움을 가진 학생들에게는 반영을 개별화하는 것이 필수적이다. 이러한 학생들에게 개별적인 대명사를 사용하는 것은 반영을 하는 데 도움을 준다('나는 네가 너의 학습장를 갖고 있다고 생각한다.').

해 석

해석은 감정을 행동과 연결시키는 단어를 사용하는 것이다. 해석은 학생이 3단계로 잘 들어오기까지는 사용되지 않는 관리전략이다. 왜냐하면 그것은 발달의 초기 단계에서는 전형적으로 나타나지 않는 학생들의 인지발달 수준과 의사소통의 기술을 요하기 때문이다. 해석은 발달의 연속적인 단계들에 있어서 행동관리를 위해 계속적으로 주요한 전략이 된다.

해석이 처음 사용될 때는 단순히 학생의 행동에 의해 제안되는 감정을 반영한다. 해석은 학생으로부터 어떠한 반응이나 행동을 요구하지 않는다. 전형적으로 3단계 전의 학생들은 그들의 행동이 자신의 감정이나 행동 혹은 다른 사람의 감정에 의해 영향을 받는다는 것을 알지 못한다. 해석을 할 때의 의도는 행동이 긍정적이고 부정적인 내적 감정들을 전달한다는 것을 학생들이 이해하도록 도와주는 것이다. 그러면 학생들은 그들 자신과 다른 사람들 속에서 이러한 연결을 인식하기 시작한다. 여기에 단순한 형태의 해석에 관한 몇 가지 예가 있다.

'네가 기다려야만 할 때 조용히 하는 것은 힘들지.'
'네가 원하는 것을 가질 수 없을 때 이것이 너를 미치게 만들지.'
'어떤 일이 올바로 되지 않을 때 공정하다고 볼 수 없어.'
'그것을 올바로 행하는 것은 기분을 좋게 해.'
'Carol의 얼굴을 봐. 우습지 않니?'
'네가 그런 식으로 교실로 걸어들어 오는 것을 볼 때 나는 네가 실망했다는 것을 알아.'
'가끔 너는 흥미가 없고 ~을 하기 원치 않아.'
'선생님이 네 차례라고 시킬 때 그게 너를 화나게 하지.'
'가끔은 새로운 것을 시도하는 것이 두렵지.'
'게임이 아주 재밌을 때는 멈추기 힘들어.'
'네가 화가 나 있어서 David를 곤경에 빠뜨리려고 시도했어.'
'선생님이 너에게 다른 사람이 해내지 못하는 일을 주는 것은 공정하지 못한 것 같아.'

이러한 해석들은 '스스로 안에 있는 속성, 강점 그리고 문제점들을 묘사하는 것' '다른 사람들의 속성을 묘사하는 것' 그리고 '다른 사람의 감정을 인정하는 것'과 같은 3단계의 학생들에게 요구되는 아주 구체적인 기술을 가르치기 위한 초점을 제공한다. 학생들이 개방적으로 그들의 감정을 묘사하도록 하는 데 초점을 두는 목적은 3단계의 목적 중에는 포함되지 않는다는 것에 주목하여야 한다. 3단계의 대부분 학생들이 자신의 감정을 개방적으로 인식할 수 있기 전에 다른 사람의 감정을 인식할 수 있다는 것이 우리의 경험이다. 그들의 감정을 전달하도록 배우는 것은 4단계를 시작하는 학생들에게 맞추어야 할 초점이다.

모든 단계의 학생들에게 해석을 이용하도록 하는 의도가 행동을 유발하는 감정을 인정하는 것이라고 할지라도 해석의 유형들은 3단계와 4단계의 학생들에게 형식상 아주 다르다. 3단계의 학생들에게 성인은 학생의 행동과 그것을 제안하는 감정을 연결시킬 표현을 사용한다. 4단계의 학생들에게 성인은 학생이 행동과 감정 사이의 연결을 만들도록 하는 질문들을 한다. 여기 4단계의 학생들이 그들의 해석을 만들어 낼 수 있도록 성인이 묻는 질문의 예가 있다. 이러한 질문들은 4단계의 의사소통과 사회화의 2가지 목표에 초점을 맞춘다. 즉, '본인과 다른 사람에게 있어서 감정과 행동간의 원인과 결과의 관계를 자발적으로 표현하기' 그리고 '집단 내에서 자발적으로 적합하게 감정을 표현하는 단어를 사용하기'다.

'왜 너는 그러한 행동이 필요하다고 느꼈니?'
'네가 진정으로 Rick에게 한 행동이 뭐니?'
'그 일이 일어날 때 그는 어떤 느낌을 받을까?'
'무슨 일이 일어났는지를 되돌아보면서, 너는 그녀가 그렇게 말할 때 느낌이 어땠니?'
'어떤 이유로 너는 그녀를 불러냈니?'

5단계에서 해석은 계속해서 학생들의 감정과 행동을 이해하도록 10대들을 도와주는 주요한 전략이 된다. 반영과 해석을 사용하는 비지시적인 상담 방법들은 정서적 요구와 감정의 맥락에서 학생들이 그들 자신과 다른 사람의 행동을 이해하는 능력을 확장하는 데 도움을 준다. '다른 사람의 감정을 이해하고 존경하기' 그리고 '집단과 개인적 관계를 유지하기'는 개인적인 감정, 정체성, 집단의 가치 있는 구성원이 되기 위한 욕구를 가지고 고군분투하고 있는 5단계에 있는 10대들의 사회-정서적 발달을 위한 중요한 목표다.

성인들 사이의 언어적 상호작용

성인들 사이의 언어적 교환은 학생의 행동을 통제하기 위해 언어를 사용하고 다른 사람들과 성공적으로 상호작용하는 것을 배우는 학생들을 위한 주요한 대인관계적인 행동모델로서 작용한다. 2단계와 3단계의 학생들을 위한 사회적 의사소통의 목표들 때문에 성인의 언어적 상호작용은 이 두 단계에서 주요한 관리전략이 된다. 이러한 목적들은 '건설적인 방법으로 다른 사람에게 영향을 주는 언어를 사용하기' 그리고 '집단 내에서 자신을 건설적으로 표현하는 언어를 사용하기'와 같은 학습을 포함한다.

성인들 사이의 언어적 상호작용은 학생들에게 모방이라는 기본적인 반응 모델을 제공함으로써 사회적 의사소통 기술을 가르치기 위해 학생의 발달단계 초기에 사용된다. 그것은 또한 폭발적인 상황을 중립화시키고, 활동에 있어서 관심을 자극하고, 활동을 교육하며, 학생의 수용 가능한 행동을 강화하고, 성인들 간의 긍정적인 관계에 대한 역동적인 모델을 제공할 수 있다. 이 중 마지막 것은 남자와 여자가 팀을 이룰 때 특히 더 효과적인데, 이는 많은 학생들에게 남자와 여자 사이의 긍정적이고 존경스러운 관계를 관찰하는 경험들이 일반적으로 제한되기 때문이다.

이러한 전략이 효과적이기 위해서는 팀을 이루는 성인들이 함께 일을 잘 수행하여야만 하고, 다음날 각각의 학생들을 관리하기 위한 계획을 세우는 방법에 대해 논의하기 위해 매일 만나야 한다. 그들은 또한 하루 동안 진행되는 관리전략들에 필요한 정교함을 전달할 수 있어야만 한다. 가장 중요한 것은 팀의 구성원들이 각 학생들의 안녕을 위해 완벽한 동의를 이루어 함께 일한다는 메시지를 전달해야 하는 것이다. 성인들 간의 언어적 교환은 팀워크를 명확하게 전달해야만 한다.

여기에 성인들 간의 언어적 상호작용이 1, 2, 3단계의 학생들에게 어떻게 사용되는가에 대한 예가 있다.

1단계를 위한 성인들의 상호작용 예 이 발달 단계에 있는 학생들은 참여하고 반응하는 데 있어서 제한된 기술을 가지고 있다. 그들은 성인들의 말과 그와 관련된 의미를 알아채지 못하거나 무관심한 태도를 보인다. 그러나 이 단계의 학생들은 종종 성인들이 인식하는 것보다 더 많은 것을 흡수한다. 이러한 이유 때문에 1단계의 학생들에게 성인들이 사용하는 거의 모든 언어는 기본적인 언어적 기술에 대한 모델이 되도록 신중하게 선택되어야 한다. 1단계의 학생들과 함께하는 성인들은 세계는 언어적인 장소라는 것을 교육시키는 반면에 단어를 아주 기본적으로 사용하여 학생들이 단어를 자주 반복해서 들음에 따라 단어들이 형성하는 연합들로부터 의미를 잡아내기 시작하게 하는 2가지 과제를 가지고 있다. 이는 종종 학생에 의해 요구되는 핵심 단어들—구조상 단순하고 유형적인 사물, 행동 그리고 사람들과 관련된 단어들—을 서로 반영하는 성인들 간의 상호작용에 의해서 수행된다. 이러한 방식으로 성인들은 사물이나 활동과 단어들을 연합하여 가르친다. 핵심 어휘가 선택되면 팀을 구성하는 모든 성인들이 정확하게 동일한 방식으로 그 어휘를 사용하고, 항상 동일한 상황에서는 그 어휘가 언급되어야 한다. 성인들이 서로 말할 때는 핵심 단어를 강조해서 사용한다. 학생들은 각 성인들로부터 이러한 단어를 많은 다른 상황들에서 반복적으로 듣는다. 예를 들면 다음과 같다.

첫 번째 성인: '이것은 공이다.'
두 번째 성인: '나는 그 공을 본다.'
첫 번째 성인: (학생에게) 'Leon, 이것은 공이야.'
두 번째 성인: (학생에게) 'Leon, 너는 무엇을 보고 있니?'

Leon이 공을 볼 때 첫 번째 성인은 'Leon이 공을 보고 있다.' 라고 응답하고, 두 번째 성인은 Leon의 손에 공을 쥐어 준다. 이러한 교환이 한 명의 성인에 의해서 쉽게 행해질 수 있다 할지라도 두 명의 성인들이 주는 혜택은 그들이 서로 상호작용을 하기 위한 언어적 교환을 모델링한다는 것이다.

2단계를 위한 성인들의 상호작용 예 기대되는 언어적 반응들을 모델링함으로써 활동에 언어적으로 학생을 참여하도록 교육하는 것은 2단계의 학생에게 사용하는 주요한 전략이다. 발달적으로 2단계에 있는 학생들은 보통 어떠한 것을 흉내 내거나 과거의 성공과 어떤 연결이 있기 전까지는 새로운 활동에 참여할 수 없다. 성인들 간의 언어적 상호작용을 하는 목적은 학생들에게 기대된 반응에 대한 모델을 제공하는 것이다. 예를 들면 다음과 같다.

2단계 집단의 학생들은 하나의 활동에서부터 다른 활동으로의 전이가 비조직화되어 있다. 교사는 다음 활동을 위해 상자 안에 어떠한 자료를 가지고 있으나 학생들의 주의를 얻을 수 없다. 그래서 교사와 보조교사는 테이블에 함께 앉아, 교사는 상자 안에 든 내용물을 흔들며 보조교사와 대화한다.

보조교사: 상자 안에 뭐가 들었어요?
교　　사: 지난주에 우리가 사용했던 거예요.
보조교사: 지난주! 생각해 보자……. 부드러운 거예요?
교　　사: 들어봐요. (교사는 상자를 흔든다.) 딱딱한 소리가 나요.
보조교사: 뭔가 딱딱한 것이겠네요. 우리에게 힌트를 줄 수 있을 텐데요.
교　　사: 좋아요, 이건 3가지 색깔을 가졌어요.
보조교사: 3가지 색깔! (학생에게) 생각이 나게 도와줘, Susan. 우리가 지난주에 딱딱하고 3가지 색깔을 가진 어떤 것을 사용했을까?

교사와 보조교사 간의 대화로 시작된 추측 게임에 학생들이 한 사람씩 참여하게 된다. 학생들은 대답을 하면서 자연스럽게 완전히 참여하게 된다(부모들은 가족 활동에 자녀를 참여시키기 원할 때 집에서 이러한 같은 방법을 사용할 수 있다.). 반대로 교사와 보조교사가 '조용히 해.' '앉아.' 혹은 '모든 사람들이 조용히 할 때까지 우리는 여기 앉아 있을 거야.' 와 같은 명령으로 학생들을 조직화하고 통제하려 한다면, 참여는 지연되고 몇몇 학생들은 성공적으로 참여하도록 그들 자신을 적절하게 조직할 수 없을 것이다. 교사에게 언어적 대답을 제공하는 학생의 역할로 들어가면서, 보조교사는 학생으로부터 기대되는 대답들을 보여 줄 수 있다. 학생이 보조교사의 대답을 모방하기 시작할 때, 보조교사는 대답하는 역할에서부터 빠져나와 관심의 방향을 교사 쪽으로 바꾸는 것, 즉 다시 모델링하는 것이 중요하다. 그러나 이 시기의 모델링은 학생을 위한 참여적 행동이다. 집단이 관심을 잃기 시작할 때 보조교사는 활동에 대한 관심과 교사가 학생들에게 말하는 내용에 대한 관심을 전달할 수 있도록 얼굴 표정과 신체언어를 사용하여 이와 동일한 전략으로 다시 학생들에게 동기를 부여한다.

3단계를 위한 성인들의 상호작용 예 성인들 간의 언어적 상호작용은 계속해서 3단계에 있는 학생들의 행동관리를 위한 주요한 전략이 된다. 그러나 이 단계에서 성인들 간의 상호작용은 학생들이 긍정적인 대인관계 상에서 일어나는 반응들을 학습할 수 있는 모델을 제공한다. 성인들은 서로에 대한 존경, 팀워크, 의사소통 그리고 협동에 관한 모델들을 제공한다.

3단계에 있는 대부분의 학생들은 성인들 간의 관계를 주의 깊게 관찰한다. 그들 중 상당수는 성인들과 대립하는 경험을 가졌다. 이러한 경험들의 어떠한 부분도 가족 구성원들, 즉 그들이 제3자로 참여하는 가족과는 일어나지 않을 것이다. 기능장애를 가진 가족으로부터 기능장애 행동을 학습한 학생들은 이러한 전략들을 교실로 가져와서 팀을 구성하는 성인들과 사용하려고 한다. 이것이 명백할 때 우리는 팀을 구성하는 성인들 간의 협동적인 관계와 긴밀한 의사소통을 강조하기 위해—항상 학생들을 지지하면서—성인들 간의 언어적 상호작용을 사용한다.

성인들 간의 언어적 상호작용은 또한 활동하는 동안 통제가 어려워지기 시작하는 행동적인 상황에 대해 다른 성인들에게 단서를 제공하는 데 유용하다. 예를 들어 교사가 최근 사건을 소개하고 있는데, 한 학생이 다른 학생에게 음란한 제스처를 취하고 있다. 보조교사는 'Jones 양, 아마도 우리는 최근 사건들에 대해 이야기하기 전에 다른 학생들을 곤란하게 하려는 것에 대해 이야기할 필요가 있겠네요.' 라고 말한다. 교사는 이러한 단서를 잡아 집단 모두가 이야기할 필요가 있다는 보조교사의 제안을 받아들인다. 이렇게 함으로써 성인들은 '기대된 행동에 대한 인식을 보여 주기' 그리고 '행동하기 위한 다르고 좀 더 수용 가능한 방식들을 이야기하기' 와 같은 목적들을 학생들이 수행할 수 있도록 도와준다.

4단계와 5단계를 위한 성인들의 상호작용 예 4단계의 학생들에게 성인들 간의 언어적 상호작용을 사용하는 데 있어서의 주요한 변화는 성인들의 언어적 상호작용을 해석과 조합하는 것이다. 여기 한 성인이 학생의 행동에 대한 진술을 반영하고, 연합된 감정들을 다른 성인에게 해석한다. 이러한 방식에 있어서 감정과 행동에 대한 고찰은 학생의 격렬한 거부나 혹은 반응을 자극하지 않고 수행될 수 있다. 이러한 전략은 학생들이 그들 자신과 다른 사람들에게 있어서 감정과 행동 간의 연결을 이해할 수 있도록 하는 기술을 습득하기 시작할 때는 더 이상 필요하지 않다.

5단계에서 학생들은 일반적으로 그들 자신과 다른 사람에 대해 성인들과 직접적으로 이야기할 수 있으며, 두 번째 성인은 더 이상 필요치 않다. 이에 대한 하나의 예외는 10대들이 대인관계, 특히 남자와 여자 사이의 대인관계를 위한 좋은 역할 모델을 가지도록 지속적으로 요구하는 것이다. 이러한 기회들은 학교에서나 방과 후, 과외 활동 그리고 직업의 준비과정에 있어서 효과적인 언어적 상호작용을 위한 대인관계 모델을 제공하면서 학생들의 삶에 많은 성인들을 포함시켜야 한다.

규 칙

규칙은 행동을 지도하고 규제하기 위해 만들어진 기대와 과정이다. Piaget는 아동의 도덕적 판단의 발달적 요소로 규칙의 실행, 규칙에 대한 의식, 도덕성의 유형 그리고 벌에 대한 견해 등을 포함하였다. 우리는 규칙에 대한 의식 발달에 관해서 (1) 규칙을 알고 기억하기, (2) 규칙을 준수하기, (3) 규칙에 대한 이유를 이해하기, (4) 규칙위반 시 야기되는 결과들을 포함하는 그의 단계적인 순서를 사용한다(Piaget, 1932, 1960). 이러한 순서를 숙달하는 것은 아동발달의 3단계에 걸쳐 점차적으로 발달해 가는 과정인 것이다. 유아는 규칙에 대한 어떠한 개념도 가지고 있지 않다. 조직적인 혼자놀이는 규칙의 선구자가 된다. 불변의 규칙을 모방하고 절대적으로 준수하는 것은 다음 발달 단계의 특징이다. 점차적으로 아동은 다른 아동들과 협동하는 법을 배우고, 12세 정도가 되면 그들은 집단의 동의에 의해 규칙을 바꿀 수 있다는 것을 학습한다. 이러한 연령대의 아동들이 상호 동의함으로써 규칙을 만들고 수정한다는 사실은 대인관계적인 상호성과 사회적 능력에 대한 감각을 가지게 된다는 것을 의미한다. 그것은 또한 더 높은 발달 단계에서 보이는 자율적인 도덕성을 위한 기초가 된다. Piaget는 또한 규칙위반에 대해 성인들이 주는 벌의 유형은 도덕성 발달이나 이의 부족에 주요하게 기여한다고 믿었다. 그의 연구로부터 나온 시사점은 절대적인 동조와 영유아의 복종을 요구하는 권위주의적인 훈육은 학령기 아동들이 또래들과의 상호작용 능력을 발달시킴에 따라 그들의 협동심과 상호성을 격려하는 훈육방식에 양보해야 한다는 것이다.

학생들은 규칙들을 준수하기 위한 개인적인 책임감을 갖기 전에, 연속적인 사건의 인지과정을 숙달하고 원인과 결과에 대한 기본적인 이해를 가져야만 한다. 행동에 대한 형식적이고 비형식적인 기대들이 모든 개인에게 적용되는 반면, 3단계의 학생들은 그들 자신의 행동을 규제하는 법을 배우는 단계로서 형식화된 규칙들을 배우는 데 초점을 맞추기 위한 충분히 인지적이고 사회-정서적인 성숙을 발달시켜 왔다. 이러한 이유 때문에 규칙은 3단계의 학생들에게 사용되는 주요한 관리전략이며, 2단계와 4단계의 학생들에게도 자주 사용된다.

3가지 범주에서 규칙들을 생각해 볼 수 있다. **수립된 규칙**은 모든 사람에게 적용할 수 있다는 전제가 깔려 있다. **집단규칙**은 특정 집단의 모든 사람에게 적용된다. **대인관계 규칙**은 집단 내 개인들에게 비형식적으로 적용된다.

수립된 규칙 수립된 규칙은 학교의 모든 장소에서 적용된다. 수립된 규칙에 대한 권위의 원천은 교장이며, 규칙은 학생들을 맡고 있는 모든 성인들(교장, 직원, 버스 기사, 식당 직원, 교사, 학교에서 일하는 모든 다른 성인들)에 의해 지지된다. 규칙은 모든 개인들에게 있어서 그 수가 적어야 하고 정확하며 간단하게 진술되고 지속적으로 강화되어야 한다. 이러한 범주의 규칙들은 다음과 같은 것들을 포함할 수 있다.

- 학교 내에서 누구도 싸우면 안 된다.
- 다른 사람들을 배려해야 한다.
- 가구와 책은 사용하기 위한 것이지 부수기 위한 것이 아니다.
- 화장실 청소를 도와야 한다.
- 식당은 모든 사람에게 쾌적한 장소로 만들어야 한다.
- 학교를 마약이 없는 곳으로 만들어야 한다.
- 어떠한 무기도 허용되지 않는다.
- 버스에서 모든 사람들은 자리에 앉아 있어야 한다.
- 운동장 가장자리는 모든 사람들에게 제한되어 있다.

심각한 문제행동 때문에 수립된 규칙을 위반하게 될 때, 수립된 규칙을 지지하고 모든 학생들에게 공정하게 운영되는 방식으로 상황을 해결하기 위해서 교장이나 적절한 학교 관리자를 포함하는 것은 중요하다. 중요한 메시지는 학교의 모든 사람들을 보호하기 위해서 어떠한 규칙들도 모든 사람에게 적용되어야 한다는 것이고, 이러한 규칙들은 책임 있는 권위자에 의해서 공정하게 운영되어야 한다는 것이다.

가정에서도, 수립된 규칙이 집에 살고 있는 모든 사람의 행동에 대해 동일하게 적용된다. 권위의 원천은 대개 부모 또는 행동에 대한 규칙을 정의하고 보살핌, 보호, 건강, 안전 그리고 모든 가족 구성원들의 지도에 책임이 있는 나이 든 가족 구성원이 된다. 이 사람은 또한 규칙이 모든 사람들에 의해서 지지되는 것을 확신해야할 책임이 있다. 다음은 아동의 가정에서 적용되는 수립된 규칙의 예다.

- 친절하고 존중하라.

- 집안일을 도와라.
- 개인의 사생활을 존중하라.
- 문을 잠그는 것을 잊지 마라.

집단규칙 집단규칙은 집단—학교 집단, 가족 집단, 스포츠 집단, 이웃 집단 혹은 교회 집단—의 구성원으로서 학생들의 기대된 행동을 명확하게 전달하는 형식적이고 과정적인 지침이다. 집단규칙은 단순하게 그리고 부정적인 단어보다는 긍정적인 단어로 기술되어야 하고 가능한 한 짧아야 한다. 또한 규칙들은 집단 내의 안전과 신뢰를 형성하는 방식으로 고려되어야 하고 성공적인 참여에 도움이 되어야 한다. 규칙들이 공정하고 명확하게 전달되며 학생들에게 의미가 있을 때 이러한 규칙들은 학생의 내적인 통제 체계에 동화될 것이다.

집단규칙은 각각의 집단과 학생의 사회-정서적 발달 단계에 맞춰 주문 제작되어야 한다. 집단규칙들은 또한 개인의 프로그램 목표들을 반영해야만 한다. 1단계의 학생들에게 있어서 규칙은 학생들의 활동 스케줄을 통해 지속되는 기대가 일차적으로 고려된다. 예로 '우리는 이야기(동화) 시간을 위해 카펫 위에 앉는다.'를 들 수 있다. 2단계의 학생들에게 집단규칙은 학생들이 활동에 참여하여 개인적인 성공을 이루도록 도와주는 과정에 중점을 둔다. 예로 '과자를 서로에게 돌릴 때 우리는 한 번에 하나만 가져야 한다.'를 들 수 있다. 3단계의 학생들을 위한 집단규칙을 정할 때, 집단 구성원으로서 학생들을 고려하고 규칙을 지킬 때와 위반할 때 야기되는 결과에 대한 원인을 교육하는 과정을 시작해야 한다. 3단계의 전형적인 집단은 단지 3가지의 기본적인 집단규칙을 필요로 한다.

- 다른 사람들을 배려하라.
- 참여하라.
- 지시를 따르라.

거의 모든 문제행동들은 이러한 3가지의 폭넓은 규칙 내에서 처리될 수 있으며, 규칙들을 위반했을 경우 건설적인 결과를 위해서 협상할 수 있는 여지가 성인들에게 제공된다. 예를 들면 다음과 같다.

- '컴퓨터를 교대로 하라.' (다른 사람들을 배려하기)
- '모든 사람들에게 기회가 주어진다.' (참여하기)
- '이것은 여기에서 수행되는 방식이다.' (지시를 따르기)

4단계에서의 집단규칙은 '만약 어떤 사람이 너를 화나게 한다면 그를 때리는 대신에 말을 하라.' ('너의 감정과 그의 행동을 다루는 더 나은 방법이 있다.')와 같은 집단과정의 생산물이다. 5단계에서의 집단규칙은 전형적으로 수립된 규칙들과 동일한데, 왜냐하면 학생들은 학교생활의 많은 다양한 영역들에서 성공적으로 기능하기 위해 규칙을 지키기 때문이다.

또한 5단계의 학생들은 충동조절의 문제들을 가지고 있지 않기 때문에 규칙들이 다음과 같이 지시되지 않는다면 대개 집단규칙들을 형식화할 필요가 없다.

- 시간을 지켜라.
- 데드라인을 맞추기 위해 협동하라.
- 차별화하라.

생활중심중재

생활중심중재는 학생들 자신의 행동에 대한 통찰력을 얻게 도와주기 위해서 위기를 사용하는 반면에 위기에 처해 있는 학생들을 지원하는 언어적 방법이다. 생활중심중재는 3단계와 4단계의 학생들과 종종 5단계의 학생들에게 발달적 치료-발달적 교수의 주요한 전략으로 사용된다. 1단계의 학생들에게는 전혀 사용될 수 없고 2단계의 학생들에게는 가끔 사용되는 경우가 있는데, 왜냐하면 생활중심중재는 어느 정도의 표현적인 언어와 개념화하는 능력을 요구하기 때문이다. 이러한 기술들은 일반적으로 학생이 3단계로 이동하기 전까지는 충분히 발달하지 못한다.

생활중심중재는 학생들이 성숙하고 사회-정서적인 능력을 발달시킬 기회들을 제한하는 많은 다른 유형의 위기들을 해결하는 데 사용된다. 다양한 형태의 생활중심중재는 이러한 문제 영역들을 설명하고 구체적인 목적을 가진다.

- 좌절의 영향을 감소시키고, 위기에 처해 있는 학생들을 지원하고, 의사소통의 채널을 개방적으로 유지하고, 행동을 규제하거나 혹은 성인들의 공정성에 대한 의존성을 전달함으로써 정서적인 응급처치를 제공하기
- 다른 사람들 때문에 사건을 보지 못하고, 그들 자신의 행동이 다른 사람에게 있어서 반응의 원인이 되는 것을 알지 못하거나 혹은 정확한 방식으로 사건을 해석하지 못하는 학생들을 위해 현실을 조직화하기

- 학생들이 비생산적인 공격에 의존하고 걱정스러운 결과들을 낳을 수 있는 언어적 대립을 통해 그들의 행동에 대해 걱정하는 것을 제외할 때, 대안들에 반응하기를 거부하는 학생들을 수용 불가능한 행동에 직면하게 하기
- 긍정적인 속성들을 강조함으로써 자기통제를 강화하고 그들 자신의 실패나 부적합성에 의해 부담을 느끼고 있는 학생들의 죄의식을 경감해 주는 가치들을 설정하기
- 수용 가능한 행동의 레퍼토리가 부족한 학생들에게 대인관계의 사회적 기술을 가르치기
- 희생양으로서 홀로 나와 있는 학생들 혹은 다른 사람들에 의해 이용되고 고립되는 학생들에게 이용당한다는 인식을 갖게 하기

이러한 문제점을 처리하는 데 있어서 성인들은 (1) 이해를 전달하고, (2) 학생들과의 관계를 구축하고, (3) 공정한 성인의 권위를 나타내는 모델을 제시하고, (4) 위기를 해결하고, (5) 학생에게 책임감 있는 행동을 육성하는 데 있어서 생활중심중재가 유용하고 효과적임을 발견한다. 생활중심중재는 각각의 위기 상황이 요구하는 것에 따라 수정되고 장기화 혹은 단기화될 수 있는 6가지 기본적인 단계들로 구성된다. 간략하게 이 단계들을 요약하면 다음과 같다. 이 단계들은 위기 해결을 위한 지침으로서 이를 이용하는 부모, 교사, 임상의학자, 코치 그리고 카운슬러에게 도움이 되어 왔다. 그러나 심각한 정서행동문제를 가진 학생들에게 생활중심중재가 효과적이기 위해서는 더욱더 확장된 연구와 감독된 훈련이 제안된다.

1단계. 사건에 초점을 맞춰라 생활중심중재를 시작할 때 학생에 대하여 생각해 보자. 그 상황에서 당신은 어떠한 요소들을 다룰 것인가? 학생은 얼마나 흥분해 있는가? 화가 난 것을 밖으로 표출하는가? 제재가 필요한가? 정서적인 지원이 필요한가? 단호함이 필요한가? 마음을 가다듬고 당신의 마음속에 있는 조각들을 함께 맞춰 보아라. 제일 중요한 것은 당신이 학생으로부터 얻는 비언어적인 메시지에서 단서를 잡는 것이다.

이 시점에서 당신의 역할은 학생과 특정한 쟁점 간의 중재자임을 기억해야 한다. 또한 위기에서 생활중심중재는 당신과 학생 간의 한 번의 시간 교환이 아니라, 발달목표들을 가지고 행하는 동안 제기되는 쟁점들에 대한 당신과 학생 간의 일련의 상호작용이라는 것을 기억해야 한다. 목적하는 것은 학생이 상황, 행동을 조장하는 감정 그리고 결과에 대한 통찰을 얻도록 도와주는 것이다. 궁극적으로 당신과 학생은 다른 사람으로부터 더욱더 만족스러운 반응들을 얻도록 행동을 변화시키기 위해 노력해야 한다. 이를 위해 당신은 학생으로부터 신뢰를 얻고 관계를 발전시키며 수용한다는 것을 전달해야만 한다. 학생이 당신에게 언어

적으로나 비언어적으로 어떠한 기본적인 대답을 주고 학생이 위기 사건을 이해할 때(왜 우리가 여기에 있나요? 혹은 우리가 여기에 있는 이유는~) 이러한 첫 번째 단계는 끝난다.

2단계. 사건에 대해 말하라 가끔 교사들은 학생이 자신의 불안을 교사의 통제하로 가져와서 바르게 말하기를 기대한다. 학생을 너무 밀어붙이지 말고 반영을 사용해야 한다. 만약 학생이 울거나 욕을 한다면 당신은 동정적으로 말할 수 있다. '일이 정말 안됐구나.' 대답을 기대하지 말아야 한다. 냉정한 동정을 전달하는 것이 중요하다. 학생의 호흡과 근육 활동이 보통 때와 같이 회복될 때 그 상황에 대해 학생이 어떻게 지각하는지를 알려고 노력해야 한다. 당신이 보았던 것에 대해 말하면서 시작하지 말아야 한다. 학생은 그들이 본 방법으로 이야기할 기회가 필요하다. 가끔 당신은 당신이 본 것을 반영하거나 행동 뒤에 숨어 있는 가능한 감정들을 해석하면서('간식 시간 동안 어떤 일이 발생했어. Bob은 교실에서 너를 기분 나쁘게 만들려고 했어.') 이 단계를 시작해야 할 것이다.

당신은 생활중심중재의 이러한 단계 동안 학생으로부터 다음과 같은 반응들을 얻을 수 있다.

- 말하기를 거부한다.
- 쟁점을 회피하기 위해 다른 주제들로 빗나간다.
- 현실을 왜곡한다.
- 신체적 또는 언어적으로 공격한다.
- 위기에 대해 당신을 포함해 다른 사람들을 비난한다.
- 역행한다.

이 단계 동안 당신의 주요한 역할은 듣고 반영하고 질문하고 당신이 보살피고 도와줄 수 있는 학생의 감정을 강화하는 것이다. 당신의 목표는 학생이 이야기에 참여하도록 하는 것이다.

가끔 상황은 시작에서부터 자세한 설명을 요구하는 것까지로 재구성되어야 할 것이다. 생활중심중재의 이러한 시점에서는 '진실'을 드러내는 것에 신경 쓰지 말고 대신에 어떻게 학생이 그것을 보는가에 초점을 맞춘다. 질문을 사용하고, 판단하지 말고, 학생의 감정에 대해 관심과 예민함을 보여 주도록 한다. 만일 학생이 그 주제를 바꾼다면, 당신은 이러한 행동을 반영하고 그 행동 뒤에 있는 감정을 가능한 해석하고자 할 수도 있다. 어떠한 사건에 있어서라도 그 상황으로 되돌아가 초점을 맞추고 학생들이 지속적으로 행하고 있는 목표를 염두에 둔다. 이는 생활중심중재의 방향을 안내할 것이다. 때때로 일시적인 해결에 다다라서 멈출 필요가 있기도 하다.

학생에게 중요한 것을 찾으려고 노력하도록 한다. 당신은 의도적으로 들어야 할 필요가 있다. 비언어적인 의사소통으로부터 단서를 잡고 학생들의 관점에서 중요한 것이 무엇인지를 기억하려고 노력해야 한다. 후에 생활중심중재 시 이러한 정보를 이용할 필요가 있다. 많은 경우 학생들은 그가 나쁜 감정을 느끼지만 이를 언어로 표현할 수가 없기 때문에, 이러한 단계에서 통제를 잃을 수도 있다. 학생은 그가 스스로 충분히 그것을 다룰 만큼 극복할 수 있을 때까지 정서적인 힘을 위해 당신에게 기댈 필요가 있다. 당신의 지원은 언어, 신체적인 접촉 혹은 신체적인 접근을 통해 이루어질 수 있다. 만약 학생들이 후퇴하기 시작한다면 그대로 둔다. 생활중심중재가 진행될수록 당신의 역할은 이해하는 것으로부터 '우리가 함께 행한다.' 는 태도를 갖는 것으로 변화하는 것을 발견할 것이다.

3단계. 주요 쟁점을 발견하여 치료 목표를 선별하라 다음 단계는 학생이 제공한 것을 이용하고 그것을 주요 쟁점에 관한 실제적인 맥락에 함께 놓는 것이다. 이것은 3단계의 학생들에게는 구체적이고 확실한 사건과 관련이 있을 수 있고, 4단계나 5단계의 학생들에게는 아주 복잡하고 감정적인 쟁점이 될 수도 있다. 다시 말해서 반영과 해석은 당신을 도울 수 있는 기술들이다. 학생이 죄를 인정하게 하는 것이 목적이 아니다. 당신은 관찰된 사건뿐만 아니라 학생의 개인적인 현실을 위해 그 사건에서 무엇이 정말로 중요한 것인지를 확인하길 원한다. 이 단계 동안 행동에 대한 인식 과정, 행동 뒤에 숨어 있는 감정 그리고 결과를 지속해야 한다. 당신은 판단이나 혹은 견해를 피하는 것이 중요하다.

이 단계는 당신이 (1) 쟁점에 대해 정확하게 진술하고, (2) 학생의 인식, 통찰 그리고 변화에 대한 동기를 평가하고, (3) 목적이나 결과를 결정하는 것에 대한 충분한 이해를 얻었을 때 종료된다.

4단계. 가치에 기초한 해결책을 선택하라 만약 학생이 준비되어 있는 것처럼 보이면 상황에 대한 해결책을 위한 토의로 이동한다. 많은 대안적인 반응들이 있으며, 어떤 것은 다른 것보다 좀 더 생산적이기도 하다. 대화상에서 이러한 많은 반응들이 좋거나 나쁘거나 간에 가능한 결과에 무게를 두고 이러한 반응들을 고려하도록 한다. 주요 쟁점을 좀 더 성공적으로 다루는 데 도움이 되는 대안을 선택하기 위해 상당히 구체적인 선택들을 학생들과 함께 행하여야 한다. 당신이 생활중심중재를 끝까지 진행해 가면서 학생을 위한 목표들을 기억하는 것이 중요하다. 학생들에게 그들의 현재의 능력을 넘어선 대안들을 선택하도록 하는 것은 확실히 실패를 가져올 것이다. 반면에 좀 더 현실적인 수준으로 대안을 수정하는 것은 건설적인 변화의 과정에서 학생들에게 도움이 될 것이다. 예를 들어 3단계의 학생들은 '행동하기 위한 좀 더 적합한 다른 방법들을 말하기' 라는 행동적인 목표를 가지고 행할 수도 있다. 4단계의 학생은 '대안적인 행동들을 실행하기' 와 같은 동일하지만 더 높은 수준의 목표를 가지고 행할 수 있다. 당신은 3단계의 학생들에게는 선택을 제시해야만 할 수도 있다. 그러나 4단계의 학생은 독립적으로 선택할 수 있다.

학생들이 그들의 전략들을 변화시키기 위한 계획에 참여할 수 없을 것처럼 보일 때 당신은 규칙을 진술하고, 새로운 전략을 선택하는 데 지침이 되는 가치들을 제공하고, 가능한 결과를 설명할 필요가 있을 것이다. 당신은 여러 구체적인 대안들로부터 선택을 할 수 있는 기회를 제공해야만 한다. 이러한 상황에서 매우 구체적인 환경을 조성하고 당신과 학생이 계속해서 함께 노력할 것이라는 생각을 가지고 생활중심중재를 종료하도록 한다. 이 단계는 학생이 무엇이 결정되었는지 말할 수 있을 때 종료된다.

5단계. 성공을 계획하라 일단 해결방안이 선택되면 당신과 학생은 무엇을 할 것이며 어떻게 그 계획을 실행할 것인지에 관해 이야기해야 한다. 이 단계의 목적은 선택된 대안이 무엇을 필요로 하는지에 대해 학생이 더 잘 이해하도록 하는 것이다. '이 대안이 학생에게 성공적으로 작용할까?' 라는 질문을 고려한다. 그리고 새로이 제안된 해결책이 가져올 수 있는 부정적이고 긍정적인 결과에 대해 논의한다. '만일 그렇다면?' 이라는 질문을 사용하고, 학생이 기꺼이 새로운 행동을 시도하고 실패를 무릅쓸 수도 있는 가능한 결과에 가치를 둔다는 것을 명심한다. 모든 학생은 상황에 새롭게 접근하려 함에 따라 격려와 연습을 필요로 한다.

6단계. 활동을 다시 시작하기 위한 준비를 하라 마지막 이 단계는 학생이 지속적인 활동에 재진입하고 참여하기 위한 준비를 하는 데 도움을 줄 수 있도록 'cool-down(진정, 가라앉힘)' 을 제공한다. 당신과 학생은 프로그램으로 되돌아가서 무엇이 일어나고 있는지에 대해 이야기해야 한다. 만일 학생이 다른 사람들(사건에 관여되어 있을 수도 있는 사람들)과 이야기할 필요가 없다고 한다면, 당신은 '좋아. 어떤 일들은 사적인 것이지.' 라고 대답할 수 있다. 만약 학생이 다른 사람과 이야기할 필요가 있다고 한다면, 당신은 집단 생활중심중재나 혹은 관련된 성인들과의 만남이 일어나는 것을 보아야만 한다. 어떤 상황에서, 당신은 다른 사람과 이야기할 기회를 제공하고 참여할 것인가 말 것인가 하는 선택을 학생이 하도록 할 수도 있다. 모든 상황에서는 원래의 사건에 대한 결과들이 있다면, 당신은 학생이 동의한 해결책에 따르는 것을 보아야 한다.

개인적인 주제나 감정을 폐쇄하는 것은 중요하다. 학생은 격한 감정과 사고를 가지고는 프로그램으로 되돌아오려고 하지 않기 때문이다. 이 단계를 잘 수행하기 위해서는 쟁점에 대한 모든 논의를 종료하고 학생들이 되돌아가면 무슨 일이 일어날 것인가에 대해 대화의 초점을 다시 맞추는 것이 중요하다. 학생은 수용 가능한 행동을 보여 주기 위한 힘을 가지고 있다는 느낌과, 일을 변화시킬 수 있고 그들을 좀 더 낫게 만들 수 있는 사람이라는 증진된 자아존중감을 가지고 프로그램으로 되돌아가야만 한다.

일반적인 가이드라인 생활중심중재를 사용하는 데 있어서 최종적인 주의사항들은 다음과 같다.

- 학생이 감정적으로 상처를 받았고 당신의 도움 없이는 상황을 치료할 수 없다는 것을 명심한다.
- 성인이 너무 말을 많이 하는 것은 학생이 생활중심중재에 자유롭게 참여하는 것을 막는 원인이 된다.
- 성인이 너무 참여를 하지 않는 것은 생활중심중재가 방향 지시의 부족으로 와해되는 결과를 가져올 것이다.
- 판단하지 않는다.
- 학생의 비언어적이고 언어적인 행동으로부터 대답과 방향을 선택한다.
- 유연하게 대처한다.
- 만약 너무 빨리 적절한 해결책으로 결말을 지으려 한다면, 그것은 아마도 노력의 낭비일 것이다.
- 충분한 'A'를 학생에게 제공한다(생활중심중재에서 'A'는 학생에 대한 확언이다.).
- 항상 긍정적인 평가로 종료하고, 학생이 학급 활동으로 재진입할 수 있도록 준비한다.
- 당신이 이간 증후를 원하는 것이 아니라면 부정적인 감정을 반영하는 것을 피한다.
- 학생을 함정에 빠뜨리게 할 수 있는 질문을 피한다.
- '자연스럽고 적절하게 감정을 언어화하는 것'이라는 4단계의 의사소통 목표가 숙달되지 않는 한, 학생에게 감정을 정교화하도록 요구하지 않는다.
- 조용하게 초점을 맞춘다.
- 당신 자신에게 적대감이나 분노가 나타나지 않도록 스스로 보호한다.
- 가능할 때마다 학생의 좋은 의도를 신용한다.
- 신뢰에 기반을 둔 긍정적인 관계를 유지한다.

- 양 방향의 의사소통으로서 생활중심중재를 생각한다.
- 변화가 만족스러운 결과를 가져올 것이라는 것을 전달한다.

성인에 의한 물질의 통제

성인에 의한 물질(공급품, 장비 그리고 장난감)의 통제는 학생이 성숙함에 따라 체계적으로 감소되어야 한다. 물질의 통제는 1단계에서의 주요한 관리전략이 되며, 1단계의 학생들과 함께 활동하는 성인들에 의해서 거의 전체적인 물질의 통제가 시작된다. 성인들은 공급품의 분배, 이용 그리고 수집, 작업 폴더, 간식 그리고 다른 물질들을 주의 깊게 통제한다. 그들은 기타, 워킹보트, 작은 인형 그리고 리듬악기를 소개한다. 그들은 이야기 그림책을 가지고 만족스러운 결과를 확신하면서 가능한 독립적으로 물질을 사용하는 데 참여하는 기회를 각각의 학생들에게 제공한다.

이러한 관리전략은 점차적으로 학생이 물질을 통제하도록 한다. 2단계와 3단계의 학생들에게는 물질을 얻고, 점차 독립적이고 수용 가능한 방법으로 물질을 이용하고, 활동이 끝났을 때 물질을 치워 버리는 데 있어서 좀 더 많은 통제와 책임이 주어진다. 그러나 그들의 내적 통제가 아직 완전하게 형성되지 않았기 때문에 성인들은 종종 집단을 안정케 하기 위해 물질의 통제를 원상태로 돌려놓거나 학생들이 활동을 표출하는 것을 막아야만 한다. 4단계의 학생들은 집단으로서 물질과 활동을 선택하고 물질들을 사용하고 보살피는 계획을 세우고 그 결과에 대한 책임을 지도록 충분히 자기-지시화되어 있다. 5단계의 학생들은 성인들에 의한 자극이나 통제 없이 그들 자신의 물질과 집단의 물질을 관리하도록 기대된다.

심지어 성인이 물질을 통제할 필요가 있을 때조차도 발달의 모든 단계에서 학생들이 물질을 자유롭게 탐색할 수 있는 기회들이 매일 있어야 한다. 이러한 시간 동안 학생에게 이것이 물질을 이용하기 위한 그들 스스로의 시간이라는 것을 전달하는 것이 중요하다. 성인들은 학생을 지원하고, 방향을 재지시하고, 코멘트하고 혹은 잠재적으로 창조적이고 독립적인 경험이 구조화된 수업으로 변하게 가르치는 것을 피하기 위해 학생들의 자유시간 동안 그들을 주의 깊게 모니터해야 한다. 우리는 학생들이 그들 스스로 물질을 통제할 준비가 된 후에도 성인들이 물질에 대한 통제를 지속하는 것을 보아 왔다. 이러한 일이 발생할 때 학생들의 발달은 성인에 의해 제한된다. 이러한 상황은 종종 성인이 낮은 충동 통제력을 가지고 있고 성공을 위한 상당한 구조와 물질에 대한 통제가 필요한 학생들과 활동할 때 발생한다. 학생들이 향상되어 감에 따라 그들은 내적 통제를 발달시키기 시작하고, 그들은 과거에 요구되었던 만큼 성인의 통제 없이 물질을 관리하는 연습의 기회를 가져야 한다. 이것이 바로 성인이 서서히 체계적으로 물질을 학생들에게로 옮기기 시작해야 하는 시점이다.

2단계의 학생들과 함께 시작할 때 물질의 통제에 대한 변화는 '수용 가능한 방법으로 장난감을 사용하기' 라는 목표에 초점을 맞추는 것이다. 초등학교, 중학교 그리고 고등학교 학생들에게 있어서 물질의 통제가 성인으로부터 학생으로 이동하는 것은 3단계에서 발생하고, '개인적인 과제를 완성하기' '상기시키는 것 없이 자발적으로 공유하고 차례대로 수행하기' 와 같은 프로그램의 목표들에 중점을 둔다. 3단계의 말기가 되면 학생들은 성공적으로 그리고 독립적으로 물질을 사용할 수 있어야 한다. 4단계와 5단계가 되면 물질에 대한 성인의 통제는 더 이상 필요하지 않다.

물리적 근접성

성인의 물리적인 근접성은 심리적인 지지 혹은 힘을 전달하는 데 사용된다. 물리적 근접성은 학생에게 격려, 관심, 보살핌 등을 나타내면서 긍정적인 메시지를 전달할 수 있다. 또한 동기를 부여하고 긴장을 늦추고 권위를 전달하는 데 사용될 수 있다. 집단에서의 각 학생들과 관련된 성인의 물리적인 위치는 행동관리계획이 고안될 때 조심스럽게 주의를 기울여야만 한다. 발달의 모든 단계에 있어서 성인과 학생들의 물리적인 밀접함은 활동에 대한 참여를 통제하거나 격려한다. 그것은 학생들이 무엇을 하고 있는가에 대한 관심을 전달하는 것이다.

물리적 근접성은 종종 부적합한 행동이 일어나기 전에 막을 수도 있다. 충동적인 학생 옆에 앉음으로써 성인은 학생이 통제를 잃는 것을 막을 수 있고 어떤 일이 걷잡을 수 없게 되기 전에 재빨리 반응할 위치에 있게 된다. 그러나 더욱 중요한 것은 성인이 물리적으로 가까이 있음으로써 성인의 관심을 얻기 위해 학생이 부적절한 행동을 할 필요가 없다는 것을 성인이 학생에게 말하는 것이다.

물리적 근접성의 유형과 양은 1단계와 5단계 사이에서 명백한 차이를 보인다. 대부분의 어린 아동을 위한 프로그램과 가정에 있는 어린 아동들에게 성인의 물리적인 근접성은 주요한 관리전략이 된다. 친밀함과 접촉은 어린 아동들을 양육하고, 어린 아동들이 물질에 초점을 맞추고 관심을 가지는 데 도움을 주고, 그들을 진정시키며, 일반적으로 성인이 그들을 좋아한다는 것을 전달하는 데 사용된다. 1단계에서 성인들은 신체적인 접촉에 의해서 종종 학생과 활동에 관한 심리적인 접촉을 유지할 수 있다. 토닥거리기, 끌어안기, 잡기, 만지기 등은 모두 1단계의 학생들과 함께하는 성인들에 의해서 사용된다. 반대로 2단계에서 신체적인 접촉(body contact)은 학생이 퇴행을 보이거나 예외적으로 많은 양의 양육을 요구할 때에만 사용된다. 반면에 접촉(touch)은 학생이 직접적인 성인의 중재를 요구할 때 더 많은 정도로 사용된다. 3단계에서 신체적인 접촉은 신체적인 밀접함(nearness)—학생에게 팔을 두르거나 어깨를 만지는 것—으로 변한다. 특히 3단계에서 신체적인 밀접함은 '네가 나를 필요로 한다면 나는 너를 도와주기 위해 여기 있다.' 라는 의미를 전달한다. 4단계와 5단계에서 물리적인 근접성은 종종 행동을 관리하는 데 필요하지 않고, 신체적인 접촉은 전혀 사용되지 않는다. 고학년 학생들은 붙잡혀 있는 것을 참지 못한다. 그러나 몇몇 고학년 학생들은 여전히 물리적인 근접성을 필요로 하고 이러한 관리전략에 잘 반응한다.

때때로 어떠한 발달 단계에 있던지 사람들이나 그를 둘러싼 세계를 믿지 않고 어떠한 신체적 접촉도 충분히 허용하지 못하는 학생들이 있다. 이러한 학생들에게 신체적인 접촉은 (혹은 다른 학생들에 의한 신체적 근접조차도) 충동성이나 통제력의 손실을 유발할 수도 있다. 종종 어떠한 접촉도 허용할 수 없는 학생들은 심각하게 정서적으로 박탈되어 있고, 신체적인 밀접함이나 접촉을 학대나 심각한 벌과 연관 짓는다. 어떤 학생들이 접촉을 싫어하는 것은 또한 그들이 개인적으로 주의집중하거나 관계를 제안할 수 없다는 것을 나타내는 것이기도 하다. 성인은 개인에 초점을 맞추지 않고 언어적이고 핵심 정도가 낮은 방법으로 이러한 학생들과 접촉하는 계획을 세울 때 매우 조심스럽게 해야 한다. 성인은 수학 시간에 교실을 돌아다니면서 속도를 낮추고 말한다. 'Dennis, 이걸 참 잘했구나.' 그러고는 빨리 다른 학생에게로 옮겨 간다. 이러한 학생들에게 성인들의 보살핌은 종종 문학이나 이야기 혹은 음식을 통해서 더욱 효과적으로 전달된다.

물리적인 근접성은 대개 성인이 학생이 무엇을 하고 있는지에 관심을 보이기 때문에 나타난다 할지라도 성인의 친밀함이 학생을 억누를 때가 있다. 만약 물리적인 근접성이 개인의 심리적 공간을 침해하는 것이 된다면, 학생은 통제력을 잃고 벗어나기 위해 다른 형태의 수용할 수 없는 행동을 하기 시작할 것이다. 3단계에 있는 학생인 Danielle의 예를 보자. 교사는 그녀가 무차별적으로 교실을 가로질러 크레용을 던지는 것을 알아챘다. 그는 자신의 손을 그녀의 손 위에 놓으면서 재빨리 그리고 조용하게 그녀를 중지시킨다. 그러고는 '크레용은 색을 칠하기 위한 것이지 던지기 위한 것이 아니야.' 라고 말한다. Danielle은 교사가 이렇게 간섭하는 것을 싫어하며 그로부터 벗어나 다시 크레용을 잡으려고 한다. 크레용을 통제하기 위한 싸움이 발생하리라는 것을 인식하며 교사는 그의 손을 치우고서 확신을 가지고 말한다. '너는 크레용을 내려놓을 수 있어.' 그리고 그는 그녀가 그렇게 할 수 있다는 확신을 전달하면서 걸어 나간다. 걸어 나감으로써 교사는 Danielle에게 도전하지 않고 대신 그녀가 잘 따를 것이라는 기대를 전달한다. 그녀가 그의 말에 따르는 것을 확인하기 위해 곁에 서서 지켜보지 않음으로써 그는 3단계의 아동들에게 필요한 심리적 공간을 그녀에게 주는 것이다. Danielle은 더 이상의 사건 없이 크레용을 집어 들었다.

신체적인 표현을 인식하지 않고 강제적인 방법으로 그것을 사용하는 것은 쉽다. 학생 곁에 서서 지켜보는 것은 '나는 여기에서 권위를 가지고 있다. 나는 네가 어떤 것을 던지도록 내버려 두지 않을 것이다.' 라는 것을 전달하는 것이다. 성인이 학생에게 이러한 종류의 힘을 전달할 필요가 없다면 그들 옆에 서서 지켜보는 것을 피하는 것이 좋다. 대신에 무릎을 꿇거나 상체를 구부리거나 앉도록 한다. 학생과 같은 눈높이에 있는 것은 다음과 같은 메시지를 전달한다. '우리는 이 상황을 함께 처리할 수 있어. 그리고 나는 네가 이 상황을 이용하지 않을 거라 믿어.' 또한 벌로 신체적 접근을 사용하는 것은 피하도록 한다('만약 너희 둘이 행동할 수 없으면 너희들의 의자를 내 옆으로 옮길 거야.' 혹은 '내가 이제 여기에 있으니까 너는 문제를 일으키지 못할 거야.').

자주 사용되지 않는 심각한 문제행동을 위한 전략

성인에 의한 직면

직면은 학생의 행동 혹은 언어에 직접적으로 반대되는 입장을 취하는 것이다. 직면은 성인과 학생에게 면대면의 쟁점을 가져온다. 가장 흔히 사용되는 형태의 직면은 '아니요!' 라고 말하는 것이다. 성인이 직면을 시작할 때, 직면은 결과와 벌을 통제하고 일으키는 잠재적인 힘을 가지고 성인을 학생과 잠재적으로 적대관계의 위치에 두는 전략이다. 학생이 직면을 시작할 때, 직면은 성인들의 힘, 능력, 권위 혹은 신뢰할 만한 사람으로서의 확신을 통제하고 시험하려는 시도다. 이러한 이유들 때문에 직면은 학생들의 모든 발달 단계에서 가끔 사용되긴 하지만, 발달적 치료-발달적 교수에 있어서 주요한 행동관리전략은 아니다. 직면이 관리전략에 포함되는 이유는 정서적인 성장 혹은 심리적 폐허 상태를 가져오는 더 큰 잠재력이 있는 전략이 없기 때문이다.

행동을 자연스러운 (대개 부정적인) 결과와 연결하면서, 학생의 관심을 하나의 쟁점에 예리하게 초점을 맞추게 하기 위한 전략으로서 직면을 선택하는 것은 통찰력과 자기규제 행동에 대해 상당한 향상을 가져올 수 있다. 예를 들면 다음과 같다.

'네가 규칙에 따라 놀이를 하지 않을 때, 너는 이 게임에서 빠져야 해.'
'네가 네 일을 끝내지 못한다면 수영 수업에 빠져야 할 거야.'
'아마도 그가 싸움을 걸었겠지만 네가 싸움을 중지해야 하는 사람이야.'
'너는 친구를 원하지만 그들이 싫어하는 일을 해.'

반면에 직면이 중요하지 않은 쟁점에 반응하고 벌을 주거나 혹은 학생을 되돌려 보내기 위해 성인에 의해서 사용된다면, 그들 사이에서 불필요한 갈등이 발생할 수도 있다. 만약 이러한 일이 일어난다면 학생과 성인 모두 손실을 입을 것이다. 학생은 후퇴하거나 더 많은 적대감에 대치하는 것 이상의 다른 반응을 보이지 않을 것이며, 성인은 억압적이고 비지원적인 역할로 전락한다. 우리가 피하고자 하는 직면의 예를 다음에서 볼 수 있다.

'한 번 더 시도해 봐. 그러면 너는 그 결과를 느낄 거야.'
'너는 네가 함께 행동을 할 때까지 타임아웃에 머물러 있어야 해.'

직면은 1단계에서부터 3단계까지의 학생들에게 드물게 사용된다. 직면이 필요할 때 그것은 일반적으로 신체적인 형태를 취하며, 아동의 행동을 신체적으로 통제함으로써 성인은 학생을 동조하게 한다(다음 부분에서 설명된다.). 이 단계에 있는 아동들은 일반적으로 그들의 행동과 자연스러운 결과 사이의 언어적인 인과관계 연결로부터 혜택을 받을 수 있는 언어적 기술이나 인지적 발달이 불충분하다.

3단계의 학생들은 기능적인 언어를 가지고 있고 행동의 자기규제를 위한 내적 통제를 사용하기 시작한다. 하지만 이러한 통제는 깨지기 쉽다. 성인이 직면을 사용할 때, 이러한 학생들은 종종 신체적 저항을 증가시키고 공격성, 적대감 혹은 분노로 반응한다. 만약 성인이 증가하는 스트레스의 이러한 표현을 관리할 수 있고 직면을 치료에 도움이 되는 결론으로 이끈다면, 이 전략은 3단계의 학생들에게 효과적일 수 있다. 선별적이고 기술적으로 사용된 직면은 3단계의 학생들이 정서적으로 성장할 수 있게 도움을 줄 수 있다. 성공은 학생들이 비록 성인을 믿지 않는다 하더라도 성인을 문제해결과 위기관리를 하며 학생들을 도와주는 능력을 가진 사람으로 보는 것에 의존한다.

4단계에서 직면은 학생들의 행동적 선택에 대한 잠재적 결과들을 고려하는 데 있어서 학생들을 돕기 위해 기본적으로 언어적인 형태로 자주 사용된다. 5단계에서 직면은 학생이 문제 해결과 갈등 해소에 초점을 맞추도록 도와주는 것이 필요할 때만 단지 가끔 사용된다. 이러한 후기 단계의 학생들은 존경하는 성인이 사용하는 직면이 통제의 손실로 악화되지 않도록 하기 위해 충동 통제력, 독립심 그리고 그들 자신의 요구에 대한 통찰력을 충분히 발달시켜 왔다. 이러한 학생들은 또한 언어적으로 쟁점에 반응할 수 있게 하고 감정, 행동 그리고 결과 간의 관계를 볼 수 있게 하는 추상적인 사고능력도 가지고 있다. 학생들은 이성적으로 대안들을 선택할 수 있고, 그들 자신이 선택한 대안에 대해서 책임감을 가질 만한 충분한 독립심이 있다.

반영이나 해석과 함께 직면을 사용하는 것은 종종 4단계와 5단계의 학생들에게 매우 효과적이다. 전략들을 이렇게 조합하는 것은 '수용 가능한 대안적인 행동을 실행하기' 혹은 '자신과 다른 사람에게 있어서 감정과 행동 간의 인과관계를 자발적으로 표현하기'와 같은 목적을 학생이 계속 수행할 때 학생의 문제행동을 내재되어 있는 감정이나 현실적인 결과와 연결시키는 데 사용될 수 있다. 예를 들면 다음과 같다.

> 너는 학교를 싫어한다고 말했어(반영). 그건 아마도 네가 실패하길 싫어하고 그것 때문에 네가 멍청하다고 느끼게 되기 때문이겠지(해석). 만일 네가 지금 그만둔다면 너는 그와 똑같은 감정을 느낄 거야(직면).

이러한 직면은 종종 성인들이 사용하는 것을 힘들게 하는데, 왜냐하면 이 과정 동안 학생에게 감정적인 상처를 주기 때문이다. 직면은 성인과 학생의 관계에 스트레스를 주고 문제를 강조시킬 수 있다. 그러나 직면은 학생을 좀 더 향상시킬 수 있는 유일한 방법일 수도 있다. 직면이 없다면 상황은 학생의 통찰이나 이해에 대한 주요한 장애물로서 계속해서 남아 있을 수 있다.

신체적 중재

신체적 중재의 사용, 즉 활동을 통해서 학생을 신체적으로 움직이게 하는 것이나 학생을 신체적으로 통제하는 것은 신체 접촉과 동일한 패턴을 따른다. 신체적 중재에 대한 필요와 사용은 더 높은 발달 단계로 감에 따라 감소한다. 성인이 어린 아동을 신체적으로 움직이게 하는 것은 적절한 행동적인 반응과 결과를 확신하는 데 사용될 수 있다. 발달적 치료-발달적 교수에 있어서 크게 강조하는 것은 적절한 반응을 기대하고, 이러한 기대들을 명확하게 전달하며, 반응이 올 것 같지 않을 때 이를 직접적으로 가르치는 중재를 하는 것이다. 학생이 그들의 발달 단계에 부적절한 반응을 하도록 허락하는 것은 발달지연 시기를 지속시키거나 연장한다.

신체적 중재는 1단계의 주요한 기술이고 2단계에서는 자주 사용되며, 3단계에서는 가끔 사용되지만 4단계와 5단계에서는 사용되지 않는다.

1단계에서 성인은 활동을 통해 학생을 움직이게 하고, 학생이 집단에서 함께 하도록 붙잡거나 물질에 대한 반응으로 학생의 팔과 손을 움직이도록 할 것이다. 이러한 신체적인 중재는 활동을 반영하는 구체적인 단어나 단순한 진술과 동반되어야 한다. 긍정적이고 지지적인 단어와 함께 사용되는 신체적 중재로 인해 학생은 말과 행동 간의 연합관계를 구축하기 시작할 것이다. 예를 들어 1단계 아동의 부모는 아동이 활동을 마치기 위한 적절한 움직임을 만드는 데 신체적으로 도움을 주면서 '우리는 장난감을 치워야 해. 놀이 시간은 끝났어.' 라는 반영적인 진술을 사용한다.

2단계 학생들에게 성인은 신체적 중재를 덜 자주 사용한다. 3단계 집단의 학생들에게 직접적인 신체적 중재는 철저히 제한되어야 한다. 대신에 학생들은 기본적인 언어 기술을 가지고 있고 행동과 충동을 중재하기 위해 사용되는 언어를 강조하는 목표들을 수행하고 있기 때문에 언어적 중재에 반응할 수 있어야 한다. 4단계와 5단계에서는 학생들이 말을 통해서 행동을 하게 되고 통제할 수 있는 충분한 기술을 발달시키기 때문에 전략이 필요하지 않다.

성인이 학생들에게 새로운 기술을 가르치기 위해 신체적으로 움직이게 하고 물건을 던지는 것을 중지시키거나 혹은 분노에 찬 학생들을 붙잡고 있을 때 학생은 항상 성인의 보살핌을 느껴야만 한다. 성인은 강하지만 부드럽고 지지적으로 학생들을 붙잡아야 한다. 무질서한 교실 활동 중에는 중재를 위해 움직임의 패턴을 재빨리 전환하는 것이 쉬우며, 성인들은 지나치게 자주 그들 자신이 학생의 팔과 셔츠를 움켜잡고 있는 것을 발견할 수도 있다. 여기가 신체적인 통제가 실패하기 시작하는 지점이다. 학생들은 반사적으로 갑자기 핵 움직이는 반응을 보일 것이다. 이러한 움직임은 학생을 잡고 움직이든 무시하든 간에 부가적인 딜레마를 추가한다. 그러한 상황에서는 어떠한 치료의 효과도 얻을 수 없다.

신체적으로 통제되지 않는 것(발로 차기, 소리 지르기, 때리기, 침 뱉기, 바닥에 자신을 던지기 혹은 뛰어다니기)처럼 보이는 학생들에게는 어떻게 해야 하는가? 그들을 신체적으로 저지하거나 위기에서 그들이 벗어나도록 언어적인 전략을 사용해야 하는가? 학생들은 종종 좌절하거나 관심이 필요하거나 너무 불안해서 자신의 한계를 시험하기 때문에 종종 통제에서 벗어난 것처럼 보인다. 만약 위기가 다급하고 요구가 채워지지 않은 채 나타난다면, 학생은 언어적인 기술이나 어떠한 형태의 지지적인 신체적 밀접함에 건설적으로 반응할 수도 있다. 이 전략은 학생이 성인에 의해 완전하게 지배됨이 없이 통제를 극복하게 해 주기 때문에 신체적 접촉보다 선호된다. 이는 종종 신체적 제지가 사용될 때 나타나는 결과다. 그러나 학생들이 그 상황에서 변화에 대응할 수도 없고 자신들을 함께 이끌어 갈 수 없는 지점까지 위기가 발전되는 것처럼 보인다면 신체적 제지가 필요할지도 모른다. 일부 매우 거친 학생들은 실제로 자기 자신을 통제할 수 있는 능력을 잃어버리는 경우도 있다.

만일 신체적 제지가 폭력적인 학생들을 그들 자신이나 상대방에게서 보호해 주는 유일한 방법으로 생각된다면 학생 뒤에 서서 학생의 팔을 앞으로 교차시키고 안전하게 그러나 지지적으로 붙잡는 절차를 사용한다. 이 절차는 또한 학생들에게 성인들이 통제할 수 있게 도와주기 때문에 전혀 두려울 게 없다는 점을 납득시켜야 한다. 또 다른 필수적인 요소는 '괜찮아, 나는 너를 진정시킬 수 있어.' 와 같은 안심시키는 말로 심리적인 안정감을 전달하는 것이다. 이러한 메시지들은 학생들에게 그들이 좀 더 잘 할 수 있고 성인이 도와줄 것이라는 기대감을 전달한다.

많은 학생들이 신체적으로 붙잡는 것이나 제지하는 것에 더욱 폭력적으로 반응한다는 점을 명심해야 한다. 때로는 공황적인 반응도 종종 나타난다. 이러한 반응이 일어나면, 학생들을 교실의 구석이나 혹은 물리적으로 밀폐된 장소로 옮기는 것이 신체적인 제지보다 좀 더 효과적인 봉쇄전략이다. 지지적이고 비위협적으로 입구에 위치를 잡음으로써 성인은 학생들을 봉쇄할 수 있고 정서적인 지지도 제공할 수 있다. 고학년 학생들은 특히 집단에서 떨어진 조용한 방으로 접근해야 한다. 그래야 그들을 붙잡지 않고 봉쇄할 수 있으며, 학생이 평정을 되찾을 때 갈등을 언어적으로 해결할 수 있다.

교실에서 이탈시키기

교실에서 이탈시키기는 위기상황에서 적절한 행동을 재가동시키는 일시적인 방법이다. 학생들이 관리하기가 너무 어려워서 그들을 교실로부터 끌어내야 하는 경우가 있다. 교실로부터 이탈시키는 기준은 매우 명확하다. (1) 학생이 자신이나 다른 이들에게 해를 끼칠 때, (2) 주제가 아주 사적이어서 학생이 집단 앞에서 토론할 수는 없지만 성인과 그것을 토론해야 할 필요가 있을 때, (3) 학생이 지속적으로 교실에 있음으로써 집단이 화합하지 못할 때다. 다른 학생들이 밖으로 나왔을 때 고립된 상황에 혼자 남겨지면 안 된다. 왜냐하면 이 전략을 사용하는 목적은 위기상황에서 적절한 행동을 재가동시키는 것이기 때문이다. 위기상황에 홀로 남겨진 학생은 혼자 있는 시간을 건설적인 결과를 가져오는 데 좀처럼 사용할 수 없다. 고립된 학생들에게 바랄 수 있는 가장 최선은 '가라앉히기(cooling off)' 와 고분고분하게 재입장하는 것이다. 아주 드물게는 결과적으로 퇴행을 보이기도 하고 현실에서 심리적으로 위축되고 환상적이 되기도 하며, 보살펴 주지 않는 성인들을 향해 고통과 적개심을 증가시키고 성인들의 권위에 대한 분노도 증가시킨다.

이런 상황에서 고립은 소외감을 증가시키고 긍정적인 교사와 학생의 관계를 감소시키며, 거의 장기간의 변화를 가져오지 않는다. 고립되어 있다가 시키는 대로 돌아온 학생은 종종 고통, 분노의 감정을 숨기지만 그런 감정들은 반드시 다시 나타난다.

이런 이유 때문에 성인이 학생과 함께 교실에서 나올 것을 제안한다. 집단과 떨어진 조용한 장소는 그런 경우를 위해 필요하다. 당신이 교실로부터 학생들을 끌어낼 때 가능한 한 말을 하지 말고 빠르고 확고하게 한다. 학생들이 정서적으로 성장하는 것을 돕는 데 위기를 이용하기 위해 그들과 함께 머물 계획을 세운다. 발달적 수준을 넘어선 기대를 피하기 위해 학생들이 어떤 발달적인 목표를 수행하고 있는지 알아야 한다. 어떤 성인이 집단 활동을 지속하는데 책임을 질 것인지, 누가 학생과 함께 위기를 극복해 갈 것인지에 관해 팀에 있는 다른 성인들과 우선적으로 배치를 계획한다.

학생이 적응하는 데 특히 격렬한 시기를 겪는다면 매 시간마다 같은 성인이 학생과 조용한 교실로 함께 가는 것이 중요하다. 각각의 사건과 이에 대한 해결은 신뢰와 관계를 구축하고 불안을 감소시키거나 해결하여 결과적으로 적절한 대처 행동을 숙달하는 일련의 연속적인 단계로서 이용될 수 있다.

교실에서 이탈시키기는 특히 1단계 학생과 2단계를 시작하려는 학생 혹은 4단계로 잘 진입하려는 학생에게는 특별히 유용하지 않다. 1단계에서는 교실에서 이탈시키기를 효과적으로 행하기 위한 충분한 투자가 없다. 반대로 4단계에서 학생은 그들이 집단의 일부라고 느끼고, 그들 자신의 행동을 모니터하고 그들을 괴롭히는 것에 대해 집단 내에서 말할 수 있는 기술이 충분히 발달하였다는 것을 느낀다.

교실에서 이탈시키기는 특히 3단계의 학생에게 효과적이다. 왜냐하면 그들은 성공하기에 충분한 기술을 가지고 있고 말로 표현할 수 있는 능력도 있으며, 그들 자신을 어느 정도 통찰할 능력도 가지고 있고, 또한 집단의 활동으로 되돌아갈 동기도 부여되어 있기 때문이다. 위기 시간에 교실에서 이탈시키는 성인이 학생들에게 행동 목표와 의사소통 목표에 초점을 맞추도록 하는 좋은 기회를 제공한다.

학생들을 교실에서 이탈시키는 데 있어서 종종 가장 어려운 부분은 그들을 다시 되돌려 놓는 것이다. 학생이 통제를 받지 못하는 것으로부터 행동을 모델링하는 것으로 재빠르게 이동하는 것을 기대할 수는 없다. 성인은 학생들의 체면을 세워 가면서 상황이 긍정적으로 종료되도록 항상 상황을 구성해야 한다. 개별적인 생활중심중재는 대개 이러한 점에서 사용되는 적절한 기술이다. 2단계의 학생들처럼 의사소통 기술이 덜 발달된 학생들에게는 수정된 생활중심중재를 사용한다(Wood & Long, 1991: 제12장).

집단으로부터 이탈시키기(교실에서의 타임아웃)

교실에 남아 있는 동안 집단으로부터 이탈시키기는 학생이 무엇을 놓치는지 상기하면서 여전히 다른 사람과 활동을 보거나 들을 수 있는 타임아웃의 한 형태다. 타임아웃 의자나 특별한 장소로 이동하게 하여 활동에 참여하는 것을 단순히 제외시키는 것은 많은 유아교육 프로그램은 물론 영유아가 스스로를 조절하도록 가르치기 위해 부모들이 사용하는 일반적인 관리전략이다. 만일 아동의 문제행동이 심각하지 않다면 혼자 두는 시간은 종종 아동을 진정시키고 행동을 더 잘하게 하기 위한 방법을 생각하도록 돕는다. 그러나 만일 아동이 심각한 문제행동을 보이거나 필요한 행동을 충분히 생각할 능력이 제한되어 있다면, 아동을 혼자 두어서는 안 된다. 아동이 진정되도록 돕고 기대되는 행동을 재구조화하기 위해 성인이 필요하다. 단순히 어떤 아동들은 수용 가능한 방법으로 어떻게 행동해야 하는지를 모른다. 이러한 아동들에게 있어서 혼자 있는 시간은 일반적으로 생산적이지 못하다. 어떠한 경우에라도 타임아웃은 간단해야 하며, 아동이 기대되는 행동을 하게 되어 집단의 활동에 다시 참여하게 되어야 한다.

참여하는 활동에서 간단하게 이탈시키는 것은 활등으로 되돌아가려는 아동의 흥미를 재설정해주기 때문에 대개 영유아들에게 효과적이다. 예를 들면 분별없는 영유아를 교사나 부모는 매우 짧은 시간 동안 어떤 곳으로 데려가서 '네가 진정되면 돌아갈 수 있어. 넌 우리가 만든 경주코스 중 네 부분을 잘 만들고 있었잖아.' 라고 말한다.

집단으로부터 이탈시키기는 2단계의 학생이 참여하는 것을 즐기고 행동적인 조절을 발달시킬 때 종종 사용되는 전략이다. 그것은 때리기, 다른 학생을 화나게 하기, 방해하기 또는 발버둥 치며 떼쓰기 등을 제거하기 위해 사용될 수 있다. 2단계를 시작하는 학생들은 종종 그들이 기대하는 것이 불안정하고 불확실하다고 느낄 때 잘못 행동한다. 교실에 남아 있음으로써 그들은 활동으로 되돌아갈 수 있다는 확신을 얻을 수 있고 다시 동기화될 수 있다. 그러나 이러한 전략은 학생이 활동에 대한 어느 정도의 흥미와 참여하고자 하는 흥미를 발달시킬 때만 효과적이다. 이 전략은 또한 학령기 2단계의 학생들에게 행동과 결과에 대해 가르치기 시작할 수 있다. 성인은 다음과 같이 말한다. '네가 Tommy를 때렸기 때문에 여기 있는 거야. 때리는 것은 상처를 주기 때문에 때리면 안 돼. 네가 진정되면 집단으로 돌아갈 수 있어.'

교실에서 이탈시키기와 마찬가지로 집단으로부터 이탈시키기에서도 성인이 심각한 문제행동을 보이는 학생과 함께 있는 것이 중요하다. 이탈시키기의 목적은 학생이 다시 활동에 참여하도록 되돌아가는 것을 도와주는 것이다. 좀 더 신속하게 이러한 일이 이루어질수록 시간은 학생들에게 좀 더 생산적이 될 것이다. 2단계의 목적과 목표는 참여를 강조한다는 것을 명심한다.

교실에 남아 있으면서 집단으로부터 이탈시키기는 3단계의 학생에게는 거의 사용하지 않는데, 왜냐하면 그들은 집단을 주시하면서 수용하기 힘든 행동을 다른 학생들이 함께 하도록 자극하려고 하기 때문이다. 이럴 경우 집단 전염이 종종 발생한다. 4단계의 학생에게 있어서 분열적인 행동에 함께 참여하지 못하는 것은 생활중심중재를 필요로 하는 집단의 문제일 뿐만 아니라 대개 교실 밖에서 더 잘 다루어지는 개인적인 문제다. 종종 4단계 집단의 청소년 학생들에게 매우 효과적인 이러한 전략을 변환시킨 하나의 방법은 교실의 조용한 구석이나 교실 옆에 붙은 작은 방을 준비해 두는 것이다. 그곳에서 학생들은 상황이나 감정을 통제할 수 없다고 느낄 때 계속해서 그들 스스로의 행동을 하도록 선택할 수 있다. 이러한 과정은 때때로 '공간주기' 라고 불린다. 성인과 집단 구성원들은 어떻게 그 영역을 사용할지 결정한다. 그곳은 학생이 편안하게 앉아서 작업할 수 있도록 가구를 갖추어야 한다. 대개의 학생은 그 과정을 이용하기 시작한다. 그것은 벌을 주는 행동으로 사용되거나 설정된 시간에 묶여서는 안 된다. 이것이 4단계의 학생 집단에게 사용되는 적합한 전략이라고 여겨질 때, 영역을 사용하고 시간을 포함하는 이 방법을 성인이 남의 눈에 띄지 않게 모니터하는 것이 중요하다. 만일 학생이 학급의 활동에서 제외되어 보내는 시간이 오히려 비효과적인 것 같으면 성인은 학생을 다시 합류시키고 생활중심중재 접근방법을 사용해야 한다.

CHAPTER 7

성인은 변화의 매개자

아동들은 성인, 부모 및 친척들의 예를 따름으로써 기본적인 역할 모델을 알게 된다.
또한 교사, 목회자, 운동선수, 감독, 연예인 및 심지어 정치가들과 같은
이차적 역할 모델을 관찰함으로써도 배우게 된다.

— 무명의 교사 —

성인은 아동의 생활에 있어서 심리적인 힘의 주축이다

영아, 아동 및 청소년의 성공적인 발달에 가장 중요한 요소의 하나는 그들이 존중하고 신뢰하는 성인의 기술이다. 성인은, 즉 부모와 교사는 각 아동의 세계를 형성하는 역동적인 자료를 제공한다. 아동의 모든 사회-정서적 발달 단계에서 존중받는 성인은 아동에 대한 자신의 행동과 반응으로 그들의 성격과 행동을 조형하는 심리적인 힘의 주축이다. 아동의 사회-정서적 발달을 육성하기 위하여 성인의 개인적인 양식을 아동의 욕구에 맞추는 과제는 매우 도전적인 일이다. 그것은 자신에 대한 상당한 통찰력을 요구한다. 무엇보다 중요한 것은 충분한 정서적 성숙, 자신감, 타인에 대한 감정이입, 헌신, 자기-도야, 동정심 및 이해가 요구된다는 것이다.

다른 사람의 사회-정서적 발달을 육성하는 데 성공하기 위하여 성인은 그들의 현실, 문화적 가치, 기대, 동기, 욕구, 감정, 분노, 갈등, 스트레스, 성공 및 실패를 이해할 수 있어야 한다. 이러한 강력한 심리적 압력요인이 언제 그 자신에게 그리고 자신이 다른 사람에게 반응하는 방법에 반작용을 야기하는지를 알아야 한다. 또한 아동의 성숙에 따라 바뀌지만 아동이 요구하는 유형의 성인이 되는 것도 배워야 한다. 그들은 각 아동의 목적과 그 목적에 도

달하는 데 필요한 단계가 무엇인지 명확히 알아야 한다. 아동의 목표 달성을 위한 가장 작은 성취도 인식할 수 있어야 하며, 발달지표의 숙달을 목표로 아동의 진보를 촉진하기 위해 전략을 수정해야 하는 때가 언제인지도 알아야 한다. 표면적인 행동이면의 깊은 뜻을 인식하고, 아동이 진보의 과정에서 나타낼 수도 있는 불안과 그의 정서적 방어를 감소시키는 전략을 사용하는 것에 대해서도 학습해야 한다.

요약하면 어린 아동의 사회-정서적 발달의 촉진에 가장 중요한 도구는 아는 것과 아는 것을 행동으로 옮기는 여러분 자신이다. 다음에 나오는 Keith의 예를 생각해 보자. 이 예화에서 Keith는 말썽을 부리는 남아로 자신의 분노를 교사에게 퍼부었다. 그의 발달상태, 정서적 요구 및 감정을 극복하는 행동에 대한 이해가 있었던 교사는 그에게 치료적인 반응을 할 수 있었다. 만약 여러분이 Keith의 교사라면 처음에 Keith에게 어떤 반응을 하였을까? 교사가 사적인 공격을 하는 Keith의 행동을 어떻게 막아 내며, 그의 요구에 대한 이해를 어떻게 긍정적인 행동으로 옮길 수 있었는지를 이해하기 위하여 교사의 자기-점검을 따라 해 보자.

발달적 치료-발달적 교수 교육과정을 효율적으로 활용하기 위해서는 가치 있고 존중받는 성인의 역할을 충분히 해내야 한다. 이 요구 조건은 지속적이고 적극적인 정신노동을 필요로 한다. 이 교육과정을 처음으로 시도할 때는 수행이 항상 쉬운 것은 아니다. 그러나 이 접근법을 사용하고 또한 능숙해지면 자신의 효율성과 아동의 진보에 대한 긍정적인 영향을 알게 된다. 이 교육과정에 능숙하게 된 성인들은 일단 그들이 발달적인 사고를 시작하고 나면 항상 그렇게 하게 된다고 말하였다.

이 장에서는 영아, 아동 및 10대의 사회-정서적 발달을 육성시키고자 하는 성인에게 요구되는 기술에 대해 살펴본다. 여러분이 교사나 부모로서의 경험을 이미 했다면, 이 기술은 현재 여러분이 가지고 있는 기술에 비교적 쉽게 추가될 것이다. 여러분이 이 분야에 처음이라면 자기-사정과 자기-점검 전략을 개발하기 위해 이 장에서 제시되는 자료를 활용하면 된다. 과거에 이 교육과정을 사용해왔던 사람을 위해서 5가지 주제에 관한 자료에 다시 초점을 맞춘다.

- 2명의 성인이 함께 일할 때 주도자와 보조자 역할하기
- 건강한 대인관계 분위기 조성하기
- 이 교육과정을 사용하는 성인의 기술 개발 단계
- 성인 자신이 가진 문제
- 현직 훈련에서의 실제의 정교화에 관한 연구

Keith

9살 된 Keith는 제2단계의 발달적 치료-발달적 교수 프로그램을 받고 있다. 그는 공격적이고 자주 소리치고, 저주를 퍼붓고 물어뜯는다. 학교에 대해 감정이 나쁘고 낮은 자아존중감과 사회화 기술을 가지고 있으며 읽기에 어려움을 보인다. 나이에 비해 크지만 낮은 신체지각을 가지고 있다. 종종 갑작스럽게 기분이 바뀌며 신체적으로 공격행동을 한 다음에는 양심의 가책을 느낀다. 학문적 기술이 부족해서 학업을 어려워한다.

공부 시간에 교사는 Keith의 행동을 가까이에서 살펴본다. 읽기가 특히 어렵다는 것을 아는 교사는 작은 성취라도 하면 그를 격려한다. 그는 수학공부를 끝내고 이제 첫 자음 인식에 관한 학습지를 천천히 풀고 있다. 교사는 "잘하는구나. C는 Car와 연결되는구나."라고 반영해 준다.

교실의 몇 아동이 끝내고 다음 활동인 놀이 시간으로 넘어간다. 그러나 Keith는 여전히 그의 과제를 하면서 책상에 앉아 있다. 교사는 놀이 영역에 있는 아동 집단에 합류하기 위하여 책상을 떠나면서, "Keith야, 네 과제가 거의 끝나가는구나. 너를 기다릴게."라고 한다.

그가 계속 앉아서 자기 학습지를 응시하고 있는 것에 주목하면서 교사는 계속해서 "D와 R을 맞추고 나면 바로 끝나겠구나."라고 한다. Keith는 "말하지 마세요! 선생님이 숨 쉴 때 나쁜 냄새가 나요. 나는 끝나가지 않아요."라고 소리친다.

교사는 그의 관심을 해석하여 "너는 과제를 끝내지 않으면 어떻게 될까 생각했구나."라고 반응한다. 교사는 그가 마지막으로 끝내는 학생이 되는 것을 매우 힘들어함을 안다. 또한 그가 앞의 읽기 과제를 완성하였으므로 이것을 끝낼 능력이 있다는 것도 안다. 교사는 그가 좌절감이 커지면서 그의 한계를 시험하고 있는 중임을 알고 신체적으로 그에게 다가가지 않는다. 그러나 비언어적으로 그가 학습지를 끝내도록 기대하고 있음을 전달한다. Keith의 몸이 경직되어 보인다. 교사는 더 좌절감이 커짐을 느낀다. Keith는 학습지를 찢고 뭉쳐서 공처럼 만들면서 "선생님이 준 학습지 받으세요! 나는 이것 안 할 거예요."라고 소리친다.

교사는 종이 뭉치를 받고 나서 생각을 한 후 자신의 기대를 한 번 더 말한다. "Keith야, 넌 종이를 찢으면 어떻게 되는지 알고 싶구나. 그걸 다시 가지고 가서 끝내도록 해라. 너는 그렇게 할 수 있어." 교사는 이 순간에 조심하며 Keith를 향해 몸을 움직이지 않는다. 대신에 교사는 멈추어 서서 그의 과제를 재구조화한다. "두 문항 남았구나. 끝내고 나면 놀이 시간을 가질 수 있어." "나는 안 해요! 선생님은 바보예요. 선생님은 악취를 풍겨요. 그리고 못생겼고 숨을 쉬면 오래 묵은 더러운 냄새가 나요!" 사적인 공격에 반응하는 대신에 교사는 실제로 바보이고 못생긴 사람은 Keith임을 스스로 상기한다. Keith가 일어서서 책상의 다른 끝으로 움직일 때 교사는 그를 향해 재빨리 움직인다. Keith는 이제 놀이영역에 있는 다른 아동에게 "이봐, 선생님 좀 봐. 바보야! 고약한 냄새가 나!"라고 소리친다.

교사는 자기 팔을 그의 어깨에 두르고 조용한 방으로 데리고 간다. 그리고 마음속으로 자신에 대한 사적인 말은 무시해야 함을 다짐한다. 교사의 인격을 손상시키는 Keith의 말은 부분적으로는 교사의 반응을 시험하고 또 부분적으로 그의 좌절감을 표현하기 위한 것이다. 그것을 조심스럽게 다루지 않으면 그

발언은 Keith의 인격을 손상시키고 자신을 부적절하고 나쁜 사람으로 느끼게 하는 더욱 해로운 감정을 가지게 만들 수 있다. 교사는 이런 일이 일어나는 것을 막아야 됨을 안다. Keith는 자신이 바보스럽고 뚱뚱하고 고약한 냄새를 풍기는 것으로 느끼고 있고, 자신의 느낌에 기인된 심리적인 모욕감 때문에 이러한 느낌을 교사에게 투사하고 있음을 계속 상기한다. 또한 그가 아직 통제할 수 없는 상태가 된 것은 아님을 관찰한다.

교사와 Keith가 조용한 장소에 이르렀을 때, 교사는 자기 팔을 그의 어깨에서 내리고 그를 똑바로 보지 않은 채, "Keith야, 네가 철자 학습지에 100점을 받은 것이 지난주였니? 아니면 그 전 주였니?"라고 묻는다.

Keith: 나는 못생긴 늙은 여자하고 이야기 안 해요. 그건 이번 주였어요. 나는 100점을 3개나 받았어요.

교 사: (여전히 눈길을 돌린 채로) 지난 월요일에 우리는 교장 선생님의 회의실에서 좋은 회의를 했어. 기억나니? 우리는 네가 그곳에서 이야기할 수 있을 만큼 다 컸다는 결정을 했었지? 자기 행동을 통제할 수 있는 남자 애들이 그 방에서 이야기할 수 있어.

Keith는 듣고 있다. 그는 성인이나 그 회의실과 연관되는 이미지를 좋아한다. 교사는 첫 단계로서 Keith 자신을 향한 분노의 감정을 감소시킨다. 그리고 두 번째 단계에서는 그의 옹호자로서의 태도를 취한다.

교 사: (시계를 본다) 내 생각에는 회의실에 있던 사람들이 5분 전에 떠났을 것 같아. 너는 이제 안정이 되었으니까 우리가 그 방을 쓸 수 있어.

Keith: 예. 나는 월요일에 거기에 내려갔어요.

그의 몸짓 언어는 내려갈 준비가 되었다는 것을 말하고 있다. 그는 편안해 보인다. 교사는 보조교사에게 Keith와 자신은 회의실로 갈 것이라고 말한 뒤 더 이상의 말을 하지 않고 교실을 떠난다. 회의실에서 교사와 Keith는 책상에 앉는다. 교사는 사무적인 태도로 말하기 시작한다.

교 사: Keith야, 너는 수학문제를 다 풀었고, 읽기 문제지도 거의 다 했어. 어떤 때는 공부하는 게 느리기도 하고, 남자애들은 선생님이 어떻게 하는지 보려고 문제지를 찢기도 해.

Keith: 나는 그 학습지를 뒤로 해서 함께 테이프로 묶으려고 했어요.

교 사: 그거 좋은 생각이구나. 우리는 돌아가서 네 학습지를 끝내고 조금은 놀 수 있을 거야. (이것은 Keith가 다음에 일어날 일에 대하여 가질 수 있는 어떤 불안을 경감시키는 데 필요하다.).

Keith와 교사는 교실로 돌아온다. 교사는 손을 그의 어깨 위에 두르고 있다. 교실로 왔을 때 교사는 보조교사와 집단에게 말한다. "Keith는 자기의 학습지를 함께 테이프로 묶고 끝나는 대로 놀이하러 갈 거야."

보조교사는 기회를 포착한다. "우리는 자동차에 기름을 넣어 주고 우리가 막 만든 이 주유소를 운영할 사람이 필요해." Keith는 학습 과제를 완성해야겠다고 새로 마음을 먹는다. 그는 과제를 끝내고 다른 아동과 어울린다.

2명의 성인이 함께 일할 때 주도자와 보조자의 역할하기

대부분의 아동과 10대를 위한 프로그램이 집단으로 진행되며, 집단은 자연스러운 사회구조이므로 우리는 이 장에서 집단을 효과적으로 다루기 위한 기초 개념에 초점을 맞추고자 한다. 문제는 집단 구성원 사이에 응집력을 유지하는 것과 활동을 수행하기 위해 집단의 힘을 유지하는 것이다. 집단관리에 관한 몇 개의 보편적인 문제가 있다. 첫째, 집단은 그 구성원들이 스스로를 집단 구성원으로 여길 때와 기꺼이 참여할 때만 기능할 수 있다. 집단은 개개인에게 그들을 위한 무엇을 제공해야 한다. 자신을 완전히 인증된 구성원으로 보는 것은 모든 사람들에게 항상 쉬운 일은 아니며 이것은 유아와 서로 소원한 청소년에게 특히 그러하다.

두 번째의 집단관리상의 보편적 문제는 집단으로부터 개인의 소외나 탈락이다. 개별 성원에 의한 소란, 산만한 행동, 저항 또는 집단 참여의 실패는 심리적 풍토에 불안정의 파문을 일으킨다. 집단으로 유지되는 힘이 보전되지 않는 한 활동은 분리된 개인 단위의 활동으로 해체되며, 그것은 다른 구성원의 행동관리 문제를 증가시키게 된다. 이 반응은 급속히 집단 활동 전체를 중지시키며 집단 해체나 혼란을 야기한다.

발달적 치료-발달적 교수에서는 개별 참여와 집단응집력을 유지하기 위하여 팀으로 일하는 성인의 책임을 **주도자**와 **보조자** 역할로 정의한다. 주도자 역할은 집단 활동을 만들어 각 아동이 인정받고 성공하며, 안전함을 느끼면서 참여를 즐길 수 있도록 주축이 되는 심리적 힘을 제공하는 것이다. 보조자 역할은 최대한의 참여를 가져올 수 있도록 각 구성원에 개별적인 주의를 기울이는 것이다. 이런 책임이 2개의 역할로 분리되고 아동에게 분명하게 의사 전달되어야 하는 이유는 집단 역동성을 다루기 위해서다. 아동은 지도력, 의사결정, 권위를 기대하는 성인이 있어야 하는데, 이것은 **주도자**의 역할이다. 누군가 개별적인 주의와 도움을 제공할 사람도 있어야 하는데, 이것이 **보조자**의 역할이다.

이 책임의 분리는 문제가 있는 아동집단—장애가 있거나 사회·정서적 문제로 위기에 처한—과 일할 때 특히 효과적이다. 주도자는 집단 활동을 자극하고 개인이 야기한 어떤 소란에도 불구하고 활동 흐름을 자연스럽게 유지한다. 주도자는 개인적인 도움을 요구하는 아동을 돌보지 않는다. 아동을 집단 활동에 다시 참여하게 하는 것은 보조자의 책임이다(만약 주도자가 산만한 아동의 요구에 주의를 기울이면, 집단의 힘과 응집력을 유지하는 심리적 유대감이 곧바로 붕괴되며 집단행동의 붕괴도 급속하게 일어난다.).

효율적인 주도자와 보조자 역할을 확립하는 데 많은 관심을 가져야 하는데, 우리가 스태프의 능력개발에 있어서 가장 초점을 두는 것이다. 각 역할의 책임은 분리되어 있지만 주도자–보조자역할 팀의 성공은 서로 언어적 및 비언어적으로 의사소통하는 정도에 달려 있다. 팀의 성원으로서 여러분은 다음과 같이 할 수 있어야 한다.

- 주어진 순간에 물리적으로 어디에 있어야 할지를 예상한다.
- 어떤 아동이 즉각적인 주의를 필요로 하는지, 어떤 아동이 성인의 개별적인 지원 없이 스스로 조절할 수 있는지를 결정한다.
- 개별 아동을 위해 언어적 · 신체적으로 적절한 전략을 선택한다.
- 언제 다른 팀 성원과 상호작용해야 하는지를 안다.
- 주도자와 보조자 역할에 알맞은 전략을 결정한다.
- 전략은 옳은 것으로 여겨지나, 아동이 반응하지 않더라도 좌절해서는 안 된다.
- 앞서 계획한다. 언제 전략을 바꾸어야 할지 예상한다.
- 주도자와 보조자 간에 개방적이고 지원적인 팀워크를 이룬다.

개별 아동이 참여에 주의나 흥미가 뒤쳐지기 시작하는 표시가 날 때 보조자는 주도자에게 신호를 하도록 한다. 이 신호는 주도자로 하여금 아동의 행동이 문제가 되기 전에 그의 주의를 다시 활동으로 옮길 수 있게 한다. 이것으로 충분치 않을 때 주도자는 보조자에게 아동에게 필요한 도움을 제공하도록 요구하여 그 아동이 참여 구성원으로서의 집단 내 지위를 재획득하도록 돕는다.

이 주도와 지원 팀워크 모델이 성공하기 위하여 아동은 주도자와 보조자가 세우고 지지하는 태도, 구조 및 기대에 대해 알아야 할 필요가 있다. 팀 활동은 긍정적인 결과에 대한 기대감을 가질 수 있도록 조심스럽게 수행되어야 한다. 집단의 기대가 합리적이고 가치 있는 것이라면 아동은 그 기대에 맞추려고 할 것이다. 결과에 대한 기대가 낮거나 비합리적이고 모호하며 가치 없는 것으로 판단되면 아동은 최선의 참여를 꺼리게 될 것이다(또는 최악의 경우 집단에 큰 혼란이 나타날 것이다.).

팀 주도자의 책임

주도자는 심리적인 힘을 가진 책임을 맡은 성인이다. 주도자는 각 활동을 시작하고 수행하고 끝낸다. 집단 이익의 옹호자로서 주도자는 집단의 동기를 유지하고 진행되는 집단 과정을 지속해야 한다. 요약하면 효율적인 주도자는 집단의 일반적인 심리적인 분위기, 활동의 수행 속도와 시점을 설정하여 모든 아동이 최대한 참여하고 노력하게 한다. 집단과 개별 아동의 성공은 개개 아동이 집단 과정에 편안하고 성공적으로 포함될 수 있게 하는 주도자의 능력에 달려 있다. 또한 주도자는 아동으로 하여금 스스로 다룰 수 없는 것을 다룰 수 있는 성인이라는 믿음을 가지게끔 하는 역할도 한다. 팀 주도자의 책임을 아래에 요약하였다.

팀 주도자의 책임

· 집단에 다함께 참여시키기
· 활동과 활동 간에 매끄럽게 전이하기
· 모든 아동을 모든 활동에 참여시키기
· 모든 아동이 모든 활동에서 성공하거나 즐거운 결과를 얻을 수 있게 하기
· 기대감을 가지게 하고 그것을 유지시키기
· 풍부하고 긍정적인 피드백 주기
· 모든 아동에게 수용적이고 지지적인 분위기 만들기
· 아동이 심리적인 안전감을 느낄 수 있도록 일상과 활동을 관리하기

만약 여러분이 팀의 주도자라면 아동이 들어올 때 개별적으로 반겨줄 필요가 있다. 모든 아동은 주도자가 자신을 반가워한다는 믿음을 가지기 원한다. 주도자는 각 아동과의 개별 접촉을 통하여 중요한 성인이라는 느낌을 주어야 한다. 이를 위한 한 방법은 그날의 첫 활동에 아동이 매력을 느낄 수 있도록 주도자가 전략적인 위치에서 시작하는 것이다. 아동이 참여하면 여러분에 대한 소개, 사용할 자료의 제시 및 매력적인 음성 등으로 활동에 대한 아동의 관심을 유발하고 붙잡아야 한다.

아동이 활동의 변화를 위해 다른 영역으로 옮겨 가기를 기대할 때 새 활동에 대한 동기 유발을 위하여 여러분이 먼저 새로운 장소로 가야 한다. 이렇게 전이를 구조화하지 않으면 새 영역으로 가는 아동에게 유인가가 없게 된다. 주도자가 이 기본 원칙을 잊고 한 활동을 끝내고 다른 활동을 시작하기 꺼리는 아동을 개별적으로 다룬다면 대개 집단 과정의 훼손이라는 결과를 가져온다. 왜냐하면 주도자가 그 아동에게 관여하고 있는 동안에는 집단 주도자가 없기 때문이다. 그에서 비롯된 불안정감은 종종 불안을 고조시키고, 모든 집단 구성원의 문제 행동을 눈에 띄게 증가시키게 된다.

팀 보조자의 책임

효율적인 팀은 성공적인 중재의 중요한 부분이며, 팀은 제2의 성인이 보조자 역할을 할 때 가장 효율적일 수 있다. 이 보조자는 보조교사, 교사, 보조자, 지역사회 보조자, 정신 건강 전문가 또는 부모일 수 있다. 팀을 지원하는 책임을 맡은 사람은 개별 아동의 위기에 대응하거나 참여를 유지시키기 위해 일대일의 도움이 필요한 아동을 지원한다. 목표는 아동이 집단 활동에 돌아올 수 있도록 재지시하는 것이다. 효율적인 보조자는 주도자의 분위기를 보완하고 주도자가 제공하는 활동에 아동이 계속 참여할 수 있게 한다. 종종 보조자는 위기에 처한 아동, 즉 참여를 거부하거나 특수한 요구가 있는 아동을 다루게 된다. 보조자는 아동이 하기 싫어하는 신호를 보일 때 도움을 주어 주도자가 집단 활동의 흐름을 매끄럽게 유지할 수 있도록 한다.

팀 보조자의 책임

· 위기에 있는 아동 또는 일대일의 보조를 필요로 하는 아동에게 반응하기
· 주도자가 만든 분위기를 보완하기
· 개별 아동이 계속 참여할 수 있도록 하기
· 개별적인 관계와 관심 가지기
· 필요할 때 아동이 모방할 수 있도록 적절한 반응 모델 제공하기

보조자가 있으면 아동들로 하여금 집단 활동에 열중하게 하여 관심과 참여를 유지시킬 수 있다. 이를 위해 보조자는 필요할 때 아동의 모방이 요구되는 반응을 보여 주는 적절한 반응 모델의 역할도 해야 한다. 보조자가 주도자에게 주의를 집중하여 의사소통하는 것은, 특히 1, 2단계의 아동이 배워야 할 주의집중과 경청의 모델로서 필수적이다.

보조자는 이러한 목적을 성취하기 위하여 기본 전략, 신체 움직임 및 말하기를 배워야 한다. 반영, 재지시, 칭찬 및 긍정적인 피드백은 초보 보조자가 어떤 단계에 있는 아동과 함께 할 때도 쉽게 배울 수 있는 전략이다. 신체적 접근은 직접적인 중재 없이 보조자가 선택적으로 사용할 수 있는 중요한 전략으로 확실하고 충분하게 성인의 존재를 느끼게 해 주며 종종 아동이 더 이상 통제력을 잃지 않도록 막아 준다. 보조자의 움직임은 대개 집단의 주변부에서 일어난다. 때때로 보조자의 긍정적인 언어적 재지시가 아동을 계속 참여시키기 위해 요구되는 전부일 수 있다. 대개 한 집단의 전체에게보다는 1~3명의 아동에게 특별한 관리 계획이 필요하다. 이들은 팀으로부터 집단에서 실패하기 쉬운 아동으로 확인되는 아동들이

다. 이들은 종종 가장 골치 아프고 쉽게 통제를 상실하는 아동들이기도 하다.

보조자가 가장 자주 직면하는 문제 중 하나는 아동이 지정된 활동이 아닌 다른 주제에 대하여 개인적으로 열중하는 것을 허용해야 하느냐다. 이것이 허용되면 지정 활동은 중요한 초점이라는 메시지와 아동이 지정 활동에 참여할 것이라는 기대는 훼손된다. 비록 보조자가 의도적으로 그런 의사소통을 하지 않을지라도 문제의 아동에게 개별적인 도움을 주는 것은 아동이 쉽게 책임감에서 벗어나게 만든다. 그러나 아동의 요구에 맞춰 개별적인 지원을 해야 하는 상황과 경우가 있다. 모든 지원을 할 때 아동이 집단에 다시 참여할 수 있게 하려면 어느 정도의 도움을 주어야 할지를 결정하는 것은 주요 쟁점이다.

보조자는 제6장에서 서술된 관리 전략을 배워 사용할 수 있다. 그러나 이것은 시간, 경험, 팀워크 및 주도자로부터의 격려의 피드백이 필요하다. 보조자는 종종 주도자가 사용한 전략의 예를 따르고 매일 효과적이었거나 그렇지 못한 전략에 대해 함께 토론함으로써 전략의 사용법을 배우게 된다. 우리는 이것을 업무수행보고라 부른다. 매일 모든 팀의 구성원이 함께 하는 시간으로 아동들이 퇴소한 직후에 이루어진다. 아래의 사항들을 매일의 업무수행보고 시에 다루어야 한다.

- 하루 중 어느 시간에 아동들이 가장 성공적인가? 그 이유는?
- 바람직한 결과를 성취하기 위하여 성인이 적절하게 사용했던 특별한 말은 무엇인가?
- 각 아동에게 가장 효율적인 전략은 어떤 것인가?
- 어떤 언어적, 비언어적 의사소통이 효과적이었나?
- 아동이 성인에게, 성인이 아동에게 정서적인 반응을 하였는가?
- 주도자의 역할은 어떻게 전달되며, 그것은 아동의 발달 단계에 적절한 것인가?
- 행동에 대한 기대, 규칙 그리고 절차는 일관성 있고 적절하며 명료한가?
- 오늘 아동이 집단이나 교실에서 축출될 수밖에 없었다면, 그것을 촉발한 사건은 무엇인가? 치료적 해결책은 무엇이었나?

각 팀은 각각의 업무수행보고 양식을 발달시켜 나갈 것이다. 그러나 업무수행 보고를 하고 그것을 집단과정의 속도에 맞추는 것은 팀 주도자의 책임이다. 업무수행 보고를 하는 중에 감정 표출의 기회도 있어야 되지만 주로 그것에 토론이나 시간을 보내서는 안 된다. 감정 표출은 항상 문제해결 뒤에 와야 한다. 팀은 개방된 토론을 해야 하며 팀의 모든 성원이 편안하게 의견, 생각 및 태도를 표현할 수 있어야 한다. 팀 성원은 자신의 기여로 팀이 향상되는 느낌을 가져야 하나, 건설적인 비판에 수용적이고 새로운 것을 시도하려는 의지가 있어야 한다.

효과적이고 비효과적인 전략에 관한 업무수행 보고시간을 갖는 것은 시간을 잘 활용하는 것이다. 그렇게 하면 시계바늘처럼 함께 일하는 매우 효율적인 팀이 될 것이며, 아동들에게도 유의한 변화가 있을 것이다. 아동은 이 성인들이 자신을 존중하며 의미 있고 유용하며 즐거운 경험을 제공해 주는 양육적인 사람들이라고 생각할 것이다. 성공적인 프로그램에서는 학령전 아동들이 매일 흥미롭게 참여함으로써 성인들에게 열광하는 그들의 마음을 전달한다. 학령기 아동은 대개 '우리는 오늘 좋은 경험을 했어요.' 또는 '멋진 작업을 했어요.' 와 같은 언급을 한다. 효율적인 팀은 아동의 입장에서 그들과 의사소통을 한다.

'너희들은 소중해. 너희들은 참 잘하는 아이들이구나.'

건강한 대인관계 풍토 조성하기

집단이 한 교실의 성원, 가족, 방과 후 집단 또는 휴식이나 스포츠를 함께 하는 사람들 중 어떤 경우라도 집단 내 개인 간의 건강한 정서적 풍토는 한 개인의 건강한 성격만큼 복잡하다. 집단에는 항상 어떤 심리적 풍토가 있게 마련이다. 아동 또는 10대 집단과 함께 하는 성인을 관찰하는 외부 관찰자는 이 풍토, 즉 집단의 '색조' 를 알 수 있다. 아동을 대하는 성인의 태도에서 그리고 아동의 서로에 대한 행동에서 이 풍토가 나타난다. 건강한 대인관계 풍토에서는 성인이 아동에 대한 존중과 관심을 분명하게 전달하며, 아동은 이 태도를 흡수하여 서로에게 그것을 반영한다. 성인은 긍정적인 진술문을 최대한 많이 사용하고 부정적인 진술문은 최소한으로 사용한다. 아동은 또한 부정적인 코멘트를 거의 하지 않으며 자발적으로 열광하는 표현을 많이 한다. 그들은 활동에 대한 관심을 표현하고 서로를 지원한다. 관찰자는 아동들이 미소 짓는 것을 볼 수 있다. 이것은 긍정적인 대인관계 풍토를 나타내는 유일한 주요 지표다. 그 집단에는 아동과 성인 간에 자발적인 사회적 상호작용이 있을 것이다. 그러한 풍토의 산물은 성인과 프로그램에 대한 아동의 반응성이다. 이러한 풍토에서 아동은 발달 목표의 숙달을 향해 진보하게 되는데, 그러한 환경은 편안한 대인관계를 지원하고 성공을 촉진하여 개인적인 만족감을 가져오기 때문이다.

건강한 대인관계 풍토를 조성하는 것은 항상 쉬운 일은 아니다. 그것은 아동의 정서적 요구와 그들의 요구에 반응하는 성인의 행동에 의해 다듬어진다. [그림 7-1]에 이 과정을 체계적으로 제시하였는데, 이러한 요소들이 상호작용하여 아동의 사회-정서적 유능감과 책임감 있는 행동의 성장을 지원하는 긍정적인 관계를 만드는 방법을 보여 준다.

이 그림에서 아동의 욕구는 관계의 중심부에 있고, 이것은 결과적으로 아동이 성공할 수 있게 하는 데 기여한다. 먼저 아동의 주요한 욕구는 일반 사회 · 정서발달 단계에 의해 결정되는데, 성인이 수행할 일반적인 역할 유형의 선택에 영향을 준다. 그 다음에 성인-아동 관계에서 성인이 사용하는 힘의 유형을 결정하는 아동의 주요 발달적 불안이 제시되었다. 아동의 행동, 의사소통, 사회화 및 전 학문/인지 영역에서의 구체적인 목표는 구체적인 교수와 관리 전략의 선택에 지침이 된다. 좋은 관계의 메시지는 다음과 같다.

'이 성인은 나를 좋아하고 내가 혼자 할 수 없을 때 나를 도와줄 수 있어요.'

효율적인 사회적 권력의 기저 선택에 의한 관계 수립

사회적 권력은 다른 사람이 일상적으로 스스로 하지 못하는 어떤 일을 하도록 영향을 미치는 능력이다. 대부분의 성인은 자신이 다른 사람에게 영향을 주는 어떤 형태의 사회적 권력을 사용하고 있음을 깨닫지 못하지만, 모든 사람은 그렇게 하고 있다. 모든 아동 또는 10대와 함께 일하는 성인은 사회적 권력을 사용하여 대인관계 분위기에 영향을 미치는 방법을 단기간 내에 배운다. 성인이 자주 사용하는 네 종류의 보편적인 사회적 권력기반, 즉 강압, 조종, 전문성 및 호감에 대해 생각해 보자.

(1) 강압: 벌에 대한 암시와 함께 아동의 행동에 영향을 미치는 언어적 또는 신체적 대결, 강요 또는 제압적인 심리적 통제
(2) 조종: 힘을 사용하는 사람과 결과가 직접 연결되지 않는 상황에서의 은밀한 통제
(3) 전문성: 아동이 혼자 해결할 수 없는 문제를 도와서 해결하는 능력
(4) 호감: 아동이 존중하거나 흠모하여 자신의 행동에 영향을 받는 따뜻함, 매너 또는 표현성과 같은 긍정적인 개인의 특성

모든 문화에서 성인은 이러한 형태의 권력을 의도적으로 또는 무의식적으로 아동 발달을 증진하거나 제한하는 데 단독으로 또는 함께 사용한다. 효율적인 성인은 이러한 접근법을 선택적으로 사용하는 능력을 가지고 있음이 관찰되었으므로 이 영향력들에 대하여 더 자세히 살펴본다. 개별 아동의 사회-정서적 발달에 영향을 주는 진정한 관계를 형성하기 위하

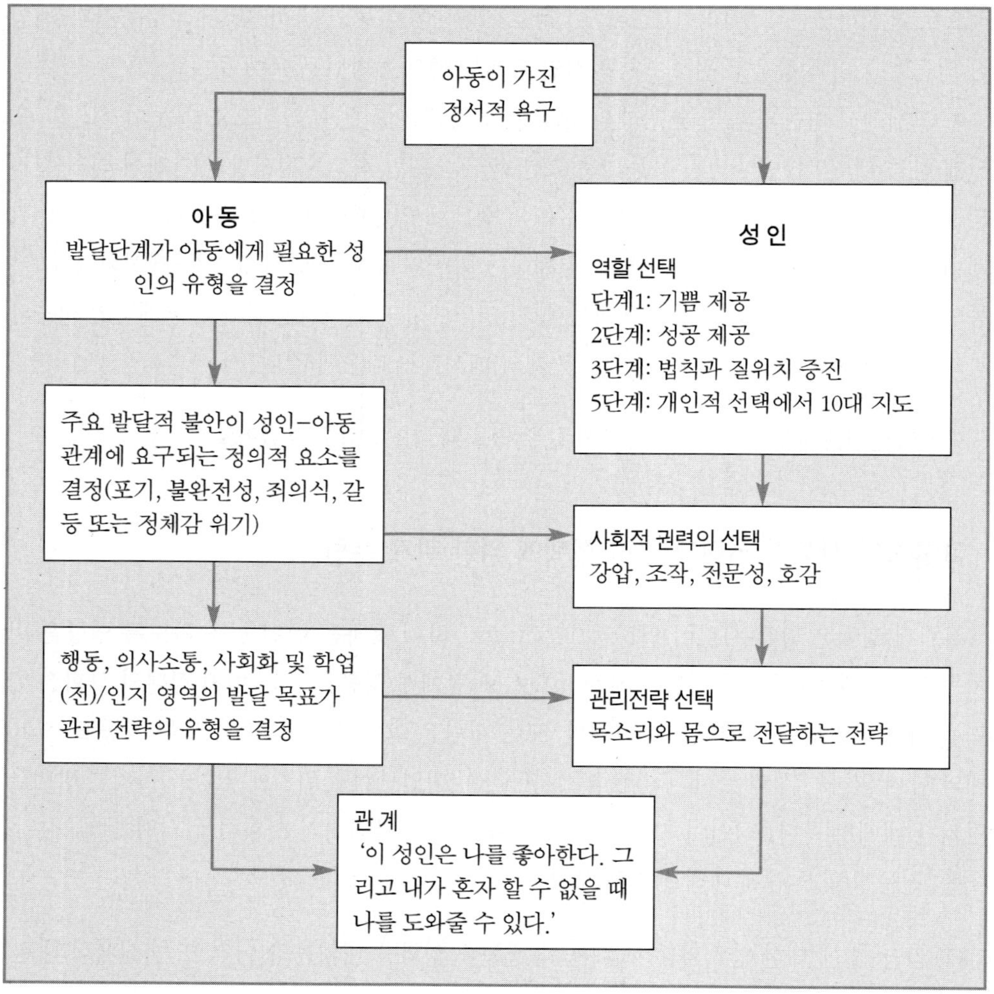

[그림 7-1] 성인과 아동 간 관계 형성의 요소들

여 성인은 이런 모든 형태의 사회적 권력을 긍정적인 결과를 가져올 수 있도록 선택적으로 사용할 수 있어야 한다. 경험 있는 성인은 그 순간의 조건을 충족시키기 위해서 이러한 접근법을 신중하게 선택한다. 여기서 이 전략들을 하나씩 간략하게 살펴보자.

강 압 암시적 또는 실제적 위협과 함께 언어적 또는 신체적 대결, 강요 또는 제압적인 심리적 통제와 같은 영향력의 형태다. 오늘날 문제 행동을 다루는 형태에서 유행하는 구조화된 강화체계는 강압의 정교한 변형이다. 즉, 힘 있는 성인에 의해 보상이 주어지거나 철회된다. 예를 들면 대학 교수는 학생을 공부시키기 위하여 학점이라는 형태의 강압을 사용한다. 어떤 부모는 자녀가 사회적으로 바람직한 행동을 하도록 하기 위해 사랑을 철회하거나 인정하는 방법으로 강압을 사용한다. 힘이 생존의 유일한 수단인 이웃을 둔 아동과 일하는 성인은 아동이 성인의 강압에 강압으로 대처하기 위해 폭력이나 무기로써 자신을 방어하는 것을 발견한다. 이처럼 아동이 강압에만 반응하는 것을 배웠을 때 성인은 법과 질서를 유지하는 첫 단계로서 강압 전략을 사용할 필요가 있을 것이다.

명백히 강압은 다른 사람의 행동에 영향을 주는 사회적 권력의 한 양식이다. 중요한 쟁점은 언제, 누구에게, 얼마나 오랫동안 강압을 사용하느냐다. 강압은 항상 다른 사람을 무력하게 만들고 지위 상실감을 준다. 성인의 누적된 부정적인 반응으로 반복적인 상실감을 느껴 더 많은 강압에도 심리적으로 방어를 잘하게 된 아동은 제대로 성장할 수 없다. 이런 결과는 아동의 행동에 영향을 주고자 한 성인의 요구만큼 비중이 주어져야 한다. 아동은 자신이 신체적으로 안전하며, 성인이 그 심리적인 책임을 지고 있음을 알아야 한다. 안전한 분위기는 항상 유지되어야 하고, 때로 이 근본적인 안전감을 형성하기 위하여 강압에 호소하는 것이 필요할 수도 있다. 언어적 대결은 특히 소수의 제4단계에 있는 아동이 비생산적인 태도와 행동에 통찰력을 얻도록 하는 데 건설적으로 사용될 수 있다. 오래된 극복 전략을 고수하는 것은 거의 대가를 치르지 않는다는 생각에 기초한 현실치료는 강압의 또 다른 형태로 비록 성인이 직접 수행하지 않는다 하더라도 고통스러운 자연적 귀결을 가져온다(Glasser, 1965).

조 종 조종은 권력을 사용하는 사람과 그 결과가 직접 연합되지 않는 상황과 사람에 대한 은밀한 통제다. 조종이 긍정적으로 수행되면 아동으로 하여금 건설적으로 참여하게 하여 자신을 중심적인 사람으로 여기게 만든다. 성인이 동기 유발력이 매우 높은 사물을 선택하거나 안전감을 전달하기 위해 자신의 음색을 활용하거나 또는 아동이 자신의 성공 가능성을 알고 있기 때문에 저항 없이 참여할 수 있는 활동을 고안할 때 사회적 권력의 기저로서 조종을 사용하는 것이다. 본유적인 피드백(intrinsic feedback)을 제공하는 자료를 활용하는 몬테소리 방법은 사회적 권력의 미묘한 한 형태로서 학습 환경을 조작하는 한 예다. 자기 수정적인 학습 또한 학습 환경을 조작하는 예다.

조종은 많은 성인에게 부정적인 암시를 준다. 성인이 아동을 돕는 전략이지만 그만큼 자주 사용되지 않는 이유일 것이다. 이 방법은 성인이나 성인의 권위를 신뢰하지 않는 아동에게 특히 효과적으로 사용될 수 있는데, 성인의 역할이 그 상황에서 분명하지 않기 때문이다. 또한 조종은 수동적이고 공격적인 아동을 지도하는 교사에게도 효과적인 사회적 권력기반이다. 스스로 조종을 사용하는 아동들은 성인을 능가하는 전문가다. 이들은 조종할 대상이 없으면 자신의 통제와 방어를 이완시키는 경향이 있다.

전문성 아동이 스스로 해결할 수 없는 문제에 도움을 주기 위해서 성인 전문가가 필요하다. 아동은 전문성 수준이 높은 성인을 좋아하고 해결해야 할 문제가 없는 경우에도 그러하다. 그러나 아동이 억압상황의 극복에 실패하여 곤혹스러울 때 성인의 전문성은 필수적이다. 비난, 후회, 고통과 분노를 걸러 냄으로써 성인과 아동은 함께 극복의 계획을 더 편안하게 세울 수 있다. 신뢰가 깊어지면 전체 집단에 심리적 안정감이 생기게 된다.

아동은 성인이 자신에게 유익한 주제에 대한 지식을 가졌을 때 전문성을 가진 것으로 인식한다. 또한 아동은 문제 행동에 깔려 있는 감정을 이해하거나 통제가 안 되는 아동을 잘 다룰 때도 성인의 전문성을 인식한다. 성인이 긍정적인 방법을 통해 아동의 문제를 효과적으로 해결할 때 신뢰, 존경, 성인에 대한 긍정적 동일시, 안정감 그리고 긍정적 성장이 이루어지게 된다.

호 감 타인에게 영향을 주는 긍정적인 개인의 특성을 활용하는 것은 사회적 권력의 한 형태이며 호감으로 널리 불린다. 아동은 유머, 온정, 협력, 인정 및 공정함 같은 호감이 가는 속성을 가지고 있는 성인에게 반응을 보인다. 그런 속성들은 종종 아동으로 하여금 존경하는 성인을 건설적으로 모방하도록 촉진하는 바로 그 요소들이다. 이런 개인적인 매력은 성인, 대개 부모가 아동에게 '나를 위해 이걸 좀 해 다오.' 라고 요구할 때나 아동이 성인에게 '이것 보세요. 이것이 마음에 드세요?' 또는 '제가 당신께 드리려고 이것을 만들었어요.' 라고 할 때 분명하게 드러난다.

호감은 다른 세 종류의 사회적 권력과 조화롭게 사용될 때 더욱 효과적이다. 그것은 집단 성원 간의 사적인 풍토에 개인적, 긍정적, 양육적 차원을 더한다. 그러나 호감이 성인의 권력의 기반으로만 사용된다면 아동의 정서 발달을 막는 의존심을 유발하게 된다. 이때 아동-성인 간 관계는 성인이 권위를 내세우거나 아동에게 독립적인 탐색을 위한 심리적 거리감을 허용하지 않는 개인 대 개인의 유대감으로 변질된다. 분리는 아동과 성인 모두에게 매우 어려운 것이 될 것이다. 이런 종류의 개별화를 통하여 두 사람은 한 성인이 제공하는 것을 부모를 포함한 다른 성인은 제공할 수 없다는 느낌을 가지게 된다.

사회적 권력은 집단에서 아동과 성인 간 관계를 형성하는 데 필수적이다. 성인이 긍정적인 방법으로 사회적 권력을 사용하게 되면 아동의 참여는 증가할 것이고 목표의 숙달에 진전을 보일 것이다. 이것은 성인이 1단계의 아동을 새 장난감 쪽으로 이동시키거나 버스에서 다툰 일로 의논하기 위해 교(원)장실로 가도록 아동을 도울 때 사실로 나타난다. 사회적 권력의 형태는 아동과 상황에 따라 매우 다양하다. 첫 번째 예인 아동을 장남감 쪽으로 이동시키는 데는 조작과 같은 유인형이 필요하다. 두 번째 예에서 성인의 사회적 권력은 버스 조정에 관한, 그리고 버스에서 문제를 일으킨 아동에게 어떤 일이 일어날 것인지에 관한 성인과 아동 간의 전문적인 의사교환의 형태로 사용된다. 어떤 사건에서든 4가지 사회적 권력기반은 선택 사항으로 간주되어야 한다. 모든 성인은 네 종류의 사회적 권력을 기술적으로 사용하고 개개 아동과 상황에 적절한 권력의 유형을 선택하여야 한다.

사회적 권력의 효과적인 사용에 대해 학습하기

이 사회적 권력에 대한 아이디어가 새롭다면 자신의 대인관계에서 자연스럽게 사용하는 전형적인 사회적 권력의 전략을 파악해 보기를 제안한다. 이렇게 하면 자신이 다른 사람에게 영향을 주고자 할 때 본능적으로 의존하는 사회적 권력의 유형을 알게 될 것이다. 그 형태는 아마 아동에게도 주로 사용되는 형태일 것이다. 동시에 자신이 사용하지 않는 형태도 생각해 보도록 한다. 익숙하지 않은 사회적 권력의 기반에 대해 언어적이고 비언어적인 방법으로 그 사용을 시험해 보자. 먼저 그 권력을 격정적이지 않고 중립적인 상황에서 시도하여 자신의 대인관계 양식의 갑작스러운 변화에 아동이 당황하지 않도록 해야 한다. 그런 다음 아동이 이 다른 양식에 어떻게 반응하는지를 관찰한다. 이 정보는 각 아동에게 적절한 사회적 권력의 양식을 선택하는 데 도움이 될 것이다. 사회적 권력을 사용하는 의도는 기대에 건설적으로 반응하도록 아동을 격려하려는 것이다.

모든 사회적 권력의 형태 이면에는 다음과 같은 성인의 메시지가 포함되어 있어야 한다.

'성인은 아동을 사랑하고, 아동은 성인을 의지할 수 있다.'

성인은 의도된 메시지가 아동에게 제대로 수용되었는지 스스로 조심스럽게 점검해야 한다. 모든 연령과 단계의 아동에게 이런 메시지를 전달하기 위하여 성인은 비언어적인 의사소통의 형태에 익숙해져야 한다. 여기서 세 가지 기본 기술, 즉 몸짓 언어, 눈 맞춤 또는 회피 및 음성의 질을 살펴본다. 이 기술은 이러한 기본적인 메시지 전달에 강력한 도구다.

몸짓 언어 아동은 성인의 신체적 자세, 음색, 제스처 및 표현을 통한 비언어적 메시지에 의지하고 있다. 성인은 몸짓 언어로 다음과 같은 것을 표현한다.

- 수용

- 확신
- 안전감 전달
- 양육
- 주의집중의 재지시
- 동기화
- 전개되는 위기에 개입
- 불편 감소
- 보상
- 칭찬

위기에 처해 있을 때 이완된 몸자세를 취하면 아동에게 안전한 느낌을 주고 고통스러운 반응을 줄이는 데 필요한 신뢰감을 준다. 몸짓 언어는 존경과 사랑을 전달할 수 있다. 비언어적인 메시지 역시 성인의 불안, 긴장 또는 불안전한 느낌을 전달한다. 아동 위에 군림함으로써 성인은 권위나 강압의 위협을 전달한다. 신체적 접근이나 접촉도 아동이 갈망하는 것이지만 또한 어떤 아동들에게는 잘못 해석하거나 통제할 수 없는 친근감을 불러일으킬 수 있다.

성인이 자신의 몸짓 언어를 의식하지 못할 때 아동에게 전달하고자 하는 메시지는 처음 의도했던 것과 다를 수 있다. 성인은 자신의 몸짓 메시지를 점검하고 정교하게 비언어적 의사소통을 할 수 있도록 훈련되어야 한다. 성인이 중요한 개인적 메시지를 전달하기 위하여 단어에만(성인이 선호하는 의사소통 양식) 의존한다면 효과적인 의사소통 방법이 다소 부족하게 될 것이다. 자신이 단어 없는 의사소통에 불편을 느낀다면 개별적으로 연습을 하는 것이 좋다. 거울 앞에서 신뢰감, 힘, 관심 및 열정 등을 단어를 사용하지 않고도 의사전달을 하는 연습을 하고 이러한 메시지를 전달하는 능력에 대한 확신이 생기면 다른 성인과 함께 연습한다. 그런 후 아동과 함께 단어의 교환 없이도 간단한 생각을 전달할 수 있을 때까지 무언극(pantomime)으로 역할놀이를 해 본다. 이것은 자신의 가장 효율적인 테크닉이 될 수 있으므로 사용해 보기를 권한다.

눈 맞춤 또는 회피 눈 맞춤은 다른 사람과 비언어적인 상호작용하기, 언어적 의사교환의 증진, 지시적 과제에 주의 집중시키기와 같은 다양한 목적으로 사용된다. 눈 맞춤은 성인이 모든 활동을 통하여 아동에게 체계적으로 사용해야 한다. 그러나 눈 맞춤을 적절한 전략으로 사용하는 것을 피해야 할 때가 있다. 어떤 문화에서는 성인을 똑바로 쳐다보는 것은 불경한 것으로 가르치고 있다. 어떤 아동에게는 성인의 응시가 자신의 심리적 공간을 잠식하는 것이다. 똑바로 보는 것을 피함으로써 성인은 아동이 필요로 하는 거리를 제공할 수 있다. 그렇게 함으로써 위기에 처한 아동은 성인이 보지 않을 때 파괴적인 행동을 계속하고자 하는 욕구를 더 잘 견디거나 그 욕구를 덜 가지게 된다. 이것은 생리적 과정이 균형을 찾고 정서가 냉각되는 시간(cooling-off time)을 가지게 한다. 그러고 나면 아동은 성인과의 의사소통에 열중할 수 있게 된다.

눈 맞춤과 회피는 모든 발달단계에 있는 아동과의 의사소통에 사용된다. 성인은 아동이 똑바로 쳐다볼 수 있도록 확고해야 하고 충분히 편안해야 한다. 아동이 성인을 수용하면 그 시선은 되돌아온다. 아동이 성인의 지원을 추구한다면 눈 맞춤은 사랑과 존경을 확신하게 하는 개인적 접촉으로 해석될 것이다. 대다수의 학령기 아동은 성인의 조용하고 안정감 있는 응시에 잘 반응하며, 눈 맞춤은 그들과의 관계 형성에 효과적이다.

특히 1단계의 영아와 걸음마기 아이들이 주의 집중하도록 성인은 그들의 턱을 만지기도 한다. 이 기법은 성인의 언어 지시에 주의 집중하는 데 또는 입술 움직임을 흉내 냄으로써 말하기를 배우는 아동에게 도움이 되는 효과적 방법이다. 1단계의 일부 아동은 이 접근법에 저항하거나 성인과의 모든 접촉을 회피할 수 있다. 아동이 스스로 성인을 쳐다볼 때까지 직접적인 눈 맞춤을 피하도록 한다. 이 쳐다보기는 때로 아동이 성인에게 어떤 형태의 접촉을 원하고 있음을 나타낸다. 아동은 성인을 신뢰하기 시작하였으나 아직 성인을 분명하게 쳐다보면서 그것을 보여 줄 수 없는 경우가 있다. 그러한 상황에서는 성인은 짧고 지지적인 아무것도 요구하지 않는 시선을 주고, 미소를 지으면 더 오래 쳐다보다가 마지막에 아동의 이름을 부르고 시선이 돌아올 때까지 시선을 고정하도록 해야 한다. 의미 있고 동기를 유발하는 활동이 그러한 교류의 수단이 될 때, 아동은 갑자기 성인이 그 활동에서 추구해 왔던 것을 보여 주거나 도움을 요청하는 일이 종종 있다. 1단계의 주요 사회화 지표는 아동이 자발적으로 추구한 성인과의 접촉을 성취하는 것이다.

음성의 질 많은 아동은 메시지를 '읽기' 위하여 성인이 사용하는 단어를 듣기보다 목소리의 음색과 강약에 더 의존한다. 성인은 자기 목소리의 질이 아동에게 미치는 효과에 대해 알아야 하고, 단어와 함께 목소리의 질을 통해 일정한 메시지를 전달하는 것도 배워야 한다. 목소리의 크기와 음색을 다양화하여 성인은 아동을 유인하고 주의를 집중시킬 수 있다. 성인이 갑자기 목소리를 바꿔 속삭이거나 놀라워하는 의문조의 음색을 사용하거나 얼굴과 음성에 흥분을 표현할 때 그것을 듣지 않는 아동은 거의 없다. 아동이 당황하였을 때 느리고 부드러운 음색을 듣는다면 성인은 당황하지 않았으며 신뢰할 수 있다는 의미를 전달받게 된다. 밝고 행복한 음색은 그 상황에서 편안하고 즐겁다는 것을 의미한다. 무미건조하고 사무적인 음성은 상황을 탈개별화하고 아동에게 요구에 응답하도록 기대한다는 의사를 전달한다. 성인이 전달하는 열정과 온정의 양은 아동의 발달단계 및 성인에게 기쁨, 격려, 권위, 힘, 지도력 또는 안내의 근원이 되어 주기를 바라는 아동의 요구와 직접적인 관련이 있다.

어떤 아동은 음색을 통하여 확고함이 느껴지지 않는 한 단순한 요구에도 반응하지 않을 것이다. 이것은 고함을 치거나 요구를 하라는 것이 아니라 아동에게 무엇이 기대되는지를 명확히 알게 해 주는 것을 의미한다. 성인의 기대가 명확히 전달되지 않으면 아동은 성인의 한계를 시험하려고 한다. 반대로 너무 확고하고 귀에 거슬리는 음색은 분노와 긴장을 전달하여 아동으로 하여금 자기통제를 상실케 할 수도 있다.

비슷하게 어떤 여성은 매우 음성이 높거나 협상하는 듯한 주저하는 음성을 사용하는 문제가 있다. 목소리가 가늘면 어떤 아동에게는 성인의 힘과 의존가능성에 대해 불확실한 느낌을 준다. 그 메시지는 성인에게는 변명이나 불안전함으로 해석되고 아동에게는 더 큰 불안을 야기한다. 틀림없이 이런 성인은 아동의 행동관리에 문제가 있다. 반대로 깊고 다양한 음색을 통한 조용한 확신은 집단에 건강한 대인관계 환경을 만든다.

효율적인 성인은 필요할 때 언어적 · 비언어적 메시지를 보완하거나 변화시키는 테크닉을 사용할 수 있다. 이런 기술을 연습할 수 있는 몇 가지 연습문제를 활용할 수 있다. '좋은 아침입니다.'를 네 종류의 음성으로 말하기를 시도해 보자.

- 권위 있는 음성으로
- 친절하지만 거리감 있는 음성으로
- 무심하거나 다른 것에 몰두하는 음성으로
- 강한 개인적 관심을 표현하는 음성으로

부모와 교사들이 자주 사용하는 다른 익숙한 표현도 연습해 본다. '정신 차릴 때까지 테이블을 떠나 있어야 해.' 이때 만드는 문장에 따라 아래와 같은 여러 가지 무언의 메시지를 전달할 수 있다.

- 모든 일이 잘 될 것이라는 확신과 지원
- 강인함과 권위
- 싸우지도 못하고 떠날 것 같은 불확실성

- 거부와 혐오

이런 단순한 연습은 아동에 대한 의사소통 태도를 만드는 미용체조 정도에 지나지 않는다. 단어 그 자체는 어떻게 말하느냐 하는 것만큼 중요하지 않을 수 있다는 것을 알아야 한다. 동일한 언어로써 위와 같은 각각 다른 비언어적 메시지를 전달할 수 있을 만큼 목소리의 질을 충분히 조절할 수 있다면, 개별 아동과의 관계에서 사회적 권력의 기반을 확립하고자 할 때 아동에게 중요한 여러 메시지를 전달하는 기술을 가진 것이다.

요약하면 효율적인 관계는 성인이 정말로 어떤 사람인지와 자신이 아동을 어떻게 보고 있는지를 그 아동에게 보여 줄 수 있는 능력에 달려 있다. 이것은 효율적인 성인이 아동에게 무엇을 의사소통하려고 하는가의 문제다. 예를 들면 긍정적 태도, 온화한 확고함, 안정된 논리, 유머, 열정 및 냉정한 동정심(정서적 강렬함이 없이 전달된 동정심)이라는 전반적인 태도를 결정하는 공정함과 심리적 권력 등이 있다. 발달적 치료-발달적 교수에서 성인이 아동과 관계를 맺을 때 메시지를 전달하는 태도와 전달받는 방법을 기억해야 한다. 성인은 아동의 심리적 공간을 항상 존중해야 한다. 아동이 성인에게 의존하거나 조정되는 관계를 맺지 않아야 한다. 또한 성인에게 정서적으로 의존하는 것을 격려하지도 않아야 한다. 아동이 조정을 받고자 하는 단기적인 욕구와 궁극적인 자기-지시의 욕구 간에 균형을 유지하는 것은 어렵지만 후자의 성취가 우리의 목적이다.

이 교육과정을 사용하는 성인의 기술 개발 단계

첫 6개 장에서는 아동과 청소년의 사회 · 정서 발달과 책임감 있는 행동을 효과적으로 육성하기 위한 주요 철학, 이론 및 일반적인 교육과정의 적용에 대하여 소개하였다. 만약 이러한 신념과 실제가 자신의 것과 일치된다면 발달적 치료-발달적 교수의 부가적인 기술도 쉽게 배울 수 있다. 이런 기본적인 요소에 동의하지 않는다면 부가적인 기술을 배우더라도 신념과 실제 간의 부조화는 남을 것이다. 자신의 신념의 방향과 조화되지 않는다면 이 교육과정을 사용하도록 추천할 수 없다.

발달적 치료-발달적 교수 교육과정을 사용하기 시작할 때, 흔히 다음과 같은 질문을 한다.

'이 접근법을 배우는 데 가장 중요한 기술은 무엇인가?'

교사의 유능감 발달에 관한 연구들에서 대부분의 교사는 좋은 교수법의 공통적인 요소가 되는 기본 기술을 대학 시절에 습득하는 것으로 밝혀졌다. 성공적인 교사는 이 교육과정을 훈련받기 전에도 이런 기술을 자주 사용한다. 이처럼 많은 교사는 자연스럽게 발달적 치료-발달적 교수를 수행하는 데 필요한 부가적인 기술의 습득이 용이하다.

Quirk(1993: 74)는 25명의 유아교사들을 대상으로 현직연수를 실시하기 직전에 그들이 가진 이 교육과정을 사용하는 기술에 대하여 연구하였다. 그 결과 87%의 교사들이 유아에게 이 교육과정을 적용하는 데 필요한 다음과 같은 기본 기술을 이미 습득하고 있음을 발견하였다.

- 취학 전 또는 저학년 아동에게 사용하는 자료는 개인의 욕구에 부합시킨다.
- 아동이 스스로를 조직하는 데 도움을 주기 위하여, 교실의 어떤 영역은 구체적인 활동을 하도록 지정한다.
- 교사는 아동이 자유롭게 자료를 탐색하도록 고무한다.
- 게임과 같은 활동은 패배자가 없고 또래 간 경쟁이 없도록 고안한다.
- 실내 놀이를 포함시킨다.
- 놀잇감은 독립적인 피드백을 받을 수 있는 것으로 제공한다.
- 간식시간과 학습 준비를 위한 시간을 매일의 일과에 포함시킨다.
- 음악, 미술 및 놀이 등을 통하여 각 단계의 사회 · 정서적 목적에 맞는 활동의 기회를 제공한다.
- 자료의 내용은 조작 가능해야 하고 탐색을 고무시키는 것이어야 한다.

이러한 실제들은 교실의 물리적 배치, 활동 스케줄 및 연령에 적합한 자료에도 적용된다. 유아교육에서의 대부분의 지침에 따르면, 이 9가지 실제들은 잘 수행되는 모든 프로그램의 기본이 된다. 이 실제들은 또한 [부록 2]에 포함된 **발달적치료/교사기술평정척도** 수행 사정도구의 2단계 양식에도 포함되어 있다.

발달적 치료-발달적 교수를 적용하는 성인이 기술을 습득하는 데는 3개의 다소 구분되는 단계가 있다. 시작단계는 집단에서 질서와 매너를 지키며 생활할 수 있는 생존기술을 습득하는 단계다. 중간단계는 정신적으로 건강한 분위기를 제공하기 위해 아동이 자발적으로 참여할 수 있게 하고 개별활동의 목표를 성취해 가는 진도를 명확히 해 주어야 하는 단계다. 이 교육과정을 2년째 사용하는 성인들로부터 같은 말을 반복적으로 들어 왔다. '나는 이제 정말로 효율적인 교사라는 생각이 들어요!' 시범단계에 도달한 성인은 아동의 사회-정서적 성장을 촉진하면서 심각한 정서-사회 및 행동적인 특징을 약화시킬 수 있다.

어떤 성인은 이 단계들을 빠르게 이동할 수 있으나 일부는 1년 이상 소요되기도 한다. 기술을 확장시키기 위하여 지속적으로 피드백을 받거나 팀의 지원을 받는 것은 도움이 된다. 각 단계의 기술을 획득하기 위해서는 주요하게 숙달해야 할 특별한 실제가 있다. 한 번에 한 기술에 집중한다면 그리 힘들지는 않을 것이다. 각 단계에서 획득하는 기술에 따라 이러한 실제를 다음에서 간략히 제시하였다.

기술 획득의 시작단계

[그림 7-2]에는 발달적 치료-발달적 교수 교육과정의 사용을 위하여 **시작단계**에 초점을 두고 중요한 실제를 소개하였다. 아동의 개별화 교육프로그램, 개별화 가족지원계획 또는 개별화 전이계획목표는 발달적 치료-발달적 교수의 계획과 수행에 기초가 되므로 각 목표를 일관성 있게 프로그램에 적용하기 위하여 그것을 이해하고 기억해야 한다. 목표는 적절한 자료, 활동 및 관리 전략을 계획하는 데 길잡이가 되므로 기술 습득의 핵심적인 첫 단계다. 첫 단계에 있는 성인은 개별 또는 집단 활동의 초점이 되는 구체적인 목표를 진술하기 위하여 '나는 왜 그것을 하는가?' 라고 스스로 질문하고 답할 것이 요구된다.

아동의 목표를 파악한 후, 각 아동을 동기화하고 그들에게 유의미한 구체적인 자료와 활동을 준비한다. 그 선택은 구체적인 목표와 직접 연관되어야 한다. 많은 교사가 읽기, 철자쓰기 및 셈하기에 있어서 개별 및 집단학습은 아동별로 개별화된 순서를 계획하는 것부터 시작해야 한다고 말한다. 초보 교사가 이런 과목을 계열화된 학습 경험으로 바꾸는 작업은 사회화, 의사소통 또는 행동의 경우보다 더 쉽다. 교사가 목표를 성취하는 데 필요한 계열화된 단계들의 내용을 선택하고 고안할 때 아동의 방과 후 관심사와 흥미는 동기화와 참여에 대한 흥미 제고에 아주 좋은 자원이 된다. 과제가 연령에 적합한 관심사를 포함할 때 아동은 거의 틀림없이 열광한다. 경험 있는 교사는 목표 성취를 위해 주요 동기유발 활동으로서 미술, 음악, 이야기책, 창의적 글쓰기, 인형극, 운동 및 휴식 등을 신속하게 확장하여 사용한다. 학령기아동에게는 영웅과 연예인들 역시 동기화의 자원이 된다.

이 기술 습득의 첫 단계에서, 아동은 사회-정서적 발달 단계마다 요구되는 다음의 전형적인 성인의 역할을 배우고 연습해야 한다.

〈성인의 역할〉

- 기본 욕구를 양육하고 충족시키기(1단계의 아동을 위하여)
- 기초 사회학습에서의 개별적 성공을 격려하기(2단계의 아동을 위하여)
- 법과 질서의 지지자, 교사 및 집단 상호작용 기술의 모델 되기(3단계의 아동을 위하여)
- 집단 촉진자, 사회적 역할 모델과 개별 옹호자 되기(4단계의 아동을 위하여)
- 상담사, 조언자 및 친숙한 친구 되기(5단계의 아동을 위하여)

이러한 성인 역할의 일반적인 특징이 아동 및 10대와 활동할 때 개인이 선호하는 양식과 대조된다면, 자신이 성인이나 아동과 상호작용할 때의 자연스러운 특징들을 생각해 보자. 이 비교를 통하여 기술을 확장하고 아동의 폭넓은 요구에 맞추기 위하여 어떤 개인적 양식과 역할을 배워야 할지 알아야 한다. 성인의 능력과 아동의 사회-정서적 발달 단계 간의 일치는 프로그램 효율성의 기초가 된다.

성인은 종종 아동의 발달단계가 서로 다를 때 어떻게 효율적인 역할을 할 수 있는지를 질문한다. 그것은 어려운 일이다. 여러 역할들은 성인에게 폭넓은 반응과 하나의 전략에서 다른 전략으로 전환할 수 있는 능력을 요구한다. 부모를 포함한 경험 있는 성인도 처음에는 이런 전환에 어려움을 겪는다. 이러한 이유로 집단의 아동들에게 사회-정서적 목적과 목표에 따라 함께 활동을 제공하는 것을 선호한다. 이 절차는 집단 내 아동들의 사회-정서적 목적과 목표의 범위를 최소화시키므로 성인이 해야 할 역할을 줄여 준다. 이것은 비슷한 욕구를 가진 작은 집단의 아동을 지도하는 성인에게 특히 유용하다. 이것이 불가능할 때 잠시 동안 하위집단으로 나누어 특정 아동을 비슷한 사회-정서적 목적과 목표를 가진 다른 아동과 짝지우는 방법을 사용할 수도 있다.

각 아동의 목적과 목표에 대한 즉석의 회상은 특히 위기 상황, 즉 아동이 통제력을 상실한 순간에 크게 도움이 된다. '나는 지금 무엇을 해야 하는가?' 라는 생각에 대한 대답은 아동의 욕구, 사회-정서적 목적과 목표, 발달적 불안과 방어기제 및 성인의 역할에 대한 반응을 조절하는 데 기본이 된다. 각 아동에 대한 정보는 신속한 회상을 하는 데 필수적인데, 특히 위기 상황에서 문제 아동과 작업할 때 그러하다.

이런 기술은 항상 쉽게 또는 빠르게 획득되는 것이 아니다. 이 과정은 개인의 상당한 통찰력과 자기-점검을 요구한다. 무엇보다 중요한 것은 정서적 성숙, 자신감 및 타인에 대한 감정이입이 많이 요구된다는 것이다. 기술 획득의 시작단계 동안 이 기술을 개발하기 위하여 이 장의 뒷부분과 [부록2](Robinson, 1982)에서 진술된 **발달적치료/교사기술평정척도**에 포함된

- 각 아동이 성취한 발달지표와 프로그램에서 현재 초점이 되고 있는 목표에 대하여 알기
- 각 아동의 사회-정서 발달 단계에서 성인에게 요구되는 역할 규명하기
- 집단 내에서의 사회-정서적 목표의 범위, 모든 아동에게 요구되는 목표 그리고 개별 아동에게 요구되는 목표를 파악하기 위하여 집단 프로파일 준비하기
- 개별 아동의 목표에 기초하여 집단활동 프로그램에 대한 수정 계획하기
- 팀을 위한 역할전략의 주도와 지원에 대하여 계획하기
- 집단 내 각 아동의 현재 기능의 바로 위아래 단계에서의 목적과 발달지표를 알아 두기
- 일과를 계획하고 매일 같은 방법으로 유지하되 내용은 매일 바꾸기
- 아동의 개인적 경험과 요구에 기초하여 일주일의 주제를 선택하기
- 각 활동의 전략적 장소를 계획하고 각 활동 시에 쉽게 접근할 수 있는 곳에 필요한 자료 보관하기
- 가구와 좌석은 사회화를 촉진하고 행동문제를 최소화할 수 있는 방법으로 배치하기
- 발달단계에서 나타나는 요구가 있다면 아동에게 참여와 종료를 맞추어 주기
- 각 아동이 어떻게 스트레스와 성공에 반응하는지 알아 두기
- 언어적, 비언어적으로 즐거운 태도를 추측해 보고 그것을 아동의 긍정적인 참여 유도에 사용하기
- 아동의 작업 내용에 반응하기
- 아동을 동기화하기 위해 가까이 접근하고, 위기가 더 커지는 것을 막거나, 그들의 작업에 대한 흥미를 전달하기 위해 신체적으로 기민하기
- 집단 내 모든 아동과 적어도 5분에 한 번씩 언어적 또는 비언어적으로 접촉하기
- '너는 네 작업을 하기 원치 않는 거니?' 와 같이 거부하는 답을 할 수 있는 질문 피하기
- 아동의 행동 결과를 긍정적인 용어로 반영해 주는 긍정적 진술하기

[그림 7-2] 기술 획득 시작단계에서의 실제

구체적인 능력을 점검해 보기를 권한다. 그것은 자기-점검의 지침으로 사용할 수 있는 구체적인 능력을 보여 준다. 3가지 양식은 특히 사회-정서발달의 첫 네 단계에 있는 각 아동에게 추천되는 실제를 포함하고 있다. 발달적치료/교사기술평정척도를 가지고 자기 평가를 해 보자. 이것으로 여러분이 이미 사용하고 있는 실제를 점검하면, 이 교육과정에서 추천되는 실제와 얼마나 일치되는지를 알게 될 것이다. 그러면 이미 획득했던 실제와 첫 단계의 발달적 치료-발달적 교수 기술을 개발하는 데 필요한 실제를 이해하게 될 것이다. 그것을 이해함으로써 다음의 기술획득단계로 이동할 수 있게 된다.

기술 획득의 중간단계

기초에 숙달하고 나면, 성인은 종종 '배울 것이 너무 많아요. 다음에는 무엇을 해야 하는

가요?' 라고 말한다. 그에 대한 대답으로 [그림 7-3]에 기술 획득의 중간단계에서 배워야 할 실제를 요약해 놓았다.

기초를 습득한 후, 성인의 초점은 행동의 해독, 즉 개개 아동의 정서적 욕구를 이해하기 위하여 행동을 '읽는' 것에 대한 학습으로 전환된다. 성인은 아동의 불안, 흥미, 가치관, 만족의 근원 및 관심을 이해해야 한다. 또한 아동이 자신의 정서적 욕구를 만족시키는 방법, 또래나 성인과 상호작용하는 방법, 주의집중 시간, 좌절을 다루는 방법과 대인 및 사회적 스트레스를 다루는 방법 등을 알아야 한다. 성인은 다양한 발달단계의 아동에게 필요한 성인의 역할을 명확하고 효율적으로 제공하는 폭넓은 관리전략을 사용함으로써 기술을 확장할 수 있다.

기술 획득의 중간단계에서 발달적 치료-발달적 교수를 사용하는 성인은 프로그램의 전략 선택에 지침이 되는 사회-정서적 성장의 발달패턴을 더욱 유능하게 사용할 수 있다. 이 지식을 계속적으로 사용하면 아동의 말과 행동으로부터 발달 단계상의 강점과 약점 패턴을 깨닫게 된다. 또한 프로그램을 계획하기 위하여 교육과정의 4개 주요 영역, 즉 행동, 의사소통, 사회화 및 학업(전)/인지의 사회-정서적 목적을 적용하고 있는 예비프로파일([그림 3-2] 참조)로부터 아동의 일반 발달단계를 알아내는 데 유능해진다. 개별 아동의 목적 및 목표와 독특한 사회-정서적 욕구를 활동, 자료 및 행동관리 계획과 함께 구체적으로 파악할 수 있다.

이 단계는 팀워크의 책임감을 확대하는 시기이기도 하다. 성인과의 긍정적 경험을 요구하는 아동의 정서적 욕구에 대해 점점 더 알게 되고, 이러한 경험을 제공하는 전략도 확장된

- 아동의 발달적 목표로부터 학습과 활동 계획하기
- 아동의 수용언어 발달 수준에 자신의 의사소통 양식을 맞추기
- 아동에게 비언어적 메시지를 전달하기 위하여 자기 몸을 사용하기
- 각 아동의 고유한 경험 세계를 이해하기
- 아동의 발달 단계라는 맥락에서 행동과 반응을 기대하기
- 집단 내 모든 아동이 안전함을 느낄 수 있도록 필요한 심리적 힘을 전달하기
- 아동이 스트레스를 받을 때 안정된 의존 가능성과 유능함 전달하기
- 자신보다 아동의 욕구를 우선 생각하기
- 아동의 변화를 촉진하기 위하여 행동과 절차를 조정하고 활동을 대체하기
- 아동, 부모 및 프로그램의 옹호자 되기
- 프로그램의 아동이 일반 교육프로그램에 성공적으로 통합될 수 있도록 다른 성인을 돕기
- 아동과 가족을 돕기 위하여 다학문팀의 구성원인 정신건강 전문가 및 교육자와 함께 일하기

[그림 7-3] 기술 획득의 중간단계에서 요구되는 실제

다. 이를 위하여 성인은 종종 이전에는 불가능했던 자신의 심리적 자원인 성숙과 창의성을 발휘해야 한다. 매일 프로그램의 전략을 계획하고 수행하는 새로운 도전을 겪는다. 우리는 이것을 프로그램의 세밀한 조정이라고 한다. 이렇게 할 때 독립적인 의사결정에 더욱 유능해지고 팀의 구성원, 부모와 일하기, 전문가 및 준전문가로서 각 아동을 위한 최고의 유용한 프로그램을 효율적으로 제공하게 된다. 아동이 새로 학습한 것을 다른 상황에서 자발적, 독립적으로 일반화할 수 있도록 팀의 전원이 협력하고 함께 노력하는 정도는 프로그램의 효율성에 직접적인 영향을 준다.

기술 획득의 시범단계

발달적 치료-발달적 교수를 사용한 경험이 있는 유능한 성인은 보통 기술 획득의 시범단계에 있다. 이런 유능한 성인은 발달적 치료-발달적 교수 교육과정의 수행에 대하여 배우기를 원하는 사람에게 최고의 방법을 제공할 수 있다. 대개 이 기간에 숙련되는 실제가 [그림 7-4]에 제시되어 있다.

이 시점에서 성인은 아동의 욕구를 예상하고 치료적인 방법으로 전략을 적용하기 위하여 동기화, 긍정적 행동수정 전략, 행동 해독 그리고 각 아동의 정서적 욕구에 대한 이해를 활용하게 된다. 이때 아동의 정서적 욕구, 사회-정서적 목적 및 발달 목표는 최우선에 두어야 한다. 이 단계에 있는 성인들은 대개 일반교육과 특수교육 프로그램의 주교사, 감독자 및 자문가로서 그들의 기술을 보여 주게 된다. 아동의 정서적인 기억을 어루만져 새롭게 조형하고 발달적 불안을 해결하며, 위기와 그 해결을 양면적으로 경험하도록 돕는, 즉 각 아동의 목적을 성취하기 위해 매일의 프로그램에 미술, 음악, 리듬, 운동, 이야기 말하기, 사회극 및 극적 놀이 등을 치료 방법으로 사용한다. 그들은 아동과 자신을 세심히 점검하여 매순간 모두에게 건설적이고 긍정적이며 치료적이어야 한다. 이런 성인의 도움을 받아 아동은 사회-정서적 유능감과 책임감 있는 행동이 증진되는 주목할 만한 변화를 보이게 된다.

이 수준의 유능감을 성취한 성인은 다른 곳에서도 아동이 성공적으로 기능하는 데 요구되는 자신의 책임감에 대해 분명하게 안다. 이 단계에 도달하면 성인은 아동이 새로 습득한 기술을 학교, 가정 및 이웃에서 성공적으로 일반화하고 있는지를 알 수 있는 다양한 장면에서의 경험을 이미 가지고 있다. 이것은 때때로 부모, 지역사회기관, 다른 교육자, 정책입안가 및 정신건강 전문가와의 작업이 필요한 어려운 과제다. 아동의 사회-정서적인 목표가 획득되었는지(또는 그렇지 못한지)를 해석하는 데는 발달교육목표평정지(개정판) 자료의 전문적

- 아동의 기본적인 불안, 방어기제, 집단 역동 및 역할에 대한 지식을 활동 계획과 수행에 활용하기
- 창의적, 표현적, 상상적 교육과정 자료, 즉 치료적 변화의 주요 근원으로서 창의적 글쓰기, 미술, 음악, 운동, 역할놀이, 이야기 말하기 및 가장놀이 등을 활용하기
- 구체적 목적과 목표를 가지고 전이 및 자유시간을 포함한 모든 활동을 각 아동에게 그날의 단 한 번뿐인 가장 중요한 순간인 것처럼 수행하기
- 심리적으로 건강한 학급 분위기를 유지하여, 의존심을 조장하지 않고 각 아동의 동기와 생산성을 가동시키고 유지시키는 데 필요한 심리적 힘을 제공하기
- 각 아동의 진보를 세심하게 점검하여 가능한 한 빨리 다음의 목표로 나아갈 수 있게 하기
- 각 아동의 발달적 변화에 맞추어 중재 전략을 변화시키기
- 다음 단계의 진보를 촉진할 필요가 있다면 집단의 진보를 해석하고 변화를 주기 위하여 각 단계에서의 발달적치료/목표평가지 프로파일을 활용하기

[그림 7-4] 기술 획득의 시범단계에서 숙련되는 실제

인 활용이 요구된다. 또한 시범 단계의 성인에게는 학제 간 연결 작업을 하고 있는 다른 사람들과 새로운 프로그램을 주도적으로 계획하고 수행할 것도 요구된다. 아동에 대한 상당한 통찰력과 현재 상황에 대한 정서적 이해도 필수적인데, 아동이 긍정적 변화를 보이는 대로 재빨리 더 나은 단계의 배치를 계획하고 수행하는 데 기초가 되기 때문이다.

아동의 심한 사회-정서적 장애와 연관된 어려운 문제를 해결하는 전문가의 역할은 쉬운 것이 아니다. 행정가, 정책입안자 및 아동과 청소년을 대상으로 일하는 많은 성인은 정신건강 문제나 극단적으로 까다로운 아동에 관한 배경 지식이 거의 없다. 그들은 종종 집단역동성, 위기중재, 폭력의 관리, 불안의 영향 또는 성인 행동의 아동의 행동에 대한 심각한 영향 등에 관한 지식이 부족하다. 그러므로 스태프의 능력 개발과 팀의 강화는 유능감의 시범단계에 있는 숙련된 성인이 수행해야 할 또 다른 책무다.

성공적으로 이 책무를 수행하기 위해 시간과 지식 그리고 부모, 전문가 및 준전문가와의 많은 밀착된 의사소통이 요구된다. 가장 파국적인 위기(아동, 전문가 또는 가족 간)에서도 이를 다룰 수 있는 기술과 전문성이 필요하다. 이런 과제는 개인적 성숙, 훈련된 책임감과 정서적 안정감을 요한다. 그것은 감정이입, 대인조망 및 위기해결과 조정 기술도 요구한다. 발달적 치료-발달적 교수에 경험 많은 숙련된 성인은 스스로 부모상담사, 시범교사, 프로그램 자문가, 갈등 조정자, 아동옹호가, 정신건강 전문가, 현직교육 제공자 및 친구로서의 역할을 한다. 요구가 광범위하기 때문에 기대는 끝이 없다.

성인 자신이 가진 문제

사회-정서적 또는 행동적 장애를 가진 아동이 나타내는 문제의 심각성과 범위를 생각할 때, 이들과 같이 생활하는 부모나 다른 성인이 많은 개인적인 압력을 받는 것은 놀라운 일이 아니다. 문제가 있는 아동 및 청소년과 효율적으로 일해야 하는 책임감에서 오는 스트레스에 더하여 시시각각으로 개인적인 좌절감에 압도당하는 경험을 할지 모른다. 피로, 정서적 긴장, 성공에 대한 압력, 실패의 두려움 또는 고독감도 이 스트레스에 한몫을 한다. 아동과의 관계를 벗어나 자기의 사적인 감정을 유지하는 것이 필요하며, 이것은 상당한 노력과 자기-점검이 요구된다.

아동은 몸짓 언어와 음색을 통하여 성인의 정서상태를 감지한다. 그러나 자신이 어떤 욕구를 가진 아동은 문제가 있는 성인에게 지지적인 반응을 할 수가 없다. 성인은 당황하거나 불안하면 반드시 그 반대의 태도를 아동에게 전달하려는 의식적인 노력을 하게 된다. 정서적, 행동적 장애가 위주인 집단에서는 성인이 '진정하려고' 할 때 큰 혼란이 일어날 수 있다. 정서적 반응, 화, 비구조화된 또는 모호한 기대 그리고 성인의 비일관성은 아동에게 불안을 고조시키고 혼란을 준다. 이런 상태는 성인의 피로, 개인적 문제, 자기 훈련 부족 또는 긍정적 구조와 긍정적 피드백에 대한 욕구를 인식하지 못한 것에 기인한다. 사랑 받는 일, 매력 없거나 뚱뚱해 보이는 것, 집단에서 소외되는 일, 사적인 것을 침해당할지 모르는 두려움 또는 권위에 대한 증오감 유발 등에 관한 성인의 지속적인 우려는 자신의 지각과 반응을 지배하여 아동에게 효과적인 프로그램을 수행하는 것이 불가능할 수도 있다. 과거의 경험, 개인적 태도 또는 심지어 신체적 특성도 효율적인 성인이 되는 데 부정적인 영향을 주는 경우가 있다. 성인 자신이 해결하지 못한 도움을 받아야 할 문제가 있을 때 비슷한 문제를 가진 아동에게 도움을 주기는 어렵다.

성인은 자신의 감정과 행동을 조절하는 법을 배워 매일 아동이 최적의 기능을 발휘할 수 있도록 해야 한다. 차분하고 섬세한 움직임은 확신감을 준다. 성인이 개인적 혼란을 겪고 있을 때에도 낮고 부드러운 목소리는 '모든 일이 잘되고 있다.'는 메시지를 전달한다. 반대로 성인의 긴장, 빠른 언어습관은 모든 아동에게 불안을 주며 충동적이고 변덕스러운 움직임은 성인이 긴장하고 있고 확신이 없음을 말해 준다.

여기에서는 성인이 자주 가지게 되는 문제를 개인적인 스타일, 다른 가치에 대한 이해, 지지적 환경을 위한 가정관리, 빈정거림과 괴롭힘 및 비속어, 전문가다운 복장과 외양, 다른 사람의 지원 찾기와 수용하기 등의 주제로 분류하였다. 이러한 잠재적인 문제는 발달적 치료-발달적 교수에서 아동의 각 사회-정서적 발달 단계마다 요구되는 전형적인 성인의 역할을 성공적으로 수행하고, 개별 아동의 발달을 육성하는 데 필요한 사회적 권력의 유형을 잘 전달할 때 최소화될 수 있다. 8장에서 12장까지 성인에게 요구되는 이런 기술이 자세히 기술되어 있다. 모두가 이런 문제에 취약하며 그리고 문제의 예방을 위해 경각심을 가져야 할 필요성을 재인식하도록 그것을 간단히 요약해 본다.

개인적인 스타일

아동을 돕는 데 성인이 가진 가장 효율적인 자원은 자기자신이다. 성인의 행동은 대개 아동이 책임감 있는 사회적 행동을 배우는 모델이다. 또한 성인은 효율적인 관계의 모델이기도 하다. 아동은 대체로 존경하는 성인을 모방함으로써 책임 있게 행동하고 관계를 구축하는 방법을 배운다. 음성과 신체의 정교한 사용은 단순하고 명료한 메시지를 아동에게 전달할 수 있다. 이런 이유로 성인은 아동이 요구하는 태도와 행동을 표현하고 있다는 확신을 가지기 위해 자신의 개인적인 스타일에 대해 아주 민감해야 한다. 효율적인 성인은 다른 사람의 반응을 염두에 두고 행동해야 한다. 예를 들면 발달적으로 적합한 발성으로 말하기, 자유롭고 비유혹적인 매너로 신체적 이동하기, 적절한 때에 감정과 태도 바꾸기, 아동의 문화 환경의 가치와 양립될 수 있는 사회적 가치관 전달하기 등이다.

이 교육과정을 사용하는 많은 성인은 아동의 진보를 촉진하기 위하여 음성, 외모(의상 포함), 움직임의 매너, 감정 표현 및 개인의 습관 등을 계속 바꾼다. 어떤 학급의 교사가 폭넓은 이해심과 아동에게 효과적인 여러 능력을 가지고 있었다. 그 교사는 자신의 역할을 적절하게 수행할 수 있었으나 갈수록 교사의 지시와 언어적인 설명에 아동들의 반응이 줄었다. 프로그램 조정자는 그 교사가 헌신적이고 머리가 좋고 아는 것이 많으며 인식력도 높으나 음성이 항상 부드럽고 말하는 대상 이외의 아동들에게는 겨우 들릴 정도라는 것을 관찰하였다. 그 교사는 각 아동의 사적인 요구를 존중하기 위하여 낮은 목소리로 이야기하는 것으로 보였다. 팀의 다른 구성원들은 그것이 아동을 대하는 그 교사의 개인적인 스타일의 일부라는 것을 알았지만 문제로서 논의하지는 않았다.

그 교사의 팀은 아동에 대한 교사의 효율성 부족에 대하여 점점 더 불편을 느끼게 되었다. 그들은 이 문제행동을 중재하는 많은 전략에 대해 논의하였지만 교사의 감정을 다치지 않게 하려고 음성문제는 다루지 않았다. 이 상황이 더 지속되었다면 아동과 프로그램에 더 해가 될 수 있었다. 그 문제가 공개되었을 때 교사가 좀 더 효과적인 음성 의사소통 기술을 개발하도록 도움을 주기 위하여 팀은 여러 전략을 연습하였다. 처음에 그 교사는 자기 목소리를 바꿀 수 없을 것으로 생각하였고 음성의 높낮이와 크기를 다양하게 변화시킬 때 수줍어하였다. 그러나 역할놀이와 학급의 협조적인 노력으로 여러 사회적 권력이 나타내는 메시지를 효과적으로 전달하는 것을 배웠다. 이런 상황은 교사의 성장과 변화에는 고통스러운 것일지라도 아동과 상호작용하는 개인적인 스타일의 변화가 내포되어 있음을 보여 준다.

다른 가치 이해하기

성인이 직면하는 많은 문제는 다른 사람의 감정이나 생각을 그들처럼 할 수 없는 것과 연관되어 있다. 따라서 행동을 이해하고 예측하는 데 실패한다. 이런 성인은 아동과 그 가족의 가치를 이해하고 수용하는 데 어려움을 가지고 있다. 그들은 또한 자신의 특정한 가치를 다른 사람에게 부과하고자 하는 욕구의 조절에 어려움이 있다. 이런 경우 아동의 행동을 다루고 도움을 주는 데 심각한 어려움이 생길 수 있다.

성인의 가치체계가 아동 개인, 문화 또는 가족의 가치와 배치될 때 직접적인 갈등을 피하기 어렵다. 예를 들면 종교, 정치, 성, 의복, 절도, 마약, 권위, 일의 윤리, 행동과 양식, 의상과 언어양식 및 오락형태 등에 관한 신념에 차이가 있을 수 있다. 발달적 치료-발달적 교수를 사용하려면 다른 사람의 감정을 이해하고 개개인의 관점을 존중할 수 있어야 한다. 이러한 이해가 있어야 진보를 막는 장애물이 되지 않도록 가치의 차이를 해결할 수 있다.

대체로 아동의 가치는 자신의 정서적 욕구와 환경적 영향의 산물인데 그들의 최고의 관심이 아닐 수 있다. 3단계 및 4단계의 아동과 일하는 성인은 신체적으로 강해지고 성적으로 적극적이며, 다른 사람을 위협하고, 약물을 사용하고, 학교에 결석하거나 물건을 훔치는 것과 같은 가치에 매여 있는 상황에서 자라는 아동들을 종종 보게 된다. 정상적인 동일시 과정을 통하여 아동은 자신의 발달적 욕구에 맞는 이러한 행동을 수용하지만, 이런 행동의 이면에 대개 유기, 불완전성, 죄의식, 갈등 또는 정체감에 대한 발달적 불안 등과 같은 정서적 욕구가 있다. 효율적인 성인은 이와 같은 정서의 진의를 이해하고, 가족과 아동의 욕구에 따라 형성된 가치와 책임 있는 행동표준에 대한 사회의 기대에 의해 형성된 가치들 간에 균형을 맞추려고 애쓴다. 언제 이 가치들 간에 갈등이 일어나는지를 알고 그것을 해결하고자 도움을 주는 것이 성인의 일이다.

지지적인 환경을 위한 가정환경 관리

자신의 생활에서 가정환경 관리의 중요성을 인식하지 못하는 성인은 아동이나 청소년과 일할 때 이 습관을 그대로 가져가지 않도록 조심해야 한다. 심리적으로 건강한 환경은 지지적인 분위기를 제공하고 아동에 대한 성인의 관심을 반영한다. 청결함, 자료와 설비의 정돈, 전시 및 매력적인 환경은 사랑을 표현한다. 아동의 작품을 전시하는 것은 성취감과 수용감을 느끼게 한다. 1단계 및 2단계의 아동과 일할 때, 환경에서 전달되는 시각적 단서는 아동이 스스로를 조직하게끔 돕는다. 3단계와 4단계의 아동에게 매력적인 환경은 그들이 존중받고 가치 있는 느낌을 주는 환경이다. 그들은 주변이 바람직하다고 느끼고 이런 느낌을 자신과 다른 사람들에 대한 느낌으로 받아들이게 된다. 독립적인 인격으로 발달할수록 자신의 환경을 스스로 통제할 수 있다는 느낌은 증가한다. 질서 있는 환경은 아동으로 하여금 각 발달 단계에서 개인의 책임감을 학습할 수 있게 한다.

빈정거림, 괴롭힘 및 비속어

성인이 빈정거리고 괴롭히거나 비속어 또는 다른 방법으로 감춘 메시지를 사용할 때 아동은 어떻게 반응해야 할지 무력감이나 혼란을 느낀다. 성인에게 반응하는 데 자신감이 결여되면 발달이 촉진될 수 없다. 아동은 이 점을 개인적인 불명예나 성인이 자신을 대수롭지 않게 여기는 증거로 받아들일 수 있다. 성인이나 또래와의 관계를 발달시키는 데 어려움이 있는 아동은 특히 다른 사람이 자신을 어떻게 보는가에 대해 민감하다. 그들은 아주 일상적이고 비의도적인 말도 비난이나 조롱하는 말로 해석하는 경우가 잦다.

아동을 괴롭히거나 빈정거리는 성인은 종종 그것이 인간관계를 맺는 자신의 자연스러운 방법이라고 생각하면서 자신의 선택을 변명한다. 그 의도는 최선일지라도 타인이 자신의 말과 행동을 어떻게 받아들이는가에 대한 민감성이 부족함을 보여 준다. 발달적 치료-발달적 교수에서 성인의 역할은 아동의 진보를 촉진하는 데 결정적이므로 성인의 '자연스럽고자' 하는 욕구가 아동이 원하는 성인이 되고자 하는 욕구를 압도한다면 아동의 향상을 가로막을지도 모른다.

그러나 비속어 표현이 유용한 상황도 있을 수 있다. 아동이 쉽게 이해할 수 있는 비속어라면 일상적이고 이완된 의사소통의 수단이 될 수 있다. 그것은 또한 성인과 아동 간의 관계를 촉진하는 동지애를 느끼게 할 수도 있는데, 특히 4단계와 5단계 아동의 경우에 그러하다. 그러나 성인이 비속어를 사용할 때 미묘한 문제가 생긴다. 첫째, 아동은 비속어의 사용을 단정치 못한 일로 여긴다. 문제가 있는 많은 아동은 성인을 심리적 안전감의 원천으로 수용해야 하는데, 이런 관점을 가진 아동은 그렇지 못할 것이다. 또한 비속어를 통해 전달되는 성인과 아동 간의 동등한 관계는 사회-정서적 발달의 첫 세 단계에서 아동이 갖는 성인의 역할 모델에 대한 욕구와 불일치한다.

전문가다운 의상과 외양

어떤 장면에서 일하더라도 의상의 선택에 적절한 판단은 중요하다. 의상을 통하여 개인이 하나 이상의 전문가 정신을 표현하는 것은 거의 도움이 안 된다. 한 사람의 외모는 아동, 부모 및 다른 전문가에게 분명한 메시지를 전달한다. 특수한 프로그램의 상황에 따라 의상의 조건은 다양하며, 많은 기관이 의상에 대한 나름의 구체적인 또는 암시적인 원칙을 가지고 있다. 여러 프로그램에서 성인은 아동과 마루에 앉거나, 실외놀이에 참여하거나, 옷이 더러워질 수 있는 미술작업을 수행하거나 아동을 신체적으로 제한하기도 한다. 그러한 활동에는 활동이 자유로운 기능적인 옷과 신발이 필요하다. 불편한 신은 미끄러지게 하거나 위험에 빠트린다. 옷에 주스나 물감을 묻히는 일은 빈번하며 자기 통제가 어려운 아동을 제한하고자 하는 성인은 바느질이 튼튼한 옷을 입는 것이 얼마나 중요한지를 안다. 또한 책임감 있는 성인은 유혹적이거나 몸을 드러내는 옷은 피해야 한다는 것은 재론할 필요가 없다. 모든 연령의 아동은 잘 차려입지 못한 성인에 의해 불필요하게 각성될 수 있다. 불행하게도 몇몇 부주의한 성인은 아동이 이를 어떻게 해석할지에 대한 숙려 없이 계속 그렇게 옷을 입는다.

함께하고 있는 집단의 문화적 가치를 존중한다는 것을 전달하려면 '전통적인' 차림을 하고 모임에 참가해 보자. 전문가로 보이기 위해 옷에 대해 개인적인 설명을 할 필요는 없다. 다른 전문가나 부모와 함께 하는 모임에 참여할 때 입는 옷은 아동과 함께 할 때 입는 옷과는 다르다. 학교의 스태프와 부모는 자신의 자녀와 일하는 성인이 단정치 못하거나 비전문가적인 외양을 한다면 거부감을 나타낼 것이다. 또한 아동을 도울 수 있는 매개자로서 그들의 능력에 대한 확신이 감소될 것이다. 자신의 복장으로 스스로를 드러내고자 하는 성인은 의상과 외양에 대해 다른 기준을 가지고 있는 부모나 다른 사람과의 의사소통 시에 어려움을 겪는다. 부모나 지역사회의 다른 사람을 만날 때 자신이 무엇을 하고 어떤 관점을 가지며 무슨 말을 하느냐는 그들과 상호 협력하는 데 도움이 되며, 아동과 프로그램에 대한 수용을 향상시킨다는 것을 염두에 두어야 한다.

다른 사람의 지원 찾기와 수용하기

성인 자신의 문제는 거의 대부분 해결될 수 있다. 다른 사람의 지원을 개방적으로 수용하자. 자신의 해결책이 아동의 긍정적인 변화나 성숙에 도움이 되지 못할 때 종종 다른 사람의 지원이 필요하다. 그러나 타인의 제안을 수용하는 것은 항상 쉬운 일은 아니다. 그들은 자신이 이미 사용해 보았으나 성공하지 못했던 절차를 제안하기도 한다. 그들의 제안은 실패를 암시하는 것일 수도 있다. 효과적인 실제도 검토나 비판이 필요할 수 있다. 많은 경우에 다른 사람들은 이미 수행된 것이 잘못되었다는 부정적인 태도를 전달할 것이다. 이 점에서 다른 사람의 생각에 방어적이거나 비판적이기 쉽고 또한 포기하기도 쉽다.

자신의 불안이나 방어의 근원을 이해함으로써 이러한 감정을 극복할 수 있는 성인은 다른 사람의 제안을 이용하여 자신과 아동에게 긍정적인 변화를 가져올 수 있다. 지지적인 동료도 도움이 될 수 있다. 어떤 실제가 효과적이고 아동이 어떤 정서적 욕구를 표현하는 것이며, 이런 욕구에 정확하게 반응하기 위하여 어떤 절차가 변경되어야 하는지, 그리고 결과로서 어떤 변화를 기대할 수 있는지에 관한 제안들은 토론을 통하여 더 나은 것으로 바꾸어 갈 수 있다. 거의 대부분의 경우 다른 사람은 현재 자신이 효과적으로 수행하고 있다는 확신감을 지원해 줄 것이다.

마지막으로 성인의 개인적 반응과 감정을 아동에게 얼마나 표현해야 하는지에 관한 조언은 유용할 것이다. 성인이 아동의 사회-정서적 성숙을 육성하는 책임을 가질 때, 개인의 감정이나 반응을 나타내는 것은 아동에게 도움이 되지 못한다. 사회-정서적 욕구가 있는 아동에게 성인의 욕구 때문에 또 다른 부담을 지울 필요가 없다. 무엇이 적절하고, 필요한 것인지 불확실한 상황에서는 조심스럽게 계산된 반응이 충동적이고 감정적인 반응보다 더 이롭다. 정서적으로 '방출' 하고 싶은 유혹을 피하도록 한다. 그러한 반응은 성인으로 하여금 아동과의 갈등의 악순환 속으로 빠지게 한다(Wood & Long, 1991: Chap. 2). 아동에게 사용된 사회적 권력의 기반을 변화시키고, 성인의 역할을 수정하거나 다른 관리전략을 선택하는 데 초점을 두는 것이 더욱 건설적이다. 이와 함께 감정을 싣지 않고 효과적으로 의사소통하기 위하여 성인은 폭넓은 관리전략을 사용하고 특정 상황에서 요구되는 이해와 성인의 역할을 전달할 수 있어야 하며 여러 가지 사회적 권력을 선택하는 데 노련해야 한다. 어느 숙련되고 헌신적인 교사가 이 점을 다음과 같이 요약하였다.

'간단히 말해 개인적 감정은 아동들의 사회-정서적 성장을 위하여 한쪽으로 제쳐 놓아야 하는 것이다.'

현직훈련에서 실제의 정교화에 대한 연구

발달적치료/교사기술평정척도가 구성되고 신뢰할 만한 타당한 도구로 여겨진 1980년대에 이 교육과정을 사용하기 위하여 성인의 수행에 관한 첫 연구가 있었다. 수년 동안의 후속 연구에서 발달적치료/교사기술평정척도는 계속적으로 교사, 보조자, 부모, 임상사, 자원자 및 다른 사람의 수행을 사정하는 데 사용되었다. 발달적치료/교사기술평정척도는 성인을 대상으로 한 모든 수행중심 평가에 사용되는 도구다. 이것은 발달적 치료-발달적 교수 교육과정의 첫 네 단계에서 요구되는 기초적인 실제에 대하여 정의하고 있다. 성인이 자료, 활동 및 전략을 아동의 발달단계에 적합하게 활용하는지를 사정하는 수행 문항도 포함되어 있다. 발달적치료/교사기술평정척도를 사용할 때 처음의 표준은 발달적 치료-발달적 교수의 활용에 대한 평가와 교육과정을 적용하여 진보된 기술을 얻었는지를 연구하는 데 지속적으로 유용한 지침이 된다. 여기에서 이와 같은 연구를 몇 개 고찰하는데, 교사와 보조자의 기술 획득과 후속된 현직훈련에서 이 기술의 보전에 초점을 두고자 한다. 아래의 표준이 성인의 수행을 평가하는 데 사용되었다.

(1) 성인의 능력은 특정 사회-정서 발달 단계의 아동과 일하는 동안 성인이 수행하는 것을 관찰하여 사정한다.[1]
(2) 성인의 수행을 사정하는 도구는 신뢰도와 아동의 사회-정서 발달 단계에 대한 타당도가 있어야 한다.[15]
(3) 능력 사정에 사용되는 기준은 사정 이전에 성인에게 제공되어야 한다.[20]
(4) 사정할 능력에 대하여 정의하고 성인의 역할은 구체화해야 한다.[27]
(5) 수행의 평가는 평정자의 판단에 있어서 추정도(inference)가 높거나 낮은 문항을 모두 포함해야 한다.[29]
(6) 평가는 아동과 일하는 동안 성인의 실제 수행에 관한 질적, 양적 정보를 모두 제공해야 한다.[31]
(7) 평가 절차는 스태프 훈련과정과 프로그램 점검의 일부분이어야 한다.[32]

Wood, Combs와 Walters(1986)는 초등교사와 보조자가 심한 정서 및 행동 장애를 가진 아동을 지도할 때 교실에서의 수행에 영향을 줄 수 있는 몇 가지 변인을 조사하였다. 스태프 훈련 프로그램은 사용 중인 교육과정에 발달적 치료-발달적 교수를 추가하는 데 도움을 주기 위하여 고안되었다. 그 현직 프로그램은 37시간의 세미나 수업과 개별 추후 수업, 교실 내 자문 및 개별 피드백에 21시간을 사용하게 되어 있었다. 45명의 교사와 보조자가 훈련을 받기 전과 후에 자기 교실에서 발달적치료/교사기술평정척도의 수행정도를 평가하였다. 독립변인에 관한 자료는 발달적교수행정목록표를 사용하여 수집되었다. 이 도구는 심한 정서 및 행동 장애를 가진 아동을 대상으로 하는 교육 프로그램에 바람직한 41개의 문항으로 구성되었다. 이 체크리스트는 참가한 각 학교의 운영에 대한 지원 점수를 제공하는데, 세미나 수업, 현장 감독 시간 및 교실 내 피드백, 이전의 특수교육 경력, 이전의 일반교육 경력, 최종 학력 및 정서·행동장애 아동에 관한 특화 영역에서의 준비 등에 관한 점수로 단계별 중다회귀분석을 하였다. 종속변인은 발달적치료/교사기술평정척도 수행점수였다.

분석 결과 참여자가 자기 교실에서 그 교육과정을 사용하면서 성취한 구체화된 효율성 수준을 알 수 있었다. 또한 참여자가 소속된 학교의 교육과정 운영에 대한 지원 정도와 관련된 효율성 수준도 알게 되었다. 운영에 대한 지원은 회귀모델에 적용된 유일한 변인으로 학교의 조건은 교사와 보조자가 프로그램에서 수행하는 기술에 유의한 역할을 한다는 것을 보여 주었다. 수행 점수에 대한 다른 변인들의 기여도는 낮았는데, 이것은 세미나, 개별 관찰 및 추후 수업에 대한 자문을 제공하는 스태프 훈련프로그램에 참여한 성인이 학급에서 얼마나 효율적인지를 예언하는 데 있어서 이전 경험과 교육수준은 주요 요인이 되지 못함을 말해 준다.

더욱 최근에 일련의 통계적 분석과 질적 분석이 있었다. Quirk는 정서 및 행동장애를 가진 아동을 지도하는 25명의 교사들이 발달적 치료-발달적 교수에 관한 첫 현직 스태프 훈련프로그램에 참여한 후 획득한 기술을 밝혀내기 위하여 발달적교수/교사기술평정척도에 포함된 63개의 교수 실제를 조사하였다(Quirk, 1993). 그들은 6개 주의 13개 학교에 근무하였는데, 여자가 88%고 12%가 남자였다. 초임교사와 경험 많은 교사도 포함되었다. 그러나 아무도 이 교육과정에 대한 사전 경험은 없었다. 프로그램에 대한 표준적인 소개를 위하여 3일간의 워크숍을 가진 후 교사들은 각자의 교실에서 관찰되었으며, 그리고 2단계의 아동을 지도하는 성인을 대상으로 작성된 발달적교수/교사기술평정척도의 취학 전 양식으로 평정되었다. 교사들 중 20%는 적절하지 못한 범위에, 36%는 적절한 범위에, 40%는 효율적인 범위에 그리고 4%는 매우 효율적인 범위에 속하였다.

스태프 훈련프로그램의 강사들은 그 후 주기적으로 각 참여자를 개별적으로 1년 동안 추적하였다. 그들은 교사의 수행을 관찰하였고, 구두 및 문서상으로 추천된 교육과정의 실제를 획득하면서 교사가 나타내는 진보에 대하여 피드백을 제공하였다. 한 학년의 말에 교사들은 다시 관찰되고 발달적교수/교사기술평정척도로 평정되었다. 변화를 분석하기 위하여 Quirk(1993: 67)는 훈련 전과 후에 획득한 문항별 평균수행 점수를 비교하는 일련의 일방 t-검증을 실시하였다. 다음의 17개 기술이 유의하게 향상되었음이 밝혀졌다.

(1) 개별 아동의 참여를 고무시키는 방향으로 활동을 수행한다.[1]
(2) 학업(전) 과제는 개별 아동의 구체적인 학문적 목표에 초점을 둔다.[15]
(3) 덜 적극적인 아동들에게는 신체 움직임이 필요한 활동을 많이 제공한다.[20]
(4) 개인별 기술과 성공을 자극할 수 있도록 자료를 사용한다.[27]
(5) 개인이 성공적으로 참여하는 기회를 가질 수 있도록 자료를 제공한다.[29]
(6) 교실 구조를 하나의 주요 테크닉으로 사용한다.[31]
(7) 아동은 각 활동에서 요구되는 행동에 대하여 안다.[32]
(8) 아동에게 의미 있고 발달 목표를 반영하는 기대를 가진다.[35]
(9) 아동이 성공할 수 있도록 돕는 데 초점을 둔 기대를 가진다.[37]
(10) 구조는 일관적이나 고정되어 있지 않다.[38]
(11) 교사는 목소리와 얼굴 표정을 효과적으로 사용한다.[41]
(12) 자료에 대한 통제를 자주 한다.[43]
(13) 보상과 토큰 강화는 사용하지 않거나 최소한으로 사용한다.[45]
(14) 활동의 진행과정을 인식하게 하여 하나의 보상으로 활용한다.[47]
(15) 행동 관리를 위해 재지시를 주요 전략으로 사용한다.[56]
(16) 재지시나 반영을 활용한다.[60]
(17) 아동의 참여를 돕기 위하여 필요하다면 신체적 중재를 활용한다.[75]

참여자의 3/4 이상이 현직 훈련이 끝났을 때 이 모든 기술에 숙달되었다. 이 기술들 중 6개는 참여자의 100%가 숙달된 반면, 훈련 시작단계에서 모든 참여자가 숙달된 기술은 전혀 없었다. 이 연구로 Quirk는 아동의 성공적인 참여를 증진시키는 양질의 프로그램에 필요한 기초적인 실제를 획득하는 데 현직 스태프 훈련프로그램이 도움이 된다는 결론을 얻었다.

또한 Quirk에 따르면 어떤 실제는 6～7개월의 훈련 기간 동안에 획득하기는 매우 어렵다고 한다. 그 연구에서 다음에 제시한 숙달이 어렵거나 쉽게 망각되는 8가지의 실제들은 거의 대부분의 참여자들이 숙달하지 못하였다(Quirk, 1993: 77). 그녀는 숙달하기 어려운 실제는 그 훈련 기간 동안 반 이상의 교사가 숙달하지 못한 실제로, 그리고 쉽게 망각되는 실제는 교사들이 간단히 획득하나 훈련 기간 중에 잊어버리는 실제로 정의하였다. 8가지의 숙달하기 어렵고 쉽게 망각되는 실제는 다음과 같다.

(1) 간식 시간은 아동의 의사소통과 사회화 기술을 자극하는 기회다.
(2) 단순한 역할놀이와 가장놀이를 일부 활동에 포함시킨다.
(3) 아동이 참여하고자 하는 최고조의 동기 이상으로 활동을 확장하지 않는다.
(4) 교실의 규칙은 최소한으로 하고 긍정적으로 진술한다.
(5) 주도자와 보조자 간의 언어적 상호작용을 주요 관리 전략으로 자주 사용한다.
(6) 지지는 아동이 수용할 수 있는 방법으로 참여할 수 있게 하는 반응모델이다.
(7) 잦은 반영을 통하여 단순한 경험을 단어로 표현한다.
(8) 교사는 아동의 방어를 줄이기 위하여 문제를 객관화한다.

이러한 기술을 획득하고 정교화하려면 더 많은 시간이 요구되는 것 같지만 아동의 책임감 있는 행동을 효과적으로 증진하는 데 중요하다. 이런 실제는 자기확신, 자기-점검 및 다른 사람에게 미치는 자신의 영향력에 대한 많은 인식 없이는 성취될 수 없다. 그것은 개인적인 특성, 아동과의 상호작용을 위한 언어적 기술 그리고 다른 성인과의 효과적인 상호작용을 필요로 한다.

이러한 노선의 조사를 계속하면서 Quirk는 발달적 치료-발달적 교수의 사용에 대해 현직 훈련을 받는 교사의 수행에 감독자의 문서화한 피드백이 미치는 영향을 연구하기 위하여 질적 연구 절차를 사용하였다. 학령전 아동을 위한 **발달적치료/교사기술평정척도**의 2단계 양식에 포함된 36개 실제에 대한 830개의 관찰항목이 있는데, 3명의 경험 있는 현직훈련 강사는 그들이 관찰하고 평정한 404개의 문서화된 피드백 자료를 교사들에게 제공하였다. 문서화된 피드백은 **직접**(작업에 필요한 실제에 대해 언급하는) 또는 **간접**(관찰한 실제에 대해 긍정적으로 언급하는) 조언으로 기술되었다. 강사들은 관찰된 실제 중 25%에 대해서는 반복적으로 피드백을 주었는데 간접적이고 긍정적인 피드백보다 직접적인 피드백(작업에 요구되는 기술을 언급)을 더 자주 하였다.

훈련이 끝났을 때 교사에 대한 강사들의 평정 결과, 피드백을 문서화했던 실제가 문서화하지 않았던 실제보다 2 : 1의 비율로 더 많이 획득되었음이 밝혀졌는데, 이는 강사나 감독자의 문서화한 피드백 제공이 구체적인 실제의 획득에 중요한 부분임을 시사한다.

이 연구들을 통하여 성인이 이 교육과정을 사용하면서 어떻게 교육과정에 숙달되는지에 관한 새 정보가 첨가되었다. 즉, 프로그램을 시작하는 성인은 1년 이내에 숙달될 수 있다. 더욱 능숙해지기 위해 필요한 부가적인 기술은 선행경험으로써 획득할 수 있음을 제시해 준다. 또한 교사가 기술을 획득하기 시작하였을 때 자기지침으로 사용할 수 있는 독특한 기술 획득의 순서가 있을 수 있는데, 어떤 기술은 이 교육과정을 사용하는 1년 동안에 획득하기는 너무 어렵다. 이 교육과정을 실시하고자 하는 성인에게 가장 중요한 일은 발달적치료/교사기술평정척도를 지침서로 사용해야 하는 것이다. 이 교육과정에 숙달되는 데 팀의 다른 구성원이나 감독자의 관찰과 피드백은 매우 중요하다.

제 III 부 1단계부터 5단계까지

CHAPTER 8

단계 1: 환경에 즐겁게 반응하기

나는 받는 대로의 나다.

– E. H. Erickson, 1959/1980, p. 87 –

시작하기: 머물고 싶은 만족스러운 장소 만들기

1단계의 아동들은 인간의 일에 참여하기 위해 필요한 기본적인 도구인 감각운동기의 체계 또는 표현 언어를 아직 완전히 획득하지 못한다. 그들은 보호와 정서적인 안전 면에서 전적으로 성인에게 의존하고 있다. 일반 영아나 장애위험이 있는 유아 또는 심각한 발달 지체를 가진 10대이건 간에 1단계의 아동들은 사회적인 존재가 되기 위해서 전적으로 다른 사람들의 도움이 필요하다. 세상은 만족스러운 곳이고, 그들에게 만족스러운 일이 일어날 수 있도록 사람을 신뢰하는 것을 배우기 위해 도움이 필요하다.

일반 영아와 걸음마기 아이들은 어떤 요구가 있을 때 옹알이, 신체표현 및 짜증을 통해 의사소통하는 것을 제외하고는 어떻게 의사소통을 해야 하는지를 모른다. 발달이 1단계에 계속 머물러 있는 소수의 유아기 이후의 아동들 또한 이런 방식으로 의사소통을 하거나, 어떤 것도 존재하지 않기 때문에 그들을 지배하는 상상의 세계를 가질 수도 있다. 1단계에 머물고 있는 유아기 이후의 아동들은 상상의 세계 또는 실제 세계 어느 것도 가지고 있지 않은 것 같다. 그들은 '내가 당신을 보지 않는다 당신의 시선이 나로 하여금 무언가 하게 만드는 것 때문에 내가 혼란스럽지 않을 거예요.' 라고 말하는 것 같다. 대부분의 유아기 이후의 1단

1단계 아동에 대한 요약

프로그램 목적	즐겁게(성인을 신뢰하기) 환경에 반응하기
주된 관심사	편안함, 보살핌을 받기, 충동을 표현하기
동기화 가치	편안함, 안전 그리고 기쁨
발달적 불안	유기, 무력함, 박탈, 불확실성
문제 접근방법	충동적인 반응, '싸우기 또는 도망가기', 어떤 문제해결 기술도 없음
권위의 근원	심리적인 부모(양육자)
필요한 성인 유형	보살핌과 양육을 제공하는 성인
효과적인 전략	신체적 근접성 그리고 성인의 접촉을 통한 양육, 학습경험의 반복, 복잡하지 않고 예견할 수 있는 순서와 구조의 일상 활동
교재교구, 활동, 내용주제	감각에 기초한 즐거운 학습, 간단한 신체적 움직임과 감각적 자극을 주는 친숙한 자료, 양육과 보살핌에 대한 주제

계의 아동들은 왜곡된 두려움과 극도의 혼란을 보이는 특징이 있고 그들의 마음속에는 실수와 하찮은 느낌으로 가득 차 있다. 간단히 말해서 그들은 그 자신, 다른 사람 또는 그들을 둘러싼 세계에 대한 신뢰가 거의 또는 아예 없다.

발달적 치료-발달적 교수 프로그램은 1단계 교육과정으로 생의 첫 1년 동안 집에서 시작할 수 있다. 유아들에게 있어서 그 프로그램은 가장 자연스러운 교육 환경인 학령전 프로그램 또는 헤드스타트 프로그램에서 제공될 수 있다. Sue는 어린이집에서 1단계 교육과정으로 도움을 받을 수 있는 유아의 예다.

사회-정서적 발달이 여전히 1단계에 머무르고 있는 유아기 이후의 아동들을 위한 교육과정은 학교에서 통합 또는 특수교육 프로그램의 한 부분으로 제공된다. 이들에게 기쁨과 중요한 성인의 재인(recognition)을 얻을 수 있는 새로운 반응을 조직할 수 있게 해야 한다. 그들 자신과 다른 사람에게 해가 되는 역기능적인 행동이 아니라 프로그램에서 성인과 함께 경험하는 즐거움으로 동기화되는 것이 초점이다. 즐겁게 환경에 반응하면서 기본적인 지표가 되는 기술을 획득하게 된다. Edward는 특수교육의 한 부분으로서 1단계의 프로그램을 필요로 하는 청소년의 예다.

어떠한 장면에서 교육과정이 제공되든지 간에 1단계의 목적과 목표는 전형적으로 생의

Sue

Sue는 약 3세이고 어린이집에 다닌다. 교사와 양어머니는 Sue에 대해 걱정하고 있다. 교사는 Sue의 '이상한' 행동과 공상을 하는 경향과 주변 환경 또는 사람들에 대한 반응의 결여에 대해 우려한다. 양어머니는 Sue가 심지어 잘 아는 듯한 사람들조차도 결코 쳐다보지 않기 때문에 걱정한다. Sue는 TV를 켜기 위해서 어머니의 손을 잡거나 민다. 얼굴의 표정은 어떤 특별한 이유도 없이 무덤덤하고 심각한 얼굴에서 부적절하게 히죽거리는 모습으로 빠르게 변한다. 양어머니는 Sue가 애정이 없고 안으려고 시도하거나 편안하게 해 주려고 할 때 굳어 버리기 때문에 걱정한다.

가끔 약물을 사용하였고 극도로 위축된 것으로 알려진 생모는 Sue를 방임하였다. 양어머니는 Sue가 초기에 전형적인 발달을 보였다고 믿지만, 할머니는 Sue가 늦었고 이상한 행동을 했다고 보고하였다. 어린이집의 교사들 또한 Sue의 초기 발달에 대해서 걱정하고 있다. 교사들에 따르면, Sue는 영아처럼 울지 않고 단지 끊임없이 히죽거리고 웃었다고 한다. 18개월에 걷기 시작했지만 정상적인 방법이 아니었다.

지금도 Sue는 발끝으로 걷기를 계속하고 있다. 대근육 발달은 지체되었고 여전히 계단을 사용할 때 도움을 필요로 하며 배변훈련이 되어 있지 않다. 식사습관은 변덕스럽고 숟가락을 쥘 수 없거나 쥐려고 하지 않는다. 가끔씩 부적절하게 웃고, 종종 장시간 동안 멍하게 응시를 하고, 사람들을 정면으로 쳐다보는 것을 회피한다. 사물을 바라보지만 거의 그것을 찾지 않는다. Sue는 지시에 거의 반응을 하지 않으나 자신의 이름을 부를 때 오는 것을 보면 자신의 이름은 이해하는 것 같다. 다른 사람의 목소리나 동작을 모방하려고 시도하지 않지만 어떤 사물이나 사건과 전혀 연관이 없는 소리를 낸다.

Sue는 집과 어린이집에서 1단계 프로그램으로부터 도움을 얻을 수 있을 것이다.

첫 2년 동안에 획득해야 하는 사회-정서적 발달의 지표를 포함한다. 프로그램은 아동들에게 그들을 둘러싸고 있는 자극적이나 지지적이며 믿음직한 세상 및 성인들과 함께하는 경험을 제공하는 데 중점을 둔다. 프로그램은 아동들에게 세상은 편안하고 즐거운 곳이라는 믿음을 가르친다. 1단계의 아동들을 매우 일관적이고 따뜻하게 다룰 때 그들은 만족감과 기쁨을 주는 매일의 프로그램과 성인을 신뢰하기 시작한다. 이런 기본적인 심리적 태도는 계속 일어나는 사회-정서적 발달의 기초가 된다. 1단계의 프로그램은 아동들이 그들을 둘러싼 환경에 반응하도록 자극하고 성장에 맞추어 그들의 학습을 안내한다.

1단계의 전체적인 사회-정서적 목적은 즐겁게 환경에 반응하는 것을 배우는 것이다. 자신과 다른 사람에 대한 신뢰는 이 목적을 성취하기 위한 열쇠고, 편안함을 주는 감각적 경험은 학습을 위한 주된 동기가 된다. 1단계의 프로그램은 너무나 매력적이어서 가장 과묵한 아동들조차도 반응하도록 유도한다. 1단계의 교육과정에서 연속된 발달지표들에 숙달되면서 사회-정서적 발달이 나타난다. 행동적인 면에서는 자발적이고 건설적인 반응들이 활성화된다. 아동들은 자료를 가지고 놀고 일상적인 활동을 하기 위해서 조직적이고 유목적적

Edward

Edward는 14세이고 아직 아이이다. 부모들은 그의 탄생을 반겼고, Edward의 삶이 행복할 수 있도록 애쓰고 있다. Edward는 스스로 즐거움을 느끼는 많은 손동작들을 실행할 수 있다. 그는 다른 사람들이 모르는 이유로 웃고, 성인들로부터 지시받거나 방해받는 것에 저항한다. 과체중이기 때문에 달리기, 오르기 또는 자전거 타기를 즐기지 않는다. 그는 단어라고 할 수 없는 소리로 의사소통을 한다. 부모와 교사들은 그가 내는 많은 소리의 의미를 해석할 수 있고, 촉진적인 의사소통 방식들을 성공적으로 혼합해서 시도해 왔다. Edward는 간단하고 익숙한 단어들로 구성된 그들의 요구에 반응은 할 수 있지만, 스스로 그 단어들을 사용하고자 시도하지는 않는다.

유아기에 Edward는 책과 잡지의 페이지를 넘기면서 혼자 즐거워하였다. 교사는 이러한 그의 흥미를 그림을 자세히 쳐다보도록 동기화하는 데 이용하였다. 집에서 그의 부모들은 Edward가 그림엽서 카드를 좋아하는 것을 알았다. 나중에 그는 가족과 친지들의 사진을 보는 즐거움을 발견하였다. 이러한 흥미로부터 교사와 부모는 그가 엽서를 수집하고 사진 앨범을 보관하는 기술을 배우도록 도왔다. 그의 수집품을 함께 보는 것은 Edward에게 만족감을 주었고, 그는 자신의 수집품에 대해서 집에 온 방문객이나 다른 학생들과 의사소통하기 시작하였다.

이제 Edward는 스크랩북의 한 페이지의 맨 위에서부터 시작하여 아래로 따라 내려가서 끝에 이르면 페이지를 넘길 수 있다. 그리고 다음 페이지의 맨 위에서부터 다시 시작할 수 있다. 그는 그림에서 세부적인 것까지 자세하게 보고 그것을 지적해 내기도 한다. 그러한 자료는 전형적인 10대들의 자료와 다르지 않으며, 그에게 정신적 자극의 원천이 되어 집에서 여가 시간을 보내는 동안 즐거움을 준다.

사회-정서 및 행동 발달의 다음 단계에서 준비되어야 하는 기술들을 계속 획득해 감에 따라 Edward는 집과 학교에서 1단계 프로그램으로부터 도움을 받을 것이다.

인 방법으로 반응하는 것을 배운다. 의사소통 면에서는 욕구를 충족시키기 위해서 단어를 사용하도록 동기화된다. 사회화 측면에서는 충분히 성인들을 쳐다보고 자발적으로 그들을 찾고 접촉을 받아들이게 됨으로써 성인을 신뢰하게 된다. 학업(전)/인지적인 면에서는 주변의 직접적인 세계에 대한 이해가 확장되고, 눈과 손 및 신체 협응의 증진으로 나타나는 기본적인 인지적 기술들, 즉 기억하기, 구별하기, 정의하기에도 숙련된다.

이 장에서는 다음의 주제를 가지고 사회적, 정서적으로 1단계에 있는 아동들을 위한 발달적 치료-발달적 교수의 교육과정을 서술할 것이다.

- 1단계의 전형적인 사회-정서적 발달과정
- 1단계 아동들의 목적과 목표
- 1단계 아동들의 욕구충족 방법
- 1단계의 목적과 목표 달성을 위한 활동

사회-정서적 발달과정

1단계의 중요한 사회-정서적 성장의 서두는 기본적인 감각운동기의 과정을 포함한다. 출생에서부터(또는 그 이전에) 촉각, 미각, 청각, 온도, 시각과 공간감각에 의해 감각 지각과 인식은 형성된다. 이 주요 과정은 발달의 기초를 제공하고, 아동의 미래를 조형한다. [그림8-1]은 이러한 주요 과정들을 보여 준다.

초기의 감각 · 운동 경험은 빠르게 영아의 학습에 기초가 되고, 자신과 환경 그리고 이러한 경험을 제공하는 성인에 대한 아동의 태도와 감정의 연속적인 발달에 기초가 된다(Piaget, 1952). 그러한 경험들은 아동의 지각에 스며들어 편안함과 불편함에 대한 전체적인 감정을 생성시킨다. 아동은 무엇이, 누가 기쁨과 고통을 주는지를 알기 시작한다. 다음의 발달단계에서 아마 이러한 인식은 바뀌고 재조직될 수도 있지만, 그 기초는 분명히 이 초기 단계에서 형성되는 것이다.

1단계 아동이 편안함을 주는 어떤 중요한 사람을 심리적인 부모와 연합하는 것은 정상적인 사회-정서적 발달의 첫걸음이다(Mahler, Pine, & Bergman, 1975). 영아와 어린 유아에게 있어 이런 자연스런 의존성은 미래의 다른 사람과의 양육적인 관계의 기초가 되는 유대감과 신뢰감을 창조한다. Kegan은 이 과정을 '통합된 자기'로 묘사한다(Kegan, 1982: chap. 4). 모든 1단

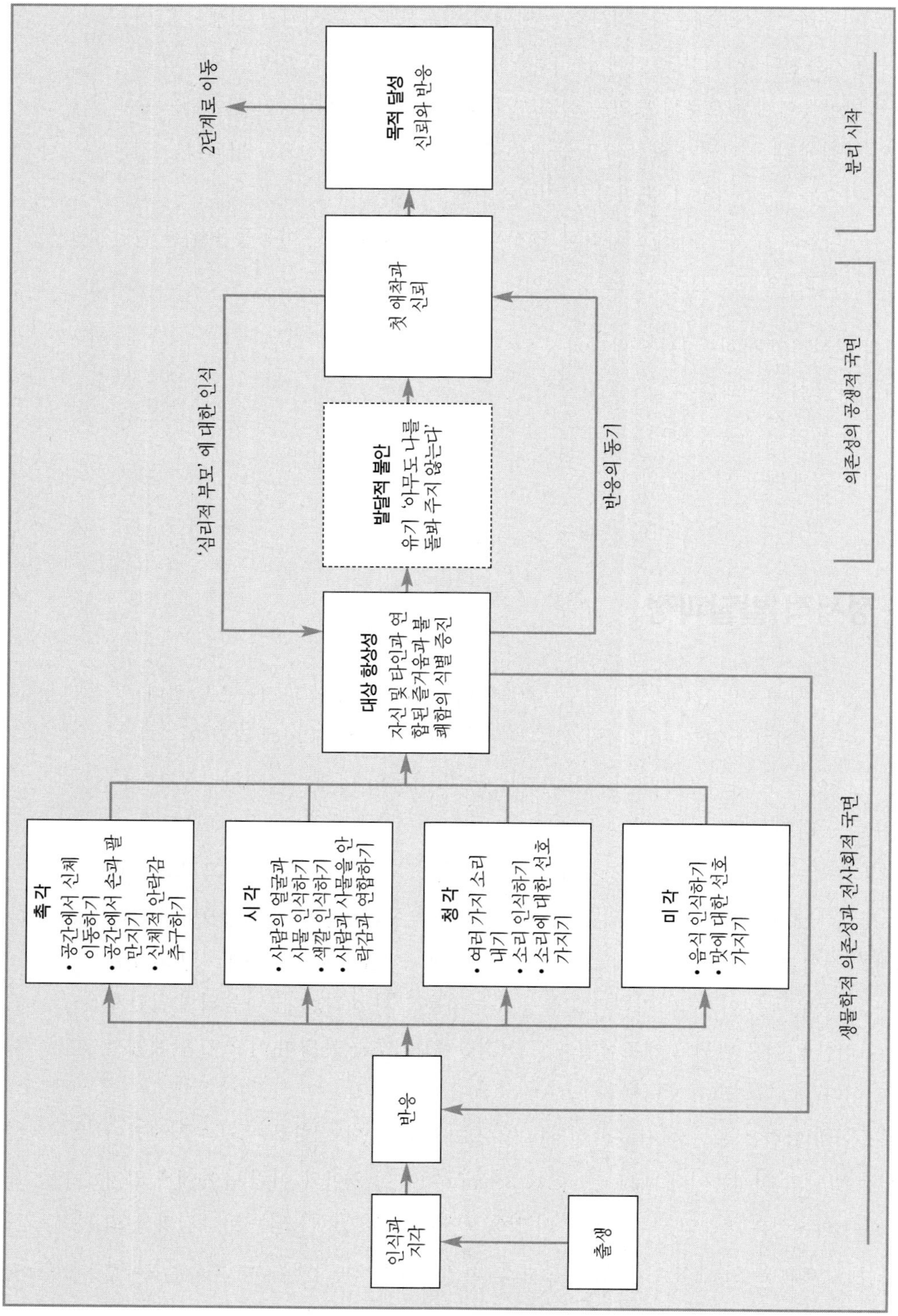

주: 점선은 내면생활(사고 및 감정)을 의미함.

[그림 8-1] 1단계의 사회-정서적 주요 발달과정

계 아동들이 정서적으로 발달하기 위해 이러한 양육적인 경험을 필요로 한다. 첫 발달의 지표는 영아가 양육자를 쳐다볼 때 달성된다. 이러한 인식은 양육제공자를 즐거움으로 재인하고 연합하게 이끈다. 그 결과는 첫 애착이라 불리는 중요한 관계의 형성이다(Ainsworth, 1973; Bowlby, 1982; Maccoby, 1980; Mahler, 1968/ 1987). 이 첫 애착은 나중에 자아 존중감과 대인 관계를 발달시키는 능력의 기초가 되고, 마침내 성인으로서 성숙된 사랑의 관계를 형성하는 능력을 가지게 하는 첫 단계다(Bretherton, 1987).

첫 관계의 근원은 영아가 자신 또는 타인과 무생물의 차이점을 알지 못하는 가장 초기의 단계인 전사회적(presocial)단계에까지 거슬러 올라갈 수 있다. Mahler와 다른 사람들은 이것을 '자폐적 대인 간 유형' 이라고 부른다(Loevinger, 1976: 15). 생물학적인 의존은 이 단계의 특징이다. 1단계를 시작하는 영아는 자신, 사물 그리고 다른 사람 사이의 차이를 알지 못한다. 신체적, 감각적 그리고 심리적 양육은 계속적인 발달에 중요한 요소들이다. 대개 이러한 것들은 사회적 접촉을 통해 자극을 제공하면서 매일 매일의 아동의 생물학적인 요구를 만족시켜 주는 사람이 제공하게 된다. 부모, 교사 또는 다른 양육자가 이러한 양육 경험을 제공할 수 있다.

관계적인 결합이 영아와 심리적인 부모 사이에 형성되었을 때 두 번째 단계가 시작된다. 그 결합은 강해지고 다른 사람들은 제외시키게 된다. Margaret Mahler, Anna Freud와 Jane Loevinger는 이 단계를 공생적인 의존으로 정의한다. 이러한 진보는 영아의 몇 가지 보편적인 활동에서 나타난다. 즉, 먹이기(젖 먹이기에서부터 젖떼기 그리고 혼자 스스로 먹기), 대소변 보기(대소변 조절하기) 그리고 놀이(성인과의 생물학적인 화합으로부터 성인과 상호작용하며 놀이하기 및 사물로 독립적으로 놀기)다(Mahler, 1968/1987; A. Freud, 1973; Loevinger, 1976).

영아는 기본적인 즐거움-고통의 반응 체계를 통하여 자신(자신의 신체) 및 편안함의 근원인 타인에 대한 감정과 태도가 발달된다. Jean Piaget는 이 단계를 감각 · 운동기로 개념화하였다(Piaget, 1952, 1972). Piaget는 원래 인지발달의 감각운동적 국면을 설명하기 위해 그의 모델을 제시하였지만, 그것은 사회-정서적 발달을 포함하여 초기 심리적 발달의 모든 형태에 대한 사고에 유용한 방법이다. Piaget는 평형화의 과정을 발달이 일어나는 기제로 설명한다(Piaget, 1977). 내부의 욕구와 외부 자극의 균형을 이루어 아동은 편안함을 주는 새로운 경험을 동화하고 조절하고 내면화하고 적응한다.

이 발달 단계에서 영아와 어린 유아는 자신의 신체와 다른 사람이 포함된 감각적 경험에서 오는 편안함으로부터 대부분의 즐거움을 얻는다(Greenspan, 1992). 그들은 편안함을 느낄 수도 있고 불편함을 느낄 수도 있는 이러한 감각 · 운동기의 경험을 통해서 즐겁게 환경에 반응하는 것을 배운다(Maslow, 1987). 이러한 경험에는 먹기, 접촉하기, 그들의 팔다리와 입을 움직이는 것이 포함된다(빨기, 씹기, 옹알이, 불규칙적으로 목소리 내기, 입으로 바람 불기). 전형적인 영아에게는 이러한 행동이 적절하지만 심각하게 지체된 12세의 아동에게 이 같은 행동이 나타날 때 성인은 절망감을 느끼고 당황하게 된다. 그러나 그 행동이 발달적 맥락에서 편안함을 추구하는 표시라면, 이러한 행동은 아동이 점차 발달을 확장시켜 나갈 수 있도록 동기화하는 데 중요한 열쇠가 될 수 있다.

Lovinger는 Piaget의 **아동의 현실에 대한 구성**(The Construction of Reality in the Child)(1937/1954)에 관한 연구를 이 단계의 발달에 특별히 적절한 것으로 인용하고 있다. 만족스러운 건강한 정서적 애착을 형성하기 위해서 아동은 우선 자기와 분리된 존재로서 양육자의 존재를 인식할 수 있어야 한다(Howes, Rodning, Galluzzo, & Meyers, 1988). 이를 위해 영아는 전형적으로 1단계 초기에 대상항상성(물체 또는 사람에 대해 안정적인 정신적 이미지를 유지하게 하는 능력)이라고 불리는 시각적 구별과 기억으로 연합된 정신적 과정이 발달되어야 한다(Edward, Ruskin, & Turrini, 1992). Loevinger는 일련의 사회-정서적 발달을 위한 이 과정의 중요성을 "(발달적) 자폐의 단계에서 빠져 나오는 과정에서 영아는 대상(objects) 세계의 안정성에 대한 확신이 필요하다. 공생적인 대인 관계조차 다른 사람의 존재를 암시하고 있다."라고 명확하게 설명한다(Loevinger, 1976: 177). 이러한 능력은 신생아기의 초기 전사회적 국면과 1단계의 후기 애착의 국면을 명확하게 구분 짓는다. 후기 애착의 국면은 일관된 신체적 보호와 정서적 양육의 결과로서 발달의 자연스러운 단계인 강한 대인간 의존성이 나타난다.

만족스러운 첫 애착으로 형성되는 신뢰는 관계의 기본이다. 그것은 또한 삶의 경험에 반응하고 사회-정서적 발달을 지속하는 데 필수적인 요소다. Erikson(1959/1980)은 삶의 첫 단계에서 이 기본적인 신뢰감이 출현하는 생의 단계에 대한 심리사회적 이론을 세웠다. 그가 믿고 있는 신뢰는 개인이 양육자의 동일성과 지속성에 의존할 수 있다는 것을 아는 것뿐만 아니라 그 자신을 신뢰하는 것을 의미한다.

유아는 무엇이 재미있고 재미없는지를 구분할 수 있는 더 큰 능력이 발달해 가면서 이 단계에서 전형적인 발달적 불안인 유기와 박탈에 대한 근심이 나타난다. 심리적 부모(즉, 보호와 양육과 편안함의 제공자)는 정서적인 안전성, 즉 아무도 보호해 주지 않는다는 유아의 발달적 불안으로부터 보호하는 완충장치의 원천이다. 1단계 아동에 대한 양육자로부터의 필수적인 지지체계가 방임, 학대, 질병 및 애정의 거부 등으로 깨진다면, 아동은 고독감 또는 유기(무력함과 박탈)의 위기에 처하거나 그러한 위기에 취약해진다. 이것은 모든 아동이 경험하는 일련의 발달적 불안들 중에서 첫 번째에 해당된다.

첫 애착의 발달에 실패했을 때, 영아와 어린 아동은 사회-정서적 문제에 취약해지고 위기에 처하게 된다. 이러한 상황이 발생하기 시작하면, 아동의 감각 · 운동적 에너지는 환경과 사람을 향해서 외부로 확장되는 대신에 생존을 지향하게 된다(Bowlby, 1973, 1982; Brody & Axelrad, 1970; A. Freud, 1942; Rutter, 1981). 첫 애착이 전혀 형성되지 않으면 성인과의 관계는 깨어지기 쉽다. 이러한 위기에 있는 아동은 새로운 것이나 변화에 자주 당황하고 불안해한다. 건설적이고 자기 지시적인 활동이 결여되고, 반응의 범위가 정형적이며, 새로운 활동에 참여하는 데 저항을 보이는 것이 일반적이다. 그러한 반응은 감각 · 운동기에 나타나는 기초적인 정서적 불안정의 표현이다. 사회-정서적 발달에서 이러한 초기의 붕괴 양상은 지적 체계의 발달에 해로운 영향을 미쳐 인지적 개념들은 종종 연결성 없는 조각과 파편의 형태를 띠게 된다(Bretherton, 1987; Edward, Ruskin, & Turrini, 1992).

신뢰는 1단계를 성공적으로 완료하는 데 필수적이다. 자신과 다른 사람에 대한 신뢰는 아동기와 청소년기를 통해 아동의 일련의 심리적인 발달을 지배하는 2개의 주요한 사회-정서적 주제, 즉 의존과 독립의 출현에 앞서 형성되어야 한다. 이러한 2개의 경쟁적인 힘 간의 역동적인 상호작용은 후속되는 사회-정서적 발달의 단계들을 성취하는 데도 영향을 주게 된다(Erikson, 1956, 1950/1963; Honig, 1990). 신뢰에 대한 심리적 기초는 아동이 1단계의 발달을 완성하는 목적과 지표 사건을 획득하면서 자리를 잡게 된다. T. Berry Brazelton은 부모들에게 발달적 치료-발달적 교수의 교육과정에서도 동일하게 다루어지는 이 첫 단계의 중요성을 다음과 같이 요약하였다. "아동의 기대와 태도는 생의 첫해와 첫 달에 형성된다……. 그리고 격려와 자극은 부모가 아동에게 제공할 수 있는 두 번째로 중요한 선물이다. 사랑이 첫 번째다. 그러나 부모는 자신의 행동이 어떻게 아동으로 하여금 성공을 기대하게 하고 또한 성공하게 만드는 자신감, 호기심, 배우는 즐거움 및 한계를 알게 하는지도 이해할 필요가 있다." (Brazelton, 1994: 5)

아동을 위한 목적과 목표

목적: 환경에 즐겁게 반응하기

나이에 상관없이 발달적으로 1단계인 아동에게 가장 효과적으로 프로그램을 수행하는 데 필요한 기본 지침이 있다. 아동에게 성인을 편안함 및 즐거움과 연합할 수 있도록 감각 · 운동기의 경험을 제공하고, 즐거움과 만족을 주어 반응을 유발시키는 활동을 계획하라. 전형적인 영아와 유아가 생의 첫 2년 동안에 획득하게 되는 사회-정서적 발달의 지표 사건을 목표로 하는 프로그램은 이러한 지침이 필요하다.

발달적 치료-발달적 교수 교육과정은 행동하기, 말하기, 보호하기 그리고 생각하기에 관한 주요 지표가 되는 사건을 행동, 의사소통, 사회화 그리고 학업(전)/인지와 같은 네 영역에 배분하고 있다. 1단계의 교수와 학습을 위해 이러한 각각의 지표가 되는 사건은 더 작은 단계들로 더 깊이 분석되지만, 지표가 되는 핵심적인 사건에 초점을 두고 프로그램을 계획하는 것이 유용하다. 이렇게 할 때 성인은 개개 아동의 주된 특성을 파악할 수 있고, 사회-정서적 성장을 촉진하기 위한 교수목표에 적합한 프로그램, 활동, 교재 및 중재 전략을 제공할 수 있다.

앞에서 묘사된 Sue와 Edward는 상당히 다른 아이들이었다. 그러나 나이가 다르고 장애도 다른 1단계 아동들에게 나타나는 사회-정서적, 행동적 발달의 특징은 유사성이 있음을 보여 준다. 이 단계의 주요 지표가 되는 사건에 대한 다음의 검토에서 Sue와 Edward에게 나타난 이러한 특징들을 찾아보자.

행동 지표

1단계의 행동에 대한 교육과정의 일반 목적은 자신의 신체기술을 신뢰하도록 배우는 것이다. 여러 감각의 경로가 자극을 받아들인다는 것은 확실하므로 프로그램의 목표는 단순한 수준의 인식에서 시작된다. 이러한 기초적인 수준에서는 어떤 자극에 대한 주의 기울이기, 심지어 어떤 사건이나 사람에 대한 잠깐 동안의 주의조차도 격려를 받는다. 발달이 심각하게 지체된 영아, 걸음마기 아이 그리고 유아기 이후의 아동이 그들의 환경에 거의 무지하거나 반응을 보이지 않는다면 프로그램은 이 점에서 출발해야 한다. 아동으로 하여금 성인 및 환경과 상호작용하게 하는 가장 기초적인 지표적 사건을 가르쳐야 한다. 이러한 상호작용을 통해서 아동은 주위의 사람과 사건에 반응하기 시작한다. 이러한 행동이 더욱 빈번하게 일어나기 시작하면(감각에 대한 반사적 반응으로 간주되는 것보다 더) 특정 활동들에 대하여 일관된 운동 반응을 불러일으키는 것을 강조해야 한다. 결국 이러한 기술은 스스로 장난감을 가지고 감각 · 운동적 놀이를 시도하는 것과 같이 점점 복잡해지는 환경에 대한 상호작용과 더불어 더욱 복잡한 운동 반응에 혼합된다. 행동 영역의 목적과 목표를 완성하는 마지막 지표는 아동이 활동 참여와 연합된 일과, 활동 장소 및 간단한 행동을 이해하는 것이다.

1단계 행동 지표

목적: 자신의 신체기술을 신뢰하기

감각 자극에 대한 인식을 나타내기
주의를 지속하면서 자극에 반응하기
동작(잠재적인 행동)으로 자극에 반응하기
복잡한 환경적 자극과 언어적 자극에 반응하기
놀이 교재에 스스로 반응하기
일과에 대한 이해를 의미하는 영역 간의 이동을 도움 없이 자발적으로 하기

출처: Developmental Therapy Institute(1992).

의사소통 지표

1단계의 의사소통에 대한 교육과정의 일반적인 목적은 단어를 사용하여 필요한 것을 얻게 됨을 배우는 것이다. 일차적 과제는 의도 전달을 배우는 것이다. 달리 말해서 언어는 의미를 가지고 있고 필요에 맞게 사용할 수 있다는 것을 이해하는 것이다. 1단계 교육과정에서 말하기의 발달이 어떤 아동에게는 장애 때문에 비현실적일 수 있지만, 모든 아동이 어떤 의사소통의 체계든 사용할 수 있어야 한다는 것을 깨닫는 것이 중요하다.

의사소통 영역에서 첫 번째 지표는 발성을 강조하는데, 말하는 기관이 작동하고 있다는 것을 알리고 환경에 상호작용하는 수단으로서 발성을 자극하기 위해서다. 아동이 자신을 양육해 주는 성인을 인식하기 위해서도 성인과 아동 간에 음성의 상호교환이 있어야 한다. 이러한 발성은 영아 또는 아동이 소리를 사람, 사건 및 사물과 연합하는 것을 배울 준비가 되었음을 나타낸다. 의사소통에서의 몇 가지 발달적 진보는 아동이 구어(수용언어)를 이해하기 시작하고, 다른 사람에게 자신의 욕구를 전달하기 위하여(표현적, 의도적인 언어들) 소리를 만들기(결국 말하기) 시작하는 이 시점에서 빠르게 나타난다. 이 기간 동안 촉구되고 단서가 주어지는 언어에서부터 자발적인 언어로 전이하게 되고, 한 단어로 시작해서 서서히 인식할 수 있는 연속적인 단어와 문장으로 확장된다. 사회적 의사소통의 기술이 성장함에 따라, 1단계의 마지막 지표는 다른 사람들로부터 기대하는 반응을 얻기 위해 의미 있는 순서로 단어를 사용하는 것이다.

1단계 의사소통 지표

목적: 필요한 것을 얻기 위해 단어 사용하기

소리 내기
사람의 말에 주의 기울이기
동작으로 언어적 자극에 반응하기
인식할 수 있는 단어에 가까운 소리로 언어적 단서에 반응하기
설명하기, 명명하기 또는 요구하기 위해서 자발적으로 인식할 수 있는 단어에 가까운 소리(또는 단어들) 내기
성인으로부터 기대하는 행동을 얻기 위해 인식할 수 있는 단어 산출하기
또래로부터 기대하는 반응을 얻기 위해 인식할 수 있는 단어 산출하기
다른 사람으로부터 기대하는 반응을 얻기 위해 의미 있는 순서로 단어 산출하기

출처: Developmental Therapy Institute(1992).

사회화 지표

1단계 아동의 사회화에 대한 교육과정의 목적은 반응하기 위해서 성인을 충분히 신뢰하는 것을 배우는 것이다. 1단계 아동의 사회화를 성공적으로 지지하는 교육과정은 아동이 놀이를 배우고 언어와 의사소통 기술의 획득을 배우며, 성인들에게 반응하는 것을 배우도록 돕는다. 1단계의 사회화 영역의 발달 지표는 첫째, 다른 사람들을 인식하는 것과 다른 사람들에게 반응하는 것을 배우는 데 중점을 두고 있다. 이러한 기술은 다른 사람을 모방하고 상호작용함으로써 아동의 능력을 확장시키고 여전히 혼자이지만 조직화된 감각운동에 기초한 놀이를 하도록 이끈다. 아동이 성인과 긍정적인 경험을 함에 따라 아동은 좀 더 밀접한 관계에서 점점 더 반응을 잘하게 되고, 더 잘 참여하게 되며, 중요한 성인들을 모방하면서 더욱더 능동적인 학습을 하게 된다. 성인이 아동을 부르거나 무엇을 요청할 때 기꺼이 반응하는 것으로 이러한 면을 보여 준다. 1단계 사회화의 후반부 지표는 또래들과의 평행놀이에 자발적으로 참여하는 것으로, 이는 아동이 다른 사람을 인식하고 함께하고자 하는 욕구가 있음을 나타낸다. 최종 지표는 친밀한 성인들과 자발적으로 접촉하는 것이다.

몇몇 발달 과정은 1단계의 사회화 지표가 획득되면서 나타난다. 첫째, 아동이 다른 사람

1단계 사회화 지표

목적: 반응할 수 있을 만큼 성인을 충분히 신뢰하기

다른 사람에 대한 인식을 나타내기
다른 사람의 행동에 주의를 기울이기
이름을 부르는 성인에게 반응하기
조직화된 혼자 놀이에 참여하기
욕구 충족을 위해 비언어적으로 (또는 언어적으로) 성인과 상호작용하기
오라고 하는 성인의 언어적 그리고 비언어적 요구에 반응하기
하나의 언어적 요구 또는 지시에 대한 이해를 나타내기
자신에 대해 인식한다는 것을 알리기
(또래를 인식하면서) 평행놀이에 자발적으로 참여하기
다수의 환경에서 자발적으로 친근한 성인들과 접촉하기

출처: Developmental Therapy Institute(1992).

을 인식하고 다른 사람의 행동을 보며 말할 때 그에 대해 반응을 보이면 성인 및 사물과는 분리된 존재로서 자신에 대한 개념을 전개시키게 된다. 이것은 사회-정서적 성숙에 중요한 첫걸음이다. 그것은 더 깊은 주의력의 발달과 성인, 활동 및 놀이 자료와의 조직적인 상호작용을 가능하게 한다.

이 과정이 일어나는 동안 다른 사람을 인식하고 다른 사람에게 흥미를 느끼는 표시가 있다(Beckman & Lieber, 1992). 1단계의 놀이는 기본적으로 감각 · 운동적인 것이지만 아동이 또래를 인식하고 다른 아동의 놀이를 모방하는 것이나 같은 장난감을 사용하는 것에 흥미를 보이면, 평행놀이에서부터 사회적 활동으로 넘어가고 있는 것이다. 초기의 혼자 및 평행 놀이는 감각 · 운동기의 학습, 탐색 및 자기조직화 과정에 필수적인 단계이지만 놀이는 서서히 다른 아동과의 상호작용으로 확장되어야 한다. 향상된 의사소통 기술은 아동이 1단계를 통과할 때 놀이와 장난감 및 자료를 탐색하는 새로운 도구가 된다(Goncu, 1987).

1단계에서 두 번째로 중요한 사회화의 주제는 아동과 성인 간의 관계를 성장시키는 것이다. 이 단계의 초기에 아동은 거의 완전히 성인에게 의존한다. 1단계의 아동은 성인이 요구를 충족시켜 주며, 보호와 보살핌과 편안함을 준다는 것을 배운다. 아동은 성인이 있어 탐색

과 활동에서 만족을 얻을 수 있다는 것을 배운다. 또한 성인이 상처와 불편함에서 자신을 보호한다는 것도 배운다. 이러한 학습은 다른 사람과 분리된 존재로서 자신을 서서히 이해하게 하고, 이러한 인식을 갖게 되면서 독립심은 증가하게 된다.

독립을 주장하는 것은 1단계 사회화의 목적을 향한 중요한 단계로 성인에게 충분히 반응하기 위해서 성인을 신뢰하도록 배우는 것이다. 그러한 주장은 자신에 대한 신뢰를 의미하고 행동의 만족스러운 결과를 보장해 주는 성인을 신뢰하는 것을 의미한다. 뒷장에서 2단계의 유아가 사회–정서적 발달에서 이러한 신뢰를 확장시키는 것에 대해 토론할 것이다. 성인은 아동이 다음과 같이 말할 때 다음 단계에 준비되었음을 인식하게 된다.

'그것은 나 혼자서 하고 싶어요.'

학업(전)/인지 지표

1단계의 학업(전)/인지 영역의 목적은 분류, 식별, 기본적인 수용언어 및 신체 협응과 같은 정신적인 과정으로 환경에 반응하는 것이다. 1단계에 성취되는 학업전 기술은 아동이 기초 인지 과정을 정신적 조직으로 발달시키는 데 도움을 준다. 가장 초기의 학업전 기술은 감각 · 운동적이며 사람과 사물에 대한 기억의 과정이고 의사소통, 사회화 그리고 행동 영역의 발달에도 필요한 것이다. 학업(전)/인지영역의 이러한 기본 지표는 신체, 언어, 행동 영역의 조화롭게 발달된 기술들로부터 출현된다. 비슷하게 모든 영역의 발달은 기본적인 수준의 정신적 인식과 연관된 자극에 주의를 기울이는 것에 달려 있다. 신체적인 탐색과 환경과의 상호작용에 뒤따라 나타나게 되는 이러한 수행은 초기의 정신적 발달에 필수적이다. 소근육과 대근육 운동(18개월 된 아동의 발달과 관련이 있는)은 1단계의 학습을 위해서 필수적이며, 따라서 1단계의 학업(전)/인지 발달의 단계에 포함된다(운동기술은 1단계 이후의 후속 단계에서도 계속 확장된다.).

1단계 아동에게 또 다른 중요한 지표는 성인과 다른 아동의 신체적인 행동을 모방하는 능력이다. 후속되는 많은 학습은 이러한 기술에 의존한다. 1단계의 학업(전)/인지 영역의 목적을 성취하는 데 필요한 다른 기초기술에는 친근한 사물의 이름을 이해하는 것이 포함된다. 예를 들면 명명하고, 묘사하거나 또는 사물이나 사건을 요구하기 위해서 자발적으로 언어와 비슷한 소리(또는 단어들) 사용하기, 사물과 배경 간에 시각적으로 구별하기 그리고 동일하거나 유사하거나 다른 특징을 가진 사물들 연결하기 등이다. 1단계에서 진보해 감에 따라 아동

1단계 학업(전)/인지 지표

목적: 의도적인 신체 동작과 기억, 분류, 수용언어와 같은 기본적인 정신적 과정으로 환경에 반응하기

(주: 처음 2개의 지표는 행동 영역의 초기 지표들과 같은 것이다.)

사람과 사물에 대한 자발적인 단기 기억 나타내기

신체 동작에 의한 모방을 통해 복잡한 환경적, 언어적 자극에 반응하기

성인의 간단하고 친근한 동작들을 자발적으로 모방하기

18개월의 발달 수준과 관련된 초보적인 소근육과 대근육 기술 보이기

친근한 사물의 이름에 대해 이해하기

인식할 수 있는 단어에 가까운 소리로 성인에게 언어적으로 반응하기

사물 또는 사건들을 명명하고, 묘사하며, 요구하기 위하여 인식할 수 있는 단어에 가까운 소리(또는 단어들)를 자발적으로 사용하기

대응하는 공간과 사물의 형태 일치시키기

자신의 신체 부분 알기(최소한 4개 부분)

그림에 있는 간단한 세부적인 것에 대해 인식하기

약간 다른 속성을 가진 두 유형의 유사한 사물들 가려내기

사진에 포함된 친근한 사물, 동물, 또는 사람의 이름을 말하기 위하여 인식할 수 있는 짧은 단어 사용하기

출처: Developmental Therapy Institute(1992).

은 감각운동기적 학습과 기억을 상징적인 학습으로 전이시킬 수 있게 된다. (사물에서 사진으로) 그림의 세부적인 부분에 대하여 이름을 말할 수 있고, 이전에 사물을 연결시켰던 것처럼 그림을 연결시킬 수 있다. 친근한 사물, 동물 또는 사람에 대한 단순한 그림을 명명하기 위해서 식별되는 단 단어(또는 구)를 말하게 될 때 아동은 같은과 다른의 개념을 배우며 1단계의 학업(전)/인지 영역의 마지막 지표를 성취하게 된다. 이러한 기본 기술들을 가짐으로써 다음 발달 단계에서 학업(전)/인지를 포함한 모든 사회–정서 교육과정 영역에서 계속 진보할 수 있게 된다. 자신의 생각을 나누기 위해 자발적으로 성인에게 다가올 때 아동은 2단계의 인지적 사고로 전이되고 있는 것이다. 그것은 아동이 이렇게 말할 때다.

'내가 만든 것 좀 보세요! 이것은요…….'

아동의 욕구 충족방법

1단계 아동을 대상으로 발달적 치료-발달적 교수를 계획할 때 프로그램에서 육성해야 할 발달적 목적과 목표를 계속 인식하고 있어야 한다. 1단계 아동은 주의집중 시간이 매우 짧고 기술도 거의 가지고 있지 않기 때문에 아동의 동기를 자극하고 재자극할 때 지체하지 않아야 효과적이다. 활동은 인식, 반응, 지속된 주의, 편안함 및 신뢰와 같은 기본 과정을 활성화해야 한다. 각 활동에 모든 감각 채널, 즉 미각, 촉각, 청각, 후각 그리고 시각을 포함시킨다. 아동이 간단한 선택을 할 수 있도록 해 주고 생산적인 방법으로 자신의 선호에 대해 의사소통하도록 격려한다. 아동에게 언어를 사용하도록 가르치는데, 처음에는 단순한 소리와 비슷한 것을 사용하고 나중에는 단어로 구를 만들게 한다. 4개의 교육과정 영역 전체에 걸쳐 항상 발달을 격려하는 활동과 자료를 선택하고, 눈과 손의 협응과 대근육의 조절을 자극시킨다. 학습을 위해 감각채널에 중점을 두고 즐거움을 주는 긍정적인 행동을 강조하도록 한다.

1단계 프로그램은 가장 기초적인 수준에서는 자극-반응의 패러다임으로 보일 수 있다. 반응을 일으키는 자극이 반복적으로 제시되면 임의적 반응을 하게 된다. 이 잠재적 유용성을 가진 반응이 아동의 감각 · 운동적 반응망(response network)의 일부가 될 때까지 이러한 반복은 계속되어야 한다. 그 시점에서 학습된 반응을 새로운 자극과 짝지음으로써 새로운 상황에 자유롭게 일반화할 수 있다. 예를 들어 보면 1단계를 시작하는 아동은 불규칙적으로 불특정의 소리를 낸다. 발성 그 자체가 자극과 기쁨의 원천이다. 부모 또는 교사가 이 소리들 중에서 1~2개의 소리를 선택하고, 그것을 하나의 패턴으로 묶어 간식시간(감각의 즐거움)에 발성놀이(사람의 즐거움)로 사용한다. 곧 아동에게 소리는 성인의 주의를 끌기 위한 방법이 되고, 성인에게는 아동의 주의를 모으는 방법이 된다. 이러한 교환은 발달의 위계에서 학습의 기본단위다. 그러나 이는 빠른 속도로 매우 단순해져 버린다(이 기본절차를 가르치는 단계들은 다음 단락에 요약되어 있다.).

감각 · 운동적 학습과정의 다음 국면은 하나의 기본적인 반응을 많은 새로운 반응으로 정교화하고 확장하는 것이다. 이것은 기본적인 자극-반응을 새롭게 사용하고 확장적으로 응용하는 좀 더 복잡한 수준의 발달을 의미한다. 제한적이기는 하지만 기존 반응을 사용함으로써 새롭고 더 복잡한 기술을 쌓게 되어 아동의 기술이 증대된다. 아동은 다소 독립적으로 새로운 자극으로써 새로운 반응을 개발하고 더 많이 응용할 수 있다. 이때가 1단계 아동에게 아동중심의 활동을 제공해야 할 시점이다.

심리적인 안전의 근원으로서의 조직과 구조

발달과 학습을 위한 정서적 안정을 얻기 위해 발달에 지체가 있거나 없는 영아, 걸음마기 아이 및 유아기 이후의 아동은 대부분 자신의 생활에 질서와 예측 가능성을 필요로 한다. 대부분의 1단계 아동은 조직적인 행동에 대한 기초가 부족하기 때문에 매일의 경험에서 질서와 조직이 제공되어야 한다. 거의 모든 1단계 아동은 감각 자극에 반응하기 위한 기본 과정을 획득했더라도, 질서 있고 조직적이며 예견할 수 있는 환경을 필요로 한다. 이러한 조건은 조직화되고 자기-지향적인 행동과 자기-확신에 필요한 인지적인 과정을 촉진한다. 이 단계의 아동이 가끔 침착하지 않아 보이거나 주의를 기울이기에 실패하는 것처럼 보이는 것은 이상한 일이 아니다. 아동이 환경을 예상할 수 없거나 혼란스럽다면, 안정적인 환경에 있을 때보다 정서적으로 안정되는 기회를 가지지 못하게 된다. 역기능적인 환경은 예측성이 결여되어 아동을 불안정하게 하므로 주의집중하고, 공간에서 신체를 조직하며, 경험을 순서 짓고, 연합시키고, 분류하고, 식별하며, 원인과 결과를 인식하는 데 어려움이 있을 수도 있다. 이 문제가 악화되면 아동은 언어의 이해와 사용이 필요한 관계들에 어려움을 보이게 된다.

1단계 프로그램은 심리적인 안정을 제공하는 하나의 수단으로서 **구조**를 사용한다. 구조는 아동의 내면적 조직화를 촉진하는 환경 조직의 요소들을 의미한다. 구조는 함축적이고 명백한 질서, 예측가능성 그리고 안전성을 가져온다. 매일 지속되는 스케줄 그 자체는 활동을 계획하고 개별 아동을 위한 규칙과 기대를 알려 주는 기본 틀이 된다. 모든 연령의 1단계 아동에 대한 기대(규칙이라기보다)는 다음과 같다.

분명히 모든 아동이 이러한 기대에 같은 방법으로 반응하는 것은 아니다. 몇몇은 자발적으로 참여할 것이다. 일부 아동은 활동에 참여시키기 위한 시도를 무시하거나 저항할 것이다. 일부는 단어나 구를 똑똑하게 발음하면서 자료를 요구할 것이다. 어떤 아동은 불규칙적인 소리를 내거나 전혀 소리를 내지 않을 것이다. 어떤 아동은 성인과 자료를 찾는 반면에 또 어떤 아동은 기본적인 참여에도 신체적으로 도움을 받아야(동작을 통해 그들을 움직이게 하기) 할 것이다. 중요한 점은 한 개인으로서 각 아동에 대한 기대가 형성되어 있으므로 도움을 주더라도 이 기대에 맞아야 한다는 것이다. 이러한 구조는 정서적 안정의 강력한 원천이다.

1단계 아동에 대한 기대(규칙)

- 각 활동을 위한 지정된 장소가 있다.
- 모든 아동이 참여한다.
- 자료를 얻거나 참여하기 위하여 어떤 행동을 해야 한다.
- 활동 후 자료는 구체적인 장소에 따로 보관한다.
- 한 활동이 끝난 후 다른 활동을 시작한다.
- 단어(또는 소리)가 모든 활동에 포함된다.

통일된 내용의 주제로 일관된 활동, 활동의 스케줄, 일상적인 절차, 기대되는 행동의 규칙 그리고 성인 통제의 양은 구조의 부분들이다. 매일 반복되는 같은 일상은 계열화, 즉 다음에 하는 것에 대한 기대 및 하루의 모든 활동에 어떤 활동과 기대 행동이 있는지를 아는 능력의 발달을 촉진한다. 각 활동 과정에 더 친숙하도록 하기 위해서 각 활동을 항상 같은 물리적인 공간에서 반복할 때 아동은 특정 활동을 위한 구체적인 행동을 학습하는 데 도움이 되는 더 많은 단서를 얻게 된다.

활동에는 시작과 끝이 있다는 개념을 가르쳐야 한다. 높은 동기를 가지고 시작하게 되면 아동은 활동에 조직화되도록 준비된다. 계획된 끝맺음 또한 아동을 하나의 활동으로부터 '해방' 되도록 하고, 정신의 초점을 새로운 무언가로 이동하도록 준비시키기 때문에 똑같이 중요하다. 효율적인 끝맺음은 막 완료한 단계를 긍정적으로 반영하게 함으로써 기억을 확장시킨다. 평가가 포함된 끝맺음은 이후의 단계에서 발달될 높은 수준의 인지 기술에 아동을 준비시키며 경험을 재검토하고 요약하며 평가할 수 있게 한다.

활동과 교재 선택을 위한 안내

발달을 확장시키는 필수적인 요소는 동기화, 발달적으로 적합한 활동 및 자료다. 기본감각 반응의 적응을 자극하는 다양한 활동과 자료뿐만 아니라 현재 선호하는 것을 새로운 기술로 확장시키는 경험을 제공하도록 한다. 활동과 자료를 선택할 때, 1단계 아동의 특징적인 욕구, 즉 즐거움, 조직화 그리고 기능적 언어를 고려하는 것은 중요하다.

무엇을 할 때 즐거운 것은 중요하다. 모든 자료와 활동이 아동에게 확실히 만족스러운 결과를 가져올 수 있도록 하고 활동의 효과인 능숙한 수행에 대해서는 완전히 잊도록 한다. 아동의 주의를 끌고 참여를 지속시키는 활동과 자료를 선택할 때 활용해야 할 일반적인 지침은 다음과 같다.

- 감각을 자극하고 즐거운 피드백이 있는 자료와 활동을 사용한다.
- 쉽게 조작할 수 있는 자료를 선택한다.
- 간단하고 즐거운 활동을 반복하며 선호하는 자료를 사용한다.
- 각 개인을 동기화할 수 있는 방법에 대해 안다.
- 사회적 상호작용의 기회를 제공하는 집단 활동을 활용한다.
- 프로그램을 의사소통의 기회로 채운다.

감각을 자극하고 즐거운 피드백이 있는 자료와 활동 1단계에 있는 아동의 즐거운 감정은 대부분 감각 체계와 연결된다. 독특한 감각 양식의 강점 및 약점과 함께 감각 체계에 있어서도 명백한 선호를 보인다. 이 때문에 매일 가능한 한 많은 감각 양식을 협응시키는 자료와 활동을 선택하는 것은 중요하다. 이런 방법으로 어떤 감각 체계가 발달되지 않거나 손상된다면, 다른 감각체계를 자극함으로써 성장과 학습을 계속시킬 수 있을 것이다. 긍정적인 감각적 자극이 강한 자료로는 미술재료로서 면도 크림, 뚜껑을 열면 인형이 튀어나오는 장난감, 물(특별히 따뜻한 물), 모래, 깃털 먼지떨이, 향기, 간단한 악기와 음식 등이 있다. 음식과 부정적인 경험을 연관시키는 것은 피한다. 그것은 양육의 가장 기본적이며 본질적인 형태이기 때문이다. 이런 이유로 행동적 유관성(a behavioral contingency) 때문에 음식을 보류하는 일은 거의 없다. 오히려 음식을 양육환경의 필수적인 부분으로 간주한다.

1단계의 몇몇 아동의 행동은 전체적이며, 자기 자극적이거나 또는 비생산적일 수 있어 감각 활동과 자료 사용에 불이익을 얻게 된다. 이러한 행동은 성공적인 중재에 큰 방해가 될 수 있다. 이러한 유형의 행동을 다루는 데 유용한 2개의 전략은 (1) 비생산적인 행동을 완전히 다른 행동으로 대체하는 것, (2) 더욱 의미 있는 활동에 참여할 수 있도록 행동을 수정하는 것이다.

비생산적인 행동을 완전히 다른 행동으로 대체하는 첫 번째 전략은 종종 그대로 내버려 둔다면 대부분의 시간을 특정한 형태의 자기-자극 활동에 몰두하는 아동에게 효과적이다. 이러한 아동은 대개 뚜렷한 기술은 없지만 잘 기능한다. 예를 들어 Caren의 경우를 생각해 보자.

Caren은 종이 이외의 다른 자극에 반응하는 것을 배우기 전까지 어떤 새로운 기술도 배울 수 없는 것이 명백하다. 교사는 첫 번째 접근으로 모든 종이를 치우고, Caren을 각성시키는 대안자극을 제공하였다. 일단 Caren이 어떤 종이도 찾을 수 없음을 알게 되었을 때, 학습이

Caren

Caren은 깨어 있는 모든 시간을 자신의 손가락 사이에 종이를 문지르며 보낸다. 그녀는 어떤 언어도, 놀이 기술도 가지고 있지 않고, 종이 이외의 감각 자극에는 반응을 거의 보이지 않는다. 종이를 치우면 화를 낸다. 어떤 종이가 근처에 있다는 것을 알면 그것을 얻을 때까지 떼를 쓴다. 종이를 한번 손에 쥐기만 하면 어떠한 자극도 종이에 대한 자기-몰입을 깰 수 없다.

일어날 수 있었다. 교사는 종이를 문지르는 즐거움을 대체할 몇 가지 자원을 같은 감각양식—이 경우에 촉각적 자극—에서 찾을 수 있기를 바랐다. 서서히 Caren은 점토 굴리기를 배우고, 간단한 퍼즐을 맞추며, 동물을 외양간에 넣고, 상자를 열고 숨겨진 사물을 찾는 것을 배웠다. 이 활동들의 움직임을 배우면서 대안적인 촉각 자극을 경험하였고, 종이를 문지르는 자기-자극의 욕구는 극적으로 감소되었다.

Sally의 부모와 교사는 두 번째의 접근, 즉 현재 좋아하는 빙빙 돌리는 행동을 다른 근육과 새로운 방법의 돌리기 동작으로 확장시켜 자기-자극적인 행동을 수정하고자 시도하였다.

부모와 교사는 시각적 자극과 전정자극에 대한 몰입을 활용하여 Sally가 매우 즐거워하는 기존의 동작에 새 동작을 쉽게 혼합할 수 있었다. 부모 중 한 명이 그녀를 차에 태우고 학교에서 집으로 돌아올 때 '안녕, 댄스' 를 반복해서 틀어 주었다. 학교에서는 교사가 원을 이용한 게임을 하면서 부모와 보조를 맞추고, 음악시간에는 원형으로 서서 춤추기를 추가하였다. 그런 다음 Sally에게 '원 주위를 도는 것' 이 수용되는 시간과 수용되지 않는 시간을 구별하도록 가르쳤다.

Sally

Sally는 손으로 물체를 돌리는 것을 좋아한다. 손에 닿는 어떤 것이라도 돌리려고 시도하고 계속 회전 동작으로 물체를 돌린다. 시각적으로 민첩하고 신체적으로 능동적이어서 거의 가만히 있지 않는다. 쉬지 않고 일관된 동작을 하고 돌릴 물건을 찾는 행동 때문에 Sally의 가족과 교사는 그녀가 다치지 않도록 하고 주위의 모든 것을 파괴하지 못하게 막는 데 지쳐 있다.

이 전략들 중에서 어느 것이라도 효과를 얻으려면 교사와 아동 간의 따뜻하고 즐거운 상호작용이 일어나는 맥락에서 사용해야 한다. 실제로 1단계 전체 프로그램의 성공은 이러한 관계에 달려 있다.

자료는 쉽게 조작될 수 있어야 한다 추상적인 개념, 많은 그림 및 단어는 1단계 아동이 이해하기 어렵거나 불가능하다. 기대하는 감각 경험을 얻기 위해서 쉽게 조작할 수 있는 구체적인 자료가 제시될 때 아동의 주의력은 쉽게 계발된다. 실물과 실제 경험은 그림보다 낫다. 아동이 자료와 활동에 참여할 때, 무엇을 하고 그 결과를 성취하는 것 간의 연관성을 배우기 시작한다. 이것이 즐거움을 주는 결과가 필요한 이유다. 기능적이고 관련성 있는 구두어가 경험에 수반될 때 이해가 확장되고 행동은 의미를 가지게 된다. 예를 들어 컵이라는 단어와 개념은 그 단어가 마시는 행동과 함께 사용될 때, 특히 그 컵에 아동이 좋아하는 것이 담겨 있을 때 아동에게 의미를 부여하게 된다.

단순하고 즐거운 활동과 자료의 반복이 필요하다 반복적인 행동은 과제에 대한 지속적인 주의를 증가시킬 가능성이 높다. 아동은 이전에 행했던(그리고 자주 반복된) 단순한 활동을 선호한다. 주의할 점은 활동 또는 자료가 아동의 동기를 유발시키는 것이어야 한다는 것이다. 그렇지 않으면 반복은 비생산적이며 경우에 따라서는 파괴적일 수 있다. 즐거운 감각 · 운동적 동작을 포함하는 활동과 자료는 그것이 아동에게 친숙하고 좌절이나 혼돈이 아니라 즐거움과 연관되어 있다면 대체로 환영받는다. 성인은 1단계의 아동이 같은 활동이나 장난감을 자주 반복 선택하는 것에 놀란다. 반복을 통하여 아동은 자료의 모든 가능성을 탐색하고, 자신이 어떻게 탐색하는지 보여 주고자 성인에게 의존하는 정도가 점점 줄어들게 된다.

1단계를 시작하는 아동이라면, 몇 주 동안 매일 매일 같은 활동을 반복하는 것이 적절하다. 어떤 아동은 천천히 진보할 수 있다. 반복함으로써 성공을 경험하게 되면 같은 자료를 사용하면서 충분히 편안하게 집단활동에 참여하게 된다. 이러한 자료를 사용하는 새로운 방법을 소개해 주면 아동의 학습은 통합되고 일반화된다.

초보적 인식과 주의집중을 자극하는 반복적인 행동이 포함된 간단한 활동의 예로 물속에 아동의 손을 담그거나 튀기기, 비눗방울 불기, 벨 울리기, 캔에 빨래집게 떨어트리기 등이 있다. 주의집중의 요소는 동일하지만 유아기 이후의 아동과 1단계의 발달이 빠른 걸음마기 아이를 위한 좀 더 복잡한 활동은 다음과 같다. 인형과 사물을(그림보다) 사용하여 간단한 이야기하기, 물로 그릇 씻기, 다른 크기로 비눗방울 불기, 테이프에서 나오는 리듬을 반복하기, 요리하는 동안 음식 젓기, 과일, 야채 또는 식사 용구를 크기나 용도에 따라 골라내기 그리고 나뭇잎을 선반에 넣어 두기 등이다. 자연 상태에서도 많은 기능적인 활동은 이러한 유형의 반복을 포함하고 있으므로 똑같은 동기유발 효과가 있다면 그런 활동도 프로그램에 포함시켜야 한다.

그러한 활동에 점점 더 친숙해지면 주제가 통합되는 간단한 단위활동들을 함께 연결시켜야 한다. 이러한 방법으로 1단계의 아동은 대·소근육의 협응, 간단한 관계 그리고 계열화하기 등과 같은 관련 기술을 배운다. 또한 단어, 사물, 사람 그리고 행동을 연관 짓는 것을 배운다. 그러한 기술이 없으면 생산적인 행동과 사회-정서적 유능성을 증가시킬 수 있는 유용한 방법을 거의 갖지 못하게 된다. 그러나 그들에게 즐거움을 주는 새롭게 학습된 기술은 더욱 의미 있게 활동과 사물을 이해할 수 있게 해 준다. 참여하고 기대되는 결과를 가져오는 생산적인 방법을 학습하면 자연히 더 많은 주의를 기울이기 시작하고, 더 자유롭게 반응하며, 더욱 자발적으로 참여하기 시작한다. 따라서 아동이 주의를 기울임으로써 새로운 기술의 발달이 촉진되고, 이것은 다시 주의를 증가시켜 더 많은 기술과 새로운 이해를 가능하게 하는 생산적인 순환이 만들어진다. 1단계의 아동은 이러한 학습과 발달의 순환을 통해 진보하므로 복잡한 자극에 주의를 기울일 수 있는 능력은 더 오랜 기간에 걸쳐 증가된다.

각 아동의 동기를 유발시키는 방법을 발견한다 즐거운 결과를 가져오는 어떤 것을 할 때 참여하는 즐거움을 얻는다. 많은 1단계 아동의 경우 즐거움은 감각·운동적인 자극으로부터 온다. 이러한 이유 때문에 프로그램은 감각(촉각, 미각, 시각, 청각, 공간 감각)의 각성에 초점을 두어야 한다. 또 다른 즐거움의 원천은 성인과의 상호작용이다. 이러한 기본적인 동기유발요인을 결합시킨 활동이 가장 효과적이다. 예를 들어 '잼잼'과 같은 손가락놀이(pat-a-cake)와 까꿍놀이는 다른 사람과의 비언어적인 상호작용을 포함하고 있다. 1단계에 머물러 있는 유아기 이후의 아동의 경우 간단한 게임에서 성인과 차례를 바꾸는 것이나 소꿉놀이 활동은 사회적인 상호작용의 기회를 제공하고 아동을 참여시키는 동기유발 요인이다. 1단계 아동은 성인과 상호작용할 때 성인을 편안함, 보호 및 좋은 감정과 연합시킨다. 1단계 프로그램에서 성인과 아동 간의 상호작용을 통해 얻을 수 있는 부가이익은 사회적 상호성의 경험이다. 이러한 연합은 1단계 아동이 타인에 대한 신뢰를 발달시키는 기초가 된다.

각 아동은 해야 할 과제를 가치 있는 것으로 평가해야 한다. 앞서 논의하였던 것처럼 개인이 활동에 주의를 기울이는 정도는 개인이 그것에 가치를 두는 정도에 달려 있다. 우리는 흥미를 나타내는 표시로서 자료나 활동에 대한 어떤 긍정적인 표시나 동작을 하게 된다. 어떤 아동은 만지기 또는 보기에 의해서 사물을 탐색한다. 다른 아동은 반복적인 방법으로 자료를 사용하거나 그것을 옮기는 데 열중한다. 또 다른 아동은 오랜 시간 동안 주의를 집중할 수 있다. 홍미의 다양성과 주의집중 시간에 관련된 문제는 대부분의 경우에 성인이 자료를 선택하고 활동을 계획하며, 각 아동에게 적합하지 않은 독단적인 성취 기준을 세우는 것과 연관된다. 이는 일부 아동의 저항과 무관심 또는 부정적인 행동을 초래할 수 있다. 성인은 자주 아동을 문제아로 보거나 장애를 참여 부족의 탓으로 돌려 비난하지만, 실제로 과제 그 자체가 수용할 수 없는 행동과 참여 부족의 원인일 수 있다. 효과적인 발달적 치료-발달적 교수 프로그램에서는 지루함과 과제에서 비롯된 좌절은 결코 일어나지 않는다.

집단활동으로 사회적 상호작용을 위한 기회를 제공한다 모든 발달단계의 활동과 자료에는 사람이 포함되어야 한다. 1단계에서도 프로그램에서 다른 사람, 즉 또래나 성인과의 만족스러운 상호작용을 위한 풍부한 기회를 제공하는 것은 필수적이다. 그런 기술이 없다면 사회-정서적 유능감과 반응적인 행동은 결코 나타나지 않는다.

1단계를 시작하는 아동은 진정한 집단활동이 거의 불가능하다. 아동자신의 필요가 참여를 이끈다. 자료를 사용하는 방법이나 활동을 독립적으로 탐색하기 시작할 때 매우 짧은 시간 동안의 개인적인 평행놀이는 아동에게 유용할 수 있다. 그러나 독립된 활동이 아동에게 홍미를 주고 사고의 조직화를 촉진시키는지를 자세히 살펴보도록 한다. 구조화되지 않은 독립된 시간이 의미 없고 수용할 수 없는 행동을 강화하는 반복적인 동작으로 분화되지 않아야 한다. 아동이 자신의 홍미와 기술에 적합한 개인 활동에 참여하더라도 1단계를 시작하는 아동은 혼자놀이를 하고 일반적으로 건설적이며 목적적인 행동을 거의 보이지 않는다. 기민한 성인은 독립된 활동이 아동의 지속적인 진보에 필요하다는 확신을 가지고 각 아동과 접촉해야 한다.

독립적인 탐색의 기회에 더하여 1단계 아동은 이러한 기술과 홍미를 다른 사람과의 상호작용에 적용할 필요가 있다. 처음에는 모두 홍미를 유지하며 참여할 기회가 있도록 성인이 매우 단순하고 조심스럽게 집단의 교류를 안내한다. 순서를 기다리는 것은 1단계의 활동에서 거의 강조되지 않는다(자기 순서인 한 아동을 제외한 모든 아동은 휴지기다.). 아동 모두가 자발적으로 참여하는 집단활동이 선호된다. 성인이 모델을 제공함으로써 모두가 노래(chant), 통일된 반응 그리고 리듬감 있는 동작의 모방 등과 같은 활동에 함께 참여할 수 있다. 이러한 방법으로 활동하면 아동은 최대한으로 참여하게 되고, 다른 아동이 자신의 차례를 맞는 동안 그 근처에서 아무것도 하지 않으면서 기다리는 일이 없게 된다. 통일된 활동은 직접적인 집중을 받지 않고 참여할 수 있게 하므로 많은 아동에게 심리적으로 더욱 편안함을 느끼게 한다.

놀이는 교육과정의 4개 영역에서 1단계 아동의 개인 및 집단활동에 광범위한 기술을 자극하는 무제한적인 기회를 준다. 놀이가 비구조적이고 자유롭게 보일지라도 놀이를 방임하는 태도를 취하는 것은 실수다. 놀이와 놀이터는 독립적인 놀이를 하는 아동의 독립적이고 목적적인 행동을 사정할 수 있는 많은 생산적인 방법을 제공해 준다. 사회적 상호작용은 놀이를 하는 동안 자극된다. 놀이터는 감각을 각성시킨다. 아동은 보통 거칠게 달리고 소리 지르며, 잡으러 다니고 또 오르고 싶어 한다. 성인은 이 시간 동안 약간의 휴식을 취하기를 원하지만 아동에게 도움이 되도록 놀이를 활용하는 데 실패하지 않아야 한다. 주의 깊게 계획하고 적당한 활동을 선택하게 되면, 특히 1단계에서 놀이와 놀이터를 통하여 사회화와 대인관계 기술들을 가르치고 배우는 많은 기회를 제공할 수 있다.

1단계에서 신체조절기술(대소근육 운동)은 놀이터에서 놀면서 획득된다. 이동기술과 감각의 통합을 촉진하기 위해서 매일 실내 · 외에서 기기, 걷고 뛰기, 오르기, 계단 오르기, 점프하기 및 한발로 뛰기 등과 같은 일련의 학습활동을 체계적으로 포함시킨다. 실내와 놀이터에서 모두 구부리기, 뻗기, 껑충 뛰어오르기와 같은 비이동적인 기술을 포함시킨다. 사물을 조작하는 것은 1단계 아동이 획득해야 할 또 다른 기술이다. 아동은 실제로 실내와 놀이터에서 공과 콩주머니를 사용하여 굴리기, 잡기, 던지기, 튀기기, 차기, 당기기, 밀기 그리고 들어올리기 등의 기술에 초점을 두는 활동을 즐겨 한다.

개개 아동에 대한 장난감과 도구의 효과를 주의 깊게 고려해야 한다. 상호작용적인 놀이기술을 획득해야 할 아동에게는 그가 선호하는 같은 장난감 두 세트를 제공하는 것이 필요하다. 그래야 아동은 같은 장난감을 가지고 노는 다른 사람을 모방할 수 있다. 평행놀이를 성취했다면, 오래지 않아 상호작용하는 놀이에 관심을 보일 것이며 다른 아동의 장난감을 가지기 위해 손을 뻗거나 같이 놀기 위해 장난감 두 세트를 함께 가지고 올 것이다. 교실의 흔들의자와 놀이터에 있는 회전목마는 아동에게 매력 있는 또 다른 도구다. 흔들의자는 1단계의 어린 아동을 양육하는 성인이 효과적으로 사용할 수 있고, 회전목마는 돌리기를 꽤 오래 할 수 있는 아동이 차지할 것이다. 그러나 도구가 아동을 퇴행시키고 고립시킨다면 진보에 해가 된다. 그런 도구는 아동이 만족스럽고 발달적으로 좀 더 생산적인 대안활동을 찾을 때까지 제거되어야 한다. 1단계 아동이 혼자서 사용하는 또 다른 장난감의 예는 튀는 장난감이다. 그것은 어떤 아동에게는 반복적이고 비생산적인 고립 행동을 증가시킬 수 있지만, 반면에 잠시도 가만히 있지 못하며 공격적인 행동을 하는 아동에게는 적절한 신체적 방출을 제공할 수도 있다.

프로그램은 의사소통의 기회로 채워져야 한다 언어와 의사소통 기술의 발달은 4개의 교육과정 영역을 통틀어, 특히 1단계의 모든 아동에게 유의미하다. 언어는 자기-인식, 행동의 통제, 인지 발달, 사회적 상호작용과 가장 깊이 연관되어 있어서 언어의 지체 또는 장애는 아동의 전반적인 발달에 심각한 해가 될 수 있다(Goldstein & Gallagher, 1992; Kagan, 1982). 발달적 치료-발달적 교수의 교육과정에서 언어학습은 매일의 활동의 일부분이다. 1단계 아동에게 기능적, 사회적 언어는 가장 중요하게 발달되어야 할 기술이다. 의사소통 기술을 배울 풍부한 기회를 제공하는 것은 매우 중요하다. 아동이 의도하는 대로 요구하고, 다른 사람의 행동을 규제하고, 감정을 표현하며, 정보를 전달하기 위하여 언어를 사용하도록 가르쳐야 한다.

1단계를 시작하는 아동은 통제된 어휘와 성인모델을 통하여 새로운 단어, 모방 또는 구문론적 구조 등과 같은 매우 초기의 언어를 배운다. 매 활동에서 아동이 배워야 되는 절차와 일과를 묘사하는 일관된 어휘를 정한다(처음에는 그들이 단어를 말하지 않더라도). 이 과정은 **통제된 어휘쌓기**라고 불린다. 어휘를 통제하면서 의사소통할 기회를 조장하는 풍부한 환경을 강조하는 것이 모순이 아닌지에 대해 의문을 가질 수 있다. 이것은 1단계 아동과 함께 하는 성인에게 요구되는 민감성과 기술을 반영하는 예상되는 의문이다. 성인은 양 조건을 모두 제공해야 한다. 매일의 활동에서 의미 있는 의사소통과 언어적 교환 창출하기 및 과도하게 많은 단어를 접하지 않도록 사용하는 단어의 통제가 필요하다.

대다수의 1단계에 있는 아동은 말을 할 수 없거나 하지 않는다. 이 과정을 시작하는 데 필수적인 요소는 다른 사람과 의사소통하고자 하는 욕구와 그 사람에 대한 신뢰의 욕구다. 1단계의 심각한 장애를 가진 많은 아동은 풍부한 전언어적 경험을 필요로 한다(다른 사람과 상호작용적인 방법으로 소리를 교환하기). 그들이 같은 목적으로 같은 소리를 반복적으로 사용하기 시작할 때, 의사소통의 다음 단계로 안내할 수 있다. 그 단계들은 다음과 같다.

(1) 어떤 것에 대한 아동의 욕구로부터 시작한다(과자, 장난감, 성인의 주의).
(2) 기대되는 목표와 일관성 있게 연관되는 하나의 단어를 제공한다.
(3) 단어를 말할 때는 아동의 주의를 포착한다.
(4) 아동이 소리를 모방하도록 격려한다(이것은 다른 성인을 반응 모델로 제공함으로써 교사 스스로 그 단어를 제시하고 그것을 스스로 모방함으로써 또는 아동이 유사한 소리를 내는 것을 포착해서 교사가 아동의 소리를 모방함으로써 수행 가능하다).

(5) 아동의 단어(또는 그 소리에 대한 시도)를 듣고 있다는 점을 알려 주어서 아동이 기대되는 목표를 성취하도록 한다.

(6) 시도를 하면 바라던 결과를 제공한다. 아동의 개별화 교육프로그램 또는 개별화 가족 지원계획에 기대되는 구어적 의사소통의 질에 대하여 구체화해 둔다.

이러한 각 단계는 아동에게 단어 사용을 가르치는 학습의 순서와 유사하다. 순차적으로 모든 단계를 시도해 보아도 아동이 진보를 보이지 않는다면 이 단계들의 어딘가에서 끊어진 부분이 있을 것이다. 그것을 찾았을 때와 성공할 때까지 그 특정 단계에 초점을 둔 후 되돌아가서 각 단계를 순서대로 다시 시도한다면 아동에게 좋은 결과가 있을 것이다.

1단계 아동은 매 경험에서 방대한 단어에 노출되면 그 부담과 혼란으로부터 뒤로 물러나고 싶어 아동은 종종 소음을 차단해 버리거나, 자신에게 이해가 되는 것을 선택하기 위해 시도는 하지 않고 쉽게 물러나 버린다. '저녁 먹자' 와 같은 단순한 표현도 성인이 다른 단어를 사용하면 엄청난 혼란을 일으킬 수 있다. 다음에 학령전 프로그램에서 1명의 어린 유아와 의사소통하려고 하는 3명의 성인—교사, 보조자 그리고 부모—이 비효과적으로 노력한 예가 있다.

교　사: 점심시간이다.

보조자: 뭐 먹을래?

부　모: 자, 먹자.

부　모: 나는 오늘 네가 좋아하는 요리를 준비했다.

교　사: 오늘의 메뉴는 핫도그다.

보조자: 음식!

위의 표현은 아동과 점심에 대해 이야기할 때 성인이 사용하는 표현들이다. 아동이 성인을 무시하고, 프로그램에서 무슨 일이 일어나는지에 대해 관심을 보이지 않는 것은 놀랍지 않다. 같은 사건을 설명하기 위해 24개의 다른 단어가 사용되었다. 일관적으로 사용할 하나의 구(phrase)를 아동들에게 선택하게 하였더니 그들은 '먹는 시간이다!' 를 선택하였다.

어떤 환경에서라도 아동과 함께하게 되는 모든 성인은 통제된 어휘, 특정한 기능적인 단어, 구 또는 문장을 주의 깊게 선택해서 사용해야 한다. 아동은 이러한 표현의 의미를 배우도록 기대되고 종국에는 사용되는 활동과 자료를 직접 언급하는 단어(가라, 멈춰라, 놓아라, 우유, 쿠키, 풀, 놀이 시간)를 자발적으로 사용하도록 기대된다. 사회적 의사소통의 기초에 숙련되는 데 어려움이 있는 1단계의 아동에게는 개별화되고 통제된 어휘를 사용해야 한다. 성인의 단순하고 일관된 언어의 패턴은 아동이 모방할 수 있는 모델이 된다. 가르칠 어휘를 그것이 적용되는 장소인 특정 활동영역의 벽에 붙여서 선택된 그 단어를 사용해야 하는 것을 기억하는 것도 좋은 방법이다. 의사소통에 대한 이러한 집중적인 접근은 사회적 · 기능적 언어의 사용을 강조한다. 아동은 이러한 전략에 반응하면서 사건과 소리 간의 연합, 즉 각 상황에서 사용되어야 하는 특별한 소리가 있다는 개념을 배우기 시작한다.

사회적 맥락에 언어 경험을 내재시키는 것은 중요하다. 언어가 사회적 상호작용을 의미하기 때문이다. 사회적 관계와 다른 사람에 대한 감정은 언어를 발달시키는 데 강력한 동기유발 효과를 가지고 있다. 까꿍 놀이나 사물을 주고받는 것과 같은 영아를 위한 게임은 아동에게 사회적 상호작용의 즐거움을 가르친다. 언어 이전의 아동과 함께하는 의사소통프로그램에서는 사회적 유대를 형성하고, 언어적 상호작용을 하는 다른 사람에 대한 아동의 인식을 촉진시키며, 상자에 순서대로 물건을 넣는 것과 같은 간단한 활동을 모델링하게 하여 차례대로 번갈아 하는 것을 격려하는 데 초점을 두어야 한다. 그 예는 다음과 같다.

> 성인이 아동을 보면서 '안에 넣어 봐.' 하고 말한다. 안에 넣는 행동을 보여 준 후 '네 차례야.' 라고 말한다. 아동은 성인을 보면서 물건을 상자에 떨어뜨리는데, 의사소통에 나타나는 상호 차례지키기를 흉내 내는 것이다. 쳐다보기와 비언어적인 교환으로 이 패턴이 반복됨에 따라 아동은 행동뿐만 아니라 언어적인 교환까지도 모방하기 시작하고, 성인의 행동을 통제하기 위해 대개 '선생님 차례예요.' 라는 말을 하게 된다.

필수적인 사회화 경험이 프로그램에 통합되면, 아동이 기능적으로 언어를 사용하도록 동기화하기가 더욱 쉽다. 달리 말하면 사회적 경험은 아동이 의사소통할 이유를 제공한다. 그리고 사회적 경험이 의사소통의 동기를 제공하는 것처럼 인지과정은 아동이 이야기할 재료를 제공한다. 언어프로그램을 시작할 때 성인은 언어가 인지과정의 발달 및 사회적 관계에 의존한다는 것을 아는 것이 중요하다. 대상영속성, 대응시키기, 식별하기, 순서 짓기 그리고 분류하기는 언어 생산에 필요한 인지기술이다. 간단히 말해서 인지목표는 좋은 언어 프로그램의 일부가 되어야 한다.

성인의 역할: 보살피기, 양육하기 그리고 조직하기

1단계의 아동과 함께 하는 성인은 환경에 반응하는 것이 즐겁다는 것을 아동에게 확신시킬 책임이 있다. 아동이 자신의 신체 사용에 대해 신뢰하고, 성인을 신뢰하며, 자신의 욕구를 언어로써 충족시키고, 기초 수준의 인지조직을 발달시키는 것을 배움으로써 이 목적은 성취된다. 이러한 목적을 가르치는 데 성공하는 성인은 아동을 각성시키고 마음을 끌며 유쾌한 감각경험을 제공하는 데 가장 중요한 것이 무엇인지를 잘 아는 사람이며, 또한 예측 가능하고 안전하며, 편안한 환경을 유지할 수 있는 사람이다.

1단계 아동의 발달을 촉진시키는 데 영향력이 있는 성인은 아동이 자료, 사람 및 활동에 예측 가능하고 즐거운 방법으로 반응하도록 각성시키고 동기를 유발시킨다. 이러한 성인은 각 아동이 선호하는 감각을 인식하고, 이를 일깨우는 자료와 활동을 사용하는 데에 재빠르다. 이러한 성인은 비눗방울을 부는 사람, 아름다운 향기를 나르는 사람, 음악을 만드는 사람, 접촉해 주는 사람 그리고 색깔, 동작, 소리로 아동들을 황홀하게 만드는 사람이다. 이러한 성인은 부드럽거나 딱딱하고, 차갑거나 뜨거우며, 거칠거나 매끄러운 자료를 소개한다. 그들은 속삭이고, 양육하고, 흥분으로 가슴이 터지거나, 무한한 고요와 인내를 보여 준다.

아동의 반응의 질보다 중요한 것은 우선 아동이 성인과 자료에 간단하게 반응하는 것이고, 반응은 즐거운 것이어야 한다는 것이다. 이러한 교환을 통하여 성인과 아동 간의 관계는 따뜻하고 반응적인 것이 되며 편안하고 즐거운 상호작용을 할 수 있게 된다. 동시에 성인은 아동이 활동에 지속적이고 독립적인 관심을 나타낼 때 뒤로 한걸음 물러나 있어야 함에도 유의해야 한다. 아동과 성인 간에 상호작용의 패턴이 형성되었을 때 아동은 후속 단계의 발달을 지속하는 데 필요한 사회-정서적 유능감의 주요 발달지표를 빠르게 획득하기 시작한다.

발달 촉진에 가장 빈번히 사용되는 전략

성인이 1단계 아동에게 사용하는 전략은 아동의 행동과 발달 특징에 맞추어 조정하거나(tuning in) 종료(tuning out)를 계획하는 것이다. 1단계 아동과 일하는 데 유능한 교사, 부모 또는 다른 전문가는 모든 아동에게 반응, 참여 및 만족과 즐거움을 자극하는 전략을 사용한다. 유능한 성인이 자주 사용하는 8개의 전략을 소개한다. 이러한 전략은 6장에서 비중 있게 논의되었지만 여기에서는 1단계의 사회-정서적 발달을 촉진하는 데 독특한 효과가 있는 것으로 관찰된 전략에 초점을 두고 간단하게 검토하고자 한다.

• 긍정적인 피드백과 칭찬	긍정적인 감각 경험으로부터 오는 즐거움, 양육하기, 보살피기 (따뜻한 목소리, 부드러운 접촉)
• 자료로 동기화하기	친숙함과 즐거움 주기, 감각에 기초한 조작적인 자료
• 구조와 조직	친숙한 일과, 통제된 어휘
• 재지시	대개 언어적 단서와 결합된 신체적 접촉
• 반영	행동, 요구, 사람 또는 사물을 반영하는 통제된 어휘
• 성인의 자료 통제	자료 소개로 시작하기, 검토 후 자료를 성인의 도움으로 치우기
• 신체적 근접	가까이 머물기, 눈높이 맞추기, 신체의 접촉, 쓰다듬기
• 신체적 중재	필요한 동작의 패턴화된 반복, 성인의 도움으로 행동을 통해 움직이기, 보호적인 잡기

이 장을 통해 첫 3가지 전략, 즉 즐거운 감각 경험을 통한 **긍정적인 피드백**, 조작적이며 양육 효과가 있는 **동기화 자료** 및 친근한 일과와 통제된 어휘를 통한 **구조**에 대해 상당히 많은 논의를 해 왔다. 그 외의 전략들은 1단계에서 독특하게 적용되는 것이다.

실패한 주의끌기를 되살리기 위해서 또는 아동을 비생산적인 행동에서 벗어나 의미 있는 활동에 참여하도록 안내하기 위해 1단계 프로그램에서는 종종 **재지시**가 사용된다. 1단계를 시작하는 아동에 대한 재지시는 신체적이고, 동작을 통해 아동을 이동시키게 된다. 과제의 초점을 향해서 아동이 머리를 돌리는 것 또는 자기-자극 동작에 가까우나 구체적인 과제에 적용되는 대체동작으로 아동의 손을 이동시키는 것이 포함된다. 이러한 전략은 아동에게 확신을 주되 강제성이 없는 부드러운 접촉을 필요로 한다.

아동이 1단계를 통하여 조금씩 진보해 감에 따라 간단한 언어적 재설정을 신체적인 재설정과 함께 사용하다가 나중에는 거의 완전히 언어적 재설정만 사용한다. 성인이 반응해 줄 때 신체적인 도움과 함께 짝 짓는 언어적 단서는 간단하고 직접적이며 아동에게 명확한 의미가 있는 것이어야 함에 유의해야 한다.

반영 또한 행동, 사물 및 단어 사이의 기본적인 연관성을 가르치는 데 효과적인 전략이다. 그것은 사건에 단어를 적용하여 언어적 단서를 제공한다. 기능적인 언어가 아동의 언어목록의 일부가 되는 것은 이 전략을 통해서다. 통제된 어휘에 대한 논의를 통하여 성인이 1단계의 환경에서 사용할 단어를 선택해야 함을 알 수 있었는데, 반영 시에 이것을 명심해야 한다.

성인의 **물리적 근접**은 아동을 각성시키고 재설정을 하는 데 가장 효과적인 전략 중의 하나다. 언어적 각성이나 매우 흥미로운 자료에도 반응을 하지 않는 아동을 위해 아동에게 의미 있는 성인이 신체적으로 밀접한 거리에 머무는 전략을 사용한다. 가까이 머물기, 눈높이 맞추기 및 접촉은 아동의 주의를 끌 수 있는 방법이다. 간단한 신체접촉, 볼 쓰다듬기 또는 귀에 대고 속삭이기는 아동이 성인 또는 사물을 바라보도록 각성시킨다. 아동이 곧바로 주의를 주지 않을 때 시각적으로 주의를 끌기 위해서 아동의 턱 아래에 손을 부드럽게 놓고 아동의 얼굴을 돌리는 것도 한 방법이다. 이때 결과가 아동에게 즐거운 것이어야 함은 필수적이다.

1단계에서 독특하게 적용되는 또 다른 전략의 하나는 **물리적 중재**다. 이것은 아동이 활동 시에 신체적으로 움직이는 데 도움을 받는 것이다(일부 조기중재 전문가들이 **동작하기**라고 불렀다.). 하나의 동작을 패턴화하기 위해 또는 자료를 만지도록 아동의 손을 물리적으로 움직여 주는 것은 아동의 반응을 자극하고 인식을 증가시키며, 새로운 반응을 가르치거나 참여를 증가시킨다. 반응의 질은 초점이 아니다. 음악의 리듬에 맞춰 탬버린을 흔들도록 하기 위해 아동의 팔을 움직여 주는 것은 이 전략을 사용하는 한 예다. 이 경우에 아동은 성인의 접촉과 동작의 패턴화된 반복에 의해 각성된다. 반복된 동작패턴을 통하여 아동은 결국 성인의 도움 없이 스스로 활동을 수행하게 된다.

전략에 대한 설명을 조기중재 프로그램에 참여하고 있는 1단계 아동의 전형적인 실내놀이시간에 대한 설명으로 끝맺고자 한다. 각 아동의 발달에 놀이는 매우 중요하기 때문에 아동이 놀이기술을 가지고 있지 않을 때 어떻게 가르칠 수 있는지를 설명하기 위해 다음의 특별한 예를 선택하였다. 이 예는 성인의 역할을 설명하고 놀이의 일부로서 사회적 언어자극의 중요성을 강조한다. 이 예는 또한 주의집중이 되지 않고 놀이 자료와 스스로 상호작용할 수 없는 5명의 아동을 활동에 참여시키는 방법, 통제된 어휘의 사용, 감각에 기초한 조작적인 자료 및 지속적인 물리적 중재와 성인의 근접의 필요성에 대해서도 설명한다.

목적과 목표 달성을 위한 활동

매우 어린 아동과 심각한 발달 지체를 가진 아동에게는 약 5~10분 길이의 활동을 계획한다. 활동시간의 길이는 아동이 획득한 기술, 참여하려는 동기, 자신에게 설정된 기대에 대한 이해에 따라 확장된다. 여기에서는 아동이 1단계의 집단환경 속에서 사회-정서적 유능감과 행동의 책임감에 대한 개별 목적과 목표를 성취하도록 동기화하는 데 효과적인 것으로 밝혀진 활동에 대해 간단하게 설명한다.

다음의 목록은 영아와 걸음마기 아이, 유아기 이후의 아동을 위해 수정된 활동들이다. 단축 프로그램으로 운영할 때는 별표(*)가 있는 활동은 반드시 포함되어야 한다.

〈영아와 결음마기 아이〉	〈유아기 이후 아동〉
놀이*	인사*
인사	작업*
작업(학습준비도활동)*	놀이*
흔들기(wiggle)	이야기*
이야기	미술
미술	음악
화장실 가기(자조활동)	자조활동
간식*	바깥놀이(운동)
바깥놀이(운동)	간식*
깜짝활동(surprise)(모방활동)	특별활동시간
테이블활동(추가 준비도활동)	특별활동시간(모방활동)
음악	작별인사*
작별인사*	

각 활동의 길이는 아동의 연령과 주의집중 시간의 증가에 따라 연장되더라도, 아동이 1단계에 있다면 기본적인 유형의 활동이 사용된다. 활동스케줄은 조용하고 적극적인 학습 간에 조화를 이루어야 하며, 또한 발달지표의 획득을 위해 폭넓은 기회가 제공되어야 한다. 1단계의 활동으로는 순서를 거의 기다리지 않거나 또는 전혀 기다리지 않는 활동이 선호된다.

활동은 집단에 있는 모든 아동의 참여를 촉진하는 것이어야 한다. 다 함께 행하는 활동은 이 단계에서 가장 효과적인 활동이다. 자기 순서를 오래 기다리게 하면 참여하지 않는 시간이 길어지고 참여와 실천을 통해 기술을 획득할 기회가 감소된다. 교대하기는 다음 발달단계에서 풍부한 학습 기회가 있다. 다 함께 하는 활동은 모방이라는 새로운 기술을 획득하기에 효과적인 방법을 발달시킨다. 3가지 주요한 모방의 유형, 즉 자료 사용 모방하기, 신체동작 모방하기 및 소리 모방하기가 있으며, 그 대부분은 다 같이 하는 활동에서 가르칠 수 있다.

일반적으로 활동이 집단으로 행해질 때 주교사는 모방의 모델이 된다(아래의 깜짝 활동시간의 예를 보자. 이 활동을 '이것 하기(Do this) 시간' 이라 부른다.). 각 아동은 모방능력에 따라 다양한 수준으로 반응할 것이다. 어떤 아동은 앞서 학습했던 행동에는 자발적으로 반응할

Donald, Carla, Sammy, Emily와 Foster를 위한 1단계의 놀이시간

가을 학기의 첫날이다. Donnald는 여름 프로그램에 출석했지만, 다른 아동들은 교사와 교실이 모두 새롭다. 교사는 다음과 같이 보고하였다

아이들이 들어올 때 나는 무릎을 구부리고 그들의 눈높이로 움직여 만화 주인공 같은 목소리로 알렸다. '놀이 시간이다!' Donnald는 여름 프로그램에 참여했기 때문에 교실과 일과에 친숙해서 문에서 Carla, Sammy, Emily와 Foster를 데리고 들어왔다. 그들은 서로 접촉하고 웃으면서 '애는 Carla야.' '얘는 Sammy야.' '얘는 Emily고.' '얘는 Foster야.' 하며 각각을 반겼다. Sammy는 빨리 포옹을 풀고는 작은 카펫에 앉았다. Carla는 포옹하는 것은 밀쳤지만, 내가 손을 자신의 등에 놓은 것은 참았다. Emily는 머리를 아래로 내리고 손가락을 입에 문 채 문 옆에서 위축된 상태로 서 있었다. 보조교사인 Peg는 Emily의 눈높이로 구부리고 다가가서, 팔로 그녀를 감싸고서 조용히 장에 있는 인형에 대해 이야기하였다. 그러고는 팔로 아동을 부드럽게 감싸 안은 채 Peg는 놀이영역으로 이동하기 시작하였다.

놀이 영역은 빨간색의 작은 카펫으로 구분되어 있다. 나무로 된 작은 정글짐과 나무 골조로 된 큰 통을 제외하면 대부분의 장난감은 장난감장에 있다. Foster는 양발을 차례로 흔들고 한 손을 다른 손에 찌르며, 쉰 목소리를 내면서 놀이 영역 밖으로 나가 이리저리 다니기 시작하였다. 내가 그의 이름을 불렀지만 듣는 것 같지 않았다. 그래서 나는 다가가서 손을 그의 등에 올리고 '놀이시간에는 카펫 위에서 노는 거야.' 라고 말하면서 그가 놀이 영역에 돌아가도록 부드럽게 이끌었다. 정글짐 근처를 지날 때 '너는 올라갈 수 있어.' 라고 말하면서 나는 그가 손으로 그것을 만질 수 있도록 손을 당겨 주었다, 그는 오르기 시작하였다.

Peg는 마침내 Emily를 장난감장 쪽으로 이동시켰고, 장을 열도록 Emily를 격려하였다. 몇 번의 시도에서 성공하지 못 한 뒤, Peg는 아동의 불안정하게 흔들리는 손을 손잡이에 얹고 함께 잡아당겼다. Emily가 인형을 보고 좋아서 비명을 지르고 흔들거리며 팔을 뻗어 보지만 인형에 닿지는 않았다. Peg는 그 인형을 Emily 가까이 가지고 와서 말했다. '인형, 이것은 인형이야.' 마침내 Emily는 인형에 손을 뻗었고 Peg는 '인형이라고 말해 봐, Emily야.' 하였다. 몇 번 반복한 후 Emily가 '이넝' 이라고 말하는 즉시 Peg는 그녀에게 인형을 주고 안아 주며 말했다. 'Emily가 인형을 가지고 있네.'

Carla는 벽을 응시한 채 마루에 앉아 있다. 나는 다가가서 등을 문지르면서 강조하듯이 그녀의 이름을 불렀다. 그녀는 여전히 나의 말을 듣지 않는 것 같아서 그녀의 얼굴에 바람을 후 하고 불었다. 그녀는 깜짝 놀라서 나를 쳐다보았다. 나는 다시 그녀의 이름을 불렀다. 그리고는 '놀이 시간이다.' 라고 말하였다. 나는 보풀이 있는 흰 공을 그녀의 손에 놓고 속삭였다.

'이것은 공이야. 부드럽게 느껴져.' 그녀는 공을 문지르기 시작하고, 그것을 주위에 굴려 보기 시작하였다.

Donald는 눈을 반쯤 뜬 채 텔레비전 광고의 일부를 반복하면서 자기 몸 이외의 어떠한 것도 망각한 채 마루에 누워 있었다. 나는 즉시 'Donald야, 일어나 앉아서 이 통을 봐.' 라고 하면서 그것을 중단시켰다. 나는 그를 격려하고 그 행동을 하지 않게 하기 위해서 그의 손을 잡았다. 일단 앉은 후 그는 나를 의식하기는 하였지만 장난감에 반응하기 위해서는 동기화되어야 했다. 'Donald야, 이 통 안에서 놀고 싶니?' 그는 고개를 끄덕였다. '나한테 말로 해 봐.' 라고 했더니 그때서야 '나는 통 안에서 놀고 싶어요.' 하고 말했다. 그리고 장난감 쪽으로 움직였다. 나는 여름 프로그램 내내 그가 '나는~' 을 사용하여 자신을 표현하는 것을 도왔다. 그가 정확한 발음을 할 때까지 그가 원하는 것을 주지 않거나 원하는 것을 하도록 허락하지 않았다. 그가 그렇게 말할 수 있다는 것을 알았기 때문이었다. 그가 말할 수 없는 것에 대해서는 필요한 단어를 그에게 제시해 주었다.

수 있지만 새로운 행동에 일반화시키는 데는 어려움을 보인다. 또한 어떤 아동은 모방할 능력을 전혀 가지고 있지 않고 보조교사가 그 활동의 동작을 함께 하여 움직이도록 해 주어야 한다.

소풍가기: 1단계의 한 단원

하루 또는 일주일 동안의 활동을 통합하기 위해 하나의 내용 주제를 어떻게 다룰 수 있는지를 설명하고자 '소풍' 단원에서의 활동을 요약해 보았다. 간단하게 각 활동에서 가장 주목해야 할 교육과정의 초점도 제시하였다. 그것을 통해 각 활동의 교수목표로 사용될 수 있는 사회-정서적 지표(이 장의 앞부분에서 언급된)를 발견할 수 있을 것이다.

활동영역에서의 놀이 이 시간에 아동은 행동에 목적이 있는 한 자료 및 교사와 자유롭게 상호작용하도록 격려받는다. 상호작용이 일어나지 않으면 교사는 모델을 제시하거나, 자료의 감각적 매력으로써 아동을 유인하거나, 자료 사용방법을 보여 주어서 마음을 움직이거나 또는 언어적 재지시를 통하여 상호작용을 돕는다.

소풍 주제를 다루는 놀이시간에 교사는 활동영역에 바구니, 식탁보, 냅킨, 부엌도구, 음식용기, 접시, 플라스틱 음식과 같은 소풍과 관계된 자료들을 둔다. 이 자료들은 새로운 것으로 농구공, 훌라후프, 적목, 악기, 현금등록기, 장난감돈, 잡지, 퍼즐, 흔들의자, 전축, 레코드와 같은 친숙한 자료에 추가해 준다. 목적 있는 만족스러운 놀이가 일어나도록 하려면 성인은 아동만큼 바빠진다. 행동, 의사소통 및 사회화기술이 이 시간 동안 강조된다.

인사시간 이 첫 구조화된 활동은 아동이 지정된 영역에서 자신을 조직하는 것을 돕고 자신과 집단의 다른 아동에 대한 인식을 발달시키는 데 사용된다. 이 시간에는 아동의 이름을 부르며 인사하고 서로를 쳐다보고 악수하면서 서로 반기도록 격려한다(프로그램에 따라 아동이 놀이 영역에서 목적 있는 행동을 하기 위해 자신을 조직할 때 부가적인 도움이 필요하다면 인사 시간을 놀이 시간 전에 배치한다.).

이번 주에는 매일의 인사 시간을 위해서 크고 단순한 소풍장면을 벽에 붙여 둔다. 교사는 거울과 각 아동의 사진을 담은 상자를 가져온다. 교사는 아동이 거울 속의 자신을 볼 때 이름을 부르면서 인사한다. 그런 후 한 명씩 각 아동의 사진을 들고 '이 친구는 누구니?' 하고 묻는다. 작은 소리로 '나예요' 하거나 제스처와 함께 아주 미미한 반응으로라도 적절하게 대답하도록 아동을 격려한다. 보조교사의 도움을 받아 아동은 자신의 사진을 들고 와서 소풍장면 위에 놓는다. 의사소통과 사회화기술은 이 활동의 초점이다.

작업시간 아동은 일반적으로 테이블에 집단과 함께 앉아 개별작업을 한다. 주요 강조점은 1단계의 학업(전)기술들을 발달시키는 것이다. 이 활동은 준비도 기술에 대한 각 아동의 IEP 목표에 맞춰 개별화된다. 가위, 간단한 퍼즐, 놀이상자(busy-boxes), 상자에 물건 넣기, 물건 또는 간단한 그림 맞추기, 식별과 분류 과제 및 소근육 활동 과제가 자료 및 활동이 된다. 개별 과제에 덧붙여 집단으로 같이 작업하기도 한다. 예를 들면, 색의 구별을 가르치기 위한 좋은 방법으로 테이블 중간에 적목을 많이 담은 큰 상자를 놓아 두고 아동이 빨간 적목과 파란 적목 등을 골라내게 하는 활동이 있다. 일단 아동이 바른 선택을 하고 나면 적목을 상자에 다시 담는다(두 번째의 작업시간은 필요하면 추가될 수 있다. 아래의 작업 시간을 보라.).

소풍 단원을 위해서 모든 아동은 소풍상자에 준비된 개별 학업(전) 과제를 한다. 개별과제는 감각 운동과 준비도 기술의 목표에 맞춰 계획된다. 어떤 과제는 주제와 관계된 실물이나 간단한 그림을 사용하도록 고안된다(병따개 사용하기, 먹는 도구 분류하기, 냅킨 접기, 음식 그림 맞추기). 이 과제는 소풍 주제에 연관된 개념과 어휘를 더욱 강화시킨다.

운동시간 이 활동의 주요한 초점은 대근육기술, 공간에서의 신체감각, 모방기술 그리고 간단한 지시를 따르는 능력을 발달시키기 위한 연습이다. 운동시간에는 담요 타기, 리듬에 맞춰 간단한 신체 동작하기, 터널을 기어서 통과하기, 콩 주머니 위로 걷기 또는 뜨거운 여름날에 스프링클러를 통과해 달리기와 같은 활동을 할 수 있다(Goldman, 1981).

교실 또는 체육관의 다른 영역에서 소풍 식탁보는 수정된 낙하산 게임을 하는 데 사용될 수 있다. 교사가 '위로 아래로, 위로 아래로…' 하고 리드미컬한 노래를 부르는 동안 아동들은 식탁보의 가장자리를 잡고서 그것을 위아래로 움직인다. 다 함께 노래를 부르도록 아동들을 격려한다. 그들은 또한 식탁보의 '아래로' 들어가고, '위로' 올라간다. 여기에서는 행동, 학업(전)/인지, 사회화 및 의사소통기술을 강조한다.

이야기시간 이 시간은 사회화, 의사소통 및 학업(전)/인지를 촉진시키는 시간이다. 또한 성인과의 밀접한 접촉으로 풍부하게 양육받는 시간이다. 때로 개별 아동에게 요구되는 전략으로서 신체적 밀착과 접촉이 조심스럽게 계획되기도 하지만, 그 외의 시간에는 성인과 아동 간 관계의 자연스러운 부분이다.

1단계를 시작하는 아동에게는 이야기 시간에 책과 그림은 사용하지 않는다. 아동이 간단한 이야기를 하게 하거나 적극적으로 참여하도록 하기 위하여 인형, 차, 농장 동물, 손 인형, 장난감 접시 또는 풍선과 같이 조작적인 놀잇감이 사용된다. 이야기의 줄거리는 극히 간단한데 아기를 침대에 두기, 농장 동물을 울타리나 오두막 안에 두기 또는 손 인형을 사용하여 '안녕' 이라고 말하기, 가상요리놀이 또는 풍선 불어 날리기와 같은 주제가 활용된다. 1단계에서 앞서 가는 아동은 매우 간단한 그림에 반응은 하지만 이야기는 짧다. '봐— 고양이야. 고양이가 야옹해!' 교사가 제작한 이야기책이 1단계 아동의 반응을 불러일으키고 주의를 유지시키는 데 가장 효과적이다(Hendrick, 1981).

소풍 주제를 위해서, 교사는 식탁보(인사 시간을 위해 벽에 붙여둔 소풍 장면에서의 식탁보와 색이나 패턴이 같은 것), 소풍바구니, 컵, 빈 우유상자, 종이접시 및 장난감음식(음식 사진 또는 더 높은 동기유발을 위하여 소량의 실제 음식) 등을 사용한다. 다음 며칠 동안 교사는 소풍가는 것에 대해 이야기하고 그 이야기에 대하여 매우 간단한 역할놀이를 유도한다. 그 주의 후반에 교사는 소풍가는 아동들의 사진을 사용하여 자신이 제작한 간단한 책을 소개한다. 이는 이전의 이야기 시간에 놀이로 표현했던 같은 이야기를 반복하는 것이다. 이 활동에서 강조되는 것은 의사소통과 학업(전)/인지기술이다.

미술시간 미술 시간은 1단계 아동에게 반응과 주의집중을 고무시키는 즐거운 촉각 및 시각 자극을 특히 효과적으로 제공할 수 있는 시간이다. 손가락 그림, 향이 나는 매직펜, 접착스티커, 은박호일, 솜, 파스타요리에 쓰이는 색마카로니 등은 적절한 재료다. 동작이 정교하지 않기 때문에, 이 단계의 아동은 작은 종이 한 장과 같이 한정된 공간에만 작업을 제한시킬 수 없다. 대신에 테이블 전체를 집단전체의 작업영역으로 하여 전지 크기의 종이를 깔아 준다(Williams & Wood,1977).

화장실 가는 시간 자조기술을 발달시키는 시간이다. 배변하기, 지퍼 올리기, 단추 채우기 및 손씻기와 같은 중요한 기술을 배워야 한다. 활동을 완료하는 데 시간을 요하므로 자신의 차례를 기다리는 아동을 위해 다른 유용한 활동을 제공하는 것이 중요하다. 예를 들어, 한 교사가 자조기술을 감독하고 다른 교사는 놀이에 참여하여 활동영역에서 하던 놀이를 진행한다. 자조기술은 하루 동안 일어나는 자연스러운 사건들의 맥락 속에서 가르친다. 예를 들어 교실에 들어오고 나갈 때 재킷을 벗고 입는 것, 트램펄린을 타기 전에 신발을 벗는 것, 점심을 먹고 난 후 이를 닦는 것은 주요 교수기회다. 1단계 발달적 치료-발달적 교수의 자조기술의 목표는 한 과제를 능숙하게 성취하는 것보다 학습의 과정에 참여하는 것을 강조한다.

간식시간 간식시간은 음식 제공에 함축된 보살핌을 제공하는 시간이다. 그것은 또한 사회적 언어를 자극하는 중요한 시간이다. 아동은 간식을 받을 때 자신의 관심을 의사소통하도록 요구받는다. 어떤 아동은 반응으로서 눈으로 한 번 쓱 훑어볼 수 있지만 반면에 다른 아동은 자신의 욕구를 충족시키기 위해 단어를 사용한다. 개별화 교육프로그램은 각 아동에게 수용될 수 있는 실행의 수준을 구체화한다. 실행수준과 무관하게 모든 아동은 간식을 받는다. 먹는 것은 1단계를 시작하는 아동의 기본적인 행동 및 언어 과정이 작동되도록 동기화시키는 유일한 활동일 수 있다. 아동의 기술이 더욱 발달됨에 따라 이러한 유형의 활동에 할당되는 시간이 줄어든다(Bachrach, Mosley, Swindle, & Wood, 1978).

이번 주의 간식시간에는 소풍에 필요한 모든 것을 소풍바구니 속에 담아 둔다. 컵, 냅킨, 샌드위치, 종이접시 및 우유를 꺼낼 때 아동에게 그 이름을 말하도록 또는 각 물건에 대하여 묘사해 보도록 요구한다. 그런 후 강조된 의사소통목표를 행하면서 함께 먹는다.

바깥놀이 바깥놀이는 우선적으로 대근육기술의 발달에 기여하지만 사회, 언어 그리고 행동기술의 발달에도 분명한 효과가 있다. 공놀이, 자전거 또는 수레타기뿐만 아니라 잡기놀이, 흔들기, 미끄러지기, 오르기와 모래놀이는 효과적이다. 또한 날씨가 좋고 아동이 장면이동을 감당할 수 있는 준비가 되었을 때 몇 가지 실내활동을 바깥으로 가지고 나가는 것도 좋다. 음악의 리듬, 이야기 및 간식은 아동을 쉽게 전이시키고 새로운 장면에 대한 학습의 일반화를 준비시킨다(Paget & Stueck, 1981).

소풍을 위한 특별한 장소를 찾기 위해 아동들은 교사를 따라서 놀이장 주변을 걷는다. 교사는 소풍바구니를 들고 와서 함께 걷는 동안 각 아동에게 같이 들고 가도록 도움을 요청한다. 아동들은 걷는 중에 '산' 위로 오르고 아래로 내려오며(놀이장의 경사진 곳), '다리' 위로 오르고(평행봉), '터널' (놀이장에 있는 큰 시멘트하수관)과 '호수' (농구코트)도 통과한다. 소풍장소에 도착하여 교사가 바닥에 천을 펼쳐 놓고 휴식을 위해 모두 그 위에 앉는다. 의사소통, 학업(전)/인지기술이 이 활동 전체를 통하여 강조된다.

깜짝놀이시간 깜짝놀이시간은 모방기술을 가르치는 데, 즉 오래된 행동을 새롭게 적용하여 반복하기에 도움이 된다. 모방이 이 특별한 활동의 초점일지라도 많은 인지적 개념과 행동(신체 부분, 대근육 기술과 언어)도 가르칠 수 있다. 예를 들어 다양한 신체 부분 만지기, 점프하기, 사이먼 가라사대, 리더를 따라 해, 런던 다리, 비눗방울 불기, 색칠하기 등 실제로 거의 모든 1단계의 활동들은 교사가 자료, 행동 또는 언어사용의 모델을 제공하는 하나의 모방활동이 될 수 있다(Wood, Hendrick, & Gunn,1983).

소풍 단원을 다루기 위해서 매일의 깜짝놀이시간은 소풍 주제와 관계된 자조기술에 초점을 둔다. 어떤 날에는 아동의 샌드위치 요리기술을 정교화시키기 위해 이전 활동에서 사용된 미술재료의 경험을 활용한다. 샌드위치가 완성되었을 때 그것을 랩으로 싸고 포장해서 소풍 바구니에 넣어 본다. 행동기술이 이 활동의 초점이다(Newman & Romack, 1981).

다른 날에는 깜짝놀이시간에 춤을 포함시킨다. 간단한 춤과 리듬감 있는 동작은 다른 사람의 동작을 모방하고자 하는 동기를 제공한다. 춤과 동작은 상당한 시간 동안 아동의 주의를 사로잡는다. 걷기, 한발로 뛰기, 흔들기, 박수치기는 효과적인 리듬감 있는 동작이다. 저항적인 아동도 다른 사람이 아주 즐거워하는 것을 보면 보통 긴장을 풀고 반응한다. 혼란스럽고 정향성 없는(disoriented) 아동은 종종 스스로 적응하기 위해서 다른 사람의 동작을 모방한다. 이러한 활동은 대근육의 협응, 안수(eye-hand) 동작, 사회적 인식 그리고 신체 부분에 대한 지식에도 도움이 된다. 원활동은 춤추는 시간에 특별히 효과적이다. 특정 아동의 주위에 원을 만들어 춤추고 노래하는 것은 이런 유형의 활동의 하나로서 사회화의 한 예다. 어린 아동을 뽑아 각 아동들과 차례로 음악에 맞춰 춤을 추게 하는 것은 또 다른 즐거운 대안이다. 이것을 계획할 때 다른 아동들로 하여금 나란히 줄을 서서 춤을 추도록 지도하여 단순히 기다리도록 하지 않아야 한다(Puris, 1981).

작업시간 이것은 이 특별한 집단을 위한 두 번째 작업시간이다. 교사는 베이컨, 상치 및 토마토를 넣은 샌드위치를 만드는 절차를 설명하는 그림차트를 준비한다. 아동은 미리 잘라둔 각 재료의 모형을 받아서 샌드위치를 만들고 그것을 종이접시에 붙인다. 학업(전)/인지 그리고 행동기술이 강조된다.

음악시간 거의 모든 1단계의 목표는 음악적 경험을 통해서 배울 수 있다. 음악적 경험으로부터 얻는 사회화의 이점은 종종 간과되었지만 매우 중요하다. 아동은 음악활동에 함께 하면서 종종 처음으로 다른 아동을 인식하게 된다(Puris, 1981). 드럼, 딸랑이, 종 및 다른 리듬 밴드 악기들은 아동을 각성시키고 활동에 계속 참여하게 한다. 노래와 목소리는 기본적인 언어과정을 자극한다. 노래로 다음과 같은 1단계 의사소통의 지표가 실행될 수 있다.

- 다른 사람과 (같은) 목소리 내기
- 다른 사람을 모방하여 목소리 내기
- 다른 사람에 대한 반응으로 목소리 내기
- 유사언어(verbal approximation) 사용하기
- 단 단어와 그에 후속되는 단어(sequences) 사용하기
- 다른 사람으로부터 무언가를 얻기 위해 단어 사용하기

소풍 단원을 위해 2개의 음악활동을 특별히 계획한다. 첫 번째는 작은 조각의 음식이 담긴 소풍바구니를 활용한다. 아동들은 원으로 둘러 앉는다. 배경음악으로 인기 있는 테이프를 틀고, 교사는 아동들을 도와 원을 따라 바구니를 전달한다. 음악이 멈췄을 때 바구니를 쥐고 있는 아동이 바구니 안을 보고 음식의 이름을 말하며, 바구니에 손을 넣어서 어떤 것이나 꺼낼 수 있게 한다. '캠벨 수프' 노래의 곡조를 따라서 부르는 두 번째 활동은 그림의 이름을 대기 위해서 단어를 사용하는 데에 초점을 둔다. 다양한 음식 그림을 집어 올리는 동안 교사는 '음, 음, 좋아, 음, 음, 좋아, Sammy야, 무엇인지 나에게 말해 줘…. 음, 음, 좋아.' 하고 노래를 부른다. 장난감음식, 음식보관함 또는 실제 음식도 사용될 수 있다. 이 시간의 강조점은 의사소통과 사회화기술이다.

작별시간 하루의 활동을 마감하는 이 시간은 테이블에서 아동을 조직하는 시간이다. 각 아동이 다른 사람들로부터 개인적으로 작별인사를 받을 때 아동의 이름에 다시 초점이 모인다. 각 아동이 개별로 인사를 받는 작별노래는 특히 프로그램의 끝을 알리는 데 효과적이며, 다른 사람들이 1단계의 모든 즐거운 경험의 일부임을 다시 강조하게 된다(Williams & Wood, 1977).

테이블에 앉아 교사는 아동들이 그날의 활동을 간단하게 검토할 수 있도록 이끈다. 이때 의사소통기술이 강조된다. 소풍 주제가 한 주에 걸쳐 반복되면, 아동이 활동과 의미를 연결시킬 수 있도록 그림과 사물을 매 작별시간마다 다시 살펴본다. 그런 후 교사는 각 아동의 이름을 부르면서 작별하고 모두가 서로에게 다음과 비슷하게 반응하도록 격려한다.

'안녕, 내일 또 만나.'

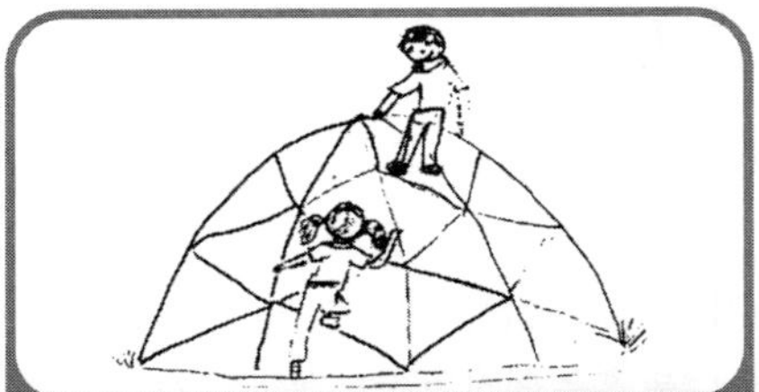

CHAPTER 9

단계 2: 환경에 성공적으로 반응하기

내가 되고자 하는 것이 바로 나다.

– E.H. Erikson, 1959/1980, p. 87 –

경험: 충분한 탐색과 학습

2단계는 아동이 제한된 기술을 확장하여 더 많은 성공을 경험하는 역동적인, 즉 충분한 탐색과 학습이 있는 시기다. 발달적 치료–발달적 교수의 2단계는 보통 2~5세까지의 사회–정서적 지표를 포함하고 있다. 2단계의 아동은 일반적으로 보육원, 어린이집, 유치원 혹은 헤드스타트에 다닌다. 아동은 교육과정을 통하여 새로운 방법으로 탐색하기, 말하기, 생각하기, 관련시키기, 놀이하기를 통해 성공을 경험한다. 성공적으로 정보를 조직하고, 일상에 참여하고, 새로운 환경을 탐색하는 기술을 학습하는 것과 스스로에 대해 새롭게 형성된 지각을 확인하기 위하여 다른 사람들을 시험해 보는 과정을 강조한다. 이러한 새로운 기술을 통해 성공을 경험하게 되고 자신감이 증가된다. 2단계에서 성공을 경험한 아동은 자기 자신을 믿기 시작하고 종종 다음과 같이 말한다.

'난 할 수 있어!'

2단계 아동에 대한 요약

프로그램 목적	환경에 성공적으로 반응하기
주된 관심사	성인을 기쁘게 만드는지 알아보기
동기화 가치	성인의 승인, 벌을 피하기, 인정과 칭찬을 추구하기
발달적 불안	부적절함; 성인으로부터 수용 혹은 인정을 받지 못하는 것
문제 접근방법	행동을 정당화하려는 희망과 욕구, 성인이 질서나 문제 해결에 책임이 있음.
권위의 근원	모든 힘 있는 성인, 초자연적인 힘(마술, 허구)
필요한 성인 유형	인정하는 성인, 문제해결 기술을 가지고, 학생을 존중하고, 성공을 보장하는 성인
효과적인 전략	개별적인 성취에 대한 격려와 칭찬, 긍정적 반응의 단어와 행동, 활동과 교재를 통한 동기화, 재방향 설정, 반응모델로서의 성인
교재교구, 활동, 내용 주제	움직임, 탐색과 상상, 선과 악의 대결, 가장, 동물, 건강한 아동, 아동을 존중하고 사랑하는 성인

2단계 아동의 주요한 관심사는 성인을 기쁘게 하는 것이다. 실제로 아동은 성인의 관심과 인정에 중요한 가치를 두는데, 이러한 동기는 행동의 대부분을 결정한다. 정서적인 안정, 안전 그리고 자신에 대해 좋은 감정을 느끼기 위하여 성인을 찾는다. 아동이 새로운 도전에 대처할 수 없거나 자기 주변을 둘러싼 환경에 만족스럽지 못한 반응을 할 때 성인의 도움이 필요하다. 2단계에서 성인의 격려, 성공적인 숙달 그리고 인정은 아동의 지속적인 사회-정서 발달을 촉진하는 데 중요한 요소다.

2단계를 시작하는 대부분의 아동은 자신감과 자아존중감이 거의 없고 인과관계에 대해 제한된 지각을 하며, 성인과 또래에게 비효율적으로 반응한다. 새로운 활동은 종종 불안과 저항을 유발하며, 무엇이든 친숙한 것에만 매달리는 경향이 있다. 충동적인 행동을 하는 것도 특징이며 좌절은 대부분 성인에게 표현된다. Kegan은 이러한 발달 단계를 "충동적인 자아" 라고 하였다(Kegan, 1982). 그러나 역설적으로 2단계 아동은 성인의 승인과 인정을 필요로 하며 자신들에게 가치 있는 성인은 문제를 해결하고 요구를 들어주는 전능한 사람으로 본다. 성인의 격려는 아동을 참여할 수 있게 동기화시키고 실수를 줄이며 혼란 대신에 질서를 가져온다. 그렇게 되면 2단계 아동은 사회, 정서적으로 성숙하게 된다.

비록 2단계 아동이 자신을 한 집단의 구성원으로 인식하지 못하지만 또래들과의 초보적인 집단 경험은 개별 목표를 성취하는 데 필수적이다. 아동은 가족 집단, 교회집단, 학교 집단과 놀이집단 등 다양한 집단의 구성원이 될 수 있다. 각각의 집단 내에서 성인들은 주도면밀하게 환경의 변화에 대한 아동의 감수성을 새롭고 성공적인 경험으로 이끌어 주어야 한다. 아동은 2단계 교육과정을 통해 성숙함에 따라 성인에게 덜 의존하게 되고 자신에 대한 좋은 느낌에 더 많이 의존하게 된다. 이러한 일들이 일어나는 동안 성인들은 성장의 작은 신호에도 민감해야 하며, 아동이 그들의 잠재력을 사용할 수 있도록 허용적이어야 한다.

장애가 있건 없건 간에 2단계 동안 아동은 환경에 성공적으로 기능할 수 있는 능력이 성숙함에 따라 주요한 발달적 도전에 직면하게 된다. 비록 말하기가 발달되었다 하더라도 의사소통 기술은 한정되어 있으므로 풍부한 의사소통 기회가 필요하다. 또 그들은 잠시도 쉬지 않고 움직이며 주의 집중시간이 짧고 덜 구조화되어 있기 때문에 활동과 탐색을 북돋아 주기 위한 교재교구와 활동은 복잡하지 않아야 한다. 2단계 동안에 성취해야 할 것들과 함께 국립 영아 임상프로그램 센터(National Center for Clinical Infant Programs)(1992)에서 제시한 다음과 같은 입학 준비를 위한 7가지 기초적인 정서가 매우 유용한데, 이것은 '학습방법에 관한 지식을 준비하는 것으로 1학년이 되기 위하여 2단계를 마치기 전에 발달시켜야만 하는 것들이다.

(1) 자신감
(2) 호기심
(3) 의도성
(4) 자기 조절
(5) 연관성
(6) 의사소통 능력
(7) 협동성

각 아동은 생활 연령, 이전 경험 그리고 주변의 일들을 극복하면서 서로 다른 방법으로 이 단계의 도전에 반응한다. 2~6세의 장애가 없는 아동은 상당히 예측 가능한 순서로 발달의 두 번째 지표를 획득하고 성공적인 학업 성취가 예견되는 1학년을 준비할 수 있을 것이다. 그러나 취약하거나 위험에 처한 아동이라면 2단계는 대체로 어려운 시기다. 아동은 종종 지속적인 발달에 영향을 미치는 것에 스트레스를 갖는다. 발달적 치료-발달적 교수 프로그램으로 혜택을 받을 수 있는 유아교육 프로그램에 2단계 아동들이 많이 다니고 있다. 많은 아동들이 '그렇게 어리석게 행동하지 마.' '넌 나쁜 아이구나.' '어쩜 그렇게 못하니(비열하니 혹은 나쁘니 혹은 아무것도 못하니?)?' 등의 말들을 계속적으로 들어왔다. 사회-정서적 유능감에 요구되는 기술들이 부족할수록 사람들로부터 이러한 말들을 더 듣게 되고 그러한 이야기를 들음으로써 자성 예언하게 되어 더욱 취약하게 된다. 2단계 프로그램은 그러한 부적절함에 대한 자기-패배적인 개념을 적절하고 성공적이며 존중받는 개인이라는 신념으로 방향 전환할 수 있도록 고안되었다.

초등학교 고학년 아동과 10대의 경우 정신병이나 우울증, 자폐 혹은 공격성 등의 심각한 문제를 가지지 않았다면 2단계 기술이 그다지 부족하지 않다. 심각한 문제를 가진 아동은 성공하는 경우가 거의 없는데, 성공하지 못하면 자신을 나쁘다고 생각한다. 그들은 종종 차고, 소리 지르고, 성인에 저항하고 파괴함으로써 의사소통한다. 때로는 느낌을 숨기거나 거의 말하지 않거나 다른 사람을 피하거나 또는 수동적으로 저항하면서 내부로 방향을 돌린다. 이것은 자신이나 자기 주변세계를 좋아하지 않는 아동이 보이는 반응이다. 그들을 위한 2단계 프로그램은 성공과 자아존중감에 초점을 맞추어서 부정적인 반응들로부터 벗어날 수 있는 기회를 제공한다.

2단계의 모든 아동이 명심해야 할 가장 중요한 목표는 충분하게 성공을 경험해야만 한다는 것이다. 성공의 경험 없이는 발달에 필수적인 자아존중감은 발달될 수 없다. 성공을 자주 경험하게 상황을 제공하는 것이 성인의 의무다. 이 장에서는 2단계에 있는 모든 아동에게 성공을 제공하기 위하여 발달적 치료-발달적 교수 접근법을 살펴볼 것이다. 사회-정서적으로 유능하게 되기 위해 2단계의 목적과 목표를 성취할 필요가 있는 또래보다 나이가 많은 장애아동뿐 아니라 유아를 위한 적용법에 대해 다음과 같은 4가지의 주제로 살펴보고자 한다.

- 사회-정서적 발달 과정
- 아동을 위한 목적 및 목표
- 아동의 욕구 충족 방법
- 목적 및 목표 달성을 위한 활동

사회-정서적 발달과정

2단계의 아동은 장애가 있거나 없거나 간에 이전 단계에서 성인이 제공한 안전함, 보호적인 애착과 의존성에서부터 벗어나서 2단계의 마지막 시기에 이르러서 심리적 주도성을 획득하게 된다. [그림 9-1]은 모든 유아와 사회, 정서, 행동 발달에 지체를 가진 학령기 아동의 발달에 필요한 주요 과정이 설명되어 있다.

2단계의 중요한 발달적 주제는 2가지다. (1) 물리적 탐색으로, 이를 통해 기술과 독립성을 증가시키고 의존성을 감소시킨다. (2) 성인의 승인과 관심에 대한 욕구로, 이것은 자신감을 이끌어 낸다. 2단계 아동은 의존적인 욕구를 만족시키기 위해 성인에게 의존하는 한편 독립적 욕구를 충족시키기 위한 성공적 탐색 방법을 배우게 된다.

영아기 아동이 1단계에서 2단계로의 심리적 통과 과정을 시작할 때 처음에는 변화가 희박하고 거의 지각되지 않는다. 걸음마기의 애착이 안전하고 만족스러울 때 그 성공적인 경험은 분리와 개별화를 조장하여 이미 애착이 형성된 성인들과 자유롭게 분리된다(Mahler, 1968/1967). 건강한 심리학적 분리는 성인에 대한 정서적인 의존성이 줄어들 때 점차적으로 나타난다. 그것은 아동 내면에서부터 일어나고, 독립적인 행동을 통하여 경험할 수 있는 기쁨과 성공감을 점점 더 인식하면서 점차적으로 일어난다(분리불안은 영아나 유아가 유의미한 존재인 부모가 떠날 때 슬픔을 보이는 것으로, 분리가 진행 중이나 완성되지 않았다는 신호다.).

이 역설적인 두 과정—성인의 보호와 약간의 성공적인 독립성—의 결합은 **개별화**를 낳는다(Bretherton, 1987; Mahler, 1968/1967). 개별화는 스스로를 다른 사람과 구별 짓는 과정이며 분리된 사람이 되는 것이다. 분리와 개별화는 자신의 정서적인 기억에 튼튼한 애착의 기초를 갖추고 있을 때 성공적이다. 이렇게 하여 애착의 편안함을 바탕으로 하여 대리로 주변을 탐색하기 시작하는 것이다. 이것은 의존성과 독립성 간 격돌이 시작되는 것으로 전 생애에 걸쳐 항상 변화된 형태로 지속된다.

분리와 개별화의 첫 번째 과정에 성공하면 걸음마기 아동은 자율성의 단계로 접어든다. Erikson은 자율성의 단계를 다음과 같이 설명하고 있다. "자율성이란 개인이 어떤 상황들에 숙달되고 성취를 위한 기초 실력을 갖추었다는 자아감이 발달되는 성격 발달의 단계다." (personal communication, February, 1985).

자율성을 발달시키기 위해서 2단계에 속하는 아동은 탐색과 자기주장을 한다. 비록 이러한 행동이 본질적으로 신체적인 것이라 하더라도 아동의 정신 발달은 결과적으로 빠르게 성

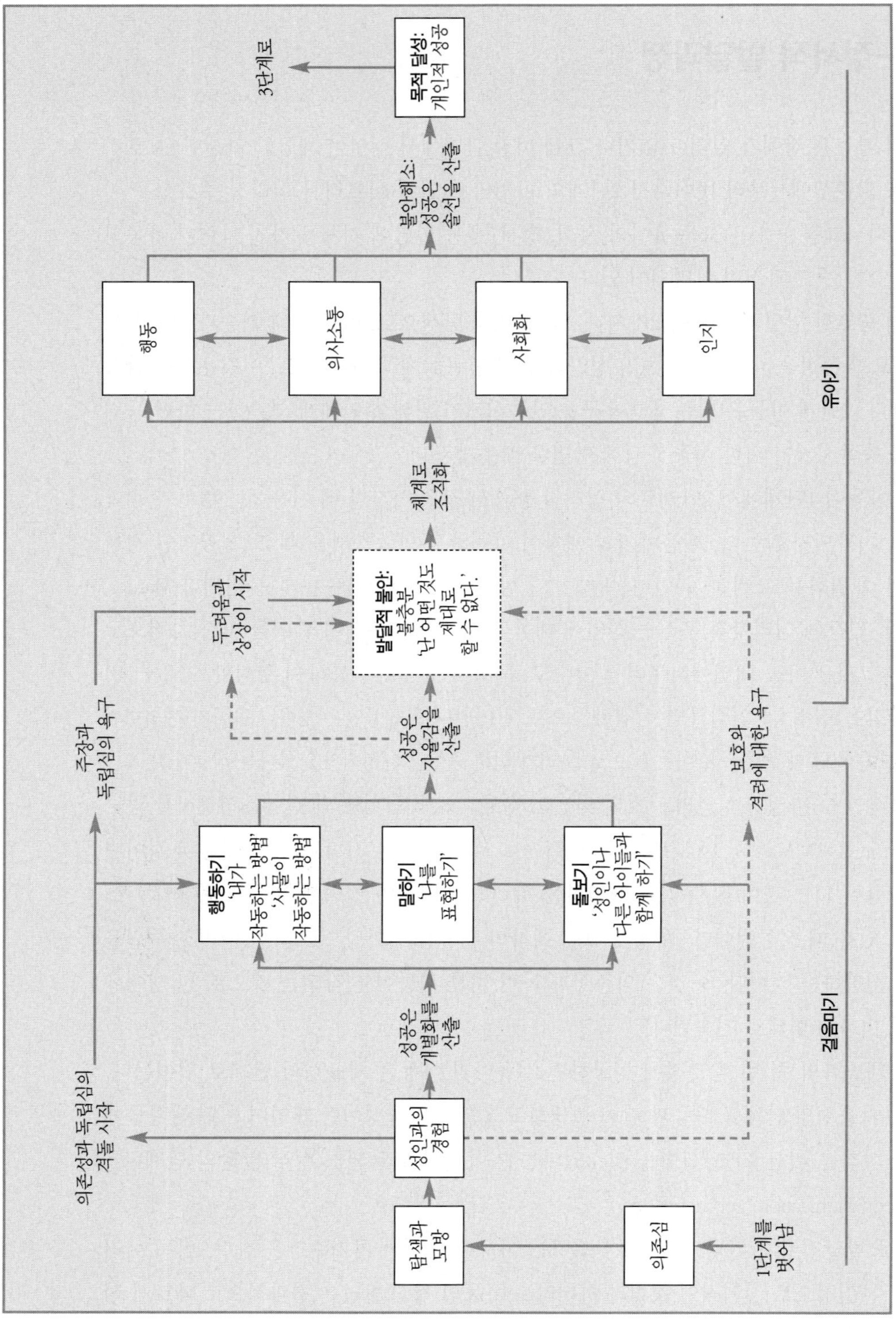

주: 점선은 내면생활(사고 및 감정)을 의미함.

[그림 9-1] 2단계의 사회-정서적 주요 발달과정

장하는 것이다. 사고와 기억은 그들의 탐색에 스며들어 성인에게 의존하는 법과 자신을 격려해 주는 성인을 신뢰하는 법을 배우게 한다. 행동하기, 말하기, 돌보기에서의 성공은 자율성—상황의 극복과 숙달에 대한 유능감—을 가져온다. 여기서는 각각의 발달적 과정이 발달적 치료-발달적 교수의 2단계 프로그램에 어떻게 통합될 수 있는지에 초점을 두고 이를 간단히 살펴볼 것이다.

사고를 위한 기초는 그 전 단계인 감각운동적 학습으로부터 형성된다. 초기 감각운동적 지각이 언어 획득과 기억을 통해 의미를 가질 때 사고는 기능화된다. 이 단계 초기에 사고를 위한 가장 중요한 기초 중의 하나인 대상영속성—사람과 사물이 시야에서 사라지더라도 기억 속에 존재한다는 개념—이 형성된다. 이 과정은 1단계에 시작되지만 걸음마기 아이가 눈앞에 없는 사람 혹은 사물을 기억할 수 있는 2단계 초기까지 지속된다. 사람이나 사물에 대한 시각적 추적에 관심을 보이며 사라진 것도 찾을 수 있다는 것을 믿는 1단계의 아동과 달리 2단계의 아동은 기억을 유지하고 있어 주변을 즉각적으로 탐색하지는 않는다. 인지와 기억은 명백히 구조화된 체계로 발달해 간다. 운동 기술을 통해 일어나는 모든 일을 탐색하고 경험하고 사고하게 되면서 기본적인 기억과 사고과정이 계속 급속하게 확장된다. 이러한 이유로 Piaget(1952)는 이러한 지적 발달의 시기를 감각운동적 학습의 단계로 설명했다. 아동은 확장된 사고와 언어기술로 이 발달단계에서 사회·정서적 유능감을 획득할 수 있는 기본적인 도구를 가지게 되는 것이다.

행동하기

2단계 아동은 대근육과 소근육을 통해 즉각적인 세계와 그 속의 많은 복잡한 사물을 탐색한다. 행동의 기술은 스스로에 대해 학습할 수 있는 도구를 제공하고 다른 사람들의 새로운 요구에 대처할 수 있는 장비를 제공한다. 충동 조절을 배우고 부모, 다른 사람 그리고 다른 아동과의 관계 속에서 자신을 인식한다(Mussen, Conger, Kagan, & Huston, 1990). 2단계 아동은 대근육 동작을 통해 자기 자신의 몸을 인식하고 자신을 표현한다. '내가 작동하는 법' 동작은 이 단계에서 대근육 경험의 가장 중요한 부분이다. 공간 속에서의 신체 움직임은 세련되고 성공을 위한 도구가 된다. 리듬감 있는 동작은 특히 매력적이다. 탐색과 리듬에 대한 경험을 통해 2단계 아동은 자신의 신체 느낌을 조직하면서 이것을 보고 듣고 맛본 것에 대한 느낌과 연결시킨다. 중요한 근육 협응 기술에는 던지기, 잡기, 공차기, 흔들기, 미끄러지기, 계단 오르내리기, 균형 잡기 그리고 세발자전거 또는 페달 달린 유모차를 타는 법에 대한 학습 등이 포함된다. 요약하면 신체 움직임과 대근육 활동은 성공적으로 환경을 탐색하는 효과적인 방법이다.

소근육은 2단계 초기의 아동이 '사물이 작동하는 법'을 탐색하는 데에 사용된다. 사회-인지적(기능적) 행동이 발달하고 있음을 보여 주는 많은 감각운동, 지각 그리고 조작적 활동이 있다. 사회-인지적 행동으로는 자조기술, 구슬 꿰기, 책장 넘기기, 6~8개의 블록 쌓기, 크레용으로 수직선과 수평선을 흉내 내어 그리기, 숟가락과 컵 사용하기, 그릇을 채우고 비우기, 옷 입기, 화장실 사용하기 및 손 씻기와 같은 행동이 있다. 2단계 동안 점차 나아지면서 아동의 소근육 기술은 점점 세련된다. 결국 원을 따라 그리고, 주먹이 아닌 손가락으로 크레용을 잡고, 유아용 가위로 자르거나 버튼을 풀 수 있게 된다. 이러한 모든 기술이 성공적일 때 독립성과 유능감이 더욱 커진다.

말하기

2단계 아동은 단어를 통하여 자신을 표현하고 환경에 영향을 주고자 한다. 기능적 단어의 학습과 기억은 경험을 설명하도록 도와주고 명령이나 의도를 표현하도록 해 준다. '나' 그리고 '내 것'은 이 단계의 전형적인 표현이다. 자아에 초점을 두는 이러한 표현은 자아-타당화의 시도다. 그들은 스스로가 누구이고 어떤 사람인지 정확하게 알아내려고 한다(Kagan, 1982).

2단계 아동은 말하기 목록에 단어를 빠르게 더해 가는 데 동사, 대명사, 부사, 형용사, 전치사, 소유격 그리고 복수형 등이다. 의사소통 기술이 증가하면서 자신을 설명하고 자신의 이름을 사용하는 이야기를 즐긴다. 한 번에 3~4개의 구를 사용해서 요구하고 설명하며, 욕구를 전달한다. 자신의 경험을 성인과 다른 아동에게 자연스럽게 말하고 자신과 다른 사람의 특징을 설명할 수 있다(Howes, Droege, & Phillipsen, 1992). 한 번에 몇 개의 지시, 특히 사물을 한곳에서 다른 곳으로 이동시키는 지시를 따를 수 있다. 사물의 사용법과 신체 부위의 명칭을 알고 그림의 세부적인 면을 볼 수 있으며, 그림과 관련해 특정 단어를 연결할 수 있고 종국에는 그림을 순서대로 놓을 수 있다.

돌보기

전형적인 2단계 아동에게 강조되는 것은 사랑, 안전감 및 승인을 제공하는 성인과 무언가를 하는 것이다. 2단계 아동이 즐기는 대부분의 활동은 가치 있는 성인—그들이 의지하고 있는—과 함께할 때 증진된다. 그들은 타인에 의해 돌봄을 받음으로써 다른 사람을 돌보는 것을 배운다(Lickona, 1985). 그들은 성인의 가장 단순한 반응 양식에서부터 복잡한 반응 양식까지 모방을 통해 배운다. 분노, 좌절, 공포 및 불확실성과 같은 감정표현을 모방하고 다른 사람과 상호작용하며 애정을 표현하고 돌보는 방법을 배운다.

2단계 동안에 아동은 점차적으로 다른 아동과 상호작용하게 되고, 이러한 사회화의 순서는 놀이에서 가장 명백하게 나타난다. 그들의 놀이는 단독놀이나 다른 아동과의 평행적 활동에서 시작된다. 자신감과 의사소통 기술이 늘어나고 사회화 기술이 증가하며 다른 아동과의 놀이와 사회적인 교환에서 많은 즐거움을 얻는다(Erikson, 1972; Guralnick, 1992; Parten, 1932: Piaget, 1951/1962). 그러나 2단계에서의 이러한 노력은 자신의 욕구에 집중되어 있고, 오로지 하나의 관점—자기 자신—을 가지고 있다(Selman, 1980).

공격적이고 자기주장을 하고자 하는 욕구

2단계 아동은 자신감을 가질수록, 스스로 탐색하고 자신을 주장하는 경향이 있다. 이러한 자기주장은 기본적으로는 가족을 향한 것이고 가끔은 다른 성인이나 또래를 향하기도 한다. 자기주장과 공격성의 초기 형태는 다른 사람을 물거나 음식을 거부하거나 성인을 무시하고 배변훈련을 거부하는 것으로 1단계 말기에 가끔 나타나는 행동이다. 자기주장은 종종 부정적인 말로 나타나고, 성인들은 부정적인 시기 혹은 미운 두 살 등으로 잘못 해석하기도 한다(때때로 미운 세 살로 이어진다.). 그러나 제한된 경계 내에서의 자기주장은 2단계 아동이 자신과 자신의 자율성을 가치 있게 느끼도록 하는 중요한 과정이다(Ilg, Ames, & Baker, 1981/1992).

자기주장과 의지가 성인이 명확히 정해 놓은 경계 내에 포함되고 수용 가능한 행동으로 방향이 전환될 때, 이 잠재된 부정적인 힘은 주도성과 성인으로부터의 바람직한 결과—승인과 애정—를 가져올 수 있는 행동으로 다듬어진다. 자기주장의 긍정적인 변환은 지속적인 건강한 사회-정서적 발달의 기초가 된다. 만약 이것이 잘 조절되지 못하면 자연적으로 출현하는 자기주장과 공격성은 미래의 갈등, 적대 행동 및 사회-정서적 미성숙의 근원이 된다(Anthony, 1976; Greenspan, 1992).

2단계 초반으로 다시 돌아가 생각해 보면 왜 아동이 저항을 하고 통제된 행동을 거부하는지를 쉽게 이해할 수 있다. 1단계에서 아동은 가까운 주변 성인들로부터 자신들이 요구하는 것을 획득하는 데 필요한 최소한의 기술이 발달하였다. Loevinger(1976)는 그들의 노력을 즉각적인 만족의 욕구—만족감의 제공자로 보이는 사람들에 대한—로 묘사하였다. 따라서 2단계에서 아동이 다음으로 해야 할 것은 새로운 상황에서 자신과 다른 사람을 통제하는 것을 배우는 것이다. 운동기술과 의사소통기술이 유능하기 때문에 이러한 도전을 받아들일 수 있다. 같은 이유로 성인은 때로 이러한 행동이 공격적이고 다루기 힘들다고 생각한다. 그러나 적절하게 표현되는 공격성은 종종 세련되지 못한 주도성의 표시이기도 하다.

발달적 불안

이 시기의 전형적인 발달적 불안은 아동에게 부과된 기대수준를 성취할 수 없을 것 같은 두려움을 느낄 때 나타난다. 부모나 다른 성인이 아동의 능력 이상의 수행기준을 세우고, 아동에게 그에 대한 성공 기대를 가질 때 이러한 불안이 발달한다. 아동의 행동은 다음의 메시지를 전달하기 시작한다.

'난 잘하는 것이 아무것도 없어.'

이 발달 단계에서 아동은 자신의 적절성에 대한 확신을 잃고 스트레스를 받게 될지도 모르는 많은 새로운 기대를 받게 된다. 예를 들어 다음과 같은 기대와 욕구에 반응해야 한다.

- 충동을 억제하는 수용 가능한 행동에 대한 성인의 기대
- 능숙한 수행에 대한 성인의 기대
- 가치 있는 성인에게 수용되고 싶은 자신의 욕구
- 탐색과 자기주장에 대한 자신의 욕구
- 감정을 통제하고 표현하기 위해 수용 가능한 방법을 찾고자 하는 자신의 욕구

더 나은 수행을 위한 압력이 늘어나고 자신의 자아-지각이 성장함에 따라 자신의 적절성에 대한 불안은 최고의 관심사가 된다. 모든 것에 대한 두려움과 환상은 정신적인 자각이 늘어난 결과로서 나타날 수 있다. 자신과 타인에 대한 좋음과 나쁨에 대해 기억하고 생각할 수 있다. 그들은 가장과 현실이 다른 것임을 이해하지만 두려움에서 자신을 분리하는 것은 아직 어렵다. 아동은 자신이 신뢰하는 강한 힘을 가진 양육적이고 유능한 성인에게 의존하는 법을 배우면서 점차 두려움과 불안에서 벗어나 위안을 찾는다. 이 단계의 많은 아동이 걱정과 두려움, 불안을 상상, 환상 그리고 가상적인 것을 통해 대리적으로 전이한다. 이러한 가

장의 형태는 다음과 같이 나타난다.

- 다른 사람을 비난함
- 사랑함
- 욕구를 표현함
- 악을 통제함
- 스스로를 만족시킴
- 불편한 감정을 표현함

상상, 환상 및 가장을 통해서 모든 끔찍한 가능성은 안전하게 생각될 수 있다. 가상의 친구와 여러 다른 환상은 그것이 사람, 동물, 영웅이든 또는 허구적인 인물이든 간에 개인적인 방법으로 2단계 아동의 정서적인 욕구를 대리적으로 만족시킨다. 2단계 아동의 두려움, 우려 및 문제는 자신을 넘어서는 강력한 힘에 의해 만족스럽게 해결될 수 있다. 이러한 우려를 극복하기 위하여 거부, 허구 및 환상이 사용된다. 마술은 믿을 만하며 다른 초자연적인 힘은 궁극적인 권위와 보호의 근원으로서 적법한 것이다. 피터 팬, 산타클로스, 요정, 미키 마우스, 바니 등과 같은 허구적인 인물은 2단계에 있는 아동의 욕구를 만족시키는 근원으로서 부모나 교사처럼 신뢰할 만한 것이다. 2단계에 머물고 있는 학령기 이후의 아동에게 두려움과 환상은 때때로 가상의 친구, 선과 악의 초자연적인 힘, 영웅 혹은 그들이 동경하는 가상의 사건들로 대치될 수 있다.

일상의 성공적이고 위안을 주는 경험과 성인과의 지지적인 관계를 통해서 아동은 안전하다는 믿음을 갖는다. 미지의 것으로부터 오는 공포와 두려움은 사라진다. 정신 능력은 어떤 일이 일어날지를 이해하고 예측하는 데 쓰인다. 자신을 성공적인 존재로 보기 시작하고 주변의 그러한 기대를 만족시킬 수 있다. 유아들이 이러한 지표를 성취했을 때 2단계의 사회-정서적 유능감을 획득한 것이다. 그들은 불안과 두려움을 극복할 수 있으며, 이런 일들이 점차적으로 일어나면서 세상은 안전한 곳이라는 희망을 갖는다.

발달 과정의 조직화

2단계 후반부 동안—대개 3~5세 사이—발달 체계들은 대부분 상호 의존적이면서도 독특한 경로로 조직화된다. 이때가 학령전 유치원 시기로서 학습에 초점이 주어지고 빠르게 학습이 증가하는 시기다. 행동 체계는 감각운동적 학습을 기능적인 사회적 행동으로 조직화하는 것으로서, 2단계 아동이 사물에 대한 통제와 타인에 대한 어느 정도의 영향력을 가지고 탐색하고 참여하고 주장하도록 하는 도구를 제공한다. 의사소통 체계는 단어를 사용하여 아동이 자신을 주장하는 더욱 복잡한 방법을 제공한다. '왜' 라는 물음으로써 2단계 아동은 주변을 둘러싼 세상에 대한 이해를 넓혀 나간다. 또한 합리적인 방법으로 다른 사람과 연결된 상호작용 방법을 발달시켜 나간다. 사회화 체계는 타인의 기대에 대한 자신의 이해, 가장 친한 친구, 또래 그리고 가족들로부터 인정을 받으며 상호작용하는 데 요구되는 기술을 증가시킨다. 인지 체계는 환경을 이해하고 새로운 사고를 기존의 개념에 연결시키려고 할 때 생기는 두려움을 해결하는 데 사용된다. 또한 범주화하고, 사건의 원인과 결과를 연결시키고, 공간개념을 발달시키고, 과거와 미래에 대한 한정된 개념을 형성하도록 해 준다. 이러한 4가지 체계가 성공적으로 발달하면 다음 발달단계에 준비된 유능하고 주도적인 아동이 된다.

아동을 위한 목적과 목표

목적: 환경에 성공적으로 반응하기

2단계에 있는 모든 연령의 아동을 위한 효율적인 프로그램은 간단히 요약하면 성공적인 참여를 위한 풍부한 기회를 제공하는 것이다. 2단계에서의 발달적 치료-발달적 교수 프로그램은 아동이 탐색하고, 창조하고 새로운 기술을 사용하도록 격려하면서 구조화, 일관성, 일상성, 예측 가능성을 제공한다. 각각의 경험은 주의 깊게 계획되고 사회-정서적 유능감과 책임감 있는 행동을 하는 데 요구되는 기술을 시험할 기회가 되어야 한다. 마지막 결과는 항상 만족스럽고 성공적이어야 한다. 2단계 경험은 아동이 자신을 성취할 능력이 있으며 타인의 기대를 만족시키는 존재로서 인식할 수 있는 것이어야 한다. 아동은 스스로 세상을 통제할 수 있고 성공할 수 있다는 자신감으로 2단계 프로그램을 완성해야 한다.

2단계 아동을 위한 전형적인 사회-정서적 지표는 발달적 치료-발달적 교수 프로그램에 일련의 목적과 목표를 제공한다. 아래의 주요 지표를 살펴보면서 우리는 4가지 교육과정 영역의 하위목적과 목표를 요약해 볼 것이다. 이러한 지표를 획득함에 따라 아동은 자율성을 성취하고 자신과 주변 세계에 대한 긍정적인 시각을 가지고 자신의 행동에 대한 책임을 생각하기 시작한다.

행동 지표

발달적 치료-발달적 교수에서 2단계의 행동 목적은 일상과 활동에 성공적으로 참여하는 것이다. 2단계에 돌입한 아동은 비록 성인의 재지시나 물리적 중재 없이는 항상 따를 수 없다 하더라도 따라야 할 일상이 있다는 것을 이전 단계에서 배웠다. 또한 그들은 단순한 언어적 지시를 따르는 능력이 있고, 단서가 있거나 경우에 따라 물리적 중재가 있으면 종종 성인의 행동을 모방한다. 2단계 동안 프로그램은 이러한 기술을 확고하게 하며 성인의 물리적인 중재 없이도 아동이 좀 더 완전하고 성공적으로 활동에 참여하도록 아동을 돕는다.

2단계를 시작하는 아동은 비록 처음에는 적절하게 장난감을 사용하는 방법을 모르지만 자신만의 장난감이나 기구를 사용하면서 흥미를 표현한다. 장난감을 적절하게 사용하는 것은 2단계의 첫 번째 행동 지표다. 동시에 아동이 이러한 기술 개발에 실패하거나 무관심 또는 정서적 욕구(저항, 도전, 가장과 현실 식별 불가능) 때문에 장난감을 부적절하게 사용할 수도 있는 점도 고려된다. 2단계 아동에 대한 판단은 장난감이나 도구사용 기술이 아닌 적절한 참여 여부로 이루어져야 함을 이해하는 것은 중요하다. 아동이 수용 가능한 방법으로 활동의 일부가 되도록 참여하는 것이 바로 성공이다. 전형적인 2단계의 아동은 어떤 영역에서도 기술이 거의 없기 때문이다. 이 단계에서는 효율성에 관심을 두지 않는다. 자발적인 참여를 위한 주도성을 유발하기 위해 자신감을 심어 주는 것이 우선시된다.

2단계를 시작하는 아동은 충동조절에 어려움이 있기 때문에 짧은 시간조차도 기다리기 힘들다. 이 지표는 주의집중 시간이나 참여를 증가시키기와 관련된 첫 번째 발달 단계다. 아동을 긴 시간 동안 기다리게 하는 것은 목표가 아니다. 그것보다는 성인의 언어적 지원이 있을 때 아동이 장난감이나 순서를 짧은 시간 동안 기다릴 수 있게 되는 것이 목표다. 2단계의 나머지 행동 지표는 성인의 물리적인 중재 없이 기다리기, 듣기, 지시 따르기 등의 참여에 초점을 맞춘다. 이 계열적 순서는 (1) 책상이나 의자에 앉아 있는 것과 같은 정적인 활동, (2) 덜 구조화된 물리적 움직임을 필요로 하는 활동, (3) 성인의 물리적인 중재 없이 모든 활동에 자발적으로 참여하는 것을 포함한다. 이러한 기본 순서의 습득에는 한 활동에서 다른 활동으로의 전이에서 독립적인 참여하기를 포함하고 있지는 않은데, 전이는 2단계 아동의 수준을 벗어난 자기-규제를 필요로 하기 때문이다. 2단계의 마지막 행동 지표는 부적절한 행동이나 통제의 실패 없이 성공적으로 참여하기 위해 칭찬을 받아들이는 능력이다. 이 마지막 지표는 자아존중감이 성장하고 있다는 것을 나타낸다. 아동이 계획된 활동에 성인의 물리적 보조나 중재 없이 자발적으로 참여할 때 2단계의 행동 지표를 달성하게 된다.

2단계 행동 지표

목적: 일상과 활동에 성공적으로 참여하기

적절한 장난감 사용하기
성인의 물리적 중재 없이 기다리기
중재 없이 앉아 있는 활동에 참여하기
중재 없이 운동 활동에 참여하기
중재 없이 언어적 및 신체적 활동에 자발적으로 참여하기
통제 상실이나 부적절한 행동 없이 칭찬이나 성공을 받아들이기

출처: Developmental Therapy Institute(1992).

의사소통 지표

2단계 동안의 의사소통 지표는 사회적 의사소통을 위한 기본적인 말하기 행동이다. 발달적 치료-발달적 교수에서 의사소통의 목표는 건설적인 방법으로 다른 사람에 영향을 주는 단어를 사용하는 것이다. 2단계에서 아동은 사물을 요청하고, 행동을 요구하고 자기를 주장하고 거부하며 정보를 진술함으로써 다른 사람과 성공적으로 상호작용하기 위한 도구로 단어를 사용하는 것을 학습한다.

이 계열적 순서에서 첫 번째 지표는 아동과 다른 사람(아동 혹은 성인) 간의 기본적인 상호작용적 언어다. 이 지표 기술은 말하고 싶어 하지 않는 아동(불확실성, 비안정성, 비신뢰성)과 말하는 것을 배우지 못한 아동에게 적용할 수 있다. 명심할 것은 지표가 같다 하더라도(말할 필요성) 목표를 성취하기 위한 전략은 각각의 아동마다 다르다. 이 지표에서는 상호작용을 하기 위한 말하기 행동의 발생 자체가 강조되는 것이며 그 내용이 정확하거나 긍정적일 필요는 없다.

2단계 초기 아동은 수용적인 어휘가 증가하면서 사회적 의미를 획득하는 능력이 늘어난다. 수용적인 어휘가 사회-정서 발달을 지속하는 데에 충분한가의 판단은 또래보다 수용 어휘가 2년 이상 지체되었는가의 여부로 이루어진다. 사회-정서 능력의 지속적인 발달에는 다른 사람이 사용하는 단어에 대한 기본적인 이해가 요구된다. 의사소통 지표의 나머지 순서는 다른 사람에 영향을 주기 위해 신체적 행동보다 일련의 단어를 사용하는 것에 초점

2단계 의사소통 지표

목적: 건설적인 방법으로 다른 사람에게 영향을 주는 언어 사용하기

적당한 단어로 질문하고 요청하기

타인이 사용한 단어에 대한 이해를 나타내기(수용적 어휘)

자발적으로 간단한 일련의 단어 사용하기

성인과 정보를 나누기 위하여 자발적으로 언어를 사용하기

자신과 타인에 대해 간단하고 이해 가능한 특징을 묘사하기

다른 아동과 정보를 나누기 위하여 자발적으로 언어를 사용하기

출처: Developmental Therapy Institute(1992).

을 둔다. 이러한 의사소통 기술은 다른 또래들보다는 성인과 자발적으로 정보를 공유하는 기술을 포함한다. 많은 유아들과 10대 문제아들은 성인과 이야기하는 것을 거부한다. 이들에게 이 지표는 꽤 획득하기 어려운 것으로 보인다. 소수의 아동은 반대 양상을 보인다. 즉, 성인과는 자발적으로 정보를 잘 공유하지만 다른 아동과 이야기하는 것이 어렵다고 생각하는 것이다. 모든 2단계 아동에게 똑같이 어려운 것은 자신과 다른 사람의 특징을 간단하게 설명하는 것이다. 대부분의 아동은 자신을 설명할 수 있기 전에 다른 사람의 특징을 설명하도록 배운다. 그러나 다른 아동과의 경험이 제한된 아동이나 자신에 대해서 성인들과 이야기할 경험이 많았던 아동에게서는 반대 현상이 종종 나타난다. 이러한 지표를 습득했다는 것은 사회적 이해의 발달과 대인 간 조망수용의 발달이 이루어졌음을 의미한다. 다른 아동과의 자발적인 사회적 의사소통은 2단계의 최종 의사소통 지표며 다음 단계의 준비기술을 완성한 것이다.

사회화 지표

2단계 사회화 영역의 교육과정 목적은 타인과의 활동에서 성공적으로 참여하는 것을 배우는 것이다. 성공적인 사회화를 촉진하기 위한 교육과정은 놀이, 의사소통 그리고 구조적, 비구조적 상황에서의 아동 간 상호작용에 초점을 둔다. 사회화 지표의 내용은 행동 영역의 내용과 병행된다. 행동 영역에 있어 강조점은 기대된 활동을 하는 것이고, 사회화 영역에서에서

2단계 사회화 지표

목적: 다른 사람과의 활동에 성공적으로 참여하기

자발적으로 상상놀이를 시도하기
성인의 신체적인 중재 없이 기다리기
또래에게 적절한 사회적 동작을 시도하기
성인이 요청하면 공유활동에 참여하기
또래와 상호작용적인 놀이에 참여하기
조직된 활동과 놀이 동안 독립적으로 또래와 협력하기

출처: Developmental Therapy Institute(1992).

는 다른 사람과 함께 참여하는 것으로, 특히 집단 활동에서 일대일의 상호작용을 하는 것이다. 사회화의 강조점은 아동으로 하여금 성공적인 집단의 구성원이 되는 데 필요한 사회적 기술을 강조하는 다음 단계를 준비되도록 하는 것이다.

2단계의 첫 번째 사회화 지표는 자발적인 상상놀이다. 이전 단계에서 아동은 장난감에 독립적으로 반응하는 것을 배웠는데 놀이의 질은 문제시되지 않았다. 그러나 2단계 동안 놀이는 점점 복잡해진다. 행동 영역의 초점은 단순히 의도적인 방법으로 장난감을 사용하는 것이었지만 사회화 영역에서는 놀이를 상상적으로 확장하는 능력에 초점을 두어, 종국에는 성인이나 다른 아동과 함께 상상놀이를 하는 데에 초점이 두어진다.

사회화 지표는 성인의 중재 없이 놀잇감, 시설물 또는 차례를 기다리는 능력에 초점이 맞추어진다. 이 지표는 가장 중요한 점으로, 자신 이외의 다른 아동도 요구가 있다는 사실을 알아야 한다는 것이다. 일단 이 지표가 성취되면 다른 아동과 사회적인 교환 주도하기, 성인이 요구할 때 장난감 공유하기, 성인이 구조화하지 않은 조직적인 놀이에 다른 아동과 함께 자발적으로 참여하기 및 성인이 조직한 놀이나 활동에 또래들과 독립적으로 협동하기와 같은 후속적인 지표를 빠르게 획득할 수 있다. 이러한 마지막 사회화 지표는 다음 단계에서 강조되는 집단 활동과 사회적 상호작용에 가교 역할을 할 것이다.

학업(전) /인지 지표

2단계에서의 학업(전)/인지 영역의 목적은 자조, 운동 협응, 언어 그리고 변별이나 계열화 및 셈하기의 정신과정과 관련된 활동에 참여하는 것이다. 교육과정에서 이 영역의 17개 지표는 이러한 주요 준비기술, 즉 자조, 언어 개념, 시각적 지각, 소근육과 대근육 협응 그리고 셈하기를 포함한다. 이러한 지표의 단계에는 아동의 급속한 지적 성장도 포함된다. 그러므로 각 아동을 위한 발달적 치료-발달적 교수 프로그램에는 각각의 주요 기술 영역에 대해 적어도 하나의 지표가 있다. 이 영역에서 각 아동을 위한 프로그램의 개별화는 매우 중요하다. 따라서 아동의 사고 기술과 현재의 성취도에 관한 정확한 사정은 필수적이다. 사정을 통해서 아동이 전에 획득한 것이 무엇이고 현재의 프로그램에 어떤 내용이 포함되어야 할지를 정확하게 알 수 있다. 우리는 이러한 지표 획득에 관한 아동의 파일을 작성하는 데 발달교육목표평가지(개정판)을 사용한다. 그러나 다른 학습(전) 준비도 검사와 발달검사도 동일한 정보를 제공할 수 있다.

이러한 지표는 점진적인 숙달을 위해 보다 작은 단계로 위계화되어야 한다. 작은 연속된 단계는 각 개인의 독특한 학습 양식, 강점, 기술 그리고 흥미에 따라 프로그램을 조정할 수 있는 기회를 제공한다. 이러한 이유로 교육과정은 더 작은 단계에 대하여 구체화하지 않으며, 대신에 각 아동의 프로그램에서 한 지표의 숙달을 위해 연속된 단계를 제공하는 방법에 최대한의 융통성을 부여하도록 하고 있다.

2단계 교육과정의 학업(전)/인지를 위한 지표는 많은 발달심리학자들과 준비도 및 성취도 검사 그리고 유아교육학자에 의해 문서화된 연령에 따른 관련 수행에 부합하도록 구성되어 있다. 지표는 자아중심적이고 전논리적 학습과 관련된 기본 사고 기술을 포함하며, 운동 활동과 교재교구조작을 통해 점점 더 많은 이해, 기억, 의사결정, 문제해결, 창의적인 사고를 제공한다. 사고하는 기술은 서로 다른 정보원을 통해 육성될 수 있다는 것을 깨달음으로써 구어, 사물, 그림, 편지, 수 및 모양 등의 사용이 나타나게 된다. 이 지표는 몇 가지의 잘 설정된 연령 관련 기준을 사용한다. 이것은 3세 수준의 대근육과 소근육 발달을 포함하고 5세 수준의 눈 손 협응, 신체 협응, 기억 기술을 포함한다. 대응, 분류, 및 계열화, 귀결이 요구되는 유사점, 차이점 및 미세한 점에 관한 시각적 변별을 위해 기술들이 점점 더 복잡하게 서로 얽히게 된다.

정서적, 사회적, 행동적으로 2단계에 머물고 있는 학령기 이후의 아동을 지도하는 교사는 아동이 교육과정 중 학업(전)/인지영역에서 2단계를 넘는 성취를 보일 때 어떤 계획을 세울

2단계 학업(전)/인지 지표

목적: 자조, 운동 협응, 언어 그리고 변별, 계열화, 셈하기 등의 정신적 과정과 관련된 활동에 참여하기

익숙한 사물에 대한 사용을 인식하기
3세 수준에서 단순 신체협응 활동 수행하기
동일한 그림 대응하기
3세 수준에서 소근육 협응 활동 수행하기
서로 같거나 다른 사물을 인식하기
단순한 반대의 개념을 이해하기
같은 특징을 가졌으나 서로 다른 그림들을 분류하기
일대일 대응하여 4까지 세기
색과 모양을 변별하기
같거나 다른 그림을 찾기 위해 언어적 지시의 전환에 반응하기
일대일 대응하여 10까지 세기
5세 수준에서 눈과 손의 협응 활동 수행하기
숫자, 도안 및 대문자를 변별하기
5세 수준에서 신체 협응 활동 수행하기
세지 않고 5개 사물로 구성된 집단 인식하기
5세 수준의 단순 암기 기술을 보이기
이야기가 되도록 3개의 단순한 그림을 늘어놓기

출처: Developmental Therapy Institute(1992).

지에 관심을 가져야 한다. 다음에서 설명되는 활동의 예는 2단계 프로그램에 참여하고 있는 2단계 후기 아동을 위해서 학업관련 작업 시간을 어떻게 할당할 수 있는지를 설명하고 있다. 반대의 현상으로 사회-정서 발달은 3단계나 혹은 그 이상이지만 2단계의 학업(전) 기술이 필요한 학습 장애를 가진 2단계 후기 아동을 위한 대처가 필요할 수도 있다. 10장과 11장은 이러한 적응의 예를 보여 준다.

학업(전)/인지를 위한 2단계의 지표 기술이 획득되었을 때 아동은 충만감을 가지게 된다. 즉, 자신감을 보여 주고 성공적으로 학교 공부를 할 수 있다는 것을 믿기 시작한다. 사고 기

술의 든든한 기초가 있다면 다음 발달단계의 읽기, 쓰기, 언어 그리고 수학적 프로그램에 준비된 것이다.

아동의 욕구 충족방법

성공은 2단계 프로그램의 효율성을 위한 도약판이다. 2단계에서의 발달적 치료-발달적 교수 프로그램은 충분한 성공 경험을 제공하며 실패나 경쟁이 없는 환경과 교육과정을 제공한다. 이를 위해 활동은 성공적인 개별 참여가 가능하도록 대체로 소집단으로 계획되어야 한다. 왜 2단계 아동의 사회-정서적 발달에 성공이 그렇게 중요한가? 왜냐하면 성공이 자신감에 필수적이기 때문이다. 2단계는 모든 아동이 다른 사람, 특히 성인의 관점에 맞는 자아감에 대한 대부분의 징후를 경험하는 발달 시기다.

성공은 정의 내리기가 어렵고 실행하기는 더욱 어렵다. 프로그램은 활동, 탐색 그리고 성공에 대한 아동의 발달적 요구와 그것을 성취하기 위한 그들의 한정된 기술과의 균형을 유지해야 한다. 2단계에서 성공은 매일의 모든 활동에서 중요한 부분이다. 조심스럽게 계획하고 아동의 반응을 기다리고, 아동이 가치를 두는 것을 이해하고 성취감을 맛볼 수 있는 방법으로 안내하도록 한다.

성공의 이면에는 한 아동의 성공이 다른 아동의 실패가 될 수 있는 가능성이 숨어 있다. 이것은 2단계 프로그램에서 있어서는 안 되는 일이므로 개인 혹은 집단 간에 경쟁을 유발하는 장난감이나 활동을 피해야 한다. 2단계 아동은 타인의 실패를 전제로 하지 않는 자신의 충만감을 발달시켜야 한다.

아마 2단계 아동의 대부분의 중요한 특징은 성인과 다른 아동에 대한 제한된 시각일 것이다. 아동은 모든 것에 대해 성인에게 책임이 있다고 믿으며, 다른 아동을 독특한 개인으로 보는 일은 거의 드물다. 다른 사람의 행동이 자신의 행동의 결과로 나타난다는 것을 알지 못한다. 그들의 행동은 자기 자신의 욕구에 의해서만 나타나고 자신의 행동에 책임이 있다는 것을 알지 못한다. 이러한 좁은 시각은 종종 실수와 실패를 초래하는데, 자신을 타인과의 마찰 및 갈등의 요소가 되게 하는 것이다. 문제는 성인들에 의해서 해결된다고 생각하지만 주요한 관심사는 성인의 환호와 인정을 받는 것이며 실패에 대한 벌을 피하는 것이다. 이러한 특징은 2단계 아동 중 일부가 성인의 특별한 도움 없이 다른 아동과 집단에서 성공적으로 지내는 데 어려움을 갖는 이유다.

그러한 제한된 기술을 가지고 있을 때 아동은 성공하기 위해서 성인의 상당한 안내와 격려에 의존하고 실패를 피하려 하며 종종 조직화, 구조 및 예측 가능한 것에 반응한다. 2단계 프로그램은 아동이 '난 이걸 할 수 있어.' 라고 스스로 믿을 수 있도록 환경을 제공해야 한다.

참여를 통한 성공

참여는 성공적인 프로그램의 핵심적 요점이므로, 2단계 아동에 대해 만들어진 기대와 규칙은 모든 개인이 집단에 참여해서 성공하는 데에 초점이 맞추어진다. 2단계 집단은 3가지 규칙이 필요하다.

(1) 참여한다.
(2) 성인이 말하는 것을 한다.
(3) 다른 사람이 좋게 느끼도록 한다.

이러한 기대는 2단계의 모든 아동을 위한 프로그램에서 일어날 수 있는 다양한 상황에 대하여 포괄적으로 적용되는 것이다. 이 기대는 단순하고 기억하기 쉽고 아동이 쉽게 회상할 수 있다. 참여하고 지시를 따르면 성공적으로 할 수 있다는 것을 배울 때 다른 사람의 요구를 고려함으로써 성공할 수 있다는 것도 배울 수 있다.

몇몇 성인은 두 번째 규칙인 성인에게 복종하기에 의문을 가질 수 있다. 물론 사회에는 어린이를 학대하는 성인도 있다는 것을 알지만, 2단계 아동의 기본적인 정서적인 욕구는 성인을 믿는 것이라는 점을 알아야 한다. 성공적인 참여를 할 수 있도록 아동을 격려하고 안내할 성인이 필요하다. 따라서 2단계 아동의 성공에 대한 부담은 전적으로 모든 아동을 성공적으로 참여시킬 수 있는 성인의 기술에 있다. 이를 위해서 아동 역시 자신의 무엇을 쏟아야 한다. 아동은 기대를 알고 성공적으로 그것을 성취할 수 있다고 믿을 때 완전히 그리고 자유롭게 참여할 수 있다. 이것이 아동이 생각하는 성공적인 참여의 핵심이다. 그 메시지는 '내가 할 수 있다는 것을 보세요.' 다.

환경구성과 활동의 구조화를 통한 성공

2단계 아동의 프로그램에서 교실 구성과 각 활동의 구조화는 성공적인 참여를 기대할 수 있는 지표이다. 교실은 클 필요는 없지만 주의 깊게 구성되어 있어야 한다. 잘 구성된 교실은 아동이 스스로를 체계화할 수 있게 한다. 개인 책상은 신체적으로 움직이고, 탐색하고 사회적 상호작용 기술을 학습하고자 하는 아동의 욕구에 맞지 않기 때문에 개인 책상보다는 작업 탁자와 의자가 좋다. 모든 활동들을 위해 교실에는 지정된 장소가 필요하다. 행동 통제가 더 필요한 활동을 위해서는 일정한 장소의 바닥에 테이프로 표시하거나 부분 카펫으로 활동의 경계를 표시할 수도 있다.

일상 활동을 위한 스케줄은 아동이 쉽게 볼 수 있도록 준비한다. 스케줄에 대한 그림 단서와 명확한 문자는 아동으로 하여금 활동의 순서를 알고 기억하게 해 준다. 개인용품은 아동이 혼자서도 손에 넣을 수 있도록 아동의 손이 닿는 곳에 놓아둔다. 자주 사용되는 연필, 가위, 크레용 같은 용품은 구분된 상자에 정렬한다. 2단계 집단활동의 초기에는 각 아동이 개별화된 장난감 상자를 가지지만 필요할 때는 이를 분배할 수 있다. 그러나 자료의 공유는 아동이 다른 아동과 함께 협동적인 활동에 참여할 준비가 되었을 때 이루어져야 한다. 또한 게임, 장난감은 아동이 필요할 때까지는 시야 밖의 캐비닛 안에 보관한다. 이러한 규칙 있는 통제로 아동이 주의집중을 해야 할 때 혼란과 과잉자극을 피할 수 있도록 한다. 다른 아동과 성공적으로 지내는 능력이 증가함에 따라 교재교구 사용에 대한 성인의 통제는 줄어들고 아동은 다른 아동과 함께 독립적으로 활동과 교재교구를 탐색할 수 있도록 격려를 받는다.

아동이 만든 것을 전시하는 것도 주의 깊게 고려해야 하며, 다른 아동의 것과 비교하거나 비판하지 않아야 한다. 지나치게 오랫동안 전시하면 아동의 흥미를 끌지 못하며 지나치게 많이 전시하는 것도 관심을 끌지 못한다. 2단계의 어떤 아동은 방 주변의 시각적 자료에 관심이 없다. 작업, 미술작품 및 교수 도구의 예나 다른 시각적 보조물이 항상 그들이 해낸 것에 대한 자신감을 만들거나 학습을 촉진하는 것은 아니다. 아동의 작품을 전시할 때 일반적으로 단순한 것이 더욱 효과적이라는 것을 알 수 있다. 주기적으로 전시물을 바꾸고 어떻게 전시할 것인가를 계획할 때 아동을 참여시키는 것이 좋다. 전시 작품은 아동이 전시하기를 바라는 것이어야 하며 전시를 싫어하는 것이어서는 안 된다. 전시된 작품은 깨끗이 정돈되어야 하고 치우기 전에 더럽혀지거나 너무 오래 걸어 두지 않아야 한다.

어떤 아동은 자신의 작업물을 파괴하는 습관이 있는데, 이것은 계속해서 실패를 경험하게 하므로 그대로 두어서는 안 된다. 만일 아동이 중간에 자신의 것을 부수거나 다른 아동의 작업물을 파괴하면 성인은 그것이 완성된 것처럼(아동이 파괴하기 전에)간주하고 작업을 칭찬하거나 중재한다. 그런 다음 보호를 위해 아동의 파일에 보관함으로써 아동이 만든 것은 성인에게 가치 있고 보호된다는 것을 보여 주면 아동은 이것을 깨닫고 '나는 가치 있는 뭔가를 했어.' 라는 느낌을 가지게 된다.

성인의 역할: 격려, 동기화, 문제해결

성인의 승인은 사회-정서적 발달의 2단계 아동을 동기화하는 데 중요한 자원이다. 성인의 기대에 맞추려는 책임감은 성인을 영향력 있는 사람이나 권위의 궁극적인 원천으로 생각하는 믿음에서 나온다. 이것은 아동의 시각에서 다음과 같이 해석할 수 있다.

'난 들은 대로 했으니 그들은 날 좋아할 거야.'

이러한 아동과 상호작용하는 성인의 책임은 아동으로 하여금 만족스럽고 매우 성공적인 방법으로 활동에 참여한다는 것을 확신시키는 것이다. 사회-정서적 발달이 2단계에 있는 아동에게는 그들이 유치원이나 초등학교 혹은 중학교에 다니든 간에 프로그램이 제공되어야 한다. 성인은 격려, 적절한 반응을 기대하기, 동기화, 성공을 반영하기 그리고 제한하기를 통해서 예측 가능한 기준점이 되어야 한다.

성인의 신중한 물리적 근접성과 개인적 주의 집중은 2단계를 시작하는 집단의 모든 아동이 활동에서 성공적인 참여를 성취하기 위해 필요한 것이다. 아동은 종종 반대의 결과를 가져오는 초기의 행동으로 돌아간다. 그럴 때 모든 아동이 수용 가능한 방법으로 참여하고, 퇴행적이거나 수용될 수 없는 행동을 하는 기회를 최소화하도록 재지시를 하는 것이 중요하다. 이를 성취하기 위한 적절한 조정은 2명의 성인이 지도자와 보조자로서 팀으로 일할 때 가능하다. 제7장에서 이러한 역할에 대해 설명하였다. 팀으로서 한 성인은 집단의 행동을 지휘하고 다른 성인은 참여에 대한 재지시가 필요한 아동에게 개별적인 주의를 준다.

2단계에서 진전을 위한 열쇠는 성인과 아동 간의 관계다. 이러한 관계는 발달적 관점에서 볼 때 단순한 것으로서 모든 아동은 성인이 돌보아 준다는 것을 학습해야만 한다. 2단계 아동은 성인이 승인하고 자신이 영향력 있다는 것(스스로 통제할 수 없는 사건에 압도당하는 것이 아니라)을 확신해야 한다. 2단계 아동이 좋은 일이 일어날 수 있도록 성인에게 의존하는 것은 자연스러운 일이다. 성인은 설득력이 있어야 하는데, 성공을 보장해야 하고 아동을 개인으로서 좋아한다는 느낌을 전달해야 한다. 이러한 관계를 달성하는 일은 쉽지 않은데, 이 시기 아동은 종종 미성숙하고 원초적이거나 예측할 수 없는 행동 형태로 성인을 시험하려 하기 때문이다. 성인은 성공의 순환을 고무시키는 데 사용될 수 있는 아동의 기술과 마찬가지로 이러한 아동의 정서적 욕구를 인식해야만 한다.

문제아동 및 위기아동을 다루는 성인의 과제는 두려움과 세상에 대한 아동의 절망적인 시각을 바꾸도록 돕는 것이다. 이것을 성취하기 위해서 성인은 아동이 자신감과 유능감을 갖도록 하며 세상은 만족스러운 장소라는 신념을 갖게 해야 한다. 격려를 통해서 아동은 점차 활동, 장난감, 다른 아동에 대해 성공적인 아동이 될 것이다. 이러한 면에서 사회-정서 발달을 위한 목적과 목표는 결국 성취될 것이며 아동은 좀 더 자발적이고, 성공적이며 자기-신뢰의 참여가 가능하게 될 것이다.

성공을 촉진하는 관리전략

성인은 아동과의 관계 형성을 위하여 다양한 전략을 사용하고 이것은 아동이 2단계에 성공할 수 있도록 돕는다. 주요한 전략들은 긍정적인 피드백과 칭찬, 높은 동기를 자극하는 자료의 이용, 활동의 구성을 위한 구조화, 긍정적인 언어적 지시, 느낌과 성공에 대한 지지적인 반영 및 긍정적인 반응 모델을 제공하기 위한 성인 팀 간의 언어적 상호작용 등이다. 다음은 흔히 사용되는 전략들이다.

긍정적 피드백과 칭찬	개별적인 참여를 위해
교재교구로써 동기화하기	비경쟁적, 성공적, 탐색적, 상상적인
구조화	분명한 기대, 쉽게 성취되는, 제한, 익숙하고 예측가능한 일상들
재지시	참여를 재동기화하는 성인의 언어적 단서
반영	긍정적인 참여와 성공을 반영하기
성인 간 언어적 상호작용	성인의 반응 모델
규칙	아동이 수용적인 방법으로 다른 아동과 함께 참여하게 되는 기대
교재교구의 통제	성인 관리의 점진적 감소
신체적 근접성과 접촉	눈 맞춤, 가까이 하기, 제한된 접촉
신체적 중재	통제가 안 되어 자신이나 타인을 해치는 것을 막기 위한 신체적 견제
집단에서 제외시키기	지속적인 참여를 위한 통제용 타임아웃

규칙은 주요한 관리전략 목록에 포함되지 않는데, 이 단계에서 행동을 지도하는 데에 중요한 초점이 아니기 때문이다. 즉, 성인의 권위가 기본적인 지침이다. 따라서 규칙은 간단하고 성공에 초점을 두고 성인의 권위를 반영한다. 다음은 2단계 아동에게 의사소통할 때 사용되는 규칙의 예다.

2단계 아동에 대한 기대(성공의 규칙)

- 지시 따르기
- 도움이 되기
- 타인에게 친절하기
- 최선을 다하기

이 시기의 아동은 자기 행동의 주요 규제자로서 성인의 권위에 복종한다. 아직까지 성인의 권위에 의문을 갖는(다음 단계에서 나타나는 존재적 위기를 겪는 동안 하는 것처럼) 정도에는 도달하지 못한다. 따라서 유아는 따라야 된다고 생각한다. 행동을 규제하는 가치는 성인에 의해 정의된 것으로 단순히 옳고 그름, 좋고 나쁨의 가치들이다. 유아가 이전에 심리적인 안전감을 주는 성인과 성공적인 관계를 경험하지 못했다면 그들의 행동은 종종 통제를 벗어날 것이다. 성인의 지시에 저항하고 제안을 받아들이지 않는다. 이러한 습관은 성인이 충분히 의존할 수 있을 만큼 신뢰할 수 있는지 또는 의존하게 해 주는지에 관련된 불확실성에 대한 반응이다(이 우려는 1단계의 불안, 즉 부모로부터의 심리적인 유기에 대한 공포로부터 미해결된 잔재일지도 모른다.). 아래의 가치(권위에 대한 태도)는 2단계 아동의 행동을 규제한다.

행동을 규제하는 가치들(권위에 대한 태도)

- '성인을 따라야 한다.'
- '성인은 여러 가지 일을 관리할 것이다.'
- '나는 성인이 나에게 하라고 한 것을 한다.'
- '좋은 사람을 따른다.'
- '나쁜 사람은 벌을 받게 마련이다.'
- '성인은 내가 나쁘면 벌을 준다.'

관리전략이 2명의 팀에 의해 온정적이면서도 확고한 태도로 2단계 프로그램에서 더욱 능숙하게 사용되면 집단에서 극도로 어려운 아동이 있을 때조차 문제없이 운영된다. 효율적인 성인은 모든 이러한 전략을 필요할 때 선택적으로 사용하여 각 아동의 성공적인 참여를 위한 프로그램의 목적에 도달한다. 성인의 어떤 역할이 요구되는지를 설명하기 위해 사회적 권력의 4가지 형태—강압, 호감, 조종, 전문성—를 생각해 볼 수 있다. 강압은 반드시 따라야 되는 권력을 가지고 있으며, 호감은 양육의 개인적인 질과 통하며, 조종은 성공이 필연적인 것이 되도록 환경을 구조화하도록 하는 것이며, 전문성은 아동이 문제 해결하는 것을 성인이 도울 수 있으며 보호할 수 있다는 메시지를 아동에게 전하는 것이다. 이것은 2단계 아동이 자신의 삶에서 중요한 성인으로부터 들을 필요가 있는 메시지들이다.

성공을 위한 활동과 교재교구

2단계 아동의 성공을 위한 주요 원천 중의 하나는 잘 선택된 활동과 교재교구다. 아동의 발달적, 정서적 욕구와 잘 매치될 때 활동과 교재교구는 다음과 같은 역할을 한다.

- 참여하려는 욕구를 자극한다.
- 정서적 기억에 저장된 불안과 두려움을 자극한다.
- 두려움과 불안에 대한 해결책을 제공한다.
- 성공감을 증가시킨다.
- 자신감을 확립한다.
- 성공적인 행동의 모델을 제공한다.
- 타인이 행동하는 방식에 대해 이해할 수 있게 한다.

개별적인 개별화 교육프로그램 장단기 교수목표를 촉진하는 교재교구와 활동을 선정할 때는 개인적인 흥미, 연령, 불안 그리고 신체적, 정신적 성숙을 고려하는 것이 중요하다. 각 아동의 독특한 특성은 활동선택과 고안에 영향을 준다. 다음은 2단계 프로그램의 적절한 교구와 활동을 선택하는 데에 유용한 것으로 밝혀진 지침들이다.

- 적극적인 탐색과 창의적인 상상을 격려하는 교재교구와 활동을 사용하라.
- 실패 없는 교구를 선택하라.
- 개인적인 기술과 흥미에 맞는 교재교구를 선택하라.
- 아동 간 상호작용을 촉진하는 활동을 고안하라.
- 아동의 일상경험을 반영하는 내용을 선정하라.
- 좋고 나쁨을 다루는 내용을 포함하되, 좋은 것이 더 많도록 하라.
- 각 아동의 두려움과 불안을 구체화하는 자료를 찾아라.
- 이러한 우려를 대리적으로 해결하는 내용을 고안하라.

2단계에서 사용되는 활동과 교재교구에 대해서는 1단계의 것보다 아동의 요구가 많다. 이전단계에서 아동은 반응하는 법을 배웠고, 지금 2단계에서의 활동과 교재교구에 대한 반응은 만족스러운 결과와 함께 성공의 느낌도 동반되어야 한다.

효율적인 교재교구와 활동은 재미있고 각성시키는 것이어야 하며, 그렇지 않고 아동이 집중하려고 노력해야 하는 것이어서는 안 된다. 그것에는 다른 사람의 문제해결 전략과 성공적인 행동을 모방할 수 있는 기회가 있어야 한다. 아동이 모방하는 사람은 또래, 부모, 교사, 허구의 인물 혹은 자신의 관심과 홍미를 구체화하는 성인일 수 있다. 그들의 우려와 불안을 자극하는 활동과 교재교구의 내용은 그들의 관심을 사로잡고 거의 매번 참여를 유발시킬 것이다. 더욱이 그 내용이 확신이 가는 해결책을 제공하면 아동을 만족시키고 성공감을 느끼게 하는 결과를 가져오게 될 것이다.

언어활동은 참여를 격려하는 데에 특히 효과적이다. 이야기하기, 극 놀이, 손 인형, 이야기책, 역할놀이, 가장 게임은 2단계 아동을 위한 언어 프로그램의 일반적인 부분이다. 창의적인 쓰기 활동을 위한 준비활동은 아동이 구어와 문장을 이용하여 그림이나 경험, 생각을 설명하도록 하는 데 특히 효과적이다. 자기표현을 위한 이러한 준비 기술은 2단계 아동이 계속적으로 탐색하고 성공하도록 하는 중요한 도구가 된다. 2단계에 머무르는 학령기 아동의 적절한 홍미에 맞추어 내용을 조정하면, 이러한 동일한 활동은 계속해서 매우 효율적인 활동이 된다.

상상력을 일으키고 아동의 참여를 동기화하는 내용은 일상적 행동과 각 기술들로 엮일 수 있다. 단일 주제가 한 주 내내 활동으로 사용되었을 때 그것은 체계 혹은 각 활동 속에서 일어나는 학습의 연결고리의 기능을 한다.

교구와 활동을 통한 아동의 성공적인 참여는 그 결과로서 만족감을 제공해야 한다. 만족감과 성공은 성인이 설정한 성공의 기대로부터 영향을 받는다. 성공에 대한 성인의 기대가 참여하는 아동의 능력, 만족의 기준에 일치되었을 때 선택된 교구와 활동은 효과적인 것이다. 아동은 스스로 참여를 통해 승인을 얻은 것으로 여기게 되고, 사회-정서적 성장은 계속된다. 학령기 아동과 유아 간에 비록 성공적인 교구와 활동에 있어 제시방법, 시각 양식 및 정교화 수준에서 서로 다를 수 있지만 2단계의 모든 아동을 위한 핵심적인 메시지는 동일하다.

'세상은 나쁜 것으로 가득하지만 극복할 수 있다. 좋은 일들이 일어나고……좋은 일들이 나에게 일어날 수 있다.'

목적 및 목표 달성을 위한 활동

여기에서는 2단계 아동을 고도로 동기화시키는 데에 효과적인 것으로 알려진 활동들을 간단하게 기술한다. 선택이 광범위하고 스케줄이 아동의 연령, 기술 그리고 욕구를 반영해야 하기 때문에 일상 프로그램의 범위를 일일이 열거하지는 않는다. 또한 프로그램의 시간 제약이 고려되어야 한다. 그러나 사회-정서적 발달을 위한 2단계 지표의 숙달에 아동을 준비시키기 위해 포함되어야 할 최소한의 활동은 놀이 시간, 이야기 시간, 간식 시간 그리고 학업전(준비도) 시간이다. 비록 4개의 활동영역에 대하여 이러한 명칭을 사용할 필요는 없다 하더라도 제공되는 활동들은 동일한 핵심 내용을 포함해야 한다. 그 활동들은 4개의 교육과정 영역—행동, 사회화, 의사소통, 학업(전)/인지—에 초점을 두는 다양한 기회를 제공한다. 그러나 대다수 2단계 프로그램은 전형적으로 매일 약 10개의 활동을 포함한 더욱 광범위한 기회를 제공한다. 다음 목록은 전형적 프로그램의 활동을 보여 준다. 별표(*)로 표시된 활동은 이 단계에서 항상 포함되어야 한다.

2단계 프로그램의 전형적인 활동

시작인사 시간
작업 시간(전학업 준비도)*
놀이 시간*
이야기 시간*
미술 시간
음악 시간
실외 놀이 시간(신체 기술)
간식 시간*
특별활동 시간
종료 시간

대략 시간의 25%는 특별히 개별적 활동을 위한 것이며 나머지 시간은 개별적으로 초점을 맞춘 집단 활동에 사용된다. 이 방식으로 각 아동은 다른 아동과 성공적으로 상호작용하기 위한 기술을 배우고 활동에 참여하는 많은 기회를 가진다. 마지막 약 10~15분간의 활동은 막 2단계를 시작하는 걸음마기 아이들과 발달이 지체된 학령기 아동을 위해 계획한다. 각 활동에 할당된 시간은 아동의 연령, 기술 그리고 참여 열의의 증가에 따라 점차적으로 증가된다. 활동을 위한 시간계획은 활동내용과 교재교구의 특성에 달려 있다. 어떤 활동과 교재교구는 아동의 주의와 참여를 다른 것보다 더 길게 유지시킨다.

2단계에 머물고 있는 학령기 아동을 위해 기본적 활동 프로그램을 수정할 때 보통 이와 같은 활동을 많이 포함한다. 그 활동들은 다른 단어와 흥미로 진술되지만 개별 욕구, 개별화 교육프로그램 목적, 시간 요구 그리고 신체적 기술에 맞게 수정된다. 다음은 유사한 활동 패턴을 따르지만 활동의 일반적 내용을 기술하는 데는 다른 단어를 사용한 2단계에 머물고 있는 학령기 아동을 위한 활동의 예가 있다.

2단계에 머물고 있는 학령기 아동을 위해 수정한 활동

일상 보고(인사 시간)
독서(작업 시간, 1부)
작문(작업 시간, 2부)
레크리에이션 또는 휴식 시간(놀이 시간)
문학(이야기나누기 시간)
예술과 그림학(미술 시간)
음악 시간(음악 시간)
체육(실외놀이-신체 기술)
휴식(간식 시간)
특별 활동(특별 시간)
옷 입기(종료 시간)

2가지 프로그램은 본질적으로 같다. 그러나 각 활동을 기술하기 위해 사용된 단어와 교육적 내용은 2단계에 머물고 있는 학령기 아동의 연령, 흥미 그리고 정신적 성숙을 반영하기 위해서 변경되었다. 또 다른 차이점은 2단계에 머물고 있는 학령기 아동을 위한 프로그램에서 개별 시간을 더 많이 포함한다는 것이다. 그들은 다른 사람들과의 상호작용이 요구되는 활동에 참여하는 빈도가 낮다. 전형적으로 '고독한' 이 아동은 프로그램의 초기에 개별 시간을 더 많이 필요로 하는 것 같다. 개별시간은 그들이 스스로를 조직화하고 활동시간에 초점을 맞추는 것을 가능하게 한다. 또한 개별 시간은 2단계에 머물고 있는 학령기 아동이 다른 사람에 의해 침해를 받았다고 생각할 때 그들의 반응을 조절하는 것을 배우도록 돕는다. 그러나 그들이 2단계 프로그램에서 성공을 경험하기 시작하면 개별시간에 대한 욕구는 점차 감소하게 된다. 다음 단계에서는 개별시간은 줄고 집단시간은 늘여서 계획된다.

2단계 아동을 위한 유아기 프로그램

다음은 발달적 치료-발달적 교수에서 2단계 프로그램이 필요한 대다수의 아동이 포함되는 유아기, 학령전 프로그램, 유치원 그리고 헤드스타트 프로그램에 초점을 맞춘 것이다. 그러나 초등 저학년과 특수교육 프로그램에 참여하고 있는 학령기이면서도 2단계에 머물고 있는 아동에게도 이 같은 활동들이 유익하다.

인사시간 이야기 나누기 시간으로도 불리는 인사 시간은 여러 가지 목적을 제공한다.

〈표 9-1〉 2단계 아동을 위한 내용주제의 예

자연 및 사회 과학 주제	
바다귀신 첫 번째 무지개 우리 고장 악어 거대한 제트기	곰 공룡 잊힌 개구리 테디 섬표류자들 슬픈 모충
문학 및 언어 예술 주제	
넬리왕 마술 콩줄기 해적 비밀 왕국 엘렌공주	다섯 요정들 땅 신령 기차 용과 보물 우는 어릿광대들 날으는 양탄자
음식, 건강, 신체 교육 주제	
재미로 하는 요리 신비한 냉장고 배고픈 아이 사과술	생체 공학 친구 슈퍼맨 과자귀신을 만나다 초콜릿 산으로의 도피 과자가 사라진 날

즉, 성인은 책임자로서의 심리적 통제감을 가지게 되고 집단의 모든 아동과 개별적인 접촉의 기회를 제공한다. 아동은 활동을 소개받고 참여하도록 동기화되며, 사회적 의사소통의 한 부분이 될 수 있도록 격려된다.

이 첫 5분간의 활동은 아동이 함께 탁자에 모여 진행한다. 항상 몇 가지 종류의 번호 부르기, '안녕' 혹은 각 아동의 출석 점검으로 시작한다. 어떤 교사는 2단계 초기 아동을 위해 매일 반복해서 '인사 노래'를 불러 아동이 모방하고 참여할 수 있게 한다. 때때로 '인사 시간'에는 날짜, 달력, 날씨에 대한 언급이 포함된다. 아동의 기억력이 증가함에 따라 교사는 그날 누가 오지 않았는지 기억하도록 물을 수 있다.

성인에게 반항하거나 이야기를 하지 않는 아동에게 '인사 시간'의 반응을 조장하기 위해 손 인형이 사용될 수도 있다. 손 인형은 아동이 곧 하게 될 활동에 대해 준비하게 할 수 있고, 다음 활동의 단계를 검토하거나 참여하도록 동기화할 수 있다. 손 인형은 교사의 질문에 대답함으로써 아동의 반응 모델이 될 수 있고, 또한 아동의 질문에 대답함으로써 교사가 될 수도 있다.

작업시간 (학업전 준비 기술을 위한) 인사 시간 이후에 2단계 아동과 교사는 아동의 연령, 그들의 주의집중 시간의 길이, 사고 기술 그리고 개별적인 개별화 교육프로그램 목표에 따라 작업 시간 또는 이야기 시간으로 이동한다. 이 시간은 생생하고 사고 기술을 자극하는 과제와 활동에 초점을 두기 때문에 종종 아침의 두 번째 활동이 된다. 각 아동은 이 활동에 사용된 개별 지필 과제의 자료를 보관하는 폴더 혹은 '작업 상자'를 가진다. 연습장을 사용하는 경우 교사가 그것을 만들 수도 있는데, 각 아동의 전 학업적 목표를 직접 겨냥하여 개별적으로 고안한다.

발달적 치료-발달적 교수의 학업(전)/인지 영역의 구체적인 지표를 획득하는 데 사용될 수 있는 준비도 활동을 포함한 많은 상업적인 유아교육과정 자료가 있다. 많은 상업적 전자설비가 또한 각 아동의 학업(전) 프로그램을 개별화하는 데 도움을 줄 수 있다. 컴퓨터 프로그램도 효과적이다. 또한 학업(전) 작업 시간동안 몇몇의 아동에게 도움이 되는 대안적인 의사소통 장치들이 있다. 아동이 독립적으로 탁자에서 컴퓨터 혹은 다른 전기 설비를 가지로 개별과제를 할 동안 성인은 필요한 개별화된 학업(전) 교수를 제공한다.

2단계에서 어떤 학업(전) 교수는 집단으로 아동에게 제공되지만 일반적으로 최소한의 집단 상호작용이 일어난다. 처음에 집단 작업을 위해 교사는 활동을 이끌고 아동이 똑같이 참여하도록 격려한다. 모두 똑같은 활동에 참여할 때 그들은 차례로 반응하고 참여하도록 격려 받는다. 후에 더 많은 상호작용을 위해 아동이 차례로 교사의 역할을 해 볼 수도 있다.

녹음기는 2단계 프로그램의 학업(전) 활동에 유용하다. 아동이 소리 듣기와 소리를 내는 사물을 파악하는 기술을 가질 때까지 효과음으로 이용하라. 종이 소리 내기, 줄 혹은 사포, 캔 혹은 플라스틱 컵에 넣을 쌀, 시리얼 혹은 콩을 사용하라. 무엇이 소리를 만들고, 소리가 어떻게 전달되는지 아동이 생각하도록 장려하라. 대다수 2단계 아동은 새로운 소리를 만들고, 그것을 재생하는 방법을 생각할 것이다. 효과음을 역할놀이에 조합하고, 목소리의 변화를 통해 인물의 특징과 감정을 전달함으로써 아동은 익숙한 이야기를 순서대로 역할을 해낼 수 있고 심지어 테이프의 시작과 끝에 뮤지컬을 첨가할 수 있다.

칠판은 작업 시간에서 다음 활동으로의 전이와 관련된 다양한 문제를 해결하는 데 도움이 된다. 종종 아동의 작업 속도가 다양하고 개별과제의 완성 시간이 다르므로 몇몇 아동이 다른 아동의 활동 종료를 기다릴 수 있을 만큼 매력적이고 보충적인 활동을 준비해야 한다. 어떤 아동에게도 이전에 할당된 활동을 완수하기 전에 다른 활동을 하도록 요구하지 말아야 한다. 칠판은 1~2명의 아동을 위한 보충적인 학업전, 사회화 활동을 위한 우수한 기회를 제공한다. 칠판을 사용하여 학교, 교사, 미로, 점 그림 및 협동 그림 그리기 같은 비형식적 게임을 구성할 수 있다. 컴퓨터는 다른 아동과 비형식적으로 상호작용하는 기회를 제공한다. 많은 소프트웨어 게임과 준비도 프로그램은 눈-손 협응, 기억, 일치시키기, 범주화를 위한 훌륭한 기회를 제공한다.

많은 학업전 지표는 각 작업 시간의 마지막에 하는 집단 게임에 의해 성취될 수 있다. 수정된 보물 사냥꾼이 한 예다. 교사는 교실 주변에 큰 그림의 부분, 각 아동을 위하여 한 조각씩(말, 차, 자전거, 오토바이)을 숨긴다. 집단이 탁자에 앉았을 때 교사는 '보물'의 한 부분을 찾기 위해 어디로 가야 하며, 어디에서 돌아야 하는지 각 아동에게 차례로 '단서'를 준다. 그 그림이 무엇이 될지 생각하며, 각 아동은 차례대로 한다. 그림이 모두 모이면 모든 아이들이 전체 그림에 기여한 것이 되며, 그들은 게시를 위해 다른 큰 포스터 종이에 결과물을 붙인다. 마지막에는 아동의 협력적 노력에 대하여 함께 생각하도록 이끈다. 이 활동은 모든 학업전 시간의 마지막에 실시하여야 하며, 각 아동의 성공적인 참여에 충분한 관심을 가져 주어야 한다.

놀이시간 놀이는 탐험, 자발적 행동, 창조 그리고 독립적인 연습을 격려하며, 대다수 2단계 아동의 자연적인 활동이다. 사회화와 행동 지표는 놀이 시간의 주요 초점이며 기능적인 사회적 언어 또한 강조된다. 2단계를 시작하는 아동의 놀이에는 많은 조작적 장난감이 포함된다. 점점 더 상상적이고 사회적이며 상호작용적인 놀이를 하게 된다. 놀이 교재교구를 사용하는 집단 구성원의 능력에 따라 놀이는 일반적으로 약 10~15분간 구조적 또는 비구조적으로 계획된다.

자유놀이는 비구조화된 시간이며, 아동자신의 자원과 통제를 사용하는 것이므로 대다수의 2단계 아동에게 어렵게 보인다. 2단계 프로그램 시작의 첫 주 동안 자유놀이는 폭발적이며 불안을 야기하는 활동이 될 수 있고, 그날의 나머지 시간을 잘 진행되지 못하게 할 수도 있다. 아동은 위축되고 자료를 부수며 의미 있는 놀이를 피하고, 극도의 공격성을 나타낼 수 있다. 이렇게 되면 자유놀이 대신에 집단 게임 혹은 구조화된 놀이를 시작하는 것이 더 낫다. 이런 방식으로 성인은 점차 아동에게 적절한 방법으로 교재교구를 사용하고 놀이하도록 가르칠 수 있다.

한 교사는 아동의 흥미를 자극하고 매 일과의 시작을 좀 더 구조화하기 위해 아동에게 극화놀이 상황을 제공하였다. 이야기 시간 동안 이야기를 제시하고, 다음날 아침 아동이 자발적인 즉흥극으로 극화 주제를 반복하도록 격려하였다. 교사는 이 드라마에서 주도적인 역할을 맡았고, 아동을 반응하도록 동기화하면서 구조와 한계를 제공하였다. 첫 성공적인 드라마 중 하나는 숲 속의 작은 집에서 아동을 끊임없이 훔치는 '비열한 늙은 마녀' 같은 것이었다. 위기는 그들이 '좋은 마녀'를 구출할 때 해결되었다. 집단의 많은 아동이 학대를 경험했고, 성인을 무서워하기 때문에 주제는 신중히 선택되었다. 이 단순한 극화놀이는 그들 내면의 불안을 자극하지만 공포를 극복하는 상징적 방법을 제공하였다. 또한 이 방법은 무엇을 하기 싫어하는 아동에게도 약간의 즉각적인 성공을 가져왔다. 이와 같은 성인의 개입으로 발달된 놀이 기술은 비구조화된 자유놀이시간에 형태는 다르지만 늘 아동을 구출하는 영웅을 등장시키며, 자발적이고 독립적으로 사용된다.

놀이 시간 동안 사회화 경험을 필요로 하는 2단계 초기 아동에게 모자 혹은 정장 의상을 사용하는 가장 놀이를 제공하는 것은 훌륭한 방법이다. 교사는 카우보이 모자, 럭비선수 헬멧, 소방관 모자, 경찰관 모자, 군인 모자, 딱딱한 모자, 오토바이 헬멧, 오래된 숙녀 모자 혹은 아기 모자 같은 독특한 특징의 모자를 준비한다. 이러한 활동은 아동이 수행을 하면서 주춤거리거나 위축될 때 적절하게 개입할 수 있는 교사의 주의 깊은 참여가 요구된다. 또한 아직 이 방법으로 놀이를 할 수 없거나 참여에 소극적인 아동에게 관심을 갖는 것도 중요하다. 이를 위해서는 다른 사람과의 상호작용을 격려하기 위한 섬세한 놀이의 구조화가 필요하다.

만약 아동이 다른 아동과 놀이하지 않는다면, 혼자 놀이할 때 무엇이 그의 관심을 끄는지를 관찰하도록 한다. 아동이 선호하는 교재교구를 사용하는 기본적인 작업이 미래에 상호작용적이고 협동적인 놀이를 이끌어 낼 수 있다. 이것은 외향적인 다른 아동을 유사한 평행놀이에 참여하도록 격려한 후, 두 아동 사이의 상호작용을 점차적으로 구조화함으로써 이루어질 수 있다. 성인이 다른 사람들과 놀이하는 법을 아동에게 가르치기 위해 놀이 시간 동안 상호작용적인 놀이를 구조화할 수 있는 방법은 많다. 다음은 그에 대한 사례다.

- 블록 혹은 트럭으로 혼자 노는 아동으로 하여금 '의상' 놀이에 참여하는 다른 아동에게 '편지를 배달하도록' 요구한다.
- 장난감 차를 가지고 노는 2명의 아동에게 바닥에 분필로 표시된 고속도로를 따라가도록 격려한다. 그 다음 성인이 덧붙여 말한다. '네가 주유소를 운영하니? 이 친구의 차에 기름이 없대. 저 친구에게 기름을 채워 달라고 부탁해.'

놀이시간의 마지막은 놀이 활동 그 자체만큼 중요하다. 주의 깊게 청소를 계획하고 모든 아동이 교구 혹은 장난감을 치우는 데 참여하는지 본다. 아동이 정리할 때 각 아동의 참여에 대해 피드백을 한다. 또한 계획상의 다음 활동에 관한 동기유발적인 말로 다음 활동으로의 전이를 시작한다. 이것은 재미있는 무언가가 곧 일어난다는 의미를 전달하여 아동으로 하여금 새로운 것을 위해 즐거운 활동을 좀 더 쉽게 정지할 수 있도록 해 준다.

이야기시간 이야기시간은 아동이 신체 운동을 요하는 활동으로부터 조용한 변화를 요구할 때와 다른 활동의 공통 주제의 일부로서 이야기 내용이 사용되는 것에 따라 스케줄의 어느 때에도 계획될 수 있다. 아동과 성인이 신체적으로 가까이할 수 있는 이야기 시간은 효과적인 2단계 프로그램을 위해 하루 동안 요구된 많은 신체적 활동에 비하여 즐겁고 조용해야 한다. 그것은 또한 조직화되고 구조화된 활동과는 대조적으로 아동이 편하게 자리 잡아 앉고 애정 어린 보살핌과 확신을 받을 수 있는 시간이다. 아동이 긍정적으로 반응하면 상당한 양의 신체적 접촉을 2단계를 시작하는 아동에게 사용할 수 있다.

이야기는 잘 설명되어야 하고, 아동의 주의 집중 능력에 부담되지 않는 것이어야 한다. 책 읽기의 대안적 활동은 필름 스트립 혹은 녹음기 등을 사용하여 이야기하기, 이야기하기에 아동을 포함하기 그리고 집에서 이야기책을 만들기 등이다. 이야기가 친숙하게 되고 집단이 이야기 순서에 자발적으로 반응할 때 아동극은 창조성, 자발적인 의사소통 그리고 아동 간의 사회화를 격려하는 효과적인 이야기 확장 방법이 된다. 아마도 2단계 아동에게 이야기보다 더욱 효과적인 것은 단순한 문장 구조, 감정, 목소리 톤 그리고 애니메이션으로 이야기를 하는 것이다. 성인 화자는 문장의 중간에서 멈추고 아동이 놓친 단어 혹은 아이디어에 '그 다음은 무엇이 일어날까?' 혹은 '그들이 지금 무엇을 해야 할까?' 같은 질문에 반응하도록 장려할 수 있다. 나중에는 각 아동에게 차례로 이야기 화자의 역할을 제공할 수 있다. 이야기 시간이 어떤 형태로 진행되든지 능동적인 의사소통과 사회화에 아동을 참여시켜야 한다. 그것은 아동의 상상력을 자극해야 하고, 만족스러운 결론에 도달하는 극적 사건의 순서를 따르도록 가르치는 것이어야 한다. 또한 그들 자신과 비슷한 문제나 감정을 가진 인물이 있는 내용을 제공하고, 그들이 가장 무서워하는 공포와 불안을 대리 경험하도록 하여 그 해결을 돕는 기회를 제공한다.

이야기를 선택할 때 결정적인 준거는 만족스러운 결과에 도달하는지의 여부다. 이것은 특히 위험에 처해 있거나 정서적 문제와 발달적 불안으로 상처받기 쉬운 아동에게 필수적이다. 만족스러운 결과를 가진 이야기를 선택하는 것이 항상 쉽지 않다. 종종 이야기책은 선과 악을 표상하는 등장인물(때로 동물) 또는 몇몇 등장인물에게는 좋은 일이 일어나지만 다른 이에게는 그렇지 않은 줄거리를 가진다. 표준화된 해결은 선이 악을 정복하는 것인데, 불행히도 문제를 가진 대부분의 아동이 악한 인물 혹은 불행에 빠지는 사람을 동일시한다. 이 인물이 결말 부분에서 파멸될 때, 아동은 유기 혹은 부적절함과 같은 발달적 불안이 강화되는 정서적 허무감을 대리로 경험한다. 2단계 아동을 위한 모든 활동에서처럼 이야기 시간은 만족감, 안정감, 성취감을 가지고 끝나야 한다.

미술시간 대다수의 2단계 아동이 기본적인 미술도구를 사용할 수 있고, 표현의 출구로서 그림 그리기를 좋아하기 때문에 미술 시간은 모든 아동이 만족스럽게 참여할 수 있는 활동이다. 미술은 색, 선, 형태를 통해 시각적으로, 언어적으로 아동의 환경을 반영한다. 단계 초기는 통제된 난화단계로서, 교재교구 사용을 통하여 손재주와 소근육 운동 기술 획득에 중요한 단계다. 이 작업물은 '이해하기 어렵다.' 그러나 아동은 일반적으로 그들이 생각한 것에 대해 이야기할 수 있다. 이 작업물에 대해서는 색, 선, 형태에 감탄하는 것 외에 다른 설명 없이 그냥 수용하는 자세가 필요하다. 아동은 점점 더 자신 있게 됨에 따라 즐겁고 성공적이었던 형태나 선 그리고 패턴을 반복적으로 사용하고, 그런 다음 정교화한다. 2단계 후기에 아동의 그림에는 형태와 의미가 나타나고, 그들이 만든 아이디어와 그 교재교구로 그린 것을 설명할 수 있는 '전도식적' 단계가 된다(Lowenfeld & Brittain, 1970; Williams & Wood, 1977).

미술은 재미있어야 한다. 그것을 강조하기 위해 2가지 지침을 명심한다. 첫째, 집단의 모든 아동이 즐겁고 만족스럽게 사용할 수 있는 교재교구를 제공한다. 둘째, 활동을 시작하면서 미술 과정을 매우 단순하고 간단하게 설명한다. 교재교구에 대한 융통성, 창의성 그리고 자신을 표현할 기회를 주기 위해 미술활동은 다양해야 한다. 2단계 초기에는 각 아동에게 개별 미술 재료를 제공하고, 점차 짝과 교재교구를 공유하도록 하다가 최종적으로 교재교구를 집단에게 제공하여 이것을 확장한다. 짝을 만들고 다른 아동과 함께 작업하는 것이 바람직하다는 개념으로 '협동' 이라는 단어를 소개한다. 그 밖에도 개별 미술 프로젝트 활동으로 시작하여 결과적으로는 큰 장면의 일부분에 개별 미술 작품으로서 기여를 할 수 있는 벽화 혹은 유사한 프로젝트(꽃밭, 야채 바구니 혹은 장난감 상자 벽화와 같은)를 통해서 성공적으로 협동하도록 이끈다. 2단계 아동은 최고 15분(일반적으로 8~10분 이내)까지 그들의 흥미와 기술 수준에 맞게 고안된 미술 작업에 참여할 수 있다. 아동은 자르고 색칠하면서 자신의 미술 작품을 창조할 수 있다. 때로는 작업해야 하는 영역을 지정하거나 윤곽을 설정해 주는 것이 필요할 것이다. 또한 진행과정에 대한 긍정적인 코멘트와 성인이 가까이 있는 것이 도움이 되기도 하며, 프로젝트의 재구성과 재지시가 아동으로 하여금 새로운 방식을 실험하고 정교화 하도록 돕는다.

미술활동의 마지막 부분을 시작하는 바로 그 순간을 눈여겨보라. 각 개인의 작업에 대한 환호와 끝마침에 대한 요구 때문에 정리하기 다음으로 가장 끝내기가 어려운 활동이 될 수 있다. 성인이 보조 맞추기, 시간 맞추기 및 관리의 경험이 없다면 전이가 어려울 수도 있다. 각 아동의 주의집중 수준과 진전을 살핀 다음에 아동의 성공에 대한 피드백과 함께 활동을 끝내기 시작하는 것이 좋다. 각 아동이 프로젝트를 끝내기 위해 무엇을 해야 하는지에 관해 코멘트를 하는 것도 필요하다. 각 아동의 예술적 노력에 대한 인식과 수용은 각 아동의 계속적인 참여와 발달을 위해 중요하다.

음악시간 음악은 거의 모든 사람에게 영향을 미치는 매우 보편적인 언어이지만 소수의 아동은 거부하는 활동이기도 하다. 또한 음악 활동은 2단계의 발달적 치료-발달적 교수의 4개 교육과정 영역 모두에서 지표의 발달을 조장한다. 음악활동은 하나의 집단 활동 내에서 개인의 기술, 연령 그리고 지적 차이에 따라 쉽게 수정, 적용될 수 있기 때문에 매일의 활동에 포함되어야 한다. 다음은 2단계 아동의 음악활동을 이끌기 위해 Purvis(1981)가 채택한 지침이다.

- 음악을 사용하기 전에 음악 선택에 친숙해져라.
- 활동이 잘 진행되도록 주의 깊게 자료를 준비하고 활동 순서를 조직하라.
- 아동이 성인의 선입견 없이 음악이 의미하는 것을 스스로 결정하도록 하라.
- 모든 유형의 음악 자료를 시도하라. 친숙하지 않은 자료가 종종 아동의 창조성을 불러일으킨다.
- 선택은 간단하게 하라.
- 아동에게 그들의 음악 작품을 다시 들을 수 있도록 하라.
- 융통성을 가져라. 기대하지 않던 것이 종종 창조적 도약을 가져온다.
- 음악이 의미하는 것 혹은 그것을 어떻게 느껴야 하는지 설명하는 것을 피하라.
- 음악 활동을 소개하고 끝내기 위해 사용하는 단어를 최소화하라. 즐거움은 행함 속에 있다.
- 미리 녹음된 음악을 최소화하라. 그것은 음악소리와 리듬에 대한 독립적인 탐색과 창의성을 방해한다.
- 음악 시간은 시끄럽다고 예상하라.
- 음악활동을 즐겁고 만족스럽고 성공적인 것으로 만들어라.

2단계 프로그램의 대다수 활동처럼 음악 활동은 집단 장면이지만 개별적인 것에 초점을 둔다. 활동에서 모든 집단 구성원의 자발적인 참여가 사회-정서적 유능감의 발달을 위한 구체적인 기술의 획득을 어떻게 조장하는지를 보여 주는 2단계 아동에게 효과적인 다양한 음악 활동의 예가 다음에 제시되었다.

- 비언어적이고 자기주장이 부족한 아동이 리듬 밴드에서 다른 악기들이 시작하도록 신호를 보내는 악기를 사용하는 것은 다른 아동에게 영향을 미치고 명령할 수 있는 기회를 제공한다.
- 다른 사람이 따라 하도록 손뼉으로 박자 치기를 교대로 해 보는 것은 아동에게 다른 아동을 이끄는 기회를 제공한다.
- 탬버린, 드럼, 세이커 같은 악기를 만들고 사용하는 것은 집단 구성원으로서 참여하려는 열정을 가지게 한다.
- 짝을 지어 행진하기, 손뼉 치기, 움직이기, 춤추기 등은 다른 사람과의 협동적인 활동을 위한 사회화 기술을 고무시킨다.
- '만약 네가 행복하다면, 그리고 네가 그것을 안다면…' 과 같은 반복적 멜로디나 신체적 반응을 요구하는 노래를 통한 질문하기는 개별 아동의 집단 참여를 향상시킨다.
- 집단을 위해 좋아하는 노래 선택하기는 과묵한 아동에게 자기주장의 기회를 제공한다.
- 노래에 단어, 문장 혹은 후렴 제공하기는 아동에게 자신이 가치 있는 공헌을 했다는 느낌을 준다.
- 색깔이 언급될 때 그 색깔의 카드 들기와 '색깔 노래' 부르기는 아동이 자기 차례가 되는지 주의하면서 들어야 하므로 주의집중력을 자극한다.
- 리듬, 손뼉 치기나 행진으로 한 활동영역에서 다른 활동영역으로 이동하는 것은 전이를 구조화하도록 돕는다.

음악활동은 또한 프로그램에서 모든 다른 활동과 효과적으로 연합될 수 있다. 예를 들어 **'음악놀이시간'** 에 탬버린, 트라이앵글, 리듬 막대, 종 그리고 자동 하프가 있는 마라카스, 공명 벨, 철금, 실로폰, 다양한 크기의 드럼과 같은 리듬도구를 사용하는 것은 아동이 소리와 리듬을 탐색하고 음악 자료를 창의적으로 조작하도록 고무시킨다. 또한 음악예술활동에서는 2단계 아동이 간단한 음악을 듣고 '음악소리가 어떤 느낌인지' 를 핑거페인팅이나 그리기 등으로 표현하도록 함으로써 자신이 의미하거나 전달하고자 하는 것을 명확히 말로 표현할 수 없는 경우에도 다른 형태의 표현이 이루어지도록 돕는다. **'음악가장놀이'** 에서 음악은 정서적 색조를 제공하고 상상, 역할놀이 혹은 극화놀이를 위한 구조 또는 경계를 창조한다.

반면에 '음악이야기하기' 에서는 어떤 이야기의 배경음악을 들으면서 이야기 줄거리를 말해 본다. '음악작곡활동' 은 2단계 아동에게 창조적인 탐색의 기회를 다른 방식으로 제공한다. 2단계 아동은 친숙한 멜로디에 새로운 단어로 노래를 만들고 유사한 멜로디의 노래로 질문에 답하며, 자신의 답을 후렴에 따라 패턴화하는 활동을 좋아한다(Purvis, 1981).

실외놀이시간(신체기술) 실외놀이는 2단계에서 필수적인 신체활동과 운동기술 획득의 기회를 제공한다. 또한 행동에 대하여 다른 기대를 가지게 한다. 가능하다면 하루에 여러 번의 실외놀이가 계획되어야 한다. 또한 실외를 준비할 수 없다면 신체적 기술 발달을 위한 대안적인 장소가 실내에 있어야 한다. 체육실이나 대근육 활동실 등이 훌륭한 대안적 장소가 될 것이다.

운동과 사회화 기술의 발달이 실외놀이의 초점이다. 2단계 아동은 미끄러지기, 빨리 지나가기, 뛰어 넘기, 도약하기, 줄넘기와 같은 이동 기술을 획득해야 한다. 던지기와 잡기, 차기, 숨기기, 공치기 등의 조작기술도 배워야 한다. 가상적 이동과 균형 기술이 요구되는 곡예나 텀블링도 신체적 기술의 발달을 위해 2단계 프로그램에 포함되어야 한다.

비록 실외놀이 시간이 '휴식' 이나 운동장에서의 자유시간으로 개념화되어 있으나, 발달적 치료-발달적 교수에서는 실외놀이 시간이 구체적인 사회-정서적 지표와 책임 있는 행동을 배우는 매우 중요한 시간이다. 2단계의 목적과 목표를 성취하기 위해 실외놀이는 아동과 성인이 능동적으로 참여하도록 기술적으로 구성되어야 한다. 신체적 활동은 일상에 산재해 있는 많은 운동행동을 필요로 하는 이 단계의 아동발달에 필수적인 부분이다. 필요한 신체적, 사회적 기술의 발달을 장려하기 위해 아동이 다른 사람과 놀이하는 비구조화된 시간에도 실외놀이를 계획한다. 그러나 위험에 처해 있거나 문제가 있는 아동은 종종 자유놀이 시간을 목적적으로 사용하는 법을 모른다. 그들을 위하여 프로그램에서 무엇보다 실외활동에 참여하는 법을 가르치는 데 초점을 두면 성공적으로 자유놀이를 할 수 있을 것이다.

때때로 성인은 2단계 아동을 실외로 데려가는 것을 주저한다. 왜냐하면 자유로운 공간이 충동이나 통제할 수 없는 행동을 조장하기 때문이다. 그러나 활동이 주의 깊게 계획되고 구성된다면 이것은 문제가 되지 않는다. 이를 위한 효과적인 전략은 아동이 도망가려는 충동을 극복하도록 동기화시키는 가상주제를 사용하는 것이다. 다음은 아동의 달리기 행동을 수용 가능한 참여와 성공적인 성과로 돌리는 데에 효과적인 경주용 차에 대한 1주일 단위의 가상놀이 예다. 아동은 낡은 고무공을 반으로 잘라 경주용 헬멧을 만들고 핸들을 만든다(미술시간에). 경주용 트랙은 아동의 '차' 를 달리게 할 수 있는 곳으로 실외에 밧줄을 쳐 놓은 곳이다. 녹색 깃발, 확인무늬 깃발, 멈춤 신호, 급유소 그리고 경주에 참여한 성인이 활동 구성에 사용된 장치들이다. 이러한 구성은 매우 효과적이었고, 밧줄을 쳐 놓은 곳은 이후로 몇 주간 말 목장, 농장, 집 그리고 캠핑 은신처로 이용되었다. 결국 아동이 성인의 중재 없이 운동 활동에 참여할 수 있는 2단계 행동 영역의 지표를 획득하게 됨에 따라 밧줄은 불필요하게 된다. 아동은 스스로 행동을 통제할 수 있어야 하고 집단 속에 머물 수 있어야 한다.

항상 험한 날씨에 대비해 대안적인 실내 운동 활동을 계획한다. 실내에서 할 수 있고 협동을 장려하며 승자와 패자의 경쟁이 없는 2단계 아동을 위한 많은 집단 게임이 있다. 예를 들어 '지도자 따르기' '엄마, 내가?' '뜨거운 감자' 그리고 '쥐와 고양이' 등이다. 그런 게임들은 2단계의 행동과 사회화 지표에 대한 연습을 제공한다. 2단계 초기의 아동은 실내에서 할 수 있는 '여행' 게임을 좋아한다(이것은 놀이 시간에도 사용할 수 있다.). 길을 만들기 위해 바닥에 종이를 펼쳐놓고, 아동과 성인은 여행을 계획하고 특별한 목적지(가게, 수영장, 호수, 산, 소풍 장소, 집)를 정한다. 또한 길을 따라가며 볼 것(멈춤 신호, 산, 철길 건널목, 숲, 다리, 가게)도 계획한다. 아동은 미리 결정된 계획에 따라 길을 여행한다. 교차로가 이후에 첨가되고 아동은 목적지로 안내해 줄 지도를 만든다. 역할놀이 혹은 아동극과 연합하면 이 길은 극적 이야기와 길을 따라가는 아동의 역할을 제공하는 구조를 제공한다. 아동이 다른 사람과의 상호작용에서 특별히 말이 없거나 이야기를 진행하는 데 어려움이 있다면 이 활동이 적합하다. 이 활동에 변화를 주면 다음 활동으로의 전이 활동으로도 효과적이다. 공간이 허락된다면 작업 책상에서 작업 물품 보관함까지 마스킹 테이프로 '길'을 영구적으로 표시할 수 있다. 한 아동이 집단을 위해 자료를 가지고 오도록 호명되었을 때 이 길을 '여행'하여 활동에 사용할 물품을 가지고 돌아온다. 아동이 기본 단어와 그림으로 제시된 '물품 목록'을 받는다면 학업(전)/인지 기술을 위한 다른 활동이 추가된다.

다른 실내 게임인 '보물 사냥꾼'은 2단계에 머물고 있는 아동에게 학업(전)/인지, 행동 그리고 사회화 지표를 획득할 기회를 제공한다. 아동은 종이 가방과 교실에 숨겨진 물건의 그림이 그려진 개별 목록을 받는다. 자신의 목록에 기록된 물건을 다 찾아서 교사에게 가져오고 검사를 받은 후엔 다른 아동을 돕기 위해 다시 게임에 참여한다.

실외놀이가 끝나 감에 따라 종료가 가까워짐을 아동에게 알리는 것이 좋다. 멈춤 신호를 이용하여 중단할 적절한 시점을 찾고, 활동 후 모일 장소에 대한 지시도 한다. 의자, 울타리, 벽, 나무 혹은 건물의 구석과 같이 대체로 명확한 경계를 가진 함께 모일 지정된 장소가 있어야 한다. 모여서 조용히 진정하고, 휴식하며 숨을 고르는 시간임을 알린다. 각 구성원의 활동에 대한 긍정적인 공헌과 활동에 대해 논의하는 집단 종료시간을 갖는다. 아동은 자신이 어떻게 인식됐는지 듣기 위해 조용히 앉을 것이다. 그러면 다음에는 무엇을 할 것인지 간단하게 이야기하면서 다음 활동으로의 전이가 시작된다.

간식시간 몇몇 아동에게는 실외놀이 활동에서 실내로 돌아가는 것에 어려움이 따르기 때문에 다양한 매혹적인 실내 활동이 뒤따르는 것이 중요하다. 대다수의 아동이 다른 모든 활동보다 간식시간을 좋아하기 때문에 간식시간이 다음 활동이라면 그들은 기꺼이 실외놀이를 떠날 것이다.

이 시간 동안은 음식의 즐거움과 성인과의 지지적인 접촉을 통하여 의사소통과 사회화 지표에 초점을 두는 좋은 기회를 만든다. 간식시간은 항상 아동과 성인 사이에서 이야기하고 논의하는 시간이 되어야 한다. 성인은 종종 주제를 안내하고 아동 각각의 참여를 장려해야 한다. 논의의 내용은 모든 집단 구성원이 이야기할 수 있는 주제여야 한다. 다음 활동을 위해 준비하는 논의여도 좋다. 만일 다음 시간이 역할놀이 혹은 이야기 극화시간이라면 성인은 그 활동에서 사용될 친숙한 이야기를 검토하도록 간식 시간을 이용할 수 있다.

처음에 간식은 교사가 나누어 주어야 한다. 이후에는 '지도자' 또는 '그날의 요리사' 를 지명하는 차트가 사용될 수 있다. 아동이 교재교구 나누기를 잘할 수 있게 되면 간식을 나누는 일을 하도록 장려해야 한다. 사실상 그들은 간식, 특히 피자, 과자, 샌드위치 또는 다른 영양가 있는 간식을 준비하기 위해 조직화되고 협동적인 활동에 참여할 준비가 되어 있다.

간식 시간은 어떤 과제의 실패나 이전의 잘못된 행동에 대한 벌로 박탈되어서는 안 된다. 그것은 모든 아동이 매일 참여하도록 기대되는 계획된 활동으로 고려되어야 한다. 아동이 통제할 수 없거나 수용될 수 없는 행동을 한다면, 다른 활동에서와 같은 전략이 사용되어야 한다. 목적은 아동이 활동에 참여하도록 재지시하는 것이고 간식 활동에 참여하는 다른 아동에게 혼란을 주는 것이 아니다.

간식시간에서 흔히 발생하는 문제는 아동이 특별한 음식을 원(또는 필요로)하는 것이다. 다른 아동이 간식시간에 차별적 대우를 받았다고 느낀다면 그 시간이 성공적이고 만족스러운 것이었다고 보긴 어렵다. 모든 아동이 특별한 무언가를 원하지 않는 한 특별한 간식 제공은 없어야 한다. 대신에 각 아동이 건강에 좋은 간식을 원하는 만큼 받는 협동적인 공유를 권장한다. 많은 유아들에게 음식은 그러한 상징적 의미를 가지기 때문에 그것은 성인과 대립되는 관점 또는 회귀의 원천이 될 수 있다. 이것을 예방하기 위해 음식이 아닌 활동의 사회적 의사소통 측면에 초점이 맞추어진다.

발달적 치료-발달적 교수의 모든 다른 활동과 함께 간식 시간은 아동이 사용된 물품과 자료를 정리하는 것으로 끝난다. 성인은 아동이 흥분을 가라앉히고 다음 활동으로 전이할 수 있도록 그들의 관심을 모아야 한다.

특별활동시간(창조활동) 특별활동시간은 그 주의 단원 주제 또는 이야기 나누기 시간으로부터 자료를 사용하는 창의적인 시간이다. 이 시간은 미술, 음악, 역할놀이 또는 드라마와 연합되거나 이야기 나누기 시간 이후에 진행될 때 효과적이다. 창조적 활동은 아동이 그들 자신을 표현하고 새로운 아이디어를 탐색하는 방법을 제공한다.

2단계 아동은 성인에게 수용되거나 승인을 얻을 수 있는 범위 내에서 주장이나 명령 등을 할 수 있는 교구나 활동에 관심을 가진다. 창조적인 놀이활동을 통하여 아동은 말로 표현할 수 없는 경험의 일부분을 표현한다. 특별활동시간의 창조적 활동은 대안적인 해답—행해진 것보다 행하는—을 경험하고 감정을 표현하는 방법을 제공한다. 프로그램에 창조적, 극적 놀이를 포함시킴으로써 사회-정서적 발달을 위한 2단계의 모든 지표가 장려될 수 있다. 이것은 또한 모든 아동 특히 발달적 욕구와 관심을 해결하는 데 문제가 있거나 또는 위험에 처한 아동을 돕는 좋은 방법이다.

역할놀이는 말하기의 자연스러운 산물이고 창조적 표현과 극화놀이의 중요한 단계다. 놀이시간의 논의에서 이미 역할놀이를 언급한 바 있으나 역할놀이는 매일이 아니더라도 1주일에 2회 정도 특별 활동 시간에 할 수 있다. 2단계 아동은 친근한 상황에서 예의범절을 지키고 무엇인가 하는 역할놀이를 좋아한다.

인물이나 사건은 이야기, 음악, 그림, 텔레비전 또는 실제 아동의 경험으로부터 선택된다. 2단계의 역할놀이는 일제히 행해지기 때문에(모든 아동이 동시에 똑같은 역할을 한다.) 주제는 모든 아동이 친숙하고 경험한 적이 있는 것으로 선택하는 것이 가장 효과적이다. 이것이 바로 이야기 시간에 들은 이야기를 역할놀이에 반영하는 것이 바람직하다는 이유다.

역할놀이가 2단계 아동에게 처음 소개되었을 때 성인(혹은 인형)은 모델로서의 역할을 한다. 성인은 상황을 주도하고 분위기를 설정한다. 등장인물과 역할은 사전계획 없이 아동이 결정한다. 성인은 중심적 역할을 하면서 행동을 결정한다. 예를 들면 성인은 코트를 입으려고 하는 학생의 역할을 하면서 집단에게 묻는다. '내가 뭐라고 말할까?' 또는 '내가 무엇을 할까?' 그때 아동은 성인이 하는 역할에 답을 제공한다. 다음에 아동은 다른 상황을 생각하고 그들은 모두 일제히 참여한다. 결과적으로 그들은 등장인물의 역할을 개별적으로 하면서 안정감을 느낀다.

성인이 등장인물에서 리더 역할('부족'의 추장, 가족의 가장, 집단의 장)을 할 때 사건은 극적으로 좋은 통제하에 전개된다. 이것은 경험하지 않은 아동에게 안정감과 행동반응모델을 제공한다. 리더 역할을 하는 성인은 드라마의 흥미를 창조할 수 있고 또한 흥분상태에 있는 아동도 통제할 수 있게 된다.

집단에서 역할놀이가 성공적으로 이루어진 후에는 교사는 점차 참여를 줄여 나간다. 성인은 필요에 따라 아동의 특성을 장려하고 모든 이에게 만족을 가져올 수 있도록 마무리한다.

역할놀이 동안에 우연히 발생하는 문제를 예상하는 것이 중요한데, 아동이 역할놀이를 하면서 그때그때 나타나는 변화에 준비하여야 한다. 선택된 주제와 관련하여 남아 있는 역할놀이 상황에 따라 아동이 새롭게 주도하는 것을 따르는 것이 좋다. 그리고 모든 2단계 활동에서처럼 결론은 긍정적이어야 한다. 모든 아동은 자신의 참여와 특별한 등장인물의 성공에 대해 만족감을 느끼며 역할놀이를 끝내야 한다.

종료시간 프로그램의 종료는 중요하다. 아동은 모이는 장소에 조용히 앉아서 그날의 사건을 간단히 검토하는 사회적 의사소통에 참여하게 된다. 이때는 높았던 활동수준이 감소되고, 성인과 아동 사이의 관계가 강화되며, 하루의 성공이 정리되는 시간이다. 목적은 각 아동이 자신의 역할에 대한 성공감과 참여에 대한 만족감을 갖는 것이다.

종료 시간에는 아동의 부정적인 행동에 대해 구체적으로 지적하거나 벌을 주지 않는다. 모든 아동이 좋은 느낌을 가지도록 하며, 아주 작은 성공에 대하여도 칭찬하여야 한다. 우리는 이것을 A's—관심, 확인, 칭찬, 승인—제공시간이라고도 한다. 다음은 이를 위한 몇 가지 방법의 예다.

- 아동이 퍼즐 조각을 함께 맞춘 것에 대해 코멘트하고 승인하라.
- 2명의 아동이 블록으로 만든 도시를 어떻게 고안했는지에 대해 보충하며 미소 지어라.
- 각 아동이 다른 아동과 했던 가장 좋은 일에 대해 논하라.
- 다른 아동에 대한 사려 깊은 행동에 대해 언급하라.
- '네가 한 일 중 가장 잘한 일 5가지를 말하라.' 고 하며 아동의 행동을 지지하라.

아동이 종료 시간 동안에 말하지 않으면 성인은 최소한의 사회적 의사소통과 아이디어를 교환하는 전략을 사용한다. 아동에게 사용할 단어나 구를 제공하기, 긍정적인 행동에 대해 언어적 반응의 시범 보이기 등이 그 예다.

종료 시간은 몇몇 문제 있는 아동에게 예상 밖의 사건이 될 수 있다. 그들이 프로그램에서 성인으로부터 위안과 정서적 지지를 얻고 그날 활동의 참여에서 성공의 만족감을 가졌다면 마치는 것을 싫어할 것이다. 그들은 하루 종일 훌륭하게 참여하고 협동적으로 행동했으나 마지막 종료 시간에서 통제력을 잃을 수도 있다. 이것은 그들이 프로그램에서 느끼는 안정감으로 정서적 욕구를 충족시키고 다음날까지도 성인과의 개별 시간을 요구한다는 신호다. 매일의 일과는 아동이 그날의 일들을 다시 하고 싶다는 생각이 들도록 종료되어야 한다.

'우리 기차에 타세요': 2단계를 위한 주간 단원

주간 단원은 매일 2시간씩 발달적 치료-발달적 교수 프로그램에 참여하는 2단계 학령전 아동과 초등 저학년 아동을 위해 고안되었다. [그림 9-2]에 일반적 순서를 따르는 주간 계획이 제시되어 있다.

월요일 활동은 아래에 자세히 기술 되어 있다. 나머지 요일도 일과와 구성 및 절차에서 거의 동일하다. 매일의 각 활동은 월요일에 제시된 활동을 정교화한 것이다. 이런 방식으로 개념과 기술이 조정되며 반복 및 변화와 함께, 성공(친숙함으로부터의)과 흥미(호기심으로부터의)도 요일이 지나면서 활동에 대한 참여를 능숙하게 하는 데 기여한다.

인사시간 아동은 방으로 들어오고, 기차의 승무원 모자를 쓴 교사가 따뜻하게 맞이한다. 교사는 '우리 기차에 타세요.' 라고 말하며 이야기 시간을 위한 탁자(기차)로 안내한다. 교사는 객차로 구성된 벽에 게시된 파란색 엔진에 대해 아동에게 질문한다. '무슨 색이니?' '누가 엔진에 앉아 있니?' 의사소통의 목표가 강조된다. 교사는 큰 상자를 가져와서 똑딱이어 붙이는 블록을 꺼내고 엔진 만드는 법을 설명하면서 지각 운동 기술을 위한 학업(전)/인지 목표와 참여를 위한 행동 목표로 이동한다. 각 아동은 같은 수의 블록을 받아 교사의 것과 같은 엔진을 만든다. 승무원 모자는 각 아동에게 돌아가면서 씌어 주고 차례로 승무원처럼 '모두 타세요.' 라고 외친다. 이야기 시간 끝에 교사는 승무원의 역할에서 아동에게 엔진을 상자(기차역)에 '주차하라.' 고 지시하고 '이야기 시간으로 가자.' 고 말한다.

이야기시간 이야기 영역에서 아동은 교사를 보며 바닥에 앉는다. 교사는 '작은 엔진' 책을 보여 주면서 이야기를 한다. 다음날에 교사는 이야기에 움직임을 첨가하고 나중에는 아동이 단순한 역할놀이를 하도록 한다. 단원은 아동이 작은 파란색 엔진의 역할에서 모두 원형엔진이 도시(탁자)로 돌아오도록 하는 경험을 한 후에 한 주의 단원을 마무리한다.

작업시간 각 아동은 개인적인 학업(전)/인지 목표에 맞는 작업일지 폴더를 가진다. 각 폴더에는 아동의 이름과 작은 파란색 엔진의 오려진 부분이 있다. 아동은 독립적으로 작업하고, 반면에 교사는 용기를 북돋아 주며 도움을 주기 위해 자주 접촉한다. 아동이 특별한 작업을 끝마칠 때, 교사는 각 아동의 작업을 확인하고 놀이공간에서 자유시간 활동을 제안한다.

〈표 9-2〉 '우리 기차에 타세요.' : 2단계를 위한 주간 단원

스케줄	월요일	화요일	수요일	목요일	금요일
인사시간	우리 기차에 누가 탔니?	내 것과 같은 기차 만들기!	네 기차를 만들어라!	기차역에 기차 주차시키기!	부서진 기차 고치기!
이야 기 (동화)시간	'작은 엔진'	'작은 엔진'	'우리 기차에 모두 타세요'	'우리 기차에 모두 타세요'	'우리 기차에 모두 타세요'
작업시간	기차역에서: 기차 수를 세어라!	기차역에서: 어떤 기차가 다른가요?	기차역에서: 파란색 엔진을 모두 찾아라!	기차역에서: 알파벳 기차	기차역에서: 기차가 트랙에 멈추는 것을 도와주세요!
놀이시간	재미있는 기차에 모두 타세요!	재미있는 기차에 모두 타세요!	재미있는 기차에 모두 타세요!	재미있는 기차에 모두 타세요!	재미있는 기차에 모두 타세요!
특별 활동 (미술)시간	기차에 올라 타세요!	함께 여행 가요!	기차역을 만드세요!	작은 엔진 이야기: '바퀴'	'엔진 쿠키 만들기'
실외놀이	엔진을 따라가요	등산을 해요	기차마술	큰 기차 릴레이 경주	트랙에서 떨어지지 마세요!
간식시간	음료수와 장난감 크래커	푸딩	음료수와 장난감 크래커	음료수와 장난감 크래커	음료수와 '엔진쿠키'
음악시간	'트랙에서 움직여요'	'우리 기차에 모두 타세요'	'기차 정지-출발'	'이 기차는 역으로 갑니다'	'기찻길에서 일해요'
종료시간	우리의 기차로 무엇을 선택했나요?	우리의 여행에서 무엇을 보았나요?	기차에서 무엇을 할 수 있나요?	우리 기차는 오늘 어디에 갔나요?	작은 엔진을 어떻게 도울 수 있나요?

놀이시간 장난감 장에는 장난감 기차, 기찻길, 차장모자, 블록, 사람, 동물, 장난감 건물, 인사시간의 똑딱 이어 붙이는 기차, 이야기책이 있다. 교사는 사회화 목표에 초점을 둔 이야기에 따른 놀이와 아동 사이의 상호작용을 장려한다. 놀이 시간이 끝날 때는 기차를 역(장난감 장)에 갖다 놓도록 지도한다.

특별활동시간 교사는 기차 이야기, 주제 개념 그리고 어휘를 강화하기 위해 미술을 이용한다. 각 아동은 미리 잘려져 있는 형태를 함께 풀칠해서 객차를 만들고 음식과 장난감 그림을 화물로 첨가한다. 객차가 완성 되면 벽에 걸린 작은 파란색 엔진 뒤의 게시판에 전시한다. 이때는 행동과 학업(전)/인지 목표가 강조된다.

음악시간 교사와 아동은 카펫 위에 앉는다. 이 단원을 위해 특별히 고안된 여러 음악 활동이 1주일 동안 사용된다. 아동은 '나는 기찻길에서 일해요' 노래에 따라 샌더 블록을 연주한다. '기차 바퀴가 돌고 돌아' ('버스 바퀴' 를 수정)를 부를 때, 아동은 미리 얇은 조각으로 된 기차 엔진을 묶는다. 음악시간 끝 부분에서 아동은 교사 뒤에 기차를 만들고 '이 기차는 테이블로 갑니다. '이 기차…' ('이 기차는 전국행' 을 수정)를 노래하며 테이블로 돌아온다. 이때는 참여를 위한 행동 목표와 협동적 상호작용을 위한 사회화 목표가 강조된다.

실외놀이 교사는 문 앞에 서서 '모여라' 라고 외친다. 아동은 줄서 서 밖으로 나간다. 커다란 퍼즐형 입방체가 기차로 선정된다. 아동은 '엔진' 에서 승무원이 된다. 다른 이들은 승객이다. 운동장의 정글짐이 작은 엔진이 올라야 하는 '산' 이 된다. 아동과 교사는 칙칙 폭폭 소리 내며 산을 올라간다고 가정한다. '나는 할 수 있다고 생각해. 나는 할 수 있다고 생각해…….' 라고 말한다. 이때는 대근육 기술을 위한 목표가 초점이 된다.

간식시간 간식시간은 장난감 모양의 쿠키, 오렌지 그리고 사과 화물로 간주된 것들로 준비한다. 그 주의 다른 특별 활동 시간에 모든 아동이 '나는 할 수 있다고 생각해, 나는 할 수 있다고 생각해.' 라고 반복적으로 노래하며 인스턴트 푸딩 병을 흔들면서 '엔진 푸딩' 을 만든다. 금요일에는 '엔진 과자' 를 만든다. 이 과자는 각 아동의 참여에 대해 이야기할 때 의사소통과 사회화 경험을 제공하며 간식으로 사용된다.

작별시간 이 시간에 교사는 아동이 그 날의 활동을 검토하도록 이끈다. '인사노래' 는 각 아동의 이름을 대응시키면서 부른다. 아동은 줄 서서 나가고 교사와 함께 버스를 탄다. 이 마지막 활동에 이르러서 의사소통 교수목표의 핵심인 그날의 경험을 표현, 기술한다.

CHAPTER 10

단계 3: 집단에 성공적으로 참여하는 기술 익히기

내가 되기를 꿈꾸는 그 사람이 바로 나다.

– E. H. Erikson, 1959/1980, p. 87 –

얻기 위해 포기하기

3단계 동안 사회-정서 발달에서 성취해야 할 중요한 과제는 아동들이 집단 활동에서 성공적인 참여자라는 자신감을 가지는 것이다. 3단계는 대개는 초등학교 1학년 경부터 시작되어 3년 이내에 다음 단계로 넘어간다. 3단계를 거치는 동안 아동들은 자신의 충동성을 조절할 수 있게 되어 외부 통제의 필요성이 점차 줄어들게 된다. 또한 자신을 표현할 때 신체 반응이나 행동 반응보다는 언어적 기술을 사용하는 법을 익히게 된다. 아동들은 자신이 통제할 수 없는 사건, 사람, 감정 혹은 성취할 수 없는 주위 사람들의 기대로 인해 갖게 되는 자신의 무능함에 대한 불안감과 죄책감을 극복하려고 노력한다.

3단계에 들어선 대부분의 아동들은 성인의 통제 없이 구조화된 집단 활동에 참여하는 것을 배워야 한다. 아동은 이전에 조기 아동 프로그램에서 기초적인 집단 활동에 참여해 본 경험이 있긴 하지만 1학년에 들어가게 되면서 차례 지키기, 교재교구 함께 사용하기, 집단이 세우는 계획에 공헌하기, 다른 아동의 제안을 수용하기, 초보 수준의 우정 개발하기, 다른 아동이 리더일 때 참여하기, 다른 사람들의 특성과 욕구를 인정하기와 같은 사회성 기술을 필요로 하는 구조화된 집단 활동에 더욱 많이 참여하게 된다. 아동은 안정감을 누리기 위해 규칙과 매일 반복되는 일과에 의존하게 되면서 변화를 수용하는 일이 어려워진다. 아동들은 다른 사람들이 협조하지 않는 것에 대해 염려를 표명하고 성인들이 권위를 사용하여 규칙을 계속 공평하게 적용하기를 바란다.

이 발달 단계 동안 아동이 겪게 되는 딜레마는 또래 친구들에게 받아들여지기 위해 자신이 원하는 것을 포기하기는 하지만 한편으로는 여전히 자신의 새로운 기술과 생각들이 인정받기를 원한다는 사실이다. 다른 사람들에게 좋게 비쳐지기를 원하는 한편 개인적으로도 자신이 중요하다는 것을 느끼고 싶어 하는 것이다. 특정 집단의 성공적인 일원으로 참여하는 동안 자기중심적인 견해를 완전히 포기함으로써 자신에게 이익이 돌아온다는 사실을 깨닫기까지는 긴 시간이 걸린다.

3단계를 위한 발달적 치료-발달적 교수 교육과정은 아동이 친구를 사귀고, 충동성을 조절하고, 집단에 참여하고 규칙을 새로 만드는 활동에 참여하는 법을 배우도록 도울 뿐 아니라 넓게는 사회적 협력 및 의사소통이 유쾌하고 바람직하다는 사실을 배우도록 돕는 경험들을 제공해 준다. 교육과정 내용은 집단 활동을 통해 성공을 많이 경험하도록 해 주는 실제

3단계 아동에 대한 요약

프로그램 목적	성공적인 집단 참여
주된 관심사	다른 사람들에게 긍정적으로 보이기
동기화 가치	타인으로부터의 인정, 공정, 법과 질서
발달적 불안	타인의 기대에 부응하지 못한 것에 대한 죄책감
문제 접근방법	자기방어, 행위를 정당화함, 질서 및 문제해결에 대한 책임은 성인에게 있음
권위의 근원	규칙, 중요하고 힘 있는 성인
필요한 성인 유형	개인적인 장점을 인정해 주면서도 일원들을 통솔하는 공정하면서 강한 지도자
효과적인 전략	집단에 대한 개인적 기여에 대한 긍정적 피드백 및 칭찬, 긍정적인 사건들에 대한 인정 및 평가, 동기를 부여해 주는 교재교구, 해석, 언어적 재지시, 성인의 시범, 규칙, 생활공간 중심 중재
교재교구, 활동, 내용주제	집단 중심, 용기, 영웅, 폭넓은 모험, 선과 악, 옳고 그름

생활 중심의 단순한 상황들에 초점을 두고 있다. 집단의 모든 구성원들이 개인적으로, 문화적으로 관련된 주제에 흥미가 생겨 자발적으로 참여하도록 지속적으로 자극한다. 영웅과 초인간적인 인물, 선이 악을 누르며 정의가 불의를 이기고 승리한다는 이야기가 3단계 아동들의 호응을 얻는 주제들이다. 이러한 주제들은 아동으로 하여금 승자와 자신을 동일시하게 하며 선이 갖는 힘을 알게 해 준다. 자신을 승리한 영웅과 동일시함으로써 실패에 대한 두려움과 다른 사람들의 의견과 맞지 않는 데서 느끼는 죄책감을 감소시킨다.

3단계 프로그램을 끝내고 나면 아동은 성공적으로 집단에 참여하는 데 필요한 기초 기술을 습득하게 된다. 아동이 자신의 행동을 조절하게 되면서 외부 통제의 필요성은 줄어들게 된다. 행동 및 감정의 표현을 스스로 결정해야 하는 일이 더 많아진다. 스트레스나 위기에 대해 신체적으로 반응하던 것이 이제는 말로 대체된다. 아동은 점차적으로 성인들과 이야기를 나눔으로써 갈등을 해소하고 문제를 해결하는 방법을 모색하게 된다. 3단계를 마친 아동은 집단의 가치를 깨닫게 되어 집단의 성공을 위해 자신이 작게나마 기여할 수 있기를 바라게 된다. 사회적 협력과 의사소통이 기쁨을 가져다준다는 사실도 알게 된다. 개인적 경험을 대표하는 상징을 사용하는 능력이 증가하고 타인의 관점에서 사회적 상황을 이해하는 능력이 신장되면서 이 모든 것들의 성취가 촉진되는 것이다.

다음은 발달적 치료-발달적 교수의 3단계 내용을 개관하여 이러한 주제들을 중심으로 내용을 정리한 것이다.

- 사회-정서적 발달 과정
- 아동을 위한 목적과 목표
- 아동의 욕구 충족 방법
- 집단의 역동성과 갈등
- 목적 및 목표 달성을 위한 활동

사회-정서적 발달과정

3단계 사회-정서 발달상의 특징은 타인에게서 받는 인정과 집단의 일원으로서 쌓여 가는 성공에서 얻는 자존감에 대한 추구다. 이러한 자존감은 더욱 광범위해진 사회적 상황들 속에서 이루어지는 아동의 주도성, 성실, 활동을 통해 발달한다(Erikson, 1950/ 1963; 1959/1980).

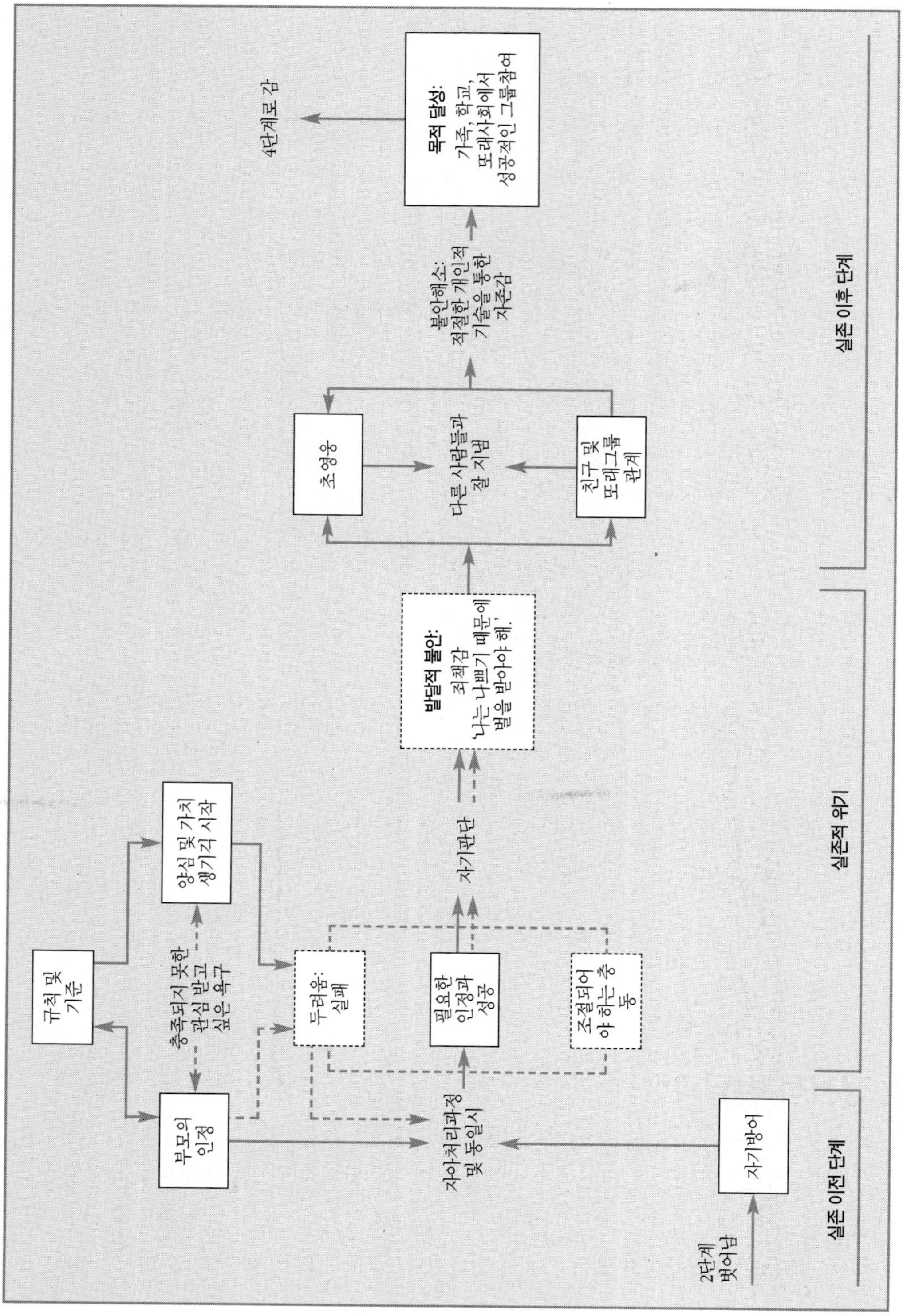

주: 점선은 내면 생활(사고 및 감정)을 나타냄.

[그림 10-1] 3단계의 사회-정서적 주요 발달과정

이 단계 동안에 아동은 타인과의 상호작용을 자기 방어적 관점에서 이해하긴 하지만, 자신의 충동성을 조절하고 성인들에 의해 설정된 기대, 기준, 규칙을 따를 수 있게 된다(Loevinger, 1976; Selman, 1980). 이 단계 아동은 집단의 일원이 됨으로써 얻게 되는 결과들을 즐기기도 하지만, 한편으론 계속해서 타인의 의견을 받아들이지 못하고 계속해서 자기 방어적이고 자기만족적인 언어를 사용하게 되며 이러한 과정에서 불안감과 두려움을 쉽게 느끼게 된다. 3단계 동안의 사회-정서 발달의 주 과정들이 [그림 10-1]에 잘 나타나 있다.

3단계를 시작할 때 아동은 기본적인 지적, 사회적, 정서적, 신체적 기술, 새로 생기기 시작한 자존감을 가지고 있다. 지적체계와 감각운동체계의 발달로 아동은 자신의 선호도나 감정을 건설적인 행위로 바꿀 수 있는 능력이 생기게 된다. 아동은 조직화된 방식으로 주변 세계와 자신을 볼 수 있으며 인과관계에 대한 인식도 발달하게 된다. 이렇게 좀 더 추상적인 사고 능력이 확장됨에 따라 선택 시에 사용하게 되는 가치의 폭도 넓어지게 된다. 3단계 동안 아동에게 주가치는 **공정함과 바른 것으로 보상을 얻게 된다는** 것이다. 아동에게 이것은 자신에 대한 공평한 대우를 의미한다. 아동은 잘한 행동에 대해서는 보상을, 잘못한 행동에 대해서는 벌을 기대하게 된다.

자기방어 및 성인의 인정에 대한 욕구라는 2가지 중요한 힘이 3단계 심리학적 발달에 영향을 미친다. Kagan은 이 단계를 '황제 자아(imperial self)' (Kagan, 1982)라고 불렀다. 기술이 자신의 욕구를 충족시키고 자신이 가진 정서적 필요를 보호하는 방식으로 확장되어 감에 따라 아동은 성인을 보호의 근거로 삼는다. 3단계 시작 단계에서는 부모와 다른 성인들의 권위에 의존하여 문제를 해결하면서도 마술적 해결이나 상상, 가상, 소원 같은 것들을 여전히 믿는다. 하지만 아동은 점차적으로 성인들이 세워 놓은 기준들을 알게 되고 이를 자신의 것으로 동화시켜 간다. 이러한 기대에 호응하기 위해 신장된 능력을 필요로 하게 되면서 자신의 충동을 더욱 잘 통제하게 되고 자율적인 행동도 더 많이 하게 된다. 자신의 행동 조절과 문제해결을 현실에 근거한 규칙들에 의해 통제하게 되는데, 이를 통해 인정과 성공이 주어지기 때문이다. 성인들이 세운 규칙이나 기대를 자신의 것으로 받아들이게 되면서 3단계에 있는 아동은 집단(예, 가족, 학교, 이웃, 교회)의 일원으로서 자신에게 주어지는 기대가 무엇인지 알게 된다.

새로운 태도나 감정, 행동은 3단계에서 인정받는 성인들을 동일시하는 과정에 의해 형성되는데, 이때 아동은 부모와 다른 중요한 성인들의 특성들을 자신의 것으로 동화시킨다(A. Freud, 1973). 이것이 3단계 발달 동안 활동하는 가장 역동적인 힘일 것이다. 부모가 자녀에게 설정해 주는 경계와 자녀에 대한 접근 가능성은 동일시 과정에 반드시 있어야 하는 것이다. 이전 단계에서는 아동이 안정과 보호를 얻고 수용되기 위해 부모의 행동을 모방한다. 그러나 3단계에서 아동은 정신적으로 부모의 태도나 특성, 가치를 자신의 것으로 받아들인다. 아동이 찾을 때 부모가 곁에 있는 경우, 부모의 규칙이나 기준, 정서적 반응이 상호적이고 적절한 경우, 부모가 돕고 인정해 주는 방식으로 자녀를 돌보는 경우에 아동은 부모의 긍정적인 특성들을 많이 닮는다. 이 특성들과 가치들이 아동의 성격, 신념, 행동 형성에 기여한다(Coopersmith, 1967). 이로써 아동이 또래, 집단, 다른 중요한 성인들 사이에서 자신의 행동을 조절하기 위해 사용하는 양심 발달과 가치가 형성되기 시작한다.

부모의 성격 특성이 아동의 성격 발달에 미치는 영향력에 대해 조사한 연구들이 많이 있다. 부모가 자녀를 공격적으로 대할 때, 이는 자녀에게 공격성에 대한 모델링을 제공하는 것이다. 결과적으로 아동은 공격적인 행동을 모방하게 되어 부모의 공격적인 행동유형을 자기 것으로 동화시키고, 부모를 자극해 유사한 반응을 얻으면서 결국 부모와의 사이가 나빠지게 된다. 부모의 분노와 거절은 아동에게서 필요한 인정과 사랑을 빼앗아 가며 더 큰 분노와 화를 야기시킨다. 역사적으로 이러한 분노는 방임적이거나 접근하기 어려운 부모를 향해 밖으로 드러나게 표현되지는 않았다. 실제로 부모나 교사를 향한 직접적인 공격성이 10세 이하의 아동과 초기 10대들에선 나타나지 않는다(Mussen, Conger, Kagan, & Hustion, 1990). 그러나 최근 전국 통계를 보면 이러한 경향에 분명한 변화를 보이는데, 이런 경우에는 부모의 인정과 사랑으로 생긴 결속력이 아동의 자기중심적인 필요 및 욕구를 극복하는 데 있어 적절하지 않을 수도 있음을 시사해 준다. 이에 대한 이유는 분명하지 않지만 부모의 방임(정서적 혹은 신체적으로)이나 성장기 아동을 위한 경계 설정의 부재가 정서적 통제, 책임감 있는 행동, 사회-정서적 능력을 발달시키지 못하는 데 대한 원인일 수 있다고 주장하는 심리학자들도 있다(Anthony, 1976; Coopersmith, 1967).

3단계에 있는 아동 중에는 보복에 대한 두려움이나 성인의 인정이 상실되는 것을 두려워하여 자신에게 중요한 의미를 가지는 성인들에게는 실망이나 분노를 밖으로 표현하지 못하는 아동이 있다. 자신의 분노를 전달하기 위해 물리적 방법보다는 악담이나 불손한 말과 같은 언어적 공격으로 대체하는 아동도 있다. 이는 실제로 통제력을 상실하거나 물리적인 공격을 하지 않고 부모, 교사, 다른 성인들에 대한 증오심을 해소하는 방법이 된다. 아동이 자신을 저버린 성인들에게 반응하는 또 다른 방식은 수동적인 공격성을 이용하는 것이다. 아동은 공개적으로 대립할 경우 자신에게 중요한 의미를 가지는 성인들로부터의 인정을 상실할 수 있음을 두려워하기 때문에 거짓말, 음식물 몰래 모으기, 훔치기, 성적인 말 사용하기, 학교에서의 낙제와 같은 방법을 이용한다.

실패에 대한 두려움

3단계 아동은 성인들이 설정해놓은 행동 기준들을 자신의 것으로 받아들임으로써 공개적으로 표현할 수 없거나 실행할 수 없는 두려움이나 감정을 많이 경험하게 된다. 그들은 기대와 규칙들을 알아채고는 인정받기 위해서 또는 자신의 실수를 '잊어버렸어요.' 혹은 '전 몰라요.' 라고 설명하는 데 상당한 에너지를 쏟는다. 통제할 수 없는 감정이나 힘과 저지를 수도 있는 실수에 대해 염려한다. 아동이 겪는 이러한 두려움과 불안이 바로 충동을 통제하고 타인의 기준에 부응하기 위해 애쓰고 노력하고 있음을 보여 주는 것이다. 다음은 3단계 동안 아동이 겪는 두려움이나 불안의 근거들이다.

- 기준에 부응해야 한다는 필요성 인식
- 숨겨진 비밀이나 받아들여질 수 없는 충동이 드러날 가능성
- 다른 사람들이 인정해 주지 않을 것이라는 염려
- 표현하지 못한 감정으로 인한 좌절, 양육과 애정을 향한 욕구 좌절
- 충족되지 못한 사랑에의 욕구나 '불공평한' 훈육으로 인한 부모에 대한 증오
- 역행할 수 없는 본질을 가진 죽음을 통제하지 못하는 성인의 무능함에 의한 충격

두려움의 형태와 표현방식은 보통 과거의 경험, 성인과의 관계, 자아 처리과정, 인지적 성숙, 양심의 발달에 따라 달라진다. 3단계 동안 아동의 두려움은 특징적으로 악몽, 학교와 관련된 두려움, 죽음에 대한 두려움, 강박적 사고, 충동적 행동, 상징놀이, 미술, 다른 창의적 활동으로 표현된다. 두려움은 대개 여러 가지 표현방식을 취한다.

실제적 두려움	'일어날 거예요.'
막연한 두려움	'일어날지도 몰라요.'
불가사의한, 상상적 두려움	'일어나면 무섭지 않을까요?'

3단계 아동이 갖는 대부분의 두려움은 아동에게 자신감을 다시 갖게 해 주고 두려움을 해소하도록 이끌어 주는 부모의 지원이나 강한 심리적 힘으로 해결될 수 있다. 하지만 3단계 어느 시점에 이르게 되면 모든 아동이 성인들은 전능하지 않으며 항상 통제권을 갖는 것도 아니라는 사실을 깨닫게 된다. 이 새로운 깨달음으로 인해 '**실존적 위기**' 를 겪게 된다. 실존적 위기란 성인들이 항상 모든 문제를 해결하고 모든 욕구를 만족시켜 줄 수 없다는 놀라운 깨달음을 나타내기 위해 사용되는 용어다. 아동은 자신을 지켜 줄 사람이 누구인지, 문제를

해결해야 하는 부담을 스스로 져야 하는지에 대한 의문을 갖게 된다. 이런 위협적인 가능성들이 불안을 야기시키고 두려움을 증가시킨다. 이런 자연적인 실존적 위기는 죽음, 이혼, 편부모로 인한 버려짐, 부모의 알코올 및 약물 중독, 스스로 실존적 위기를 겪고 있는 성인들의 비극적인 반응들을 듣고 보는 경험들에 의해 더욱 심해진다. 자신감과 안정된 부모(스트레스 대처 모델로서)를 갖지 못한 경우, 아동은 실존적 위기를 극복하기가 어렵고 장기적인 불안을 겪기 쉽다.

죄책감: 3단계 아동이 겪는 발달상의 불안

3단계에 있는 아동은 이전 단계에서부터 시작되기도 하는 버려질 것에 대한 염려와 자신의 무능함에 대한 발달적 불안뿐 아니라 새로 야기되는 발달적 불안인 죄책감에 대해서도 취약하다. 죄책감은 전형적으로 6~7세경에 습득된 후, 이 단계 동안 계속해서 발달된다(A. Freud, 1965). 죄책감은 발달과정에서 나타나는 불안으로 아동이 부모가 설정한 기준에 부응하지 못했다고 느낄 때 심한 벌과 질책에 대한 반항을 내면에 쌓거나 부모의 사랑을 얻지 못했을 때 나타난다. 죄책감은 고차원의 양심 발달과도 관련이 있다. 극단으로 치우치는 경우 지나치게 불안해하고 초자아의 지배를 받는 아동이 되며 자율성이나 자존감, 자기신뢰감에 심한 손상을 입는다(Ausubel, Sullivan, & Ives, 1980).

죄책감의 가장 역동적인 측면은 성인 들이 설정한 기준과 기대에 부응하지 못한 데 대한, 즉 되고 싶은 사람이 될 수 없는 무능력에 대해 아동이 내리는 자기 판단이다. 이러한 불안은 3단계 내내 발달에 영향을 주며 4단계까지도 지속되는 경우가 많다. 죄책감으로 인한 심리적 고통을 완화시키기 위한 방편으로 학령기 아동과 10대들은 외톨이가 되기도 한다. 부모에게 인정받거나 성인들의 가치를 동일시하려고 애쓰는 아동 중에서 학대 행동과 가혹하고 불공평한 훈육을 사용하는 부모에게 부정적으로 반응하는 아동(혹은 여전히 3단계에 머물러 있는 10대)을 흔히 볼 수 있다. 부모의 심한 훈육과 학대 행동은 부모의 인정을 받고 싶은 욕구가 강한 아동에게는 너무도 가혹한 것이다. 이런 아동은 부모를 동일시하기가 무척 힘들다. 하지만 불합리하게도 이 연령에 있는 아동이 학대에 대한 책임을 떠맡게 되는 경우가 있으며, 이로부터 야기되는 죄책감은 엄청나게 클 수 있다. 이런 아동의 경우 부모가 보는 앞에서 심한 무능함을 느껴 자책할 수 있다.

3단계에서 아동이 느끼는 실패감이나 무능감은 2단계에서 느끼는 것과는 아주 다르다. 2단계에서 아동이 주로 염려하는 것은 칭찬을 받거나 야단을 맞지 않는 것이다. 이와는 대조적으로 3단계에서 아동은 자기 판단적이다. 아동은 중요한 성인들을 동일시하여 그들의 기준과 가치들을 자신의 것으로 만든다. 이러한 성인들이 부정적인 관점으로 자신을 보는 경우 아동 역시 실패하고 무능한 자아상을 가지게 된다. 자신을 바라보는 관점은 학교생활과 또래관계 및 교사와 다른 성인들과의 관계에도 영향을 미치게 된다.

3단계에서의 또래관계

성인들이 행사하는 힘이나 압력에 대한 견제로서의 또래관계 발달이 3단계에서 시작된다. 이는 아동이 자신의 독립심을 증가시키고 다른 사람들에게 자신을 긍정적으로 확인시키는 방법이 된다. 또래들 앞에서 '잘 보이는' 것은 자존감 신장에 아주 중요하며 또래들 앞에서 실패하는 경우 무능감은 더욱 강화된다. 하지만 이러한 개인적 표현에 있어서의 제약들이 3단계에서는 아직 통제되지 못한다. Brown과 Gilligan은 초등학교 저학년 소녀들의 심리발달에 관한 연구에서 3단계에 일어나는 이러한 과정(대인관계와 자신을 긍정적으로 알리기 위해 다른 사람들을 기쁘게 해 주어야 하는 부담감)에 대해 잘 기술하고 있다(Brown & Gilligan, 1992: 45). 이러한 또래 관계 특성들은 3단계가 시작되어 끝날 때까지 극적으로 변한다. '가장 친한 친구'와 소집단의 친구 집단을 선택하고, 싫어하는 또래들을 만드는 것이 6~8세 아동과 3단계에 머물러 있는 학령 후기 이후의 아동이 전형적으로 보이는 특징이다. 이러한 친구관계는 자주 변하며, 3단계가 끝날 무렵이 되면 또래 집단과 또래 관계가 훨씬 지속적이고 안정적으로 변한다.

규칙들을 다른 아동에게 적용하는 태도에 있어서도 3단계에서는 극적인 변화를 보인다. 3단계 초기에 있는 아동에게 규칙이란 질서, 안전, 다른 사람의 행동을 통제할 수 있는 유일한 방법을 의미한다. 규칙은 절대적이며, 이는 성인들의 절대적인 권위에서 비롯된다. 아동이 규칙을 행동 지침으로 고수하려고 애쓰는 방식을 묘사하기 위해 Brown과 Gilligan(1992: 74-75)은 연구에서 어머니의 도움을 받아 '행동하기 전에 생각하세요.'라는 충고가 적힌 수첩을 가지고 다니는 8세 된 여아에 대해 기술하고 있다.

일러 주기(고자질) 역시 일반적인 특성 중 하나다. 이것은 아동이 성인들이 질서를 통해 안정을 유지시켜 줄 것이라는 확신을 갖고 싶어 하는 욕구를 표현하는 한 방식으로, 다른 아동이 저지를 수 있는 위반을 했을 경우에도 일러 주게 된다. 3단계에 머물고 있는 8~10세 아동은 다른 사람들이 자신을 속일까 봐 염려하는 것이 일반적이다. 이러한 위반은 자신의 안정감과 자신감을 위협한다. 마찬가지로 다른 사람들의 불순종 행동 역시 3단계에 있는 아동에게 스트레스가 되는 경우가 많은데 이는 이들이 아직 행동에 대한 근거, 한 사람의 행동과 이에 대한 다른 사람의 반응 사이의 관계, 대안적 반응 방법, 규칙을 사용하는 새로운 방식을 이해하지 못하기 때문이다(Piaget, 1932/1960).

3단계 아동 사이의 언쟁 또한 전형적으로 나타나는 것으로, 자신에 대한 정당하거나 부당하거나 공평한 대우에 대한 염려를 나타내는 것이다. 이 가치들은 아동의 인지적 성숙, 사회적 지식, 자존감 수준과 동시에 진행된다(Kohlberg, 1981; Kohlberg & Turiel, 1971). 3단계 동안 아동이 성숙해지면서 언쟁은 줄어들게 된다. 다른 사람에게 자랑하거나 다른 사람을 이기려고 하는 특성도 계속해서 나타나는데, 이는 개인적인 자존감을 높이고 싶어 하는 동일한 성장 욕구가 다르게 표현된 것이다. 극단적인 경우 아동 중에는 크게 과장된 이야기를 꾸며댐으로써 기준에 부응하지 못하는 무능감에서 비롯되는 죄책감에 대한 3단계 불안감으로부터 자신을 보호하기도 한다.

운동 기술이 능숙한지 미숙한지는 또래 수용 및 자신을 존중받을 만하고 능력 있는 사람으로 지각하는 데 영향을 미친다. 아동은 이 시기에 높은 수준의 신체 활동 역시 필요로 한다. 아동의 고르지 않은 성장이 이 단계에 전형적으로 나타나는 침착하지 못함, 과다한 활동, 무기력, 나태, 무감정한 태도와 같은 학급에서의 문제행동을 유발시키는 주원인일 수 있다. 3단계 아동은 차츰 신체, 의사소통, 사회성 영역의 기술이 좋아지면서 집단에 동화되어 간다. 우정이 점차 중요해지면서 다른 아동보다 뛰어나고자 하는 욕구는 바람직하게 승화된다. 이 단계를 잘 끝마치게 되면 자기 방어적 특성들은 점진적으로 팀에 대한 자부심, 친구에 대한 충정, 집단 일체감으로 대체된다(Loevinger, 1976).

이 발달 기간을 거치면서 아동은 사회적 힘을 얻기 위해 필요한 말을 사용하는 능력이 크게 신장되는 것을 경험한다. 아동은 가족들에게 충격 요법으로 말을 사용하고 또래들 사이에서 자기 위치를 확보하기 위해 말을 이용한다. 학교 역시 말의 충격 효과를 보기 좋은 곳이다. 아동이 사용하는 말과 말을 사용하는 방식은 아동의 이전 경험과 문화적 규범, 최근의 모델, 인지발달 수준에 따라 달라진다. 이 단계 동안 성숙해지면서 아동은 의사소통을 위한 상징적 형태를 사용하여 더욱 복잡한 정신적 과제들을 수행할 수 있게 되고, 사회적 교류나 대인관계 문제 해결을 위한 지적 능력도 갖추게 된다. 이러한 기술들을 기초로 해서 성공을 거두게 되면서 말이나 행동을 통해 충격을 주고자 하는 아동의 욕구는 감소되는 것으로 보인다. 아동은 다른 사람들의 생각과 행동 간의 차이를 알게 되면서 건설적인 방식으로 다른 사람들에게 영향을 주는 능력도 신장된다(Lickona, 1985; Piaget, 1932/1960; Selman, 1980; Turiel, 1983, 1994). 그러나 3단계가 끝나가는 단계에서도 자신이 한 행동의 결과로 일어날 일들을 매번 예상하지 못하는 아동도 많이 있으며 이는 다음 사회–정서 발달 단계 동안 성취해야 할 하나의 과제로 남게 된다.

아동을 위한 목적과 목표

목적: 성공적인 집단 참여를 위한 학습 기술

3단계에 있는 아동을 위한 발달 치료–발달 교수 프로그램은 아동이 사회–정서적 능력을 갖추기 위해 필요한 구체적인 지표들과 3단계의 최종적인 장기 목표를 성취할 수 있도록 돕는 견인차 역할을 한다. 이전 단계에서 아동은 스스로를 가치 있게 여기고 성인들에게 성공적이고 인정받는 사람으로 자신을 보도록 배운다. 3단계에서는 단순히 자신의 욕구나 성공에 대한 관심 차원을 넘어서 개인적으로도, 집단 내에서도 자신의 행동을 조절해야 한다. 자기통제와 자신감은 이 단계에서 성공적인 집단 참여를 위한 기초가 된다. 이러한 특성을 갖고 있지 못한 아동은 신중하게 실시되는 프로그램이 있어야 한다. 그러므로 프로그램은 아동 자신이 성공적인 집단의 일원으로서 집단에 특별히 기여한 사람으로 느낄 수 있도록 도움을 주어야 한다. 3단계에서 효과적인 프로그램을 통해 지표 달성을 향한 진보, 자존감, 집단의 일원으로서의 가치감을 갖게 된다.

행동 지표

3단계의 행동과 관련된 교육과정 영역에서 아동의 목적은 집단의 일원으로서 개별적 성공을 거두기 위한 기술을 사용하는 것이다. 3단계 초기에 있는 아동은 기본적인 지적, 사회적, 정서적, 신체적 기술들을 가지고 있어 어느 정도 성공적으로 활동에 참여할 수 있다. 아동을 위한 목적은 집단의 일원으로서 성공적으로 행동하고 상호작용하는 방법을 배우는 것이다. 행동 지표는 짧은 시간 동안 독립적으로 일하고 과제를 끝마치는 능력으로부터 시작한다. 다음 2가지 지표는 수용할 수 있는 행동–규칙들을 위해 설정된 기대에 관한 것이다. 3단계 아동은 단순히 규칙들을 소리 내어 읽어서 익힌 다음 이 규칙을 지켜야 하는 이유에 대해서 이해해야 한다. 이 초기 3단계 지표를 성취하는 데 있어 아동은 언제나 수용 가능한 방식으로 행동해야 할 필요는 없다. 일련의 학습과정의 첫 단계로서 항상 기대수준만큼 할 수 있는

3단계 행동 지표

목적: 집단의 일원으로서의 개인적 성공을 위해 기술을 적용하기

- 개별 과제를 독립적으로 완성하기
- 행동을 조절하는 규칙들을 이해하기
- 규칙의 근거와 행동에 대한 기대를 이해하기
- 바른 행동에 대한 대안적 방법을 기술하기
- 집단의 지도자 선택에 대해 수용적으로 반응하기
- 다른 사람들이 통제력을 잃을 때 수용할 수 없는 행동은 삼가기
- 집단에서 받아들일 수 있는 신체적, 언어적 행동을 계속 사용하기

출처: Developmental Therapy Institute(1992).

건 아니라 할지라도 수용 가능한 행동(행동규범)을 기술해 보는 단계다.

다른 행동 방법들을 말로 밖에 할 수 없는 아동도 있긴 하지만 일련의 행동 지표는 수용되는 대안적 행동들에 대한 아동의 이해의 폭을 넓혀 준다. 이 일련의 과정 동안 아동은 다른 아동이 지도자로 있는 집단 활동에 참여하고 타인의 행동을 받아들이기 힘들 때에도 스스로 통제력을 상실하지 않도록 조심하는 것을 배우게 된다. 문제 아동이나 공격적이고 폭력적인 성인 곁에서 자란 아동은 이 지표를 성취하기가 특히 어렵다. 3단계에서 마지막 행동 지표는 특정 활동에서 다른 활동으로 진행할 경우를 포함하여 일정이 짜여 있는 모든 활동을 하는 중에 수용 가능한 언어적, 신체적 통제력을 유지하는 능력을 습득하는 데 중점을 둔다. 이 마지막 참여 영역을 성취하는 데 가장 긴 시간이 걸릴 수 있다. 활동 간의 이동 시에는 변화와 일시적 중단이 따르기 마련이다. 이때 혼란을 겪는 아동도 있고 스트레스를 받는 아동도 있다. 이러한 이유로 활동 간의 원활한 이동이 3단계 프로그램에서는 중요하다.

의사소통 지표

3단계 아동의 의사소통 영역에서의 목적은 집단에서 자신을 체계적으로 표현할 수 있는 언어사용을 배우는 것이다. 3단계를 시작할 때 아동은 이미 기능적인 말과 사회적 의미를 가진 말을 어느 정도 사용하고 있다. 3단계 초기에서의 의사소통 목표는 수용되는 방식으로

3단계 의사소통 지표

목적: 언어를 사용하여 집단에서 자신을 체계적으로 표현하기

개인적인 경험과 생각을 자발적으로 설명하기
긍정적이고 부정적인 감정을 적절하게 표현하기
흥분하지 않고 집단 토론에 참여하기
학업, 활동 및 자신에 대한 자부심 표현하기
자신의 특성, 장점, 문제점 설명하기
타인의 감정 인식하기
집단이 이룬 성과에 대한 자부심 표현하기

출처: Developmental Therapy Institute(1992).

다른 사람과 자신에 관해서(사회적 맥락에서 자신이 하고 있는 것, 생각하고 느끼는 것) 의사소통하는 데 초점을 둔다. 자신이 속한 집단의 일원들과 자신의 경험, 생각, 감정을 적절하게 기술하는 것을 배우게 된다. 또한 집단이 함께 하고 있는 일에 도움이 되는 의사소통 기술사용도 배운다. 문제 아동이나 사회적, 정서적, 행동적 장애가 있는 아동에게는 의사소통 지표는 힘든 과제가 될 수 있으며 이러한 아동에게 이 영역의 발달은 가장 느린 진전을 보일 수 있다. 수용하기 힘든 방식으로 생각과 감정을 표현하긴 쉽지만 또래 집단이나 가족들에게 적절하게 자신의 생각과 감정을 표현하기는 훨씬 힘들다.

3단계에 있는 아동은 감정을 표현하도록 격려받긴 하지만 왜 그렇게 느끼는지를 설명하도록 요구받진 않는다. 왜 그렇게 느끼는지에 대한 설명 단계는 자신에 대한 통찰력에 해당하는 것으로 자신의 감정을 인식하고 표현하는 데 능숙해지고 난 이후에 발달된다. 이는 문제를 가진 아동이 성취하기에는 아주 힘든 지표 과제다. 대개의 경우 이 기술은 다음 사회-정서 발달 단계에서 주로 다루어진다.

3단계에서는 아동이 자신과 자신이 한 일에 대한 자부심을 공개적으로 표현하는 것을 배운다. 자신이 잘하고 있다는 사실을 의식적으로 알게 되기 훨씬 전에 이런 감정을 느끼는 아동도 있다. 스스로 성공을 인정하지 않고 자기 무능함이나 죄책감에 의한 중압감에 시달리는 아동도 있다. 이 지표를 성취하게 되면 아동은 다른 사람들이 들을 수 있는 말로 '자신의' 성취감을 공개적으로 표현할 수 있게 된다.

3단계 의사소통 영역의 나머지 지표들을 습득해 가는 과정에서 아동은 자신과 타인의 특성을 관찰하는 능력이 신장된다. 자신의 단점뿐 아니라 자신의 장점을 알고 표현하기 시작하며 다른 사람들의 특성과 감정 역시 설명하는 법을 배우게 된다. 자신보다 다른 사람에 대해 이야기하는 것이 훨씬 쉬운 아동도 있다. 자기 자신이든 타인이든 간에 이 발달단계에서의 목표인 집단 내에서 자신을 건설적으로 표현하기 목표에 기여할 수 있는 긍정적인 특성에 중점을 두어야 한다.

사회화 지표

3단계 사회화 교육과정 영역에서 아동을 위한 목적은 집단 활동에서 만족감을 얻는 것이다. 3단계를 시작할 무렵 대개 아동은 아직도 자신의 욕구에 대한 일방적인 만족을 구하거나 성인들이 권위와 보호, 훈육, 보상을 제공해 주기 바란다. 3단계에서 아동은 집단의 일원이 됨으로써 생기게 되는 사회적 기대를 알게 되고, 집단의 일원으로서 얻게 되는 결과를 즐기게 된다. 이를 위해선 교대로 차례 지키기, 물건 공유하기, 다른 아동의 제안 수용하기와 같은 집단생활에 필요한 기초 기술들을 배워야 한다.

3단계 사회화 지표

목적: 집단 활동에서 만족감 갖기

- 물건을 공유하고 자발적으로 차례를 지키기
- 또래의 적절한 행동을 자발적으로 모방하기
- 가치판단적인 말을 사용하여 단순한 사회적 상황을 묘사하기(옳고 그름)
- 집단 활동을 이끌어 나가기
- 또래가 제안한 활동에 참여하기
- 활동 순서에 따라 자신의 경험을 설명하기
- 친구 사귀기
- 자발적으로 또래에게 도움을 청하기
- 규칙 준수를 위해 자발적으로 다른 사람을 돕기

출처: Developmental Therapy Institute(1992).

자기중심적 성향에서 사회적인 성향으로 옮겨가기 위해 아동은 바람직하고 성공적인 결과를 가져다주는 수용되는 행동들을 관찰하고 모방할 수 있는 또래들을 충분히 알아야 한다. 일부 심리학자들은 이러한 과정을 탈중심화라고 불렀으며(Piaget, 1951/1962), 문제 아동이나 심한 사회적, 정서적, 행동적 장애를 가진 아동이 성취하기엔 아주 힘든 지표 중 하나다. 반항적이며 쉽게 행동에 대한 통제력을 상실하거나 공격성을 통해 자신의 의사를 표현하는 아동의 경우 대개 수용되지 못하는 행동을 모방하게 되는데, 이는 이 행동이 그들이 느끼는 감정을 표현해 주는 경우가 많기 때문이다(Anthony, 1976). 아동은 배운 적이 없기 때문에 또래들의 성공적인 행동이 무엇인지 알고 모방하기가 아주 힘들다. 이 단계에서의 다른 차원의 사회화는 특정한 가치(옳고 그름, 공정하고 공정하지 못함, 좋고 나쁨)가 다른 사람과 함께 하는 상황에 적용될 수 있음을 깨닫는 것이다. 성공적인 행동과 성공적이지 못한 행동(수용되는 행동과 수용되지 못하는 행동)을 변별하는 학습과정의 일부분으로서 많은 아동이 자신이 속한 사회적 상황에서 이러한 기초적인 가치들을 인식하고 설명하는 방법을 배워야만 한다.

3단계에서의 사회화 과정에는 집단 활동에 필요한 기본적인 사회적 상호작용을 위한 지표들을 포함하고 있으며 이 중에는 집단의 지도자하기, 집단을 위한 시범 보여 주기, 다른 아동이 제안한 활동에 참여하기(행동 지표이기도 하다), 타인에게 경험한 것에 대해 이야기하기, 친구 사귀기, 타인에게 도움 요청하기가 포함된다. 3단계에서 마지막 사회화 지표는 자발적으로 다른 사람들을 도와 집단에 순응하고 참여하도록 할 때 성취된다. 이 지표는 아동이 대인적 관점 갖기와 사회적 책임에 있어 성숙해지고 있음을 나타내 주는 증거가 된다. 이를 통해 성인은 아동의 사회-정서적 발달이 다음 단계로 넘어가고 있으며 다른 사람을 배려하는 확실한 감각이 생기기 시작했음을 알 수 있게 된다.

학업/인지 지표

3단계 학업/인지 영역에서 아동의 목적은 기초 학업기술, 언어개념, 경험에 대한 상징적 표상을 사용하여 학습 집단에 성공적으로 참여하는 것이다. 이 발달적 치료-발달적 교수 영역에서는 3단계 사회-정서 발달을 촉진시켜 줄 수 있는 기초 읽기, 쓰기, 산수 기술을 강조한다. 지표는 초등학교 1~3학년까지의 학업 성취 단계와 동일하며 성취목표와 관련된 기술들이 크게 각 학년별로 나누어져 있다. 첫 번째 지표 집단은 눈-손 협응 기술 및 초보적 읽기, 쓰기, 수에 중점을 두고 있다. 아동이 읽기 시작하면 먼저 사실을 기억하고 자신이 읽은 사건의 순차적인 진행을 이해하기를 배운다. 다음으로 배우는 것은 읽은 내용에서 인물들의 행

3단계 학업/인지 지표

목적: 기초 학업기술, 언어개념, 경험에 대한 상징적 표상을 사용하여 학습 집단에 성공적으로 참여하기

6세 수준의 눈-손 협응 활동을 수행하기
6세 수준의 신체 협응 활동을 수행하기
최소 50개의 기초 단어를 읽기
10까지의 수를 알고 쓰기
50개의 기초 단어를 기억하여 쓰기
이야기에 나오는 사실과 사건 진행 순서를 듣고 이해하기
이야기, 그림, 경험에서 다른 사람의 행동을 설명하기
기본적인 문장을 이해하면서 읽기
1에서 9까지의 수를 이용해 계산하기
단순한 상황에서 비논리적인 요소 찾아내기
간단한 문장으로 써서 이야기에 관한 질문에 답하기
또래들과의 게임에서 신체적 기술을 수행하기
간단한 문장을 쓸 때 기본적인 구두법 규칙을 사용하기
시간과 돈에 관련하여 덧셈과 뺄셈의 수 개념을 이용하기
시간, 길이, 액체의 부피의 양 측정에 사용되는 단어를 읽고 설명하기
자리 값, 다시 집단으로 묶기, 곱셈, 단순한 순차 배열을 사용하여 크기와 관계 문제를 풀기

출처: Developmental Therapy Institute(1992).

동을 설명하기다. 이 기술은 사회적 지식의 확대와 함께 사회성과 의사소통 영역의 기술 발달을 돕는다.

사고 기술과 초보적 학업 수단 습득이 진행됨에 따라 아동은 상징적 형태(글로 적은 단어나 문장)를 통해 자신의 생각을 전달하도록 격려를 받는다. 아동은 상징을 이용하여 일상생활과 관련된 실제적인 문제들을 해결하기도 한다. 이 기술은 3단계 전 과정을 통해 지속적으로 연마되는데 그 이유는 상징이 정서와 행동을 합리적으로 더욱 잘 관리할 수 있는 강력한 수단이 되기 때문이다.

학교 과제와 학습 능력은 모든 아동의 자존감에 필수적인 요소이기 때문에 3단계에서 아동이 기초 학습 수단을 습득하는 데 필요한 모든 도움을 제공하는 일은 대단히 중요하다. 아

동이 이러한 기술을 습득하는 데 특별한 방법이 요구되는 학습장애를 가지고 있는 경우 문제가 아주 복잡해진다. 발달장애를 가진 아동 역시 기본적인 지표를 습득하기 위해선 특별한 도움이 필요하다. 개인차에 맞게 프로그램들이 고안되고 수정되어야 하기 때문에 아동의 생활연령이 고려되어야 한다. 사회-정서적 발달 단계뿐 아니라 흥미와 동기 또한 아동의 학습 활동에 있어 집단지도와 개별지도의 비율을 결정할 때 반드시 고려되어야 한다. 이에 대해서는 이장의 마지막 부분에 더욱 자세하게 논의되어 있다.

아동의 욕구 충족방법

3단계 프로그램의 목적은 집단 또래들 사이에서의 성공이다. 이 단계에 있는 아동은 이전 사회-정서 발달 단계에 있는 아동과는 확연하게 다르다. 대개의 경우 자아감이 무척 약해서 엄청나게 많은 자기 방어 행동이 필요하긴 하지만 아동은 어느 정도 자신을 중요하다고 느낀다. 3단계 아동과 이전 단계의 아동을 확연하게 구분 짓고 프로그램의 본질에 영향을 끼치는 특성은 서로에 대한 능동적인 의식이다. 무관심해 보여도 칭찬받기 위해 장시간 공을 들일 정도로 아동은 또래를 지나치게 의식하고 있다. 아동은 실제 사람보다 뛰어난 모델을 찾아 모방한다. 흔히 책, TV, 영화가 이들 욕구를 강력하게 채워 주긴 하지만 스스로 그렇게 되기에는 3단계 아동의 기술과 능력은 제한적이다. 그들이 하고 싶어 하는 것들은 흔히 할 수 없는 것들이며, 매일의 일상에서 자신이 가진 문제들을 해결하기 위한 많은 시도가 실패로 끝난다.

3단계 아동의 전형적인 반응은 어떻게 해서든지 자기를 방어하려고 하는 것이다. 이런 아동이 갖는 문제 중 대다수가 자신의 무능함이 더 이상 노출되지 않도록 자신을 방어하려는 욕구로부터 생기는 결과며, 행동 문제 중 많은 수가 타인의 기준에 부합하지 못한 데 대해 스스로 느끼는 죄책감으로부터 자신을 차단시키려는 시도에 의해 생긴다. 자기 방어 욕구는 사회적, 정서적, 행동적 장애를 가질 위험이 있는 아동과 이미 가지고 있는 아동인 경우 특히 분명하게 나타난다. 3단계 사회-정서 발달에 있는 아동은 초등학교, 중학교, 고등학교 모두에서 찾아볼 수 있다. 이들은 다른 단계에서보다 훨씬 수용 가능한 행동을 보일 수도 있고 훨씬 더 난폭하고 반항적인 행동을 보일 수도 있다. 그들이 보이는 수줍음과 복잡함으로 인해 성인들과 다른 아동들은 보이는 행동을 그들의 '진짜' 모습으로 오해하는 경우가 많다. 있는 그대로 행동을 극히 순진한 것으로 잘못 생각한다. 부모, 교사, 아는 사람들에게 선과 악의 모순에 대한 좌절감을 안겨 준다. 일례로 아동은 규칙을 만들고선 자신은 그 규칙들로부터 개인적인 면제를 받고자 요청한다. 이들은 우정을 맺자는 제안을 거절하고 나선 다시 우정관계를 회복하려고 애쓴다. 화가 났을 때 당신에겐 말하지 않겠지만 자신의 옆자리에 앉은 아동에게는 말할 것이다. 이런 일은 집과 학교, 이웃 집단에서 일어난다.

많은 문제를 가졌든 예측이 가능한 전형적인 아동이든 간에 3단계 아동에게 있어서 3단계 시작부터 마지막까지 전 과정 내내 일어나는 모든 변화가 극적이다. 시작단계에 있는 아동과 마지막 단계에 있는 아동의 차이가 너무나 커서 왜 이 교육과정 단계를 두 단계로 분리하지 않는지 궁금해하는 질문을 받는다. 하지만 우리는 이러한 발달적 변화가 바로 이 단계의

〈표 10-1〉 3단계에서 일어나는 아동의 변화

흥미	
3단계 초기	아동은 판타지나 놀이, 운명을 좌지우지하는 전능한 힘, 마술적 해결, 소원 성취에 관심을 갖는 2단계 마지막에 있는 아동과 비슷하다.
3단계 후기	아동은 현실 과제 수행과 학습 및 사회적 능력 개발에 관심이 있다. 아동은 현실의 성인 세계와 자기 연령 또래 집단 참여를 원한다.
규칙 및 기대에 반응하기	
3단계 초기	아동은 규칙을 성인 이 가진 불변의 권위, 명령, 안정의 표상으로 받아들인다.
3단계 후기	아동은 규칙을 자신의 행동에 대한 지침으로 여긴다. 외부의 권위를 필요로 하지만 규칙 만들기와 변경에 있어 융통성을 보인다.
타인 모방 및 동일시	
3단계 초기	아동은 성인들의 견해를 진리로 받아들이며 성인들은 무엇이든지 다 할 수 있는 존재로 생각하여 부모, 교사, 초인적 영웅을 모방한다.
3단계 후기	아동은 다른 아동과 성인들에 대해 자신을 시험한다. 실존 영웅, 존경하는 성인, 친구로서 혹은 팀 일원으로서 존중하는 또래들을 동일시한다.
사고	
3단계 초기	아동의 사고는 기능적이고 주관적이며 자신의 욕구와 관련되어 있다.
3단계 후기	아동은 사건들 사이의 연관성을 보기 시작하며, 1가지 문제를 바라보는 여러 가지 방법이 있음을 알게 되고 문제해결책들을 일반화할 수 있다.
관계	
3단계 초기	아동은 욕구 제공자로서 자기중심적이고 피상적이며 착취적인 관점에서 다른 사람들을 보며 다른 사람의 욕구나 관점을 볼 수 없다.
3단계 후기	아동은 자신의 감정이 본인과 다른 사람들의 행동에 영향을 미친다는 사실을 알게 되며 또래와 성인들에게서 인정받는 데 관심을 둔다.

독특함을 규정짓는 특성(중심으로서의 자아에서 관계 속에서의 자아로의 변화)이기 때문에 전체를 한 단계로 계속 유지해 왔다. 〈표 10-1〉에 이러한 변화들이 요약되어 있다.

이러한 특성들이 매일, 매순간 자신의 욕구에 따라 쉽게 변하는 3단계 아동을 위한 프로그램이 된다. 생산적이고 성공적인 며칠을 보내다가 다른 날은 재난과 위기의 연속이 되기도 한다. 고립의 이미지를 보여 주기도 하고 다른 사람에게 인정받으려고 애쓰기도 하며, 각기 다른 규칙과 기대를 가진 다양한 집단으로 구성된 사회에 적응하려고 노력하는 등 아동이 갖는 이러한 자기모순적인 특성을 아름답게 그리는 시인이 있을지도 모른다. 하지만 3단계 아동의 부모나 관련된 성인들은 이때를 반응을 예측할 수 없는 시기로 본다. 한때 아동은 수용할 만하고 협조적인 행동의 모델이었다가 예측 밖으로 행동과 감정 상태가 악화되고 다른 욕구들이 우선순위가 되어 버린다.

이러한 특성을 가진 아동을 돕는 일은 상당한 민감성, 이해심, 융통성, 인내심, 성실함, 시간과 노력을 필요로 한다. 교사와 부모는 지원과 정보 공유, 위기 해결, 아동의 욕구 파악을 위해 서로가 필요함을 알게 된다. 교사와 학교 사회복지사는 가정과 학교 사이의 의사소통 관계를 마련한다. 이들은 아동이 소년재판 문제에 연루될 때 중재자나 지지자의 역할로서 도움을 줄 수 있다. 또한 통합장면에서 아동이 일반학교 교육과정에 적응할 때도 도움을 줄 수 있다. 아동이 통제력을 상실하고 다시 퇴행할 때 위기 중재를 통해 지원하기도 한다. 이 모든 활동들은 장소와 관계없이 발달적 치료-발달적 교수의 효과적인 3단계 프로그램을 제공하는 일에 해당된다.

끈기와 이해심을 가진다면 이러한 노력은 결실을 거둘 수 있다. 성인들이 자신과 프로그램 전략에 대해 다소 의심이 들려고 할 때쯤 3단계 아동의 긍정적인 변화가 나타나기 시작한다. 이러한 변화는 처음에는 너무나 미약해서 좋아지고 있음을 나타내 주는 아주 작지만 긍정적인 변화에 성인들이 주의를 기울이지 않으면 간과되기 쉽다. 곧 집단 결속력이 생기는 조짐이 나타나고 아동이 집단에서 서로 협력해서 일하는 모습을 볼 수 있게 된다. 습득한 것으로 기록하게 되는 3단계 지표들이 생기고, 놀라울 정도의 단기간 내에 4단계 교육과정을 시작해도 될 아동도 더러 나오게 된다.

성인의 역할: 칭찬, 격려, 문제 해결

3단계 아동이 자신이 가치 있는 사람임을 인정받고 싶어 할 때 성인은 곧 권위의 상징이자 이를 인증해 줄 사람이다. 영향력 있는 성인이란 아동에게 개인적인 성공을 보장해 줄 수 있는 성인의 특성을 갖춘 사람이다. 3단계 아동은 인정받고 능력 있는 성인들이 자신들이 처리할 수 없는 많은 문제들을 해결해 줄 것으로 믿는다. 아동은 인정과 칭찬을 갈구하면서도 계속해서 성인들의 힘과 권위, 전문적 기술, 개인적 특성을 시험해 본다. 이렇게 하는 이유는 성인이 위기상황에서 의지할 수 있는 사람인지 검증해 보고 싶어 하기 때문이다. 이들은 또한 집단참여와 문제해결에 대한 모델로서 심리적으로 강한 성인을 원한다. 성인들이 자신이 이룬 성공을 인정해 주고 언급해 주기를 원하며 집단 활동에서 위축될 때 성인이 방향을 다시 잡아 주길 기대한다.

3단계에 있는 아동과 함께 일하는 성인들의 주된 책임은 아동이 자신들이 하는 일과 자신들에게 일어난 일 사이의 연관성을 이해하도록 돕는 것이다. 연관성 이해는 3단계 전 과정 동안 계속 진행되는 점진적인 과정을 통해 얻는 이 과정에서 아동은 다른 사람들과의 많은 경험을 가져야 하는데, 이런 경험에는 어떤 일이 일어났으며, 왜 일어났는지에 대한 토론이 수반되어야 한다. 성인이 토론을 리드하고 아동이 새로운 통찰력을 갖도록 지도해 주어야 한다. 대집단보다는 소집단이 사회 학습을 할 수 있는 기회를 좀 더 많이 제공해 줄 수 있을 뿐 아니라 3단계 프로그램에서 더욱 효과적이다. 다음은 노련한 교사에 의해 진행된 기초적인 3단계 집단 토의의 예다.

이러한 대화가 일어나는 동안 교사는 각 아동의 취약점을 알고, 대화가 긍정적인 결론에 이를 수 있도록 이끌 수 있는 구조를 제공해 준다. Kendra의 언어적인 참여는 극히 적었으며 이는 의사소통 기술이 부족하다는 사실을 반영해 준다. 질문을 해서 Kendra를 집단 속으로 이끌려는 시도는 대개 성공적이지 못했으며 이는 그녀가 집단으로부터 거부감을 느끼기 때문이다. Kendra는 동의와 도움을 얻으려고 자주 Maria를 쳐다본다. Lewis는 평소처럼 한계를 시험해 보고 언어적 재지시를 요구하며, 한번도 충분히 받지 못했던 것처럼 언어적, 비언어적 관심에 집착한다. Kendra의 참여가 부족했기 때문에 교사는 Kendra가 대답할 수 있는 질문을 한다. 교사는 Kendra에게 직접 말을 하고 팔을 가볍게 만져 Kendra의 멍한 상태에서 벗어나게 한다.

이 예는 집단이 참여에 대한 보상—개인적 인정, 성공 자존감—으로 무언가 제공해야 함을 강조한다. 이러한 경험을 통해 집단 내에 각 개인의 자리가 있음을 확신시켜 주는 것이 성인의 역할이다. 관리가 힘든 이유는 타인의 이익에 기여하기에는 3단계 집단 아동의 능력의 한계가 있다. 개개인이 자기 방어적 우선순위에 따르기 때문에 3단계 동안 집단은 독립적으로 기능하지 못하게 된다(집단이 독립적으로 기능하여 집단 일원들은 다음 단계로 통과하기 시작할 때, 4단계 프로그램으로 넘어가야 한다.). 이런 이유로 3단계 아동과 함께 일하는 성인들

간식시간의 토론

VICTOR: 예전에 야구팀에서 게임을 하곤 했어. 하루는 내가 홈런을 쳤는데 그것이 500마일이나 날아갔어. 아무도 그 공을 찾지 못했어, 엄청나게 빨리 날아갔거든. 난 그 게임에서 홈런을 2개나 더 쳤어.

MARIA: 넌 공을 500마일이나 칠 수 없어.

교 사: Victor야, 너 오늘 게임에서 여러 번 좋은 수비를 보인 것 같더구나.

VICTOR: 예! 전 오늘 3개의 플라이 볼을 잡았어요.

BRAD: 네가 잡은 건 마리아가 찬 하이볼이잖아!

VICTOR: 음. Brad, 너는 공을 잘 봐야 해. 우리 아빠가 그래야 된다고 말씀해 주셨어. 내일 내가 어떻게 하는 건지 보여 줄게.

LEWIS: 공이 똑바로 날아오면 하나도 못 잡을 걸.

교 사: 좀 배우면 할 수 있을 거야. 오늘 모두들 잘 잡아서 우리 팀이 높은 점수를 기록했어. 점수 기억하는 사람?

LEWIS: 17점이었어요. 계속 점수를 계산했거든요.

교 사: 맞아. Kendra, 어제 점수는 몇 점이었지?

KENDRA: 11점이요.

교 사: 우리 팀이 날로 향상되고 있구나!

간식시간이 끝날 때 쯤, 교사는 토론을 마무리한다. "2분 남았다." 교사는 매번 아동과 눈을 맞추면서 집단을 둘러본다. 교사는 Maria에게 테이블에 남은 크래커를 정리하도록 한다.

Brad는 우유 곽을 가볍게 던진다. 교사는 이전에 잘한 것에 대해 이야기하는 것으로 Brad에게 반응을 보인다. "Brad, 이번 주에는 4일 중 3일은 우유 곽을 휴지통에 잘 버렸어. 네 번 중에 네 번 다 넣으면 100점인데! Brad가 우유 곽을 주워 쓰레기통에 넣는다. 교사는 Brad를 칭찬하고 아동이 다음 활동에 관한 토론을 시작하자 곁으로 간다.

은 항상 집단의 역동성과 아동이 활동에 참여할 수 있는 동기를 크게 자극해 줄 수 있는 유인책들을 사용해야 한다. 각 아동이 다른 사람들과 성공적으로 참여하도록 하기 위해서 성인이 집단의 지도자로서의 역할을 감당해야 할 필요성이 있다. 3단계 후기에 속한 아동 중에는 참여하려 하지 않는 아동이 꽤 있다. 이들은 많은 실패와 거부의 경험으로 인해 모든 제안에 대해 부정적이고 언어적인 반항과 같은 반응을 보이고, 자신을 다시 노출시키고 싶어 하지 않는다. 이로 인해 자발적인 집단 참여는 어렵다. 이런 경우 아동이 빗장을 풀고 집단에 참여하도록 이끌 수 있는 것은 설득력 있고 능력 있는 성인과 내재적 매력을 지닌 활동이다.

3단계 아동이 제안된 활동에 대해 불평하는 소리를 쉽게 들을 수 있다. 이들은 보통 어떤 흥미나 충분한 정보도 없이 그저 시작해서 성공하려고만 한다. 바로 이때가 성인이 일관성을 가지고 활동을 시작하기 전에 매번 간략하고도 명확하게 구조화된 도입 설명을 제공해 주어야 하는 시점이다. 아동이 성공적으로 교재교구를 활용하는 방법을 시각적인 예를 들어 보여 주기도 하고 관련 단계들에서 성취해야 할 것들을 설정해 주기도 한다. 이러한 활동 도입부 없이 넘어가고 싶은 유혹이 생기기도 하는데, 특히 다음과 같이 아동이 말로 요구할 때가 그렇다.

'지금 시작해요!'
'난 그거 할 수 있어요.'
'전에 해 봤어요.'

하지만 성인이 집단 활동을 이끌 때마다 매번 간략한 도입을 진행하는 것은 중요하다. 어떻게 하는지 이미 알고 있다고 항의하지만, 3단계 아동의 경우 단계를 위한 준비가 신중하게 구성된 도입부 없이는 실패하기 쉽다.

3단계 초기에 흔히 일어나는 일로서 집단 활동이 잘 진행되지 않을 때, 활동이 와해되어 실패로 끝나기 전에 성인들이 다시 방향을 잡아 주고 재구성해 주고 중재해 주어야 한다. 각 집단 내의 역동성은 심각한 변화가 일어나는 빈도와 수준에 영향을 준다. 실패에 아주 민감한 아동과 행동 통제력이 낮은 아동은 자신과 자신의 스트레스로부터 주의를 돌리는 한 방법으로 집단을 빠르게 진행시킬 수 있다. 성인들은 이러한 스트레스의 조짐들을 경계해야 하고 언어적 중재 방법을 사용해 불안을 감소시켜 주거나 진행 중인 활동에 대한 아동의 노력에 대한 방향을 다시 잡아 주어야 한다(집단 역동성 이해에 대한 중요성은 이후에 논의된다.). 다른 친구들을 괴롭힘으로써 자신의 스트레스를 표시하는 아동이 있는가 하면 그 활동을 선택하거나 성인을 표적으로 삼는 아동도 있다. 아이들은 이런 불평들을 늘어놓을 수 있다.

'이건 너무 멍청한 일이에요.'
'전 이거 싫어요.'
'왜 이런 걸 하라고 시키세요?'

아동이 활동을 좋아하고 자신이 하는 것에 자부심을 느끼기 시작하는 단계가 되면 3단계 아동은 자신이 싫어한다는 사실을 분명하게 주장할 수 있게 된다. 성인이 기억해야 할 것은 3단계 아동이 진행 중인 일에 대한 자신의 개인적 반응에 대한 정확한 피드백을 주지 못할 수 있다는 사실이다. 아동의 왜곡된 지각이 매번 고의적인 것은 아니다. 많은 경우에 있어 그것은 단지 반응일 뿐이다. 아동은 아직 긍정적인 감정을 정확하게 인식하거나 자신을 다른 사람들에게 드러내는 방법을 배우지 못했기 때문이다.

아직 3단계에 머물러 있는 초등학교 고학년 이후의 아동 중 많은 아동에게 우선순위는 개인적인 권리다. 한편 성인은 존중받는 개인으로 서로에 대해 인식하고 있음을 전달하기 위해서 집단 내에 있는 개개인의 아동과 충분한 관계를 가져야 한다. 다른 한편으로 성인은 개인의 보호와 유익을 위해 다른 사람들이 규칙을 지킬 수 있도록 공정하고 강한 지도자로서의 확고함도 지니고 있어야 한다. 균형을 잘 잡기 위해서는 아동과 함께 일하는 성인들 쪽에 개인적 힘이 크게 주어져야 한다.

성공을 촉진시키는 관리전략

성인들은 3단계 프로그램 진행 동안 개인과 집단의 성공을 촉진해 줄 수 있는 많은 전략들을 사용한다. 가장 흔히 사용하는 행동관리전략들은 다음과 같다.

성인이 행동 관리를 위해 흔히 사용하는 전략(3단계 아동을 위한)

긍정적 피드백과 칭찬	개인이 집단에 한 개별적 기여에 대하여
교재교구로 동기 부여하기 구성	개인적 관련성이 있으며 또래들 눈에 잘 보이게 해 주는 성인이 권위로 사용하는 법과 질서의 예측 가능한 절차
재방향 잡기	다시 동기를 부여하기 위한 언어적 단서
평가소견	말, 행동, 느낌
해석	행동 이면의 감정
성인들 간의 언어적 상호작용	집단 절차 모델을 위해
규칙	모든 사람들에게 공정한 적용
생활중심중재	해결 및 자신과 타인을 더욱 잘 이해하기
방에서 내보내기	생활중심중재에 대한 기회 및 위기 해결

이 전략들 모두는 긍정적인 집단 진행 과정을 강조하는 방식—말, 행동, 감정—으로 사용되며 한 상황이 집단 일원들에게 어떤 영향을 주는지에 대한 이해를 전달한다. 물리적 중재

가 3단계 초기 프로그램에서 권위를 세우는 데 있어 때로 필요할지 모른다. 그러나 물리적 중재는 항상 최후의 수단으로 고려해야 한다. 교재교구, 프로그램의 구성, 성인의 언어 기술, 성공적인 사회적 교류 모델로서의 성인들의 상호작용은 집단 참여를 격려한다. 이러한 전략들을 사용한 결과는 참여로 이어져야 하고 전 아동에게 모든 활동의 결말이 성공적이어야 한다. 이러한 기대는 성인의 권위에서 비롯된 규칙들을 통해 전달되고 모두에게 공정하게 적용되게 된다.

3단계 아동의 행동에 대한 기대(규칙)

- 집단의 일원되기
- 지시 따르기
- 다른 사람에게 도움 주기
- 존중하기
- 공적인 물건 관리하기

위기, 갈등, 물리적 공격, 통제력 상실이 3단계에서 가장 많이 일어나는 것들이다. 이전 단계에 있는 아동은 아직 충분한 기술이 발달하지 못했던, 다른 아동이 자신을 다른 사람들을 무너뜨릴 수 있는 강력한 힘을 가진 사람으로 보는지에 대해 관심을 갖는다. 3단계 이후 사회-정서 발달 단계에 이르러 아동은 충분히 성숙해지고 자신과 타인을 이해하게 되면서 자신을 조절할 수 있게 된다. 하지만 3단계 동안에는 이 모든 힘들은 대개 갈등을 낳게 되고 집단 일원들 사이에서의 성공적인 대처를 위한 필요한 기술의 부재를 가져오게 된다.

변화가 심한 이 단계 동안 성인들은 수용될 수 있는 방법으로 자신들의 감정과 행동을 관리하는 것이 중요하다. 언어 기술과 집단 통솔력, 방향감각이 필요하다. 그 이유는 팀에서 지원자 역할을 맡은 사람은 집단 활동을 계속해 나가기 위해 성인의 도움이 필요한 아동에게 개별적인 도움을 주어야 하지만, 팀에서 지도자 역할을 맡은 성인은 진행되는 활동을 전체 집단으로 이끌어 나가야 하기 때문이다. 성인이 통솔력을 잃게 되면 아동의 행동과 감정이 집단을 통제하게 된다. 3단계 프로그램에서 성인이 감정을 나타내거나 통솔력을 상실해서는 안 된다. 물리적 중재는 아동의 통제력 상실로 인해 다른 아동이 다칠 가능성이 있거나, 아동이 너무 파괴적이어서 방에서 내보내지 않고는 집단이 제대로 기능할 수 없는 경우에만 사용되어야 하는 최후 수단이다.

개별적 생활중심중재는 자신과 타인에 대한 이해를 증가시킬 수 있도록 각 아동을 돕고 위기 사건을 해결해 줄 수 있는 중요한 전략이다. 생활중심중재는 성인과 개별 아동 사이의 관계를 강화시키는 중요한 방법이다. 3단계 아동과 일하는 성인들이면 누구나 생활중심중재에 대해 잘 알고 있어야 하며 신체 공격에 대한 치료적 관리에 대해서도 익히 알고 있어야 한다.

3단계 동안 집단에 속한 아동의 행동에 영향을 주는 성인의 힘은 7장에 설명된 강압, 조종, 호감, 전문성과 같은 일반적인 유형의 사회적 힘에서 비롯된다. 강압이란 모든 사람이 규칙을 따라야 하고 규칙을 깨드리면 벌을 받는 것이 마땅하며 그것이 공정한 것이라는 의미를 갖고 있다. 조종이란 모든 팀원들의 창의력을 파악하고, 각 개인과 관련된 문제들을 다루며 다른 사람들 눈에 성공적으로 비쳐질 수 있는 기회를 제공해 주는 내용 선택을 통해 집단원 모두의 참여를 이루어 내는 것이다. 호감이란 아동이 좋아할 만한 개인적인 자질을 이용해 아동을 사로잡아 성인을 모방하도록 만드는 것이다. 이러한 자질들은 존중받고 사랑받고 싶은 아동 자신의 욕구를 충족시켜 준다. 전문성이란 모든 사람을 통제권 아래에 두고 아동 스스로 해결할 수 없는 문제를 해결해 주며 집단에 대한 심리적 안정감을 제공해 줄 수 있는 성인의 능력에 자신감을 심어 준다. 여기서 주는 메시지는 '이곳에서는 어느 누구도 상처받아서도 안 되며, 어느 누구도 다른 사람에게 상처를 입혀서도 안 된다.' 라는 것이다.

집단의 역동성과 갈등

안정적인 집단의 일원이 되는 것은 3단계 발달에 있어 핵심적인 성취과제다. 하지만 사회적으로, 정서적으로, 행동적으로 장애가 있는 아동은 이 발달 성취 과정에 엄청난 어려움을 겪는다. 아동 사이에 나타나는 서로를 향한 언어적, 신체적 공격 형태는 아동 자신이 집단 일원으로서의 자기 위치에 대해 안정감을 느끼지 못하고 있음을 알려 주는 전형적인 지표가 된다. 이렇게 되면 집단 갈등이 야기되기 마련이다. 이런 아동은 많은 경우에 또래들의 눈에 띄기 위해 극단적인 행동을 함으로써 집단에서 힘을 갖고 있다는 새로운 자신감을 얻는다. 불행히도 집단의 다른 아동도 이 영역에서의 부족이나 자신의 욕구로 인해 아직 긍정적이거나 건설적인 사회적 반응을 제공할 만큼 갖추고 있지 못하다. 3단계에서 집단원들이 보이는 사회화 기술의 부족으로 인해 개개인이 안정감을 느끼고 또래들 사이에서 성공적으로 수행하는 기능적인 집단을 세워야 할 책임은 성인이 지게 된다. 또한 이 단계 동안 극복되어야 하는 가장 힘들고 어려우며 장기간에 걸친 문제 중 하나인 집단 갈등이 생긴다.

효과적인 집단으로 이끌기는 집단 멤버십에 의해 영향을 받게 될 다른 아동을 충분히 고려하는 아동을 위한 발달적 치료-발달적 교수 프로그램 실시에 있어 핵심적인 부분이다. 집단의 힘이 집단 내 각 개인의 향상에 영향을 주기 때문에, 집단 역학과 집단 위기관리에 관한 논의가 이 책에 포함되어 있다. 그러나 3단계로 혹은 3단계에서 다음 단계로 단계 이동을 하는 아동을 위한 프로그램을 제공할 성인들은 이 정보를 적용할 수 있는지 파악하고 있어야 한다.

집단에서의 개인의 역할과 상호작용을 관찰, 분석, 변경하는 일은 민감하고도 복잡한 일이다. 집단 내에서의 아동 행동의 변화, 집단의 구조와 기능의 변화를 이루어 내는 일에는 상당한 정보가 필요하다. 집단 역학과 집단에서의 아동 역할을 관리함으로써 새로운 행동, 새로운 상호작용 및 새로운 역할을 촉진시킬 수 있다. 효과적인 발달적 치료-발달적 교수 프로그램은 앞에서 설명한 사회화 및 의사소통 지표에 중점을 두어 일반화할 수 있는 기술을 습득하고자 하는 아동에게 도움을 줄 수 있다. 그 결과 개별적으로 긍정적인 변화들이 일어나고 아동은 다양한 집단의 일원으로서 더욱 효과적으로 기능할 수 있게 된다.

집단역동성

아동이 집단에서 어떤 역할을 완수하는지를 아는 것도 중요하지만 집단에서 누가 누구에게 영향을 주는지를 파악하는 것 또한 중요하다. 관계 패턴(자신의 정서적, 사회적 욕구를 다른 사람을 통해 성취하기 위해 개인이 시도하는 행위와 이에 대한 반응)을 집단 역동이라고 부른다. 집단행동의 변화를 가져올 수 있는 몇 가지 집단 역동 양상이 있다. 사용되는 개념은 아래의 5가지로 구조화되어 있다.

(1) 사회화 수준
(2) 집단에서 아동의 역할
(3) 각 아동이 사용하는 사회적 힘의 유형 및 양(정도)
(4) 집단원들 사이에 일어나는 긍정적, 부정적 상호작용 분석(소시오그램/사회적 관계 도식)
(5) 집단 역동 변화를 위한 정보사용 방법

(1) 각 아동에게 맞는 사회화 단계를 확인하라 집단원들 사이에 상호작용이 일어나기 시작함에 따라 아동이 습득하고 있거나 결핍된 사회화 단계와 지표들을 구체적으로 파악하는 데 도움이 되는 모든 정보를 검토한다. 아동의 사회화 단계가 사회-정서 발달의 전반적인 단계와 항상 같을 순 없기 때문에 사회화 단계를 확인하기 위해 예비 프로필([그림 3-2])을

다시 참조하는 것이 도움이 된다.

2단계 후기와 3단계 초기에 다른 아동에게 관심을 보이는 조짐이 확실하게 나타난다. 대담하게 성인에게 맞서고는 친구가 지켜보고 있는지 돌아보는 아동이 있을 수 있다. 또 어떤 아동은 원하는 아동 옆에 앉기 위해 다른 아동 옆에 앉지 않기도 한다. 가끔 다른 급우에게 학급에서 수용되지 않는 일을 하도록 부추기는 아동도 있을 수 있다. 개별 학습과제와 편애(사실이든 상상이든)에 있어서의 차이점을 의식하고 있음을 다음과 같이 보여 주기도 한다.

> '공평하지 않아요.'
> '재가 좋은 건 다 가졌어요.'
> '나도 쟤와 같은 거 하고 싶어요.'
> '쟤 책상에 앉을래요.'
> '이건 너무 쉬워요. 좀 더 어려운 걸로 주세요.'

이런 말들은 아동에게서 3단계 특성들이 발달하기 시작했다는 증거가 된다. 이러한 성장과 함께 성인이 다루어야 할 새로운 힘이 생기는데 이는 자기주장과 성인의 권위로부터의 독립심이다. 아동의 사회화 단계에 관한 정보는 성인의 권위에 대한 아동의 태도가 실존이전 단계에 여전히 머물러 있는 것인지 아니면 실존적 위기를 겪고 있는 것인지를 이해할 수 있도록 도움을 준다(3단계 동안 겪는 실존적 위기 발달에 관해 논의하고 있는 이 장 전반부의 논의를 참조한다.). 아동이 실존이후 단계에 있다면 3단계 집단 내에서 지도자 역할을 성공적으로 격려해 줄 수 있을 것이다.

(2) 집단에서 각 아동의 역할을 찾아라 효과적인 집단관리에 있어 가장 힘든 부분은 집단에서 각 아동의 현재 역할을 찾는 일이다. 각 아동은 집단에서 각자의 역할을 갖는다. 역할 결정은 집단의 합의에 의해 이루어지기도 하고 아동 자신이 원해서 이루어지는 경우도 있다. 집단원들이 바뀌거나 성인이 개별적 행동 변화 계획을 가지고 집단 원들 사이의 관계 변화를 위한 전략을 사용하기 전까지는 집단 내에서의 각자 역할은 계속해서 유지된다. 다양한 집단(가족, 여가, 스포츠, 이웃)의 회원이 되는 것이 항상 동일한 역할을 부여해 주진 않지만, 한 집단에서 개인의 지위를 형성하는 정서적 욕구의 역동성은 흔히 다른 집단에서의 그 사람의 역할을 형성하는 힘과 동일하다. 그 이유는 집단 구성원으로서의 역할이 자신의 욕구 및 다른 집단 구성원들의 정서적 욕구와 행동의 산물이기 때문이다.

어느 3단계 아동 집단에서든 가장 일반적으로 나타나는 역할에는 9가지 역할이 있으며,

이는 선동자, 지도자, 집단의 양심, 싸움꾼, 광대, 고립자, 희생양, 아기, 추종자다. 3단계 동안 집단에서 상호작용이 일어나게 되면 곧 이러한 다양한 역할이 나타나는 걸 볼 수 있게 된다. 아주 확실하게 나타나는 역할들도 있고 나타나지 않는 역할들도 있다. 몇몇 역할들은 집단의 일원이 바뀌면(새로운 아동이 등록할 때, 자주 결석하던 아동이 돌아왔을 때) 변경되기도 한다. 나머지는 계속 동일하게 유지된다.

집단 역할이 생기기 시작하는 시기 동안에는 집단관리가 힘들다. 결속력이 없거나 극히 약하며, 집단원들 사이에 상당한 경쟁이 생기고 예측할 수 없는 폭발적 분노가 빈번해진다. 이런 행동들은 아동이 사회적 분위기를 타고 서로 간에 자신을 시험해 보기 때문에 외관상 가늠하기가 힘들다. 몇 주가 지나면서 집단이 안정되어 감에 따라 역할들이 일관성을 갖게 된다. 그러면 어떤 역할이 집단 성공에 긍정적인 영향을 주고, 어떤 역할이 파괴적이고 건설적이지 못한지 알 수 있다. 성인은 역할 변화가 유동적인 이 기간 동안 아동은 자신의 행동 변화가 자신에 대한 다른 사람들의 행동에 변화를 가져온다는 것을 파악할 수 있도록 도와줌으로써 각각의 아동들에게 역할 변화에 대한 중재를 할 수 있다. 이를 통해 대개는 좀 더 나은 방향으로 역할 변화가 이루어진다. 그러나 3단계에 있는 많은 아동이 아직 이러한 관련성을 이해하고 필요한 행동 변화를 할 수 없기 때문에 집단의 역할은 다소 고정적인 경향을 갖게 된다.

(3) 각 아동의 사회적 힘의 유형과 양을 평가하라 사회적 힘이란 다른 사람에게 영향을 미치는 능력과 일반적으로는 생각해 낼 수 없거나 스스로는 할 수 없는 일을 아동이 할 수 있게 만드는 능력이다. 아래에 3단계 아동이 행사하는 4가지 형태의 사회적 힘의 개념을 간략하게 설명되어 있다.

강압	다른 사람의 행동을 통제하기 위한 물리적인 힘이나 물리적인 힘을 사용한 위협
호감	다른 사람에게 영향을 미치는 개인적 특성
전문성	다른 사람이 처리하지 못하는 문제를 해결해 내는 개인의 능력
조종	모르는 다른 사람을 꾀어 행동하게 만드는 숨겨진(은밀한) 행동

- 강압/위협: 이는 강압적인 방법을 사용하지 않으면 다른 아동(혹은 성인들)이 하려고 하지 않을 일을 하도록 하기 위해 힘이나 위협을 사용하는 것이다. 가장 비효과적이지만 3단계 아동이 가장 보편적으로 사용하는 형태의 사회적 힘에 해당된다. 강압의 가장

확실한 예는 물리적인 힘이다. 아동이 물리적 힘을 사용할 때 흔히 공격성 혹은 반사회적 행동이라고 부른다(성인이 사용하는 경우 체벌이라고 부른다.). 괴롭히기, 다른 사람의 소유물 파손시키기, 악담하기, 싸우기, 위협하기, 다른 사람들에게 대항하기와 같은 행동들이 아동이 강요를 사용하는 예에 속한다. 강요는 다른 아동, 교사, 부모가 반응하도록 만드는 힘을 가졌다는 사실은 분명하다. 하지만 아동이 강요를 사용하여 충분한 유익을 가져오는 경우는 드물다.

- 호감: 이 사회적 힘의 형태는 '성격' 적 뉘앙스를 갖고 있다. 호감이란 다른 아동이나 성인들이 성격적 특성 때문에 반응하도록 만드는 능력이다. 호감에는 우정 관계와 연대감을 돈독히 해 주는 등 긍정적인 측면이 많다. 아동이 관심을 끌 목적으로 급우들에게 성기를 내 보이는 학급 광대 역할을 하거나 선물이나 친절로 우정을 사려고 하는 것과 같은 비건설적인 역할을 장기간 사용하는 경우 부정적인 결과를 가져올 수도 있다. 아동에게 있어 긍정적 성격 특성이 가장 중요한 형태의 사회적 힘이긴 하지만 그 자체로는 충분하지 못하다. 한 집단이 효과적으로 기능하기 위해선 한 사람 혹은 소수가 가진 특정 성격 특성에 의존할 수 없기 때문이다.
- 전문성: 이 형태의 사회적 힘은 다른 사람들이 가진 문제를 해결하는 능력에 기본을 둔다. 호감과 함께 사용되는 경우 가장 효과적인 형태의 사회적 힘이 된다. 어느 쪽이든 3단계 아동이 적절한 정도로 사용하는 경우는 극히 드물다. 3단계에 있는 모든 아동 집단은 문제를 해결할 수 있는 전문성을 필요로 하기 때문에 개인이나 집단의 문제 해결에 노련한 아동이나 성인은 상당한 영향력과 사회적 힘을 갖는다. 아동이 가진 전문성은 긍정적인 노력을 위한 채널이 되어야 하지만, 노련한 아동이 자기 나름의 계획을 가지고 잘못된 방식으로 다른 아동의 행동을 통제하는 비행 청소년 집단의 지도자가 되기도 한다. 3단계로 잘 진행된 아동집단은 집단 내에서 전문성을 개발해 나가야 한다. 문제 해결에 뛰어난 성인은 흔히 자신이 가진 기술을 자기 것으로만 갖는 경우가 많다. 즉, 이들은 개별 아동이 위기 해결에 책임을 질 수 있는 능력을 보이기 시작한 후에조차 계속해서 자신이 집단의 위기를 관리하는 주 역할을 맡는다. 이런 경우 교사의 관리전략에 중대한 변화가 필요하다. 3단계를 시작하는 아동은 전문적이라고 할 만한 기술이 거의 없기 때문에 집단 문제 해결에 개인적으로 기여할 수 없다. 전문성을 통해 사회적 힘을 행사할 수 있는 사람은 바로 성인이다. 하지만 머지않아 3단계 아동은 위기 해결을 위한 개인적인 전문성을 개발해야 하며 행동 선택에도 책임을 져야 한다. 성인들은 아동이 전문성을 갖출 수 있도록 촉진시켜 주어야 한다.

- 조종: 이 형태의 사회적 힘은 아동이 직접적인 대면을 피하면서 다른 사람에게 영향을 주고자 할 때 사용하는 은밀한 전략이다. 조종이란 감춰진 접근법으로 강요에서 보여 주는 개방적 특성과 직접적인 공격과는 대조적으로 숨겨진 계획이 있다는 인상을 준다. 한 아동이 집단에서 조종을 사용할 때 다른 아동은 보통 왜 특정 사회적 상호작용이 일어나는지 이해하지 못한다. 그 집단은 개방적으로 원활하게 기능하지 못한다. 조종하는 사람이 다른 사람들과의 관계에서 어떤 입장을 갖고 있는지 아는 사람이 없다. 그 결과 집단원들 간에 불신이 생기고 예상할 수 있는 환경을 제공해 주지 않은 성인을 향한 분노를 갖게 된다. 힘의 경계가 명확하게 정의되지 않았기 때문에 조종하는 사람 또한 내면적으로 불안정해진다. 이런 분위기 속에서 집단 결속력과 성공을 얻기는 힘들다.

(4) 집단원들 사이에 일어나는 긍정적 접촉 및 부정적 접촉을 도표화시켜라 이전 단계에서 얻은 각 아동에 관한 정보를 가지고 각 아동이 상호작용하는 사람이 누군지, 영향을 주고 싶어 하는 사람이 누군지 알아낼 수 있다. 이러한 상호작용이 일관성 있게 일어날 때 결속이라고 부른다. 결속은 건설적일 수도 있고 파괴적일 수도 있다. 아동을 서로에 대해 긍정적으로 연결시켜 주는 결속이 있는 반면 미움이나 정서적 욕구에 의해 만들어지는 결속도 있으며 중립적이고 편의적인 결속도 있다. 사회심리학자들은 이러한 분석 절차를 소시오그램이라고 부른다. 소시오그램은 집단의 상호작용 구조를 그림으로 그리는 방법이다.

3단계 소시오그램의 1가지 예인 〈표 10-2〉는 아동 사이의 집단 역동을 교사가 위에 설명한 단계를 따라 개별 정보를 도표화한 것이다. 교사는 며칠 동안 사회적 상호작용을 관찰하면서 아동 사이에 일어나는 접촉에 대해 메모한 후 [그림 10-2]에 나오는 소시오그램을 완

〈표 10-2〉 3단계 아동의 집단 내 역할과 사회적 힘의 예

아동	집단에서의 역할	사회적 힘의 형태	힘의 양
Roger	광대, 선동자, 싸움꾼, 지도자	호감, 조종, 강압, 전문성	중간~큼
Donna	추종자, 희생양	조종	적음
Sam	지도자, 선도자, 싸움꾼	조종, 강압	중간
Helen	양심가, 희생양	조종	적음
Tom	지도자, 선동자, 싸움꾼	조종, 강압	중간~큼
Alan	추종자	호감	중간

성하였다.

[그림10-2]에서 실선은 아동 사이의 긍정적 흐름을 의미하며 점선은 부정적인 흐름을 의미한다. 화살표는 흐름의 방향을 표시해 주는 것으로 접촉을 시도하는 아동에게서 출발해 상대방에게로 향한다. 이 정보를 통해 몇 가지 상황이 명확하게 나타난다. 집단 내에 분명한 지도자가 없다. Roger, Tom, Sam은 집단 내 몇 명의 일원들에게 영향을 미칠 수 있는 상당한 힘을 갖고 있지만 언제나 긍정적인 건 아니다. Tom과는 부정적인 상호작용을 하는 아동이 없으며 Sam과 Roger는 서로 부정적인 상호작용 관계에 있다. Tom은 Sam과 Helen과의 관계에서만 부정적인 전략을 사용한다. Roger가 Tom과는 특별히 싸우고 싶어 하지 않으며, 그래서 그를 무시하고 있다고 보는 것이 적절하다. Roger, Tom, Sam은 Alan과의 관계에서만 긍정적인 접근법을 사용하는 반면, Helen과 Donna는 다른 아동으로부터 긍정적인 접근을 전혀 받지 못하고 있다.

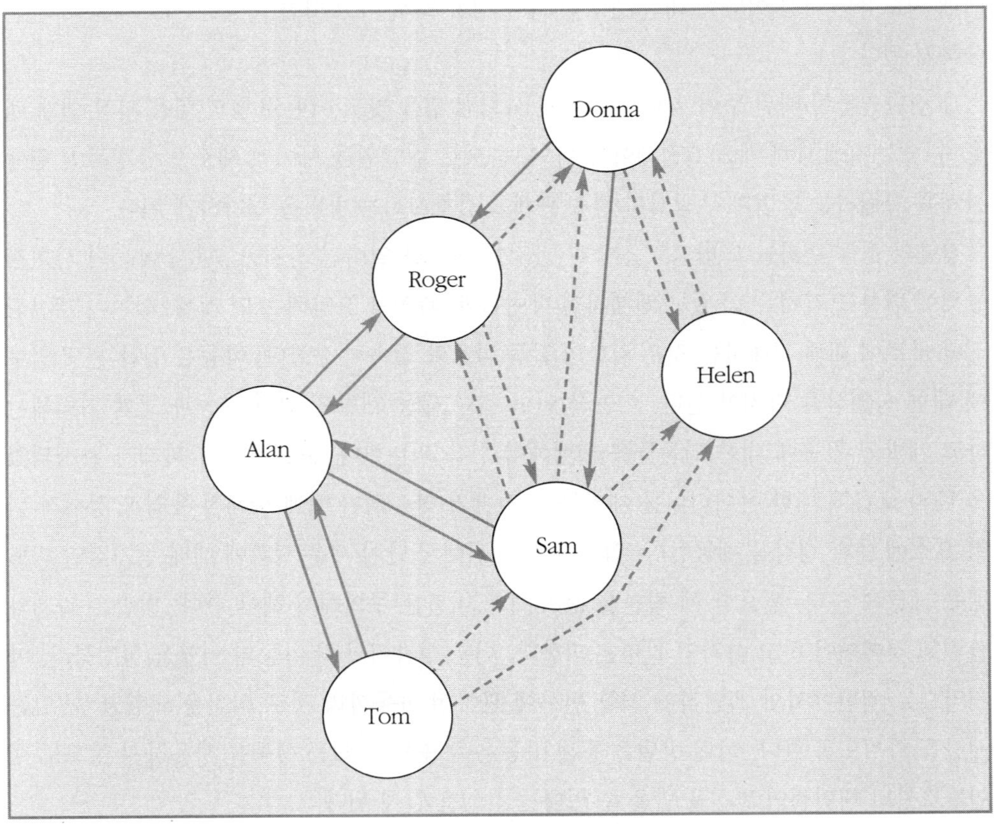

[그림 10-2] 3단계 아동들의 집단 내 관계를 보여 주는 소시오그램

(5) 정보를 활용하여 집단의 역동적 관계 변화를 위한 계획을 세워라 이전 단계에서 수집된 정보를 가지고 이 후 단계에서 무엇을 할 수 있는가? 정보를 활용하여 특정 역할, 사회적 힘의 유형, 결속(아동 사이의 관계)에 있어서의 변화를 목표로 삼음으로써 집단의 갈등을 감소시키고 집단의 결속력을 강화시킬 수 있다. 먼저 누가 집단의 실질적인 지도자가 될 것인지 결정해야 한다. 현재의 지도자가 계속 그 자리를 지키도록 결정이 내려지더라도 지도자가 사용하는 사회적 힘의 유형 변화가 필요한 경우가 있다(대개 강압은 전문성으로 바뀌어야 한다.). 결정이 내려지면 지도자 역할을 담당하는 아동에게 어떻게 반응해야 하는지에 대해서도 윤곽이 잡힌다. 다른 아동이 지도자의 역할을 맡는 것으로 결정이 내려지면 새로운 지도자는 더욱 적극적으로 사회적 상호작용을 할 수 있도록 격려받아야 하고 현재의 지도자는 새로운 역할을 수행할 수 있도록 도움을 받아야 한다. 현재의 지도자가 힘의 토대로 강요를 고수하여 집단원들이 계속 두려워하고 안정된 집단을 형성할 수 없을 경우에는 이러한 변화가 필요하다. 때로 강한 지도자가 전문성을 힘의 토대로 바꾸는 데 성공하는 경우도 있다. 이때 지도자는 다른 아동에 대한 관심의 폭을 점차 넓혀 가고 다른 아동은 지도자를 더욱 존중하게 된다.

각 집단원들이 배워 두어야 할 대안적인 사회적 힘을 찾고 어떤 유형의 힘을 가장 쉽게 배울 수 있는지에 대해서도 결정해야 한다. 다음으로 집단원들 사이의 새로운 긍정적인 결속 관계를 확립하는 방법과 부정적인 결속 관계를 감소시키는 방법을 평가하게 된다.

집단의 행동 변화는 느리고도 신중한 과정이 필요한 일이긴 하지만 3단계 아동의 사회적 능력에 변화를 가져올 수 있는 체계적인 방법이다. 과정을 요약해 보면 첫째, 성인이 개선된 집단 구조에 대해 기대하는 것은 집단의 갈등 감소와 결속력 강화다. 아동은 집단 전체 임무에 대한 사명감을 가져야 한다. 이는 성인이 집단 활동 개발을 위해 아동과 함께 협력해야 하고 개발된 활동에 대한 기준들을 이행해야 함을 의미한다. 프로젝트나 과제가 완성되었을 때의 모습에 대한 아이디어를 제공하고, 과제가 착수되기 전에 잠재적 유익과 정서적 위험 요소에 대한 생각을 제공한다. 임무 완성을 위해 집단이 세운 성과에 대해 정기적인 피드백을 제공해 준다. 필요할 때 칭찬을 많이 하고 비판은 주의해서 해야 한다. 비판은 과제와 관련된 것이어야 하고 사적인 설명은 피한다. 이룬 성과에서 각 아동의 역할을 인정하라. 마지막으로 집단에서의 개인적인 역할 변화에 관하여 아동끼리 서로 의견을 교환할 수 있는 시간을 가지도록 한다. 이런 방법을 통해 아동은 수용할 수 없는 행동을 사용하지 않고도 성인들로부터 개인적인 관심을 받을 수 있다는 사실을 알게 된다.

성공적인 참여를 위한 집단행동 관리

아동 사이의 또래 상호작용의 증가(긍정적인 형태와 부정적인 형태 둘 다)는 집단에 관심이 생기기 시작했음을 가장 먼저 알려 주는 지표다. 연령과 성숙, 이전의 경험들에 의해 또래에 대한 일상적 관심이 집단의 여러 아동과 강한 관계로 넘어가는 시점이 결정된다. 대개 이 시점에 집단의 갈등이 생기게 된다.

대부분의 3단계 집단에는 2단계 사회화와 행동 지표 중 일부를 아직 습득하지 못한 1~2명의 아동이 있다. 이 아동들을 자세히 살펴보면 집단의 다른 일원들과 사회적 교류가 드물다는 사실을 알 수 있다. 이들의 상호작용은 주로 성인들과 이루어진다. 이들이 집단의 다른 구성원들에게 관심을 갖게 되는 때는 성인이 구성하고 계획한 활동을 할 때다. 활동 구성은 특히 타인과의 상호작용 및 협력을 촉진해 주는 사회화 발달지표의 목표에 따라 계획하게 된다(2단계 아동 사이의 이러한 사회적 상호작용 증진을 위한 많은 제안사항들이 9장에 포함되어 있다.). 의미 있는 구성활동이 주어지지 않으면 이들 아동은 다른 아동과 계속 최소한의 교류만을 하게 될 것이고 집단 내에서 고립되거나 희생양이 되게 된다. 성인들은 아동이 다른 아동과 상호작용하도록 이끌어 주고 격려해 주고 형성시켜 주어야 한다. 집단 구성원들이 자발적으로 상호작용할 기회를 만들어 주어야 한다. 이러한 교류는 상당히 제한적일 수 있지만 아동이 이미 3단계에 있는 다른 아동이 속한 집단으로 합류해 들어갈 수 있는 기초 마련을 위한 중요한 준비 단계가 된다.

한 집단이 결속력을 갖기 위해서는 지도자가 필요하다. 3단계 초기에는 긍정적 리더십 기술을 가진 아동이 드물기 때문에 집단 내에서 기술이 발달되기 전까지는 성인이 집단의 지도자가 되어야 한다. 성인은 법과 질서가 우선할 것임을 보장해 주는, 공정하지만 너무 지나치게 간섭하지 않는 강한 집단 지도자로서의 자세를 유지해야 한다. 한 집단의 지도자로서 성인은 집단의 구조와 기능에 영향을 주는 많은 요인들을 숙지하고 있어야 한다. Marshall과 Kurtz(1982)는 집단을 잘 이끌어 가는 데 도움이 되는 지침 몇 가지를 제안하였다. 이 지침들을 3단계 집단 아동에게 사용할 수 있도록 수정하였다.

- 집단의 가치를 강조하라
- 각 개인이 가진 비경쟁적인 특성들을 강조하라.
- 각 개인이 집단 내에서 갖는 책임을 명확히 하라.
- 집단의 언어적 상호작용을 격려하라(의사소통 기술).

- 기대 설정을 계속 유지하라(구조, 목적, 목표, 계약).
- 아동 상호 간에 서로의 긍정적인 행동에 대해 언급하게 하라.
- 부정적인 표찰 붙이기를 최소화하라.
- 각 개인의 심리적 공간을 보호해 줘라.
- 건설적인 자기노출을 격려하라.
- 건설적이지 못한 자기노출은 멈추게 하라.
- 말이나 행동으로 전달되는 느낌에 대해 이야기하라(해석).
- 건설적인 내용에 대한 소감을 이야기하라(해석).
- 부정적인 결과를 가져오는 집단 상호작용에 대해 직시하라(현실).
- 집단에 기여하는 개별적인 노력에 대해 집단이 긍정적인 평가를 하도록 이끌어라.

집단의 구성원으로서 개인적인 진전이나 성취에 대한 소감을 이야기해 주는 것은 집단의 갈등을 최소로 감소시키는 데 필요하다. 활동을 시작할 시간을 구조화하고, 퇴행이 일어나는 경우 2단계 관리전략으로 다시 낮추거나, 일관성이 있으면서도 융통성 있는 한계를 설정하고 또 기대에 대해 전달할 수 있는 능력 또한 중요하다. 지속적으로 각 아동의 상호작용 능력을 재평가하여 집단 원 간의 보다 활발한 상호작용을 촉진해 줄 수 있는 활동을 체계적으로 계획한다.

3단계 집단을 관리하는 데 있어 가장 어려운 점은 다른 집단원과의 형평성을 잃지 않으면서 개인의 문제도 처리할 수 있도록 구조를 조정하는 일일 것이다. 개인적인 자기 주장은 3단계에서 갈등을 유발시키는 원인이 된다. 흔히 주장은 성인이나 다른 아동을 향한 조정, 악담, 공격적인 행동의 형태로 나타난다. 이런 일이 발생하는 경우 비판적이지 않으면서 공정한 태도로 반응해야 한다. 이러한 행동을 대할 때 아동에게 독립심이 생기기 시작한 증거로 보아야 한다. 설정해 놓은 행동 지침을 지속적으로 유지하면서 긍정적인 집단 참여를 위해 아동을 재조직하도록 한다. 집단이 중요하며 각 일원들은 집단 안에서 성공할 수 있다는 입장은 유지해 가면서 이해와 신뢰감을 심어 준다.

3단계 집단이 발달해감에 따라, 몇 가지 집단 문제 해결 기술이 생기기 시작한다. 아동은 다른 사람들의 긍정적인 특성과 기여에 대해 긍정적으로 평가하는 말들을 하기 시작한다. 다른 사람에 대한 긍정적인 평가는 일부 3단계의 사회화 및 의사소통 지표를 습득했음을 보여 주는 증거다. 아동이 집단에 끼친 긍정적인 영향과 성공적인 집단으로 인해 집단원들 모두가 유익을 얻었음을 성인이 자주 언급해 줄 때 이러한 결과를 얻을 수 있다.

목적 및 목표 달성을 위한 활동

다음에서는 3단계 아동이 4가지 교육과정 영역(행동, 의사소통, 사회화, 학업/인지)의 지표들을 습득해 나가는 데 필요한 핵심적인 일과 활동들에 대해 설명할 것이다. 이러한 일과 활동에는 집단 모임, 읽기가 포함될 수 있는 학습시간, 총체적 언어접근, 현재 진행 중인 행사, 사회과학, 자연과학, 수학, 역사, 이야기 집단 프로젝트, 창의적 작문, 미술, 음악, 역할극, 주로 실외 체육과 기술 개발 시간, 사회화와 의사소통을 위한 간식시간, 진도 평가와 함께 일과 활동을 마무리하기 위해 집단으로 진행되는 종례시간이 있다. 뒷부분에 언급된 2가지 활동들은 3단계 집단에 따라서 병행해서 사용할 수 있긴 하지만 항상 성공적인 것은 아니다. 3단계 아동 중에는 2가지 활동 모두를 다 할 수 없는 아동도 있고 지나치게 간식에 집착하는 아동도 있다. 이런 아동의 경우 집단으로 진행되는 종례 시간을 힘들어하는 경우가 많으며, 간식시간 동안 행동 문제를 일으킬 수 있다.

발달적 치료-발달적 교수의 축소된 프로그램에 참여하는 아동을 위한 활동에는 집단토론, 학습시간, 집단 프로젝트, 종례시간이 포함된 간식시간이 있다. 3단계를 위한 4가지 교육과정 영역에서의 주요 지표들은 이러한 활동들을 통해 접근할 수 있다. 대조적으로 종일제 프로그램이나 거주 프로그램에 있는 아동은 너무 많은 활동들을 하게 된다. 총체적 언어, 창의성 프로젝트, 운동 활동, 또 다른 일상생활 집단 프로젝트 시간이 중간 중간에 들어 있는 개별 및 집단 지도 학습시간이 많이 있을 것이다. 다음 활동들은 전형적인 3단계 프로그램에 속하는 것들이다.

- 집단모임
  - 학습
- 집단 프로젝트
  - 이야기
  - 창의적 작문
  - 미술
  - 음악
  - 역할극
- 실외(신체적 기술)
- 간식
- 종료시간

각 아동의 욕구와 프로그램이 너무나 다양하기 때문에 3단계 프로그램을 위해 구체적인 시간 길이를 정하지는 않는다. 발달적 치료–발달적 교수 프로그램에 참여하는 아동 중에는 종일 일반교육 프로그램에 참여하는 완전 통합 환경에 있는 아동도 있을 것이고, 한두 시간의 집중적인 중재에서부터 종일제 및 거주 프로그램에 이르기까지 다양한 특수 교육 프로그램에 배치되는 아동도 있을 것이다. 하지만 일반적으로 3단계 초기에 있는 아동을 위한 전형적인 활동들은 대략 12～18분 정도 진행되며, 후기 단계에 있는 아동은 각 활동 당 15～25분 정도 집중할 수 있다. 활동에 따라 좀 더 짧거나 길 수 있지만 대부분 3단계 활동에 해당되는 시간이다.

전형적으로 전체 시간의 50%를 개별 혹은 집단으로 학습과제(현재 진행 중인 행사, 읽기, 국어 과목, 과학, 산수)를 하는 데 보내게 된다. 자율학습에는 개별 아동의 진도에 맞추어 학습이 제공되며 개인적 학업 성취를 격려해 준다. 집단 학습 활동은 집단 지도와 창의적 기술과 학습 기술을 활용한 협력 집단 프로젝트를 위한 기회를 제공하도록 구성되어야 한다. 개별 및 집단 지도에 할애되어야 하는 시간의 분배는 집단에서 유익을 얻을 수 있는 아동의 준비 정도와 개별학습 프로그램에 대한 각 아동의 욕구 정도에 따라 결정된다. 각 활동은 사회–정서 발달의 구체적인 지표를 습득하는 데 중점을 두어 진행되며 학습 부분을 포함하고 있다. 또한 활동 시에는 차분히 앉아서 집중하기, 지시 따르기, 조용히 학습하기, 질문 시 답하기와 같은 전통적이고 독립적인 착석행동이 요구된다. 활동에서는 집단의 사회화 및 의사소통 기술을 촉진시키는 적절한 상호작용 역시 이루어질 수 있어야 한다. 3단계 아동은 흔히 자신의 행동 조절에 문제가 있으며, 특히 운동장, 식당, 버스, 화장실, 체육관, 로비와 같은 장소와 같은 비구조화된 상황에서 특히 문제가 많기 때문에 체계적 계획과 구성이 필요하다.

성공을 위한 활동과 교재교구

성공적인 참여를 이끌어 내는 활동과 교재교구의 제공은 3단계 아동들의 자신감을 키워 줄 수 있다. 아동은 자신을 집단에 수용적으로 받아들여지고 있는 성공적인 일원으로 보기 시작한다. 활동은 개인적으로 집단에 기여하고 있다는 새롭게 생기고 있는 느낌을 촉진시켜 줄 수 있도록 계획된다. 성인은 아동의 집단 참여와 상호적 노력에 대한 개인적 기여에 대해 항상 격려해 주어야 한다. 그러나 성인들이 각 집단원이 편안하게 처리할 수 있는 것 이상을 기대하지 않을 것이라는 사실을 암시적으로 확신시켜 주어야 한다. 이런 자신감은 아동이 성인과 자신 및 프로그램에 대한 신뢰감을 확립하는 기초가 된다. 3단계 아동들은 성인들이 지나치게 높은 기대를 설정하지 않을 것이라는 확신을 가질 수 있을 때, 활동이 자신의 관심과 흥미에 관련되어 있을 때 더 열심히 참여하게 된다.

초기 3단계 아동에게는 각 활동이 성공적 결과를 가져다줄 것이라는 사실을 확신시켜 주는 구조를 고려해야 한다. 학교 교재교구와 시설은 이미 아동에게 친숙하지만 아동은 잦은 실패와 좌절을 기억하고 있을 수 있다. 이 때문에 아동은 참여하지 않으려고 저항하는 일이 흔히 있다. 저항을 줄이고 활동에서 겪을 수 있는 실패감에 대해 일어나는 불안을 피하기 위해서는 활동을 시작하기 전에 활동의 목적, 목표, 기대에 대한 분명한 의사소통이 필요하다. 시작하기 전에 간략하게나마 활동에 대한 대화를 나눔으로써 성인은 각 아동들이 해야 할 활동을 이해시킨다. 이는 3단계의 모든 활동을 성공적으로 이끌기 위한 결정적인 과정이다.

3단계를 위한 구체적인 교재교구와 활동의 선택은 1가지 중요한 차이점을 제외하고는 이전 단계에서의 선택과정과 흡사하다. 3단계에서 아동은 추상적인 개념을 익히고 자신이 영웅시하는 인물을 동일시하며, 옳고 그름, 공평과 불공평, 선과 악에 대한 생각들을 하게 되며, 이를 자신들의 경험에 일반화시킬 수 있게 된다. 그러므로 3단계 활동들은 개인적 경험에 일반화 시킬 수 있도록 연령에 적절하고 문화적으로 관련된 요소들을 포함하고 있으면서도 이 단계 아동의 흥미를 끌 수 있는 재미있고 극적인 요소를 잃어서도 안 된다. 다음은 3단계에 있는 아동을 위한 교재교구와 활동 선택 시 도움이 되는 지침이다.

(1) 전 집단 구성원이 사용할 수 있는 교재교구와 활동을 선택한다.
(2) 또래관계 사이에서의 성공에 필요하다면 수정한다.
(3) 연령에 적절한 일반학교 교재교구와 활동들을 활용한다.
(4) 아동 자신의 경험과 관련 있는 내용을 선택한다.
(5) 집단에서의 개인의 영향력을 증가시킬 수 있는 교재교구와 활동을 선택한다.
(6) 문화적으로, 개인적으로 관련 있는 주제를 소개한다.

학교 과제는 모두 지루하고 재미없다는 개념을 가지고 있는 아동을 변화시키기 위해서는 아동의 관심과 흥미를 자극해 줄 수 있는 고도로 극적인 내용을 가진 교재교구를 선택해야 한다. 단원 주제들이 이런 기회를 제공해 준다. 주제 내용과 단원은 집단에 강조점을 두면서도 한편으로는 개별적인 성공을 거둘 수 있는 풍부한 기회를 제공해 주어야 한다. 초등학교 고학년 및 3단계 후기에 속하는 일부 아동에게는 한 주제가 2주일 이상 진행될 수 있다.

내용의 주제를 선택할 때 각 아동의 일반적인 사회 및 정서적 특성들뿐만 아니라 그들이 가진 구체적인 관심과 흥미에 대해서도 염두에 두어야 한다. 대개 효과적인 주제들은 어느 정도 확실한 현실적 측면을 가지고 있긴 하지만 선과 악, 옳고 그름, 성취와 찬사, 영웅적인 모험담에서의 용기 있는 인물과 같이 실제보다 거대하고 극적인 사건들과 관련이 있다.

3단계에서의 역할 놀이

3단계 아동에게 있어 세계(와 자신)에 대해 자신이 희망하는 바와 현실 사이의 격차를 줄이기 위한 방법으로 이야기나 역할 놀이를 한다. 역할 놀이는 아동에게 새로운 행동방식을 연습할 수 있게 해 주며, 아동이 실제로 대면할 필요 없이 현실의 걱정들을 경험할 수 있게 해 준다. 역할 놀이나 문학작품에 나오는 인물에 대해 읽음으로써 개인적인 감정을 상징적으로 다룰 수 있게 되는데, 이는 단순히 말로 표현하려고 하는 것보다 훨씬 의미도 있으면서 덜 불안한 방법이다.

이따금 역할극은 구조화되지 않은 놀이시간에 아동 사이에서 자연스럽게 일어난다. 이는 전형적인 발달을 하는 2, 3단계 아동이 배워야 할 자연스러운 방법이다. 성인은 이러한 극놀이가 목적을 갖고 긍정적으로 진행되는 한 간섭하지 않아야 한다. 극놀이가 깨지는 경우 성인이 개입해 구조를 잡아 줌으로써 집단이 성공하도록 해 줄 수 있다. 구체적으로 성인이 극 인물의 역할을 맡거나 실제 성인이나 교사로서 극놀이 대본 작업에 참여하는 등의 방법을 통해 실천될 수 있다. 다음은 이에 대한 예다. 8~10세 아동 몇 명이서 장난감 외계인들을 가지고 '우주 전쟁' 놀이를 하고 있다. 연극에서는 상당한 정도의 행동과 상상력이 동원되고 있었으나 걷잡을 수 없는 충동적인 행동의 조짐이 보이기 시작했다. 연극 중에 특히 2명의 아동이 공격적이었으며 그중 1명이 외계인을 다른 아이에게 던졌다. 민첩한 교사는 즉시 1명의 극인물의 역할을 함으로써 이를 중재하였다. 교사는 '교통 통제 본부'가 되어 우주의 흐름에 대해 보도하였다.

> '우주비행사 여러분들은 들으십시오! 여기는 교통 통제 본부입니다. 본부에서는 훌륭한 비행사들이 모두 모이는 정상회담이 열립니다. 우주선을 돌려 위성국으로 돌아가시고, 우주정거장으로 지금 보고해 주시기 바랍니다. 이상입니다.'

교사는 교통통제 본부 역할을 통해 권위와 법과 질서를 전달하였다. 교사는 극놀이 참여자로서 아동의 가상의 세계로 들어가 준비하고 있다가 필요한 경우 역할을 함으로써 성공적인 결과를 얻는다. 교사는 통제권자의 목소리를 내어 놀이의 긴장을 낮추는 데 필요한 단호

〈표 10-3〉 3단계 학생을 위한 내용주제 예

자연과학과 날씨 주제		
미스터 밤 별 전쟁 있음직한 특명 공룡의 날	담쟁이 덩굴 섬 악마의 정글 우주영웅	태풍의 눈 눈 자동차 부대 광야의 모험 악의 제국
사회과학과 현재 사건 주제		
형사 구조대 5명의 선구자 비밀의 실마리 서부의 카우보이	암벽 관찰 눈부신 빛 타임머신 고물수집 클럽 차도	
건강, 운동, 신체교육 주제		
슈퍼그룹 우리마을 과자 올림픽 스타 게임 계획	승리자 최고 중의 최고 슈퍼팀	슈퍼파워 연습시합 사실 혹은 허구?

함을 보여 주었다. '훌륭한 비행사' 들을 향하여 '정상회담' 으로의 귀환하라는 교사의 명령은 존중받고 싶어 하는 아동의 욕구에 부합하여(조종) 아동을 야단치지 않고도 쉽게 진정시킬 수 있다.

교사는 3단계 후기에 있는 아동에게는 우주 전쟁과 갈등 해결에 관한 토론과 함께 이 극놀이를 진행해 갈 수 있다. 토론은 다음과 같이 진행될 수 있다.

교 사: 싸움과 전쟁이 일어났을 때 전쟁을 끝낼 수 있는 방법이 여러 가지 있어요. 비행단 대장이 결정을 내려야 해요. 그들이 무엇을 할 수 있을까요?

아동1: 백기를 흔들까요?

아동2: 그건 항복하는 거야!

아동1: 네가 말로 하고 싶지 않다면

아동2: 그들이 널 속일 수도 있어.

교 사: 휴전을 바랄 수도 있지.

아동2: 네, 싸움에 지쳤을지도 몰라요.

교 사: 전쟁 후에는 평화회담과 협상이 있지. 우리의 훌륭한 비행사들이 다 같이 전쟁과

우주에서 전쟁을 몰아내기 위한 방법에 대해 이야기해 봅시다.

다음으로 교사와 아동은 무엇이 우주 전쟁을 일으켰으며 서로 도울 수 있는 방법은 무엇인지, 어떤 일이 일어났는지에 대하여 토론을 계속할 수 있다. 아동은 우주 전쟁에서 비행사로서의 자신의 행동을 관찰하도록 할 수 있으며 비행사가 우주의 평화를 지키는 사람이 되는 방법에 대해 관찰하도록 격려한다. 주고받는 전체 대화가 창의적 집단 놀이에서 자발적으로 일어나긴 하지만 여러 3단계 사회화 및 의사소통 지표에 초점을 맞춘 집단 토론을 통해 최상의 성과를 얻을 수 있다.

성인은 또한 극놀이에 익숙하지 않은 아동을 도울 수 있는데, 이를 통해 상황에 대한 신뢰성을 가질 수 있게 해 주며 인물과 인물의 특성에 대한 구조를 제공해 준다. 아동이 역할극을 배우는 데는 명료함과 단순함, 반복이 도움이 된다. 그 예로 3단계 초기에 있는 아동집단은 규칙을 배우는 학습단계에 있다. 교사는 용감한 전사가 되고 싶어 하는 어린 인디언 소년의 이야기를 읽어 준다. 그 이야기는 소년이 남자가 될 수 있는 종족 의식을 통과하기 위해 노력하는 내용을 담고 있다. 이야기가 끝난 후 교사는 추장의 역할을 하고 아동 모두는 동시에 종족의 규칙을 배우는 소년의 역할을 맡는다. 아동 각자는 이 단순한 극 놀이에 대한 나름대로의 해석을 내린 뒤 소년의 역할을 맡는다.

성인은 역할 놀이 자료로서 이야기뿐 아니라 집단의 각 아동에게 물어 그들의 경험 세계에서 일어날 수 있는 상상적 사건 장면을 구성할 수 있다.

- '우리가 영화를 보러 간다면 무엇을 해야 할까?' (의자 정렬, 표 만들기와 사기, 팝콘 만들어 팔기, 영화 상영, 집단이 선호하는 비디오테이프를 보는 자체가 일주일 프로젝트의 절정으로 연결한다.)
- '낚시를 하러 간다면 무엇을 해야 할까?' (낚시 복장, 옷, 지갑, 수첩, 모자, 가짜 돈이나 아동이 만든 돈, 가게에 식료품, 신발, 음식, 책, 장난감, 스포츠용품, 옷 코너 만들기, 가격에 맞는 물건 정하고 적절하게 표시한다.)
- '식당에 간다면 무엇을 해야 할까?' (차에 앉아 주문할 수 있는 패스트 푸드점을 포함하여 여러 익숙한 곳 포함시키기, 간판 만들기, 메뉴판 만들기, 점토 햄버거와 감자튀김 만들기, 진짜 간식으로 땅콩버터 쿠키, 팝콘, 컵케이크 만들기, 가격 정하기, 돈을 더하여 계산할 수 있는 기술을 가진 집단원이 없다면 성인이 점원 역할을 맡는다.)

아동은 이런 상황에서 현실에서 실제로 자신이 했던 것들에 대해 토론한다. 성인은 활동

목록을 만들고 각 아동에게 역할을 준다. 이렇게 하는 목적은 상황을 다시 설정하여 이런 상황에서 다른 사람들로 인해 자신이 부딪힐 수 있는 다양한 행동과 기대, 규칙을 아동이 경험해볼 수 있게 하기 위해서다.

역할극에 대한 아이디어는 3단계 후기에 있는 아동에게서부터 얻을 수 있다. 예를 들면 계획된 소풍에 필요한 규칙과 진행과정에 대한 토론의 결과로, 공격적인 아동 집단이 스스로 결정하고 최소한의 교사 지도만 받으면서 소풍에서 자신들이 할 수 있는 적절하고 적절하지 못한 행동 방식을 보여 주는 연극을 무대에 올릴 수 있다. 이 역할 놀이는 아동이 '잘못된 길' '바른 길' 이라고 부르는 시리즈로 진행될 수 있다. 부정적인 행동을 보여 준 후 수용되는 대안 행동들을 보여 줌으로써 아동에게는 재미를 더할 수 있을 뿐 아니라 아동이 신중한 행동 선택을 배우도록 돕는 데 효과적이다. 단원은 집단에 의해 창의적인 대본 쓰기, 무대 배경을 위한 미술 프로젝트, 아동이 리듬밴드와 즉흥 대화를 하는 락 집단이 되는 총괄적인 촬영 장면 등으로 계속 확대해 갈 수 있다. 전형적인 3단계 스타일로 아동은 스스로를 일컬어 '미스터 정의와 미스터 불의' 라고 부른다.

'슈퍼집단' : 3단계를 위한 주간 단원

주간 내용 주제를 일일 3단계 활동으로 나누는 방법을 [그림 10-6]에 나와 있는 표본 일정과 주제 '슈퍼집단' 을 활용하여 설명할 것이다.

'무슨 일이 일어날까요?' (집단 모임) 집단 모임의 주목적은 사회화, 의사소통, 듣기능력, 계획 세우기, 조직력 기술을 개발하는 것이다. 초보적인 집단 결속력을 형성하는 것 또한 목적에 포함된다. 제안된 1일 활동들이 실시되고 아동의 이전 활동과 성과를 서로 연결시킨다. 사회적, 정서적, 행동적 장애를 가진 아동에게도 마찬가지로 중요한데 이때가 바로 이들이 집단에 합류할 때 보였던 초기 경계심을 풀고 안정을 찾을 수 있는 시기이기 때문이다. 주제 '슈퍼집단' 단원에서 교사는 주제를 소개하고 영웅친구에 대한 토론을 진행한다. 그 주제로 1주일간 진행되어 가면서 다른 사람의 특성, 집단 자존심, 집단 내에서의 책임 있는 행동과 같은 다른 아이디어들도 토론을 통해 논의된다.

뉴 스 최신 사건들과 관련된 이 활동은 의사소통과 사고 기술을 필요로 한다. 신문, 잡지, TV에서 자료를 찾을 수 있다. 매일 채택된 주제는 전체 주간 주제 중 한 부분에 초점을 맞춘 것이다. 이 예에서는 개별적인 우정 행동, 인정, 집단 협력 행동이 악명 높은 인물들(인간쓰레기들)의 부정적인 이미지와 대비되어 강조된다. 이 주제들은 집단 토의 참여 기술, 듣기 및 이해 기술, 읽기, 논리적 분석과 관련된 지표들을 습득할 수 있도록 해 준다.

국 어 총체적 언어(whole language) 접근법인 이 활동은 두 부분으로 나뉜다. 첫 번째는 교사가 만든 이야기책을 통해 등장인물들(슈퍼집단의 착한 사람들과 인간쓰레기들의 나쁜 사람들) 간의 갈등을 설정함으로써 주간 주제에 대한 극을 만든다. 교사는 간단한 이야기책을 만들어 집단의 모든 아동에게 해당되는 등장인물을 만들고, 위기로 연결되는 간략하면서도 빠르게 진행되는 일련의 사건들을 설정하고, 등장인물들이 현명하고 다정한 성인 등장인물의 충고로 승리를 거두게 되는 결론을 구성할 수 있다. 교사가 만든 이야기책은 교사가 아동의 정확한 학습 수준에 맞게 어휘와 문장을 수정할 수도 있으며 이후의 많은 집단 프로젝트에도 활용할 수 있는 보편적이면서 공감할 수 있는 경험들을 제공해 줄 수 있다. 동일 인물들이 등장하는 다른 이야기들을 역할극으로 만들어 점차 복잡해지는 일련의 사건들에 매일 활용할 수 있다. 이 언어활동의 두 번째 부분은 철자 바르게 쓰기, 구두점, 구문론, 창의적 작문과 같은 개별적인 쓰기 기술 연습과 관련되어 있다. 매일의 과제는 이야기에서 주어진다. 아동에게 '슈퍼집단과 인간쓰레기들' 에 관한 모든 것에 대하여 보고서를 준비하고, 결론을 쓰고, 문제를 해결하고, TV 대본과 뉴스 보도 내용을 글로 쓰는 과제가 주어진다.

미술과 음악 이 프로젝트는 행동, 의사소통, 사회화 단기 목표 습득에 초점이 맞추어진다. 미술은 월요일과 수요일에, 음악은 화요일과 목요일로 시간표가 정해진다. 금요일은 2가지 활동을 성취가 확실히 보장된 활동으로 묶는 총괄 활동의 날로 활용된다. 미술에 있어 주제 '슈퍼집단' 은 월요일에는 각 아동이 개인적인 로고를 티셔츠에 새기는 작업을 하는 것으로 시작된다. 아동이 하는 디자인에 대한 지침은 '단순함을 유지하면서도 강하게 만들어라.' 는 것이다. 이 셔츠는 금요일에 있을 슈퍼집단 쇼에 사용할 것이다. 이 활동을 하는 동안 중점을 두어야 할 구체적인 지표에는 개별 과제 완성, 성공 수용하기, 수용 가능한 방식으로 감정 표현하기, 자료 공유하기, 차례 지키기, 지도자로서 혹은 따르는 사람으로서 참여하기가 포함되어 있다. 수요일 미술 활동 시간에 아동은 매직 마커펜과 정육점에서 사용하는 종이 두루마리를 이용하여 일정한 형태가 없는 거대한 쓰레기 더미를 만든다. 이것은 금요일 쇼를 위한 벽면 무대 배경이 된다.

주 중 음악활동에서는 봉고, 탬버린, 실로폰을 가지고 리듬 패턴을 만든다. 만들어진 패턴은 슈퍼집단과 인간쓰레기들의 활동을 대표할 수 있는 설정 음악이 된다. 교사가 만든 책에 나오는 이야기는 악기들을 활용한 음악 이야기로 번안된다. 집단이 다 같이 만족하는 음악

이야기가 만들어지면 교사는 그들의 창의적인 노력을 오디오테이프로 만든다. 목요일 음악 활동 시간에는 음악과 이야기에 맞는 가사를 짓는다. 금요일 쇼 시간에 이 모든 활동들을 종합한다. 개인적인 자신감과 집단 자신감이 확립되면 교사는 쇼를 촬영하여 아동이 자신과 집단이 열심히 한 활동을 다시 볼 수 있도록 틀어 줄 수 있다.

실외(신체 기술) 3단계 아동에게는 신체 운동과 집단 게임에서의 협응 기술을 증진시켜 줄 수 있는 체계적인 프로그램이 필요하다. 학교 자체 체육교육 시간표를 가지고 있는 경우 발달적 치료–발달적 교수 프로그램은 체육시간에 통합될 수 있고, 수정된 체육 프로그램이 교육과정 내에서 운영된다. 각 아동의 시간표는 배치가 이루어지는 개별화 교육프로그램 회의에서 결정된다. 체육 피트니스 활동은 실내나 실외 어디서든 이루어질 수 있다. 운동, 조작 게임, 낮은 수준의 구성 게임은 실내나 실외, 어느 곳으로든 쉽게 수정할 수 있어 실내 활동 공간이나 체육관이 없는 경우에도 사용할 수 있다. 파트너와 함께 하는 균형 잡기 스턴트인 텀블링과 집단 운동 활동은 이 단계 진행에 도움을 주는 기술들의 예가 된다. 아동은 밑에서 던지기, 머리 위로 던지기, 드리블하는 기술과 같은 공을 다루는 기술도 증진시켜야 한다.

집단게임은 3단계 아동을 실내와 실외로 다함께 모이게 하는 데 광범위하게 사용될 수 있다. 릴레이와 꼬리잡기 게임은 3단계 아동에게 잘 맞으며 특히 팀을 이루어 놀 때 더 좋다. 규칙이 단순하고 성공과 실패 기회를 통제할 수 있을 때 아동은 개인적인 실패 없이 '집단으로서 하나 됨'이라는 중요한 감정을 갖게 된다. 아동은 자신의 성공이 팀의 일원이 됨으로써 얻을 수 있다는 사실을 알게 된다. 자기가 할 기회를 갖기 위해서는 차례를 기다려야 한다는 사실과 규칙이 자신과 다른 사람들을 통솔하는 데 도움이 된다는 사실 또한 배우게 된다.

3단계 프로그램에서 게임을 사용할 때는 집단 진행과정과 집단 결실에 중점을 두게 된다. 진행과정이란 활동에 대한 흥미를 갖고 다른 사람과 함께 참여하는 것을 말하며 결실이란 집단이 만들어 내는 결과를 말한다. 개인적인 경쟁과 경쟁심을 유발하는 수행 요소들은 피해야 한다. 게임을 수정하여 점수가 개별적으로가 아니라 집단 전체에게 적용되도록 해야 한다. 이러한 공동체는 집단원 모두에게 성공을 보장해 준다. 집단의 일일 수행력이 다른 날의 수행력과 비교되기 때문에 경쟁은 집단 간에, 또 자체 내에서 이루어지게 된다.

'슈퍼집단' 주제에 대한 3단계 체육 교육 프로그램은 매일 이루어지며 실내 활동과 실외 활동이 함께 사용된다. 구체적인 신체 기술은 물론 개인과 집단 기술을 위해 필요한 다양한 행동 및 사회화 목표들을 연습할 기회도 제공해 준다. 주제는 다른 시간표 활동과 함께 그 주에 진행되는 모든 활동에 포함될 수 있다. 월요일의 기술과 담력 시험에서는 개별적인 기술이 중심이 된다. 화요일에는 슈퍼릴레이를 사용해 상호작용과 팀 정신을 확립하기 위한 집단 게임 기술을 소개한다. 장애물 경기에서의 체력 기르기는 인간쓰레기들 대항 불가능 임무라는 주제를 가진 수요 활동이며 목요일에는 팀들이 다시 릴레이를 해서 자기 집단의 기록을 깨뜨리기 위해 경쟁한다. 금요일에는 첫 번째 레슨을 반복하여 개별적인 진도와 집단의 진도를 평가하고 그 주를 마무리한다.

간 식 매일의 간식 활동의 주목적은 익숙하지만 동기를 크게 자극해 주는 상황에서 수용되는 행동 및 집단의 사회적 의사소통 기술을 배울 수 있는 기회를 제공하기 위함이다. 이차적인 목적은 성인이 돌보고 있음을 보여 줌으로써 심리적인 보살핌을 제공하기 위함이다. 앞에서 언급한 대로 어느 연령을 막론하고 학대당하고 불우하거나 정서적인 어려움을 겪고 있는 아동에게 음식은 그 아이들이 받아들이는 몇 안 되는 애정 표현 방법 중 하나다.

간식시간은 다른 아동을 통해 수용되는 행동을 모방할 기회를 주고, 함께 나누기, 집단 토론 참여, 다른 사람의 장점 묘사하기, 적절한 행동 및 규칙의 근거에 대한 토론을 하기에 효과적인 활동이다. 간식시간 동안 주간 주제를 적용하는 것이 핵심이 아니지만, 주제는 조직적이지 못한 아동에게 보조적인 도움을 줄 수 있으며 또 아동이 해 오고 있는 활동에 대한 토론으로 확대시켜 나갈 수 있는 토론거리들을 제공해 줄 수 있다. '슈퍼집단' 주제 단원에서는 간식활동에 집단원들에게 흥미를 갖게 하고 상상력을 불러일으키는 이름이 붙여진다.

수 학 하루의 두 번째 학습 활동 시간에는 연산과 개념 정립을 위해 집단지도와 개별지도가 모두 제공된다. 수읽기, 계산, 문제 해결이 3단계 산수 과제다. 행동에 있어 중점은 개별 과제를 완수하는 것이며, 의사소통에 있어서는 집단 토론에 참여하는 것이다. '슈퍼집단' 주제가 수학 과제에 흥미와 동기를 더해 주게 된다. 월요일에 교사는 원 이야기의 슈퍼집단 등장인물을 활용하여 인간쓰레기들을 쫓기 위해서 풀어야 할 수학 문제(메시지 해독)를 내어준다. 화요일 활동에는 개별 컴퓨터 과제와 둘이서 짝이 되어 숫자 암호가 적힌 메시지를 교환(전자 메일)해 가면서 완성해야 하는 수학 학습지가 포함되어 있다. 수요일에 아동은 각자가 개별적으로 계산문제를 풀고 점수는 팀의 점수(초대형계산기)로 합산되는 집단 테이블 게임을 한다. 목요일과 금요일 수학시간에는 슈퍼 쇼를 위한 준비와 리허설, 공연에 들인 시간과 노력을 측정하는 집단 연구 과제가 주어진다.

〈표 10-4〉 '슈퍼집단' : 3단계를 위한 주간 단원

일과 진행	월요일	화요일	수요일	목요일	금요일
무슨 일이 일어날까?	최고의 친구에 대해 이야기 합시다	무엇이 친구를 최고로 만드는가?	무엇이 인간쓰레기를 만드는가?	무엇이 슈퍼집단을 만드는가?	왜 우리가 슈퍼집단인가?
뉴스	오늘의 최고 사건	오늘의 최고 영웅	오늘의 인간쓰레기	슈퍼집단 스포트라이트	슈퍼집단 쇼 관련 최신 뉴스
국어	이야기: '슈퍼집단이 인간쓰레기들을 만나다' 작문: 슈퍼집단 보고서	이야기: '슈퍼집단이 미술품 도둑을 만나다' 작문: 결론 부분 쓰기	이야기: '인간쓰레기들의 귀환' 작문: 인간쓰레기를 다루는 법	이야기: '무대에 선 슈퍼집단' 작문: 슈퍼집단 쇼를 위한 대본	슈퍼집단 쇼 리허설
미술과 음악	슈퍼집단의 상징 (개인 로고 디자인하기)	음악 메시지로 만들어진 슈퍼집단	미술계에서 유명한 인간쓰레기	슈퍼집단 가사 '인간쓰레기를 정복하라'	슈퍼 쇼 타임 '슈퍼 집단 대 인간쓰레기들'
휴식시간	슈퍼휴식	슈퍼휴식	슈퍼휴식	슈퍼휴식	'5 갖기'
체육	기술과 담력 시험	슈퍼 릴레이	인간쓰레기 퇴치를 위한 불가능 임무 (장애물 경기)	슈퍼팀 릴레이	기술과 담력 테스트
간식	슈퍼펀치(음료수)와 단백질꾸러미	거대한 쿠키	크래커와 핵주스	슈퍼 하사품	슈퍼집단 잔치
수학	메시지 해독	전자 메일(이메일)	초대형계산기	슈퍼쇼: 쇼타임 연구	미래를 위한 슈퍼집단 계획 평가
종례	슈퍼집단 모임	슈퍼집단 모임	슈퍼집단 모임	슈퍼집단 모임	슈퍼집단 보고서

종료시간 마지막 슈퍼집단 모임에서는 그날의 사건들을 종합하여 얼마나 진행되었는지 평가한 후 다음 날을 위한 계획을 세운다. 사회적 의사소통 기술이 중요하다. 아동은 특히 성공과 칭찬을 적절하게 수용하고 집단이 이룬 성과에 대한 자부심을 표현하며, 그날의 행동과 결정 및 성과에 내재된 가치를 인정하고 서로를 칭찬해 주는 방법을 배운다. 긍정적이고 성공 지향적이어야 한다. 하루의 마무리 시간은 새롭게 떠오르는 아이디어들을 명료화시키는 데 도움이 된다. 생긴 변화에 대해 토론하고 계획을 수정하며 실수를 해결한다. 아마도 가장 중요한 것은 아동 각자가 집단 원으로서의 성취감을 가지고 돌아가는 것이다. 이것이 곧 3단계 아동을 위한 최종적인 목표이기도 하다.

CHAPTER 11

단계 4: 집단이 하는 일에 정력 쏟기

나는 배울 수 있다.

– E. H. Erikson, 1959/1980, p. 87 –

행복은 소속감에서 온다

사회-정서적 발달과 반응행동은 이전 단계에서 모든 발달이 잘 이루어졌다면 일반적으로 4단계에서도 잘 이루어질 것이다. 이 시기는 대개 9~12세에 해당되는 학령후기와 연관되는 발달적 치료-발달적 교수 교육과정의 단계다. 이 시기는 아동기의 '황금기' 이기도 하며 성인에 대한 의존에서 독립으로, 자기애에서 집단의 동조가 중요해지는, 갈채를 바라던 것에서 우정을 가치 있게 여기는, 그리고 자기의심에서 또래집단의 수용과 소속으로 변화해 감에 따라 괴로운 갈등을 겪는 시기이기도 하다.

이러한 뚜렷한 변화는 점점 더 증가되는 독립적인 행동과 소속을 위한 기회와 책임감 때문에 학령후기 학생에게 상당한 불안감을 유발시킨다. 처음에 이러한 걱정은 그들 자신의 개인적인 특성(타인처럼 보고 말하며 행동하고자 하는 갈망)에 강하게 몰두하면서 나타난다. 타인이 그들의 삶을 어떻게 다루는지에 대한 관심을 표현한다. 그들이 감탄할 만하고 가치 있다고 여기는 기준에 부합되는 개인적인 자질을 얻는 것을 가치 있게 여긴다. 4단계 학생은 독립을 추구하지만 실패할지도 모른다는 두려움을 가지고 있다. 그들은 집단에 대한 기여자로서 그리고 추종자로서 효과적으로 참여하는 데 필요한 최소한의 기술을 가지고 있다.

그들은 자신에 대한 자각을 증가시키고 의사소통기술을 확장시키며 타인의 관점을 이해하는 것을 배운다. 또한 그들은 양극단 사이에서 동요하는 존재로 특징지어지기도 한다. 동조하려고 하지만 그 과정에서 자기보호적이고 비순응적인 이전의 전략으로 되돌아가려고 하기도 한다.

4단계 초기 학생이 한 순간에는 행복해하다가 그 다음 순간 마음이 산란해지는 것은 이상한 일이 아니다. 그들은 자신의 독립성을 표현하기 위한 수용 가능한 출구를 찾는 것과 친구와 또래의 수용을 확고하게 하는 것 사이에서 갈등하고 있다. 그들의 전형적인 발달적 불안은 순응과 비순응 간의 그리고 독립과 의존 간의 갈등이다. 이러한 갈등은 느낌의 강도, 느낌을 건설적으로 다루는 기술 그리고 우정과 집단 성원과의 경험에 따라서 사소해지거나 혹은 파괴적으로 될 수 있다.

Jerome은 전형적으로 4단계에 있는 5학년 학생으로서, 발달적으로 사회-정서적 문제의 위험을 안고 있다. 교사가 아직은 심각하게 보고 있지는 않지만 그의 개인적 환경은 문제를 야기시키고 있다. 그의 사회-정서적 욕구는 아주 빠르게 중심문제가 되어 가고 있으며, 그가 다루는 방식은 그의 미래를 변화시키고 있다. Jerome이 안고 있는 잠재적 위험의 중심은 다른 학생으로부터의 고립이다. 이러한 것이 스스로 자초한 것이든 또는 또래에 의한 것이든, Jerome은 어느 쪽이든지 흔들릴 수 있는 지점에 있다. 갱 집단이나 비행또래는 그에게

4단계 학생에 대한 요약

프로그램 목적	타인에 대한 관심을 가지고 집단이 하는 일에 정력을 다하기
주된 관심사	소속, 또래와 성인의 기대를 충족시키기
동기화 가치	타인의 기준과 맞는 개인적 자질
발달적 불안	의존과 독립 간의 갈등
문제 접근방법	자기 책임감, 동조 또는 비동조
권위의 근원	타인의 기대와 인정
필요한 성인 유형	접근 가능하고 유용한 지지적인 성인
효과적인 전략	긍정적 피드백, 해석, 생활중심중재
교재교구, 활동, 내용주제	실제 삶의 경험과 또래와의 성공적 경험, 중요한 성인과 또래로부터 환호

동맹감, 확신, 소속감을 주기 때문에 그는 이런 집단에 복종하기 쉬운 일반 아동이다.

대부분의 4단계 학생과 특히 사회적, 정서적 그리고 행동적으로 무능한 학생은 집단에서 성공하고자 하는 자기보호적인 성향을 가지고 이 단계를 시작한다. 그들은 대개 집단에 참여하며 또래집단에 참여함으로써 이익을 얻는다고 여긴다. 이전 단계의 학생과는 대조적으

Jerome

Jerome은 5학년이며 키가 크고 매력적인 11세 아동이다. 부모는 그가 5세 때 이혼을 했다. 그는 작은 시골에서 어머니와 세 명의 여동생들과 살고 있다. 어머니는 집에서 그를 통제할 수 없고 학교에서의 학업수행이 걱정이 되어 정신건강센터에 도움을 요청하였다. 다음은 어머니가 관찰한 Jerome의 주요한 문제들이다.

- 주의를 요구함
- 지시 따르기가 어려움
- 훈육에 저항을 함
- 쉽게 울음을 터뜨림
- 잘 읽지 못함
- 신중하지 못함
- 쉽게 좌절함
- 쉽게 화를 냄
- 모든 것에 불평함
- 확신이 부족함
- 나이에 비해 미성숙함
- 변덕스럽고 의심이 많음
- 이해가 부족한 것 같음
- 솔직하게 말하지 않음

Jerome은 학교에서 꽤 다르게 지낸다. 교사는 그가 평균수준의 능력을 가지고 있으며 품행에서 특별한 문제가 없는 좋은 학생으로 보고 있다. 단지 그가 말이 많고 주의집중 문제, 친구가 별로 없는 문제를 가진 것으로 보고 있다. 그가 다른 사람에게 '얼간이' 로 보일지도 모른다고 걱정을 하였다.

심리학자, 학교지도 관계자, 교사는 어머니의 요구로 Jerome의 문제를 검토하고 양육문제를 도와주기 위해 어머니를 만났다. 심리학자는 Jerome이 또래와의 싸움에서 스스로를 희생자로 생각한다고 하였다. 종교교육으로 싸움은 잘못이라고 배웠고, 학교에서 또래 간의 공격은 Jerome이 다루기 어려운 수준이었다. 이 갈등의 결과로서 그는 파괴적으로 될 수밖에 없는 태도를 가지게 된 것으로 보인다.

어머니는 Jerome의 행동, 연령에 적절한 기대, 집에서 그의 행동개선에 도움이 될 관리전략에 대해 배우기 위해 심리학자와 매주 만나기로 하였다. 그녀는 또한 이번 만남에서 편부모로서의 어려움을 이해받을 수 있었다.

로 그들은 성인보다 오히려 더 자발적으로 서로를 찾는다. 이것은 4단계 학생과 이전 단계 학생을 구별하는 중요한 특징이다. 이것은 그들이 좋다고 느끼는 무언가를 달성했을 때 특히 분명하다.

Tanya는 12세며 특수교육을 받는 6학년 학생이다. 그녀는 3단계에서 4단계로의 전이과정에 있다. 적응적이며 자기조절적인 행동을 획득하는 데 있어 그녀의 사회-정서적 발달은 매우 느리다. Jerome과 마찬가지로 그녀의 개인적 환경도 현재 문제에 중요하게 영향을 미

Tanya

12세인 Tanya는 6학년 교실에서 꽤 파괴적으로 자신의 힘을 보여 주고 있다. 특히 공격적인 사건 이후, 교사는 그녀를 통제하는 것이 어렵다는 것을 알게 되었다. 그녀는 다른 학생들과 교사의 관심을 끌기 위해 어떤 짓도 서슴지 않았다. 그녀는 교사의 책상에서 여러 번 개인 용품을 훔쳤고 다른 학생의 가방에서도 물건을 훔쳐서 고발되기도 하였다.

어머니가 집을 나갔기 때문에 Tanya는 극심한 박탈과 가난 속에서 고모와 함께 살고 있다. 고모는 중년으로 몸이 약하고 다소 무능하다. 그녀는 Tanya의 문제를 도울 수 없었다. Tanya의 언니는 정신병원 청소년 병동에 있고, 어린 두 남동생은 보조를 받아서 다른 위탁가정에 있다.

Tanya는 배울 수 있지만 학교의 성적은 자신의 학년 수준보다 낮은 2~4학년 수준이다. 그녀는 종종 학교에서 맡겨진 일을 거부했고 숙제를 해 오지 않았다. Tanya의 파괴적인 행동이 점점 자주 발생하자 교사는 도움을 요청하였다. 평가 팀은 심각한 사회경제적, 심리적, 문화적 박탈을 모두 기여요인으로 보고하였다. 그녀는 매일 2시간씩 집중 발달치료 프로그램을 포함하는 행동장애를 위한 특수교육에 참여하게 되었다. 그녀의 초기 배정은 3단계 집단이었지만, 첫 학기 이후에 Tanya는 3단계에서 4단계로 이동을 하였고 학교에서 새롭게 형성한 집단에 참여하는 중요한 발전을 보여 주었다.

발달적 치료-발달적 교수 팀은 실제적인 제한, 작용 가능한 관리전략, 그녀의 수용되지 않은 행동에 대한 결과를 검토하는 데 정규 4학년 교실, 특수프로그램, 집 등에서 시간을 많이 보냈다. 그들은 학교의 교정적인 읽기 집단에 Tanya를 배정하였다. 방과 후까지 발달적 치료-발달적 교수 전략을 확장하고 필요한 사회적 서비스를 획득하도록 돕기 위해서 고모와 매주 시간을 가졌다. 드디어 그들은 Tanya를 위해 엄마로서 주말 지도를 해 줄 수 있는 지역사회 자원봉사자를 찾을 수 있었다. 이 사람은 개인적 위생 습관과 매력적으로 되는 행동을 포함하는 4단계의 지표를 획득하도록 돕기 위해 Tanya를 지도하기로 하였다.

쳤으며, 심각하게 오래 지속된 환경으로 인해 그녀는 취약한 대처기술을 가질 수밖에 없었다. Tanya는 가능한 모든 형태의 도움을 필요로 한다.

때때로 학생이 4단계를 시작할 준비가 되었음에도 불구하고 3단계에 있다고 잘못 판단되기도 한다. 이러한 실수는 성인이 4단계 특징에 대해 '이 학생은 그것을 할 수 없어.' 라고 생각함으로써 일어나기도 한다. 발달적 치료-발달적 교수에서 몇 가지 주요한 특징의 변화는 새로운 발달적 욕구, 목적, 지표를 조정하기 위해 프로그램에 대한 학생의 욕구가 3단계에서 4단계로 변화한다는 점에 주의를 기울이도록 한다.

학생이 3단계 지표를 획득하고 새로운 4단계 지표가 필요해지면 그는 4단계 전략을 위한 준비가 된 것이다. 학생이 사회-정서적 발달의 새로운 단계를 시작할 때, 그가 그 단계의 지

4단계 학생의 주요 특성(3단계 학생과 구별되는 특성)

3단계에서 학생이 배운 것

- 성인에게서 인정을 획득하기 위한 방법
- 행동규칙을 정하고 지키도록 하기 위해 성인이 권위를 가지는 것
- 지켜야 하는 행동의 규칙이 있다는 것
- 긍정적인 행동은 타인의 존중을 받을 수 있다는 것
- 개인적 관점이 기여를 할 수 있다는 것
- 이익을 가져오는 선택을 하는 방법
- 또래에 의해 수용되는 방법
- 집단에서 긍정적으로 참여하는 방법

4단계에서 지금 그가 배우고 있는 것

- 또래의 인정이 중요하다는 것
- 행동은 개인적 책임이라는 것
- 어떤 규칙은 집단의 동의로 만들어지고 변화될 수 있다는 것
- 타인은 돌봄과 관심을 공평하게 받을 가치가 있다는 것
- 타인이 자신과 다른 관점을 가질 수 있다는 것
- 다양한 결과를 만들 수 있는 많은 선택이 있다는 것
- 친구를 사귀고 유지하는 방법
- 가치 있는 친구가 되고 집단구성원이 되는 방법

표를 숙달했다고 기대는 하지 않더라도 이전 단계 지표의 대부분을 획득하거나 새로운 단계의 몇 가지 특징을 보여 주어야 한다.

또한 성인이 행동수준과 발달단계를 잘못 연관시킨다면 4단계 프로그램을 시작할 준비가 된 학생과 3단계 프로그램을 필요로 하는 학생을 구별하는 데 어려움을 겪을 것이다. 비록 어떤 요소는 비교될 만할지라도, 이러한 비교는 일관성 있게 수행되지 않는다. 수준이 있는 체계 내에서 보면 비순응적인 학생은 수준 1에서 시작하고 그들이 행동통제력과 순응행동을 점점 더 보임에 따라 수준이 올라간다. 반대로 단계 모델에서 첫 번째 단계는 전형적으로 인생의 첫 해에 획득하게 되는 특성과 기술에 의해서 규정된다. 일련의 각 단계에서 성숙과 발달의 기능으로 기술과 능력은 증가되고 확장된다. 따라서 학령기 아동은 비록 비동조 행동을 보일지라도 연령에 적절한 기술을 많이 획득해 나갈 수 있다. 동조행동의 증가(혹은 Tanya 사례의 경우 순응행동의 부족)가 단계 진전의 주요 지표는 아니다. 학생이 스트레스 상태에서 시간이 지나면서 비순응 행동을 보일 때조차도 그들은 사회-정서적 지향에서 성숙하고 변화한다. 학생은 그들이 준비가 된 기술 수준에 가장 적당한 발달단계에서 발달적 치료-발달적 교수 프로그램을 받는다.

학생의 관심이 성인에서 또래로 변화하는 것은 4단계로 움직이고 있다는 가장 좋은 지표 중 하나다. 4단계 동안에 개인적인 책임감과 타인에 대한 사고는 이 교육과정의 중심이다. 학생이 사회적 지식을 발휘하고, 다른 사람이 어떻게 느끼고 생각하고 행동하는지를 배움에 따라 자신의 바람과 욕구에 대한 만족을 억제하는 자질이 자주 요구된다.

성인이 지지적으로 안내해 주고 집단과정을 촉진시킬지라도 4단계에서 학생을 구제해 주지는 않는다. 개인적으로 책임지는 것을 배우고 선택에 따른 결과를 기대해야 하는 사람은 학생이다. 성인은 학생이 자신과 타인에 대한 통찰과 이해를 가지도록 돕는다. 성인은 현실의 방향과 행동의 자연적인 결과를 알려 준다. 반면에 4단계 학생은 실패를 건설적으로 경험하는 방법과 자신의 실수를 교정하기 위해 개인적으로 책임지는 방법을 배워야만 한다. 또한 그들은 사회적 문제를 해결하고 위기를 해결하기 위하여 타인과 효과적으로 의사소통하는 기술을 발달시켜야만 한다. 4단계 학생이 다음과 같이 말하는 것은 이상한 일이 아니다.

> '나는 기회가 왔을 때 올바르게 결정할 수 있기를 바라요.'

학생이 이런 말을 했다면 사회-정서적 발달의 3단계에서 대부분이 경험하는 실존적인 위기를 초월했다는 분명한 지표다. 또한 이것은 누군가가 대신 책임지는 것 대신에 학생이 개인적인 행동에 대한 책임을 질 준비가 되었다(실패하고 나서 문제를 해결하기)는 것을 가리키는 것으로, 이러한 강력하면서 미묘한 변화에 프로그램이 반응해야만 한다는 신호다. 이것이 이루어진다면 아직은 약간만 숙달되었다 하더라도 4단계 사회-정서적 유능감의 목적은 성취된 것이다.

이 장에서 4단계 학생을 위한 발달적 치료-발달적 교수 교육과정이 좀 더 자세하게 논의될 것이다. 전형적으로 9~12세 아동에게 적용될 뿐만 아니라 이전 단계에서 4단계로 이행하는 특수교육, 중학교, 고등학교에 다니는 청소년기 학생에게도 적용된다. 이 장에서 다음과 같이 4가지로 구분되어 제시될 것이다.

- 4단계 동안에 발달하는 전형적인 사회-정서적 과정
- 4단계의 학령후기 학생을 위한 목적과 목표
- 프로그램이 4단계 학생의 욕구와 만나는 방법
- 4단계의 목적과 목표를 달성하기 위한 활동

사회-정서적 발달과정

4단계의 전형적인 사회-정서적 발달은 또래집단과 사회단체와 유사해지려는 움직임이 특징적이다(Ausubel, Sullivan, & Ives, 1980; Loevinger, 1976). 이 과정은 고통과 갈등 없이 일어나지 않는다. 독립을 향한 강한 욕구와 똑같은 정도로 타인의 승인과 수용에 대한 강한 의존성 간에 갈등이 있다. 학생이 사회적 수용과 승인을 추구함에 따라 규율과 타인의 기준에 따르고 자신의 내적 욕구를 최소화하는 것을 배운다. 그러나 독립적인 개인이 되고자 하는 욕구는 강한 추동이며, 다음과 같이 자주 표현된다.

> '그들이 나를 만들었고, 하지만 나는 원하지 않아요.' 혹은 '나는 원하지만, 그들이 허용하지는 않을 거예요.'

전형적인 4단계의 학생이 경험하는 발달적 불안인 갈등은 이전 단계 아동의 갈등 유형과는 아주 다르다. 3단계 아동의 순종부족은 자기방어적인 행동과 성인 기대 간의 외적이고 관찰 가능한 갈등을 나타내는 것이다. 4단계의 전형적인 불안이 커질 때(개인적 갈등) 학생은 독립할지 혹은 의존할지, 또래와 가치 있는 성인에게 위임할지 혹은 자기 자신을 믿을지에 대한 내적인 전쟁을 치르고 있다. 이것은 누구의 기준에 따라 행동할지 그리고 충성을 어디에 할지에 대한 내적인 갈등이다.

4단계의 불안은 심각성에 따라 아주 다양하게 많은 방식으로 표현된다. 4단계의 많은 학생은 요구들 간의 균형을 성공적으로 유지할 수 있으며, 우정의 확대와 집단에의 소속감을 즐기면서 3~4년의 편안한 기간을 보내게 된다. 어떤 학생에게 이 기간은 어렵고 소외되며, 또래에 의한 거절로 좌절감을 겪는 시기가 된다. 이전의 발달단계에서 그들이 겪었던 상대적인 성공 또는 실패가 상당히 많이 기여한다. 이 단계의 작업에서 역동적인 힘은 다음을 포함한다.

- 정서적인 욕구의 강도
- 성인, 친구 그리고 또래 요구의 정도
- 이러한 요구를 다룰 수 있는 대처기술
- 또래와 성인과의 이전의 성공(또는 실패)
- 자기-확신(또는 부족 또는 자기-확신)

4단계의 성공적인 사회-정서적 발달의 최고점은 집단 소속에 대한 사회문화적 규준과 만족감에 대한 동조에서 생기는 갈등의 해결이다. 이전 단계에서 자신을 가치 있게 여기는 것을 학습하고 이러한 가치를 보여 주는 또래역할 모델을 가진 학생은 자아존중감이나 바람직한 또래모델이 부족했던 학생보다 더 성공적으로 이러한 갈등을 해결할 수 있는 것 같다(Coopersmith, 1967; Buhrmester, 1990; Mussen, Conger, Kagan, & Huston, 1990). [그림 11-1]에 이러한 복잡하고 역동적인 과정이 제시되어 있다.

친구, 의미 있는 성인, 실제인물인 영웅의 의견은 4단계 학생의 사회-정서 발달에 중요한 영향을 미친다. 역할 모델은 이전 단계의 인생 영웅보다는 더 큰, 슈퍼영웅과는 대조되는 실제사람이다. 반면에 부모는 여전히 4단계 학생의 행동과 발달에 영향을 미치는 중요한 역할을 한다. 학생이 부모로부터 도움을 구하고, 또한 같은 원조 때문에 부모를 비난하는 것은 드문 일이 아니다. 또한 이러한 동요는 교사와 다른 가치 있는 성인에게로 전이된다. 이것은 단지 성인으로부터 독립을 주장하는 갈등상황에서 경험하는 불안의 표현이다. 학령후기 학생은 독립적이며 섬세해지기를 원하지만 종종 이전의 어린 아이 같은 행동을 보장해 달라고 매달리기도 한다. 그들은 성취를 향한 커다란 꿈을 꾸지만 능력의 한계가 그들의 꿈을 좌절시킨다. 그들은 이상적인 자기에 대해서 환상을 가지지만 또래와 성인이 보는 자신의 모습을 받아들이게 된다. 중요한 점은 4단계의 학령후기 학생을 위한 우정과 역할모델은 그들이

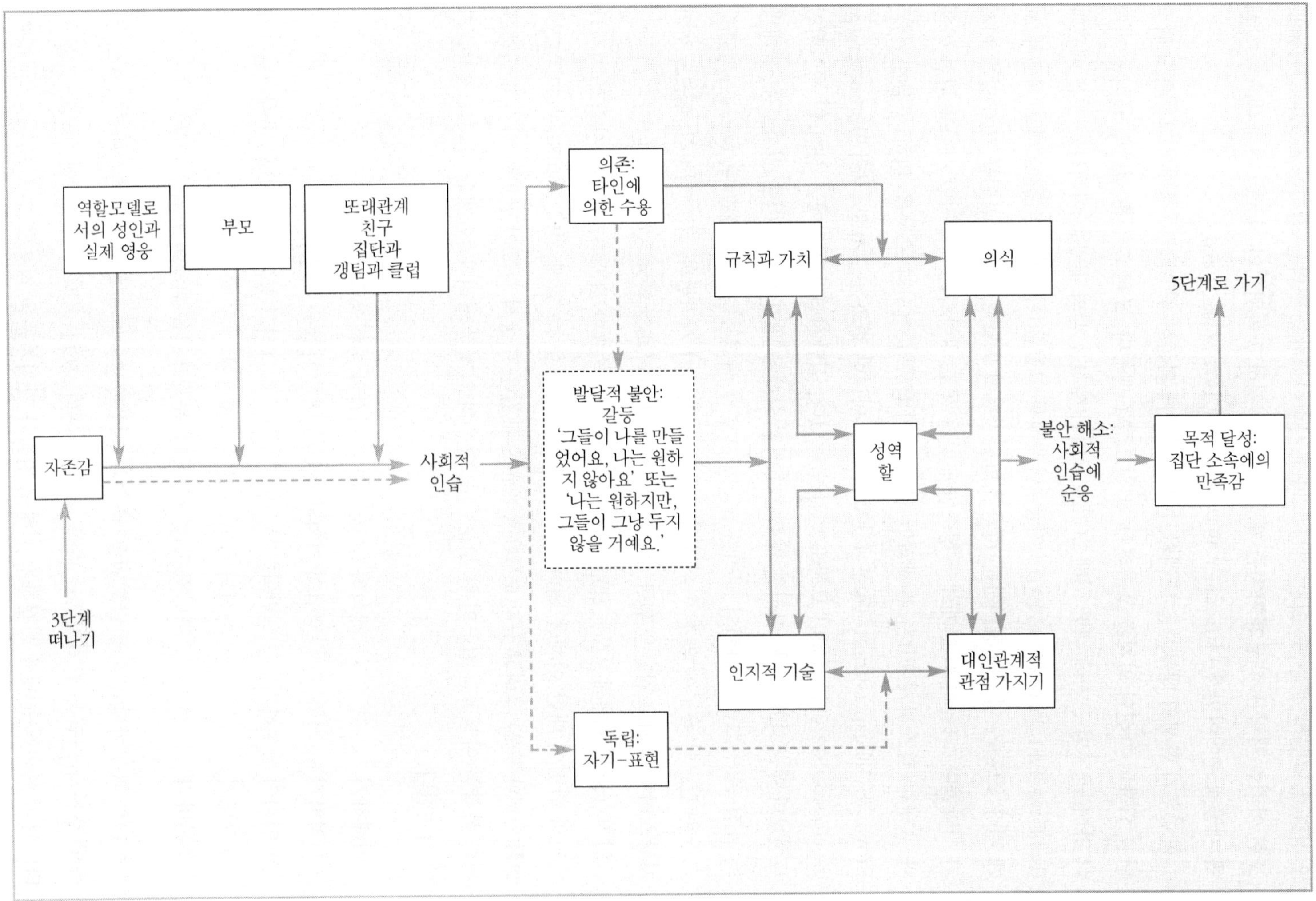

주: 점선은 내면 생활(사고 및 감정)을 의미함.

[그림 11-1] 4단계의 사회-정서적 주요 발달과정

인정하고 열심히 배울 수 있는 인성을 가진 사람이어야만 한다는 점이다(Aronfreed, 1968). 또한 이러한 사람은 학생의 가치를 개방적으로 인정하고 독립적인 성공을 위해 필요한 갈채를 제공해 주어야만 한다(Bandura, 1977; Rosenhan, 1972; White, 1963).

학령후기 학생의 대부분은 또래의 수용에 강하게 의존한다. 이전 단계에서 그들은 또래집단을 위하여 자신의 의지를 포기해야 할 필요성을 배웠다. 또한 그들은 집단의 규칙을 지켜야 하며, 규칙의 근거에 대한 이해 그리고 규칙이 깨졌을 때의 결과를 이해하는 것을 배웠다(Kohlberg, 1981; Piaget, 1932/1960). 지금 4단계에서 그들은 이러한 지식을 실제로 적용해 보게 된다. 그들은 열심히 참여하는 시기인 발달지점에 도달해 있으며 참여를 가치 있게 여기기 시작한다. 그들이 이 단계에서 성숙함에 따라 서로 대항하는 경쟁적인 시험을 위한 싸움과 요구는 감소하게 된다. 관계적인 갈등은 사회적인 질서와 수용을 위하여 감소된다. Brown과 Gilligan(1992: 91-94)은 4단계 소녀의 이러한 변화를 **교차로에서의 만남**(meeting at the crossroads)이라는 Gail의 묘사로 언급하고 있다. 집단정신과 동지애는 점점 더 개인적인 표현보다 우세하게 된다. 이러한 청소년기 이전 학생은 대인 간의 차이를 의사소통, 상대방의 관점 듣기 그리고 타인의 권리를 고려함으로써 해결하는 것을 배운다(Loevinger, 1976). 그들은 집단의 욕구에 맞추기 위하여 규준을 수정하기 시작한다. 집단멤버십, 팀으로서의 자랑스러움 그리고 집단을 위한 승리는 4단계에서 사회화를 위한 초석이 된다.

인지기술과 문제해결기술 또한 4단계에 발달하는 중요한 요소다. 학생은 사회적 지식과 타인의 관점에 대한 이해를 위하여 인지적인 처리를 할 수 있게 된다. **이미지**(정신적 표상), **상징**(전체와 부분) 그리고 **규칙**(순서와 중다분류)과 같은 추상적 사고의 단위는 사회적 이해를 위한 복잡한 이성적인 접근의 한 부분이다. 다음의 인지적 처리가 4단계의 사회적 지식증진에 기여한다.

이해하기	해석하기('부호화')-지각과 이해의 향상된 형태
기억하기	경험의 기억과 타인에 대한 관찰을 저장하기
아이디어 생성하기	일반화하기, 연역적, 추론적 그리고 창의적 접근으로 문제해결하기
평가하기	자신의 사고의 질을 고려하기
추론하기	귀납적으로 사고하기, 문제해결을 위하여 규칙을 사용하기

이러한 과정이 충분히 발달되었을 때 학령후기 학생은 추상적인 사고를 할 수 있으며 그들의 행동과 느낌을 합리적으로 다룰 수 있게 된다. 또한 이러한 이성적인 처리는 그들이 타인과의 사회적 문제를 해결하기 위하여 원칙과 가치기준을 적용할 수 있도록 한다. 따라

서 동기, 관계, 원인과 결과, 대안 그리고 규칙을 사용하기 위한 새로운 방법을 볼 수 있게 된다.

이러한 인지적인 진보로 대부분의 4단계 학생은 살아 있는 양심이 있는 조작 가능한 가치 체계를 충분히 발달시키게 된다(Kohlberg, 1981; Lickona, 1985, 1991). 이러한 4단계의 가치기준은 전형적으로 다음을 포함한다.

- 친절함
- 리더십
- 우정
- 타인에 대한 고려
- 타인의 기대에 따르기

4단계 학생은 우정을 키우고 개인적인 목적을 설정하고 개인적인 책임을 지고 또한 자신의 행동을 조절하기 위하여 자신의 가치기준을 적용하는 것을 배운다. 4단계의 학령후기 학생의 이러한 가치기준의 핵심에는, 이전의 발달단계처럼 그들 자신에게 기준이 있는 것이 아니라 모든 것에 적용되는 공평함과 정의가 있다는 신념이 자리잡고 있다.

점점 더 복잡한 차원으로 사람을 분류하고 변별할 수 있는 학령후기 학생의 인지능력이 발달함에 따라 성역할 차이에 대한 자각이 더 커진다. 4단계 학생은 성의 차이를 주의 깊게 연구한다. 그들은 신체적인 속성, 행동특성, 정서표현, 문제해결전략, 흥미, 느낌, 태도 그리고 동기를 관찰하고 모방한다. 성역할 행동에 대한 이해(소녀 혹은 소년, 여자 혹은 남자가 되는 것의 의미)는 그들이 이러한 차이를 지각함에 따라 일어나는 것 같다. 이러한 관찰과 친구와 또래와의 경험 그리고 그들이 인정하는 성인의 행동과 기준을 보고 그들 자신의 성역할 행동을 형성해 간다(Spence & Helmreich, 1978).

대인 간 관점을 배우는 것은 4단계 동안에 왕성하며 학생이 생각하는 방식을 극적으로 변화시킨다. 연구에서 보면 8세 혹은 9세 이전의 학생은 다른 사람이 자신과 다른 관점을 가진다는 것을 이해하지 못한다(Buhrmester, 1990; Selman, 1980). 향후 3~4년 동안에 우정, 부모자녀관계, 감정의 공유 그리고 상호 호혜적인 관계에 대한 학령후기 학생의 생각은 점진적으로 증가한다(Damon, 1988; Selman & Schultz, 1990). 학령후기의 한 소녀가 이러한 극적인 변화를 감동적으로 표현하였다(Brown & Gilligan, 1992: 92).

> '내가 항상 옳지는 않아요, 그들이 정말 옳았을지도 모르고 그들 역시 자신의 생각을 가진 거예요.'

대인 간 조망수용(또한 사회인지, 사회적 역할획득 그리고 사회적 추론이라고 불림)은 학생이 타인의 행동, 사고, 감정을 이해하도록 기여한다. 대인 간 이해 능력의 확장으로 이타심, 공감, 도덕성 발달과 같은 더 성숙한 차원의 인성이 발달된다(Turiel, 1983). 이러한 자질은 학생이 자신과 타인을 위하여 그들 자신의 행동 결과를 예측해 볼 수 있게 한다. 또한 이러한 능력은 학령후기 학생이 동조를 위해 독립-의존 갈등을 결국에는 해결하도록 기여한다.

대인 간 조망수용은 아마도 정서불안의 영향으로 차이가 나게 되지만 학령후기 동안에 일반적으로 증가한다. 이것에 대한 전형적인 연구는 개인, 가까운 친구, 부모자녀관계 그리고 또래집단의 조직화에 대한 학생의 관점을 측정하는 것으로 진행된다(Selman & Jaquette, 1987).

이러한 각각의 영역에서 발달이 이루어지지만 항상 일관성 있는 결과를 얻는 것은 아니다. 초기 연구들에서는 대인 간 조망수용의 결함은 반사회적 행동(불순종)과 연관되는 것으로 나타났다. 그러나 철회적인 행동 특성도 빈약한 사회적 추론 능력과 연관되는 경향이 있는 것으로 밝혀졌다(Selman, 1976).

심각한 정서적 혼란이 있는 학령후기 학생의 경우 친밀한 우정에 대한 관점은 개인에 대한 생각보다 더 진보된 반면, 손상된 사회적 추론은 부모자녀 관계에 대한 학생의 생각과 의미 있는 연관을 보였다. 또한 이러한 학생이 편부모 밑에서 자랐을 때 대인 간 조망수용 수준이 의미 있게 감소하는 것으로 나타났다(McCarty, 1992).

이러한 연구는 학령후기(4단계)의 사회-정서적 유능감과 책임 있는 행동발달과 관련된 프로그램과 직접적으로 연관된다. 가족경험은 아동의 발달과 청소년기로의 다음 변화에 의미 있게 기여하는 요인이다. 또한 효과적인 사회지지체계(또래, 가족, 이웃, 스포츠집단, 교회)의 기여도 계속 필요하다. 이러한 집단은 학령후기 학생이 열심히 또래관계를 추구할 때에도 이들을 위한 효과적인 역할모델이 될 수 있는 성인을 제공해 준다.

4단계의 성공적인 결말은 행동에 대한 개인적인 책임을 지고 승인되는 행동 기준에 순응하는 청소년기 바로 직전의 아동이 되도록 하는 것이다. 의존과 독립 간의 발달적인 갈등은 학생이 가치 있는 집단의 구성원이 됨으로써 자신의 독립과 자존감을 증진시킬 수 있다고 인정함에 따라 일시적으로 해결된다(Erikson, 1959/1980, 1968). 가족, 가치 있는 성인, 우정 그리고 또래집단은 이러한 과정에서 모두 의미 있는 세력이다. 자신과 타인의 관심을 면밀히 조사하면서 학령후기의 4단계 학생은 여러 가지 다른 가치와 관점이 있다는 것을 깨닫게 된다. 그들이 타인과 이러한 다른 관점에 대해서 더 많이 배움에 따라 그들은 자신에 대해서 더 많이 배우게 된다. 만약 우정과 성인역할 모델에 대해 만족스러웠다면 그들은 승인된 문화적 기준에 동조하는 데 만족해할 것이다.

학령후기 학생이 4단계 동안에 성취할 수 있는 사회적 이해, 사회적 유능감 그리고 책임 있는 행동의 수준은 다음 발달단계인 청소년기의 스트레스 반응방식에 직접적으로 영향을 미친다. 다시 말해 그들이 내부 욕구와 타인의 기대 사이에 편안하고 일시적인 균형을 발달시킨다면 청소년기(5단계)가 준비된 것이다. 4단계의 완성이 가까워짐에 따라 우리는 다음과 같이 학생이 말하는 것을 자주 듣게 된다.

'다른 사람은 나에 대해서 무슨 생각을 할까?'
'모든 사람들이 그것을 해.'
'나는 무시되는 것을 원하지 않아.'
'너를 좋아하는 사람이 너를 도울 거야.'
'네가 친구가 됨으로써 친구를 가질 수 있어.'
'사람들이 너를 좋아하는 것은 중요해.'

학령후기 학생을 위한 목적과 목표

목적: 집단이 하는 일에 정력을 쏟기

발달적 치료-발달적 교수의 각 교육과정에서 사회-정서적 발달의 목적과 목표는 4단계의 학령후기 학생의 역동적인 발달적 변화를 반영한다. 학생이 자신의 삶을 건설적이고 만족스러운 방식으로 살아갈 수 있는 능력을 발달시키기 위해서는 성공적인 우정과 집단에서의 멤버십이 필요하다.

4단계의 지표를 개관하는 동안 독자들은 지표가 발달영역에 걸쳐 거의 골고루 획득되지 못할 수도 있다는 점을 기억하는 것이 도움이 된다. 한 학생이 한 영역에서 가속화될 수도 있지만 다른 영역에서는 지연될 수도 있다. 4단계에서 이러한 패턴은 어떤 학생에게는 아주 극단적으로 나타날 수도 있으며, 때로는 학생을 위한 계획을 잘못 짜도록 이끌 수도 있다. 프로그램이 학생의 전반적인 단계(행동, 의사소통, 사회화 그리고 학업/인지의 4개 교육과정에서 평균적인 발달)를 목표로 한다면, 과정을 가속화시키는 데 효과적일 수 있다. 한편 프로그램이 수행의 가장 낮은 영역을 목표로 한다면 어떤 영역에서도 거의 진전이 없이 안정적인 상태를 유지하게 되는 경향이 있다. 프로그램 '한계(ceiling)' 는 미숙한 수행수준으로 퇴행되도록 한다.

우리는 학생이 하나의 지표를 획득하기 시작함에 따라, 다음의 지표를 획득하기 위한 방식을 강조하도록 프로그램을 재조정한다라는 규칙을 적용하고자 한다.

행동 지표

4단계의 교육과정 중 행동영역의 일반적인 목적은 집단의 성공을 위한 개인적인 기여를 배우기다. 이 단계를 시작하는 학생은 이미 행동적인 기대를 기술할 수 있고 규칙과 기준의 근거를 알며, 적어도 통제를 잃지 않고 집단 활동에 참여할 수 있다. 이것은 이전 발달단계에서 획득한 기술이다. 4단계의 목적은 집단 안에서 타인에 대하여 생각하기와 또래 집단에게 도움이 되는 방식으로 행동하기를 강조한다.

4단계의 행동적 목적은 학생이 집단 내에서 긍정적인 결과에 기여하는 능력을 증진하는 것이다. 이것을 하기 위하여 그들은 먼저 자신을 관찰하기, 실제로 자신을 승인하기 그리고 시간이 갈수로 향상된 관점으로 자신을 볼 수 있어야만 한다. 이것을 하는 과정에서 4단계 학생은 행동을 선택할 기회를 많이 가질 필요가 있다. 이때 그들은 이러한 선택의 결과에 대하여 실제적인 피드백을 가질 기회가 많이 필요하다. 개인적인 목적을 설정하고 자주 검토하는 것은 이 과정에서 필수다. 매일하는 집단의 평가회기에 더하여 교사 혹은 부모와의 매주 개별회의는 학생이 그들 자신의 행동을 모니터하는 능력을 얻게 하는 데 도움이 된다. 4단계의 학생은 평가과정에서 성인의 안내를 받으면서 그들이 작업할 필요가 있는 프로그램 목표를 선정하기 위하여 개인적으로 발달교육목표평정지(개정판)으로 자신을 평가할 수 있다. 이러한 평가는 4단계의 경험에서 그들을 안내하는 준거 틀을 제공하며, 집단에서 자신뿐만 아니라 타인의 진전에 대해서도 모니터하도록 가르친다.

학생이 사회적 유능감을 획득하기 위하여 이 단계에서 집단참여과정의 기술(함께 계획하기, 집단구성원에 대한 행동적 기대를 갖기, 집단노력이 이득이 되도록 집단절차를 변화시키기, 집단의 성취를 서로 공유하기)을 배워야만 한다. 그때 그들은 스트레스를 불러일으킬 수도 있는 혹은 이전 단계의 통제를 상실할지도 모를 새로운 상황에서 성공적으로 이러한 기술을 적용하기 위하여 연습이 필요하다. 이러한 지표를 획득하기 위하여 학생은 자기통제에 도전하는 새로운 상황에서 필요한 행동을 변별하고 선택하고 또한 이행할 수 있어야 한다. 행동에 대한 개인적인 책임의 강조는 3단계에서 성인이 자주 통제하고 주도하는 집단역동과는 첨예하게 대조된다.

4단계 행동 지표

목적: 개인의 노력으로 집단성공에 기여하기

자신의 진전에 대하여 자각하기
집단 요구에 따른 절차의 변화에 유연하기
통제력을 갖고 새로운 활동에 참여하기
수용 가능한 대안행동을 이행하기
통제력을 갖고 도전에 반응하기
행동과 태도에 대한 책임을 수용하기
개인과 집단 문제에 건설적으로 반응하기

출처: Developmental Therapy Institute(1992).

행동에서 4단계 교육과정 목적의 성공을 가리키는 지표의 성취는 학생이 그들 자신의 행동과 태도에 대한 책임을 수용할 때 일어난다. 그들이 이것을 할 수 있을 때 이전 단계의 학생 행동에서 전형적이었던 부적절하고 방어적인 방식보다는 이성적이고 문제해결적 접근으로 집단과 대인 간 문제에 반응하게 된다.

의사소통 지표

4단계에서 의사소통을 위한 교육과정의 일반적인 목적은 자신과 타인의 감정과 행동을 이해하기 위해 언어 사용을 배우는 것이다. 4단계의 의사소통 지표는 학생의 필요와 타인의 요구를 중재하는 효과적인 언어의 사용을 강조한다. 이 단계를 시작하는 학생을 위해 가장 강조되는 요구는 그들의 느낌을 표현하기 위한 수용 가능한 방법을 발견하는 것이다. 자신의 느낌에 대한 자각은 이전 단계 동안 발달되어 왔으며 지금은 그들 자신을 표현할 수 있는 수용 가능한 출구를 가져야만 한다. 창조적인 매체와 언어가 개인의 경험과 태도와 느낌을 전달하는 데 보편적으로 사용되어 왔기 때문에 프로그램은 창조적인 매체를 사용하는 교육을 강조한다. 그렇게 하는 동안, 학생은 이 단계 동안 의사소통을 위한 또 다른 지표를 성취한다(자신의 행동이 타인의 행동에 영향을 미치는 방법을 정확하게 설명하기).

의사소통을 위한 다음 지표는 또래뿐만 아니라 성인에게도 자발적으로 의사소통하는 기술

4단계 의사소통 지표

목적: 자신과 타인의 감정과 행동을 이해하기 위해 언어를 사용하기

창조적인 매체를 통해 느낌을 전달하기

행동이 타인에게 영향을 미치는 방법을 설명하기

집단 안에서 자발적으로 그리고 적절하게 느낌을 표현하기

또래와 성인과 관계를 맺기 위한 의사소통을 시작하기

타인을 칭찬하고 지지하는 언어를 자발적으로 사용하기

느낌과 행동 간의 인과관계를 표현하기

출처: Developmental Therapy Institute(1992).

을 갖게 하는 것이다. 수줍어하는 학생, 위험한 상태에 있는 학생, 사회적 · 정서적 · 행동적 장애를 가진 학생이 타인과 자발적으로 접촉을 시도하는 것은 종종 어렵다. 많은 학생들은 타인을 피하거나 그들의 디스트레스를 행동화하면서 보낸다. 그들의 대인 간 기술은 종종 극단적으로 제한되어 있고 많은 학생들은 어떤 종류의 관계도 피하려고 한다. 이러한 학생이 이 지표를 획득하여 진전을 보이기 위해서는 일반 학생보다 시간이 더 오래 걸린다.

4단계 후반쯤 되면 학생의 언어표현과 자신에 대한 이해는 전 단계보다 상당히 확장된다. 그들은 자신의 느낌과 행동을 연결할 수 있을 뿐만 아니라 이를 이해하여 의사소통할 수 있고 타인과의 관계를 재조직화할 수 있다. 이런 기술은 4단계의 마지막 의사소통 지표며 대인 간 관점수용의 새로운 수준을 나타내는 것이다.

사회화 지표

4단계의 사회화를 위한 교육영역의 목적은 학생이 집단 구성원으로서 자발적으로 그리고 성공적으로 참여하는 것을 배우기다. 4단계에서는 집단을 구성원 자신을 향상시키는 것으로 보고 집단에 대한 자발적인 투자를 강조한다(개인을 넘어서는 가치). 이러한 태도를 달성하기 위해 사회화 목표는 자신과는 다른 사람으로서 타인을 이해하기 위해 자기방어와 성인 가치에 대한 동일시로부터의(3단계 학생에게 보이는) 점진적인 변화에 초점을 맞춘다.

4단계에서 사회화는 학생이 가치 있게 여기는 성인의 특성과 동일시하면서 시작된다. 동

4단계 사회화 지표

목적: 집단의 구성원으로서 자발적이고 성공적으로 참여하기

성인 영웅을 규명하기
시간순서대로 집단 경험을 묘사하기
집단을 위한 적절한 활동을 자발적으로 제안하기
타인행동에 대한 자각을 표현하기
타인의 생각과 의견을 듣기
또래의견에 흥미를 표현하기
대인 간 문제와 집단문제에 대한 해결책을 제안하기
사회적 상황에서 상반되는 가치를 인식하기
사회적 상황에서 추론하기

출처: Developmental Therapy Institute(1992).

시에 그들은 많은 집단의 구성원이 되어 가며 이들 집단에서의 경험은 사회화 기술이 발달됨에 따라 점차 복잡해진다. 프로그램 지표는 사회적 의사소통에 주로 초점을 맞춘다. 예를 들면 집단경험 묘사하기, 자발적으로 집단에 제안하기, 타인의 생각과 의견을 듣기 등이다. 이런 과정은 사회적 지식과 타인에 대한 이해를 증가시키는 도구다.

4단계에서 핵심지표는 학생이 그들에 대한 또래의 지각과 의견을 알고자 할 때 분명해진다. 이 시점에서 그들은 4단계의 전반적인 사회화 목적을 성취하기 위해 그들의 방식을 잘 수행한다(성공적으로 집단 구성원이 되고 가치 있는 구성원이 되기). 이 지표는 타인의 관점을 가치 있게 여기는 능력을 나타낸다. 이 중요한 지표를 획득한 학생은 우정을 형성하고 유지할 수 있는 도구를 가지는 것이다. 자신의 행동이 타인에 의해 어떻게 수용되는지를 알기 위해 이 도구를 사용할 수 있으며, 집단기준과 가치에 순응하기 위해 자신을 변화시킬 수 있다. 4단계에서 타인에 대한 학생의 존경과 자각이 증가하도록 하기 위해 학생의 집단에 대한 기여도를 유지하는 것은 중요하다. 이 지표는 학생이 대인 간 그리고 집단관계에 기여하도록 격려한다. 이 과정의 큰 부분은 대인 간 그리고 집단갈등에 대한 건설적인 해결에 대한 것이다. 이런 기술은 우정의 형성에 도움이 된다.

4단계 사회화의 마지막 지표를 획득한다면 학생은 성인으로부터 특별한 도움이 덜 필요해진다. 그들이 이 단계를 완성함에 따라 학생은 경험으로부터 배울 수 있으며 타인의 행동으로부터 추론해 낼 수 있다. 이것은 행동의 결과를 예측하고 책임감 있게 행동을 조절하기 위해 필요한 태도다.

학업/인지 지표

4단계의 학업/인지 영역에서 목적은 성공적인 사회적 집단 경험을 위해 학업기술을 사용하는 것이다. 4단계에서 성취된 학업과 사고력은 실제 생활에서 흥미를 갖고 문제를 해결하는 데 도움이 된다. 4단계를 시작하는 대부분의 학생은 3학년 수준 또는 그 이상의 수준에서 읽기 이해, 수학 그리고 쓰기에 대해 이미 기본적인 기술이 숙달되었다. 4단계의 지표는 문제해결을 위해 이런 기본적인 기술을 적용하도록 격려해서 학생 개인과 집단 구성원을 향상시키도록 하는 것이다.

이전 단계의 지표를 성취한 학생을 위해 프로그램 목표는 타인과 주변 세상에 대한 이해 증진을 위해 이성적이며 인지적인 과정과 사고력을 사용하도록 하는 것이다. 또한 이들 지표는 학생이 상징적인 형식(수필, 일기, 일지, 의견 편지 등)을 사용하여 타인과 효과적으로 의사소통하고 자신의 문제를 해결하기 위해 학업적 도구를 실제로 사용하도록 돕는다. 지표에는 기록된 모든 의사소통형태와 타인과 그들의 가치에 대한 정보와 즐거움을 위한 읽기가 포함된다. 이와 유사하게 수학에서의 지표는 논리적이고 향상된 계산기술과 초보적이고 기능적인 경제원칙을 가지고 문제를 해결하는 것이 강조된다.

4단계에 있는 학생을 가르치는 교사에게 가장 도전적인 일 중의 하나는 연령에 적합한 내용을 유지하면서 각 학생의 개별적 학업성취수준에 맞게 교수내용을 조절하는 것이다. 3단계의 학업 지표(1학년 수준의 학업작업)를 배우고 있는 4단계의 학생이 있다는 것은 이상한 일이 아니다. 세상물정에 밝은 많은 학생들은 효과적으로 문제를 해결할 수 있지만 제한된 학업기술을 가지고 있다. 학습장애로 특수교육을 받은 학생들은 연령에 가까운 적합한 수준으로 사회-정서적 발달이 이루어지지만 학업기술은 유의미하게 뒤처진다. 학업적 교수에서 개별적 접근은 이런 학생들을 위해 중요하다.

모든 학업 프로그램은 실제 생활연령에 맞는 흥미와 4단계의 사회-정서적 특성을 가진 학생 개인이 필요로 하는 발달적 질을 반영하는 주제, 재료 그리고 활동으로 설계되어야 한다. 개별화 교육프로그램은 집단에서 이런 기술을 적용하기 위한 기회를 포함시켜서 사회-정서적 유능감이 학업기술과 사고력과 함께 발달한다는 것을 보게 하는 것이 필요하다. 학

4단계 학업/인지 지표

목적: 집단경험을 성공적으로 하기 위해 학업기술을 사용하기

정보, 사건, 느낌을 의사소통하기 위해 기록하기

100까지 곱하기 문제와 나누기 문제를 풀기

즐거움과 개인적 정보를 얻기 위하여 읽기

10달러까지 돈에 대한 가치 계산하기

TV, 책 또는 영화에서 가상 캐릭터의 동기를 설명하고 특성을 묘사하기

문장, 단락, 짧은 수필, 산문, 시를 쓰는 데 필요한 문법적 규칙을 사용하기

논리 문제를 해결하기 위해 측정 단위(시간, 길이, 액체부피)와 양의 개념을 사용하기

출처: Developmental Therapy Institute(1992).

업/인지에 대한 4단계의 목적을 기억하도록 하자(사회적 집단에서 성공적인 경험을 위해 학업 기술을 사용하기).

학령후기 학생의 욕구 충족방법

4단계의 학생을 위한 발달적 치료-발달적 교수 프로그램은 학생이 집단적인 노력에 개인적인 관여와 기여를 하도록 자극해야 한다. 4단계 학생은 이전 단계보다 실제지향적이며 덜 구조화된 교육과정과 덜 보호적인 환경을 필요로 한다. 4단계 동안 성취해야 할 과제는 자신과 타인에 대한 이해력을 확대하는 것과 모든 학생이 직면하는 일상적인 규칙, 구속, 결과에 대해 또래와 성인과 함께 효과적으로 기능할 수 있는 능력을 키우는 것이다.

4단계 프로그램의 조직은 유연하며 학생중심적 접근으로 가장 잘 묘사된다. 이전 단계에서 학생은 성인의 지도를 받으면서 성공적으로 집단 활동에 참여하기 위한 기본적인 개별 기술을 배웠다. 지금은 집단에서의 성공적인 참여를 위해 최소한의 구조화가 요구된다. 이전 단계에서는 학생이 집단 활동에 참여하는 것이 어려울 때 1명의 성인이 프로그램을 잘 진행하도록 활동의 구조화를 유지하는 사이에 팀의 다른 성인이 집단과의 재결합에 문제가 있는 학생과 작업하였다. 지금 4단계에서는 집단 내에서 어려움이 일어났을 때 성인은 문제

를 파악하기 위해 상당히 조심스럽게 활동을 멈추지만 어쨌든 전체적인 집단정신은 손상된다. 집단의 응집성에 해가 되는 기류를 감지함에 따라 우리는 성인이 다음과 같이 말하는 것을 듣게 된다.

'지금 무슨 일이 일어났는지 알기 위해 이 활동을 멈추어 보자.'
'여기서 무슨 일이 일어났을까?'
'왜 이것이 작용하지 않을까?'
'너는 이렇게 진행되는 것을 좋아하니?'
'그에게 무언가 말하고 싶은 게 있니?'
'우리가 참여해야 할 또 다른 문제가 생겼다.'

타인과 각 사건에 대하여 이성적으로 반응하는 것이 강조된다. '지금'을 지향하면서도 4단계 프로그램은 최근에 있었던 과거를 다룬다. 학생은 최근의 사건과 타인의 행동을 회상하도록 격려받는다. 또한 그들은 이러한 재수집 자료를 현재 상황과 연결하게 된다. 때때로 토론은 집단 구성원에 의해 상당히 독립적으로 이루어지며 집단토론의 방향을 지도하는 성인은 최소한의 참여만 가끔 한다. 어떤 경우는 집단의 지도력과 방향의 부족 때문에 성인이 적극적으로 주도하기도 한다. 전체적인 전략은 성인의 권위가 아닌 학생이 확장된 가치체계의 안내를 받으며 자기주도로 행동조절을 하도록 하는 것이다.

4단계 학생은 집단규칙, 조절 그리고 시행절차(결과)를 발전시키고 유지하도록 격려받는다. '아니요'라고 말하는 대신 '예'라고 말하기 프로그램은 자기조절을 배우도록 하기 위해 학생에게 어떻게 개입하는지 보여 주는 하나의 예다.

규칙설정을 위한 이 접근은 '우리가 할 수 없는 것'과 '우리가 할 수 있는 것' 사이에서 효과적으로 선택하도록 하기 위해 부정적이고 긍정적인 규칙 모두를 정한다. 학생은 같은 환경 안에서도 상반되는 해결책을 보기 시작하고 그것을 선택할 기회를 가지게 된다. 그러나 선택은 여전히 허락된 틀 안에서만 가능하다. 학생은 수용 가능한 행동을 하도록 기대된다.

성인의 역할: 집단 촉진자, 개인 옹호자 또는 역할모델

4단계 학생은 이전 단계에서 했던 것처럼 문제해결을 위해 성인에게 무조건 의존하지 않는다. 그들은 가끔 성인을 시험하고 만약 성인이 모든 것에서 공정하고 공평하다고 판단되면 대개는 빠르게 그 성인의 지침을 수용한다. 그러나 집단의 지도자로서 성인이 제한을 설

'아니요' 대신에 '예'라고 대답하기

수업 첫날이었다. 교사와 학생은 수업절차와 규칙에 대한 계획을 세우고 있었다. 집단은 규칙을 커다란 종이에 적어서 교실에 붙여 두기로 결정하였다. 이것은 부정적인 진술형태이지만 실제적인 것으로서 그들이 함께 지켜야 할 절차와 규칙이다.

- 버스에서 싸우거나 발로 차거나 악담하지 말기
- 복도에서 말하거나 뛰지 말기
- 교실에서 싸우고 발로 차거나 침을 뱉지 말기
- 교사에게 말대꾸하지 말기
- 사람을 나쁜 별명으로 부르지 말기

전에 학생들은 성인이 부정적인 용어로 언급하는 규칙을 반복적으로 들어왔다. '나는 그것을 할 수 없다.' '허락되지 않는다.' '복도에서 뛰어서는 안 된다.' '너는 지금 바깥으로 나갈 수 없다.' '교사에게 말대꾸를 하지 마라.' 시간이 지나면서 그들은 행동에 대한 이런 부정적인 표현을 내면화해 왔고 지금도 집단과정과 학급조직을 조절하기 위해 이런 식으로 표현하여 왔다(성인을 동일시). 그들은 학교를 가야 하는 장소이고 타인이 그들에게 말한 것을 해야 하는 장소로 보고 있다. 학교와 집단활동은 그들이 할 수 없는 것을 규정하여 구속하는 곳으로 보아 왔다.

이런 태도를 알게 되면서 교사는 그들이 변화하기를 원하는지 알아보기 위해 다음 수업시간에 규칙을 검토하자고 제안하였다. 처음에 그들은 규칙에 대해 어떤 잘못도 발견할 수 없었고 적절하다고 느꼈다. 10주 동안 집단목적에 대하여 토론이 지속되었다. '함께 일하고 노는 것을 배우기.' 이 목적은 그들에게 실제적인 의미를 가진다. 그들은 함께 일하면서 노는 것을 배우기 위해 규칙을 어떻게 정해야 하는지를 이야기했다. 그런 다음 교사는 '아니요' 대신에 '예' 라고 말할 수 있는 규칙 목록을 만들 수 있는지를 물어보았다. '하지 마라' 와 '아니다' 라는 단어 없이 규칙을 만드는 것은 그들에게 도전이었지만 학생들은 열정적으로 반응하였다. 그들은 '좋은 날을 위해 기억해야 할 것들' 이라는 새로운 규칙 목록을 만들었다.

좋은 날을 위해 다음을 기억하기

다른 사람이 말할 때 듣기
공손하기
문제를 무시하기
요점에 충실하기
자기 차례에서 말하기
매일 친절하게 무언가를 하기
집단과 함께 머물기

두 목록은 몇 주 동안 벽에 나란히 붙여졌다. 교사와 학급이 활동을 계획하거나 문제를 해결할 때 두 목록을 참고하였다. 집단이 규칙을 참고해야 할 필요가 있을 때 두 목록 중에서 가장 적절한 규칙을 선택하였다. 싸우거나 집단원 간의 의견 불일치 때문에 활동이 엉망이 된 상황에서 학생들은 상황에 가장 적절한 것으로서 항상 첫 번째 목록을 선택하였다. 그러나 집단이 특별한 프로젝트 또는 현장학습을 위한 여행계획을 토론할 때 그들은 항상 두 번째 목록을 선택하였다. 교사는 학급에서 이것을 지적하였고 시간이 지날수록 학생들은 두 번째 목록을 더 자주 선택하였다.

두 번째 주말에 학급은 첫 번째의 부정적 규칙목록을 내리고 두 번째의 긍정적 목록을 사용하기로 결정하였다. 할 수 없는 것에 대한 규칙보다는 할 수 있는 것에 대한 규칙을 가지는 것이 더 좋다고 느꼈다. 또한 학생들은 긍정적인 규칙목록을 따른다면 교실에는 실제로 문제가 없을 것이고, 반면에 첫 번째 목록을 가지고 있으면 어떤 종류의 문제가 발생할 것이고 처벌이 뒤따라 올 수밖에 없다는 것을 깨달았다.

정해야 할 때가 있다. 이때 학생이 의사결정에 참여하도록 하지만 수용 가능한 경계선을 유지하면서 하게 한다.

집단 촉진자로서 성인 4단계에서 성인에게 가장 중요한 책임은 실제를 반영하고 집단을 지도하는 집단 촉진자로서의 책임이다. 성인은 개인의 욕구와 집단욕구 사이의 갈등을 해결하도록 도와야 한다. 학생이 집단의 활동, 규칙, 절차를 계획하는 방법을 배울 때 성인은 서로의 관계에서 결정하고 실제적이며 자연스러운 결과를 고려하도록 돕는 다리역할을 한다. 성인은 집단이 고려해야 할 실제를 반영해 주고 경험을 제안하고 각 구성원의 능력을 활용하도록 집단을 돕는다. 집단이 건설적으로 기능하지 못하거나 학생 개인에게 이득이 없을 때를 제외하고 성인은 가능한 집단을 구조화하거나 통제하지 않는다. 다음은 하나의 예다.

> '이번 주 미술실을 우리가 사용할 수 없게 되었다. 다른 반에서 벌써 예약을 했다. 다음 주 초에 미술실을 사용하도록 우리가 예약할까?'

개인 옹호자로서 성인 성인이 4단계에 있는 개별학생을 도울 수 있는 기회는 많다. 학생은 자신에 대해 좋게 느끼는 데 필요한 기술을 가지고 있어도, 중요한 성인에 의해 이런 기술이 인정받는 것이 필요하다. 각 학생에게는 잘 관리될 수 있는 선에서 독립을 위한 기회가 많이 주어져야 한다. 또한 실제적으로 철저하게 논의해야 하는 상황이 일어나기도 한다.

그들은 성인이 솔직하게 대답해 줄지를 알고 싶어 한다. 예를 들면 다음과 같다.

'너는 버스 운전사가 오늘 아침에 화를 낸 것을 알고 있지? 하지만 네가 그 모든 소음을 일으키기 시작했을 때 그런 일이 일어나도록 도왔다는 것도 생각해 봤니? 너는 전에 화가 난 적이 있었니?'

사회적, 정서적 그리고 행동적으로 장애가 있는 4단계에 있는 학생과 작업하는 성인은 시간이 지날수록 진전을 방해하는 파괴적인 방어적 행동에 직면하게 될 것이다. 이것 때문에 4단계 프로그램을 지속하는 데 방해가 되어서는 안 되지만 이때는 가치 있는 성인으로부터 개별적 지원과 옹호가 필요한 시기다. 이것은 이전의 발달적 불안이 충분히 해결되지 않았다는 것을 보여 준다. 스트레스 상황은 미성숙하고 파괴적인 행동을 불러일으키는 미해결된 불안의 홍수를 유발할 수 있고 그것은 대개 방어기제를 작동시킨다. 이런 오래된 자기 방어적인 반응이 일어날 때 성인은 구조화와 지지를 증가시키고 3단계의 전략을 일시적으로 사용해야 할 준비를 해야 한다. 그러나 연령이 있기 때문에 이런 학생은 전형적으로 또래와 같이 취급되기를 바라는 연령과 연관된 욕구와 흥미를 가진다.

역할 모델로서 성인 어떤 단계도 성인에게 좀 더 효과적인 사람이 되라고 요구하지 않는다. 4단계의 학생은 자신들이 좋아하는 특성을 그 성인이 가졌는지 관찰한다. 학생과 타인에 대한 성인의 행동과 태도는 대인 간, 사회적, 성 역할 모델을 제공한다. 타인에 대해 아주 민감한 학생은 성인이 어떻게 행동하는지와 성인들 간의 관계에 대해 유심히 관찰한다. 또한 성인이 다른 학생을 어떻게 다루는지도 본다. 이 단계에 있는 학생은 전보다는 좀 더 편안하게 자신의 행동과 관계에 대한 모델로서 성인의 행동과 반응을 보게 된다.

무의미한 칭찬과 생색을 내는 격려로 학생을 속일 수 없기 때문에, 성인은 칭찬과 피드백을 줄 때 진실해야 한다. 만약 학생이 믿을 수 있는 성인이라면 그가 다음과 같이 말할 때 진심으로 학생에게 수용될 것이다.

'네가 산으로 간 여행에 대해 쓴 이야기가 정말로 좋구나. 정말로 흥미로워!'

4단계 학생에게 이전 단계에서는 두드러지지 않았던 여러 가지 새로운 차원의 성인의 역할이 중요하게 부각된다. 전문성 그리고 호감과 관련된 개인적 특성이 학생의 행동에 강력한 영향을 줄지라도 성실과 진정한 존중은 전달되어야 할 필수적인 태도다. 이런 특성 없이 성인이 4단계 학생의 사회-정서적 능력 또는 책임 있는 행동에 효과적으로 영향을 미칠 수 없다. 학생에게 효과적으로 영향을 미치는 성인은 학생의 기여를 인정함으로써 이런 자질을 보여 준다. 이런 성인은 매일의 프로그램에서 학생의 생각이 무엇인지 고민하고 경청하며 제안을 통합하며 학생에게 반응한다. 집단 내에서 최소한의 역할을 하며 학생이 의사결정에 대한 책임을 지도록 하는 반면, 여전히 필요한 만큼의 지도와 인내를 제공해 주어야 한다. 여기에 의사소통하는 방법을 보여 주는 성인의 반응이 있다.

'네가 맞는 것 같아. 이 게임은 내가 생각했던 만큼 재미있지는 않았어. 우리가 어떻게 바꾸면 좋을까?'

학생에게 유용한 성인이 되려는 시도에서 어떤 성인은 또래의 상태를 알려 주는 역할을 하거나 또는 그들의 사생활과 개인 삶의 경계를 무너뜨리기도 한다. 이것은 재난을 일으킬 수 있는 실수다. 성인은 학생이 갈망하는 특성을 가진 정체성의 자원으로서 표상되기 때문에 적절한 사회적 힘을 가진 성인은 여전히 4단계 학생에게 필요하다. 학생은 그들이 성공하지 못한 상황과 익숙하지 않는 사건 혹은 그들을 압도하는 압박에 대해 성인이 도울 수 있다는 것을 믿어야 한다. 프로그램에 책임이 있는 성인이 개인생활 또는 감정을 노출시킬 필요는 없다. 발달적으로 학생은 자신이 유능해지는 것을 계속 배우고 있는 중이다. 도와야 할 책임이 있는 성인이 그들과 '친구'가 되기 위해 또는 좋아하는 사람이 되기 위한 보증을 얻고자 그들을 이용해서는 안 된다.

성공적인 집단과정을 촉진하는 관리전략

9~12세의 일반 학생과 관련된 발달의 본질은 프로그램의 역동에서 성인이 중심인물로 되지 않기를 요구한다. 따라서 관리 전략은 전 단계보다 더 적고 덜 명백하며 더 촉진적이어야 한다. 다음은 자주 사용되는 전략이다.

4단계에서 성인이 학생에게 이런 전략을 사용하는 방식은 매우 중요하다. 첫 두 전략은 집단에 성공적으로 기여한 개인의 긍정적 이익을 강조한다. 또래의 수용과 소속은 매우 중

긍정적 피드백과 칭찬	또래와 성인으로부터
재료를 가지고 동기화	실제생활, 연령에 적절한, 문화적으로 관련된, 또래와 함께 개인을 향상시키기
해석	성인은 학생이 행동내면의 감정을 인식하도록 돕는다
규칙	집단은 규칙을 정하고 필요할 때 그것을 변화시킨다
생활중심중재	학생 자신과 타인에 대한 이해와 해결을 위해 갈등과 위기를 겪으면서 개인과 집단이 대화한다

요하기 때문에 만약 참여가 성공적이라면 이익은 저절로 생긴다. 그러나 4단계에서의 성공은 이전 단계처럼 숙련된 성인이 제공한 계획 혹은 항상 성공적으로 끝난 활동을 통해 이루어지는 것은 아니다. 항상 고통이 없는 과정은 아니지만 지금은 또래가 수용하는 행동을 선택함으로써 성공을 이룰 수 있다.

결과적으로 또래거부를 초래하는 선택을 하게 되는 이유를 학생이 인식하도록 하기 위해서는 상당한 도움이 필요하다. 또한 그들이 선택하는 이유를 이해하도록 하기 위해서는 도움이 필요하다. 종종 스스로에 대한 느낌 또는 그들의 신념 또는 개념 때문이다. 이런 통찰은 4단계의 초기 발달에서 중요한 부분일지라도, 이 단계 동안에 타인이 가지는 생각과 느낌이 자신과 많이 다르다는 것을 이해하기 위해 그들의 관점은 확장되어야 한다. 자신과 타인에 대한 이런 지식은 4단계 학생과의 작업에서 성인이 해석을 제공하고 생활중심중재를 하면서 성장하게 된다.

두 전략이 효과적으로 사용되기 위해서는 어떤 행동이 스트레스에 대한 학생의 표면적인 반응이고, 어떤 행동이 개인의 심리적인 고통을 위장하는지가 구별되어야 한다. 전자에서, 학생이 자신과 타인에 대한 통찰을 얻을수록 혹은 긍정적이거나 부정적인 그들의 선택에 따른 실제 결과를 경험할수록 학생들 스스로가 자신의 행동을 변화시킬 수 있다. 후자에서 학생은 자신의 느낌과 정서적 욕구에 대한 이해를 발달시켜야 할 뿐만 아니라 책임 있는 행동적 선택을 통해 이런 욕구를 충족시킬 긍정적인 방법을 배워야 한다. 생활중심중재 과정을 통한 성인의 이해와 지도 없이는 학생이 이런 것을 거의 성취할 수 없다. 어렵기는 하지만 만약 학생이 타인과의 갈등과 실패의 순환을 깨뜨리는 것을 배울 수 있다면, 이것이 근본적인 전략이 된다. 또한 이런 변화는 집단 내 학생의 역할을 변화시키거나 학생이 의존하는 사회적 힘의 유형을 변화시키기 때문에 4단계 학생과 작업하는 성인은 집단역동에 친숙해야 하고 이런 개념이 학생을 돕기 위해 어떻게 사용되는지를 알아야만 한다. 집단 과정이 효과적인 3단계 프로그램의 중심내용이었기 때문에 10장에서 우리는 이런 과정에 대하여 광범위한 토론을 하였다. 집단과정에 친숙하지 않는 독자나 단계로 전이하는 학생을 다루는 독자는 집단관리전략을 위하여 10장을 참고하는 것이 좋다.

다음의 예에서 4단계의 전형적인 학생인 Len을 위해 교사는 타인이 행동하는 이유와 방법에 대한 이해를 증진시키기 위해 생활중심중재와 해석의 사용을 보여 주고 있다. Len이 3단계에 있었다면 교사는 그의 행동이 그의 흥미에 반하여 어떤 결과를 초래했는지에 대해 민감해지도록 해석과 생활중심중재를 사용했을 것이다. 또한 교사는 버스에서의 싸움에서 그 자신의 느낌과 동기가 문제의 부분일 수 있다는 생각을 알려 주었을 것이다. 해결을 위해

Len과 교사는 학교 버스에서 화를 내는 것보다 더 나은 대안을 고려했어야 할 것이다. 지금 Len은 4단계에 있다. 교사는 해석과 생활중심중재를 지속적으로 사용해야 하지만 타인의 동기에 대한 이해를 확장하고 자신과 타인의 행동에 대해 스스로 해석할 수 있도록 도와야 한다.

이쯤 되자 Len은 인과론적으로 사건을 보기 시작하였다. 그는 타인의 행동과 느낌을 연결시켰다. 또한 자신의 욕구에 대한 이해와 이런 욕구가 그의 행동에 어떻게 반영되었는지를 보게 되었다. 교사는 학교 규칙('버스에서 싸우는 것은 안 됨')으로 토론의 방향을 바꿈으로써 생활중심중재를 하기로 결론을 내렸다. Len과 교사는 그 사건의 실체를 토론하였다(Len은 통제를 잃고 싸움을 실제로 시작한 사람이다.). 실제로 그의 감정적인 태도는 다른 학생들에게 유혹적이었다. 4단계에서 동기에 대한 이해가 학생의 지속적인 발달을 위해 중요한 통찰이었음에도 불구하고 행동에 대한 책임을 속죄하지는 못한다. Len과 교사는 **개별 생활중심중재**를 한 후에, 이 사건에 개입된 다른 소년들과 Len, 교장, 교사와 함께 **집단 생활중심중재**를 하게 되었다. 사건이 교장의 권위와 책임이 있는 학교 전체규칙과 관련되었기 때문에 교장도 참석하였다. 집단 생활중심중재에서 싸움을 자극한 다른 소년들에 대한 책임을 중요하게 다루었다. 다른 사람의 행동에 대한 통찰을 확장하기 위해 같은 과정이 집단에서도 사용되었으며, 결론에서 교장은 정당하고 공평한 훈육지침을 모든 학생들에게 부여하였다.

이 예에서 학생은 자신의 삶을 책임지는 존재로서 스스로를 보기 원한다는 것을 나타내준다. 그러나 아직 4단계의 학생은 그들에게 결정적이고 매우 중요한 숙련된 성인에게 의존한다. 이전 단계에서 학생의 행동에 영향을 주기 위해 성인은 모든 형태의 사회적 힘을 사용하도록 요구되었다(강압, 조절, 전문성, 호감). 4단계의 발달적 역동 때문에 4단계에서 성인은 후자의 두 형태를 광범위하게 사용한다.

(1) 성인이 타인의 행동에 대한 이유를 제공할 수 있는 통찰과 (2) 학생이 선택한 행동에 따른 결과를 성인이 객관적으로 제공할 수 있다는 관점 때문에 학생은 성인에게 **전문성**이 있다는 가치를 부여한다. 또 다른 사회적 힘의 형태인 **호감**을 성인이 주의 깊게 비인격화하여 4단계 학생에게 사용한다면 효과적일 수 있다. 학생은 좋아하는 성인의 인격적 특성을 가장 자주 모방하고 내면화할 것이다. 4단계 학생을 위한 성인의 역할에 대한 이전의 토론에서 우리는 다양한 형태의 호감을 강조하였다(문화적 자질, 성역할태도, 정서관리, 공평성의 가치, 존경, 유익함, 우정). 또한 이 단계의 학생이 인정하는 언어, 옷, 행동에 대한 많은 피상적인 매너리즘이 있다. 4단계 학생에게 사회적 힘의 형태인 호감을 사용하기 위해, 성인은 각 학생이 무엇을 가치 있게 여기는지를 충분히 이해해야 하고 학생이 책임감 있게 행동하도록

Len

Len은 학교 버스에서 싸운 것 때문에 교장실로 불려 가게 되었다. Len이 대화할 정도로 충분히 침착한지를 관찰하면서 교사도 생활중심중재를 시작하기 위해 작은 회의실로 같이 갔다.

교사: 무슨 일이 있었니?
Len: 버스에서 싸웠어요.
교사: 어떻게 되었니?
Len: 고등학교에서 탄 그 애들이 이 건물(중학교)로 가는 것에 대해 말했어요.
교사: 그리고?
Len: 나는 비웃음을 당하고 싶지 않아요. 어느 누구도 나를 비웃지 못해요.
교사: 왜 그들은 그렇게 했지?
Len: 잘 몰라요…그들이 바보예요.
교사: 네가 알고 있다고 생각하는데…….
Len: 예, 그들은 나를 미치게 만드는 방법을 알고 있어요. 그들은 내가 통제력을 잃어버리기를 바랐어요……. 그리고 나는 그들에게 보여 줬어요.
교사: 왜 그들은 어떤 사람들이 통제력을 잃기를 원하는 거지?
Len: 그들은 좋은 사람들은 아니에요.
교사: 그렇구나.
Len: 예, 그들도 자신을 통제할 수 없기 때문에, 나 역시 문제를 일으키기를 원해요.

안내할 수 있는 개인적 특성을 보여 줄 수 있어야 한다. 전에 언급한 것처럼 발달적 치료-발달적 교수 프로그램은 성인이 그들 자신의 개인적 욕구와 특성, 특히 학생에게 치료적이지 않는 것들을 보여 주기 위한 것은 아니다.

이런 전략은 4단계 학생이 독립 대 의존 간의 갈등의 바다를 항해하도록 돕는다. 성인과 또래는 그들 자신의 고유한 능력을 깨닫고, 또래집단에서 필요한 존재로서 그들 자신에게 확신해 주어야 한다. 집단의 수용과 집단의 소속은 성공적인 프로그램을 위한 중요한 요소이고 이런 종류의 전략은 사회적 연결이 성공되도록 하기 위해 중요하다. 이것은 소속감에 의해서 학생이 사회적 유능감을 성취하게 하는 방법이다.

목적 및 목표 달성을 위한 활동

여기에서 우리는 4단계의 발달적 치료-발달적 교수를 성공적으로 완수하기 위한 사회적 유능성과 책임 있는 행동에 대한 목적과 지표를 성취하기 위한 핵심활동을 기술할 것이다. 이런 활동에는 토론, 집단과 개별 학업과 창조적인 예술(음악, 미술, 창작문 또는 사이코드라마)이 포함된 집단 프로젝트, 신체적 활동을 위한 시간, 마지막으로 매일의 활동을 살펴보는 종료시간을 포함한다. 이전 단계의 학생을 위한 계획과는 반대로 간식시간과 종료시간은 4단계 학생을 위한 하나의 활동이 될 수 있다. 이것은 집단의사소통과 사회화기술을 일상생활의 활동으로 통합하도록 도와준다. 사회-정서적 유능성을 위한 발달적 지표를 성취하기 위한 작업과정에서 학업은 이런 모든 활동에서 통합될 수 있다. 다음의 목록은 전형적인 4단계 프로그램을 위한 활동이다.

집단 모임

학업 과제

집단 프로젝트
- 현장여행
- 창작문
- 미술
- 음악
- 역할놀이와 창작 드라마

외부활동(신체적 기술)

간식시간

종료시간

4단계에서 학생은 보편적으로 이런 활동에 열정을 가지고 반응하는데, 특히 학생이 자연적으로 즐기고 선택한 경우에 더욱 그렇다. 심지어 정서적 문제의 위험이 있거나 사회적, 정서적, 행동적 장애를 가진 불안정한 학생도 성인의 충분한 지도로 또래가 성공적으로 수용을 보증해줄 때 자신감 있게 반응할 것이다.

이 프로그램은 독특하며 개별적으로 운영되기 때문에 학생이 매일 집중적으로 중재 프로그램에 참여해야 하는 시간의 양을 규정하지는 않는다. 어떤 학생은 정규 학교수업 혹은 방과 후 수업 프로그램과 통합하여 발달적 치료-발달적 교수 프로그램을 받는다. 또 다른 학생은 매일 집중적으로 45분간 계획된 발달적 치료를 받는다. 이 극단 사이에 학생들의 개별적 욕구만큼 많은 변수들이 있다. 예를 들어 2시간 프로그램, 주거 프로그램, 포괄적 프로그램 안에 작은 집단, 특별 정신건강집단, 혹은 비공식적이거나 계획된 상담회기가 있다. 어떤 형태에서도 이런 활동의 핵심은 학생에게 지표를 획득하도록 최대한의 기회를 제공해 주는 것이다.

20~30분간의 활동은 4단계 학생의 지속적인 주의유지에 적당하다. 물론 어떤 활동은 좀 더 짧고 어떤 활동은 좀 더 긴 시간이 요구된다. 일반적으로 두 시간에 각 활동별로 20분씩 6개의 다른 활동을 계획할 수 있다. 학생들이 집단활동의 수행방법을 계획할 때 집단활동에 대한 시간배당도 검토하게 한다. 시간의 적절성은 그날 활동의 마지막에 하는 종료시간에 평가된다.

집단 프로젝트는 4단계 이수과정의 중심이다. 성공적으로 참여하려는 동기와 또래집단에 소속되려는 동기 때문에 학생은 집단의 좋은 느낌을 지속하기 위해 집단활동에 자주 빠져들곤 한다. 집단토론과 계획을 통해 학생은 선택한 활동에 스스로 참여한다. 또한 이것은 타인이 싸움을 걸게 될 때 통제를 유지하기 위한 동기를 주기도 한다. 다음은 전형적인 예로 한 학생이 자발적으로 다른 학생에게 말하고 있다.

> 'Nicole이 너의 의자를 밀었을 때 너는 침착했어. 우리는 중단하지 않아도 되었고 그래서 우리는 여행을 위한 계획을 계속할 수 있었어.'

집단 프로젝트는 학생이 이전에 회피해 왔었던 새로운 경험을 제공한다. 프로젝트는 또한 소프트웨어, 상호적인 비디오컴퓨터, 캠코더, 비디오테이프, 비디오 설비를 사용하며 학생 개인이 최상의 참여를 하도록 효율적으로 개별화될 수 있다. 팀, 프로젝트 파트너, 집단리더를 선택할 때 사회적 역할을 확장하는 프로젝트를 위한 기회가 많이 있다. 4단계 집단의 구성원은 그들이 지도자로서 인정받을 기회가 많다는 것을 알고 또래와 함께 성공적으로 참여했다고 인식할 때 안전감을 느낀다.

활동과 자료의 선택

4단계의 활동과 자료는 일반적으로 이전 단계에서 학생이 사용했던 것보다 좀 더 정교하다. 일반 학교 프로그램의 이수과정과 교과재료는 각 학생의 개별적 학업 필요를 도모하기 위해 사용되고 적용되어 왔다. 시간의 약 1/3은 독립적인 개별 활동을 하거나 또는 학생의 개별화 교육프로그램과 일반적인 학업교육과정을 구체화함으로써 학업내용을 개별화하면서 충분히 유연하게 각 활동을 진행할 수 있다. 다음은 4단계 학생을 위한 자료와 활동을 선택할 때 우리가 사용하는 일반적인 지침이다.

- 사회적 이해를 제공하는 자료와 활동을 선택하기
- 집단의 성공을 위한 자료와 활동의 선택과 적응과정에 학생을 참여시키기
- 연령에 적합한 자료와 활동을 사용하기
- 문화적으로 그리고 개인적으로 관련된 주제를 사용하기
- 타인에 대한 학생의 이해에 도움이 되는 내용을 선택하기
- 가치 있는 집단구성원으로서 개인적인 효율성을 증가시키는 자료와 활동을 선택하기

4단계 학생을 최대한 많이 참여시키기 위해서는 진실하며 동기를 유발시키는 내용이 필요하다. 학생들 사이에 유행하는 최근 흐름과 스타일에서 교육과정자료를 참고하는 것도 중요하다. 이것은 학생과 대화하기 위해서는 성인이 TV쇼와 영화를 보는 것이 필요하다는 것을 의미한다. 오후와 저녁 때 학생또래의 레크리에이션 스포츠에 성인이 방문하는 것은 학생의 행동, 문화적 가치, 연령과 관련된 선호도에 좀 더 가깝게 다가가도록 할 것이다.

4단계 프로그램에서 거의 모든 활동과 자료는 사회적 추론, 우정에 대한 생각, 타인에 대한 이해를 위한 수단을 제공해야 한다(Shure & Healey, 1992). 대개 이런 과정은 9~12세 사이에 자연스럽게 발달되지만, 이러한 성장을 지도하는 교육과정은 사회적 유능감과 개인적 책임의 증가를 동시에 증진시킬 것이다. 4단계에서 이런 목적의 중심에는 학업적 성공이 있다. 종종 효과적으로 사용되는 활동에는 창작문이 있다. 즉, 역할놀이, 창작드라마, 사이코드라마 그리고 현장학습 등이다. 이전 단계의 학생에게는 이런 특정한 활동이 제한적으로 효과가 있었지만, 4단계에서는 단원을 상당히 주의 깊게 계획하여 학업내용과 통합할 때 매우 생산적이 될 것이다. 사회-정서적 유능감과 책임 있는 행동에 대한 중요한 지표를 획득하기 위해서는 집단 내 모든 구성원의 개입과 독립적인 사고가 격려된다. 또한 성공적인 집단 활동은 타인의 입장에서 생각하는 것이 요구된다. 이런 기술은 학생들이 개별과 집단 관계에 대해 만족해하고 그들의 사회적 지식을 확장하기 위하여 필요하다.

학 업 4단계 프로그램의 학업단계는 집단 프로젝트로 짜여질 때 가장 효과적이다. 개별과제와 협동적 집단작업 모두가 포함된다. 개별과제는 최소한이지만 계획안에 포함되어

서 각 학생이 개별 학업목표를 계속해서 진행하도록 해야 한다. 이것은 개인적 표현과 집단에서 독립적인 학업의 기회를 제공한다. 컴퓨터 소프트웨어는 학업 프로그램에서 개별적으로 주제를 정하는 데 도움이 된다. 또한 개별적 작업폴더의 사용은 4단계 학생에게 효과적인 것으로 나타났다. 폴더에는 항상 학생과 교사가 공동으로 개발하는 개별적 학업과제를 위해 일일 또는 주간계획이 포함될 수 있다. 주간계획은 학생이 작업을 독립적으로 조절하는 방법을 계획하는 데 특히 도움이 된다. 폴더는 치료 혹은 과정 따라잡기를 위해 학업시간을 사용하는 것이 필요할 때 정규수업에 포함될 수 있다. 만약 이것이 제한된 시간 내에서 유용해지려면 학업적 주제를 위한 교사들과의 협력은 필수다.

학업에서의 집단측면은 모든 학생의 참여를 요구하고 모든 학생은 성공적인 성취를 확신할 수 있어야 한다. 집단토론은 학업의 모든 집단수업에 중요하다. 선택된 학업주제를 중심으로 하는 활동은 사고기술을 확장하게 도와주고 사회적 의사소통을 격려한다. 집단으로 하는 학업적 활동은 집단 이야기 말하기를 포함한다. 예를 들면 작문과 놀이, 신문, 잡지만들기 또는 구성적 소도구(수학적 측정도구, 신호기, 차트, 배경막) 등이 있다. 칠판작업 또한 집단이 집중하도록 하는 데 사용될 수 있다.

어휘 늘리기와 사고의 의사소통을 촉진하는 데 유명한 집단 게임의 하나는 단어연상게임이다. 집단에게 한 단어 주제를 주고 각 구성원들이 차례로 그 주제와 관련하여 떠오르는 짧은 생각을 말하는 게임이다. 진행시간은 한 사람당 주제에 대해 말하는 시간을 고려하여 집단이 정한다(처음에는 1분 정도가 좋다). 또한 집단은 구성원이 비구조화된 방식으로 개입할지, 타인의 생각에 반박하는 것이 허락될지와 어떤 차례로 할지에 대한 규칙을 결정한다. 여기에 4단계 학생이 확장된 사고를 하도록 자극하는 데 도움이 되는 주제의 예가 몇 가지 있다. 즉, 멈추기, 숨기, 부채, 도망가기, 상실, 제국, 경험 그리고 비밀 등이다.

주제에 대한 대화가 익숙해질수록 4단계 학생은 항상 토론을 확장하고 싶어 한다. 종종 이런 주제는 4단계 프로그램의 중요한 부분이 되고 학생이 스스로에 대해서 그리고 타인에 대해서 통찰을 얻을 수 있는 가치 있는 자원이 된다. 확장된 주제들은 이 단계의 학생을 위한 교육과정의 거의 모든 활동에 포함될 수 있다.

정서적 성숙이 이루어지기 시작할 때 4단계 학생은 종종 학업적 어려움을 극복하는 데 도움을 받고자 하는 열망을 새롭게 보여 준다. 실제로 학업적 흥미뿐만 아니라 어려움도 인정하며 성취하고자 하는 결심도 하게 된다. 일반 학업공부와 치료적 작업은 다시 흥미를 갖고 추구되어지고 종종 독립적인 생각을 의사소통하기 위한 방법으로서 사용된다.

4단계 학생과의 토론을 위한 주제의 예

◆ **돈이 없다.**

'왜 사람들은 부도 수표를 쓰는가?'

'이럴 때 무슨 일이 생기나?'

'그들이 상황을 다룰 수 있는 다른 방법은 무엇인가?'

◆ **할 것이 없다.**

'왜 이런 일이 생기는가?'

'당신은 어떻게 느끼나?'

'이것에 대해 당신은 무엇을 할 수 있는가?'

◆ **혼자 남겨진다.**

'무엇과 같은가?'

'당신은 무엇을 하는가?'

'당신은 어떻게 느끼나?'

'당신은 이럴 때 무엇을 할 수 있는가?'

◆ **아무도 나를 좋아하지 않는다.**

'당신은 어떠할 때 그런 생각을 하게 되는가?'

'왜 그런 일이 발생하는가?'

'당신은 어떻게 느끼는가?'

'당신은 그것에 대해 무엇을 할 수 있는가?'

◆ **벙어리가 된 느낌이다.**

'무엇이 당신을 벙어리처럼 느끼게 하는가?'

'그것에 대해 당신은 무엇을 할 수 있는가?'

'그것은 어떻게 끝이 나는가?'

창작문 4단계 동안 대부분의 학생은 독립적으로 작문하는 기술이 좋아진다. 그들은 문법, 철자, 구두법의 규칙을 사용한다. 그러나 이런 기술이 창작문 활동에 해당되지는 않는다. 초점은 생각과 느낌을 응집력 있게 조직하고, 그런 다음 그 내용에 대해 다른 사람들과 의사소통을 할 수 있는 능력의 확장에 있다.

창작문은 4단계 학생을 위해 계획된 학업의 일부이어야 한다. 여기에는 읽기, 언어예술, 자연과학, 사회과학, 수학, 최근 사건이 포함된다. 작문은 학생이 자신 스스로를 표현하는 수단이다. 학생이 쓸 수 있는 작문형식의 범위가 넓을수록 다음 단계에서 독립적으로 창작문을 쓰기 위한 도구는 더 많아진다. 새로운 보고서, 수필, 의견서, 전기, 서평, 위치 묘사를 쓰는 것에 더하여 학생들은 또한 운문, 노래 서정시, 시, 만화, 편지, 일기, 자서전, 일지 쓰는 것을 즐긴다. 개별적인 의사소통형식은 또래집단을 시작하기 전에 주의 깊게 검토되어야 하는데 너무 감정적이고 파괴적이거나 극단적인 내용이 다른 학생과 공유되지 않게 하고 이후 성인과 그 학생이 그것을 개별적으로 다루도록 해야 한다.

3단계에서 4단계로 넘어가는 특수교육에서 학생이 집단에서 처음에 하게 되는 구조화된 활동으로 간단한 개인적인 형식의 작문이 있다. 교사는 각각의 학생을 찍은 즉석사진을 주고, 그 사진을 이용하여 10면짜리 소책자의 표지를 만들게 한다. 표지에는 **나의 일생**이라는 제목을 붙인다. 제목 아래에 사진을 붙이고 그 아래에는 학생의 사인을 첨가한다. 매일 해야 하는 마지막 활동은 책에 첨가할 개인적인 말을 만드는 것이다. 학생은 종이의 줄친 부분에 자신의 글을 적고 마지막 날에는 하나의 책이 만들어진다. 각각의 매일 과제를 개별 면에 붙인다. 10일 중 마지막 날에, 학생과 교사가 서로의 생각을 탐색하기 위한 개별면담을 위한 기초로서 책을 사용한다. 이 책은 본 과정의 실제적인 증거가 된다.

4단계 이전에 학생은 그들의 느낌을 응집력 있게 적어서 표현하는 능력을 거의 갖추지 못한다. 그들의 이런 능력이 증가함에 따라 그들의 개인적 느낌을 문서화된 형식으로 적도록 격려하는 것은 중요하다. 이것은 상당한 구조화와 민감성을 필요로 한다. 처음에 학생들은 과제를 거의 독립적으로 하지 못한다. 이 과제를 하기 위해서 항상 심리적인 여유가 있어야 한다. 단어연상게임은 이런 종류의 작문을 위한 준비로서 좋은 활동이다. 교사가 칠판에 한 단어로 된 '제목'을 적는다. 예를 들면 **불, 곤충, 색깔, 눈물, 공기, 삶, 시간, 영원, 결코, 맛있는, 무서운, 친절 또는 사랑** 등이다. 학생은 자신의 종이에 제목을 적는다. 그런 다음 3분 동안 제목과 관련하여 그들이 원하는 것을 적는다. '제목과 관련된 생각이 나지 않은' 학생은 마음속에서 떠오르는 것을 적어도 된다고 격려받는다. 시간이 되면 쓰던 것을 멈추고 그들이 함께 이야기를 만든다. 교사는 칠판에 기록을 하고 학생들은 말한다.

또한 타인의 느낌에 대한 간단한 사진이나 그림이 이 과정을 시작할 때 사용된다. 학생에게 그림 아래에 사람의 느낌을 묘사하는 한 문구를 적도록 요구한다. 때때로 교사가 제목을 정하고 학생은 관련되는 경험과 느낌을 구체적으로 나타내는 3가지 문구를 적는다. 완성하지 못한 문구는 이러한 쓰기 경험을 구조화하도록 도울 수 있는 또 다른 방법으로 활용된다.

교사는 학생이 완성할 문장을 잘 다듬도록 도와준다.

학생이 창작문에서 좀 더 구조화된 과제를 성공시켰던 경험이 있을 때 일기 또는 개인적 저널은 매우 효과적인 자기표현의 수단이 된다. 몇 가지 규칙은 이 과제가 시행되기 전에 학생과 함께 결정되어야 한다. 먼저 학생이 교사와 사적으로 의사소통하기 위해 문서화된 형식을 사용하기 원하는지 토론한다. 만약 그렇다면 교환체계를 적용한다. 예를 들어 금요일마다 학생은 교사가 주말에 읽을 수 있도록 일기를 제출한다. 다음에 학생이 교사가 주는 피드백을 원하는지 결정한다. 교사는 각 학생에게 편지를 적어 줄 수 있다. 또 다른 방법은 일기 끝 부분에 글을 적어 주는 것이다. 이 방식은 영리하며 작문능력이 있는 학생과 의사소통하는 데 있어 매우 효과적인 방법이다. 이것은 사적인 생각을 공유하기 위한 많은 시간을 제공해 준다. 특히 타인을 의심하거나 가족, 또래에 적대적인 학생에게는 열쇠와 자물쇠가 있는 일기를 제공하여 단지 교사만 검토할 수 있게 한다면 사생활 보장을 약속할 수 있다.

신문 칼럼리스트가 쓰는 충고편지는 제한된 학업기술을 가졌다고 해도 연령이 많은 4단계 학생에게 특히 인기가 있다. 그들은 문제를 잘 다루는 방법과 타인과 함께 자신의 생각을 공유하는 것의 좋은 점을 알고 있다. 중요한 점은 학생이 자신을 해결할 수 없는 문제를 가진 개인으로 보기보다는 잠재적인 문제해결자로서 자신에 대한 자신감을 키우는 것이다.

또한 운문과 시는 이 단계 학생에게 매우 효과적인 작문형식이다. 4단계 집단에는 매주 '작곡가의 연상' 이라고 불리는 특별한 시간이 있다. 집단은 그 주에 좋은 녹음테이프를 투표로 정하고 그 노래에 새로운 제목을 적어 준다. 교사는 집단을 위한 기록자로서 칠판에 제목을 적는다. 학생들은 그들의 생각을 작곡한다. 그들이 다 마치고 새로운 운문을 사용하여 테이프의 음악에 따라 노래를 부른다.

역할놀이, 창작 드라마 그리고 사이코드라마 드라마의 3가지 형태는 4단계 학생이 창의적으로 문제해결을 배울 수 있게 하는 매우 효과적인 활동이다. 이 활동은 사회-정서적 발달과 대인 간 관점수용을 증진시킬 수 있는 기회를 끝없이 제공해 준다. 이 단계에 있는 많은 학생들은 대인 간 그리고 집단갈등이 야기되는 상황을 다루는 능력이 매우 부족하다. 창작드라마, 사이코드라마, 역할놀이는 대인 간 그리고 사회적 문제에 대한 해결전략을 배우도록 돕는다. 이런 활동은 시간이 걸리지만 그들이 미래 상황에 어떻게 반응할지를 예상하도록 돕는다. 그들은 정서를 표현하고 실수를 하고 실패할 수 있다. 그리고 상황을 다루는 더 나은 방법을 생각함에 따라 자신의 행동을 다시 살펴보게 된다.

드라마 활동에서 강조점은 집단 구성원들이 상호 간에 경험한 느낌, 상황 또는 사건에 있다. 때때로 초점은 집단문제에 있다. 다른 측면에서 보면 이것은 개인적 갈등이다. 목적은 문제를 해결하는 대안적인 방법을 발견하고, 이를 연극적인 기법을 활용하여 실연해 보는 것이다.

드라마는 문제를 명확하게 보고 대안적 해결책을 찾고 결과를 평가하기 위한 것이다. 새로운 행동이 연습되고 평가되며 결과를 개선시키기 위하여 변화될 수 있다. 새로운 통찰을 갖고, 학생은 타인과의 확장된 관계에서 그들 자신의 잠재성을 보기 시작한다(Wood, 1981). 예를 들어 어떤 학생이 약물을 한다고 하자. 집단에서 그 상황을 재연하여 몇몇 학생이 약물을 하도록 어떤 학생을 유혹하는 장면을 할 수 있다. 집단의 일부 구성원은 유혹받는 학생의 역할을 한다. 또 다른 일부 구성원은 유혹하는 학생의 역할을 한다. 드라마의 과제는 '아니요' 라고 말하는 방법을 생각하게 하는 것이다. 강조점은 이 특정 상황에서 '나쁜 행동' 에 초점을 두는 것보다 어떤 잘못된 행동에 대해 '아니요' 라고 말하는 것에서 발생할 수 있는 상호적인 문제에 있다.

창작드라마와 사이코드라마에 학생을 개입시키기 위한 많은 기술이 있지만, 4단계의 학생과 드라마를 할 때 창조적인 문제해결을 위한 유용한 8가지의 일반적인 단계가 있다 (Canfield & Wells, 1994; Osborn, 1963; Parnes, 1992; Torrance, 1981).

(1) 주제 정하기: 상황을 이해하기 위해 토론하기
(2) 갈등 정립하기: 실제로 일어날 수 있는 구체적인 갈등에 초점을 맞추기
(3) 배역 정하기: '배우' 로서 참여를 격려하기(여러 학생들이 같은 배역일 수도 있음)
(4) 배우와 관찰자에게 간단히 알려 주기: 배우들이 함께 시나리오를 계획하는 동안 관찰자는 일어날 일을 관찰하기 위해 준비하기
(5) 갈등 행동화하기: 해결을 위한 단서가 없다면 행동을 지속하도록 격려하거나 갈등이 힘에 겨우면 중단하기
(6) 연극 중단하기: 사건이 종결되거나 배우가 역할에서 벗어나거나 또는 해결을 지속할 수 없을 때 중단하기
(7) 어떤 일이 발생했는지 토론하기: 상황, 행동, 생각을 분석하기
(8) 생각의 활용계획 세우기: 이후 회기에서 그것을 사용하거나 다른 프로젝트로 생각을 전이하기

성인은 갈등이 파괴적이라기보다는 유용할 수 있다는 태도를 보여 준다. 모든 사람은 진지해지고 집단응집력은 격려된다. 처음에 성인은 실제적으로 상황을 재연하고 개입을 자극

하기 위해 갈등을 증폭시킨다. 그런 다음 긴장이 증가하고 학생들이 상황을 준비함에 따라 성인은 창의적인 해결을 찾아가도록 격려하고 스트레스를 경감시킨다. 마지막 단계는 앞의 단계처럼 과정을 계속하는 것이 중요하다. 토론을 통해서 더욱 폭넓게 이해가 되고 새로운 생각이 생기고 새로운 행동이 가능해진다(Moreno, 1959; Moreno, 1972; Yablonsky, 1976).

여기에 역할놀이, 창작드라마 또는 사이코드라마를 통해 창의적으로 문제를 해결하는 갈등시나리오가 있다.

애송이

이 장면은 학생에게 역할을 연습할 기회를 준다. 한 학생이 어떤 학생에게 교사의 책상에서 무언가를 훔치지 못한다고 비아냥거리고 있다. 두 번째 학생은 훔치는 것을 원하지 않았고 '나약한' '애송이' '겁쟁이' 라고 놀림을 당하고 있다. 두 학생이 이 장면을 재현했는데 한 학생이 다른 학생에게 어떤 것을 훔치도록 유혹하고 있는 것이다. 해결책을 발견하기 전에 드라마를 멈춰라. 학생에게 비아냥거리거나 범죄로 유혹하는 것에 대한 생각과 느낌을 서로 나누도록 요구해라. 그런 다음 관중과 함께 일어난 것에 대한 그들의 생각과 경험을 같이 나눈다. 집단 전체가 그런 경험을 해결하는 대안에 대해 토론하도록 한다.

현장학습 현장학습은 특히 4단계 학생에게 효과적이다. 언어예술 프로젝트에서 하나의 활동으로서 사용된다면, 현장학습은 학생에게 새로운 상황에서 새로운 행동을 실험해 볼 기회와 경험을 제공한다. 현장학습은 학생이 프로그램을 넘어서서 새로운 기술을 일반화할 수 있는 중요한 수단이 될 수 있기 때문에 현장학습을 하기 전에 학생들이 미리 주의 깊게 계획하고 역할놀이로 연습하며 그리고 얻은 이득을 평가하고 일반화를 위한 추후 활동을 해야 한다. 현장학습 활동에는 학생 스스로와 타인에 대한 이해를 위한 사회적 지식을 확장시킬 수 있는 기회가 제공되어야 한다. 여기에 생산적인 현장학습을 위한 4단계 학생의 여러 가지 아이디어가 있다.

- 지역 라디오방송국
- 치킨 패스트푸드 체인점
- 지역신문

- TV 스튜디오
- 미술가 또는 도예가의 작업실
- 우체국
- 병원응급실
- 야외요리 또는 소풍의 캠프장
- 여행에서 역사적 발상지
- 전문 스포츠팀
- 미술관
- 경찰서
- 시장사무실
- 은행

아주 성공적인 한 집단은 현장학습에서 그들이 방문하는 사람들을 위해 무언가를 하자는 계획을 하였다. 지역사회 도우미를 공부할 때 현장학습이 대부분의 프로그램에서 중심이 되는데, 이러한 계획은 특별한 접근이었다. 각 방문마다 학생들은 방문을 위한 특별한 것을 계획하였다. 공항을 방문할 때는 비행기 닦기를 돕고자 하였다. 그들이 경찰서를 방문하기 전에 감사의 표시로 쿠키를 구워서 가져갔고, 그들의 임무에 매우 놀라워하면서 선물도 주고 왔다. 그들이 소방서를 방문했을 때 봄꽃을 가져가서 그 입구에 심어 주었다. 학생들은 소방관들을 직접 만나고 매우 놀라워하였다. 소방관은 그 학생들에게 사람들이 방문한 이후로 그들에게 무언가를 가져다 준 적은 없었다고 말했다. 이런 서비스의 교환은 학생들을 역시 기쁘게 했다. 그들은 이런 상호호혜적 행동의 가치를 이해하였고 이런 식의 주고받기를 다음과 같이 설명하였다.

'그들은 우리를 위해 무언가를 하고, 우리도 그들을 위해 무언가를 한다.'

내용주제 이런 모든 활동에서, 활동내용과 자료는 연령에 적절하면서 학생의 발달적 흥미, 개인적인 문화적 선호, 불안, 걱정과 관련되어야만 한다. 4단계 학생의 강렬한 흥미와 걱정을 규명함에 따라 집단 프로젝트로 발달시킬 수 있는 여러 가지 주제를 공식화한다. 그 다음에 주제를 수행하는 방식을 계획하면서 학생을 좀 더 적극적으로 개입시킨다. 새롭게 배운 기술을 실제 삶 환경에서 일반화시키는 시도를 하게 함에 따라 주간 단원 주제는 학생에게 필요한 다양한 많은 활동을 통합하도록 하는 데 효과적이다. 주제는 여러 주에 걸쳐 수행될 수 있고 학생이 주제에 대한 흥미와 지식을 증가시킬 때마다 확장될 수 있다. 주제에는 외부에 대한 흥미와 학업적 내용영역이 연결되어야 한다. 〈표 11-1〉은 4단계의 학생에게 효과적인 학업영역의 내용주제목록이다.

학생의 불안이 이전의 발달단계 동안 해결되지 않았다면, 4단계 동안 학생의 행동과 사회적 이해에 지속적으로 영향을 줄 것이다. 이것은 학대받거나 심리적으로 심하게 결핍되어 1단계 이후로 해결되지 않는 방임의 느낌 때문에 9세 또는 그 이상의 연령까지도 괴로워하는 아동에게서 종종 나타나는 상황이다. 프로그램은 내용주제 또는 활동에서 상징적으로 연령에 적절한 양육태도로 이와 같은 정서적 기억을 바꿔 줘야 한다. 종종 애착, 정서, 친절,

〈표 11-1〉 4단계 학생을 위한 내용주제의 예

자연과학과 날씨주제	
초신성의 신비	폭풍의 눈
타이탄의 충돌	번개 전광
산행	우주 오디세이
산성비	인간기계
미래세계	위태로운 종
사회과학과 최근 사건주제	
라디오 쇼 녹화장	음흉하고 수줍은
황금 시간대	다시 길 위에서
세상에로의 출세수단	악의 제국
범죄 보고서	인간적 측면
도망자	마틴 루터 킹의 이야기
건강, 스포츠, 그리고 건강교육주제	
스포츠 드라마	국제적 영웅
돋보이는 성공	10K 사건
트랙과 경기장	진흙 자전거
우승자	워크맨
스포츠 하이라이트	건강과 체력
경제주제	
왜 돈을 위해 일하나?	보물찾기
백만장자	비용과 보상
정당한 가격	골고루 돌아가기에는 충분하지 않다
부자와 가난한 자	누가 부담하는가?
돈나무	흐름 만들기

우정을 다루는 음식, 요리, 허구적 이야기와 캐릭터는 학령후기 아동에게 수용될 수 있고 심리적인 고통을 개선할 수 있는 대체물이다.

'트랙과 경기장': 4단계를 위한 주간단원

4단계 학생을 위한 프로그램에서 필요한 권위, 유연성, 실제 삶에 대한 조명의 예로 우리는 '트랙과 경기장(Track and Field)' 주제를 주간 단원에 포함하였다(〈표 11-2〉 참조). 이 단원은 특수교육을 받는 문제행동 학생 그리고 중학생을 위한 발달적 치료-발달적 교수 프로그램을 위해 설계되었다. 학생은 4단계의 집중적인 회기를 발달적 교수가 이루어지는 포괄적 환경에서 매일 2시간씩 받는다. 이 예는 활동 전체에서 주제를 유지하면서 조용한 시간과 활동적 시간을 교대하고, 개인과 집단활동 간의 필요한 균형을 유지하는 것을 보여 준다.

집단계획 첫 번째 활동은 학생들이 집단토의를 통해 그날에 대한 전략을 계획하고 토론시간을 정하는 것으로 듣기, 참여하기, 조직하기다. 사회화, 의사소통 그리고 행동 지표를 위한 작업을 제공한다. 그 주 동안, 집단 프로젝트의 발달만큼 이 계획에 시간이 걸리는 것은 이상한 일이 아니다. 사회적 교환, 느낌의 표현 그리고 집단과 개인의 문제해결을 위한 기회를 제공하는 시간이 된다. 이 집단계획시간에는 학생이 편안하게 느껴서 자발적인 표현이 증대되어야 한다. 그들이 주제에 대해 무엇을 아는지, 그것으로 무엇을 할지에 대하여 이야기하면서 아이디어를 내고 제안된 활동에 대해 질문을 하도록 격려를 받는다. 또한 그들의 비밀 또는 걱정을 표현하도록 격려를 받는다. 느낌에 대해 신체적인 표현보다는 언어적 표현이 좀 더 선호된다. 집단구성원은 집단계획의 결과로서 나타나는 잠재적인 문제상황과 타인의 느낌을 예상하도록 격려를 받는다.

어떤 집단은 단원이 진행되는 동안 개인적 경험과 생각 그리고 인상을 기록하기 위해 개인적으로 학습일지 쓰는 것을 계획하였다. 그들은 이 일지를 단지 성인과만 공유하는 사적인 것으로 하거나 또는 종료시간과 평가회기에 그것을 사용할 수 있다. 어떤 경우든지 일지를 어떻게 사용할 것인지에 대한 결정은 활동이 시작되기 전에 결정된다. 이런 방법으로 학생은 독자를 누구로 할지 알고 있으며 무엇을 기록할지 스스로 결정할 수 있다.

한 예로 금요일에 하는 현장학습을 집단이 준비하게 하기 위해 '트랙과 경기장' 주제를 월요일에 학생들에게 소개한다. 집단계획 활동시간에 그날을 위한 초점을 설정하기 위하여 다양한 주제가 소개된다. 화요일의 주제는 스포츠 우승자를 만드는 질을 분석한다. 수요일

〈표 11-2〉 '트랙과 경기장' – 4단계를 위한 주간 단원

일일계획	월요일	화요일	수요일	목요일	금요일
집단계획	'운동선수 만나기'	'무엇이 승자를 만드는가'	'무엇이 우승팀을 만드는가'	'10종 경기 도전하기'	'집에 금메달 가져가기'
최근 사건	육상선수와 면담 (오디오/뉴스)	'올림픽 스타인 Gwen Torrance의 생애'	세계적인 운동팀(비디오)	10종 경기	경기날: 시합준비
예술과 드라마에서 저널리즘과 집단 프로젝트	쓰기: 전기 '질문과 대답' 역할놀이: 운동선수와 인터뷰 미술: 경기장 게시판 디자인 하기	쓰기: 'Gwen Torrance 생애에 대한 수필' 역할놀이: '그녀의 최고의 순간과 최악의 순간' 미술: 경기장 게시판 디자인 하기	쓰기: 짧은 이야기 '실패는 무엇을 의미하는가' 역할놀이: 유명한 팀이 지는 상황 미술: 방에 경기벽화 시작하기	쓰기: 스포츠 '10종 경기' 역할놀이: 경기 알리기 미술: 방에 경기벽화 계속 그리기	다른 학급팀과 경쟁
수학	환산: 거리와 시간	환산: km 거리	시간과 거리 추정	분수계산	개별과 팀시간 계산
체육과 음악	워커맨 들으면서 스트래칭 준비하기 (팝뮤직)	워커맨 들으면서 릴레이 준비하기	워커맨 들으면서 보드점프 준비하기	워커맨 들으면서 투포환 준비하기	게시판에 경기에 대한 집단 보고서 쓰기
간식과 종료시간	예치장 종료시간	예치장 종료시간	예치장 종료시간	예치장 종료시간	예치장 종료시간

에는 우승팀의 자질을 알아보고, 이는 목요일에 하는 팀의 협동을 위한 준비가 되기도 한다. 금요일에 현장학습이 이루어지고 이를 위해 집단이 팀으로서 준비한다.

최근 사건들 4단계 학생이 자신의 독립심을 탐색할 때, 교실 밖 세상은 중요한 관심사가 된다. 만약 시간이 허락된다면 그들이 경험한 최근 사건이 매주마다 주제로 포함되는 것이 좋다. 이 활동의 주제와 참여에 대한 동기가 유지되는 것은 중요하다. 최근 사건에 대한 자료는 학생이 참여하는 일반학업 교육과정에서 가져올 수 있다. 예를 들어 건강, 공민학, 정치학, 자연과학, 직업교육 등이다. 혹은 TV 뉴스, 토론, 잡지, 신문이나 방문한 정치적 인물, 또는 스포츠스타, 스쿠버다이버, 음악가, 댄서, 예술가, 경찰관 등과 같이 학생이 존경하는 인물에게서 얻을 수 있다.

월요일에 '트랙과 경기장' 주제에서 교사가 준비한 자료인 전문뉴스해설자가 그 지역에서 알려진 운동가와 인터뷰한 녹음테이프를 사용한다. 의도는 의사소통, 사회화 기술을 자극하는 것이고 다음 활동을 위한 학업내용을 제공하는 것이다. 화요일에 삶의 가장 좋은 순간과 가장 나쁜 순간에 대한 개인적 느낌을 탐색하기 위하여 스포츠 영웅의 전기에 대한 비디오를 사용한다. 수요일에 교사는 우승한 운동팀에 대한 비디오테이프 시리즈를 준비한다. 목적은 개인적 용기와 우승팀이 만들어 낸 기술을 탐색하는 것이다. 목요일의 최근 사건 토론은 학생이 작업한 사건과 10종 경기를 구성하는 10가지 사건을 묘사하는 스포츠 잡지 사진이 중심이 된다. 금요일의 현장학습은 최근 사건과 관련이 된다. 현장의 날은 그 주의 주제와 활동과 같은 맥락에서 융통성 있게 계획하여 운영된다.

저널리즘 프로젝트 문서화된 의사소통 활동은 모든 4단계 프로그램에서 주요한 요소이다. 〈표 11-2〉에서 저널리즘 프로젝트는 언어예술에 대한 전반적인 언어적 접근으로 이루어진다. 내용은 집단의 사회화와 의사소통 지표를 강조하기 위해 통합된다. 이번 주 동안 '트랙과 경기장' 주제는 읽기, 쓰기, 미술, 역할놀이, 사이코드라마에서 작업할 기회를 많이 제공해 준다. 읽기와 쓰기 활동에서 학생은 앞서 수집한 최근 사건 활동에서 사용된 지역 운동가의 녹음테이프 면담에 기초한 질문에 대해 글로 적어서 대답한다. 삶의 질에 대하여 토론하고 나서 전기문 또는 자서전적인 에세이를 쓴다. 그들은 실패주제에 대해 짧은 이야기를 적고, 10종 사건을 묘사하는 스포츠 보고서를 준비한다. 금요일 현장의 날 학습을 하고 나서 학생들은 그 사건에 대한 뉴스 보고서를 집단이 같이 협력하여 만든다.

예 술 예술 프로젝트는 언어예술 프로젝트의 시각적 측면을 창의적으로 다룬다. 학생의 홍미를 유발하는 어떤 자료나 아이디어도 사용될 수 있다. 단지 예산, 용이성, 학생의 홍미에 의해 제한된다. 학생은 납결, 아크릴, 모델 만들기, 조각, 프린팅 그리고 3차원 구성과 같은 꽤 정교한 미술 프로젝트를 시도할 수 있다. 특히 실크스크링 티셔츠는 유명한 활동이다. 4단계 학생은 자연스럽게 자신과 그들 주변의 세상을 표현하기 원하지만 대개는 그런 기준을 충족시킬 수 있는 기술이 부족하다. 이러한 점 때문에 종종 학생의 예술적 표현성이 감소되는 경향이 있다. 이런 이유로 학생의 예술 프로젝트에서 색깔, 디자인, 느낌, 상징적 요소의 표현이 강조되어야 한다(Williams & Wood, 1977).

'트랙과 경기장' 을 위한 주간 예술 활동은 주간주제와 관련된 집단프로젝트 시리즈를 포함한다. 월요일에 학교 홍보게시판에 트랙과 경기장 활동에 대한 개요를 계획하고 화요일에 프로젝트를 완성한다. 각각의 학생은 활동(장애물 넘기, 높이뛰기, 포환던지기, 깃발 교체, 트랙용 신발, 짧은 바지, 티셔츠, 점수판, 트랙, 표백제)에 대한 제목을 정하고 디자인을 하면서 설계에 참여한다. 수요일과 목요일에 설계를 하고 시상대에서 금메달을 받는 유명한 팀을 교실벽에 그린다. 그림 내용은 학생의 창작문과 이전 활동의 토론에서 정해진다.

드라마 '트랙과 경기장' 단원에서 역할놀이와 드라마의 주제는 학생의 창작문과 최근 사건자료에서 나온다. 월요일에 녹음기를 사용하여 학생은 스포츠아나운서, 인터뷰하는 사람, 광고 아나운서, 스포츠영웅의 역할을 시도한다. 화요일에 스포츠영웅의 삶에서 상상적 요소를 탐색하기 위해 스포츠비디오 자료를 사용한다(가장 좋은 순간과 가장 나쁜 순간). 이 면담 주제는 유명한 팀의 실패상황에 대한 주제와 함께 수요일에도 계속된다. 그리고 목요일에 스포츠아나운서 역할을 맡은 각각의 학생은 10종사건 중 하나씩을 책임지고 준비한다. 이런 역할놀이 상황은 학생이 타인의 관점, 가치, 느낌을 이해하고 의사소통과 사회화 지표를 성취할 수 있는 기회를 제공해 준다.

체 육 4단계 학생에게 스포츠와 게임은 행동과 사회화를 위한 지표의 작업에 많은 가능성을 제공해 준다. 이런 활동은 신체적 기술, 몸의 사용, 개별 그리고 팀 스포츠의 발달을 촉진한다. 이런 활동은 상황에 따라서 운동장, 체육관, 교실에서 이루어진다. 교사는 코치, 체육교사, 레크리에이션 치료사 또는 팀의 한 성인으로서 역할을 할 수 있다.

이런 활동을 3가지 범주, 즉 팀스포츠, 개별스포츠, 집단실내활동으로 생각하는 것이 도움이 된다. 우리는 균형감 있게 이 3가지 범주를 활용하여 프로그램을 계획한다. 팀스포츠에는 규칙과 경쟁이 있는 친숙한 게임이 포함된다. 터치풋볼, 소프트볼, 야구, 배구, 응용축구, 깃발터치게임, 릴레이와 같은 게임이 4단계 집단에게 특히 좋다. 개별스포츠는 유연한 규칙과 팀경쟁을 강조해야 한다. 이 범주에 포함되는 것은 피구, 포인트를 위해 바구니 쏘기, 달려서 멀리뛰고서기, 포환던지기, 소프트볼던지기, 멀리뛰기, 수영, 텀블링 그리고 배드민턴이다.

날씨가 안 좋으면 대안으로 실내활동이 필요하다. 일반적으로 이런 활동은 바깥활동보다 충동통제, 주의지속시간, 인지적 기술이 좀 더 많이 요구된다. 이 범주로는 스포츠기술 발달을 위한 것보다는 사회화를 위한 게임, 춤, 에어로빅, 미용체조 등이 있다. 특히 효과적인 것으로 카드게임(Spades, Rummy, Spoons, Hearts, Uno, Crazy Eights 등)과 빈백게임, 탁구공불기, 웅덩이, 공기놀이, 양초불꽃에 물총쏘기, 움직이는 인형말 타기, 가라데와 같은 집단 활동이다. 보드게임(The Ungame, Word Bingo, Monopoly) 또한 유명하다. 시간이 오래 걸리는 게임과 이기는 것을 강조하는 게임은 4단계 활동에서 가장 중요한 사회적 교환에 대한 감각을 잊게 하기 때문에 별로 적절하지 않다. 이런 이유로 규칙이 있는 게임(Checkers, Scrabble, Chess, Monopoly 등)은 집단 투자를 위한 4단계의 목적을 성취하는 데 항상 효과적인 것은 아니다.

4단계 프로그램에서 스포츠와 게임은 자연스럽게 경쟁요소가 있으며 일반적으로 게임 규칙을 수정하지 않는다. 이런 경험을 통해 4단계 학생은 충동성과 행동을 좀 더 내적으로 통제하도록 배우게 된다. 그들은 자기 자신을 수용하는 만큼 다른 사람도 지지하도록 격려를 받는다. 자신과 타인의 행동에 대한 인과관계와 타인의 관점을 좀 더 폭넓게 인식하면서 4단계 학생은 경쟁의 큰 스트레스를 견디어 낼 수 있다. 그들은 좀 더 나은 성숙과 통찰로 게임 상황에서 벌어지는 문제를 해결하는 것을 배우게 된다.

언어미술프로젝트에 항상 음악과 움직임이 포함될지라도 '트랙과 경기장' 단원에서 미용체조와 스트레칭을 준비하면서 집단 학생 모두에게 인기가 있고 리듬이 있으며 친숙한 음악을 사용하는 것이 효과적인 것 같다. 체육활동은 릴레이, 보드점프, 포환던지기를 포함하여 날마다 다른 이벤트를 위한 연습으로 구성된다. 금요일 현장학습에서 이벤트 목록을 보고 학생이 선택한다.

음 악 음악을 통해 학생은 4단계를 위한 지표의 모든 것을 작업할 수 있다. 리듬이 있는 움직임, 춤 그리고 움직임 활동에서 4단계의 많은 학생이 인식과 성공의 자원을 발견한다. 춤패턴, 거꾸로 또는 거울움직임, 그림자춤, 해석적 움직임, 상징적 그리고 극적인 춤이야기, 줄춤, 사각형 춤, 사회적 춤 그리고 그 밖의 사회적 춤의 형태는 자신의 표현을 요구한다. 춤이 집단으로 또는 짝으로 이루어질 때 집단구성원으로서 성공적으로 참여함에 따라

4단계의 사회화 목적은 쉽게 달성된다.

또한 4단계 학생은 자신의 음악을 개인적으로 계획하고 창작하기, 집단으로 연주하기, 밴드리더로서 역할을 바꾸면서 즐길 수 있다. 그들은 결국 자신을 표현할 수 있고 타인이 이해할 수 있는 도구로서 음악의 가능성을 인정하게 된다. 노래 또한 자신의 느낌을 의사소통하고 타인의 느낌을 인식하기 위한 효과적인 도구다. 그들은 마음을 움직이는 노래를 선호하고, 이런 의사소통 매체는 자신과 타인에 대한 이해를 확장하는 데 매우 효과적이다. 노래에 새로운 가사를 쓰거나 자신의 랩을 넣음으로써 학생은 몸으로 느끼는 새로운 경험을 탐색한다. 이런 방식으로 지지적인 또래집단 안에서 새로운 느낌과 상황을 많이 경험할 수 있다.

수 학 수학시간에는 양적인 문제해결과 계산이 집단과 개별작업으로 제공된다. 집단의 노력으로 각 수학시간을 시작하고 그 단원주제와 연결할 수 있다. 수학내용은 학생이 거리, 시간, 측정, 분수에 대한 작업을 하면서 '트랙과 경기장' 주제와 연결된다. 수학활동은 각 학생의 특정 수학기술수준과 개별화 교수프로그램 목표에 맞추어 조정된다. 금요일에 모든 학생은 그들이 선택한 팀 필드 이벤트에서 개념을 활용하여 조작하고 이해하는 시간을 가질 수 있다.

간식시간과 종료시간 간식시간은 상당히 편안하게 해 주고 프로그램을 돌아보게 하는 데 기여한다. 전에 논의했던 것처럼 간식시간은 특히 심각하게 박탈되고 학대받아 온 연령이 많은 4단계 학생에게 효과적이다. 또한 이 시간은 방어와 자기보호적인 태도를 줄이게 하고 좀 더 새로운 생각과 긍정적인 사회적 교환을 위한 개방적이고 이완된 분위기를 제공한다. 간식시간은 종종 4단계에서 종료시간과 합쳐지기도 한다. 그러나 이것은 종료시간의 피드백보다는 이차적이어야 한다.

교사는 느낌, 행동, 성취물을 포함하여 매일 그 날의 결과를 탐색하면서 집단을 지도해야 한다. 학생이 서로를 지지하고 칭찬하도록 성인이 사회적 역할을 하면서 집단구성원의 힘을 확인해 주는 토론이 되도록 한다. 4단계를 시작하는 학생에게 자신에 대해 말하라고 한다면 불편해한다. 대신 성인이 긍정적인 피드백을 주는 것을 여러 번 보여 준다면 어떤 학생이 다른 학생이 한 좋은 일에 대해 인정해 주는 행동을 배우게 된다. 이 과정을 효과적으로 하기 위해 모든 학생은 긍정적인 성취에 대해 인정받아야 한다. 집단 구성원이 평가를 위한 대화기술을 발달시키고 자신의 생각과 다른 타인의 관점을 이해함에 따라 민감한 주제에 대하여 토론이 좀 더 길게 되도록 격려될 수 있다.

긍정적인 분위기가 잘 형성된 후에, 그날 잘 해결되지 않은 문제를 다시 꺼낼 필요가 있다(집단직면). 집단 생활중심중재 기술은 유용하다. 만약 긍정적인 해결이 이루어지고 문제해결에 대한 그들의 기여에 대해 좋은 느낌을 가진다면, 학생은 이런 종류의 토론을 건설적으로 할 수 있게 된다.

CHAPTER 12

단계 5: 새로운 상황에 개인 및 집단 기술 적용하기

나는 자립할 수 있는 사람이다.

– E. H. erikson, 1950/1963, p. 235 –

나는 누구인가, 나는 어떤 사람이 될 것인가?

5단계로 들어가는 일반 학생은 성격적으로 자신만만하고 다른 사람들과 잘 어울릴 수 있다. 정서적인 안전감은 그 동안 경험한 소속감과 순응으로부터 발달해 왔다. 그러나 어떤 자기만족감은 학생이 사춘기로 진입함에 따라 곧바로 없어지며 청소년기와 연관된 극적인 변화에 반응하게 된다. 그들은 새로운 차원에 스스로 대처해야 한다(정신적, 신체적, 성적). 각 성격의 독특성은 빠르게 전개된다. 한 측면에서는 개별적인 표현의 욕구가 확대된다. 또 다른 측면에서는 타인에게서 인정받고자 하는 욕구가 계속 지속된다. 새로운 역할, 새로운 생각, 새로운 가치, 새로운 행동에 대한 실험과 정체성은 이 단계의 사회-정서적 발달의 촉진제가 된다. 이 단계에서의 주요한 성취는 새로운 내적 인간이 다양하고 새로운 상황에서 자기를 표현할 수 있는 수용 가능한 출구를 발견하고, 가치 있는 개인으로부터 인정을 받고자 하는 청소년기 탐구의 해결과 연관된다.

5단계 학생에 대한 요약

프로그램 목적	새로운 상황에서 개별기술과 집단기술을 적용하기
주된 관심사	타인이 가치 있게 볼 수 있는 사람이 되기
동기화 가치	정의, 선택의 독립성, 개인 권리, 우정의 책임
발달적 불안	정체성, 자기회의, 다양한 역할과 가치체계
문제 접근방법	대안적인 실험으로 자신의 해결책을 발견하기
권위의 근원	옳고 그름의 가치, 타인의 기대와 인정
필요한 성인 유형	바라던 개인적 속성에 대한 역할모델, 상담자, 조언가
효과적인 전략	긍정적 피드백과 인정, 해석, 품행을 인도하는 가치에 관한 생활중심중재, 보편적이고 개인적인 맥락에서 사건의 두드러진 측면의 분석
교재교구, 활동, 내용주제	다차원적 사회에서 사람들이 행동하고 의사소통하는 방식, 제도가 사람을 조절하는 방식(가족, 정부, 학교, 교회, 군대, 고용주, 스포츠, 사회집단)

12세에 시작되는 청소년기는 사회-정서발달의 전체과정에서 가장 극적인 변화가 발생하는 시기가 된다. 5단계의 청소년기에 발생하는 많은 변화들은 다음과 같다.

- 신체적 성장
- 성적 성숙
- 도덕적 가치의 갈등
- 정신적 발달의 증진
- 향상된 자기자각
- 성인세계로의 초입

10대가 이러한 많은 변화에 적응해야 한다는 것은 특별한 것은 아니다. 만약 이전의 발달단계가 성공적으로 완수되었다면 5단계는 수많은 실망과 성취 그리고 새로운 사건이 있는 흥미롭고 강력한 모험의 시기가 될 수 있다. 그러나 이런 도전은 학생에게 너무 큰 스트레스가 되어 이전 발달단계로 퇴행하게 할지도 모른다. 심지어 이전에 사회적, 정서적 또는 행동적 문제가 없던 학생도 시간이 지날수록 퇴행의 징조를 보일지도 모른다. 어떤 청소년은 청소년기의 첫 3, 4년 동안 효과적으로 대처하던 능력이 점진적으로 서서히 감소되기도 하였다. 이전의 사회-정서적 발달단계인 초등학교에서 전형적인 발달로 보였던 것이 실제로는 주요한 발달과정에서 기초에 불과한 주변적인 수준이었을지 모른다. 청소년기의 스트레스와 복잡한 환경의 압력 속에서 그들은 자신을 발견해야 하며, 이러한 과정에서 학생은 좀더 높은 수준의 기능을 유지하는 능력이 쉽게 무너질 수도 있다.

Sidney는 5단계의 시작과 관련되는 기본적인 불안과 고군분투하는 위험을 안고 있는 10대로 다음과 같이 묻는다.

'나는 누구인가?'

Sidney의 상황은 학교 다니는 시기에 성인의 지도가 얼마나 중요한지를 보여 준다. 성인의 긍정적인 지지와 진전의 명백한 증거가 없다면, Sidney가 청소년기에 성공적으로 적응할 수 있는 기회는 크게 감소된다. 성인의 지지와 진전의 증거라는 2가지의 중요한 요소는 문제가 있든 없든 모든 10대에게 중요하다. 이전의 발달단계 동안 아동과 의사소통을 제대로 해온 부모는 10대에게 필요한 지지, 긍정적인 피드백, 안내를 제공할 수 있다. 부모가 이런 도움을 제공할 수 없을 때 교사, 학교상담사 또는 코치가 중요한 도움을 줄 수 있다. 만약 이런 지지를 받지 못한다면 스트레스를 경험하는 10대는 진전에 실패하거나 심지어 4단계의 관심과 대처전략으로 퇴행할지도 모른다.

문제가 있는 대부분의 청소년은 5단계에서 잘 적응하지 못한다. 만약 전형적인 10대 학생이 4단계의 학생과 같은 특성을 보여 준다면(또는 심지어 더 이전 단계) 이것은 매우 심각한 적응문제를 가지거나 지지체계가 없거나 부족하다는 것을 나타내는 것이다. 만약 그들이 이전 단계에서 사회-정서적 발달을 위한 목적과 지표를 숙달하지 못하였다면 그들의 문제는 지속될 것이다.

발달적 치료-발달적 교수는 이들과 같은 학생에게 필요한 프로그램의 틀을 제공한다. 특수교육, 상담, 직업교육 또는 관련된 지역사회 정신건강서비스를 통해 이 교육과정은 그들이 사회-정서적 능력을 발달시키기 위한 기술을 획득하도록 도와주는 데 초점을 맞추고 있다. 이 프로그램은 현재의 발달단계에 초점을 맞추기 때문에, 청소년기라는 맥락 내에서 10대를 위한 청소년기 프로그램은 그들이 획득해야 할 지표를 위한 개별적인 사회-정서적 목적을 중심으로 설계되어야 한다. 청소년은 2단계와 5단계 사이의 사회-정서적 발달을 위한 목적에 의해 나누어질 수 있다. 때로 여러 단계에 있는 학생들이 함께 묶이기도 한다. 때로는 비슷한 기술들을 필요로 하는 또래 소집단이 그 기술을 획득하는 데 가장 효과적인

Sidney

고등학교 2학년인 Sidney는 비디오게임 방이나 시내 주차장에서 다른 소년들과 맥주를 마시면서 많은 시간을 보낸다. 그는 체중 문제로 인한 신체적 불평이 많다. 먹는 것은 좌절할 때의 주요한 배출구다. 또한 간질 때문에 약을 먹는다. 어머니는 그에게 높은 기대를 하고 있고 변호사가 되기를 바란다. 어머니는 그가 수줍고 의존적이라고 생각하며 아직 두 살 아래의 남동생을 포함해 대부분의 집안일을 책임지는 것을 기대하지 않는다. Sidney에 따르면 어머니는 두 살 아래 남동생을 더 좋아한다고 한다. 그는 어머니가 자신의 간질과 운동기술의 부족 때문에 그를 부끄럽게 여긴다고 생각한다. 어머니는 스포츠팬이고 Sidney의 신체적 능력에 대해 종종 깔보는 경향이 있다.

체중문제와 운동기술의 부족은 또래에 대한 Sidney의 매력에도 영향을 준다. 간질이 그를 남과 다르게 만든다는 생각으로 자존감이 낮아져 있다. 실제로 Sidney는 이상적 자아의 이미지를 충족시키는 데 실패했다. Sidney에게 가장 강력한 작동요소는 실제적인 통찰에 대한 관심을 이야기하는 능력이다. 타인이 그를 바라보는 방식과 그가 스스로에 대해 가지는 귀인과 느낌에 대한 복잡한 미로를 풀기 위한 안내가 필요하다는 것이 명백하다.

Sidney는 고등학교 1학년을 그럭저럭 넘어갔지만, 그의 상황과 현재 그리고 미래에 대한 몰입은 학업을 방해하기 시작하였다. Sidney는 그에게 무슨 일이 일어날지에 대한 통찰이 많이 있으며 그것에 대해 학교 지도상담가와 이야기하는 것을 편안하게 느꼈다. 그들은 함께 Sidney가 좀 더 행복한 삶을 사는 데 필요한 특정한 지표를 확인하였다. 그들이 선택한 목표는 (1) 학교의 집단에서 긍정적인 역할 발달시키기(행동 영역에서), (2) 타인에게 자신의 가치, 이상, 성실, 믿음을 표현하는 것을 배우기(의사소통 영역에서), (3) 타인과 성공적인 우정을 만들어 가기, (4) 자신의 가치와 원칙에 기초하여 사회적 상황에서 선택하기(사회화 영역에서)를 포함한다. 그들이 이야기한 전략은 타인이 친구와 관계를 만드는 방식을 분석하는 TV 영화, 최근 영화와 좋아하는 책을 사용하고 있다(학업적/ 인지 영역에서).

Sidney와 상담가는 그가 목표를 성취하는 데 사용하는 전략에 대한 경험과 평가를 검토할 매주 한 기간을 포함하여 Sidney의 스케줄을 계획하였다. 상담가는 학생 개인을 지지해 줄 수 있는 코치와 함께 신체적 건강코스를 포함시켰다. 그들은 또한 Sidney가 알고 있는 학생, 친구사귀기에 적당한 장소를 포함하여 여러 가지 선택과정을 결정하였다.

환경을 제공하기도 한다. 그러나 집단 또는 환경이 어떻게 구성되든지 간에, 학생을 위한 개별 프로그램은 목표로 하는 기술과 목적을 성취하기 위하여 최대한 집중적으로 수행되어야 한다.

청소년은 집중적인 발달적 치료-발달적 교수의 소집단에 있을 때 일반적으로 아주 빠르게 반응한다. 그들이 개별화 교육프로그램에서 구체적인 사회-정서적 능력의 지표를 획득하기 위해서 이런 프로그램은 발달적 변화에 반응적이어야 한다. 좀 더 좋은 사회-정서적 기술을 가진 또래와 집단을 형성하는 것은 비슷한 결과를 성취하기 위해 학생을 격려하는 차원에서 종종 도움이 된다.

이 장에서 우리는 청소년을 위한 발달적 치료-발달적 교수에서 교육과정의 적용을 안내하는 일반적인 원칙을 선택하고 있다. 자료는 전형적인 10대, 위험군인 10대, 사회-정서적 발달에 심각한 지연이 있는 10대와 관련된다. 8~11장까지 발달단계가 지연된 청소년을 위해 수정된 많은 자료가 제공되었기 때문에 여기서 모든 것을 다시 반복할 필요는 없을 것이다. 청소년에게 적용하기 위하여 수정될 부분은 연령과 연관된 특성이다. 그들이 어떤 발달단계에 머물고 있든 10년 이상 살면서 경험해 왔으며 이런 삶은 독특한 방식으로 그들을 만들어 왔다. 이런 프로그램은 연령에 따른 욕구에 반응적이어야 할 뿐만 아니라 발달적 성취에도 반응적이어야 한다. 우리는 다음과 같은 주제를 중심으로 5단계에 대한 접근을 조직화하고자 한다.

- 5단계 동안 발달하는 전형적인 사회-정서적 과정
- 5단계의 전형적인 청소년을 위한 목적과 목표
- 프로그램에서 5단계 청소년의 욕구를 충족시키기 위한 방법
- 5단계의 목적과 목표를 성취하기 위해 설계된 활동

사회-정서적 발달과정

10대를 시작하는 일반적인 청소년은 4단계에서 5단계로의 전이과정에 있으며, 순응으로 타인의 인정을 받으며 신체적, 정신적, 성적 성숙으로 인격의 평형을 이루어야 하는 해도에도 없는 통과시기다. 학령후기 아동은 10대로 빠르게 다시 변화한다. 다양한 역할, 새로운 개념, 새로운 가치, 새로운 행동의 실험을 통해 청소년은 고유한 본성을 가진 정체감 형성과 존경받는 사회구성원으로서 타인과의 성공적인 관계를 위한 잠재력을 점진적으로 획득한다(Erikson, 1956; A. Freud, 1942: 149-152; Loevinger, 1976: 19). 이러한 급진적 변화로부터 떠

오르는 본격적인 의문은 이 발달 단계 동안 모든 10대가 직면하는 발달적 불안이다. 즉, 정체감으로 다음의 의문을 가진다.

'나는 누구인가?'

놀랍게도 5단계 심리적 과정의 많은 부분이 2단계의 어린 학령 전 아동이 자율성을 획득하고 성공적인 개인이 되기 위해 시도할 때 경험했던 심리적 과정의 반복이다. 그러나 청소년기에는 삶이 광대하며 좀 더 복잡하고 미묘하다. 행동, 성적 성숙, 언어, 사고 그리고 사회적 환경의 경계선은 극적으로 확장되고 있다(Blos, 1979). 그러나 5단계의 청소년이 가지는 기본적인 의문은 2단계에서 어린 아동이 추구했던 것과 같다. Eric Erikson(1950/1963: 261)은 다음과 같이 자율성을 향한 오랜 추구에 대한 이 회귀를 정체성이라는 새로운 형태로 설명하고 있다.

> 청소년기에서 초기에 의존했던 모든 동일성과 연속성은 생식기 성장과 같은 급속한 신체적 성장 때문에 다소간 다시 의문시된다. 그들 앞에 있는 현실적인 성인기 과제와 그들 안의 생리적 혁명에 직면하고 있는, 성장하고 발달하고 있는 청소년은 그들이 자신이라고 느끼는 것과 비교하여 타인의 눈에 보이는 자신의 모습에 일차적인 관심이 있다.

[그림 12-1]은 5단계 동안 일반적인 청소년의 사회-정서적 발달에 영향을 미치는 힘과 과정을 나타내고 있다. 이 특성은 5단계에서 심리사회적 적응문제와 사회-정서적 능력의 문제와 씨름하고 있는 일반적인 청소년을 위하여 적용될 발달적 치료-발달적 교수 교육과정을 위한 기초다.

청소년 발달을 복잡하게 하는 요소에는 청소년의 삶에 영향을 미치는 수많은 개인, 집단, 그리고 기관이 있다. 부모, 친척, 친구, 또래 그리고 그들이 참여하게 되는 많은 집단의 구성원뿐만 아니라 10대는 또한 공적인 인물, 스포츠영웅, 유명한 연예인에 의해 영향을 계속 받아 오고 있다. 모든 접촉은 부정적으로 그리고 긍정적으로 그들의 성격발달에 상당한 영향을 주게 되는 특정한 경험, 기대, 연관 그리고 결과를 초래한다(Cooper & Cooper, 1992). 청소년이 수년 동안 많은 사람과 많은 만남을 가지면서 의미있는 경험과 개인적인 과제는 변화한다(Mussen, Conger, Kagan, & Huston, 1990: chaps: 13, 14). 연구결과에 따르면 청소년과 관련된 문제가 정치적 견해(Gallatin, 1980), 가치와 도덕발달(Arnold, 1984; Eisenberg, Miller, Shell, McNalley, & Shea, 1991; Hoffman, 1980), 사회적 지식(대인 간 관점조망)(McCarty, 1992; Selman,

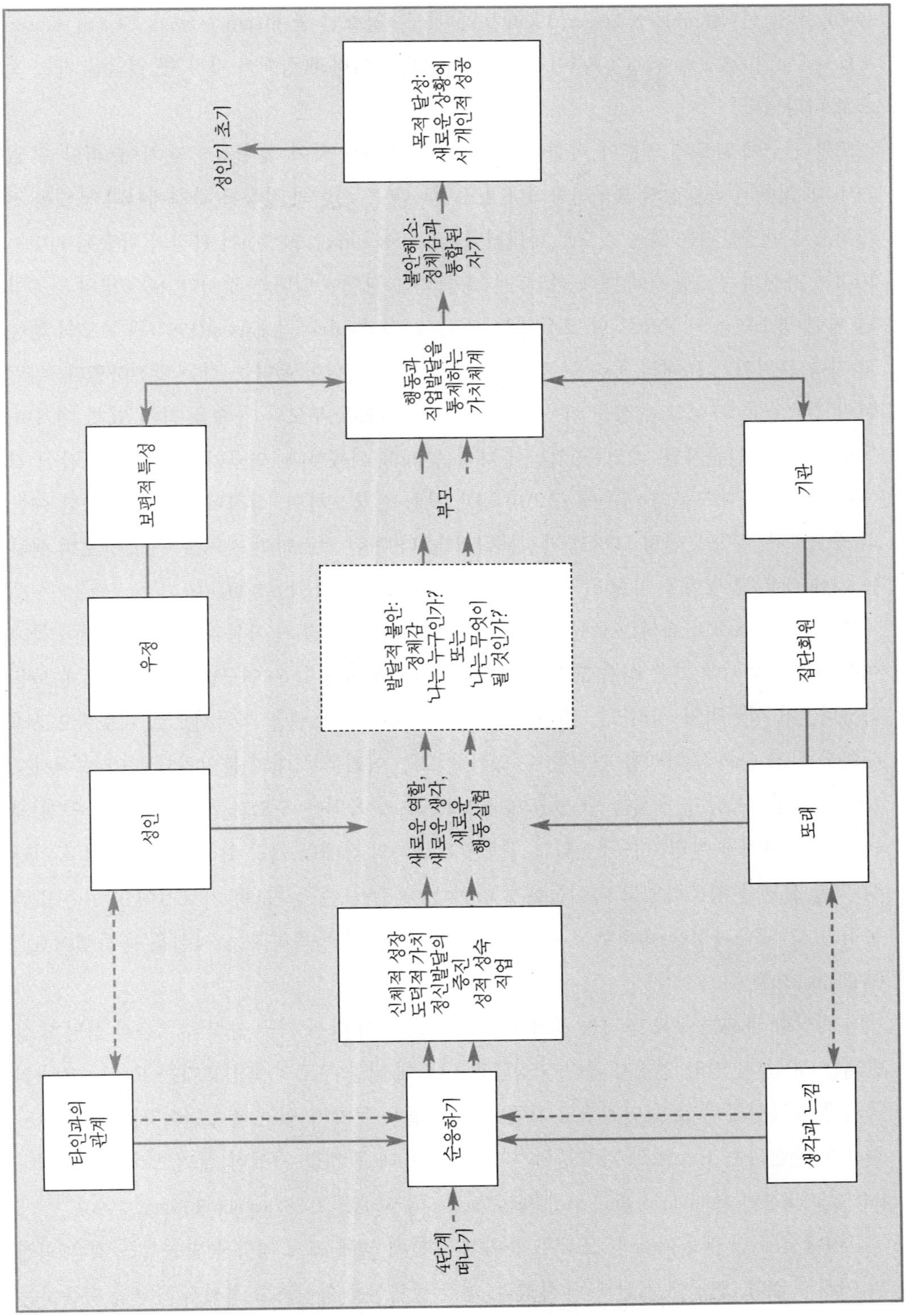

주: 점선은 내면 생활(사고 및 감정)을 의미함.

[그림 12-1] 5단계의 사회-정서적 주요 발달과정

1989), 직업 선택(Kandel & Lesser, 1969) 또는 부모-청소년 관계(Lam, Powers, Noam, Hauser, & Jacobson, 1993; Patterson, 1988)이든지 간에 부모는 이런 과정에서 가장 큰 역할을 하는 것으로 나타났다.

또한 연구에 따르면 연령에 적절한 역할요구의 커다란 차이, 생활유형의 차이, 피할 수 없는 10대 삶에서 독립성의 요구만큼이나 청소년과 부모 사이의 갈등은 관계에서의 분열을 전형적으로 반영하지는 않는 것으로 나타났다(Allison & Lerner, 1993). 이 관점의 함축된 의미는 10대는 자신의 주요문제에 대해 성인과 대화하려는 경향이 있다는 것이다. 8000명의 5~9학년 어린 청소년을 대상으로 한 조사에서, Benson, Williams과 Johnson(1987)은 부모의 행동과 가족 분위기가 10대의 두려움, 걱정, 관심, 소망의 근원이 된다는 것을 발견하였다. 이런 어린 청소년은 특성상 우정을 키우고, 타인을 공감하고, 부모와 가족을 가치 있게 여기며, 독립과 의존, 인종차별, 배고픔, 가난에 대한 문제와 씨름한다. 연구자들은 다음과 같이 결론을 내렸다. "대부분의 경우에 부모의 말과 행동은 중요하며, 심지어 그들이 설정한 예는 더 중요하다. 부모모델링 그리고 가정분위기 둘 다 어린 청소년이 가치를 두고 믿으며 행하는 것에 매우 큰 영향을 미친다." (Benson, Williams, & Johnson, 1987: 11)

TV 드라마 코스비 쇼의 프로듀서인 Matt Williams는 학령후기 아동과 10대 청소년이 함께 어우러지는 동시대 가족 삶을 묘사하는 원고를 쓸 때 이와 같은 연구발견을 적절하게 사용하였다. 이 성공적인 시리즈는 발달하고 있는 아동과 청소년을 적극적으로 지도함으로써 대화를 하고 문화적 차이를 연결할 수 있는 부모는 어려운 시대의 불일치와 불안 속에서도 10대를 도울 수 있다는 것을 증명하였다. Williams의 목적은 부모가 개입함으로써 얻게 되는 책임과 가치를 설명하는 것이었다. "나는 피부색의 장애를 깨기 위하여 긍정적인 흑인남성 역할 모델을 창조하였고 아이들에게 나이 든 사람을 존중하도록 가르쳤어요……. 또한 우리는 그 교육과정을 축하했고 부모가 아이들보다 더 똑똑하다는 사실을 축하했어요." (Williams, 1994)

이 굉장한 과제는 부모가 가는 길과 10대가 가는 길이 다른 최근 사회적 흐름과 상당히 상반되는 것 같다. 만약 연구가 옳다면 상담과 지도에 대한 부모의 책임포기는 오늘날 10대의 폭력과 공격성의 주요 요인일지도 모른다. 연구들은 문제가 있는 청소년의 사회적 행동과 적응과 관련되는 요소로서 가족분위기와 부모-10대 관계를 자세히 살펴보기 시작하였다(Margalit, Weisel, Heiman, & Shulman, 1988; Ramsey & Walker, 1988; Robins & Rutter, 1990).

그러나 청소년 행동이 또한 또래와 문화적 흐름에 의해 크게 영향을 받는다는 것은 의심의 여지가 없다. 연구에서 신체적, 사회적, 성적 정체성을 형성하고 정서적 욕구를 충족하는 데 또래의 영향이 가장 큰 반면 부모와 사회는 더욱 광범위한 영역인 직업 목적, 이상적 자아, 출현하는 가치 그리고 도덕적이고 윤리적인 특성에서 크게 영향을 미친다고 보고하였다(Brittain, 1968; Feather, 1980; Kohlberg, 1981; Larsen, 1972; Selman, Beardslee, Schultz, Krupa, & Podorefsky, 1986).

이런 결론은 청소년기의 특성에 대한 변화와 안정성을 연구한 장기연구에 의해 지지되고 있다. Selman은 어린 10대들의 관계, 우정 그리고 대인 간 협상전략에서의 발달적 변화를 연구하였다. Selman은 어린 청소년은 타인과의 관계에서 스스로를 정의하려는 시도에서 2가지 과정을 거친다고 보고하였다. 첫 번째는 타인과 경험을 공유하려는 친밀감의 욕구며 두 번째는 자신의 목적과 욕구를 타인과 협상하려는 자율성에 대한 욕구다(Selman, 1989: 412). 이와 비슷하게 Brown과 Gilligan(1992: 183)은 "타인과 진실된 관계를 맺고 싶어 하는 소녀의 소망은 심리적, 관념적인 근간보다는 관계에 초점을 맞춘 정치적인 투쟁으로…… 대부분의 소녀가 이와 같은 투쟁을 들려주었고, 그것의 흔적은 먼 훗날 여성으로서의 삶까지 영향을 미치고 있습니다."라고 말하면서 청소년기 소녀의 욕구에 대하여 이와 같은 긴장감을 기술하였다. 그들은 청소년기의 상대적 성공이 결국 자기존중감과 정체성의 정도를 직접 반영하는 직업선택으로 나타날 것이라고 결론 내렸다.

감독과 비평을 통하여 직업발달과 관련하여 청소년의 과제와 행동의 위계가 발달된다. 그들 작업에서 중요한 것 중 하나는 20대 또는 30대 초반까지 직업의 방향이 잡히지 않고 30대 중반을 넘어서까지 직업의 전문성이 변화되고 확장될 수 있다는 제안이다(Super, 1980; Super & Crites, 1974). 이와 유사하게 Ginzberg(1972)는 11세에서 시작하여 25세까지 계속되는 직업선택에 대한 청소년의 접근방식의 변화에 대하여 일련의 순서를 제안하였다.

- 직업에 대한 환상
- 많은 다른 직업에 대한 관심
- 지침으로서 사용되는 자기승인
- 직업적 대안을 안내하기 위한 가치의 사용
- 고등학교 직업 기회로부터 더 높은 교육 기회로의 이동
- 삶에 대한 실제적인 탐색

직업의 방향을 정하는 것이 좀 더 일찍 시작된다고 주장하는 사람들이 있다. Vondracek (1993)에 따르면 어떤 10대들의 직업정체성은 청소년기에 벌써 형성되어 직업에 대한 이상과 태도를 상당히 많이 알지만 반면에 다른 10대들은 아직 지연되어 있다고 한다. 연구결과

에 대한 검토에서 그는 정치적 이데올로기, 종교적 신념, 성역할, 가족역할, 그리고 가치와 같은 발달 영역에서의 개인차이가 정체성발달의 광범위한 변동에 기여한다고 하였다. 5단계의 전형적인 발달과정에서 형성되는 가치관은 개인적 목적, 개인적 책임, 사회적 책임, 공평성 그리고 정의에 대한 강조에서 반영된다(Benson, Williams, & Johnson, 1987; Kohlberg, 1981). 5단계 학생이 도덕적 문제에 대하여 관심이 점차 증가할수록 우리는 그들이 다음과 같이 말하는 것을 듣는다.

> '체계는 모든 사람을 보호해야만 해요.'
> '사회에 책임질 수 있는 사람이 되자.'
> '강령에 의해 살자.'
> '의무를 이행하자.'
> '타인의 욕구에 대해 스스로 생각해 보자.'

이런 가치를 획득하고 있는 전형적인 10대의 행동은 이런 기준에 대한 관심을 반영한다. 그들은 도덕성과 책임감이 있는 사람으로 그들 스스로를 바라본다. 그들은 도덕적 문제에 대해 비슷한 관점을 가진 사람에게 매력을 느끼며, 그들이 세운 기준에 미치지 못한 사람들을 비평하고 피하는 경향이 있다. 반대로 이전 단계에서 대인 간 관점수용에 대한 지표를 충분히 성취하지 못한 청소년은 품행의 기준이나 타인의 관심에 의해서는 동기화가 잘되지 않을 것이다. 4단계 학생처럼 그들은 타인의 욕구에 반응하는 것보다는 자신의 행동에 대한 책임을 강조하는 것을 우선적으로 더 중요하게 여길 것이다. 또는 3단계의 학생처럼 '그들이 당신에게 한 것을 타인에게도 해야 한다.'는 평행적 태도로 공평함의 문제에 여전히 큰 관심을 가지고 있을지도 모른다(Kohlberg, 1981).

우정은 청소년에게 점점 더 중요해지며 사회-정서적 적응의 수준을 직접적으로 반영한다(Buhrmester, 1990). 더 좋은 대인 간 기술, 즉 더 좋은 사회-정서적 능력을 가지고 있는 청소년은 좀 더 안정적으로 적응하며 친밀하고 지지적인 우정을 형성할 수 있게 된다. 10대 청소년이 우정을 발달시킴에 따라 부모자녀 관계는 전형적으로 심각해지지 않는다는 것을 연구들은 강조하였다. 또한 우정, 인기, 또래관계의 개념 사이에 차이가 있다는 것을 지적하였다. 후자의 두 개념은 또래 지명(알려져 있는)과 영향(사회적 힘)을 나타내는 것이고, 반면에 우정은 개별적 관계와 대인 간 기술을 나타내는 것이다(Parker & Gottman, 1988). 공평성과 상호존중과 같은 원칙과 가치는 우정을 조절하는 경향이 있다(Youness & Smollar, 1985). 친구들은 활동을 공유하고 의사소통을 하며 더 선호하고 서로를 지지해야 하는 의무를 지닌다고 생각한다. 소녀는 동성 친구를 더 선호하고 그들이 필요할 때 지지하는 우정을 강조하는 반면 소년은 충성스럽고 지지적인 친구를 기대한다.

청소년기의 친구는 서로를 동등하게 인식하고 차이를 협상함으로써 우정을 유지하려고 한다. 친구는 10대가 친밀한 생각과 관심을 공유하는 대상이다. 또한 문제를 해결하거나 조언을 해주면서 서로를 돕는다. 동성 친구와 성, 데이트, 가족, 자신의 미래와 같은 대부분의 주제를 공유한다. 우정에 문제가 생겼을 때 10대는 신뢰할 수 없는 행동, 관심부족, 무례함, 또는 수용할 수 없는 행동으로 인해 우정이 깨졌다고 보는 경향이 있다. 그들은 사과하며 설득하고 반환으로 차이를 해결하지만 차이를 잊거나 수용하는 방식으로는 문제를 해결하지 못하는 경향이 있다(Youness & Smollar, 1985).

10대 소녀는 알고 있고 경험했던 것이, 그들에게 가치 있고 유지되기를 원하는 관계와 상반될 때 상당히 많은 갈등을 겪는다. Brown과 Gilligan(1992)에 의하면 10대 초반의 소녀는 꽤 비싼 대가를 지불하고 관계를 유지한다고 한다. 만약 소녀가 관계를 유지하기 위해 항복한다면 그들은 자신의 느낌과 생각을 잘 드러내지 않으려고 한다. 느낌을 억압하는 것에 저항하는 사람들은 관계를 대가로 하는 심리적 용기 '관계적인 영웅주의 행동' 를 보여 주는 것이다(pp. 183-184).

> 어떤 이들에게 저항은 정책의 개방과 전환을 남긴다. 어떤 이들은 지하로 움직인다—느낌과 생각이 안전하게 공유되는 정책적 지하 또는 어느 누구도 느낌을 볼 수 없고 생각이 공개되지 않고 보호되는 심리적 지하. 그러나 일단 관계가 잘 형성되지 못하면 소녀는 자신의 느낌을 분명히 말하는 것에 어려움을 가지기 시작한다. 심리적으로 실제가 아닌 관계, 심리적 또는 정서적 연결이 없는 관계에서 그들은 알고 있는 것을 길게 이야기할 수 없다.

청소년의 관계에 대한 연구들은 사회-정서적 능력을 발달시키는 데 있어 성공적인 우정의 중요성을 분명하게 강조한다. 친밀한 우정이 없다면 청소년은 스스로를 '힘이 없고, 외롭다.' 라고 느낀다(Brown & Gilligan, 1992: 217). 역기능적인 가족과 친구가 별로 없는 문제 청소년을 돕는 중재프로그램을 개발하는 데 있어 친밀한 우정을 형성하고 유지하는 방식에 대한 연구발견은 도움이 될 것이다.

자신의 관점과 느낌에 대해 의사소통하는 것을 배우는 것과 관계를 형성하고 유지하는 방법을 배우는 것(친구가 되는 것과 친구를 만드는 것)은 균형을 이루어야 한다. 10대의 사회-정서적 능력은 심리적이고 내적인 힘 사이의 안정된 균형을 성취하는 것에 의존한다. 10대는 자기 생각의 적절성, 다른 사람의 관점에 대한 공감적 이해, 주고받는 친밀한 우정에 대한 믿음을 성취해야 한다.

자신의 선택에 대하여 내적인 신뢰를 가지고 믿음, 느낌, 가치에 대한 갈등을 해결하는 것은 청소년의 성공적인 적응에 기여한다. 이전 단계의 사회-정서적 발달처럼, 5단계 목적의 성공적인 성취는 행동, 의사소통, 사회화, 학업/인지의 기술을 모두 요구한다. 사회-정서적 능력을 위한 지표가 획득될 때 학생은 5단계의 전반적인 목적을 성취하게 된다(개별기술과 집단기술 둘 다 요구되는 새로운 상황에서의 효과적인 능력 성취하기). 이 과정에서 청소년은 청년기 내내 지속될 보편적인 인간적 질문을 해결하기 시작한다.

'나는 누구인가? 나는 어떤 사람이 될 것인가?'

청소년을 위한 목적과 목표

목적: 새로운 상황에 개인 및 집단기술을 적용하기

전형적인 청소년기 학생이 종종 새롭고 어려운 상황에 직면할 때 5단계의 목적과 지표를 성취하기 위해서는 성인의 도움이 필요하다. 이 단계의 목적은 청소년 학생이 스스로를 돕도록 하고자 하는 것이다. 그들은 타인과 만족할 만한 우정과 관계를 형성하고 유지하기 위해 이미 획득했던 가치와 기술을 인식하고 사용하는 것을 배워야만 한다. 발달적 치료-발달적 교수 교육과정의 목적과 목표는 청소년기의 복잡한 성격 차원과 성인이 되면서 직면하게 되는 복잡하면서도 요구적인 상황을 통합해야 하는 5단계의 전반적인 목적을 반영한다. 행동, 의사소통, 사회화 그리고 학업/인지의 각 교육과정 영역에서 5단계 프로그램의 목표와 목적, 지표의 요점이 다음에 제시되어 있다.

행동 지표

5단계의 행동을 위한 교육과정 영역에서, 학생을 위한 일반적인 목적은 살면서 인생경험에 건설적인 행동으로 반응하는 것을 배우는 것이다. 5단계 학생을 위한 이 행동적 목적에는 그들이 복잡하고 다양한 사회의 요구에 부딪혔을 때 직면하게 되는 도전이 반영된다. 성인기 초입의 가장자리에서 그들은 앞을 가로놓여 있는 모든 것을 알 수는 없지만 직업은 통과의

5단계 행동 지표

목적: 인생경험에 건설적인 행동으로 반응하기

새로운 개인적 취미와 작업을 위한 기술을 찾기
집단에서 바라는 긍정적인 역할 찾기
학교와 지역사회의 법과 질서를 이해하고 수용하기
자기통치 집단에 참여하기
개인적 문제를 해결하기

출처: Developmental Therapy Institute(1992).

례 중 하나로 볼 수 있다. 그들 행동에 대한 또 다른 조정자는 우정에 대한 개념, 관계적 문제 해결 그리고 정의에 대한 그들의 가치체계와 인지기술이다.

5단계의 첫 번째 행동 지표는 개인적, 사회적 그리고 일과 관련된 기술에 대한 관심을 확장하는 것이다. 이것은 종종 이전 단계로부터 전이되는 학생을 위한 첫 번째 목표가 된다. 친구와의 관계, 또래관계에서의 역할, 가치 있는 다른 집단에의 참여가 초점이 된다. 또한 5단계의 청소년은 보편적인 선, 법, 질서 그리고 동정심의 원칙과 가치에 기초하여 자기의 행동을 선택함으로써 자신의 행동을 통제하는 것을 배운다. 행동측면에서 이 단계를 위한 마지막 지표는 합리적이고 논리적으로 개인 문제를 해결하고 대인 간 이해를 통하여 친밀한 우정을 유지하는 능력의 성취다.

의사소통 지표

5단계의 의사소통을 위한 교육과정 영역에서, 학생에 대한 일반적인 목적은 관계를 적립하고 풍부하게 하기 위해 언어를 사용하는 것을 배우는 것이다. 5단계의 학생은 이미 이전 단계에서 사회적 의사소통에 대한 기본적인 기술을 발달시켜 왔다. 5단계의 의사소통 지표는 대인 간 관계와 우정에서의 사회적 상호 호혜성을 강조한다.

의사소통의 첫 번째 지표는 복잡한 상황, 추상적 사고를 효과적으로 다루기 위한 언어 기술의 확장이다. 언어는 중요한 대인간 도구로서 쉽게 사용할 수 있어야 하며 학생은 위기상황에서 타협을 하기위해 언어기술을 우선적으로 배워야 한다. 긍정적인 대인 간 관계는

5단계 의사소통 지표

목적: 관계를 형성하고 풍부하게 하기 위해 언어를 사용하기

복잡하면서 상징적인 말을 사용하기

화가 났을 때 타협적인 언어로 반응하기

타인의 기여를 인정함으로써 타인을 지지하기

사회적 상황에서 다양한 동기와 가치를 기술하기

자발적으로 가치와 생각을 표현하기

대인 간 관계와 집단관계를 긍정적으로 유지하기 위해 의사소통기술을 사용하기

출처: Developmental Therapy Institute(1992).

5단계에서 의사소통 지표의 또 다른 관심사다. 언어기술은 학생이 다른 사람을 이해하고 돕고 지지하는 수단이 된다. 개인적 가치, 개념, 신념, 충성심에 대한 표현은 자신들의 가치를 지침으로 행동에 대해 책임지는 것을 배우는 행동영역과 긴밀하게 관련된 지표다. 5단계의 의사소통 영역에서 마지막 지표는 그들이 만들어 온 성공적인 대인 간 관계와 우정을 유지하기 위한 의사소통기술의 모든 측면을 강조하고 있다.

사회화 지표

5단계의 사회화를 위한 교육과정 영역에서, 학생을 위한 목적은 효과적인 대인 간 관계를 독립적으로 시작하고 유지하는 것을 배우는 것이다. 타인에게 가치 있게 인정받는 것은 5단계 학생의 강력한 욕구다. 그들은 잘 발달된 가치체계와 자기감을 가지고 이 단계를 시작한다. 그러나 이런 성공은 타인의 느낌, 가치, 행동적 선택에 대한 자각이 넓어짐에 따라 청소년기 동안에 훼손되기도 한다. 이들 청소년에게 사회화는 가장 중요하며 5단계 학생에게 사회화는 4개의 교육과정 영역 중 가장 힘든 영역이기도 하다.

사회화에서 첫 번째 목표는 타인에 대한 공감과 타인관점의 이해에 필요한 지표를 획득하는 것이다. 다양한 역할과 장면에서 타인의 기대에 순응하는 것을 배우기 위해 학생은 확장된 사회적 지식을 실제로 연습해야 한다. 5단계의 첫 번째 사회화 지표가 학생이 타인의 경험을 이해하는 것을 확장하도록 돕는 반면, 나머지 지표는 '나는 누구인가' 라는 질문에 대

5단계 사회화 지표

목적: 효과적인 대인간 관계를 독립적으로 시작하고 유지하기

타인의 느낌과 신념을 이해하고 존중하기(공감)

다양한 역할 속에서 타인과 성공적으로 상호작용하기

가치와 원칙에 기초하여 개인적인 선택을 하기

목적과 특성을 기술함으로써 자기이해를 보여 주기

집단 그리고 개별적 관계를 유지하기

출처: Developmental Therapy Institute(1992).

한 대답을 좀 더 새로운 감각인 성인자아의 느낌으로 다시 재조명하도록 돕는다.

학생은 사회적 상황에서 자신의 가치와 원칙에 기초하여 개인적인 선택을 하도록 배운다. 일반적으로 청소년은 자기의심과 자기판단에 대한 관심을 긍정적인 방식으로 이해하고 해결해야만 한다. 마지막 사회화 지표는 학생이 특별한 도움에 의존하지 않고 자기확신감을 갖고 대인 간 그리고 집단관계를 만족스럽게 유지할 수 있다면 전체 발달기간 동안 성취된다.

학업/인지 지표

5단계의 학업/인지 영역에서 학생을 위한 목적은 개인적인 풍부함을 위하여 성공적으로 학업기술을 사용하기다. 5단계에서 성취되는 학업기술과 사고과정은 개인의 풍족함과 삶의 요구에 효과적으로 대처하도록 학생들을 돕는다. 사회-정서적 발달의 이전 단계처럼 5단계에서 학업/인지 교육과정지표는 학생이 나머지 3가지 교육과정 영역의 지표를 성공적으로 획득하도록 도울 인지적 기술을 강조한다.

5단계에서 학업/인지의 첫 번째 지표는 동시에 다른 영역에서 강조했던 대인 간 이해과정과 유사하다. 이 지표는 학생이 사회과학과 자연과학에서 나타난 최근 사건을 직접적으로 참고하면서 동시대적 문제에 대한 타인의 견해를 알도록 하기 위해 설계되었다. 또한 고등학교 교육과정에서 제공하는 다른 학업과정과 관련된다. 지표의 일련의 단계에서는 사실 대 견해 그리고 논리적 사고 대 비논리적 사고에 대한 논리적인 추구를 포함하여 개인적 문

5단계 학업/인지지표

목적: 개인적인 풍부함을 위하여 성공적으로 학업기술을 사용하기

최근 문제에 대한 타인의 견해를 알기

사실과 허구를 구별하기

사회적 상황에서 타인의 비논리적이고 일관성이 없는 행동을 인식하고 설명하기

분수, 소수, 음수를 포함한 단어문제를 해결하기

시민 그리고 직장인으로서 독립적으로 학업적 도구를 사용하기

출처: Developmental Therapy Institute(1992).

제를 해결하기 위해 사용하는 이성적(인지적) 과정에 관심을 가진다. 5단계에서 학업/인지의 마지막 지표는 행동영역에서 성취된 지표와 유사하다. 특히 읽기와 응용수학(세금계산, 비율전환, 또는 월급 이해, 의료비, 저축, 보험)을 포함한 학업기술은 5단계 학생이 직장을 다니기 위한 학업적 생존기술을 준비하는 데 사용된다.

청소년의 욕구 충족방법

5단계의 청소년을 위한 발달적 치료-발달적 교수 프로그램에 관한 계획에서 가장 큰 어려움은 10대의 성숙함과 사회-정서적 미성숙에 맞게 프로그램을 적용하는 것이다. 그들이 사회정서적 발달의 2단계, 3단계, 4단계 중에서 어느 단계에 있든 그들은 신체적, 정신적, 그리고 성적으로 10대다. 청소년이 좀 더 어린 학생과 공유하는 유사점은 사회-정서적 능력의 증진을 위해 획득해야 하는 일반적인 발달지표다. 그러나 경험, 언어숙달, 학업적 성취, 연령에 따른 흥미, 발달 불안 등에서 차이가 크다.

청소년의 상태는 종종 그들의 사회-정서적 발달이 실제 연령보다 낮을 가능성을 보여 주는 단서를 제공해 준다. 가치와 문제에 대한 그들의 생각은 종종 대인 간 관점수용과 도덕발달의 수준을 보여 준다. 그리고 타인에 대한 언급과 자신의 관심 유형에 대한 언급은 이전 단계의 해결되지 않는 발달적 불안을 반영한다. 전형적인 10대 초반의 정의, 개인의 권리, 타인의 기대에 대한 개인적 해결에 관한 관심사를 반영하는 몇 가지 진술이 다음에 제시되

어 있다.

'왜 나는 안 되나요? 다른 사람들은 다 하는데.'
'나는 그것을 어떻게 해야 할지 모르겠어요.'
'개발이 지구를 파괴한다는 점을 정치가들은 걱정하지 않아요.'
'19세 청소년에게 음주를 금지하는 것은 공평하지 않아요.'
'솔직히 말하면 당신은 그것을 밀고 나갈 수 있어요.'

이 진술의 내용과 반대로 다른 10대가 말한 다음 특징을 고려해 보자. 언어는 10대의 언어이지만 정서적 내용은 사회-정서적 발달의 초기단계의 관심과 대처전략을 반영한다.

〈4단계의 발달적 불안-갈등〉

'참아요! 당신은 내게 이것을 하게 할 수는 없어요.'
'그가 나를 간섭하지 않는 것이 좋아. 안 그러면 그를 죽일 거야.'
'만약 내가 일요일에 교회에 간다면, 교회는 내가 지금 해야 할 일을 결정할 거예요.'
'만약 내가 그것을 하지 않는다면, 그들은 나에 대해 얘기 할 거예요.'

〈3단계의 발달적 불안-죄책감〉

'시도하지 않을 거예요. 나는 그것을 다시 잘못되게 할 거예요.'
'세상은 나 같은 사람을 필요로 하지 않을 거예요.'
'우리는 이길 수 없어. 모든 것이 재수 없어.'
'그는 마땅히 받을 만해요. 나도 역시 그렇다고 생각해요.'

〈2단계의 발달적 불안-부적절함〉

'나는 그 일을 할 수 있어요. 하지만 그것을 지금 하고 싶지 않아요.'
'내가 읽을 수 없더라도 상관없어.'
'만약 경찰이 온다면, 나는 싸울 거야.'
'내 앞에서 사라지거나 날아가 버려.'

〈1단계의 발달적 불안-자포자기〉

'집으로 가려고 해요. 여기서 할 것이 아무것도 없어요.'
'당신은 항상 그들만을 위해 줘요. 당신은 실제로 나를 좋아하지 않아요.'
'요점이 뭐죠? 나는 길을 잃어버렸어요.'

'아무도 관심이 없어요.'

'당신의 기대처럼 그들 역시 당신을 속일 거예요.'

발달적 관점에서 보면 이런 언급은 효과적으로 대처할 능력이 감소되었다는 것을 보여 준다. 각각의 낮은 단계에서 문화적 기대를 넘어서는 충동과 내적 욕구에 의해 증가된 우월함과 행동을 조절하는 것은 덜 유용하다. 또한 이들 각각의 진술은 방어기제다(불안에서 자신을 보호하기 위한 시도). 해결되지 않는 불안과 미묘한(그러면서 미묘하지 않은)갈등은 성인이 그들을 돕는 것을 어렵게 만든다. 더구나 청소년은 정체성을 찾으려 하고 사회에서 그들의 자리는 문제를 야기한다. 만약 성인이 문제 청소년 학생에게 그들의 행동에 대한 책임을 질 수 있겠느냐고 물어본다면 그들은 그 질문은 잘못되었다고 대답할 것이다. 왜냐하면 그들이 때로는 그렇게 못해도 10대는 항상 책임 있게 행동해 왔다고 생각하기 때문이다. 그 이유는 종종 청소년의 사회-정서적 발달에서 발견된다. 학생이 획득해 왔던 그리고 아직 숙달하지 못한 사회-정서적 발달의 지표를 확인해 보면 무엇이 필요한지 충분히 더 이해할 수 있게 된다. 이것은 우리에게 그들의 기본적인 발달 단계를 이해하게 해 준다.

종종 고등학교 선생님은 다음과 같은 질문을 받는다. '만약 문제 청소년에게 2단계, 3단계, 4단계의 발달적 치료-발달적 교수가 필요하다면, 5단계를 위한 프로그램이 필요한 학생이 있겠는가?' 이에 대한 대답은 교사가 작업할 학생에 따라 다르다. 외적인 스트레스 또는 손상 없이 청소년기를 지나온 일반적인 10대 학생은 만약 그들이 중요한 성인으로부터 책임 있는 지도를 받는다면 자연적인 발달과정에서 사회-정서적 능력의 5단계 지표를 획득할 것이다. 사회적, 정서적, 행동적 어려움이 있는 학생에게 발달적 치료-발달적 교수는 2단계, 3단계, 4단계의 사회-정서적 요구에 초점을 둔 프로그램을 제공해 준다. 이런 학생들을 위한 개별화 교육프로그램과 개별화 전이계획은 특수 교육, 지역사회정신건강 프로그램 또는 직업교육을 통하여 제공된다(Bullis & Gaylord-Ross, 1991). 이 교육과정은 공립학교와 기숙사가 있는 학교에서 적용하기 위해 채택되어 왔다. 또한 정신적 장애가 있는 학생이 일반적인 교육 프로그램으로 되돌아가면 이러한 통합고등학교 장면에서 지지하고 도울 수 있는 틀을 제공하고 있다.

그러나 많은 문제청소년과 위험군청소년은 특수 프로그램을 받지 않고 있다. 그들은 종종 진로상담가와 신체교육 담당코치 또는 발달에 관심을 가지고 조언해 주는 특별한 교사와 잘 지내기도 한다. 이런 학생에게 도움을 주고자 하는 성인에게 5단계 과정은 지침이 된다. 사회-정서적 능력 발달에 필요한 지표에 초점을 두는 프로그램을 조직하도록 도와준다. 별로 놀라운 것은 아니지만 많은 성인이 학생을 지도하는 효과적인 대처기술이 부족하다고 한다.

이 장에서 기술된 프로그램은 효과적인 사회-정서적 적응과 연령에 적절한 책임 있는 행동을 획득하기 위한 청소년의 전형적인 욕구를 다룬다. 이 정보는 4단계, 5단계 프로그램을 혼합하여 각 10대의 특별한 욕구에 맞추어서 개별적으로 지원하기 위해 활용될 수 있다.

성인의 역할: 상담가, 조언가 그리고 친구

어떤 발달 단계에 있든지 청소년기 학생은 행동에 대한 새로운 방식을 탐색한다. 그들은 새로운 매너리즘, 새로운 이미지, 새로운 경험을 실험하면서 타인이 다르게 할지라도 타인을 의도적으로 관찰한다. 청소년기를 지나면서 학생은 아주 다양하고 광범위하게 성인의 행동을 접하게 된다. 이런 과정에서 청소년은 그들이 존경할 만한 특별한 성인을 찾는 경향이 있다. 5단계의 학생과 작업하는 성인은 인격을 평가받게 된다. 성인이 청소년에게 매력적이어야 하는 측면에서 '마음에 들어야만' 한다는 것은 아니다. 청소년기 학생은 가치 있는 자질을 가진 성인을 찾는다는 것을 의미한다. 5단계의 청소년은 사회적인 힘이 있는 성인에게 호감을 가지게 된다(학생에게 매력적인 특성). 학생은 많은 특성들 중에서 친절, 사회성, 외모, 스타일, 매너, 따뜻함 또는 힘을 존경한다. 또한 전문성을 갖고 그들과 공유하는 성인에게 특히 더 반응적이다. 인간행동의 심리에 대한 통찰이 있는 성인도 청소년이 소망하는 직업과 관련된 기술, 창조적 특성, 스포츠기술 또는 사회적 기술을 가진 성인처럼 전문가로 보인다. 기타연주 또는 운전을 가르치는 성인도 학생이 여름방학 동안 할 일을 찾도록 도울 수 있으며 이성관계에 대한 비밀을 털어놓게 할 수 있으며 전문가처럼 가치 있게 여겨질 수도 있다. 또한 모든 발달단계에서 대부분의 개인처럼 청소년도 강압과 교묘한 조정에 반응적이지만 부정적으로 반응한다. 이러한 성인의 2가지 형태의 사회적 힘은 청소년의 사회-정서적 성장에 일반적으로 유용하게 영향을 미치지 못한다.

5단계의 학생에게 도움을 주기 위해서 처음에 성인은 학생의 존경을 받아야 한다. 학생이 존경하고 인정하는 범위 안에서 성인은 학생에게 영향을 미칠 수 있다. 이 존경받는 성인은 개인적 역할의 모델이 되기도 하고 조언가가 되기도 한다. 이 관계에서 성인은 상담가 역할을 하게 한다(학생이 털어놓는 것을 들어줄 사람). 이런 관계가 형성된다면 이 관계는 5단계의 학생에게 성인이 지도와 상담역할을 하기 위한 기본이 된다.

5단계에 있는 청소년에게 성인이 하게 되는 실수는 성인-학생 관계(교사, 코치, 멘토, 부모, 친척, 상담가)의 본질에 대한 오해다. 한 성인이 학생에게 존경받거나 투쟁대상이 되는 특별한 사람으로 인식되었다는 것이 또래 대 또래관계 유형에 대한 소망을 의미하는 것은 아니다. 존경받는 성인은 학생이 필요로 할 때 지도하고 도울 수 있지만 학생과 성인이 어느 정도 분리되는 선에서 유지되어야 한다. 청소년에게 필요한 도움을 줄 수 있는 성인의 중요한 특성은 존중, 잠재가능성에 대한 인식, 격려다. 성인-학생의 관계가 지지적으로 형성될 때 학생은 성인에게 쉽게 접근할 수 있고 지도에 개방적으로 될 것이다.

소녀의 심리적 발달에 대한 연구에서 Brown과 Gilligan는 소녀와 여성 모두 "타인과 진실한 관계를 추구하고 평가하며…적절하게 그런 관계에서 작업한다."라고 결론지었다. 이런 연구에서 보면 청소년기 소녀는, "관계에서 자기를 보여 주는 것에 대한 여성적 두려움을 느끼며…… 종종 교사와 '관계'를 맺기 위한 생각과 느낌을 억제하고 있다."라고 한다(Brown & Gilligan, 1992: 231). 그들은 학생이 억제하는 것은 바람직하지 않지만 성인-학생 관계를 조심스럽게 형성하는 잠재적인 가치를 보여 준다고 해석하고 있다. 비슷한 결론이 남성과 소년과의 관계에서 가정될 수 있지만, 아직 유사한 연구가 이루어지지 않고 있다.

문제 청소년과 작업하는 성인들 대부분의 어려움은 적절한 관계를 구성하는 것이 무엇인지를 결정하는 것이다. 성인 자신의 욕구가 개입된다면 효과적인 역할모델이 되거나 좋은 성인-학생 관계를 형성하는 것은 어렵다. 동시에 발달하는 청소년에게는 성인이 제공하는 통찰과 경험의 장점이 필요하다. 또한 성인이 그들을 좋아한다는 확신이 필요하다.

독립적인 책임감을 기르기 위한 지도전략

5단계의 사회-정서적 발달에서 성실한 청소년은 성인의 관리가 거의 필요하지 않지만 상당한 정도의 지도는 필요하다. 이러한 이유 때문에 성인의 접근성은 중요하며 중재는 전형적으로 문제내용에 초점을 둔다. 종종 성인이 듣고 반영해 주는 것이 자신의 딜레마를 해결하기 위해 노력하는 10대에게 중요하다는 것이 발견된다. 성인의 관점과 생각의 공유는 이 과정에서 힘이 된다. 이러한 이유로 자주 사용되는 4개 전략이 다음에 열거되어 있다.

그러나 만약 청소년이 여전히 이전의 사회-정서적 발달단계에 있다면, 그 단계에 적합한

긍정적인 피드백과 칭찬	또래, 성인 그리고 자신으로부터
해석	정체성, 사적인 감정, 가치에 대해
규칙	개인적 선택을 안내하는 가치와 원칙
생활중심중재	개인적 문제와 타인과의 관계에 대한 개인적 집중

관리전략이 사용되어야 할 것이다.

5단계의 학생을 위해 성인과 상담가가 사용하는 주요한 지도전략은 해석이다. 이 전략은 여러 가지 측면에서 5단계를 이전 단계와 다르게 한다. 첫째, 성인은 학생이 간과하거나 피했을지도 모를 상황의 특정한 측면을 부각시키는 반영을 해 준다. 그런 다음 학생에게 해석을 하도록 하고 상황에 대한 이 관점의 적절성을 고려하도록 요구한다. 이 과정에서 학생이 해석을 하도록 지도한다.

해석은 5단계 학생이 정체성, 사적인 느낌과 가치의 인식, 통찰을 행동으로 옮기도록 하는 데 있어 중요한 역할을 한다. 자기감시와 자기분석, 타인으로부터 독립은 해석의 장기적 목적이다. 의도는 복잡한 대부분의 사회적 상황에 대해 이해를 높이고 통찰을 촉진시키는 것이다. 이것은 학생이 개인적 느낌을 행동과 결과에 연결하도록 돕는 4단계의 해석적용과 다소 비슷하다. 차이는 그 내용과 더 광범위해진 해석의 범위다. 5단계에서는 이전 단계 학생에게 필요했던 것처럼 연관성을 만들기 위해 야단스럽게 구조화시키지는 않는다.

5단계 학생에게 해석의 두 번째 측면은 성인이 제공하는 상황분석이다. 이것의 의도는 학생이 이전에 고려했던 것보다 더 넓은 맥락에서 중요한 부분을 알아채는 것이다. 이 전략은 다양한 사회에서 가질 수 있는 다양한 관점, 가치, 느낌에 대한 학생의 자각을 확장시키고 개인적 상황에 대하여 보편적인 관점을 제공해 준다.

5단계에서 학생을 위한 규칙은 그들 자신의 행동과 타인의 반응에 따른 자연적이면서도 불가피한 결과와 관련된다. 규칙은 제한하는 것이라기보다는 오히려 학생이 일어나길 원하는 것, 필요한 반응 그리고 학생이 그 과정에서 원하는 원칙과 가치를 통합하는 과정에서 발달된다. 이 맥락에서 규칙은 학생 자신의 열망에 의해서 만들어졌으며 그들의 삶에 책임을 지도록 힘을 북돋아 주는 지침이 된다. 청소년기 동안 학생은 상황마다 다르게 수행해야 하는 기대가 있다는 것을 알게 된다. 또한 그들은 선택을 위한 개인적 안내, 자신의 반영, 독특해지고자 하는 욕구를 이해하기 시작한다. 개인의 선택에서 신중하게 사용하는 자신의 가치와 원칙의 맥락에 따라 결과가 자연스럽게 생긴다. 다음은 청소년의 전형적인 가치와 원칙이다.

- 개인적인 목적을 확장하기
- 개인적인 생각을 강조하기
- 개인적으로 책임지기
- 도덕적인 사람이 되기
- 신념을 표현하는 행동을 하기
- 자신 스스로에 대해 생각하기
- 타인의 욕구에 대해 생각하기
- 비슷한 관점을 가진 친구를 선택하기
- 신뢰할 만한 가치 있는 사람이 되기

5단계의 학생이 만든 여러 가지 규칙의 예를 기술하면 다음과 같다. 10대 후반의 학생들은 리더십 단원의 한 부분으로 Martin Luther King, Jr. 목사의 말을 인용하였다.

'차이를 만들어라'

- 매일 명상하라.
- 기억하라…승리가 아닌 정의와 화해를 추구하라.
- 사랑의 방식으로 걷고 말하라.
- 매일 기도하라.
- 개인적 소망을 희생해라.
- 공손함에 대한 일상적인 규칙을 관찰해라.
- 규칙적인 일상의 서비스를 행하라.
- 주먹, 혀, 마음의 폭력을 삼가라.
- 좋은 영적 건강과 신체적 건강을 위해 노력하라.
- 움직임과 통솔자의 방향을 따르라.

5단계의 또 다른 특수교육집단은 특별집단을 위한 규칙을 다음과 같이 만들었다. 이를 '살기 위한 규칙' 이라고 부른다.

'살기 위한 규칙'(5단계의 학생이 씀)

- 시간 지키기
- 마감시간을 다 같이 지키기
- 다른 사람에게 친절하기
- 자기과 더불어 살아가기

목적 및 목표 달성을 위한 활동

프로그램 목표로서 제공되는 5단계의 지표는 학생의 적극적인 대인 간 노력과 학생의 자기존경과 자기이해의 개인적 추구 간의 균형을 반영한다. 또한 지표는 개인관계 유지를 위한 기술과 넓고 다양한 문화에 효율적으로 기여하는 사람이 될 수 있는 기술 사이의 균형을 나타낸다. 어떤 지표도 5단계의 사회-정서적 발달을 통해 발전해 가는 청소년을 위한 특수집단을 필요로 하지 않는다. 전형적인 10대 집단, 레크리에이션 프로그램, 일반교육은 청소년을 위한 자연스러운 환경이며 발달적 치료-발달적 교수가 이루어질 수 있는 환경이다.

만약 어떤 청소년에게 사회-정서적 능력을 신장시키기 위해 특수교육 프로그램이 필요하다고 한다면 고등학교나 지역사회의 임상기관 또는 기숙사가 있는 학교에서 이를 제공해야 한다. 고등학교 발달적 치료-발달적 교수 프로그램은 상담실, 학습자료실 또는 활동실과 같은 적당한 장소에서 이루어질 수 있다. 그러나 우리의 일반지침은 모든 특수 프로그램이 고등학교 교육과정을 대체하려는 시도가 아니라 보충적인 것으로 고려되어야 한다는 것이다.

때때로 5단계의 고등학교 학생이 특수교육 교실 또는 일반교육 프로그램에서 발달적 치료-발달적 교수 프로그램을 받아야 되는지 의문이 든다. 고등학교에서 특수교육과 포괄적인 프로그램 둘 다를 계획하는 데 있어 2개의 교실이 어떻게 사용되는지 예가 [그림 3-6]에 제시되어 있다. 이 같은 계획은 특수교육 프로그램에 참가하지 않아도 될 학생과 학교나 지역사회에서 적응을 하는 데 특별한 도움이 필요한 학생 모두에게 적용될 수 있다. 또한 이러한 2개의 계획은 여러 가지 특수교육 프로그램과 기관의 필요에 따라 채택될 수 있다. 다음의 예는 학생이 진보된 기술을 획득함에 따라 집단을 이동할 때 2개의 학습자료실이 고등학교에서 어떻게 사용될 수 있는지 방법이 나타나 있다. 첫 번째 교실은 2단계와 3단계의 사회-정서적 능력을 위한 목적과 지표를 획득해야 할 청소년을 위한 것이다. 2번째 교실은 4단계와 5단계의 청소년을 돕기 위한 학습자료실로 설계되었다. John과 같은 학생은 첫 번째 교실에서 집단 활동을 하고, Sidney와 같은 학생은 두 번째 교실에서 집단 활동을 하게 된다. 그 후에 진전이 있으면 집단을 다시 구성한다. 교실사용과 발달치료팀은 동시에 일반교육 프로그램의 계획에 맞추어 간다. 어떤 학생은 매일 하나의 수업만 참여한다. 또 다른 학생은 하루에 한 번씩, 어떤 학생은 하루에 두 번씩 2개의 수업을 받는다. 프로그램을 완수한 학생은 1주일에 단지 한 번만 참여하거나 기본 계획보다 조금씩 적게 참여하게 된다.

고등학교의 발달치료 수업을 위한 전형적인 활동은 개별과제를 위한 시간(학습실), 생각, 문제 그리고 해결을 나누기 위한 집단교환(시내 미팅), 가치, 믿음, 태도를 탐색하기 위한 집단활동(어떤 가치) 그리고 종료시간으로 종료시간에는 간식, 요리하기 또는 단순히 그날에서 가장 기억에 남는 내용의 검토가 포함된다. 청소년이 45분에서 1시간 동안의 활동에 집중해서 참여하도록 하면서 지표를 체계적으로 성취하기 위한 다양한 기회가 주어지도록 하는 것이 중요하다. 학업적 주제와 관련된 전형적인 5단계 프로그램 활동은 다음과 같다.

학습실(독립적인 과제와 학업적 작업)

문학

창작문

역사

수학

예술

음악

집단-가치 명료화(어떤 가치)

철학

심리학

사회과학

인종적 다양성

문화적 다양성

성 다양성

최근 문제와 사건(시내 모임)

자연과학

환경과학

정책과학

경제와 화폐

가족과 소비과학

문화

연예와 스포츠

종료시간

영양과 건강(간식시간과 요리하기)

만약 한 시간을 매일 사용할 수 있다면 적어도 4가지 중요한 활동이 포함된다. 1/3 시간은 개별작업으로 시간을 보내고 또 다른 1/3 시간은 집단 구성원과 함께 가치에 대해 토론한다. 이것이 5단계 기술의 지속적인 발달을 위한 2가지 필수적인 활동이다. 우리는 최소한 20분 정도를 개인적인 과제에 사용하고, 20분은 집단 내에서 가치를 토론하는 데 사용한다. 나머지 시간은 다른 활동, 즉 최근 사건과 종료시간을 위해 나누어 사용한다.

잘 구성된 1시간 계획은 4단계, 5단계의 문제 있는 학생에게 상당히 많은 도움을 준다. 일일 프로그램에는 소집단에 참여하는 시간뿐만 아니라 독립적으로 할 수 있는 시간이 포함되기 때문에 개인적 그리고 사회적 성취를 위한 목적이 이루어질 수 있다. 소집단은 다른 관점과 생각의 교환을 촉진시킨다. 또한 해석기술을 위한 기회도 제공한다. 이런 특별한 또래 집단과의 많은 시간은 새롭게 발생하는 정체성을 타당화시키기 위해 '그들 스스로를 발견할 수 있는' 수단이 된다. 또한 과거에 해결되지 않은 채 남아 있는 오래된 발달적 불안을 다루기 위한 기회를 제공한다.

이들 소집단의 학습자료 배정은 청소년기 동안 고등학교에서 전형적으로 발달하는 자연스러운 우정과 또래 관계를 위한 장소가 아니라는 점을 인식하는 것은 중요하다. 학습자료실 스케줄에서의 시간배정으로는 진실한 응집력 있는 집단을 만들기에는 부족하다. 친밀한 우정과 의미 있는 관계의 발달은 아마 다른 집단에서 발생할 것이다(홈룸 집단, 다른 수업, 클럽, 이웃 그리고 스포츠와 레저집단). 대책실 프로그램에서 형성된 관계는 항상 임의적이지만 관계를 위한 새로운 기술을 연습하는 데 있어 중요하다. 그러나 고등학교와 지역사회에서 자연스럽게 이루어지는 경험도 특별한 지도를 받은 것은 아니지만 5단계의 목적과 지표의 실제적인 성취를 위한 분위기를 제공해 준다. 이런 경험이 항상 성공적이기는 않기 때문에 발달치료팀이 위기상황에서 쓸 수 있고 조언과 안내를 받고자 하는 학생을 위해 중간에 참여할 수 있는 학습자료실을 배정하는 것이 중요하다.

활동과 자료선택을 위한 지침

5단계의 발달적 치료-발달적 교수과정을 위한 활동과 자료는 고등학교 학업 교육과정과 학생의 일상경험과 홍미에서 직접 끌어 왔다. 5단계 학생을 위한 가장 중요한 내용은 타인과 자신에 대한 이해를 확장하는 것이다. 그들은 인간행동과 그것을 통제하는 제도에 대한 정보를 필요로 한다. 대부분의 고등학교 교육과정은 문학, 역사, 최근 사건, 생태학, 직업과 직업교육, 경제, 약물과 알코올 남용, 인간신체와 성, 건강과 영양, 실험심리, 윤리, 운전교육, 아동양육 수업에 관한 자료가 포함된다. 사회-정서적 발달을 위한 특별한 지표에는 이 주제가 모두 포함된다. 우리가 5단계에서 사용하는 지침은 다음과 같다.

(1) 학생의 일상 경험에서 나온 자료와 활동을 선택한다.
(2) 인간 문제를 탐색하기 위한 자료와 활동을 사용한다.
(3) 문화적으로 그리고 개인적으로 관련된 주제를 사용한다.
(4) 인간행동과 그것을 조절하는 제도에 관한 내용을 선택한다.
(5) 타인과 자신에 대한 학생의 이해를 확장시켜 줄 자료와 활동을 선택한다.
(6) 상징적 내용을 사용한다.
(7) 가치와 원칙을 강조한다.

5단계 학생에게 흥미 있는 활동의 예

새로운 보고서 준비하기(스포츠, 사회적 사건, 지역사회 사건)
현장 여행
자원봉사(적십자, 병원, 정책캠페인, 스카우트)
여행
캠핑
직업 그리고 전 직업적 경험
운전교육
건설과 건축
요리
음악
취미
미래문제 해결
공간이동
돔형도시에서 살기-생물권
최면
초감각적인 지각

학생 개인의 발전을 촉진하기 위한 특정한 지표 목표를 숙달하는 데 있어 5단계 프로그램의 상당히 많은 내용이 학생에게서 직접 나온다(그들의 경험과 그 경험에 대한 그들의 생각). 우리는 학생이 표현한 관심을 사용하려고 노력한다. 만약 그들이 개인적인 흥미와 경험에만 몰두해 있다면 프로그램은 청소년에게 전형적으로 적당한 주제를 제공해야 한다. 우리는 개인적 관심, 백일몽, 몰두 또는 걱정 등을 알아보기 위해 매 프로그램 시작할 때 '너는 오늘 어떠했니?' 라는 간단한 질문을 사용한다. 성인은 학생이 제공한 정보와 직접 관련되는 내용을 선택한다. 또한 우리는 실제세계와 연관된 활동이 그들의 참여를 자극한다는 것을 발견

〈표 12-1〉 5단계 학생을 위한 내용주제의 예

언어 예술 교육과정으로부터	
민속의 진실성 20세기의 신화 우화 사실을 바탕으로 한 TV 드라마 진실같은 허구 시에서 파토스	메시지를 담은 음악 아버지와 아들 어머니와 딸 서정시의 하늘 짧은 이야기
역사와 정치과학으로부터	
미란다의 결정 전기 자서전 총 또는 버터 뿌리	세상을 변화시키는 사건 세상을 변화시키는 사람 무명의 영웅 투표의 힘 혁명
경제 그리고 직업 교육으로부터	
가난과 부 돈을 누가 통제하는가? 가격은 무엇인가? 얻는 자와 잃는 자 세계적인 기아	왜 일을 하나? 백만장자가 되는 방법 국제적 미식가 뉴스 뒤의 뉴스 직업
자연과학과 건강으로부터	
공간 이동 최면 초현실적 감각 생명을 빼앗아 가는 질병 시험관 아기	뇌파 꿈과 수면 나의 충고 몸 만들기 인간 엔진

하였다. 우리는 학생이 존경하는 유명인의 삶과 최근에 세상에서 일어난 사건과 관련된 활동에서 아이디어를 가져온다.

개인적 경험이 5단계 프로그램에서 초점이 될지라도 내용주제를 가진 단원이 기간과 기간을 그리고 날과 날을 연결하게 된다. 규칙적인 학업 프로그램 자료와 개인적 관련성을 제공하기 위해 선택한 자료 간에 내용 면에서 균형이 맞추어져야 한다. 학생의 개별적 경험은 단원주제를 풍부하게 하고 확장시키며, 이것은 종종 1개월 동안 또는 그 이상 활용될 수 있다. 〈표 12-1〉에는 학생의 개인적 경험과 흥미를 이용하여 사회-정서적 목적과 목표와 학업적 주제를 통합하는 5단계의 내용주제에 관한 아이디어가 제시되어 있다.

이 제안은 청소년의 흥미에 대한 단지 표면적인 것만 보여준다. 어떤 집단에서의 내용주제는 학업적으로 진행되지만 반면에 다른 집단에서는 개인적 걱정, 불안, 일상 사건과 관련되는 문제에 대한 내용을 다룬다. 어떤 10대는 유행에 맞는 주제를 찾기도 할 것이다. 다른 10대는 개인문제를 직면하지 않아도 되는 제 삼자, 추상성, 거리가 있는 주제를 선호할 것이다. 그러나 5단계의 모든 프로그램에서 각 교육과정 영역(행동, 의사소통, 사회화 그리고 학업/인지)의 목적을 달성하기 위해 각 목표들이 통합되도록 계획되어야 한다.

학업과 개인적 관심의 연결인 창작문

5단계에서 창작문은 자기이해와 갈등 해결을 위한 중요한 수단이다. 또한 청소년이 질문을 탐색하기 위한 도구이기도 하다.

'나는 누구인가?'
'나는 어디에 잘 어울리나?'
'나는 무엇이 될 것인가?'

인간의 복잡한 본성과 살고 있는 문화에 대해 이해를 넓히고 탐색하기 위해 청소년은 글을 매일 적는 것이 좋다. 그들의 가치, 특성, 경험, 믿음과 느낌은 창조적으로 글짓기의 직물을 짤 수 있게 해 준다. 창작문이 효과적으로 사용된다면 자신의 경계선을 넓히고 사회적 지식을 증가시키기 위한 좋은 방법이 된다.

창작문은 5단계 학생을 위해 구조화된 차원과 비구조화된 차원 모두에서 조직이 가능하며, 필요할 때 평가를 위한 과정으로 제공될 수도 있다. 창작문의 구조적 측면은 광범위한 방식의 쓰는 형식과 관련된다. 비구조적 측면은 내용에 대한 것이다(주제의 선택). [그림 12-2]는 우리가 창작문 과제를 계획하는 데 도움이 되는 모델이다.

창작문의 모든 형식은 고등학교 학생이 사용하기에 적당하다. [그림 12-2]의 왼쪽 칸은 첫 번째 항목인 '집단토론과 브레인스토밍'을 제외하고 고등학교의 창작과정에 포함되어 있는 전통적인 작문 형식을 포함하고 있다. Paul Torrance는 창조성에 대한 작업을 하면서 브레인스토밍 기술을 통한 집단의 문제해결이 수많은 대안을 도출해 낼 수 있다고 제안하였다. 발달적 치료-발달적 교수에 있어 브레인스토밍을 통한 집단의 문제해결은 새로운 상황에서 개별기술과 집단기술의 적용을 배우는 5단계의 전체 목적과 관련되는 훌륭한 수단이다. 개인작문이 개인적인 적용을 배우는데 유용한 반면 집단준비는 타자와의 상호적인 문제해결에 초점을 맞춘다.

학생에게 그들의 생각을 표현할 새로운 주제와 새로운 형식을 실험할 수 있는 일상의 기

작문형식

- 집단토론과 브레인스토밍
- 질문에 대답하기
- 전기와 자서전
- 놀이
- 짧은 이야기
- 이야기를 위한 TV 원고와 광고 또는 뉴스
- 정치적 지도자와 편집자에게 편지
- 타인에 대한 비평
- 역사 소설과 과학 소설
- 시
- 논쟁적이고 해설적인 에세이

각각의 작문형식은 모든 내용 주제를 사용할 수 있다.

내용주제

- 문제 규명하기
- 대안 창출하기
- 독창적으로 하기
- 본질을 강조하기
- 정교화시키기
- 새로운 것을 창출하기
- 감정 표현하기
- 아이디어 결합하기(통합)
- 결코 일어날 수 없는 일 상상하기
- 반대를 상상하기
- 내부를 상상하기
- 그것을 즐겁게 만들기
- 미래 추측하기

주: 오른쪽 칸에 있는 아이디어들은 창조성의 본질을 구성하는 요소로서 그것들을 규명했던 E. Paul Torrance의 허락으로 사용되었다. 이 활동의 수행 지침을 알기 위해서는 Torrance(1979)를 참고.

[그림 12-2] 작문형식과 내용주제

회가 주어져야 한다. 이 과정은 토의 중인 주제에 대한 대안을 확장하고 각 학생의 관점을 넓게 해 준다. 이것을 하기 위해 학생개인에게 필요한 구조화는 매우 다양할 것이다. 5단계의 어떤 학생은 '다른 방식으로 그것을 생각해 보기' 또는 '전에 결코 이야기 되지 않았던 것처럼 말하기' 를 하도록 격려 받을때 반응할 것이다.

독창성의 이러한 강조는 과제를 정의하는 데 있어 교사를 자유롭게 한다. 한편 여전히 도움이 필요한 5단계 학생이 있다. 이들에게 어느 정도의 구조화는 과제를 성공적으로 수행하게 한다. 구조적이든 비구조적이든지 작문 과제는 새로운 아이디어가 나올 수 있도록 개방적인 분위기에서 이루어져야 한다. 집단토론과 브레인스토밍도 그렇게 해야 한다.

[그림 12-2]를 틀로서 사용할 때 격자로 생각하여, 각 작문형식에서 비구조화된 내용영역인 작문주제를 포함하기 위해 체계적으로 계획을 세울 수 있다. 이 계획과정은 1년간의 작문 이수과정을 위한 틀을 제공한다. 단원주제와 관련된 주제로 집단토론을 시작하고 오른쪽 측면의 내용주제로부터 하나 또는 그 이상의 차원을 포함하는 질문과 진술을 준비한다. 예를 들어 주제가 '세상에 공기 공급이 바닥난다면 무슨 일이 일어날까?' 라면 처음 토론은 시나리오를 가능한 많이 만드는 것이다(문제를 규명하기). 그런 다음 가능한 해결책에 대한 토론을 한다. 이 주제에 대한 집단 브레인스토밍 후에, 쓰기과제는 왼쪽 칸에 있는 구조적 형식의 어떤 것이든지 사용하여 독립적인 과제로 이동하여 수행한다.

여기서 청소년에게 쓰기형식에 대한 다양한 실험을 효과적으로 자극하고 격려하는 데 도움이 되는 몇 가지 주제를 소개하고자 한다.

(1) 당신은 나이가 들었고, 자연적인 공기 공급이 바닥난 후에 살고 있다고 상상해 보자. 당신이 손자에게 그 경험을 이야기하는 것처럼 한 장 적으시오.(결코 일어나지 않았던 것을 상상하기/자서전/과학소설)

(2) 다가오는 재난을 세상에 알려 주어 경계하도록 하는 TV 뉴스 발표를 한 장 적으시오.(핵심을 강조하기/TV 뉴스 원고)

(3) 2010년에 당신이 팔 차를 위한 광고를 적으시오.(새로운 것을 생산하기/광고)

(4) 당신은 미국의 대통령이다. 현재 문제와 여러 가지 해결책에 대하여 사람들에게 할 연설문을 준비하시오.(감정을 표현하시오/해설적인 에세이)

(5) 만약 당신이 반대당의 대통령 후보라면, 당신의 대통령 후보연설문에 반박하는 내용을 쓰시오.(반대 측면을 상상하기/타인에 대한 비평)

(6) 자연적인 공기 공급이 중단된 후에 세워질 도시에 대해 기술하시오.(미래를 추측하기/

연설문)

(7) 도시를 구하기 원하는 사람들과 도시파괴자와의 투쟁에 관한 이야기장소로서 도시를 묘사하시오.(정교화하기/과학 소설)

각 주제는 비구조화된 내용과 구조화된 특정한 작문형식의 결합이라는 점을 주목해야 한다. 이 가능한 결합은 끝이 없다. 작문의 형식과 내용주제를 여러 가지로 다양하게 결합하면서 각 주제를 탐색하는 것이 중요하다. 생각과 기록된 의사소통을 통한 다양한 접근은 학생이 자신의 생각을 종합하고 조직화하고 일반화하도록 돕는다. 또한 이런 다양성은 그들에게 기초적인 정보를 확장하게 해 주고 일반적 주제에 관한 다양한 관점을 제공해 준다.

창작문 배정을 위해 선택된 결합을 기록하는 것은 도움이 된다. 만약 그렇게 하지 않으면 같은 작문의 형식이 반복적으로 사용되는 경향이 있다. 때때로 이런 반복은 작문을 시작하는 학생에게 도움이 된다. 한편 반복은 진부한 활동을 창조하고 목적을 좌절시키며 창조적인 사회-정서적 성장을 멈추게 하는 경향이 있다.

학업적 기술의 한계가 있는 10대일지라도 창작문은 성공적일 수 있다. 칠판에 중요한 단어를 적어 줌으로써 그들을 도울 수 있다. 또한 우리는 그들이 생각을 확장시킬 수 있는 어휘를 발견하도록 돕고 작업을 시작할 때 중요한 단어를 첨가하도록 격려할 수 있다. 또한 우리는 종종 틀과 단락 구성을 가르칠 필요가 있음을 발견한다. 만약 토론을 하면서 그 주제에 대해 매우 동기화된다면, 학업적 어려움을 가진 학생조차도 그렇게 되는 것은 상당히 쉽다. 다음은 개요를 잡고 단락을 구성하기 위한 지침이다.

(1) 제목: 모든 것을 간단하게 말하기
(2) 무엇: 첫 번째 단락-상황과 특성을 소개하기
(3) 누구: 두 번째 단락-특성을 묘사하기
(4) 어디에 그리고 언제: 세 번째 단락-장소와 시간을 묘사하기
(5) 핵심: 다음 단락-핵심을 말하고 밑줄을 긋기
(6) 의미: 마지막 단락-당신의 생각에 결론 내리기

물론 틀에는 여러 가지 형식이 있으며 각 작문 스타일에 따른 기술적으로 올바른 형식도 있다. 스타일 매뉴얼을 참고하는 학생이 올바른 형식을 사용하는 것은 중요하다. 이런 형식은 일반적인 학업 교육과정의 일부로서 배울 수 있다. 그러나 형식을 너무 많이 강조한다면 창작은 위태롭게 되고, 따라서 사회-정서적 성장을 위해 창작문을 사용한다는 목적은 좌절

된다.

청소년은 창작문형식을 사용하면서 상당히 안정적으로 되어 간다. 작문기술과 자기신뢰가 충분히 발달할 때 학생은 작문을 통해 문제를 해결하고 매우 개인적인 표현 형식을 창조해 낸다. 이런 변화가 처음에 일어날 때 이는 형식을 변화시켜야 할 시간이고 서로의 작문을 공유하는 것은 덜 강조된다. 그들은 개인생각을 집단으로 가져가길 원하지 않는다. 처음에 작문시간에 개인표현을 위한 사생활보호를 해 주어야 한다. 숙달될수록 창작문과제에서 구조화의 양이 감소되고 독립적 작문에 배당된 자유시간이 증가한다. 능숙해지려면 작문시간이 많아야 한다는 점을 기억해야 한다. 학생은 더 잘 말하고 의사소통하는 기술을 더 많이 가지게 된다.

'가난과 부'-5단계 주간단원의 예

5단계 계획에서 설계된 단원의 한 예를 보여 주기 위해, 우리는 '경제' 주제를 선택해서 한 시간의 학습자료실 계획에 적용하였다. 〈표 12-2〉는 매일하는 4가지 활동을 위한 주간 계획으로서 많은 다른 학업영역과 인간상황을 단일한 주제로 어떻게 통합하는지 보여 준다.

학습실(개별 과제) 여기서 학생은 매일 독립적으로 작업을 시작한다. 이 활동은 전체 계획의 1/3 시간이 소요된다. 과제는 본질적으로 치료적이고 교훈적이며 창의적이다. 컴퓨터 소프트웨어와 상호작용적인 비디오는 특히 이 시간에 효과적이다. 창작문 또는 다른 창조적인 개별프로젝트 또한 이 시간 동안 계획된다. 각 학생이 독립적으로 작업하고 집단 상호작용에 대한 욕구가 현재는 없을지라도 성인은 개인적 문제해결에 유용하게 활용된다.

학생이 도착하면 개별작업을 시작한다. 그들 스스로의 속도에 맞추어 진행하도록 하기 위해 과제를 매주 공책에 적게 한다. 이번 주 주제인 '가난과 부'를 강조하기 위해 칠판에도 적고 공책에도 적게 한다. '1억을 가지고 당신은 무엇을 할 수 있는가?' 개인적 학업과제는 각 학생 수준에 맞춘다. 주간 중의 주제는 예산계획(1억을 위한), 비용계산, 가계부를 사용하여 소비계획, 월간 그리고 연간계획, 미래 결과계획, 세금을 포함한 계산이며 세금계산으로 그 주를 마무리 한다.

최근 문제와 사건(시내 모임) 두 번째 활동인 최근 문제와 사건시간에는 집단구성원 모두에게 흥미 있는 문제에 대해 서로 같이 토론한다. 이 활동은 수업내용과 세상을 쉽게 연결하도록 하기위해 미디어를 구성하여 사용한다. 신문, 잡지, 비디오테이프를 활용하여 이런

〈표 12-2〉 '가난과 부' -5단계를 위한 주간 단원

일일계획	월요일	화요일	수요일	목요일	금요일
학습실 (독립적 배정)	'1억을 가지고 당신은 무엇을 할 수 있는가?' • 목적설정 • 예산계획	계속 예산계획하기	적시 계산하기	미래에 대해 평가하고 설계하기	세금 계산하기
최근 문제와 사건 (시내 모임)	유명인이 큰 돈을 쓰는 법 • People 잡지	지역경제지표 • 지역신문	고임금 직업과 저임금 직업 경로 • Newsweek 잡지	가난과 부에 대한 보고 • USA Today 또는 Wall Street Journal	일주일분 미디어 검토
집단가치 명료화 (어떤 가치)	'왜 모든 사람은 그들이 원하는 모든 것을 가질 수 없나?' • 목적의 부족 • 돈의 부족	'돈은 무엇인가?' • 통화 • 수표 • 은행권 • 신용카드	'왜 사람은 돈을 위해 일하는가?' • 자원 • 노동 • 생산물	'잘 순환되지 못할 때 무슨 일이 일어나는가?' • 소득분배 • 소득 재분배	'공급이 수요에 어떻게 영향을 주는가?' • 잃는 자와 버는 자
종료시간	문제와 대답 검토: 공급기능	문제와 대답 검토: 돈과 은행 업무	문제와 대답 검토: 생산	문제와 대답 검토: '누구의 책임인가?'	문제와 대답 검토: '경제는 우리에게 어떻게 영향을 미치는가?'

주제를 효과적으로 교실에서 다룰 수 있다.

순서상 두 번째인 이 활동에서 학생은 수업을 시작하면서 그들의 생각을 공유하도록 하기 위해 말을 더하는 경향이 있다. 이 활동을 위해 처음에 계획된 시간은 적기 때문에 토론에 직접 참여하거나 상호작용 접촉이 제한된 학생에게는 어렵다. 각각 집단 구성원의 개입 비율은 확장될 필요가 있다. 이 결정은 각 학생이 의미 있는 다른 집단 관계를 가지는 정도에 따라 달라진다(5단계 프로그램에서의 관계가 학교, 지역사회, 집 또는 직장에서 다른 집단과의 관계를 소용없게 만드는 것은 적절하지 않다.).

'가난과 부' 단원에서 비디오 기록은 내용문제를 집단에 제기할 때 사용된다. 그 주 동안 학생은 큰 구매자, 지역경제상태, 직업의 가치, 상대적 가난과 부에 대한 정의를 고려한다. 그들의 분석기술이 증가함에 따라 그들은 집단에서 타인의 관점을 이해하며 의사소통하는 기술이 증진되도록 격려를 받는다.

집단가치명료화(어떤 가치) 이 세 번째 활동에서 학생은 집단 내에서 타인의 문제를 다루거나 그들이 걱정하는 사건을 다루게 된다. 비슷한 문제를 가진 타인에 대한 연구를 통해 가치가 탐색된다. 집단에서의 대인 간 문제해결과 가치명료화 작업은 학생들이 타인의 심리적 공간을 침해하지 않고 개입하게 한다. 이 집단 활동은 계획된 시간의 1/3이 소요된다.

'가난과 부' 단원에서 활동은 학생의 관심에 직접적으로 적용되는 경제적 주제가 탐색된다. 월요일의 토의과제는 결핍이다. '왜 모든 사람은 자신들이 원하는 모든 것을 가질 수 없는가?' 화요일에는 돈 발행과 관련된 윤리가 탐색된다. '돈[돈의 가치]은 무엇인가?' 다음에는 노동생산과 수입분배 문제를 고려하면서 이번 주 동안에 기본적인 경제 개념에 대한 학생의 이해를 증진시킨다. '왜 사람은 돈을 위해 일하는가?' '돈이 충분히 순환하지 않을 때 어떤 일이 발생하는가?' 그리고 '공급은 수요에 어떻게 영향을 미치는가?'

집단종료시간 종료시간 활동은 집단구성원에게 그날의 주제에 대한 개인적 기여를 반영해 준다. 이것은 자기평가와 자기감시 기술을 가르쳐준다. 짧은 시간이지만 이 활동의 축적된 효과는 4단계와 5단계의 많은 목표를 숙달하도록 해 준다.

'가난과 부' 단원에서 해결에 대한 검토를 하면서 각 기간이 끝난다. 그 주 동안 학생이 끌어낸 매일의 종료시간에 공급기능, 돈과 은행업무, 생산, 경제적 책임성 그리고 어떤 경제 요소가 학생에게 직접적으로 영향을 주는지에 대해 요약한다. 요약하여 산출한 주제가 연구단원과 직접적으로 연관된다고 할지라도 최종결정은 주제에 대한 학생의 평가와 승인에 따른다. 관점의 차이는 존중되고 학생의 지지적인 태도는 촉진된다.

5단계 학생과 함께 이 단원을 성공적으로 보냄에 따라 학생이 사회-정서적 능력과 책임감 있는 행동에 대한 지표를 획득하도록 하는 데 상당한 진전을 이루게 된다. 성공적인 이런 경험은 5단계 목적의 최종적인 성취를 이루게 할 것이다.

'새로운 상황에서 개별기술과 집단기술을 성공적으로 적용하기'

부 록

- 부록 1 30년간의 발달적 치료-발달적 교수 관련 출판물
- 부록 2 발달적치료/교사기술평정척도
- 부록 3 행정지원목록표
- 부록 4 이론적 기초
- 부록 5 발달 단계별 주요 동기 체계
- 부록 6 효과 입증 자료
- 부록 7 발달교육목표평정지

부록 1

30년간의 발달적 치료-발달적 교수 관련 출판물

원본 모델 개발

Wood, M. M., & Fendley, A. (1971). A community psy-choeducational center for emotionally disturbed children. *Focus on Exceptional Children, 3,* 9-11.

Wood, M, M., Quirk, J. P., & Swan, W. W. (1971). Comprehensive services to children with serious emotional and behavioral problems. Report to the Governor's Commission to Improve Services for Mentally and Emotionally Handicapped Georgians. Atlanta: Georgia Archives.

Wood, M. M. (Ed.). (1972). *The Rutland Center model for treating emotionally disturbed children* (Unpublished Prototype Report). Athens: University of Georgia. (Sections reprinted in J. Platt (1973), *Exemplary programs for the handicapped* (Vol. 3, pp.1-25. Cambridge, MA: Abt Associates.

Huberty, C. J., Quirk, J., & Swan, W. W. (1973). An evaluation system for a psychoeducational treatment program for emotionally disturbed children. *Educational Technology, 13,* 73-80.

Wood, M. M. (Ed.). (1975). *Developmental Therapy: A textbook for teachers as therapists for emotionally disturbed young children.* Baltimore, MD: University Park Press.

Hoyt, J . H. (1978). Georgia' s Rutland Center. *American Education, 14,* 27–32.

Wood, M. M. (1982). Developmental Therapy: A model for therapeutic intervention in the schools. In T. B. Gutkin & C. R. Reynolds (Eds.), *A handbook for school psychology* (pp. 609–629). New York: Wiley.

Wood, M. M. (1986a). Developmental Therapy. In C. R. Reynolds & L. Mann (Eds.), *Encyclopedia of special education* (Vol. 3, pp. 499–500). New York: Wiley.

Wood, M. M. (1886b). *Developmental Therapy in the classroom* (2nd ed.). Austin, TX: PRO–ED.

Wood, M. M. (1989). Lessons learned and insights garnered. In S. Braaten, F. H. Wood, & G. Wrobel (Eds.), *Celebrating the past: Preparing for the future* (pp. 59–97). Minneapolis : Minnesota Council for Children with Behavioral Disorders and Minnesota Educators of Emotionally/Behaviorally Disordered.

Schuh, D. (1992, December). Peg Wood on today' s children. *Athens Magazine*, pp.78–85.

도구 개발

Wood, M. M. (1979). *The Developmental Therapy objectives: A self instructional workbook* (3rd ed.). Austin, TX: PRO–ED. (Portions reprinted in *A user' s manual for the structured learning center behavioral classroom* (1984). Portland, OR: Portland, OR: Portland Public Schools.

Developmental Therapy Institute. (1982). *Developmental Therapy Rating Inventory of Teacher Skills* (DT / RITS)Athens: University of Georgia, Developmental Therapy Institute.

Robinson, J. S. (1982). Construction of an instrument to assess the classroom skills of teachers who use Developmental Therapy with emotionally disturbed students (Doctoral dissertation, University of Georgia, 1982). *Dissertation Abstracts International, 43,* 1932A.

Robinson, J. S., Wood, M. M., & Combs, M. C. (1982). *Technical report on the Developmental Therapy Rating Inventory of Teacher Skills (DT/RTIS).* Unpublished manuscript, University of Georgia, Developmental Therapy Institute, Athens.

Weller, D. L. (1991). Application of a latent trait model to the developmental profiles of

SED/SBD students (Doctoral dissertation, University of Georgia, 1990). *Dissertation Abstracts International, 51,* 3388A.

Developmental Therapy Institute. (1992). *The Developmental Teaching Objectives for the DTORF–R: Assessment and teaching of social–emotional competence* (4th ed.). Athens, GA: Author.

Wood, M. M. (1992a). *Technical report for the Develop– mental Teaching Objectives Rating Form–DTORF–R.* Athens, GA: Developmental Therapy Institute.

Wood, M. M. (1992b). *User's manual for the Developmental Teaching Objectives Rating Form– DTORF–R.* Athens, GA: Developmental Therapy Institute.

효과 및 모델 타당성에 대한 출판물

Kaufman, A. S., Paget, K., & Wood, M. M. (1981). Effectiveness of Developmental Therapy for severely emotionally disturbed children. In F. H. Wood (Ed.), *Perspectives for a new decade* (pp. 176–188). Reston, VA: Council for Exceptional Children.

Wood, M. M., & Combs, M. C. (1981). *Inservice training in Developmental Therapy.* Research report submitted to the Joint Dissemination Review Panel of the National Institute of Education, U. S. Department of Education, and approved for national dissemination.

American Psychiatric Association. (1993). Significant achievement awards. Clinical and special education services for severely disturbed children: Developmental therapy Program, Rutland Psychoeducational Services, Athens, Georgia. *Hospital and Community Psychiatry, 44,* 994–996.

Davis, K. R. (1994). Rutland Developmental Therapy model. In *Educational programs that work: The catalogue of the National Diffusion Network* (20th ed., p. 1212). Long–Mont, CO: Sopris West.

중재 및 교육과정

발달적 음악, 운동, 놀이

Graham, R. M. (1975). Music education for emotionally disturbed children. In R. M.

Graham (ed.) *Music for the exceptional child* (pp. 111–129). Reston, VA: Music Educators National Conference.

Graham, R. M., Swan, W. W., Purvis, J., Gigliotti, C., Samet, S., & Wood, M. M. (1975). *Developmental music therapy.* Lawrence, KS: National Music Therapy Association. Sections Reprinted in *Developmental music therapy conference reports.* Developmental Music Therapy and Special Education Conference. Tempe, AZ: Arizona Department of Education and Arizona State University Music Department, 1975. Sections also reprinted as A developmental curriculum for social and emotional growth. In *The interdisciplinary use of art, music, and literature* (1979, March). Madison, WI: Wisconsin Department of Public Instruction.

Purvis, J., & Samet, S. (Eds.). (1976). *Music in Developmental Therapy.* Baltimore, MD: University Park Press.

Wood, M. M. (Ed.). (1981a). *Developmental Therapy sourcebook: Vol. 1. Music movement and physical skills.* Baltimore, MD: University Park Press.

Wood, M. M. (Ed.). (1981b). *Developmental Therapy sourcebook: Vol. 2. Fantasy and make–believe.* Baltimore, MD: University Park Press.

발달적 예술 치료

Williams, G. H., & Wood, M. M. (1977). *Developmental art therapy.* Austin, TX: PRO–ED.

생활중심중재(LSI), 행동관리, 훈육

Wood, M. M., Combs, M. C., & Lomax, A. (1976). *Strategies for managing severe problem behavior while foster–ing emotional growth* (CEC Early Childhood Education Institute Series). Reston, VA: Council for Exceptional Children [Instructional material and training manual].

Wood, M. M., & Weller, D. (1981). How come it' s different with some children? A developmental approach to Life Space Interviewing. *The Pointer, 25,* 61–66.

Wood, M. M., & Quirk, C. A. (1993). *Life Space Intervention: "Talking with children and youth in crisis.* Austin, TX: PRO–ED.

Wood, M. M., & Quirk, C. A. (1993). The "Talking into the Air" LSI. *Journal of Emotional and Behavioral Problems, 2,* 45–53.

Hyman, I. A. (in press). *Teacher variance: A multidimensional approach to school discipline. Needham Heights,* MA: Allyn&Bacon.

연령 확장

유아기

Wood, M. M. (1975). A developmental curriculum for social and emotional growth. In D. L. Lillie (Ed.), *Early childhood education* (pp. 163-182). Chicago: Science Research Associates.

Wood, M. M., & Hurley, O. L. (1977). Curriculum and instruction. In J. B. Jordan, A. H. Hayden, M. B. Karnes, & M. M. Wood (Eds.), *Early childhood education for exceptional children* (pp. 132-157). Reston, VA: Council for Exceptional Children.

Wood, M. M. (1978). The psychoeducational model. In N. J. Enzer (Ed.). *Social and emotional development: The preschooler.* New York : Walker.

Wood, M. M., & Swan, W. W. (1978). A developmental approach to educating the disturbed young child. *Behavioral Disorders, 3,* 197-209.

Knoblock, P. (1982). *Teaching emotionally disturbed children* (pp 110, 215-216, 233-235). Boston: Houghton Mifflin.

Geter, B. A. (1991). Longitudinal study of preschool handicapped children (Doctoral dissertation, University of Georgia, 1991). *Dissertation Abstracts International, 52,* 879A.

Zabel, M. K. (1991). *Teaching young children with behavioral disorders. Reston, VA: Council for Exceptional Children.* Geter, B. A. (1992). Longitudinal cost study of preschool children with severe emotional disabilities. *GPN Research Report, 5,* 17-30.

청소년기

Braaten, S. (1979). The Madison School program: Programming for secondary level severely emotionally disturbed youth. *Behavioral Disorders, 4,* 153-162.

Brown, G., McDowell, R. I., & Smith, J. (1981). *Educating adolescents with behavior disorders* (pp. 148-149). Columbus, OH : Merrill.

Braaten, S. (1982a). *Behavioral objective sequencing.* Minneapolis: Minnesota Public Schools, Special Education Program.

Braaten, S. (1982b). A model for assessment and placement of emotionally disturbed students in special education. In M. M. Noel & N. Haring (Eds.), *Progress or change: Issues in educating the emotionally disturbed* (Vol. 1). Seattle: University of Washington, Program Development System.

Rich, H. L. (1982). *Disturbed students, characteristics and educational strategies* (pp. 292, 294–295). Baltimore, MD : University Park Press.

Shea, T. M., & Bauer, A. M.(1987). *Teaching children and youth with behavior disorders* (2nd ed., pp. 222, 272–274). Englewood Cliffs, NJ : Prentice–Hall.

Rizzo, J. V., & Zabel, R. H. (1988). *Educating children and adolescents with behavioral disorders : An integrative approach* (pp. 80–81, 276–282). Needham Heights, MA : Allyn & Bacon.

McCarty, B. C. (1992). The effect of race, socioeconomic status and family status on the interpersonal understanding of preadolescents and adolescents with severe emotional disturbance (Doctoral dissertation, University of Georgia, 1992). *Dissertation Abstracts International, 54,* 485A.

장애 확대

자폐증 및 발달 지체

Bachrach, A. W., Mosley, A. R., Swindle, F. L., & Wood, M. M. (1978). *Developmental Therapy for young children with autistic characteristics.* Austin, TX: PRO–ED. Wood, M. M., Swan, W. W., & Newman, V. (1981). Developmental Therapy for the severely disturbed and autistic. In R. L. McDowell, G. W. Adamson, & F. H. Wood (Eds.), *Emotional disturbance* (pp.264–299). Boston: Little, Brown.

Wood, M. M., Hendrick, S. W., & Gunn, A. L. (1983). Programming for autistic students: A model for the public schools. In C. R. Reynolds & J. H. Clark (Eds.), *Assessment and programming for children with low incidence handicaps* (pp.287–318). New York : Plenum Press.

Gunn, A. L. (1985). A comparison of behaviors and developmental ratings between mentally retarded autistic and mentally retarded non–autistic children (Doctoral dissertation, University of Georgia, 1984). *Dissertation Abstracts International, 45* 2835A.

언어 지체

Lucas, E. V. (1978). The feasibility of speech acts as a language approach for emotionally disturbed children (Doctoral dissertation, University of Georgia, 1977). *Dissertation Abstracts International, 38,* 3646A.

스태프 훈련

Wood, M. M. (1971). *Rutland Center staff training: Exemplary early childhood centers for handicapped children* (Staff Training Prototype Series, Vol. 2, No. 10) (U. S. Office of Education, Bureau of Education for the Handicapped: Project Number OEG-0-70-4815-613). Austin: University of Texas at Austin.

Wood, M. M. (1977). The Developmental Therapy teacher training program : Review of the components for teachers of children with autistic characteristics. In F. H. Wood (Ed.), *Proceedings of a conference on preparing teachers for severely emotionally disturbed children with autistic characteristics.* Minneapolis: University of Minnesota, Advanced Institute for Trainers of Teachers for Seriously Emotionally Disturbed Children.

Wood, M. M., Skaar, C., Mayfield, G., Morrison, K., & Gillespie, F. (1984). *Psycheducational computer simulation series for teachers of emotionally handicapped student,* Lessons 1 & 2 [Computer program]. Apple IIE software with accompanying workbook. Athens, GA: Developmental Therapy Institute.

Wood, M. M., Combs, M. C., & Swan, W. W. (1985). Computer simulations: Field testing effectiveness and efficiency for inservice and preservice teacher preparation. *Journal of Educational Technology Systems, 14,* 61-74.

Wood, M. M., & Gunn, A. (1985, May). *Technical assistance to principals, administrators, and teachers in the Portland, Orgeon school system for replication of the Developmental Therapy curriculum.* Unpublished report to the school district, Portland, OR. Reprinted in the CASE national newsletter, Fall 1985.

Wood, M. M., Combs, M. C., & Walters, L. H. (1986). Use of staff development by teachers and aides with emotionally disturbed and behavior disordered students. *Teacher Education and Special Education, 9,* 104-112.

Quirk, C. A. (1993). Skill acquisition in in-service teachers of students with emotional and behavioral disabilities (Doctoral dissertation, University of Georgia, 1993). *Dissertation Abstracts International, 54,* 2116A.

Quirk, C. A., Wood, M. M., & Davis, K. R. (1995). *Skill acquisition of early childhood personnel: Developmental findings.* Manuscript submitted for publication.

Quirk, C. A., Wood, M. M., & Hoy, C. A. (1995). *Influencing teachers' skill acquisition through written feedback of classroom performance.* Manuscript submitted for publication.

문화적 다양성

Wood, M. M. (1975). *Terapía evolutiva*[from *Developmental Therapy,* A. Alegría–Martin, Trans.]Trujillo, Peru: Escuela Especial Carlos A. Manucci. Reprinted also as *Revisión por Programa de Educación Especial,* Departamento de Instrucción Pública, Hato Rey, Puerto Rico, 1976.

Marsé, A. (1980). *Recherche en musecotherapie de developpement.* Unpublished master's thesis, Éole de Musique, Université Laval, St. Damien, Quebec, Canada.

Wood, M. M. (1981). *Terapía de desarrollo* (from *Developmental Therapy,* I. Cudich, M. del C. Gonzalez, & M. I. Stinga, Trans.). Buenos Aires, Argentina: Editorial Médica Panamericana S. A.

Chowdhhry, M. (1982). *A study of the programs of some selected institutions for handicapped children in the United States and their relevance to India.* Unpublished master's research report, University of Georgia, Athens.

Wood, M. M. (1986). *Developmental Therapy in the classroom* (2nd ed.). Austin, TX: PRO–ED. Sections translated into Chinese by Wu Jiajin(1988), Anhui Normal University Library, Wuhu City, Anhui Province, China.

Wood, M. M. (1989, February). What will become of the "Chinese princess"? *Women of China* (pp.24–25, 44). Beijing, China: Women of China.

Wood, M. M. (1993). *Entwicklungstherapie im Klassenzimmer*. Kettwig, Germany: Sonderpädagogisches Förderxentrum für Erziehungshilfe (Translation of *Developmental Therapy in the classroom* by M. Bergsson).

Benkmann, K.–H., & Bergsson, M. (1994). Der entwicklungs therapeutische Ansatz einer Pädagogik für Kinder und Jugendiche mit Verhaltensstörungen. In K.–H.

Benkmann & K. Saueressig (Eds.), *Fördern durch flexible Erziehungshilfe* (pp. 73-93). Vds Landesverband Nordrhein-West-falen e. V., Fachverband für Behindertenpadagogik.

확장, 반복, 서비스 전달 적용

Wood, M. M. (1971). A case study in replication. *TAD-SCRIPT Newsletter*. Expanded in 1976, in L. Gunn (Ed.), *Outreach: Replicating services for young handicapped children* (pp.133-136). Chapel Hill, NC: University of North Carolina, Technical Assistance Development System.

Wood, M. M. (1972). Case study 2: An example of program development and the replication process. In D. W. Davis, B. Eliot, & R. R. DeVoid (Eds.), *Replication guidelines* (pp.28-36). Chapel Hill: University of North Carolina Technical Assistance Development System.

Dillard, J. W. (Ed.). (1974). *Steps in decision making for teacher of disturbed children, and representative objectives rating handbook*. Tuscaloosa: West Alabama Children's Center, Alabama Department of Education.

Wood, M. M. (1974). The Georgia Psychoeducational Center Network. In F. R. Crawford (Ed.), *Exploring mental health parameters* (pp.194-203). Atlanta, GA: Paje.

Sawn, W. W. (1975). *An outreach process model* (Tad-script No. 8). Chapel Hill: University of North Carolina, Technical Assistance Development System. Orange Country, FL: Gateway School.

Swan, W. W., & Wood, M. M. (1976). Rutland Center supplemental services to day care programs. *Educational programs that work*. U.S. Office of Education, Division of Education for the Disadvantaged. San Francisco: Far West Laboratory for Research and Development. Reprinted in D. Pefley & H. Smith (Eds.), *It's Monday morning: A history of twenty-seven handicapped children's early education projects* (pp.20-22). Chapel Hill: University of North Carolina, Technical Assistance Development System.

Wood, M. M. (1977). Interagency response to a troubled child. *Teaching Exceptional Children, 9*, 86-88.

EDGE.(1979). *Expanding developmental growth through education* [Curriculum guide].

Coon Rapids, MN: Anoka–Hennepin School District No. 11, Special Education Department.

Crimm, W. L. (1980). *An investigation for a prototypical school : The Rutland Center for Developmental Therapy.* Unpublished master' s thesis, University of Pennsylvania, Philadelphia.

Davis, K. (1983). *Rutland Center Developmental Therapy Outreach Project: 1982–1983 Annual Report.* (Grant # G008200730). Washington, DC: U.S. Department of Education.

Davis, K. (1985). *Rutland Center Developmental Therapy Outreach Project: 1984–1985 Annual Report.* (Grant # G00840193). Washington, DC: U.S. Department of Education.

Swan, W. W., Wood, M. M., & Jordan, J. A. (1991). Building a statewide program of mental health and special education services for children and youth. In G. K. Farley & S. G. Zimet (Eds.), *Day treatment for children with emotional disorders: Vol. 2. Models across the country* (pp. 5–31). New York : Plenum Press.

Swan, W. W., & Brown , C. L. (Eds.). (1992). *GPN Research Reports.* Atlanta : Georgia Psychoeducational Program Network, Georgia Department of Education.

Davis, K. R. (1994). *Developmental Therapy Outreach Project annual report.* (Grant # HO 24 D90014). Washington, DC: U.S. Department of Education, Office of Special Education Programs, Early Education Programs for Children with Disabilities.

Wood, M. M., Davis, K. R., & Swindle, F. L. (1995). *Developmental Therapy–Developmental Teaching: Documentation of program effectiveness.* Unpublished research report, University of Georgia, Developmental Therapy Projects, Athens.

부록 2

발달적치료/교사기술 평정척도(DT/RITS): 1단계에서 4단계까지

발달적 치료/교사기술 평정척도(DT/RITS)

DT/RITS(The Developmental Therapy Rating Inventory of Teacher Skills)는 1~2시간 동안에 교실 전체에 대한 관찰 후에 교사의 발달적 치료 기술을 평가하는 체계적인 관찰 평정법으로 304개의 발달적 치료 문항으로 구성되어 있다. 이 문항들은 발달적 치료에서 각 단계 마다 독립된 형식을 가진 4개의 평가형식으로 나뉜다. 각 평가 형식 안에 있는 문항들은 3개의 하위영역으로 구성된다.

(1) 활동
(2) 교재교구
(3) 교수기술

DT/RITS는 사용법을 훈련받고 있는 교사나 자기-점검을 원하는 교사가 사용할 수 있다.

기록 절차

관찰된 교사의 발달적 치료 기술을 기록하는 데 사용되는 양식은 있다-없다(present-absent) 체크양식을 수정한 것이다. 평가자는 해당 교사의 전체 수업을 관찰하고 나서 적절한 평가 양식에 따라서 단계를 평가한다. 해당 기술이 있다/없다 정도를 5점 척도로 결정해야 한다. 평가를 통하여 교사들이 효과적이고 일관적으로 가르치는지 아니면 비효과적이거나 비일관적으로 가르치는지를 알 수 있다.

DT/RITS의 5점 평정은 다음과 같다.

예(Y)	활동, 교재교구, 기술이 사용되고 있다.
아니요(N)	활동, 교재교구, 기술이 사용되고 있지 않다.
부분적으로(P)	활동, 교재교구, 기술이 사용되고 있으나 모든 아동들에게 일관적으로 사용되고 있지 않거나 집단에서 매번 사용되고 있지 않다.
불필요(NN)	활동, 교구교재, 기술이 특정 시기동안 아동이나 집단에 불필요하기 때문에 사용되지 않는다.
부재(NS)	활동, 교재교구, 기술이 관찰되지 않는다.

채점 절차

교사의 효과성은 '예' 라고 평가된 항목의 전체수를 계산함으로써 그리고 이 수를 평가된 기술 전체수로 나눔으로써 결정된다. 그리고 이 수는 교사의 효과성 백분율 점수를 얻기 위해 다시 100을 곱한다.

단계적인 절차는 다음과 같다

(1) '예' 로 평가받은 발달적 치료 항목의 수를 센다(활동, 교재교구, 기술이 사용되고 있다). Y는 이 수를 의미한다.

(2) '아니요' 라고 평가받은 발달적 치료 항목의 수를 센다(활동, 교재교구, 기술이 사용되고 있지 않다). N은 이 수를 의미한다.

(3) '부분적으로' 라고 평가받은 발달적 치료 항목의 수를 센다(활동, 교재교구, 기술이 사용되고 있으나 일관적으로 사용되고 있지 않다). P는 이 수를 의미한다.

(4) 다음 공식을 사용하여 교사의 효과성 백분율을 계산한다.

$$\frac{Y}{Y+N+P}\times 100$$

N과 P는 모두 분모인데, 교사가 효과적으로 사용한 발달적 치료 기술에 대한 것을 인정해 주는 것만을 의미한다. 불필요(NN)와 부재(NS)는 점수에 포함되지 않는다.

효과성 범주는 교사 점수를 다른 수준의 교사 효과성으로 바꾸어 준다.

효과성 백분율	효과성 범주
.91−100	매우 효과적인
.71−.90	효과적인
.51−.70	적절한
.31−.50	다소 적절한
.16−.30	빈약한

다음 중 하나에 표시하시오
사전 ________
사후 ________
신뢰도 ________
기타 ________

발달적 치료/교사기술 평정척도(DT/RITS)
1단계

지도교사: ____________________

보조교사: ____________________

그 밖의 팀구성원: ____________________

____

아동들(성만 기재): ____________________

____

____

관찰 기간:

전체 시작시간: ________ 종료시간: ________

또는

부분 시작시간: ________ 종료시간: ________

부분적일 경우, 관찰된 활동의 목록을 열거할 것

____

____

평가자: ____________________

날 짜: ____________________

기 관: ____________________

1단계 활동과 계획

지시 활동과 계획이 사용된다면 'Y' 에 동그라미를 표하시오.
활동과 계획이 사용되지 않으면 'N' 에 동그라미를 표하시오.
활동과 계획이 사용되지만 모든 아동들에게 일관적으로 사용되지 않거나 집단에서 항상 사용되지 않는다면 'P' 에 동그라미를 표하시오.
활동과 계획이 필요하지 않으면 'NN' 에 동그라미를 표하시오.
활동과 계획이 없다면 'NS' 에 동그라미를 표하시오.

(1) 활동이 집단에 있는 각 아동의 참여를 격려한다.	Y	N	P	NN	NS
(2) 활동이 성공의 경험을 제공하고 아동들로부터 기쁨을 일으키는 반응을 촉진한다.	Y	N	P	NN	NS
(3) 활동이 차례를 기다릴 필요가 없다	Y	N	P	NN	NS
(4) 실내놀이가 포함된다.	Y	N	P	NN	NS
(5) 놀이도구가 의사소통을 자극하는 데 사용된다.	Y	N	P	NN	NS
(6) 놀이도구가 사회화를 위한 기회를 제공한다.	Y	N	P	NN	NS
(7) 놀이시간이 집단놀이와 혼자놀이를 자극하도록 계획되어 있다.	Y	N	P	NN	NS
(8) 놀이도구가 각성과 의식을 위한 감각자극을 제공한다.	Y	N	P	NN	NS
(9) 놀이도구가 아동을 활동하도록 자극한다.	Y	N	P	NN	NS
(10) 이야기 시간이 포함된다. (또는 상징적인 의사소통 활동과 같은 형태)	Y	N	P	NN	NS
(11) 이야기 시간이 아동들에게 신체적 훈련을 위한 기회를 제공한다.	Y	N	P	NN	NS
(12) 자료와 내용은 아동이 이해할 수 있는 적절한 수준이다.	Y	N	P	NN	NS
(13) 직접적인 의사소통 교수목표에 이를 수 있는 기회를 제공한다. (이야기에 참여하기, 소리나 단어를 산출하기 등)	Y	N	P	NN	NS
(14) 간식 시간이 포함된다.	Y	N	P	NN	NS
(15) 간식 시간이 의사소통, 사회화, 기술을 자극하는 기회를 제공한다.	Y	N	P	NN	NS
(16) 간식시간이 즐겁고 동기화시킬 수 있는 것으로 고안되어 있다.	Y	N	P	NN	NS
(17) 학업준비 단계의 작업 시간(work time)이 포함된다.	Y	N	P	NN	NS
(18) 작업 시간 과제는 아동들의 특정한 학문적 주제를 강조하는 활동을 포함한다.	Y	N	P	NN	NS
(19) 작업 시간이 기쁨을 일으키고 동기화시킬 수 있는 것으로 고안되어 있다.	Y	N	P	NN	NS

(20) 활동에는 미술, 음악, 연극과 같은 것들이 포함되며 이를 통해 1단계의 목표 전체에 영향을 미칠 수 있는 기회를 제공한다.	Y	N	P	NN	NS
(21) 평균 활동 시간은 10분이나 그 이하다.	Y	N	P	NN	NS
(22) 신체적 움직임을 요구하는 활동들은 행동이 적은 것들과 적절하게 섞여 있다.	Y	N	P	NN	NS
(23) 교사는 만족스럽지 못한 활동을 대신하기 위한 대안활동이나 '반복' 계획을 가지고 있다.	Y	N	P	NN	NS
(24) 활동이 과도하게 동기화시키지 않는다. (활동이 과도하게 동기화시키지 않는다면 'Y' 에 동그라미 하시오.)	Y	N	P	NN	NS
(25) 활동을 시작하기 전에 필요한 경우, 교사는 활동을 예시하여 모든 아동이 과제를 이해하도록 한다.	Y	N	P	NN	NS

교재교구

지시 교재교구들을 선택할 때 다음의 준거들이 적용된다면 'Y' 에 동그라미 하시오.
준거들이 적용되지 않는다면 'N' 에 동그라미 하시오.
교재교구을 선택할 때 준거들이 적용되지만 모든 아동들에게 일관적으로 적용되지 않거나 집단에서 항상 적용되지 않는다면 'P' 에 동그라미 하시오.
교재교구들을 필요로 하지 않는다면 'NN' 에 동그라미 하시오.
교재교구들이 없다면 'NS' 에 동그라미 하시오.

(26) 수업 자료들은 특정한 목표를 위해 사용되며 교수목표의 성취를 위한 매개물로 선택된다.	Y	N	P	NN	NS
(27) 교재교구의 내용이 구체적이고 감각적이다.	Y	N	P	NN	NS
(28) 교재교구가 특수하고, 각성을 일으키는 것이다.	Y	N	P	NN	NS
(29) 교재교구가 개별 동기화를 위해 사용된다.	Y	N	P	NN	NS
(30) 교재교구는 각각의 아동이 독립적인 방법으로 즐겁게 참여할 수 있는 기회를 제공한다.	Y	N	P	NN	NS
(31) 교재교구가 탐색을 허용한다.	Y	N	P	NN	NS
(32) 교재교구는 눈-손 협응과 신체의 대근육 통제를 발달시키고 언어를 사용하는 기회를 제공한다.	Y	N	P	NN	NS
(33) 교재교구는 아동의 즐거움이 될 수 있도록 초점을 맞춘 것이다.	Y	N	P	NN	NS

교수기법

지시 교수기법이 사용된다면 'Y' 에 동그라미 하시오.
교수기법이 사용되지 않는다면 'N' 에 동그라미 하시오.
부분적으로 교수기법이 사용되지만 모든 아동들에게 일관적으로 사용되지 않거나 그 집단과 함께 하는 모든 시간 동안 사용되지 않는다면 'P' 에 동그라미 하시오.
교수기법이 필요하지 않다면 'NN' 에 동그라미 하시오.
교수기법이 없다면 'NS' 에 동그라미 하시오.

(34) 신체 접촉이 긍정적인 양육 방식으로 사용되고, 주요 교수기법들이다. (쓰다듬기, 껴안기, 안아주기, 만지기, 신체적 근접)	Y	N	P	NN	NS
(35) 교실 구조가 주요 교수기법들로 사용된다.	Y	N	P	NN	NS
(36) 교사가 그날의 일관된 활동계획을 가지고 있다.	Y	N	P	NN	NS
(37) 기대수준이 의미 있고 발달 목표를 반영한다.	Y	N	P	NN	NS
(38) 교실 내 준수사항이 적극적으로 명시되어있다.	Y	N	P	NN	NS
(39) 아동들이 스스로 조직화할 수 있도록 교실의 특정 영역이 특정활동을 위해 지정되어 있다.	Y	N	P	NN	NS
(40) 한 가지 활동으로부터 다른 활동으로 이행 중 과도기적 시간이 준비되어 있다. (예, '쉬는 시간이 거의 끝나 갑니다.')	Y	N	P	NN	NS
(41) 목소리 조절과 안면 표정이 효과적으로 활용된다(차분함, 조용한 목소리, 기운 찬 목소리와 표정, 감정 이입, 실제적인 목소리, 시선 맞춤, 보살핌이 느껴지는 어조)	Y	N	P	NN	NS
(42) 보상과 토큰강화가 없거나 최소화되어 있다. (보상이나 토큰이 사용되지 않는다면 'Y' 에 동그라미 하시오)	Y	N	P	NN	NS
(43) 대인관계 형태의 칭찬과 보상이 자주 사용된다. (신체 접촉, 껴안기, 만지기, 부정적인 표현들보다는 긍적적인 표현들)	Y	N	P	NN	NS
(44) 구조화된 활동을 하는 동안 교사는 필요에 따라 교수자료를 통제한다.	Y	N	P	NN	NS
(45) 때로 지도교사와 보조교사 간 언어적 상호작용이 사용된다.	Y	N	P	NN	NS
(46) 두 교사가 서로 친밀하게 작업할 수 있다.	Y	N	P	NN	NS
(47) 보조교사는 지도교사가 이끄는 활동에 아동들이 계속해서 주의를 기울이도록 보조한다.	Y	N	P	NN	NS
(48) 지도교사가 명확하게 인솔한다.	Y	N	P	NN	NS

(49) 재지시(보통 신체적인)가 자주 사용된다.	Y	N	P	NN	NS
(50) 재현이 자주 사용된다. 교사는 아동들의 행동을 재현한다.	Y	N	P	NN	NS
(51) 해석은 하지 않는다(만약 해석하지 않는다면 'Y' 에 동그라미 하시오)	Y	N	P	NN	NS
(52) 교사의 언어적 교수기법이 각 아동의 개별적 의사소통 교수목표의 달성을 촉진한다. (통제된 어휘, 단순한 구와 문장)	Y	N	P	NN	NS
(53) 필요한 경우 교사는 아동을 진정시키거나 부적절한 행동을 할 경우 집단에서 격리시킨다.	Y	N	P	NN	NS
(54) 집단으로부터 격리되는 시간은 매우 짧다.	Y	N	P	NN	NS
(55) 교사가 교실 밖으로 나가도록 하는 교수기법을 사용하지 않는다. (만약 교실 밖으로 나가도록 하지 않는다면 'Y' 에 동그라미 하시오)	Y	N	P	NN	NS
(56) 신체적인 중재가 적극적이고, 보살펴 주는 방식으로 사용되며 주요 교수기법이다. (행동을 통해서 아동을 신체적으로 움직이기, 집단에서 떠나지 않도록 아동을 안아 주기(잡기), 필요한 경우 교재교구에 대해 반응할 때 신체적으로 움직이기)	Y	N	P	NN	NS
(57) 활동과 관련된 특정한 단어 또는 간단한 설명에 대해 신체적 중재가 수반된다. (교사가 활동을 촉구하면서 '우리는 쉬는 시간이 끝나면 장난감을 정리해요.')	Y	N	P	NN	NS
(58) 신체적 중재를 사용할 때, 교사는 단호하지만 온화하고 지지해 주듯이 아동을 잡는다.	Y	N	P	NN	NS
(59) 교사의 목소리는 일반적으로 따뜻하고 편안한 톤으로 표현된다.	Y	N	P	NN	NS

다음 중 하나에 표시하시오
사전 ___________
사후 ___________
신뢰도 ___________
기타 ___________

발달적 치료/교사기술 평정척도(DT/RITS)
2단계

지도교사: ______________________________

보조교사: ______________________________

그 밖의 팀구성원: ______________________________

____

____

아동들(성만 기재): ______________________________

____

____

관찰 기간:

전체 시작시간: ______________ 종료시간: ______________

또는

부분 시작시간: ______________ 종료시간: ______________

부분적일 경우, 관찰된 활동의 목록을 열거할 것

____

____

평가자: ______________________________

날 짜: ______________________________

기 관: ______________________________

2단계 활동과 계획

지시 다음의 활동과 계획이 사용되면 'Y' 에 동그라미 하시오.

활동과 계획들이 사용되지 않으면 'N' 에 동그라미 하시오.

활동과 계획들이 사용되지만 모든 아동들에게 일관적으로 사용되지 않거나 집단에서 항상 사용되지 않는다면 'P' 에 동그라미 하시오.

활동과 계획이 필요하지 않으면 'NN' 에 동그라미 하시오.

활동과 계획이 없으면 'NS' 에 동그라미 하시오.

(1) 활동이 집단에서 각 아동의 참여를 격려한다.	Y	N	P	NN	NS
(2) 활동이 성공의 경험을 제공하고 아동으로부터 즐거움을 일으키는 반응을 촉진한다.	Y	N	P	NN	NS
(3) 게임과 같은 활동이 경쟁이 없도록 설계되어 있다.	Y	N	P	NN	NS
(4) 교사는 오래 차례를 기다려야 하는 자료들을 피하고 차례를 기다릴 필요가 없는 자료들을 선택한다.	Y	N	P	NN	NS
(5) 실내 놀이가 포함되어 있다.	Y	N	P	NN	NS
(6) 놀이시간이 의사소통을 위한 기회를 제공한다. (수용적이고 표현적인)	Y	N	P	NN	NS
(7) 놀이시간의 놀이기구는 독립적인 피드백을 하는 기회를 제공한다.	Y	N	P	NN	NS
(8) 이야기 시간이 포함되어 있다.	Y	N	P	NN	NS
(9) 이야기 시간이 의사소통을 위한 기회를 제공한다. (수용적이고 표현적인)	Y	N	P	NN	NS
(10) 이야기 시간이 아동들을 양육하는 기회를 제공한다.	Y	N	P	NN	NS
(11) 간식 시간이 포함되어 있다.	Y	N	P	NN	NS
(12) 간식 시간이 의사소통과 사회화 기술을 자극하는 기회를 제공한다.	Y	N	P	NN	NS
(13) 간식 시간이 동기를 주고 즐거움을 주도록 계획되어 있다.	Y	N	P	NN	NS
(14) 학습준비 단계 시간이 포함되어 있다.	Y	N	P	NN	NS
(15) 과제는 아동의 특별한 학습준비 목적에 초점을 맞춘 활동을 포함한다.	Y	N	P	NN	NS
(16) 간단한 역할놀이와 가상놀이가 포함되어 있다.	Y	N	P	NN	NS
(17) 활동들은 미술, 음악, 연극을 포함하며, 2단계의 발달적 치료 교수목표의 전체에 영향을 미칠 수 있는 기회를 제공한다.	Y	N	P	NN	NS

교재교구

지시 교재교구들을 선택할 때 다음의 준거가 적용된다면 'Y' 에 동그라미 하시오.

준거가 적용되지 않는다면 'N' 에 동그라미 하시오.

교재교구을 선택할 때 준거가 적용되지만 모든 아동들에게 일관적으로 적용되지 않거나 집단에서 항상 적용되지 않는다면 'P' 에 동그라미 하시오.

교재교구가 필요하지 않으면 'NN' 에 동그라미 하시오.

교재교구가 없으면 'NS' 에 동그라미 하시오.

(24) 학급 내 자료들이 특수한 목적을 위해 사용되고, 발달적 치료 교 수목표의 성취를 위한 매개물로 선택된다.	Y	N	P	NN	NS
(25) 자료의 내용이 구체적이고 탐구적이다.	Y	N	P	NN	NS
(26) 교재교구가 필요에 따라 보통의 학령전기 또는 초등학교 수준의 자료들을 수정한 것이다	Y	N	P	NN	NS
(27) 교재교구가 개인의 기술과 성공을 자극하는 데 사용된다.	Y	N	P	NN	NS
(28) 교사는 아동들이 교재교구들을 잘 다룰 수 있도록 돕는다.	Y	N	P	NN	NS
(29) 교재교구는 각 아동들이 성공적으로 참여하도록 기회를 제공한다.	Y	N	P	NN	NS

교수기법

지시 교수기법이 사용된다면 'Y' 에 동그라미 하시오.

교수기법이 사용되지 않는다면 'N' 에 동그라미 하시오.

부분적으로 교수기법이 사용되지만 모든 아동들에게 일관적으로 사용되지 않거나 그 집단과 함께 하는 모든 시간 동안 사용되지 않는다면 'P' 에 동그라미 하시오.

교수기법이 필요하지 않다면 'NN' 에 동그라미 하시오.

교수기법이 없으면 'NS' 에 동그라미 하시오.

(30) 필요에 따라 신체 접촉과 만지기가 자주 사용된다. (만지기가 직접적인 신체 접촉보다 더 넓은 범위로 사용된다)	Y	N	P	NN	NS
(31) 학급 구조가 주요 교수기법으로 사용된다.	Y	N	P	NN	NS
(32) 아동은 각 활동에서 기대되는 행동들을 알고 있다.	Y	N	P	NN	NS
(33) 교사가 그날그날의 일관적인 활동 계획을 가지고 있다.	Y	N	P	NN	NS
(34) 활동 계획은 아동들이 그 활동을 미리 예상하고, 일과를 알 수 있도록 게시된다.	Y	N	P	NN	NS
(35) 기대수준이 '의미 있고' 발달적 치료 교수목표를 반영한다.	Y	N	P	NN	NS
(36) 학급 규칙은 긍정적으로 명확히 제시한다.	Y	N	P	NN	NS
(37) 학급 기대수준은 아동이 성공하도록 돕는 것에 초점을 맞추고 있다.	Y	N	P	NN	NS
(38) 학급 구조는 일관적이지만 획일적이지는 않다.	Y	N	P	NN	NS
(39) 아동이 스스로 조직화할 수 있도록, 교실의 특정영역들은 특정활동을 위해 설계되어 있다.	Y	N	P	NN	NS
(40) 아동들이 하나의 활동으로부터 다른 활동으로 전환할 때 과도기적 시간이 준비되어 있다. (예, '노는 시간이 거의 끝나간다.')	Y	N	P	NN	NS
(41) 목소리 조절과 안면 표정이 효과적으로 사용된다. (예, 차분하고 조용한 목소리, 기운 찬 목소리와 표정, 감정이입, 실제적인 목소리, 시선 맞춤)	Y	N	P	NN	NS
(42) 각 아동이 자주 지도교사와 접촉한다. (언어나 또는 비언어적인 기법 중 하나)	Y	N	P	NN	NS
(43) 교재교구의 통제가 자주 행해진다.	Y	N	P	NN	NS
(44) 교사는 아동이 자유롭게 자료를 탐색할 기회를 허락한다.	Y	N	P	NN	NS
(45) 보상과 토큰강화가 완전히 제거되거나 최소화되어 있다. (보상이나 토큰이 사용되지 않으면 'Y' 에 동그라미 하시오)	Y	N	P	NN	NS

(46) 대인관계 형태의 칭찬과 보상이 자주 사용된다. (풍부한 언어적 칭찬이 신체 접촉과 함께 수반된다)	Y	N	P	NN	NS
(47) 수행 과정이 보상된다.	Y	N	P	NN	NS
(48) 교사가 부정적인 진술보다는 칭찬과 긍정적인 진술을 사용한다.	Y	N	P	NN	NS
(49) 벌이 사용되지 않는다. (만약 벌이 사용되지 않으면 'Y' 에 동그라미 하시오)	Y	N	P	NN	NS
(50) 작은 성취가 인정된다.	Y	N	P	NN	NS
(51) 교사는 아동을 중요한 독립체로 인정한다.	Y	N	P	NN	NS
(52) 지도교사와 보조교사 사이의 언어적인 상호작용이 주요한 기법으로 사용된다.	Y	N	P	NN	NS
(53) 두 명의 교사가 서로 친밀하게 작업할 수 있다.	Y	N	P	NN	NS
(54) 보조교사는 아동이 활동에 참여하도록 격려하는 '반응 모델' 이다.	Y	N	P	NN	NS
(55) 지도교사가 명확하게 지도한다.	Y	N	P	NN	NS
(56) 재지시가 주요 기법으로 사용된다. (필요할 때 아동이 언어적 단서에 반응하도록 돕기 위해 신체적인 재지시와 언어적 재지시를 연합시킨다)	Y	N	P	NN	NS
(57) 간단한 경험은 언어로 표현되도록 반영이 자주 사용된다.	Y	N	P	NN	NS
(58) 해석이 때때로(적합할 때) 사용된다.	Y	N	P	NN	NS
(59) 교사의 언어적 교수기법이 각 아동의 개인적인 의사소통 목표를 격려한다(통제된 어휘, 단순한 구와 문장들). 교사가 필요한 경우 아동이 계속 참여하도록 하기 위하여 다음 기법들을 사용한다.	Y	N	P	NN	NS
(60) 교사가 재지시 또는 진술을 사용한다.	Y	N	P	NN	NS
(61) 아동이 '위기' 에 처해 있고 교사의 지지를 필요로 할 때, 교사가 아동의 행동을 무시하지 않는다. (만약 교사가 위기에서 아동을 무시하지 않으면, 'Y' 에 동그라미 하시오)	Y	N	P	NN	NS
(62) 교사가 아동의 방어행동을 줄이기 위해 문제점들에 대해 무관심을 보인다.	Y	N	P	NN	NS
(63) 필요한 경우, 교실에 있되 집단에서 격리되는 방법을 사용한다.	Y	N	P	NN	NS
(64) 아동이 집단에서 격리되었을 때 교사가 아동과 함께 있는다.	Y	N	P	NN	NS
(65) 집단에서 격리되는 시간이 가능한 한 짧다.	Y	N	P	NN	NS
(66) 교사는 아동이 왜 격리되었는지를 이해할 수 있도록 격리 조치를 구조화한다.	Y	N	P	NN	NS
(67) 아동과 교사 사이의 대인관계적인 교류가 적절하며, 긍정적인 분위기 속에서 끝낸다.	Y	N	P	NN	NS

(68) 필요한 경우 교실에서의 격리가 때때로 사용된다.	Y	N	P	NN	NS
(69) 보조교사가 교실로부터 아동을 격리시킨다.	Y	N	P	NN	NS
(70) 아동이 통제되지 않고 자신이나 타인을 해칠 수 있거나 화제가 너무 사적이어서 아동이 집단 앞에서 토론할 수 없는 경우에 아동을 격리한다. (만약 교사가 적절한 이유로 아동을 격리시킨다면 'Y' 동그라미 하시오)	Y	N	P	NN	NS
(71) 아동이 교실 밖으로 격리되었을 때 교사는 아동과 함께 있다.	Y	N	P	NN	NS
(72) 집단에서 격리되는 시간이 가능한 한 짧다.	Y	N	P	NN	NS
(73) 교사는 아동이 왜 격리되어 있는지를 이해할 수 있도록 격리를 조직화한다.	Y	N	P	NN	NS
(74) 아동과 교사 사이의 대인관계적인 교류가 적절하며, 긍정적인 분위기 속에서 끝낸다. (아동이 집단으로 되돌아가고 참여한다)	Y	N	P	NN	NS
(75) 신체적인 중재를 자주 사용한다.	Y	N	P	NN	NS
(76) 신체적인 중재가 사용될 때 교사는 단호하지만 온화하고 지지하는 듯이 아동을 잡는다.	Y	N	P	NN	NS
(77) 교사는 느낌을 표현하고, 아동을 안심시키기 위해 차분하고 조용한 목소리를 사용한다.	Y	N	P	NN	NS
(78) 교사는 아동의 소견을 무시하거나 건설적인 화제 또는 활동을 재지시함으로써 아동의 언어가 진취적이 되도록 한다.	Y	N	P	NN	NS
(79) 아동이 자기 통제를 보일 때 잡아 주기를 종결한다.	Y	N	P	NN	NS
(80) 핵심적 문제에 대해 간단한 언어적 진술을 할 수 있도록 교사가 반영을 사용한다.	Y	N	P	NN	NS
(81) 집단으로 되돌아가도록 하기 위해 아동의 최소한의 기대수준 또는 반응들을 교사가 설정한다.	Y	N	P	NN	NS
(82) 교사가 상황을 조직하고 긍정적으로 종결한다.	Y	N	P	NN	NS
(83) 생활중심중재(LSI)가 특정한 아동에게 적합한 것이 아니라면 LSI를 활용하지 않는다. (만약 LSI가 적절하게 사용된다면 'Y' 에 동그라미 하시오)	Y	N	P	NN	NS

다음 중 하나에 표시하시오
사전 ___________
사후 ___________
신뢰도 ___________
기타 ___________

발달적 치료/교사기술 평정척도(DT/RITS)
3단계

지도교사: ___________________________

보조교사: ___________________________

그 밖의 팀구성원: ___________________________

____

____

아동들(성만 기재): ___________________________

____

____

관찰 기간:

전체 시작시간: 종료시간:

또는

부분 시작시간: 종료시간:

부분적일 경우, 관찰된 활동의 목록을 열거할 것

____

____

평가자: ___________________________

날 짜: ___________________________

기 관: ___________________________

3단계 활동과 계획

지시 다음의 활동과 계획이 사용되었다면 'Y' 에 동그라미 하시오.
활동과 계획이 사용되지 않았다면 'N' 에 동그라미 하시오.
활동과 계획이 사용되었으나, 모든 아동에게 일관성 있게 사용되지 않았거나 집단에게 계속 사용되지 않았다면 'P' 에 동그라미 하시오.
활동과 계획이 필요하지 않았다면 'NN' 에 동그라미 하시오.
활동과 계획을 사용하지 않았다면 'NS' 에 동그라미 하시오.

(1) 집단 내 각 아동의 참여를 격려하기 위한 활동이 수행된다.	Y	N	P	NN	NS
(2) 활동은 학생들에게 성공을 경험시키고 즐거움-유발 반응을 장려한다.	Y	N	P	NN	NS
(3) 게임과 같은 활동은 패자가 없으며 또래 간 경쟁을 유발하지 않도록 구성되어 있다.	Y	N	P	NN	NS
(4) 학생이 자기 차례를 기다리도록 요구하는 자료가 사용된다.	Y	N	P	NN	NS
(5) 학업적 작업 시간이 포함된다.	Y	N	P	NN	NS
(6) 작업 시간 과제는 학생의 구체적인 학업목표에 초점을 두어 계획된 활동을 포함한다.	Y	N	P	NN	NS
(7) 집단 계획이나 게임 시간이 포함된다.	Y	N	P	NN	NS
(8) 활동은 사회화와 의사소통 기술을 발달시키기 위한 기회를 제공한다.	Y	N	P	NN	NS
(9) 간식 시간이 포함되어 있다.	Y	N	P	NN	NS
(10) 간식 시간은 의사소통과 사회화 기술을 자극하기 위한 기회를 제공한다.	Y	N	P	NN	NS
(11) 활동은 이 단계의 전체적인 목적에 기여하는 기회를 제공하는 미술, 음악, 놀이를 포함한다.	Y	N	P	NN	NS
(12) 각 학생은 성공적인 참여를 위한 기회를 가진다.	Y	N	P	NN	NS
(13) 신체적 움직임이 있는 활동과 덜 활동적인 활동이 섞여 있다.	Y	N	P	NN	NS
(14) 교사는 만족스럽지 않은 활동을 대체할 활동이나 '대안' 을 가지고 있다.	Y	N	P	NN	NS
(15) 활동은 동기의 '정점' 을 초과하여 지나치지 않는다(활동이 정점을 초과하지 않는다면 'Y' 에 동그라미 하시오).	Y	N	P	NN	NS
(16) 교사는 활동이 시작되기 전에 필요하다면 각 학생이 그 과제를 이해하도록 철저하게 설명해 주거나 시범을 보인다.	Y	N	P	NN	NS

교재교구

지시 다음 준거가 선택된 자료에서 사용되었다면, 'Y' 에 동그라미 하시오.
준거가 사용되지 않았다면 'N' 에 동그라미 하시오.
선택된 자료를 위하여 준거가 사용되었으나, 모든 아동에게 일관성 있게 사용되지 않았거나 집단에게 계속 사용되지 않았다면 'P' 에 동그라미 하시오.
자료가 필요하지 않다면 'NN' 에 동그라미 하시오.
자료가 사용되지 않았다면 'NS' 에 동그라미 하시오.

(17) 학급자료는 구체적인 목적에 따라 사용되고 있으며, 목표달성을 위한 수단으로 선택된 것이다.	Y	N	P	NN	NS
(18) 자료의 내용은 반추상적이다.	Y	N	P	NN	NS
(19) 자료는 필요에 의해 개정된 정규학교 자료다.	Y	N	P	NN	NS
(20) 자료는 집단에서 성공에 필요한 개인적 기술을 자극하기 위하여 사용된다.	Y	N	P	NN	NS
(21) 교사의 도움을 받아 집단은 그 자료를 다룰 수 있다.	Y	N	P	NN	NS
(22) 교사는 작은 성공과 실패를 유발할 수 있는 자료를 선택한다.	Y	N	P	NN	NS
(23) 자료는 집단과정과 동기화를 강조한다.	Y	N	P	NN	NS

교수기법

지시 다음 기술이 사용되었다면 'Y' 에 동그라미 하시오.
기술이 사용되지 않았다면 'N' 에 동그라미 하시오.
기술이 사용되었으나 모든 아동에게 일관성 있게 사용되지 않았거나 그 집단에게 계속 사용되지 않았다면 'P' 에 동그라미 하시오.
기술이 필요하지 않다면 'NN' 에 동그라미 하시오.
기술이 사용되지 않았다면 'NS' 에 동그라미 하시오.

(24) 필요시 신체 접촉이 때때로 사용된다. (신체적 근접이나 접촉)	Y	N	P	NN	NS
(25) 학급 구조와 규칙이 자주 사용된다.	Y	N	P	NN	NS
(26) 학생은 각 활동에서 기대되는 행동을 안다.	Y	N	P	NN	NS
(27) 교사는 매일 지켜야 할 일관성 있는 활동계획을 가지고 있다.	Y	N	P	NN	NS
(28) 학생이 활동을 예측하고 과정을 알도록 활동계획이 게시된다.	Y	N	P	NN	NS
(29) 기대는 '의미가 있으며' 발달적 목표를 반영한다.	Y	N	P	NN	NS
(30) 학급규칙은 긍정적으로 진술되어 있다.	Y	N	P	NN	NS
(31) 학급규칙은 학생의 성공을 돕는 데 초점이 맞추어져 있다.	Y	N	P	NN	NS
(32) 규칙 위반의 결과가 잘 적혀 있고 건설적인 해결이 제시되어 있다.	Y	N	P	NN	NS
(33) 학급구조가 일관적이나 획일적이진 않다.	Y	N	P	NN	NS
(34) 학생이 스스로 조직화 할 수 있도록 교실의 한 영역이 특정 활동을 위하여 설계되어 있다.	Y	N	P	NN	NS
(35) 학생이 한 활동에서 다른 활동으로 전환할 때 과도기적 준비 시간이 있다.(예, '게임 시간이 거의 끝나 간다.')	Y	N	P	NN	NS
(36) 목소리 조율과 얼굴 표정을 효율적으로 사용한다(예, 차분하고 조용한 목소리, 생기 있는 목소리와 표현, 공감적, 사실적 목소리, 눈 맞춤).	Y	N	P	NN	NS
(37) 각 학생은 주교사와 자주 접촉한다(언어적 혹은 비언어적 기술을 사용하여).	Y	N	P	NN	NS
(38) 교사는 집단을 조용하게 하거나 학생이 행동화하는 것을 막기 위해 교재교구를 조절한다.	Y	N	P	NN	NS
(39) 보상과 토큰강화를 전혀 사용하지 않거나 혹은 최소화하여 사용한다.	Y	N	P	NN	NS

(40) 대인관계 형태의 상과 보상이 자주 사용된다(언어적 칭찬과 집단 활동).	Y	N	P	NN	NS
(41) 교사는 부정적인 진술보다 칭찬과 긍정적 진술을 사용한다.	Y	N	P	NN	NS
(42) 벌이 사용되지 않는다(벌을 사용하지 않는다면 'Y' 에 동그라미 하시오).	Y	N	P	NN	NS
(43) 작은 성취가 인정받는다.	Y	N	P	NN	NS
(44) 교사는 학생을 중요한 독립체로서 인정한다.	Y	N	P	NN	NS
(45) 주교사와 보조교사 간의 대화가 주요한 기술로서 사용된다.	Y	N	P	NN	NS
(46) 2명의 교사가 잘 협력하여 일할 수 있다.	Y	N	P	NN	NS
(47) 주교사와 보조교사는 대인 간 반응을 위한 모델을 보여 주기 위하여 언어적 교환을 한다.	Y	N	P	NN	NS
(48) 주교사가 분명하게 주도한다.	Y	N	P	NN	NS
(49) 재지시가 주요한 기술로 사용된다(주로 언어적 재지시, 최소한의 신체적 재지시).	Y	N	P	NN	NS
(50) 적절한 시기에 해석을 하며 학생으로부터 반응을 요구하지 않는다.	Y	N	P	NN	NS
(51) 직면은 치료적 결과가 보장될 때만 사용된다.	Y	N	P	NN	NS
교사는 대항 대신에 다음의 기술을 사용한다.					
(52) 교사는 질문보다는 재지시나 진술을 한다.	Y	N	P	NN	NS
(53) 학생이 교사를 '시험' 하여 반응을 이끌어 내려고 할 때 교사는 학생의 행동을 적절하게 무시한다.	Y	N	P	NN	NS
(54) 학생이 '위기' 에 있고 교사의 지원을 필요로 할 때 교사는 학생의 행동을 무시하지 않는다(교사가 위기에 있는 학생을 무시하지 않는다면 'Y' 에 동그라미 하시오).	Y	N	P	NN	NS
(55) 교사는 학생의 적절하지 않은 질문에도 반응한다.	Y	N	P	NN	NS
(56) 교사는 학생의 방어를 완화시키기 위하여 그 문제를 개인적인 것으로 보지 않는다.	Y	N	P	NN	NS
(57) 교사는 그 상황을 중립화시키기 위하여 유머를 사용한다.	Y	N	P	NN	NS
(58) 교사는 학생의 긍정적인 자질을 반영해 준다.	Y	N	P	NN	NS
(59) 교실에 남아 있는 채로 집단에서 제외시키는 방법이 적절한 시기에 사용된다.	Y	N	P	NN	NS

(60) 교실에서 격리시키는 것이 필요할 때 자주 사용된다.	Y	N	P	NN	NS
(61) 교실에서 학생이 격리되도록 보조교사가 돕는다.	Y	N	P	NN	NS
(62) 학생을 통제할 수 없고 자신이나 타인을 해하려고 하거나 혹은 주제가 너무 사적이어서 그 학생이 집단 앞에서 토의할 수 없을 때 학생은 격리된다.	Y	N	P	NN	NS
(63) 학생을 격리시키는 동안 교사는 말을 아끼고 가능한 빠르고 확고하게 한다.	Y	N	P	NN	NS
(64) 학생이 교실 밖에 있을 때 교사가 학생과 같이 머문다.	Y	N	P	NN	NS
(65) 교사는 격리된 이유를 학생에게 알려 주어서 자기가 왜 격리되었는지를 이해하도록 한다.	Y	N	P	NN	NS
(66) 학생과 교사 간의 교류는 건설적이고 긍정적으로 종결된다(학생은 집단으로 돌아가서 참여한다.).	Y	N	P	NN	NS
(67) 신체적 개입이 때때로 사용된다.	Y	N	P	NN	NS
(68) 신체적 개입이 사용될 때, 교사는 학생을 단호하면서도 신사적이고 지지적으로 다룬다.	Y	N	P	NN	NS
(69) 교사가 침착하고 조용한 목소리로 학생의 느낌을 반영해 주고 안심시켜 준다.	Y	N	P	NN	NS
(70) 교사는 학생이 자기조절력을 가지도록 돕기 위해 잡고 있는 것임을 말해 준다.	Y	N	P	NN	NS
(71) 교사는 학생이 언어적으로 공격을 할 때 학생의 말을 무시하고 건설적인 주제로 전환하는 식의 반응을 한다.	Y	N	P	NN	NS
(72) 교사는 학생에게 신체적으로 구속된 것을 풀어 주기 전에 그가 어떻게 해야 하는지를 말로 알려 준다.	Y	N	P	NN	NS
(73) 교사는 학생이 자기조절력이 생긴 것이 보이면 구속을 풀어 준다.	Y	N	P	NN	NS
(74) 교사는 말을 아끼며 긍정적이다.	Y	N	P	NN	NS
(75) 교사는 상황이 긍정적으로 끝나도록 구조화한다.	Y	N	P	NN	NS
(76) 생활중심중재(LSI)가 개별 학생에게 주요 기술로서 사용된다.	Y	N	P	NN	NS
(77) LSI를 하도록 학생을 준비시키기 위해 반영을 해 준다.	Y	N	P	NN	NS
(78) 학생의 생리적인 과정(호흡, 근긴장도)이 다시 회복되었을 때 교사는 그 상황에 대한 학생의 지각을 알아차린다.	Y	N	P	NN	NS
(79) 학생이 말하기 어려워한다면 교사는 관찰한 것을 반영해 주거나 혹은 행동 이면의 느낌을 해석해 준다.	Y	N	P	NN	NS
(80) 교사는 학생에게 중요한 것이 무엇인지 발견한다.	Y	N	P	NN	NS
(81) 교사는 반영과 해석을 할 때 중심주제에 대한 현실적인 상황에서 학생이 한 것을 활용한다.	Y	N	P	NN	NS
(82) 교사는 판단하지 않는다.	Y	N	P	NN	NS
(83) 학생이 자신의 반응을 바꿀 의사가 있다면 교사는 학생과 함께 그 상황에 대한 대안을 토의한다.	Y	N	P	NN	NS
(84) 교사는 학생이 성공적으로 달성할 수 있는 대안반응을 선택하도록 돕는다.	Y	N	P	NN	NS

다음 중 하나에 표시하시오
사전 ____________
사후 ____________
신뢰도 ____________
기타 ____________

발달적 치료/교사기술 평정척도(DT/RITS)
4단계

지도교사: ______________________________

보조교사: ______________________________

그 밖의 팀구성원: ______________________________

____

____

아동들(성만 기재): ______________________________

____

____

관찰 기간:

전체 시작시간: 종료시간:

또는

부분 시작시간: 종료시간:

부분적일 경우, 관찰된 활동의 목록을 열거할 것

____

____

평가자: ______________________________

날 짜: ______________________________

기 관: ______________________________

4단계 활동과 계획

지시 다음의 활동과 계획이 사용되었다면 'Y' 에 동그라미 하시오.
활동과 계획이 사용되지 않았다면 'N' 에 동그라미 하시오.
활동과 계획이 사용되었으나 모든 아동에게 일관성 있게 사용되지 않았거나 집단에게 계속 사용되지 않았다면 'P' 에 동그라미 하시오.
활동과 계획이 필요하지 않았다면 'NN' 에 동그라미 하시오.
활동과 계획을 사용하지 않았다면 'NS' 에 동그라미 하시오.

(1) 집단의 각 학생이 참여하도록 격려하는 활동이 있다.	Y	N	P	NN	NS
(2) 활동은 성공을 보장하고 학생의 즐거움-유발 반응을 장려한다.	Y	N	P	NN	NS
(3) 학업적 작업 시간이 포함된다.	Y	N	P	NN	NS
(4) 작업 시간에는 학생의 구체적인 학업적 목표에 초점을 둔 활동이 포함되어 있다.	Y	N	P	NN	NS
(5) 어떤 학업적 과제는 집단 내에서 이루어진다.	Y	N	P	NN	NS
(6) 학업적 활동은 학생에게 구체적인 흥미를 유발하는 내용을 포함한다.	Y	N	P	NN	NS
(7) 집단 계획이나 게임 시간이 포함된다.	Y	N	P	NN	NS
(8) 사회화와 의사소통이 집단 시간 동안에 강조된다.	Y	N	P	NN	NS
(9) 간식 시간이 포함된다.	Y	N	P	NN	NS
(10) 의사소통과 사회화가 간식 시간 동안에 강조된다.	Y	N	P	NN	NS
(11) 비구조화된 활동에는 새롭게 배운 반응을 독립적으로 성공적으로 시도해 볼 수 있는 기회가 포함된다. (예, 게임, 프로젝트, 외부활동)	Y	N	P	NN	NS
(12) 매일의 계획은 일관성이 있고 하루 일과의 시작과 종료에 집단모임이 있다.	Y	N	P	NN	NS
(13) 집단 계획과 피드백은 모든 활동의 한 부분이다.	Y	N	P	NN	NS
(14) 교사는 적절하다면 계획에서 벗어나는 것을 허용해 준다.	Y	N	P	NN	NS
(15) 학생이 활동 선택을 위한 아이디어를 제공할 수 있다.	Y	N	P	NN	NS
(16) 교사는 만족스럽지 못한 활동을 대신할 활동이나 '대안' 을 갖고 있다.	Y	N	P	NN	NS
(17) 동기의 '정점' 에서 활동이 더 이상 나아가지 않도록 되어 있다 (활동이 정점을 초과하지 않는다면 'Y' 에 동그라미 하시오.).	Y	N	P	NN	NS
(18) 활동이 시작되기 전에 교사가 철저하게 설명해 주거나 시범을 보여 주어서, 각 학생이 과제를 이해하도록 돕는다.	Y	N	P	NN	NS

교재교구

지시 다음 준거가 선택된 자료에서 사용되었다면 'Y' 에 동그라미 하시오.

준거가 사용되지 않았다면 'N' 에 동그라미 하시오.

선택된 자료를 위하여 그 준거가 사용되었으나 모든 아동에게 일관성 있게 사용되지 않았거나 집단에게 계속 사용되지 않았다면 'P' 에 동그라미 하시오.

자료가 필요하지 않다면 'NN' 에 동그라미 하시오.

자료가 사용되지 않았다면 'NS' 에 동그라미 하시오.

(19) 학급자료는 구체적인 목적에 따라 사용되고 있으며, 목표달성을 위한 수단으로 선택된 것이다.	Y	N	P	NN	NS
(20) 자료의 내용은 추상적이고 상징적이며 복잡하다.	Y	N	P	NN	NS
(21) 자료에는 실제 삶에 대한 학생의 흥미가 반영되어 있다.	Y	N	P	NN	NS
(22) 자료는 집단 과정을 자극하기 위하여 사용된다.	Y	N	P	NN	NS
(23) 학생은 자료 통제에 대한 책임을 상당히 많이 갖고 있다.	Y	N	P	NN	NS

교수기법

지시 다음 기술이 사용되었다면 'Y' 에 동그라미 하시오.
기술이 사용되지 않았다면 'N' 에 동그라미 하시오.
기술이 사용되었으나 모든 아동에게 일관성 있게 사용되지 않았거나 집단에게 계속 사용되지 않았다면 'P' 에 동그라미 하시오.
기술이 필요하지 않다면 'NN' 에 동그라미 하시오.
기술이 사용되지 않았다면 'NS' 에 동그라미 하시오.

(24) 필요 시 신체접촉을 한다.	Y	N	P	NN	NS
(25) 학급 구조가 자주 사용된다.	Y	N	P	NN	NS
(26) 학급규칙은 긍정적으로 진술되어 있다.	Y	N	P	NN	NS
(27) 교사는 필요하다면 집단구성원이 규칙과 절차를 발달시키거나 수정하도록 격려한다.	Y	N	P	NN	NS
(28) 학생에게 행동지침을 제공하기 위하여 형성된 절차와 기대에 대한 반영을 사용한다.	Y	N	P	NN	NS
(29) 규칙 위반의 결과가 잘 적혀 있고 건설적인 해결책이 제시되어 있다.(벌은 사용되지 않는다.)	Y	N	P	NN	NS
(30) 학생이 스스로 조직화하는 것을 돕기 위해 교실의 한 영역이 특정 활동을 위하여 설계되어 있다.	Y	N	P	NN	NS
(31) 목소리 조율과 얼굴 표정을 효율적으로 사용한다(예, 차분하고 조용한 목소리, 생기 있는 목소리와 표현, 공감적, 사실적 목소리, 눈 맞춤).	Y	N	P	NN	NS
(32) 교사는 자료에 대한 통제를 거의 하지 않는다(자료 통제가 적절하다면 'Y' 에 동그라미 하시오.).	Y	N	P	NN	NS
(33) 보상과 토큰강화를 전혀 사용하지 않거나 혹은 최소한으로 사용한다(보상이나 토큰이 사용되지 않았다면 'Y' 에 동그라미 하시오.).	Y	N	P	NN	NS
(34) 교사는 부정적인 진술보다 칭찬과 긍정적 진술을 사용한다.	Y	N	P	NN	NS
(35) 교사는 학생이 중요한 독립체임을 인정한다.	Y	N	P	NN	NS
(36) 개인과 집단 상호작용에 대한 인정과 칭찬이 진실하다.	Y	N	P	NN	NS
(37) 성인-학생관계는 서로에 대한 진정한 존경이 있고 개방적이다.	Y	N	P	NN	NS
(38) 교사는 학생과의 상호작용에서 정직하다.	Y	N	P	NN	NS

(39) 주교사와 보조교사는 수시로 대화를 한다.	Y	N	P	NN	NS
(40) 2명의 교사는 서로 잘 합력한다.	Y	N	P	NN	NS
(41) 주교사가 분명하게 주도한다. (성인지도자가 필요할 때)	Y	N	P	NN	NS
(42) 재지시가 때때로 사용된다. (항상 충분하게 언어적으로 상기시켜 준다.)	Y	N	P	NN	NS
(43) 학생이 타인에 대한 자신의 느낌을 인식하고 표현하도록 돕기 위해 때때로 반영해 준다.	Y	N	P	NN	NS
(44) 적절한 시기에 해석을 하며 학생으로부터 반응을 요구하지 않는다.	Y	N	P	NN	NS
교사는 대항 대신에 다음의 기술을 사용한다.					
(45) 교사는 재지시나 진술을 한다.	Y	N	P	NN	NS
(46) 교사는 언어적인 공격을 무시하기, 감정을 반영하기, 재지시하기 혹은 행동과 느낌에 대한 해석을 함으로써 학생의 분노나 적대감에 반응한다.	Y	N	P	NN	NS
(47) 학생이 '위기'에 있고 교사의 지원을 필요로 할 때 교사는 학생의 행동을 무시하지 않는다(교사가 위기에 있는 학생을 무시하지 않는다면 'Y'에 동그라미 하시오.).	Y	N	P	NN	NS
(48) 교사는 명령하기보다는 상황을 명료화한다.	Y	N	P	NN	NS
(49) 교사는 상황을 중립화시키기 위하여 유머를 사용한다.	Y	N	P	NN	NS
(50) 교사는 학생의 긍정적인 자질을 반영해 준다.	Y	N	P	NN	NS
(51) 교실에 남아 있는 채로 집단에서 격리되는 일이 가끔 사용된다.	Y	N	P	NN	NS
(52) 교실에서의 격리가 필요할 때 자주 사용된다(사적으로 문제를 논의하고자 하는 학생의 욕구에 따라 격리가 일어난다.).	Y	N	P	NN	NS
(53) 학생을 격리시키는 동안 교사는 말을 아끼면서 빠르고 확고하게 한다.	Y	N	P	NN	NS
(54) 학생이 교실 밖에 있을 때 교사가 학생과 같이 머문다.	Y	N	P	NN	NS
(55) 교사가 학생에게 왜 격리되었는지에 대한 이유를 알려 주어서 학생이 이해하도록 한다.	Y	N	P	NN	NS
(56) 학생과 교사 간의 상호교환은 건설적이고 긍정적으로 결론지어진다. (학생은 집단으로 돌아가서 참여한다.)	Y	N	P	NN	NS
(57) 학생이 퇴행하지 않는다면 신체적 개입은 사용되지 않는다(신체적 개입이 적절할 때 혹은 사용되지 않았다면 'Y'에 동그라미 하시오.).	Y	N	P	NN	NS
(58) 신체적 개입은 가능한 한 빨리 비공개적인 영역에서 이루어진다.	Y	N	P	NN	NS
(59) 학생을 신체적으로 잡을 때 교사는 말 대신에 긍정적인 지지를 전달한다.	Y	N	P	NN	NS
(60) 신체적 개입이 사용될 때 교사는 상황을 구조화하여 그 문제가 학생을 위하여 긍정적으로 해결되도록 한다.	Y	N	P	NN	NS

(61) 생활중심중재(LSI)가 개별학생에게 주요 기술로 사용된다.	Y	N	P	NN	NS
(62) 학생이 LSI를 받도록 '준비' 시키기 위해 반영을 사용한다.	Y	N	P	NN	NS
(63) 학생의 생리적인 과정(호흡, 근긴장도)이 다시 회복되었을 때 교사는 그 상황에 대한 학생의 지각을 알아차린다.	Y	N	P	NN	NS
(64) 학생이 말하는 데 어려워한다면 교사는 관찰한 것을 반영해 주거나 혹은 행동 이면의 느낌을 해석해 준다.	Y	N	P	NN	NS
(65) 교사는 학생에게 중요한 것이 무엇인지 발견한다.	Y	N	P	NN	NS
(66) 교사는 반영과 해석을 할 때 중심주제에 대한 실제 맥락에서 학생이 한 것을 활용한다.	Y	N	P	NN	NS
(67) 교사는 판단하지 않는다.	Y	N	P	NN	NS
(68) 학생이 자신의 태도를 바꿀 준비가 되면 교사는 학생과 함께 그 상황에 반응할 대안을 토의한다.	Y	N	P	NN	NS
(69) 교사는 학생이 성공적으로 달성할 수 있는 대안반응을 선택하도록 돕는다.	Y	N	P	NN	NS
(70) LSI가 집단에게 주요 기술로서 사용된다.	Y	N	P	NN	NS
(71) 교사가 집단 토의의 목적을 명료화한다.	Y	N	P	NN	NS
(72) 집단이 말하는 데 어려워한다면 교사는 관찰한 것을 반영해 주거나 혹은 행동 이면의 느낌을 해석해 준다.	Y	N	P	NN	NS
(73) 교사가 집단에게 중요한 것이 무엇인지 발견한다.	Y	N	P	NN	NS
(74) 교사는 반영과 해석을 할 때 중심주제에 대한 실제 맥락에서 집단이 주고받고 한 것을 활용한다.	Y	N	P	NN	NS
(75) 교사는 판단하지 않는다.	Y	N	P	NN	NS
(76) 집단이 그들의 태도를 바꿀 준비가 되면 교사는 집단과 함께 그 상황에 반응할 대안을 토의한다.	Y	N	P	NN	NS
(77) 교사는 집단이 성공적으로 달성할 수 있는 대안반응을 선택하도록 돕는다.	Y	N	P	NN	NS
(78) 집단과 교사 간 상호교류는 건설적이고 긍정적으로 종료된다.	Y	N	P	NN	NS

부록 3

행정지원목록표

행정지원목록표

행정지원목록표는 발달적 치료-발달적 교수를 실시하는 교사들의 학교내 행정지원을 평정하는 41문항으로 구성된다.

이 목록표는 프로그램과 학생의 IEPs를 검토하고, 교사/치료 팀 및 행정가와의 면담 후에 완성된다. 각 학교마다 치료적 프로그램을 위한 건물이 있으므로 발달적 치료는 각 건물에서 개별적으로 평가가 이루어져야 한다.

평가는 4가지 중 하나로 한다.

- Y-절차가 사용되고 있다.
- N-절차가 사용되지 않고 있다.
- P(부분적 사용)-절차가 사용되고 있지만 모든 아동과 모든 교수/치료 팀에서 의해 일관성 있게 사용되고 있지 않다.
- INA(정보 이용 불가능)-판단을 하기 위한 충분한 정보를 얻을 수 없었다.

각 문항별로 해당되는 것에 동그라미를 표하시오.

행정지원 점수는 'Y' 로 표시된 문항의 수를 합산하여 얻는다. 최고 점수는 41점으로, 'Y' 로 표시된 전체 문항 수에 따라 다음과 같이 평가된다.

26~41 문항-시범 수준(바람직한 실행 요소를 갖춘 경우)

16~25 문항-채택 수준(모델의 실행 요소를 충분히 갖춘 경우)

10~15 문항-최소 수준(기본적 요소만 갖춘 경우)

행정지원목록표

평가자: ______________________________

날짜: ______________ 학교 이름: ______________

학교의 행정 책임자: ______________________________

제목: ______________________________

발달적 치료-발달적 교수 프로그램 실행 책임자:

____

발달적 치료-발달적 교수 집단 수: ______________________________

발달적 치료-발달적 교수 프로그램 지도교사명: ______________

보조교사(보조원)의 이름: ______________________________

____

팀의 자원봉사자: ______________________________

____

이 평가는 어떻게 이루어졌는가?(해당되는 모든 것을 적으시오)

행정가와의 대화 ______________________________

교사와의 대화 ______________________________

자원봉사자/부모와의 대화 ______________________________

프로그램 설명 ______________________________

프로그램 관찰 ______________________________

학교 직원에 의한 자체 평가

(이름: ______________________________

______________________________)

교수/처치 팀

(1) 건물 안에 하나 이상의 발달적 치료 집단(교사)이 있다.	Y	N	P	INA
(2) 발달적 치료 집단에 지도교사(또는 보조자)가 있다.	Y	N	P	INA
(3) 지도교사나 보조자는 적극적으로 참여하는 팀의 구성원이다.	Y	N	P	INA
(4) 팀이 계획하고 준비하는 적절한 시간이 배정되어 있다.	Y	N	P	INA
(5) 팀이 매일 보고를 듣는 적절한 시간이 배정되어 있다.	Y	N	P	INA
(6) 메인스트림 완수를 위하여 필요한 적절한 시간이 팀에 배정되어 있다.	Y	N	P	INA
(7) 학교와 부모 면담을 위한 적절한 시간이 배정되어 있다.	Y	N	P	INA
(8) 계획적이고 일관성 있는 자문(지지와 피드백)이 팀에 제공된다.	Y	N	P	INA
(9) 팀들은 자신들의 일에 대한 행정적 지원을 인식한다.	Y	N	P	INA

학교 연락, 메인스트리밍 및 통합

(10) 적절한 통합이나 메인스트리밍 배치가 가능하다.	Y	N	P	INA
(11) 모든 아동들은 병행적인 학교 상황에서 몇몇 집단에 동시에 배치된다.	Y	N	P	INA
(12) 계획할 때 아동의 정규 학교에 배치된 교사가 팀에 참여한다.	Y	N	P	INA
(13) 정규 교사와 발달적 치료 교사가 참여하는 교육계획 회의는 검사 결과와 권장사항을 제시하고, 아동을 지원하는 메인스트리밍 프로그램을 계획하기 위하여 열린다(IEP회의에서 또는 그 후에 짧게).	Y	N	P	INA
(14) 교장은 메인스트리밍 프로그램 계획과 실행에 참여한다.	Y	N	P	INA
(15) 정보를 교환하기 위하여 아동의 정규 학교 교사와 매주 연락한다.	Y	N	P	INA
(16) 아동의 정규 교사가 발달적 치료 교실을 방문한 적이 있다.	Y	N	P	INA
(17) 아동의 정규 교사가 교수할 때 발달적 치료 팀을 관찰한 적이 있다.	Y	N	P	INA
(18) 교수/처치 팀 구성원은 발달적 치료 프로그램으로부터 온 아동들과 함께 정규 교육프로그램에서 위기 중재를 할 수 있다.	Y	N	P	INA

부모에 대한 서비스

(19) 부모 보조자가 각 아동과 가족에 배정된다.	Y	N	P	INA
(20) 부모 계획하기 회의는 검사결과를 부모에게 알리고 가정에서 수행될 프로그램을 공동으로 계획하기 위하여 발달적 치료 교실과 메인스트림에서 열린다.	Y	N	P	INA
(21) 부모들은 DTORF-R에 대하여 아동을 평가하고 검토하는 처치 팀과 함께 참여한다.	Y	N	P	INA
(22) 계획된 DTORF-R 평가의 부분으로 열리거나 실행을 위하여 부모 계획하기 회의가 열린다.	Y	N	P	INA
(23) 필요할 경우 부모들은 발달적 치료 전문가와 함께 발달적 치료 교실을 관찰할 기회가 있다.	Y	N	P	INA
(24) 필요할 경우, 팀 구성원이나 함께 일하는 부모가 가정방문을 한다.	Y	N	P	INA

발달교육목표평정지(개정판)(DTORF-R)

(25) DTORF-R목표는 아동의 기능 수준을 확인하고 경험, 자료 및 책략을 계획하기 위하여 사용된다.	Y	N	P	INA
(26) 지도교사, 지원교사, 부모나 함께 일하는 부모/감독자는 아동을 평가하는 처치 팀과 함께 일한다.	Y	N	P	INA
(27) 검목표를 사용할 때 4개 교과과정의 각 영역에서 최소한 하나의 목표를 사용하며, 4개 이상의 목표는 사용되지 않는다.	Y	N	P	INA
(28) 목표는 새로운 목표가 실행되기에 앞서 필수적인 이전 목표의 숙달과 함께 순서적으로 평정된다.	Y	N	P	INA
(29) 각 아동의 적절한 단계는 4개 교과영역의 평균적 발달단계에 의해 결정된 일반적 치료 단계에 따라 확인된다.	Y	N	P	INA
(30) 각 아동은 DTORF-R 평정과 단계에 따라 발달적으로 비교집단 아동들과 함께 배치된다.	Y	N	P	INA
(31) 집단 크기가 아동들의 발달적 요구에 적절하다(8명 또는 그 이하인 집단).	Y	N	P	INA
(32) DTORF-R의 첫 번째 평정은 아동의 발달적 기초선을 얻기 위하여 8일동안 프로그램에 참여하고 난 후 완료된다.	Y	N	P	INA

(33) DTORF-R은 각 아동별로 미리 결정된 계획에 의해 완료된다.	Y	N	P	INA
(34) DTORF-R은 각 아동별로 한 해 동안 최소한 3회 완료된다.	Y	N	P	INA
(35) DTORF-R은 학년 말이나 종료 시에 각 아동별로 완료된다.	Y	N	P	INA
(36) 각각 계획된 평정을 한 후 DTORF-R 결과에 기초하여 재배치한다.	Y	N	P	INA
(37) 각 아동의 DTORF-R 개요는 아동의 진보를 평가하고 기록하는 데 사용된다.	Y	N	P	INA
(38) DTORF-R 교실은 활동 계획하기를 촉진하기 위하여 집단 목표와 개인차를 분명히 강조하도록 설계된다.	Y	N	P	INA
(39) 일반적으로 아동은 DTORF-R 목표를 숙달한다.	Y	N	P	INA
(40) DTORF-R은 프로그램이나 교과과정의 기초로 사용된다.	Y	N	P	INA
(41) 아동들은 적어도 하루에 2시간 동안 한 집단에서 함께 보낸다.	Y	N	P	INA

부록 4

이론적 기초: 행동, 의사소통, 사회화, 학업(전)/인지의 내용분석 도표

행동 내용 표

단계	행동 양식	신체적 기술	행동의 동기인과 조정자	행동적 과정	행동과 놀이를 다스리는 규칙
1단계	정의운동적 • 충동적 • 비조직적	신체 관리 • 손 조작 • 균형, 이동, 협응	감각 자극 • 충동 • 쾌감 • 양육	충동성 • 반복적 행동 • 운동기능 제한 • 짧은 주의집중 기간	규칙에 대한 비자각
2단계	운동, 언어, 상상 • 개인적 경험의 표현	기본 운동 기술 • 공 조작 • 눈과 손의 협응 • 방향성 • 공간 자각 (공간에서의 신체) • 곡예와 텀블링	성인과 신체적 만족 • 순응에 대한 벌 지향 • 충동의 단순통제	운동-언어적 탐색 • 성인의 사회적 행동 모방 • 또래와의 제한된 상호작용 • 제한된 주의 집중 기간	규칙이 없는 또는 단순한 규칙을 가진 게임 • 우선권이 없는 승리

단계	행동 양식	신체적 기술	행동의 동기인과 조정자	행동적 과정	행동과 놀이를 다스리는 규칙
3단계	자기표현과 순응 사이의 동요	간단한 집단 게임에서의 신체 협응 기술 • 공 조작 • 낮게 조직화된 게임 • 조작 게임 • 신체 움직임(리듬) • 측면성	자기표현과 성인에 대한 기대 • 약간의 내적 통제 • 자기 보호 • 행동중재를 위해 사용되는 언어 • 승인을 통한 성인의 힘	단순한 집단 행동의 유형 • 최소한의 억제로 표현되는 감정 • 모델이 되는 성인과 영웅 • 증가된 주의 집중 기간	권위를 나타내는 규칙 • 정교한 규칙 불변의 규칙 • 스스로의 흥미에 맞는 규칙 • 공평하게 교대하기 • 승리의 중요성 • 패배의 참을 수 없음
4단계	요구에 대한 순응	스포츠를 위한 기본 기술 • 팀 스포츠 • 집단 게임 • 간헐적인 성장 급등	사회의 기준을 나타내는 또래 집단과 성인 • 또래와 성인의 틀에 박힌모델 • 가치의 동일시 행동 중재	지연된 결과와 먼 목표에 대한 인내 • 원인과 결과 • 타인과의 동일시 • 리더와 추종자의 역할 인식 • 집단적인 사회적 상호작용 기술	기본적인 법 –질서 지향 • 집단에 따라 규칙의 변화가능 • 개인적 정의 • 평등성 • 황금 규칙 • 집단 승리의 중요성 • 패배의 참을 수 없음
5단계	가치 체계에 대한 개인적 행동의 통합	개인적인 건강 • 집단적, 개인적 운동기술 • 주요한 신체적–성적 변화	개인적, 집단적 가치 • 타인에 의한 개인적 환호 • 타인에 의한 가치매김 • 작업 역할	새로운 경험에 대한 실험 • 성적 활동 • 틀에 박힌 성역할 • 대리적 경험 만족	권리와 계약 지향 • 보편적 정의 • 요구에 따라 발전되고 수정되는 규칙

의사소통 내용 표

단계	사회적 의사소통 양식	사회적 목적	사회적 의사소통
1단계	전언어적 초기 언어	신체적 욕구 충족 충동 표현	기본적 수용 언어 비언어적 언어 • 눈 맞추기 • 신체 움직임 • 몸짓 • 발성 • 단어 근접 • 발성 모방 • 이름 붙이기 • 단어 순서
2단계	자발적 언어	언어적 주장 • 큰소리로 생각하기 • 단어와 개념으로 세계를 조직하기	자아중심적 독백 • 음성 언어 • 행동 진술 • 의도 진술 • 정보교환
3단계	사회화된 언어	지속된 개인적 교환과 내적 언어	사회적 표현 • 집단 토의 • 경험 묘사 • 자신감 표현 • 자신과 타인의 특성 묘사
4단계	자기표현적인 합리적 언어	확장된 집단 사회적 교환	사회-정의적 표현 • 경험의 정교화 • 자신에 대한 느낌 표현 • 칭찬 • 타인에 대한 느낌 표현
5단계	추상적, 이상-지향적 언어	또래 사이의 확장된 우정	이상적, 대인관계적 표현

사회화 내용 표

단계	주요 대인관계 초점	주된 발달적 불안	자아 기능
1단계	인식과 신뢰 • 성인과의 관계적 유대 • 의존성 • 기본적 동일성과 분리	자포자기 • 외로움 • 격리 • 무명 • 결핍	구별되지 않는 전사회적 본능과 충동
2단계	개인화와 자율성 • 자격에 맞추기와 성공적으로 성인에게 호감주기 • 자기주장을 통한 독립심과 주도권의 시작	부적합(이전 단계로부터의 불안에 더하여) • 수용과 승인의 박탈에 대한 공포 • (신체적, 정서적)요구획득에 대한 우려 • 신체적 충동과 욕구에 대한 관리 • 성인으로부터의 제한 • 붙잡힘에 대한 공포 • 벌에 대한 공포	충동적 • 형성된 정체성 • 외적 단서의 조직 • 성인으로부터의 정서적 안정감 • 내적 생활에 대한 최소한의 표현
3단계	자아존중감과 사회적 일치 • 수용과 타인에 의한 평가 • 또래와 성인에 의해서 설정된 자기 기준에 맞추기 • 자신의 가치성 또는 무가치성 • 타인의 눈에 '좋게 보이기' • 타인에 대응하여 자기 보호하기 • 협동 • 테스트된 독립심	죄의식(이전 단계로부터의 불안에 더하여) • 개인적인 실패로 인한 사랑 또는 승인의 박탈에 대한 공포 • 실패에 대한 공포 • 죽음에 대한 공포; 운명론 • 무명에 대한 공포 • 실제적인 공포('~가 가능하다') • 희미한 공포('~가 일어날 수도 있다') • 원인불명의 공포('~가 두렵지 않을까?')	자기-보호적 • 형성된 초자아 • 자아 이상의 출현 • 갈등을 해결하는 타인의 도움 • 표현된 열망과 요구 • 감정을 통제하기 위해 재형성된 현실에 대한 관점
4단계	사회적 규칙에 대한 사회적 자기 동조 • 집단에서의 수용 • 타인을 도와주는 관심 • 일시적으로 해결된 독립심-의존성 간의 갈등	갈등(이전 단계로부터의 불안에 더하여) • 복잡한 내적 욕구, 충동과 또래와 성인의 외적 요구 사이의 균형 • 집단에 수용되지 않는 공포 대 자기 표현의 공포 • 독립과 의사결정에 대한 책임감에 대한 불안	순 응 • 불확실한 자아 • 타인의 기대에 따라 수정된 감정

단계	주요 대인관계 초점	주된 발달적 불안	자아 기능
5단계	정체성 • '나는 누구인가' (수정된 사회적 기준과의 관계에서) • 개인적인 신념과 가치 • 소유물에 대한 안심감 • 목표와 이상 • 독립에 대한 열망 • 정서적인 자기 신뢰	자기상(이전 모든 단계로부터의 불안에 더하여) • 신체에 대한 염려 • 성역할 혼돈 • 성적인 표현 • 애정 획득 • 미래의 역할과 능력 획득에 대한 의구심 • 행동통제와 의사결정의 가치에 관한 갈등	양심적, 개별적 • 사회문화적 체제안에서 표현된 감정 • 내적 통제 • 형식적인 감정 • 지적으로 처리된 본능적 불안

사회화 내용 표 (계속)

단계	특징적 놀이	도덕적 가치	대인관계 지각과 우정	문제해결 접근
1단계	감각에 기초한 경험 • 자각 • 만족 • 동일성 • 접촉 • 모방 • 풍부 • 반복	전도덕적 • 양심이 아직 출현 안 함	분리된 자아에 대한 비자각 • 욕구를 제공하는 성인 • (장난감, 사람 등)대상으로부터 오는 안전감	없음
2단계	사람과 동물에 관한 상징적 놀이 • 자신을 위한 놀이 • 가장놀이 • 다른 아동 모방 • 놀이로 보호되어 다행히 해결된 열망, 공포, 충동 • 단순한 이야기 순서 • 창의적 상상 • 성인의 모방	전인습적/타율적 • 단순한 도식, 선 대 악 • 행동을 정당화하는 스스로의 욕구 • 성인에 대한 공포와 존경	자아중심적 • 일방적 관계 • 욕구만족자로서의 성인에 대한 애정 • 성인의 권위 지배 • 모방된 성인 • 인식되지 않은 성인의 개인적 특성 • 종종 바뀌는 가장 친한 친구	성인과 다른 강력한 자원에 의한 문제 해결 • 마술 • 가장

단계	특징적 놀이	도덕적 가치	대인관계 지각과 우정	문제해결 접근
3단계	조직화된 사회적 놀이 • 집단 참여와 협동 • 비순응에 대한 우려 • 게임에 이기려는 시도 • 공정성 • 타인에 대한 직접적 힘(통제)의 실험 • 극적인 역작 • 상상적 집단 놀이 • 다른 아동과의 상호작용(병행놀이, 상호작용놀이)	쾌락주의적 • 양심 발달 • 자신에 대한 공정성 • 내면화된 성인의 가치	구별된, 주관적 지각 • 흥미가 같으면 가까워지는 친구 • 타인에 대한 동정심 • 비차원적인 특성을 보이는 성인 • 모방과 동일성을 위한 영웅상을 제공하는 성인	타인(성인, 영웅 등)에 의한 문제 해결 • 규칙에의 순응은 문제를 감소시킴 • 자아를 증진시키는 승리
4단계	집단 상호작용 • 아동의 통제 욕구를 지배하는 집단	인습적 • 선한 행동 • 내면화된 규칙 • 타인을 위한 공정성과 정의 • 법과 질서	자기-반성적인 지각 • 동반자인 친구 • 타인의 역할에 대한 관심 • 타인의 욕구에 대한 동정심과 관심 • 이인칭 상호관계 • 이타주의 • 다차원적으로 보이는 성인	자신과 또래에 의한 문제 해결
5단계	대안을 가진 실험 • 옷, 버릇, 먹기, 마시기, 약 실험을 통한 신체적 양식의 변화 • 공상 • 데이트(역할놀이 관계) • 타인에 대한 이야기 • 파벌, 클럽, 집단 • TV, 영화, 잡지, 스포츠를 통한 사회적 역할의 모방	정의 • 사회적 관계에서의 정의 • 사회적 계약 지향 • 개인적인 권리	다차원적 지각 • 감정이입 • 상호존중 관계 • 자율적이나 독립적인 친구 • 여러 사회적 집단에 대한 자각 • 인식된 성인의 개인적 특성	자신과 친한 친구에 의한 문제 해결

학업(전)/인지 내용 표

단계	인지양식	상징체계	추론 과정	도식적 양식
1단계	감각운동적 • 운동적 피드백 • 도구로서 단순한 대상 사용 • 이름붙이기에 의한 신체적 운동과 환경의 연합 • 모방적	구체적 • 확실한 대상과 친근한 사람	단순한 지각 • 유사한 대상을 맞추기 • 대상 영속성(기억 형성)	비조직화 • 무선적인 움직임 • 낙서 • 모방적인 움직임
2단계	자아중심적, 전논리적 • 신체운동적 경험과 구체적인 물질을 통한 학습 • 표상적 모방	물활론적 • 직접적인 경험과 상을 표현하는 단순한 구체적 상징(장난감) • 의인화	자아중심적 원인론 • 범주화 • 시지각적 기술 • 순서화 • 부분(기억)을 연결하는, 과거와 미래에 대한 단순한 개념	전도식화 • 단순 형태 인식 • 인간모습 형태 • 사용에 따라 정의된 개념 • 부분 조직화
3단계	구체적 조작 • 부분을 전체로 조직 • 관계적 개념, 단단한 구성 • 탈중심화의 시작	반(semi) 추상적 • 그림 • 단어 • 숫자 • 유희	조직화 • 서열화 • 단순 보존개념 • 단순 추상화 • 분류화 • 수 조작 • 단순 시간 보기	도식화 • 조직화된 공간 관계 • 기본 선 출현 • 실제에 근접한 색칠 • 원시적인 인간 형태
4단계	확장된 구체적 조작 • 체계와 관계 • 일반화	추상적 • 체계안에서 조직화된 상징과 상	복합적 • 보전개념 과정 • 행동의 결과 이해 • 원인과 결과 • 경험을 글로 표현하기 • 거리, 시간, 양의 개념 • 문제해결 규칙 • 성역할 개념 • 아이디어 평가	사실적 그림 • 사실적 해석 • 단순 지각의 사용 • 스카이라인 소멸 • 세밀한 부분에 대한 주의 • 정교화된 인간 모습

단계	인지양식	상징체계	추론 과정	도식적 양식
5단계	형식적 조작 • 일의 진행 방식 • 인지양식에 동화된 가치 • 결정 • 아이디어 산출 • 상위인지 • 평가	개념적 복합성 • 관념적인 '원인' • 논리적 관계 • 원칙	연결된 체계 • 과정과 결과 구분 • 집단 논리와 윤리 • 비형식적인 아이디어와 감정을 글로 전달하기 • 귀납적인 과정	자연적 • 자연적 배경 • 비율 • 세밀화된 관점 • 다양한 색 선택

부록 5

발달 단계별 주요 동기 체계

1단계

감각운동적 균형(Piaget, 1972)

원초아(Id), 본능적 에너지, 즐거움(A. Freud, 1942; S. Freud 1920/1955; Erikson, 1956)

애착(Bowlby, 1982, 1988)

따뜻함, 상실, 친사회적 모방, 양육자와의 유대감(Mahler, 1968/1987; Maccoby, 1980; Rutter, 1981)

불안이 유발되려는 상태(Brody & Axelrad, 1970)

기질(Thomas & Chess, 1977; Kagan, 1989)

생리 및 안전에 대한 욕구(Maslow, 1976, 1987)

2단계

불안 회피(Sullivan, 1953)

실제적 요구(S. Freud, 1920/1955)

소속감 및 사랑의 욕구(Maslow, 1987)

개별화(Mahler, Pine, & Bergman, 1975)
긴장 감소(Rapaport, 1960)
자율성(Erikson, 1968)

3단계

주도성, 두려움, 죄책감(Erikson, 1968)
동일시(A. Freud, 1973) 또는 모델 관찰(Bandura, 1977, 1986)을 통한 내면화
타율적 욕구(Kohlberg, 1981; Piaget, 1932/1960)
자긍심 욕구(Maslow, 1976; 1987)
자아-보호(Loevinger, 1976, 1987)

4단계

능력(White, 1963)
근면성 및 자긍심(Erikson, 1968, 1977)
일치(Loevinger, 1976)
법과 질서(Kohlberg, 1981)
타인을 위한 대리보상 및 공감(Aronfreed, 1968; Bandura, 1977)
내적 또는 외적 보상(Rosenhan, 1972) 또는 상호적 역할수행(Selman)을 통한 공감
의미추구(Fingarette, 1963; Ausubel, 1971)

5단계

대인 간 일치(Kohlberg, 1981)
자아 실현(Maslow, 1987)
양심적 일치(Loewald, 1962)
사회적 관습에 대한 동일시(Erikson, 1977)

부록 6

효과 입증 자료

- 〈표 1-1〉~〈표 1-4〉 : 아동이 습득한 사회-정서적 이정표 획득 점수
- 〈표 1-5〉~〈표 1-6〉 : 아동의 문제 행동 개선에 대한 부모 평가
- 〈표 1-7〉~〈표 1-8〉 : 발달적 치료-발달적 교수 프로그램에 참가한 후에 변화된 성인의 지도실제

〈표 1-1〉 사후 점수 평균

집단	n	점 수	행동	의사소통	사회화	학업	전체
시범집단	20	획득점수 예상점수	91.80 80.64	83.15 70.18	83.70 74.28	90.55 83.92	89.30 78.91
재연집단 1	33	획득점수 예상점수	44.39 26.73	34.88 23.00	32.48 19.74	31.30 17.35	34.42 19.92
재연집단 2	18	획득점수 예상점수	105.30 80.87	90.83 68.32	87.56 64.04	98.56 86.79	96.50 78.65
재연집단 3	16	획득점수 예상점수	94.94 78.73	79.31 71.49	79.12 67.99	86.62 83.41	84.62 77.46
재연집단 4	16	획득점수 예상점수	75.94 52.10	64.50 49.07	61.06 44.04	49.81 32.53	60.37 41.18
재연집단 5	9	획득점수 예상점수	79.33 57.13	51.67 35.20	53.33 37.41	38.89 28.82	50.33 36.03
전 체	112						
		획득점수 예상점수	77.18 58.55	64.42 50.34	62.90 48.38	63.85 52.93	66.36 52.44

주: 예상점수란 중재 전의 발달속도가 중재기간 동안에도 지속된다는 가정하에서 중재 없이 자연적으로 나타날 것으로 예측되는 향상 정도로서 이론적인 점수임.

〈표 1-2〉 비례변화지수(Proportional Change Indexs, PCIs) 평균

집단	프로그램 평균기간 (개월)	n	PCI 행동	PCI 의사소통	PCI 사회화	PCI 학업	PCI 전체
시범집단	19	20	2.153	2.827	2.014	1.671	1.972
재연집단 1	10	33	9.162	7.786	11.370	11.320	10.690
재연집단 2	18	18	3.217	3.074	4.377	2.523	2.632
재연집단 3	16	16	5.237	3.628	4.907	2.630	3.197
재연집단 4	7	16	7.331	5.757	5.018	6.444	5.869
재연집단 5	11	9	4.009	3.743	4.351	3.444	3.441
전 체		112					
PCI 평균			5.719	4.934	6.180	5.611	5.496
프로그램 평균기간	13						

〈표 1-3〉 사전, 사후 평균점수

	행동	의사소통	사회화	학업	전체
사전검사 점수(개월) 표준편차	50.06 31.81	43.19 29.70	41.40 28.15	45.36 36.75	44.90 31.32
사후검사 점수(개월) 표준편차	77.18 36.93	64.42 37.68	62.90 35.79	63.85 39.95	66.36 36.75
t 값	11.70	11.01	11.08	13.06	15.02
p 수준	0.0000	0.0000	0.0000	0.0000	0.0000
프로그램 평균기간 = 13개월					

〈표 1-4〉 사후검사에서의 획득 및 예상 점수 평균(연령집단별 개월 수)

	사후검사에서의 발달 연령		
	6세까지 n = 26	6~9세 n = 62	10~12세 n = 24
획득점수 SD	24.62 17.56	66.29 25.74	111.7 17.92
예상점수 SD	15.83 14.23	48.22 23.61	103.50 14.57
t 값	6.10	9.66	2.59
p 수준	.0000	.0000	.0165

주: 예상점수란 중재 전의 발달속도가 중재기간 동안에도 지속된다는 가정하에서 중재 없이 자연적으로 나타날 것으로 예측되는 향상 정도로서 이론적인 점수임.

〈표 1-5〉 심각한 문제행동의 발달적 치료 프로그램 사전-사후 비교(N=37)

	문제행동의 수 사전		문제행동의 수 사전		평균 차이에 대한 t 값
	평균	표준편차	평균	표준편차	
문제 영역					
행동	8.4	4.2	3.0	3.8	7.98**
의사소통	3.0	2.3	1.1	1.7	5.55**
사회화	2.2	1.8	0.8	1.1	5.01**
학업/인지	1.3	1.8	1.3	1.8	0.09**
요인 영역					
I. 공격적/적대적	5.5	3.4	2.3	3.2	4.33**
II. 부적절한/미숙한	3.6	2.6	1.2	1.8	7.17**
III. 불안/위축	2.2	1.8	0.8	1.2	4.47**
심각한 문제행동의 수	14.9	7.5	6.2	6.2	7.75**

주: 프로그램의 평균 실시기간은 11.5개월(SD = 6개월)

** $p < .005$

〈표 1-6〉 심각한 문제행동의 발달적 치료프로그램 사전-종료 2년 이후 비교(N=36)

	문제행동의 수 사전		문제행동의 수 종료 후 2년		평균 차이에 대한 t 값
	평균	표준편차	평균	표준편차	
문제 영역					
행동	7.0	4.1	3.4	4.3	4.12**
의사소통	3.0	2.4	1.4	2.0	3.59**
사회화	2.2	1.8	1.0	1.7	3.17**
학업/인지	1.3	2.0	0.8	1.4	1.34
요인 영역					
I. 공격적/적대적	4.8	3.3	2.3	2.9	4.62**
II. 부적절한/미숙한	3.4	2.5	1.5	2.5	3.53**
III. 불안/위축	2.1	1.8	1.2	1.7	2.41*
심각한 문제행동의 수	13.4	7.8	6.6	8.6	4.23**

주: 문제행동에 대한 평가는 평균적으로 프로그램 종료 후 25.6개월에 실시되었음(SD = 9.2개월).
프로그램에 참여한 평균 기간은 10.0개월이었음. 따라서 두 평가 시점 간의 평균 간격은 35.6개월이었음.
* $p < .05$ ** $p < .005$

〈표 1-7〉 발달적 치료-발달적 교수 프로그램 참여 후 변화된 DT/RITS 기술 항목 수

항목 수[a]	교사	사전		사후		차이		t 값	p 수준
	n	M	SD	M	SD	M	SD		
1	25	2.76	0.44	3.00	0.00	0.24	0.44	2.75	0.01
15	21	2.52	0.60	2.86	0.36	0.33	0.58	2.65	0.02
20	25	2.72	0.54	2.96	0.20	0.24	0.44	2.75	0.01
27	25	2.80	0.41	3.00	0.00	0.20	0.41	2.45	0.02
29	25	2.76	0.44	3.00	0.00	0.24	0.44	2.775	0.01
31	25	2.76	0.44	3.00	0.00	0.24	0.44	2.75	0.01
32	25	2.72	0.46	3.00	0.00	0.28	0.46	3.06	0.01
35	24	2.46	0.51	2.88	0.34	0.42	0.58	3.50	0.00
37	24	2.54	0.51	2.83	0.38	0.29	0.62	2.29	0.03
38	24	2.63	0.65	2.88	0.34	0.25	0.53	2.30	0.03
41	24	2.36	0.57	2.76	0.44	0.40	0.71	2.83	0.01
43	24	2.67	0.48	2.96	0.20	0.29	0.55	2.60	0.02
45	25	2.76	0.52	2.96	0.20	0.20	0.41	2.45	0.02
47	25	2.68	0.56	2.96	0.20	0.28	0.54	2.58	0.02
56	25	2.52	0.51	2.80	0.41	0.28	0.54	2.58	0.02
60	23	2.52	0.59	2.83	0.39	0.30	0.63	2.30	0.03
75	10	2.60	0.52	3.00	0.00	0.40	0.52	2.45	0.04

주: [a] 부록 2에 제시된 DT/RITS 중 2단계에 속한 수행 항목에 대응되는 항목 수임.

$^{*}p < .05$

〈표 1-8〉 훈련에 반응적인 항목 평가의 변화 백분율

항목 수[a]	DT/RITS 평가 백분율							
	"아니오"		"부분적으로"		"네"		변화율(%)	
	사전	사후	사전	사후	사전	사후	변화없음	+변화
1	0	0	24	0	76	100	76	24
15	5	0	38	14	57	86	57	43
20	4	0	20	4	76	96	76	24
27	0	0	20	0	80	100	80	20
29	0	0	24	0	76	100	76	24
31	0	0	24	0	76	100	76	24
32	0	0	28	0	72	100	72	28
35	0	0	54	13	46	87	50	50
37	0	0	46	17	54	83	54	46
38	8	0	21	13	71	87	79	21
41	4	0	56	24	40	76	48	52
43	0	0	33	4	67	96	63	37
45	4	0	16	4	80	96	80	20
47	4	0	24	4	72	96	76	24
56	0	0	48	20	52	80	64	36
60	4	0	39	17	57	83	65	35
75	0	0	40	0	60	100	60	40

주: [a] 부록 2에 제시된 DT/RITS 중 2단계에 속한 수행 항목에 대응되는 항목 수임.

부록 7

발달교육목표평정지(개정판) (DTORF-R)

이 름 ____________ 생년월일 ____________ 평가일 ____________
평가자 ____________ 학급 단계 ____________ 다음 중 하나에 표시하시오. 의뢰 □ 기초선 □ 중재중간 □ 종료 □

행 동

1단계

- □ 1. 감각자극을 인지함
  촉각 운동 청각
  미각 시각 후각
- □ 2. 감각자극에 주의를 기울임
- □ 3. 자극 원에 대해 지속적으로 주의를 기울임
- □ 4. 단순한 환경 자극에 동작으로 반응함
- □ 5. 언어적 설명과 함께 주어진 환경과 자극에 반응함
- □ 6. 자조기술을 배우고자 함
- □ 7. ▲여러가지 놀이감을 가지고 독립적으로 놀이함
- □ 8. ▲규칙적으로 이루어지는 활동을 기억함

2단계

- □ 9. 놀잇감을 적절하게 사용함
- □ 10. 물리적 제재 없이도 기다림
- □ 11. 물리적 제재 없이도 앉아서 하는 활동에 말과 행동으로 참여함
- □ 12. 물리적 제재 없이도 동작활동에 말과 행동으로 참여함
- □ 13. ▲자발적으로 말과 행동으로 활동에 참여함
- □ 14. ▲칭찬을 듣거나 성공을 한 후에도 행동을 잘 조절함

3단계

- □ 15. ▲개별과제를 스스로 완성함
- □ 16. 가정, 학교, 집단에서 기대되는 행동을 알고 있음
- □ 17. 가정, 학교, 집단의 기대에 대한 이유를 설명함
- □ 18. 적절한 대안 행동을 말함
- □ 19. ▲집단대표 선출에 적절히 참여함
- □ 20. ▲집단 내 다른 아동이 통제력을 잃고 행동할 때에도 바르게 행동함
- □ 21. ▲집단활동에서 적절한 말과 행동을 유지함

4단계

- □ 22. 자신의 향상을 인지하는 것이 나타남
- □ 23. 변화하는 집단 욕구를 충족시키기 위해 절차를 융통성있게 수정하는 것이 나타남.
- □ 24. 통제력을 갖고 새로운 경험에 참여함
- □ 25. 대안적인 행동을 시도함.
- □ 26. ▲분노를 유발하는 자극에 대해 통제력을 갖고 반응함
- □ 27. 자신의 행동 및 태도에 따른 책임을 수용함
- □ 28. ▲대인간 및 집단 문제의 해결책을 제시함

5단계

- □ 29. ▲직업과 관련된 새로운 기술을 배우려고 노력함
- □ 30. ▲집단 내에서 긍정적인 역할을 하려고 노력함
- □ 31. 법과 질서를 이해하고 수용함
- □ 32. 집단의 자치활동에 참여함
- □ 33. 개인적 문제를 통찰, 분석, 일반화를 통해 해결함

▲ = 성인의 직접적인 단서 제공이나 통제 없이 자발적으로 수행할 때 숙달로 평가되는 항목임

의사소통

1단계

- ☐ 1. 발성을 함
- ☐ 2. 말하는 사람에게 주의를 기울임
- ☐ 3. 언어적 자극에 동작으로 반응함
- ☐ 4. 이름이나 명칭을 알아들을 수 있게 말함
- ☐ 5. ▲자발적으로 물건, 사건을 묘사, 명명, 요구할 때 비슷한 단어를 알아들을 수 있게 사용함(유사단어나 자극을 사용함)
- ☐ 6. 성인에게 요구나 명명하기 위해 한 단어를 사용해서 말함
- ☐ 7. 자신이 원하는 대로 하도록 친구에게 한 단어로 말함
- ☐ 8. ▲성인의 시범 없이도 두 단어 이상을 사용하여 의미전달을 함

2단계

- ☐ 9. 질문이나 요구를 이해하고, 의미있고 관련된 단어를 사용하여 대답함
- ☐ 10. 언어 이해력이 나이에 비해 2년 이상 지체되지 않음
- ☐ 11. ▲명령, 질문, 요청할 때 수용될 수 있는 방법으로 단어를 연결하여 사용함
- ☐ 12. ▲성인과 최소한의 의견 교류를 위해 2단어 이상 사용함
- ☐ 13. 자신과 타인의 간단하고 분명한 특성을 묘사함
- ☐ 14. ▲또래와 최소한의 의견 교류를 위해 2단어 이상 사용함

3단계

- ☐ 15. ▲개인적인 경험, 생각, 작업을 설명하기 위해 2단어 이상 사용함
- ☐ 16. 감정을 2단어 이상의 말이나 몸짓으로 표현함
- ☐ 17. 집단토론에 적절하게 참여함
- ☐ 18. ▲자긍심 또는 자신을 긍정적으로 묘사하기 위하여 2단어 이상의 말이나 동작으로 표현함
- ☐ 19. 자신의 특성, 장점, 문제점을 묘사함
- ☐ 20. 타인의 특성을 묘사함
- ☐ 21. 타인의 감정을 인식함
- ☐ 22. 조별 작품에 대한 자부심을 2단어 이상으로 표현함

4단계

- ☐ 23. 예술과 같은 창작활동을 통해 감정이나 경험을 전달함.
- ☐ 24. 행동-22와 같음
- ☐ 25. 자신의 행동이 타인에게 어떻게 영향을 미치는지를 설명함
- ☐ 26. ▲집단 안에서 자신의 감정을 자발적으로, 적절하게 언어적으로 표현함
- ☐ 27. ▲언어적으로 긍정적인 관계를 시작함
- ☐ 28. ▲타인을 언어적으로 칭찬하고 지원함
- ☐ 29. ▲자신의 감정과 행동 간의 인과관계를 표현함

5단계

- ☐ 30. 복잡하고 비유적인 문장을 사용함
- ☐ 31. ▲회유적인 언어적 반응을 사용함
- ☐ 32. ▲타인의 기여를 인정하고 아이디어를 사용하여 타인을 지원함
- ☐ 33. 복합적인 동기와 가치를 서술함
- ☐ 34. ▲자신의 가치, 아이디어, 신념을 표현함
- ☐ 35. 긍정적인 대인 간 및 집단 관계를 유지하기 위해 의사소통 기술을 사용함

▲ = 성인의 직접적인 단서 제공이나 통제 없이 자발적으로 수행할 때 숙달로 평가되는 항목임

사 회 화

1단계

- ☐ 1. 타인을 인식함
- ☐ 2. 타인의 행동에 관심을 보임
- ☐ 3. 이름을 부르면 반응함
- ☐ 4. 내용이 있는 단독놀이를 함
- ☐ 5. 욕구충족을 위해 비언어적으로 성인과 상호작용을 함
- ☐ 6. 오라고 하는 언어적, 비언어적 지시에 따름
- ☐ 7. 자신에게 언어적으로 요구된 것을 이해함
- ☐ 8. 성인에게 요구나 명명하기 위해 한 단어로 말함
- ☐ 9. 자아(self)가 나타나기 시작함
- ☐ 10. ▲평행놀이를 함
- ☐ 11. 자신이 원하는 대로 하도록 또래에게 한 단어로 말함
- ☐ 12. ▲친숙한 성인과 상호작용을 시도함

2단계

- ☐ 13. ▲상징놀이를 보임
- ☐ 14. 물리적 제재 없이도 기다림
- ☐ 15. ▲또래와의 사회적 상호작용을 시도함
- ☐ 16. 언어적 지시에 따라 공유 활동에 참여함
- ☐ 17. 또래와 상호작용놀이를 함
- ☐ 18. ▲친구와 협동하여 구성 놀이 및 활동을 함

3단계

- ☐ 19. ▲재료를 함께 쓰고, 차례로 사용함
- ☐ 20. ▲또래의 적절한 행동을 모방함
- ☐ 21. 상황에 대한 가치평가(옳고 그름, 좋고 나쁨)를 함
- ☐ 22. 집단을 이끌거나 시범을 보임
- ☐ 23. 또래가 제안한 활동에 참여함
- ☐ 24. 자신의 경험을 일어난 순서에 따라 설명함
- ☐ 25. 또래에 대한 선호도를 보임으로써 우정이 발달함을 나타냄
- ☐ 26. ▲또래의 도움이나 칭찬을 받아내려고 함
- ☐ 27. ▲또래가 규칙을 따르도록 도움

4단계

- ☐ 28. 영웅 인물을 동일시함
- ☐ 29. 집단에서의 사회적 경험을 발생 순서에 따라 묘사함
- ☐ 30. ▲또래 집단에게 적절한 집단 활동을 제시함
- ☐ 31. 타인의 사회적 행동을 구별하여 인지하고 있음을 표현함
- ☐ 32. 타인의 의견을 들음
- ☐ 33. 자신에 대한 타인의 견해에 관심을 나타냄
- ☐ 34. 문제 해결을 제안함
- ☐ 35. 정반대되는 사회적 가치를 인정하고 구분함
- ☐ 36. 사회적 상황으로부터 추론을 해냄

5단계

- ☐ 37. ▲타인의 상황, 감정, 견해를 이해하고 존중함
- ☐ 38. ▲다양한 입장에서 타인과 성공적으로 상호 작용함
- ☐ 39. ▲사회적 상황에서 자신의 가치와 원칙을 기초로 개인적인 선택을 함
- ☐ 40. 목적, 타당한 것, 타당하지 않은 것, 자신의 실제와 이상 간의 차이를 묘사함으로써 자신을 이해하고 있음을 나타냄
- ☐ 41. ▲집단 및 개별적 관계를 유지함

▲ = 성인의 직접적인 단서 제공이나 통제 없이 자발적으로 수행할 때 숙달로 평가되는 항목임

학업 / 인지

1단계

- ☐ 1. 감각자극을 응시하거나 동작으로 반응하는 등 주의를 기울임
- ☐ 2. 자극원에 지속적으로 주의를 기울임
- ☐ 3. ▲움직임이나 발성을 통해 단기 기억을 보임
- ☐ 4. 언어적 설명과 함께 주어진 환경 자극에 동작으로 반응함
- ☐ 5. ▲단순하고 익숙한 성인의 행동을 모방함
- ☐ 6. 18개월 수준의 대소근육 운동 기술이 나타남
- ☐ 7. 친숙한 물체의 이름을 앎
- ☐ 8. 의사소통-4와 동일
- ☐ 9. ▲의사소통-5와 동일
- ☐ 10. 모양에 따라 물체를 끼어 맞춤
- ☐ 11. 자신의 신체부위를 앎(4곳 이상)
- ☐ 12. 그림 자료의 세부 내용에 대한 질문에 동작이나 한 단어로 맞게 반응함
- ☐ 13. 두 가지 유형의 물건을 분류함
- ☐ 14. 그림카드로 제시된 친숙한 물건, 동물, 사람의 이름을 한 단어로 말함(최소 3가지)

2단계

- ☐ 15. 친숙한 사물의 용도를 알고 있음
- ☐ 16. 3세 수준의 신체 협응 운동을 수행함(최소 2가지)
- ☐ 17. 3가지 그림 중 유사한 2개의 그림을 찾아냄
- ☐ 18. 3세 수준의 소근육 협응 활동을 수행함(최소 2가지)
- ☐ 19. 3가지 물체 중 다른 것 한 가지를 알아냄
- ☐ 20. 상반된 개념의 단어를 이해함(최소 3가지)
- ☐ 21. 모습은 다르지만 특성이 유사하거나 관련된 그림 자료를 분류함
- ☐ 22. 4까지 일대일 대응으로 셀 수 있음
- ☐ 23. 4가지 색깔과 3가지 모양의 이름을 말하거나 지적함
- ☐ 24. 같은 것과 다른 것을 찾으라는 지시를 번갈아가면서 했을 때 정확하게 반응함
- ☐ 25. 일대일 대응으로 10까지 셀 수 있음
- ☐ 26. 5세 수준의 눈과 손의 협응을 수행함(최소 2가지)
- ☐ 27. 숫자, 디자인, 대문자를 구별함
- ☐ 28. 5세 수준의 신체 협응 운동을 수행함(최소 2가지)
- ☐ 29. 한 묶음이 5개 이하인 경우 세지 않고도 그 수를 앎
- ☐ 30. 5세 수준의 기억력을 보임
- ☐ 31. 3장으로 된 이야기 그림 카드를 순서대로 놓음

3단계

- ☐ 32. 6세 수준의 눈과 손의 협응기술을 수행함(최소 2가지)
- ☐ 33. 6세 수준의 신체협응 활동을 수행함(최소 2가지)
- ☐ 34. 기본적인 기초단어 50개를 읽음
- ☐ 35. 10개 이하의 물건을 세고 쓸 수 있음
- ☐ 36. 기초단어 50개를 쓸 수 있음
- ☐ 37. 동화책을 듣고 내용과 순서를 이해함
- ☐ 38. 타인의 행동을 설명함
- ☐ 39. 기본적 문장을 이해하고 읽음
- ☐ 40. 1~9까지 숫자로 덧셈, 뺄셈을 함
- ☐ 41. 간단한 상황에서 비논리적인 부분을 알아냄
- ☐ 42. 이야기에 대한 질문에 문장으로 답을 적음
- ☐ 43. 초등학생들의 전형적인 활동, 게임이나 신체적 기술을 수행함(최소 2가지)
- ☐ 44. 짧은 글을 만들 수 있음(3문장 정도)
- ☐ 45. 덧셈, 뺄셈, 시간, 돈에 포함된 기초적인 수 개념을 앎
- ☐ 46. 시간, 길이, 양을 의미하는 단어를 읽고 설명함
- ☐ 47. 짧은 글을 읽고, 그 내용 속의 인물이나 사건에 대해 말함
- ☐ 48. 장소가치, 재분류, 곱셈, 크기와 관계에 관한 수치계산을 함

4단계

- ☐ 49. 정보, 사건, 감정을 적어서 전달함
- ☐ 50. 100까지 곱셈과 나눗셈을 함
- ☐ 51. ▲취미 생활 및 정보 획득을 위해 독서를 함
- ☐ 52. 만 원 상당의 돈을 계산할 수 있음
- ☐ 53. 소설의 등장인물 특성을 묘사하고 동기를 설명함
- ☐ 54. 문법을 적용하여 작문을 함.
- ☐ 55. 사회화-35와 동일함.
- ☐ 56. 간단한 논리문제를 풀기위해서 측정단위(시간, 길이, 양)를 사용함

5단계

- ☐ 57. 최근의 시사문제에 관해 타인의 의견을 구함
- ☐ 58. 문서로 된 자료에서 의견과 사실을 구분함
- ☐ 59. 사회적 상황에서 타인의 비논리적이고 비일관된 행동을 알아챔
- ☐ 60. 분수, 소수점, 음수가 포함된 문장제 문제를 품
- ☐ 61. 행동-33과 동일함
- ☐ 62. ▲시민이나 일꾼으로 활동할 때 학업 기술을 독립적으로 사용함

▲ = 성인의 직접적인 단서 제공이나 통제 없이 자발적으로 수행할 때 숙달로 평가되는 항목임

비 고

부모 서명

가족/서비스 협력자 서명

일반 교사 서명

특수 교사 서명

DTORF-R 요약 (∨ 표시된 숙달 항목의 수)

숙달된 행동 항목 ________

숙달된 의사소통 항목 ________

숙달된 사회화 항목 ________

숙달된 학업/인지 항목 ________

DTORF-R의 숙달 항목 총계

발달 단계 ________

평가시의 생활 연령 ________

참고문헌

Ainsworth, M. D. S. (1973). The development of infant-mother attachment. In B. M. Caldwell & H. N. Ricciuti (Eds.), *Review of child development research* (Vol. 3, pp. 1-94). Chicago: University of Chicago Press.

Allison, K. W., & Lerner, R. M. (1993). Integrating research, policy, and programs for adolescents and their families. In R. M. Lerner (Ed.), *Early adolescence* (pp. 17-22). Hilsdale, NJ: Erlbaum.

Alpern, G. D., Boll, T. J., & Shearer, M. S. (1986). *The Developmental Profile-II*. Los Angeles: Western Psychological Services.

American Psychiatric Association. (1993). Significant achievement awards. Clinical and special education services for severly disturbed children: Developmental Therapy Program-Rutland Psychoeducational Services, Athens, Georgia. *Journal of Hospital and Community Psychiatry, 44*, 994-996.

Anthony, E. J. (1976). The genesis of oppositional behavior. In E. J. Anthony & D. C. Gilpin (Eds.), *Three clinical faces of childhood*. New York: Spectrum.

Arllen, N. L., Gable, R. A., & Hendrickson, J. M. (1994). Toward an understanding of the origins of aggression. *Preventing School Failure, 38*, 18-23.

Arnold, J. (1984). Values of exceptional students during early adolescences. *Exceptional Children, 51*, 230-234.

Aronfreed, J. (1968). *Conduct and conscience: The socialization of internalized control over behavior*. New York: Academic Press.

Arwood, E. L. (1991). *Semantic and pragmatic language disorders* (2nd ed.). Gaithersburg, MD:

Aspen.

Ausubel, D. P. (1971). Motivational issues in cognitive development. In T. Mischel (Ed.), *Cognitive development and epistemology* (pp. 357-361). San Diego, CA: Academic Press.

Ausubel, D. P., Sullivan, E. V., & Ives, S. W. (1980). *Theory and problems of child development* (3rd ed., pp. 79-81, 285-290). New York: Grune & Stratton.

Bachrach, A. W., Mosley, A. R., Swindle, F. L., & Wood, M. M. (1978). *Development therapy for young children with autistic characteristics.* Austin, TX: PRO-ED.

Bailey, D. B., & Wolery, M. (1992). Promoting social competence. In D. B. Bailey & M. Wolery (Eds.), *Teaching infants and preschool children with disabilities* (2nd ed., pp. 257-297). New York: Merrill.

Bandura, A. (1977). *Social learning theory.* Englewood Cliffs, NJ: Prentice-Hall.

Bandura, A. (1986). *Social foundations of thought and action: A social cognitive theory.* Englewood Cliffs, NJ: Prentice-Hall.

Bandura, A., & Walters, R. H. (1963). *Social learning and personality development.* Troy, MO: Holt, Rinehart & Winston.

Barbour, N. H., & Seefeldt, C. (1993). *Developmental continuity across preschool and primary grades.* Wheaton, MD: Association for Childhood Education International.

Barnett, D. W., Macmann, G. M., & Carey, K. T. (1991). Early intervention and the assessment of development skills: Challenges and directions. *Topics in Early Childhood Special Education, 12,* 21-43.

Battelle Developmental Inventory Screening Test. (1988). Allen, TX: DLM Teaching Resources.

Bayley, N. (1969). *The Bayley Scales of Infant Development* (2nd ed.).

San Antonio, TX: The Psychological Corporation.

Beckman, P. J., & Lieber, J. (1992). Parent-child social relationships and peer social competence of preschool children with disabilities. In S. L. Odom, S. R. McConnell, & M. A. McEvoy (Eds.), *Social competence of young children with disabilities* (chap. 3). Baltimore: Paul H. Brookes.

Benkmann, K. -H., & Bergsson, M. (1994). Der entwicklungstherapeutische Ansatz einer P ägogik f ür Kinder und Jugendiche mit Verhaltensst örungen. In K. H. Benkman & K. Saueressig (Eds.), *Födern durch flexible Erziehungshilfe* (pp. 73-93). Vds Landesverband Nordrhein-Westfalen e. V., Fachverband f ür Behindertenpadagogik.

Bennnett, W. J. (1993). *The book of virtues.* New York: Simon & Schuster.

Benson, P. L., Williams, D. L., & Johnson, A. L. (1987). *The quick silver years: The hopes and fears of early adolescence.* New York: HarperCollins.

Bergsson, M. (1993). *Entwicklungstherapie im klassenzimmer.* Kettwig, Germany: Sonderp äogogisches

Föderzentrum für Erziehungshifle.

Bettelheim, B. (1977). *The uses of enchantment.* New York: Vintage Books.

Blos, P. (1979). *The adolescent passage: Developmental issues.* New York: International University Press.

Bowlby, J. (1973). *Attachment and loss: Separation, anxiety, and anger* (Vol. 2). New York: Basic Books.

Bowlby, J. (1980). *Attachment and loss: Loss, sadness, and depression* (Vol. 3). New York: Basic Books.

Bowlby, J. (1982). *Attachment and loss* (Vol. 1, 2nd ed.). New York: Basic Books.

Bowlby, J. (1988). *A secure base: Parent-child attachment and healthy human development.* New York: Basic Books.

Bowlby, J. (1989). *The making and breaking of affectional bonds.* London: Routledge.

Bowman, B. T., & Stott, F. M. (1994). Understanding development in a cultural context. In B. L. Mallory & R. S. New (Eds.), *Diversity and developmentally appropriate practices* (chap. 6). Bowlby, J. (1973). Attachment and loss: Separation, anxiety, and anger (Vol. 2). New York: Teachers College Press.

Braatten, S. (1982a). *Behavioral objective sequencing.* Minneapolis: Minnesota Public Schools, Special Education Program.

Braaten, S. (1982b). A model for assessment and placement of emotionally disturbed students in special education. In M. M. Noel & N. Haring (Eds.), *Progress or change: Issues in educating the emotionally disturbed* (Vol. 1). Seattle: University of Washington, Program Development Assistance System.

Brazelton, T. B. (1994). *Preface to Heart Start: The emotional foundations of school readiness* (p. 5). Zero to Three Project, National Center for Clinical Infant Program, Children' s Hospital Medical Center, Boston, MA.

Bredekamp, S. (Ed.). (1987). *Developmentally appropriate practice in early childhood programs serving children from birth through age 8.* Washington, DC: National Association for the Education of Young Children.

Brendtro, L. K., Brokenleg, M., & Van Bockern, S. (1990). *Reclaiming youth at risk: Our hope for the future.* Bloomington, IN: National Educational Service.

Bretherton, I. (1987). New perspectives on attachment relations: Security, communication, and internal working models. In J. D. Osofsky (Ed.), *Handbook of infant development* (2nd ed., pp. 1061-1100). New York: Wiley.

Brigance, A. H. (1991). *Brigance Diagnostic Inventory of Early Development, revised.* North Billerica, MA: Curriculum Associates.

Brittain, C. V. (1968). An exploration of the bases of peer compliance and parent compliance in adolescence. *Adolescence, 2,* 445-458.

Brody, S., & Axelrad, S. (1970). *Anxiety and ego formation in infancy.* New York: International Universities Press.

Brown, L. M., & Gilligan, C. (1992). *Meeting at the crossroads.* Cambridge, MA: Harvard University Press.

Buhrmester, D. (1990). Intimacy of friendship, interpersonal competence and adjustment during preadolescence and adolescence. *Child Development, 61*(4), 1101-1111.

Bullis, M., & Gaylord-Ross, R. (1991). *Moving on: Transitions for youth with behavioral disorders.* Reston, VA: Council for Exceptional Children.

Canfield, J., & Wells, H. C. (1994). *100 ways to enhance self-concept in the classroom* (2nd ed.). Needham Heights, MA: Allyn & Bacon.

Cardillo, J. E., & Smith, A. (1994). Psychometric issues. In T. J. Kiresuk, A. Smith, & J. E. Cardillo (Eds.), *Goal attainment scaling: Applications, theory, and measurement* (chap. 9.) Hillsdale, NJ: Erlbaum.

Carta, J. J., Schwartz, I. S., Atwater, J. B., & McConnell, S. R. (1991). Developmentally appropriate practice: Appraising its usefulness of young children with disabilities. *Topics in Early Childhood Special Education, 11,* 1-20.

Children' s Defense Fund. (1994). *The state of America's children yearbook, 1994.* Washington, DC: Author.

Clark, T. C. (1989). *Home-based services for infants, toddlers and preschool age deaf-blind, multihandicapped sensory impaired.* Logan, UT: SKI HI Institute.

Cooper, C. R., & Cooper, R. G. (1992). Links between adolescents' relationships with their parents and peers: Models, evidence, and mechanisms. In R. D. Parke & G. W. Ladd (Eds.), *Family peer relationships: Modes of linkage* (pp. 135-158). Hillsdale, NJ: Erlbaum.

Coopersmith, S. (1967). *The antecedents of self-esteem.* San Francisco: W. H. Freeman.

Cramer, P. (1990). *The development of defense mechanisms.* New York: Springer-Verlag.

Damon, W. (1988). *Self-understanding in childhood and adolescence.* New York: Cambridge University Press.

Davis, K. R. (1983). *Rutland Center Developmental Therapy Outreach Project, 1982-1983 annual report.* (Grant No. G008200730). Washington, DC: U.S. Department of Education.

Davis, K. R. (1985). *Rutland Center Developmental Therapy Outreach Project, 1984-1985 annual report.* (Grant No. G00840193). Washington, DC: U.S. Department of Education.

Davis, K. R. (1994a). *Developmental Therapy Outreach Project annual report.* (Grant No. H0 24 D90014). Washington, DC: U.S. Department of Education, Office of Special Education

Programs, Early Education Programs for Children with Disabilities.

Davis, K. R. (1994b). Rutland Center Developmental Therapy model. In *Educational programs that work: The catalogue of the National Diffusion Network* (20th ed.). Longmont, CO: Sopris West.

Developmental Therapy Institute. (1992). *The Developmental Teaching Objectives for the DTORF-R: Assessment and teaching of social-emotional competence* (4th ed.). Athens, GA: Author.

Dubow, E. F., Huesmann, L. R., & Eron, L. D. (1987). Childhood correlates of adult ego development. *Child Development, 58,* 859-864.

Edward, J., Ruskin, N., & Turrini, P. (1992). *Separation/individuation: Theory and application* (2nd ed.). New York: Brunner/Mazel.

Eggert, L. L. (1994). *Anger management for youth: Stemming aggression and violence.* Bloomington, IN: National Educational Service.

Eisenberg, N., Miller, P. A., Shell, R., McNalley, S., & Shea, C. (1991). Prosocial development in adolescence: A longitudinal study. In B. Puka (Ed.), *Moral development* (Vol. 7, pp. 1-7). New York: Garland.

Erikson, E. H. (1950/1963). *Childhood and society* (2nd ed.) New York: W. W. Norton.

Erikson, E. H. (1956). The problem of ego identity. *Journal of the American Psychoanalytic Association, 4,* 56-121.

Erikson, E. H. (1959). Identity and the life cycle. In G. S. Klein (Ed.), *Psychological Issues* (Vol. 1, pp. 18-171). New York: International Universities Press.

Erikson, E. H. (1959 /1980). *Identity and the life cycle.* New York: W. W. Norton.

Erikson, E. H. (1964). *Insight and responsibility.* New York: W. W. Norton.

Erikson, E. H. (1968). *Identity, youth and crisis.* New York: W. W. Norton.

Erikson, E. H. (1972). Play and actuality. In M. W. Piers (Ed.), *Play and development* (pp. 127-167). New York: W. W. Norton.

Erikson, E. H. (1977). *Toys and reasons.* New York: W. W. Norton.

Feather, N. T. (1980). Values in adolescence. In J. Adelson (Ed.), *Handbook of adolescent psychology* (pp. 247-294). New York: Wiley.

Fingarette, H. (1963). *The self in transformation.* New York: Basic Books.

Flavell, J. H., Miller, P. H., & Miller, S. A. (1993). *Cognitive development* (3rd ed.). Englewood Cliffs, NJ: Prentice-Hall.

Freud, A. (1942). *The ego and the mechanisms of defense.* Longon: Hogarth Press.

Freud, A. (1965). *Normality and pathology in childhood: Assessments of development.* New York: International Universities Press.

Freud, A. (1973). The concept of developmental lines. In S. G. Sapir & A. C. Nitzburg (Eds.),

Children with learning problems (pp. 19-36). New York: Brunner/Mazel

Freud, S. (1920/1955). *Beyond the pleasure principle* (Standard ed., Vol. 198). London: Hogarth Press.

Freud, S. (1936). *The problem of anxiety.* New York: Psychoanalytic Quarterly Press and W. W. Norton.

Gallatin, J. (1980). Political thinking in adolescence. In J. Adelson (Ed.), *Handbook of adolescent psychology* (pp. 344-382). New York: Wiley.

Gesell, A., & Amatruda, C. (1975). *Developmental diagnosis* (3rd ed.). New York: HarperCollins.

Geter, B. A. B. (1992). Longitudinal cost study of preschool children with severe emotional disabilities. *Georgia Pschoeducational Network (GPN) Research Report, 5,* 17-30.

Ginzberg, E. (1972). Toward a theory of occupational choice: A restatement. *Vocational Guidance Quarterly, 20,* 169-176.

Glasser, S. W. (1965). *Reality therapy.* New York: HarperCollins.

Glasser, S. W. (1989). Control theory. In N. Glasser (Ed.), *Control theory in the practice of reality therapy* (pp. 1-15). New York: HarperCollins.

Goals 2000: Educate America Act (1994, March 31). Senate Bill S. 846. Washington, DC: U.S. Department of Education.

Goldman, E. G. (1981). Activities for physical skills development. In M. M. Wood (Ed.), *Developmental Therapy sourcebook* (Vol. 1, chap. 5). Austin, TX: PRO-ED.

Goldstein, H., & Gallagher, T. M. (1992). Strategies for promoting the social communicative competence of young children with specific language impairment. In S. L. Odom, S. R. McConnell, & M. A. McEvoy (Eds.), *Social competence of young children with disabilities* (chap. 8). Baltimore: Paul H. Brookes.

Goncu, A. (1987). Toward an interactional model of developmental changes in social pretend play. In L. G. Katz (Ed.), *Current topics in early childhood education* (Vol. 7, pp. 108-125). Norwood, NJ: Ablex.

Greenspan, S. (1992). *Infancy and early childhood: The practice of clinical assessment and intervention with emotional and developmental challenges.* Madison, CT: International Universities Press.

Gunn, A. L. (1985). *A comparison of behaviors and developmental ratings between mentally retarded authistic and mentally retarded nonautistic children* (Doctoral dissertation, University of Georgia, 1984). *Dissertation Abstracts International, 45,* 2835A.

Guralnick, M. J. (1990). Social competence and early intervention. *Journal of Early Intervention, 14,* 3-14.

Guralnick, M. J. (1992). A hierarchical model for understanding children's peer-related social competence. In S. L,. Odom, S. R. McConnell, & M. A. McEvoy (Eds.), *Social competence of young children with disabilities* (chap. 2). Baltimore: Paul H. Brookes.

Head Start Program Performance Standards. (1995). (45-CFR 1304). Washington, DC: U. S. Department of Health and Human Services.

Hendrick, S. W. (1981). Teacher-made stories: A bridge for basic communication and social skills with autistic children. In M. M. Wood (Ed.), *Developmental Therapy Sourcebook* (Vol. 2, chap. 3). Austin, TX: PRO-ED.

Hoffman, M. L. (1980). Moral development in adolescence. In J. Adelson (Ed.), *Handbook of adolescent psychology* (pp. 295-343). New York: Wiley.

Holland, S. H. (1991). Positive role models for primary-grade black inner-city males. *Equity and Excellence: The University of Massachusetts School of Education Journal, 25,* 40-44.

Honig, A. S. (1990). Infant/toddler education issues: Practices, problems, and promises. In C. Seefeldt (Ed.), *Continuing issues in early childhood education* (chap. 4). Columbus, OH: Merrill.

Howes, C., Droege, K. D., & Philipsen, L. (1992). Contributions of peers to socialization in early childhood. In M. Gettinger, S. N. Elliott, & T. R. Kratochwill (Eds.), *Preschool and early childhood treatment directions* (pp. 113-150). Hillsdale, NJ: Erlbaum.

Howes, C., Rodning, C., Galluzzo, D. C., & Meyers, L. (1988). Attachment and child care: Relationships with mother and caregiver. *Early Childhood Research Quarterly, 3,* 403-416.

Hoyt, J. H. (1978). Georgia's Rutland Center. *American Education, 14,* 27-32.

Hyman, I. A. (in press). *Teacher variance: A multidisciplinary approach to school discipline.* Needhan Heights, MA: Allyn & Bacon.

Ilg, F. L., Ames, L. B., & Baker, S. M. (1981/1992). *Child behavior.* New York: HarperCollins.

Ivey, A. E. (1986). *Developmental therapy.* San Francisco: Jossey-Bass.

Ivey, A. E. (1994). *Intentional interviewing and counseling* (3rd ed.). Pacific Grove, CA: Brooks/Cole.

Journal of Emotional and Behavioral Problems. (1993). International Year of the Family, 2(4) [entire issue].

Journal of Emotional and Behavioral Problems. (1994). Inclusion of Troubled Children, 3(3) [entire issue].

Kagan, J. (1982). The emergence of self. *Journal of Child Psychology and Psychiatry and Allied Disciplines, 23,* 363-381.

Kagan, J. (1989). *Unstable ideas: Temperament, cognition, and self.* Cambridge, MA: Harvard University Press.

Kandel, D., & Lesser, G. (1969). Parental and peer influence on vocational plans of adolescents.

American Sociological Review, 34, 213-223.

Kauffman, J. M. (1993). *Characteristics of emotional and behavioral disorders of children and youth* (5th ed.). New York: Merrill.

Kauffman, J. M., & Hallahan, D. P. (Eds.). (1995). *The illusion of full inclusion.* Austin, TX: PRO-ED.

Kaufman, A. S., Paget, K. D., & Wood, M. M. (1981). Effectiveness of Developmental Therapy for severely emotionally disturbed children. In F. H. Wood (Ed.), *Perspectives for a new decade* (pp. 176-188). Reston, VA: Council for Exceptional Children.

Kegan, R. (1982). *The evolving self,* Cambridge, MA: Harvard Unviersity Press.

King, C. S. (1987). *The words of Martin Luther King, Jr.* New York: Newmarket Press.

Kiresuk, T. J., Smith, A., & Cardillo, J. E. (1994). *Goal attainment scaling: Applications, theory, and measurement.* Hillsdale, NJ: Erlbaum.

Knoblock, P. (1982). *Teaching emotionally disturbed children* (pp.110, 215, 233-235). Boston: Houghton Mifflin.

Kohlberg, L. (1981). *The philosophy of moral development: Moral stages and the idea of justice. Essays on moral development* (Vol. 1). New York: HarperCollins.

Kohlberg, L. (1984). *The psychology of moral development: Moral stages and the life cycle. Essays on moral development* (Vol. 2). New York: HarperCollins.

Kohlberg, L., & Hersh, R. H. (1977). Moral development: A review of the theory. *Theory into Practice, 16,* 53-58.

Kohlberg, L., & Turiel, E. (1971). *Research in moral development: The cognitive developmental approach.* Troy, MO: Holt, Rinehart & Winston.

Kuykendall, C. (1992). *From rage to hope: Strategies for reclaiming Black and Hispanic students.* Bloomington, IN: National Educational Service.

Lam, M. S., Powers, S. I., Noam, G. G., Hauser, S. T., & Jacobson, A. M. (1993). Parental moral stage and adolescent moral development. In J. Demick, K. Bursik, & R. DiBiase (Eds.), *Parental development* (pp. 75-85). Hillsdale, NJ: Erlbaum.

Larsen, L. E. (1972). The influence of parents and peers during adolescence: The situation hypothesis revisited. *Journal of Marriage and the Family, 34,* 67-74.

Lerner, R. M. (Ed.). (1993). *Early adolescence.* Hillsdale, NJ: Erlbaum.

Lewis, M. (1990). Challenges to the study of developmental psychopatholoy. In M. Lewis & S. Miller (Eds.), *Handbook of developmental psychopathology* (pp. 30-31). New York: Plenum Press.

Lewis, M. (1993). The emergence of human emotions. In M. Lewis & J. M. Haviland (Eds.), *Handbook of emotions* (pp. 223-235). New York: Guilford Press.

Lewis, M., & Rosenblum. L. A. (Eds.). (1978). *The development of affect.* New York: Plenum Press.

Lickona, T. (1985). *Raising good children.* New York: Bantam Books.

Lickona, T. (1991). *Educating for character: How our schools can teach respect and responsibility.* New York: Bantam Books.

Loevinger, J. (1976). *Ego development.* San Francisco: Jossey Bass.

Loevinger, J. (1987). *Paradigms of personality.* New York: W. H. Freeman.

Loewald, H. W. (1962). The super-ego and the ego ideal. II: Superego and time. *International Journal of Psycho-Analysis, 43,* 264-268.

Lowenfeld, V., & Brittain, W. L. (1970). *Creative and mental growth* (5th ed.). New York: Macmillan.

Maccoby, E. E. (1980). *Social development.* Orlando, FL: Harcourt Brace Jovanovich.

Madsen, K. B. (1968). *Theories of motivation* (4th ed.). Kent, OH: Kent State University Press.

Mahler, M. S. (1968/1987). *On human symbiosis and the vicissitudes of individuation: Infantile psychosis* (Vol. 1). Madison, CT: International Universities Press.

Mahler, M. S., Pine, F., & Bergman, A. (1975). *The psychological birth of the human infant.* New York: Basic Books.

Maloney, F. P., Mirrett, P., Brooke, C., & Johannes, K. (1978). Use of the goal attainment scale in treatment and ongoing evaluation of neurologically handicapped children. *American Journal of Occupational Therapy, 32,* 505-510.

Margalit, M., Weisel, A., Heiman, T., & Shulman, S. (1988). Social skills and family climate of behaviorally disordered adolescents. *Behavioral Disorders, 13,* 253-262.

Marshall, E. K., & Kurtz, P. D. (1982). *Interpersonal helping skills.* San Francisco: Jossey-Bass.

Martens, B. K., Peterson, R. L., Witt, J. C., & Cirone, S. (1986). Teachers perceptions of school-based interventions. *Exceptional Children, 53,* 213-223.

Maslow, A. H. (1976). *The father reaches of human nature.* New York: Penguin.

Maslow, A. H. (1987). *Motivation and personality* (3rd ed.). New York: HarperCollins.

McCarty, B. C. (1992). The effect of race, socioeconomic status and family status on the interpersonal understanding of preadolescents and adolescents with severe emotional disturbance (Doctoral dissertation, University of Georgia, 1992). *Dissertation Abstracts International, 54,* 485A.

McCollum, J. A., & Blair, H. (1994). Research in parent-child interaction. In B. L. Mallory & R. S. New (Eds.), *Diversity and developmentally appropriate practices.* New York: Teachers College Press.

Moreno, J. L. (1972). *Psychodrama* (Vol. 3, 4th ed.). New York: Beacon House.

Moreno, J. L., & Moreno, Z. T. (1969). *Psychodrama* (Vol. 3). New York: Beacon House.

Moreno, Z. T. (1959). A survey of psychodramatic techniques. *Group Psychotherapy, 12,* 5-14.

Morgan, S. R. (1991). Responses to feelings and emotional well-being. In S. R. Morgan & J. A. Reinhart (Eds.), *Interventions for students with emotional disorders* (chap. 6). Austin, TX: PRO-ED.

Mussen, P. H., Conger, J. J., Kagan, J., & Huston, A. C. (1990). *Child development & personality* (7th ed.). New York: HarperCollins.

Myers, J. (1993). Curricular designs that resonate with adolescents' way of knowing. In R. M. Lerner (Ed.), *Early adolescence* (pp. 191-205). Hillsdale, NJ: Erlbaum.

Myles, B. S., & Simpson, R. L. (1994). Understanding and preventing acts of aggression and violence in school-age children and youth. *Preventing School Failure, 38,* 40-46.

National Center for Clinical Infant Programs. (1992). *Heart Start: The emotional foundations of social readiness.* Boston: Children's Hospital Medical Center, Zero to Three Project.

Neel, R. S., & Cessna, K. K. (1993). Behavioral intent: Instructional content for students with behavioral disorders. In K. K. Cessna (Ed.), *Instructional differentiated programming: A needs-based approach for students with behavior disorders* (pp. 31-39). Denver, CO: Colorado Department of Education.

New, R. S., & Mallory, B. L. (1994). Introduction: The ethic of inclusion. In B. L. Mallory & R. S. New (Eds.), *Diversity and developmentally appropriate practices.* New York: Teachers College Press.

Newborg, J., Stock, J. R., Wnek, L., Guidabaldi, J., & Svinicki, J. (1984). *Battelle Developmental Inventory Screening Test.* Allen, TX: DLM-Teaching Resources.

Newman, V. S., Romack, C. (1981). Leisure time activities for autistic adolescents. In M. M. Wood (Ed.), *Developmental Therapy sourcebook* (Vol. 1, chap. 7). Austin, TX: PRO-ED.

Odom, S. L., McConnell, S. R., & McEvoy, M. A. (1992a). Peer related social competence and its significance for young children with disabilities. In S. L. Odom, S. R. McConnell, & M. A. McEvoy (Eds.), *Social competence of young children with disabilities* (pp. 3-37). Baltimore: Paul H. Brookes.

Odom, S. L., McConnell, S. R., & McEvoy, M. A. (Eds.).(1992b). *Social competence of young children with disabilities.* Baltimore: Paul H. Brookes.

Osborn, A. F. (1963). *Applied imagination* (3rd ed.). New York: Charles Scribner's Sons.

Ostrosky, M. M., Skellenger, A. C., Odom, S. L., McConnell, S. R., & Peterson, C. (1994). Teachers' schedules and actual time spent in activities in preschool special education classes. *Journal of Early Intervention, 18,* 25-33.

Paget, M, & Stueck, L. (1981). The playground as a classroom. In M. M. Wood (Ed.), *Developmental Therapy sourcebook* (Vol. 1, chap. 4). Austin, TX: PRO-ED.

Parke, R. D., Burks, V. M., Carson, J. L., Neville, B., & Boyum, L. A. (1994). Family-peer relationships: A tripartite model.

In R. D. Parke & S. G. Kellam (Eds.), *Exploring family relationships with other social contexts* (pp. 115-145). Hillsdale, NJ: Erlbaum.

Parke, R. D., Cassidy, J., Burks, V. M., Carson, J. L., & Boyum, L. A. (1992). Familial contributions to peer competence among young children: The role of interactive and affective processes.

In R. D. Parke & G. W. Ladd (Eds.), *Family-peer relationships: Modes of linkage* (pp. 107-131). Hillsdale, NJ: Erlbaum.

Parker, J. G., & Gottman, J. M. (1988). Social and emotional development in a relational context: Friendship interaction from early childhood to adolescence. In T. J. Berndt & G. W. Ladd (Eds.), *Peer relations in child development* (pp. 188-205). New York: Wiley.

Parnes, S. J. (1992). *Source book for creative problem-solving: A fifty year digest of proven innovation processes.* Buffalo, NY: Creative Education Foundation.

Parten, M. (1932). Social participation among preschool children. *Journal of Abnormal and Social Psychology, 27,* 243-269.

Patterson, G. R. (1988). Family processes: Loops, levels, and linkages. In N. Bolger, A. Capsi, G. Downey, & M. Moorehouse (Eds.), *Persons in context: Developmetal processes.* New York: Cambridge University Press.

Piaget, J. (1932/1960). *The moral judgment of the child.* New York: Free Press.

Piaget, J. (1937/1954). *The construction of reality in the child.* New York: Basic Books.

Piaget, J. (1951/1962). *Play, dreams, and imitation in childhood.* New York: W. W. Norton.

Piaget, J. (1952). *The origins of intelligence in children.* New York: International Universities Press.

Piaget, J. (1967). *Six psychological studies.* New York: Random House.

Piaget, J. (1972). Some aspects of operations. In M. W. Piers (Ed.), *Play and development* (pp. 15-27). New York: W. W. Norton.

Piaget, J. (1977). *The development of thought: Equilibration of cognitive structures.* New York: Viking Press.

Pianta, R. C., & Nimetz, S. L. (1992). Development of young children in stressful contexts: Theory, assessment, and prevention. In M. Gettinger, S. N. Eliott & T. R. Kratochwill (Eds.), *Preschool and early childhood treatment directions* (pp. 151-185). Hillsdale, NJ: Erlbaum.

Presland, J., & White, P. (1990). Preparing teachers for a support role in dealing with adjustment problems in secondary schools. In R. M. Gupta & P. Coxhead (Eds.), *Intervention with children* (pp. 76-93). London: Routledge.

Purvis, J. (1981). The language is music. In M. M. Wood (Ed.), *Developmental Therapy sourcebook* (Vol. 1, chap. 3). Austin, TX: PRO-ED.

Quirk, C. (1993). Skill acquisition of in-service teachers of students with emotional and behavioral disabilities (Doctoral dissertation, University of Georgia, 1993). *Dissertation Abstracts International, 54,* 2116A.

Ramsey, E., & Walker, H. M. (1988). Family management correlates of antisocial behavior among middle school boys. *Behavioral Disorders, 13,* 187-201.

Rapaport, D. (1960). The structure of psychoanalytic theory. In G. S. Klein (Ed.), *Psychological issues* (Vol. 2, pp. 7-158). New York: International Universities Press.

Rasch, G. (1960). *Probabilistic models for some intelligence and attainment tests.* Copenhagen: Paedogogiske Institute.

Reinhart, J. A. (1991). Management of instruction. In S. R. Morgan & J. A. Rinehart (Eds.), *Interventions for students with emotional disorders* (chap. 5). Austin, TX: PRO-ED.

Rich, H. L. (1982). *Disturbed students, characteristics and educational strategies* (pp. 292-295). Baltimore, MD: University Park Press.

Rizzo, J. V., & Zabel, R. H. (1988). *Educating children and adolescents with behavioral disorders* (pp. 80-81, 276-282). Needham Heights, MA: Allyn & Bacon.

Robin, L. N., & Rutter, M. (Eds.). (1990). *Straight and devious pathways from childhood to adulthood.* Cambridge, MA: Cambridge University Press.

Robinson, J. S. (1983). Construction of an instrument to assess the classroom skills of teachers who use Developmental Therapy with emotionally disturbed students (Doctoral dissertation, University of Georgia, 1982). *Dissertation Abstracts International, 43,* 1932A.

Robinson, J. S., Wood, M. M., & Combs, M. C. (1982). *Technical report on the Developmental Therapy Inventory of Teacher Skills (DT/RITS).* Unpublished manuscript, University of Georgia, Developmental Therapy Institute, Athens.

Rogers, D. E., & Ginzberg, E. (Eds.). (1992). *Adolescents at risk: Medical and social perspectives.* Boulder, CO: Westview Press.

Rosenhan, D. L. (1972). Learning theory and prosocial behavior. *Journal of Social Issues 28,* 151-163.

Rostetter, D. (1994). Starting small: Inclusion and early childhood education. *Inclusive Education Program, 1,* 3-5.

Rutter, M. (1981). *Maternal deprivation reassessed* (2nd ed.). New York: Penguin.

Rutter, M., & Rutter, M. (1993). *Developing minds: Challenge and continuing across the life span.* New York: Basic Books.

Sanford, A. R., & Zelman, J. G. (1981). *Learning accomplishments profile-LAP* (rev. ed.). Chapel Hill, NC: Training Outreach Project.

Saunders, P., & Gilliard, J. (1995). *A framework for teaching basic economic concepts.* New York:

National Council on Economic Education.

Selman, R. (1976). Toward a structural analysis of developing interpersonal relations concepts: Research with normal and disturbed preadolescent boys. In A. Peck (Ed.), *Tenth Annual Minnesota Symposium on Child Psychology*. Minneapolis: University of Minnesota Press.

Selman, R. (1980). *The growth of interpersonal understanding*. San Diego, CA: Academic Press.

Selman, R. (1989). Fostering intimacy and autonomy. In W. Damon (Ed.), *Child development today and tomorrow* (pp. 409-435). San Francisco: Jossey-Bass.

Selman, R., Beardslee, W., Schultz, L. H., Krupa, M., & Podorefsky, D. (1986). Assessing adolescent interpersonal negotiating strategies: Toward the integration of structural and functional models. *Developmental Psychology, 22,* 450-459.

Selman, R., Jaquette, D. (1987). *The development of interpersonal awareness: A working draft model*. Unpublished scoring manual, Harvard-Judge Baker Social Reasoning Project, Harvard University, Cambridge, MA.

Selman, R., & Schultz, L. H. (1990). *Making a friend in youth: Developmental theory and pair therapy*. Chicago: University of Chicago Press.

Shea, T. M., & Bauer, A. M. (1987). *Teaching children and youth with behavior disorders* (2nd ed., pp. 222, 272-274). Englewood Cliffs, NJ: Prentice-Hall.

Shores, R. E., Gunner, P. L., & Jack, S. L. (1993). Classroom management strategies: Are they setting events for coercion? *Behavior Disorders, 18(2),* 92-102.

Shure, M. B., & Healey, K. N. (1992). *I can problem solve: Interpersonal cognitive problem solving. A program for preschool, primary, and intermediate grades*. Champaign, IL: Research Press.

Simeonsson, R. J., Bailey, D. B., Huntington, G. S., & Brandon, L. (1991). Scaling and attainment of goals in family-focused intervention. *Community Mental Health Journal, 27,* 77-83.

Simeonsson, R. J., Huntington, G. S., & Short, G. S. (1982). Individual differences and goals: An approach to the evaluation of child progress. *Topics in Early Childhood Education, 1,* 71-80.

Smith, A. (1994). Introduction and overview. In T. J. Kiresuk, A. Smith, & J. E. Cardillo (Eds.), *Goal attainment scaling: Applications, theory, and measurement*. Hillsdale, NJ: Erlbaum.

Synder, S., & Sheehan, R. (1992). The Rasch measurement model: An introduction. *Journal of Early Intervention, 16,* 87-95.

Spencer, J. T., & Helmrech, R. L. (1978). *Masculinity and femininity: Their psychological dimensions, correlates, and antecedents*. Austin: University of Texas Press.

Suiilvan, H. S. (1953). *The interpersonal theory of psychiatry*. New York: W. W. Norton.

Super, D. E. (1980). A life-span, life-space approach to career development. *Journal of Vocation Behavior, 16,* 282-298.

Super, D. E., & Crites, J. O. (1974). *Measuring vocational maturity for counseling and evaluation.*

Washington, DC: National Vocational Guidance Association.

Swan, W. W., & Brown, C. L. (Eds.). (1992). *GPN research reports.* Atlanta: Georgia Psychoeducational Program Network, Georgia Department of Education.

Swan, W. W., & Wood, M. M. (1975). Making decisions about treatment effectiveness. In M. M. Wood (Ed.), *Developmental Therapy* (chap. 3). Baltimore, MD: University Park Press.

Swan, W. W., & Wood, M. M., & Jordan, J. A. (1991). Building a statewide program of mental health and special education services for children and youth. In G. K. Farley & S. G. Zimet (Eds.), *Day treatment for children with emotional disorders* (Vol. 2, chap. 1). New York: Plenum.

Thomas, A., & Chess, S. (1977). *Temperament and development.* New York: Brunner/Mazel.

Tobin, T. J., & Sugai, G. (1993). Intervention awareness: Educators' perceptions of the need for restrictions on aversive interventions. *Behavioral Disorders, 18(2),* 110-117.

Torrance, E. P. (1979). *The search for satori and creativity.* Buffalo, NY: Creative Education Foundation.

Torrance, P. H. (1981). Use of sociodrama in teaching emotionally disturbed children. In M. M. Wood (Ed.), *Developmental Therapy sourcebook* (Vol. 2, pp. 137-158). Austin, TX: PRO-ED.

Turiel, E. (1983). *The development of social knowledge.* Cambridge, England: Cambridge University Press.

Turiel, E. (1994). The development of social-coventional and moral concepts. In B. Puka (Ed.), *Fundamental research in moral development.* New York: Garland.

U. S. Department of Education. (1975). Joint Dissemination Review Panel. Washington, DC.

U. S. Department of Education. (1981). Joint Dissemination Review Panel. Washington, DC.

U. S. Department of Education. (1990). *Twelfth annual report to Congress on the implemnetation of the Education of the Handicapped Act.* Washington, DC: Author.

Vondracek, F. W. (1993). Promoting vocational development in early adolescence. In R. M. Lerner (Ed.), *Early adolescence: Perspectives on research, policy, and intervention* (chap. 16). Hillsdale, NJ: Erlbaum.

Weller, D. L. (1991). Application of a latent trait model to the developmental profiles of SED/SBD students (Doctoral dissertation, University of Georgia, 1990). *Dissertation Abstracts International, 51,* 3388A.

White, R. W. (1963). Ego and reality in psychoanalytic theory. In G. S. Klein (Ed.), *Psychological issues* (Vol. 3, pp. 517-649). New York: International Universities Press.

Williams, G. H., & Wood, M. M. (1977). *Developmental art therapy.* Austin, TX: PRO-ED.

William, M. (1994). *The responsibility of the storyteller.* Charter Lecture delivered at the University of Georgia, May 1994.

Wolery, M. (1983). Proportional change index: An alternative for comparing child change data. *Exceptional Children, 50,* 167-170.

Wood, F. H. (1981). Individualized Education Programs for seriously emotionally disturbed adolescents. In G. Brown, R. L. McDowell, & J. Smith (Eds.), *Educating adolescents with behavioral disorders* (pp. 148-149). Columbus, OH: Charles E. Merrill.

Wood, M. M. (1975). *Developmental Therapy: A textbook for teachers as therapists for emotional disturbed young children.* Baltimore, MD: University Park Press.

Wood, M. M. (1979). *The Developmental Therapy Objectives: A self instructional workbook* (3rd ed.). Austin, TX: PRO-ED. Portions reprinted in 1984 in *A user's manual for the structured learning center behavioral classroom,* Portland, OR: Portland Public Schools.

Wood, M. M. (Ed.). (1981). *Developmental Therapy sourcebook. Vol. 2: Fantasy and make-believe.* Austin, TX: PRO-ED.

Wood, M. M. (1986). *Developmental Therapy in the classroom* (2nd ed.) Austin, TX: PRO-ED.

Wood, M. M. (1989). Lessons learned and insights garnered. In S. Braaten, F. H. Wood. & G. Wrobel (Eds.), *Celebrating the past: Preparing for the future* (pp. 59-75). Minneapolis: Minnesota Council for Children with Behavioral Disorders and Minnesota Educators of Emotionally / Behaviorally Disordered.

Wood, M. M. (1992a). *Technical report for the Developmental Teaching Objectives Rating Form-Revised-DTORF-R.* Athens, GA: Developmental Therapy Institute.

Wood, M. M. (1992b). *User's manual for the Developmental Teaching Objectives Rating Form-Revised-DTORF-R.* Athens, GA: Developmental Therapy Institute.

Wood, M. M., & Combs, M. C. (1981). *Inservice training in Developmental Therapy.* Research submitted to Joint Dissemination Review Panel of National Institute of Education, U. S. Department of Education.

Wood, M. M., & Combs, M. C., & Swan, W. W. (1985). Computer simulations: Field testing effectiveness and efficiency for inservice and preservice teacher preparation. *Journal of Educational Technology Systems, 14,* 61-74.

Wood, M. M., & Combs, M. C., & Walters, L. H. (1986). Use of staff development by teachers and aides with emotionally disturbed and behavior disordered students. *Teacher Education and Special Education, 9,* 104-112.

Wood, M. M., & Gunn, A. (1985). *Technical assistance to principals, administrators, and teachers in Portland, Oregon school system for replication of the Developmental Therapy curriculum* (Unpublished report to the school district). Athens: University of Georgia, Developmental Therapy Institute. Reprinted in CASE National Newsletter, Fall 1985.

Wood, M. M., Hendrick, S. W., & Gunn, A. L. (1983). Programing for autistic students: A model for the public schools. In C. R. Reynolds & J. H. Clark (Eds.), *Assessment and programing for children with low incidence handicaps* (pp. 287-318). New York: Plenum Press.

Wood, M. M., & Hurley, O. L. (1977). Curriculum and instruction. In J. B. Jordan, A. H. Hayden, M. B. Karnes, & M. M. Wood (Eds.), *Early childhood education for exceptional children* (pp. 132-157). Reston, VA: Council for Exceptional Children.

Wood, M. M., & Long, N. J. (1994). *Life Space Intervention: Talking with children and youth in crisis.* Austin, TX: PRO-ED.

Wood, M. M., Peterson, R. L., Combs, M. C., & Quirk, C. A. (1987). *Crisis in classroom behavior management: A developmental issue.* Paper presented at the 67th annual international cor ference of the Council for Exceptional Children, Chicago.

Wood, M. M., Skarr, C., Mayfield, G., Morrison, K., & Gillespie, F. (1984). *Psychoeducational computer simulation series for teachers of emotionally handicapped students, Lessons 1 & 2* [Computer program]. Apple IIE software with accompanying workbook. Athens, GA: Developmental Therapy Institute.

Wood, M. M., & Swan, W. W. (1978). A developmental approach to educating the disturbed young child. *Behavioral Disorders, 3,* 179-209.

Wood, M. M., & Swan, W. W., & Newman, V. (1981). Developmental Therapy for the severely disturbed and autistic. In R. L. McDowell, G. W. Adamson, & F. H. Wood (Eds.), *Emotional disturbance* (pp. 264-299). Boston: Little, Brown.

Wood, M. M., & Weller, D. L. (1981). How come it's different with some children? A developmental approach to Life Space Interviewing. *The Pointer, 25,* 61-66.

Wubbolding, R. E. (1988). *Using reality therapy.* New York: HarperCollins.

Yablonsky, L. (1976). *Psychodrama: Resolving emotional conflict through role playing.* New York: Basic Books.

Youness, J., & Smollar, J. (1985). *Adolescent relationships with mothers, fathers and friends.* Chicago: University of Chicago Press.

Zabel, M. K. (1991). *Teaching young children with behavioral disorders.* Reston, VA: Council for Exceptional Children.

Zeeman, R. (1989). From acting out to joining in. In N. Glasser (Ed.), *Control theory in the practice of reality therapy* (pp. 16-33). New York: HarperCollins.

찾아보기

저자 소개

■ Mary M. Wood

Goucher College 및 University of Georgia 졸업
University of Georgia 특수교육과 명예 교수, Developmental Therapy Institute 소장

■ Karen R. Davis

Wesleyan College 및 University of Georgia 음악교육 및 음악치료학과 졸업
University of Georgia, College of Family and Consumer Sciences, Developmental Therapy Program 책임자, 음악 치료사, Wesleyan College 음악학과 조교수 역임

■ Faye L. Swindle

University of Georgia 언어교육학과 졸업
University of Georgia, Developmental Therapy Program 지도자, 유아 및 자폐아의 언어지체 전문가

■ Constance A. Quirk

Florida State University 특수교육과 졸업
Development Therapy–Developmental Teaching 교사

역자 소개

■ 심미경

University of London, Institute of Education 특수교육 전공(Ph. D.)
인제대학교 유아교육과 교수

■ 위영희

연세대학교 대학원 아동학 전공(Ph. D.)
University of North Texas 놀이치료센터 연수
서원대학교 유아교육학과 교수

■ 황혜정

University of London, Institute of Education 아동발달 및 교육 전공(Ph. D.)
경기대학교 유아교육학과 교수

■ 정계숙

연세대학교 대학원 아동학 전공(Ph. D.)
University of Utah 조기중재연구소 연구교수
University of Washington 인간발달 및 장애연구소 방문교수
부산대학교 유아교육과 교수

■ 이효신

대구대학교 특수교육학 정서 · 행동장애아교육 전공(Ph. D.)
대구대학교 사범대학 유아특수교육과 교수

■ 신숙재

연세대학교 대학원 아동 및 가족상담 전공(Ph. D.)
원광아동발달연구소 소장

발달적 치료 발달적 교수

Developmental Therapy – Developmental Teaching (3rd ed.)

2006년 9월 1일 1판 1쇄 인쇄
2006년 9월 5일 1판 1쇄 발행

지은이 • Mary M. Wood · Karen R. Davis · Faye L. Swindle · Constance A. Quirk
옮긴이 • 심미경 · 위영희 · 황혜정 · 정계숙 · 이효신 · 신숙재
펴낸이 • 김진환
펴낸곳 • 학지사
121-837 서울특별시 마포구 서교동 352-29 마인드월드빌딩 5층
대표전화 • 02)326-1500 / 팩스 02)324-2345
홈페이지 • http://www.hakjisa.co.kr
등　　록 • 1992년 2월 19일 제2-1329호

ISBN 89-5891-340-1 93370

정가 22,000원